Mandado de Segurança Individual e Coletivo

Aylton Bonomo Júnior
Hermes Zaneti Júnior

Mandado de Segurança Individual e Coletivo

Conforme CPC/2015 e precedentes vinculantes do STF e STJ

2019

www.editorajuspodivm.com.br

www.editorajuspodivm.com.br

Rua Território Rio Branco, 87 – Pituba – CEP: 41830-530 – Salvador – Bahia
Tel: (71) 3045.9051
• Contato: https://www.editorajuspodivm.com.br/sac

Diagramação: Futura Editoração *(rogerio@futuraeditoracao.com)*

Capa: Ana Caquetti

B719m Bonomo Júnior, Aylton.
Mandado de segurança individual e coletivo / Aylton Bonomo Júnior e Hermes Zaneti Júnior – Salvador: Editora JusPodivm, 2019.
480 p.

Bibliografia.
ISBN 978-85-442-2805-0.

1. Direito Constitucional. 2. Direito Processual Civil. I. Bonomo Júnior, Aylton. II. Zaneti Júnior, Hermes. III. Título.

CDD 341.2742

NOTA DOS AUTORES

Este livro é fruto de um trabalho conjunto de alguns anos, iniciado ainda quando um dos autores fazia mestrado na Universidade Federal do Espírito Santo.

Não é uma obra pronta. Precisará da contribuição de todos os leitores para continuar se aperfeiçoando.

Decidimos publicar neste momento o livro para poder informar o leitor sobre as modificações atuais da jurisprudência e dos precedentes vinculantes na matéria.

Aguardamos as contribuições, abrimos nosso espírito às críticas e esperamos que essa contribuição possa colaborar para a vida prática desta ação que é remédio heroico, *writ* e garantia constitucional, direito fundamental do jurisdicionado brasileiro.

Prof. Hermes Zaneti Jr.
hermeszanetijr@gmail.com
Pós-Doutor em Direito pela Università degli Studi di Torino/IT. Doutor em Direito pela Università degli Studi di Roma Tre/IT. Mestre e Doutor em Direito Processual pela Universidade Federal do Rio Grande do Sul (UFRGS).
Professor Adjunto da Universidade Federal do Espírito Santo.
Promotor de Justiça junto ao Ministério Público Estado do Espírito Santo (MPES).

Prof. Aylton Bonomo Jr.
ayltonbonomo@yahoo.com.br
Mestre em Direito Processual pela UFES.
Professor da ESMAGES – Escola Superior da Magistratura do Espírito Santo.
Juiz Federal no Tribunal Regional Federal da 2ª Região.

PREFÁCIO

Um dos grandes temas do direito brasileiro é o mandado de segurança. Além de clássico, é muito útil, pois se trata de procedimento bastante utilizado na prática forense para controle dos atos públicos ou de atos de prestadores de serviço público.

Há importantes trabalhos dedicados ao tema, alguns clássicos, outros mais recentes; alguns mais detalhados, outros mais concisos.

Durante muito tempo, o mandado de segurança foi estudado e explicado por administrativistas e por constitucionalistas. Mais recentemente, os processualistas passaram a escrever sobre o tema, ampliando os debates em torno das questões procedimentais e detalhando institutos que são alvo da processualística.

Nesse perfil de análise feita por processualistas, é com alento que se vê a publicação do livro de Aylton Bonomo Júnior e Hermes Zaneti Júnior.

O livro é muito bem estruturado, contendo explicitação dos aspectos gerais do mandado de segurança, de seus requisitos e procedimento, bem como esclarecimentos sobre o prazo para impetração, sobre a competência para processar e julgar o mandado de segurança, sobre as partes do mandado de segurança, sobre a tutela provisória no mandado de segurança, sobre a coisa julgada e a remessa necessária no mandado de segurança, além de todos os demais detalhes procedimentais.

Há, ainda, uma detalhada parte sobre o mandado de segurança coletivo, que merece destaque, por ser fruto da grande experiência de Hermes Zaneti Júnior nesse tema. Seu livro sobre os aspectos polêmicos do mandado de segurança coletivo e seus estudos sobre o processo coletivo serviram, certamente, para incrementar essa parte do livro ora lançado, com destaques para pontos de grande importância a respeito do assunto.

Todos os pontos são enfrentados com profundidade. Os autores, em cada item específico, dialogam com a doutrina e a jurisprudência, seja para concordar com os entendimentos manifestados, seja para deles discordar.

A bibliografia também é digna de registro. Os autores consultaram, referiram e dialogaram com as obras clássicas e, bem assim, com os autores mais atuais.

Costuma-se dizer que o mandado de segurança seria uma "jabuticaba" ou um instituto que existe só no Brasil. E, para quem mantém o chamado *complexo de vira-lata,* não seria um procedimento bom, pois bom mesmo seria não ter atos públicos ilegais ou abusivos. Como afirma Eduardo Giannetti da Fonseca, no texto *O elogio do vira-lata,* ao vira-lata repugna o culto da pureza em suas múltiplas manifestações: a raça pura; a lógica pura; a razão pura; a vontade pura...

A mestiçagem brasileira, enfim, repugna a pureza. O mandado de segurança pode até ser um instituto genuinamente brasileiro, mas certamente sofre influências estrangeiras em diversos aspectos de sua disciplina normativa e em sua análise dogmática. Nesse ponto, Hermes Zaneti Júnior sempre esclareceu que o Brasil é mestiço até mesmo no Direito, pois tem, a um só tempo, um sistema constitucional inspirado no modelo estadunidense e incorpora elementos do *common law,* como o *judicial review,* e um sistema infraconstitucional inspirado no modelo europeu, com regramentos detalhados e casuísticos, ainda decorrentes da era da codificação.

Aylton Bonomo Júnior, juiz federal em Vitória, tem grande experiência prática com o mandado de segurança. Hermes Zaneti Júnior também tem grande experiência prática com mandado de segurança, por ser promotor de justiça no Espírito Santo. Sua atuação como professor também contribui para um bom desenvolvimento do tema.

Todo esse repertório teórico e toda essa experiência prática foram decisivos para se produzir um livro de alta qualidade, escrito em ótima linguagem, examinando os fundamentos, a estrutura e o regime do mandado de segurança, com esclarecimentos sobre vários e importantes reflexos dogmáticos advindos das normas que o regulam. É obra que reflete a realização de uma pesquisa séria, com crítica transparente, direta e sem rodeios.

Há um quê de provincianismo em quem escreve sobre mandado de segurança. Se é um procedimento típico do sistema brasileiro, dedicar-lhe atenção contém certo grau de provincianismo. E, como diz Fernando Pessoa, no texto *Portugal entre Passado e Futuro,* o provinciano apresenta três sintomas flagrantes: o entusiasmo e admiração pelos grandes meios e pelas grandes cidades; o entusiasmo e admiração pelo progresso e pela modernidade; e, na esfera mental superior, a incapacidade de ironia.

No livro ora lançado, os autores mostram entusiasmo e admiração pelo meio, ou seja, pelo procedimento bem estruturado do mandado de segurança. Mostram, de igual modo, entusiasmo pelo moderno, concretizado na atualidade do procedimento do mandado de segurança. E são incapazes de ironia, tratando do mandado de segurança com seriedade. Se isso é ser provinciano, então os autores o são, pois revelam esses entusiasmos e escrevem sobre um instituto genuinamente nacional, de grande importância teórica e prática.

Estamos diante de ótima referência, que se soma à lista de importantes livros sobre o mandado de segurança. Convido a todos para que se apressem em ler, aprender e apreender as lições dos autores. Vale a pena!

Recife, janeiro de 2019.

Leonardo Carneiro da Cunha

Mestre em Direito pela UFPE. Doutor em Direito pela PUC/SP, com pós-doutorado pela Universidade de Lisboa. Professor associado da Faculdade de Direito do Recife (UFPE), nos cursos de graduação, especialização, mestrado e doutorado.

SUMÁRIO

CAPÍTULO 1

ASPECTOS GERAIS DO MANDADO DE SEGURANÇA

1.1 *JUDICIAL REVIEW*: DO CONTROLE JUDICIAL DOS ATOS DO PODER PÚBLICO

1.1.1 O surgimento do controle judicial dos atos do Poder Público

No dizer de Celso Agrícola Barbi, "longo e penoso é o caminho percorrido até hoje pelos indivíduos na luta contra os excessos do Poder Público"[1], até porque não é natural ao poder ser limitado; sua tendência é sempre expandir-se na máxima medida.

Em princípio, à exceção da democracia grega[2], a fonte mais antiga do controle do Poder Público remonta à *Magna Charta Libertatum* inglesa de

1. BARBI, Celso Agrícola. *Do Mandado de Segurança.* 12. ed. Revista e Atualizada. Rio de Janeiro: Forense, 2009, p. 1. E complementa o professor em outra ocasião: "Nós devemos lembrar que a luta contra os abusos do Poder Público é multimilenar. Não é uma luta nova. A certa altura, nós poderíamos distinguir a luta contra os atos excessivos do Poder Legislativo. Quer dizer, quando o Poder Legislativo, através de leis, tirava os direitos que nós consideramos inalienáveis do cidadão. Infelizmente, nem sempre a lei contém os direitos. Isso foi objeto de grandes lutas e acabou resultando numa grande conquista, que é o constitucionalismo moderno, no qual o cidadão encontra amparo contra os excessos do Legislativo. Mas também no Executivo, mesmo quando passou a ser controlado, quando entramos no Estado de Direito, segundo o qual a administração está vinculada às leis e aos direitos, mesmo neste caso, encontramos sempre as hipóteses de áreas em que o Executivo, nem sempre por má fé, mas às vezes por ignorância quanto a situações de fato, ou má interpretação da lei, acaba violando o direito do cidadão, saindo, portanto, da lei. E até mesmo o Judiciário, ao aplicar a lei, erra. Evidentemente temos, aqui, recursos, muitas vezes suficientes, outras vezes não. Mas em resumo, o que se observa é que todos os três poderes praticam, com certa frequência, violações de direitos do cidadão. [...] Os mais frequentes casos, contudo, são os excessos do Executivo e aí temos o Mandado de Segurança como o mais perfeito instrumento que o nosso Direito já construiu". (Mandado de segurança: fundamentos históricos e constitucionais. In *Mandado de Segurança*. Sérgio Ferraz (org.). Porto Alegre: Sergio Antônio Fabris e Instituto dos Advogados Brasileiros, 1986, p. 72)

2. A democracia grega já previa o *nómos* (a norma) como controle de poder. Para os gregos, a norma era a base do controle do poder político. Em Atenas, nenhum cidadão poderia estar acima das normas estabelecidas

1215 que limitou os poderes do Rei João, com o surgimento do princípio do devido processo legal[3], o qual, embora apresente diversos contextos históricos, sempre esteve relacionado ao controle do poder.

Ainda na Inglaterra, porém mais adiante no tempo (século XVII), Seabra Fagundes aponta um importante marco em que se visualiza o surgimento do efetivo controle jurisdicional sobre a Administração Pública.[4] Seabra Fagundes relata que o Rei Guilherme, o Conquistador, quando se afastava do país, deixava ao *Justiciar* (equivalente a Primeiro-Ministro em nossos dias) a regência do Reino e o encargo da missão julgadora. Posteriormente, fora criada a Corte do Banco do Rei como órgão, incumbindo, em nome da Coroa, de receber reclamações contra os funcionários do próprio Rei, e emitindo decisões contra os servos da própria Coroa, de caráter obrigatório, sendo que, em princípio, o fez com o selo do Rei, e, depois, diretamente.

Todavia, Bancroft, arcebispo de Cantuária, pretendeu devolver ao Rei as causas de conhecimento da Corte do Banco, mas sofreu forte oposição. Contudo, ainda permanecia o poder soberano do Rei, de demitir ao seu prazer os membros da Corte, bem como alterar a competência da Corte, até que em 1701, com o *Act of settlement*, se proibiu a demissão livre dos funcionários da Justiça e também se lhes estabilizou a competência funcional, surgindo, a partir de então, com a garantia de independência dos juízes, o Judiciário como poder autônomo e, por conseguinte, o efetivo controle dos atos de poder.[5]

---

democraticamente. (GILLISSEN, John. *Introdução histórica ao direito*. Trad. A. M. Espanha e L. M. Macaísta Malheiros. 2. ed. Lisboa: Calouste Gulbenkian, 1995, p. 76).

3. Sobre a origem do princípio, ver: GRINOVER, Ada Pellegrini. *As garantias constitucionais do direito de ação*. São Paulo: Revista dos Tribunais, 1973, p. 25. Malgrado nascido na Inglaterra, o princípio do devido processo legal desenvolveu-se sobretudo nos Estados Unidos, marcado por duas características. A primeira, decorre da evolução do "law of de land" (julgamento constituído pelos seus pares) e do "his day on court" (direito de ser ouvido pelo tribunal) e revela um caráter processual (*procedural due process*). A segunda, de natureza substantiva (*substantive due process*), tornou-se o principal instrumento para o exame da razoabilidade e da racionalidade das normas e dos atos do Poder Público. O devido processo legal, nessas aludidas vertentes, tornou-se uma das principais fontes da jurisprudência da Suprema Corte norte-americana, e balizador do sistema de "checks and balances" (sistema de freios e contrapesos).

4. FAGUNDES, Miguel Seabra. *O Controle dos atos administrativos pelo Poder Judiciário*. 6. ed. São Paulo: Saraiva, 1984, p. 98-99.

5. Arremata Seabra Fagundes: "Assegurada a independência dos funcionários da Justiça, é aí que se começa a existir, praticamente, o controle do Poder Administrativo por um órgão autônomo, mais tarde individualizado na estrutura política de todos os Estados com o nome de Poder Judiciário. Por isso se pode dizer que esboçar a história do controle jurisdicional da Administração Pública, por intermédio da jurisdição ordinária, é acompanhar a gradativa formação do Poder Judiciário como órgão autônomo na estrutura política do Estado, porque é exatamente por meio desse fenômeno que se efetiva, com nitidez, a sua aparição no mecanismo estatal. [...]. Antes que tal se desse, não poderia haver controle efetivo sobre a Administração. O que havia era o favor da Administração mesmo em atender a certas reclamações. O controle sobre os atos administrativos só começa a existir, na verdade, quando se constitui um poder especialmente jurisdicional. Por muito tempo houve juízes sem que houvesse Poder Judiciário. Eles dependiam em tudo do soberano"

Insta consignar, ainda, o histórico caso em julgamento *Marbury* vs. *Madison* no ano de 1803, que revolucionou o sistema judicial estadunidense, ocasião em que a Suprema Corte possibilitou o controle judicial de constitucionalidade das leis e dos atos do Poder Público (*judicial review*), dando uma amplitude maior que a originária do *common law* inglês.[1]

Esse precedente de *Marbury* vs. *Madison* tem extrema relevância para o sistema jurídico brasileiro de controle judicial dos atos de poder, em virtude da influência norte-americana na primeira Constituição Republicana de 1891[2], da qual herdamos (i) o controle difuso de constitucionalidade de leis e atos, (ii) o sistema uno de jurisdição[3] e a (iii) constituição rígida.

1.1.2 O controle judicial dos atos do Poder Público no Brasil

No período colonial do Brasil, não existiam formas de defesa satisfatórias contra atos ilegais da Administração Pública, pois a monarquia lusitana tinha caráter absoluto e o Executivo absorvia todos os poderes.[4]

Nesse cenário, o controle da Administração pelas vias judiciais se dava, principalmente, pelo instituto de apelação extrajudicial das Ordenações

---

(FAGUNDES, Miguel Seabra. *O Controle dos atos administrativos pelo Poder Judiciário*. 6. ed. São Paulo: Saraiva, 1984, p. 99)

1. Marinoni afirma que "o controle judicial de constitucionalidade é praticamente simultâneo à independência dos Estados Unidos, embora não esteja previsto em sua Constituição, tendo sido delineado por Hamilton nos *Federalist Papers* e sedimentado por ocasião do caso Madison v. Marbury, em que o Juiz Marshall teve extraordinário papel." (SARLET, Ingo Wolfgang; MARINONI, Luiz Guilherme; MITIDIERO, Daniel. *Curso de Direito Constitucional*. 6. ed. revista e atualizada. São Paulo: Revista dos Tribunais, 2017, p. 910).

2. A Constituição de 1891 sofreu influência de três Constituições: a argentina, a suíça e a norte-americana, sendo esta, de longe, a que mais influenciou, o que não significa que fora uma simples cópia dela. Veja-se: LEAL, Aurelino. *História Constitucional do Brasil*. Brasília: Senado Federal, 2002, p. 226-227.

3. Existem dois sistemas de controle jurisdicional dos atos de poder: jurisdição una e jurisdição administrativa (dúplice). No sistema de jurisdição una, há apreciação de quase todas atividades administrativas do Estado, seja no âmbito do direito público seja no âmbito do direito privado, por meio do Poder Judiciário. O sistema de jurisdição administrativa (dúplice) implica controle exercido mediante tribunais administrativos especialmente instituídos para as situações contenciosas em que seja parte a Administração. Nesse sistema, os atos administrativos não se submetem (ou em número reduzido) ao Poder Judiciário. De todo modo, em ambos sistemas, há controle jurídico dos atos da Administração. A diferença é a organização dos tribunais incumbidos de exercê-lo. (FAGUNDES, Miguel Seabra. Ob. Cit., p. 97). Interessante a observação de Celso Agrícola Barbi, para quem "tanto o sistema da unidade de jurisdição como o da dualidade justificam teoricamente sua base no princípio da separação dos Poderes, ao qual, naturalmente, dão diversa interpretação e alcance" (*Do Mandado de Segurança*. 12. ed. Revista e Atualizada. Rio de Janeiro: Forense, 2009, p. 5). Não se deve confundir contencioso administrativo (processos suscitados perante a Administração, cuja decisão não é definitiva) com jurisdição administrativa (Tribunais Administrativos apreciam as causas do contencioso administrativo, cuja decisão é definitiva). No Brasil, há contencioso administrativo (ex: CARF), mas inexiste jurisdição administrativa.

4. BARBI, Celso Agrícola. Ob. Cit., p. 25. Citado por Barbi, a fala de Visconde do Uruguai asseverara que havia "um só Poder", sendo os juízes meros delegados e instrumentos do Rei, não havendo divisão entre o Poder Judicial e Administrativo, tanto que o Rei poderia avocar as causas que pendiam de julgamento perante os juízes.

Filipinas do ano de 1603, que era mera imploração do ofício do Juiz, que se interpunha de resoluções de corporações, como as Universidades, os Conselhos, os Colégios e as Confrarias, de negócios jurídicos em fraude de terceiro (Ordenações Filipinas, Livro III, Títulos 78, § 1 e 81, § 1º).[5]

Após a Independência, pelo Decreto do Imperador em 22/11/1823, inspirado no sistema francês, fora criado o Conselho de Estado, para julgamento das questões administrativas, vigorando o sistema dual de jurisdição (jurisdição administrativa) no Brasil.

Com a Proclamação da República em 1889 e a vigência da primeira Carta Magna Republicana brasileira em 1891, inspirado no sistema norte-americano, foi abolida a jurisdição administrativa, passando todas as causas de sua competência para o Poder Judiciário (sistema uno de jurisdição).

Na verdade, já a partir do estabelecimento da República em 1889, o Poder Judiciário transmudou-se de poder subalterno (antes na Monarquia) para exercer a função de mediador entre os poderes na República (o que antes era atribuído ao Poder Moderador[6]), figurando o Judiciário como poder soberano[7] e apto para exercer o controle judicial sobre os atos de poder (*judicial review*), independentemente da existência de ação constitucionais específicas, pois era ínsito o poder implícito de controle.[8]

5. Alfredo Buzaid (*Do mandado de segurança*. São Paulo: Saraiva, 1989, vol. I, p. 26-28) e Pontes de Miranda (*Tratado das ações*. São Paulo: Revista dos Tribunais, 1976, p. 51, Tomo VI: ações mandamentais.) veem nas seguranças reais do das Ordenações do Reino as raízes do mandado de segurança. Entretanto, mesmo nas Ordenações Filipinas, o controle judicial dos atos administrativos era deveras mitigado, em razão da absoluta supremacia do Rei e da falta de independência dos juízes. Com efeito, pelas Ordenações Filipinas, "el-rei pode tirar os Ofícios da Justiça e da Fazenda sem ser obrigado a satisfação" (Liv. I, tít. XCIX), nem todos podiam ser citados sem licença do Rei (Liv. III, tít. VIII), havia aqueles em que o Rei concedia graça de não ser demandados em determinado período de tempo (Liv. III, tít. XXVIII), e havia a "lei da boa razão" (§§ 3º, 4º, 5º e 6º), que mandava o juiz, surgindo dúvida na interpretação da lei, sustar o julgamento, até que o Rei determinasse a correta interpretação, ou seja, o Rei (Soberano) tinha sempre a última palavra no direito, figurando como a "Suprema Magistratura".

6. José Reinaldo de Limas Lopes afirma que o Poder Moderador foi transferido, em parte, para o Poder Judiciário com o advento da República, seguindo o melhor estilo do direito norte-americano. (LOPES, José Reinaldo de Lima. *O direito na história*: lições introdutórias. 2. ed. São Paulo: Max Limonad, 2002, p. 322)

7. Celso Neves afirma que "não são, portanto, os meios técnicos utilizados para garantir o exercício da tutela jurídico processual que o distinguem como Poder. O que o leva a essa condição é a circunstância peculiar de exercer tutela jurídica processual quanto aos atos dos demais poderes, para assegurar as limitações constitucionais e suas atribuições." (Mandado de Segurança, mandado de segurança coletivo e mandado de injunção. *Revista Ltr*, v. 52, n. 11, nov. 1998, p. 1.316).

8. Com efeito, malgrado a Constituição de 1891 não positivar expressamente o sistema de jurisdição una, o que só veio a ocorrer na Constituição de 1946 com o princípio da inafastabilidade da tutela jurisdicional ("a lei não poderá excluir da apreciação do Poder Judiciário qualquer lesão de direito individual" - art. 141, § 4º), o sistema uno de jurisdição defluía do próprio arquétipo da Constituição e do estabelecimento da República. Rui Barbosa escreveu: "A Constituição Federal de 1891 adotou, inequivocamente, o controle jurisdicional único do Poder Judiciário sobre a Administração. Jamais se levantou séria objeção em contrário. Tanto na doutrina, como na jurisprudência, o acordo se fez. Ante os arts. 59 e 60 da nova Carta Política, é impossível achar

Por conta disso, a Constituição de 1891 acarretou no Brasil o surgimento de um sistema jurídico híbrido[9]: o "cruzamento" ocorreu entre o sistema do *common law* (norte-americano), que inspirou a nova ordem constitucional republicana brasileira, e o sistema do *civil law* (romano-germânico), do qual recepcionamos o direito privado, o direito público infraconstitucional (processual[10], administrativo e penal).

Todavia, conforme assinala Dinamarco, o direito público brasileiro (do qual faz parte o direito processual civil), não incorporou por completo o sistema romano-germânico, em razão das diferentes bases políticas do direito público desses países[11], mormente porque aqui não há diferença de tratamento entre particulares e partes estatais, inexistindo jurisdição administrativa (sistema dúplice)[12].

De fato, a doutrina do direito público no sistema do *civil law* (europeu-continental) foi construída com fulcro na estrita legalidade e na divisão (rígida e estanque) dos poderes, inclusive com a adoção da jurisdição administrativa (sistema dúplice)[13], desconsiderando a tendencial separação

---

acomodação no direito brasileiro para o contencioso administrativo." (*Comentários à Constituição Federal*. São Paulo: Saraiva, 1933, p. 429)

9. ZANETI JR, Hermes. *A Constitucionalização do processo*: o modelo constitucional da justiça brasileira e as relações ente processo e constituição. 2 ed. São Paulo: Atlas, 2014, p. 18.

10. Especificamente sobre a influência do direito processual: MOREIRA, José Carlos Barbosa. A importação de modelos jurídicos, in *Temas de direito processual civil:* oitava série. São Paulo: Saraiva, p. 255-266.

11. Dinamarco afirma, com supedâneo em lição de Galeno Lacerda em aula proferida na USP em 1978, que nosso direito público tem forte influência do sistema norte-americano. (DINAMARCO, Cândido Rangel. *A instrumentalidade do processo*. 10. ed. São Paulo: Malheiros, 2002, p. 50)

12. A despeito de inexistir jurisdição administrativa, a Fazenda Pública, quando atua em juízo, goza de prerrogativas processuais, a exemplo do prazo em dobro, da ausência de revelia e de impugnação específica dos fatos, intimação pessoal etc. Contudo, essas prerrogativas são apenas aquelas descritas em lei, e desde que conformadas com os princípios fundamentais processuais, não se afigurando possível o magistrado conferir tratamento privilegiado e interpretação benéfica em prol da Fazenda Pública, como se existisse um princípio *"in dubio pro statum"*, sob pena de violação do princípio constitucional da isonomia, do qual decorre o direito à paridade de armas no processo, até porque a finalidade essencial e característica do controle judicial dos atos de poder é a proteção do indivíduo em face da Administração Pública (e não o contrário). Nesse sentido, Rui Barbosa já alertava que "essa presunção de terem, de ordinário, razão contra o resto do mundo, nenhuma lei a reconhece à Fazenda, ao Governo, ao Estado." (*Oração aos moços*. 18. ed. Rio de Janeiro: Ediouro, p. 76). De igual modo, obtemperou Seabra Fagundes: "Presente em juízo, a administração goza, sem dúvida, de certos privilégios, como sejam concernentes à prova da dívida ativa da Fazenda Pública, que esta faz, em seu próprio favor, pela inscrição, nos livros próprios, dos créditos contra os administrados [...] Mas é preciso atentar na extensão e sentido de tais privilégios. Têm eles explicação no caráter e finalidade impessoais do Estado, e estão estritamente discriminados na lei. As vantagens da Administração, como parte em juízo, são somente essas. Nada autoriza a fazer privilegiada e prevalecente a sua posição na lide. [...] Examinando a relação jurídica em litígio, não pode o juiz amparar, com interpretação benéfica, o interesse da administração. O indivíduo tem direito, como parte, à igualdade de tratamento na demanda." (Ob. Cit., p. 91)

13. A França é o maior exemplo do sistema de jurisdição administrativa (dúplice). A Constituição francesa de 1791, logo após a Revolução de 1789, no art. 3º, dispunha que os tribunais não podiam interferir nas funções

por funções de governo e funções de garantia.[14] De outro giro, o direito norte-americano é voltado ao estudo dos casos práticos e apresenta jurisdição una, com a possibilidade do controle judicial dos atos dos demais poderes (*judicial review*).[15]

Conforme já explanado, como a Constituição Republicana brasileira de 1891 fora inspirada no sistema *common law* norte-americano, isso acarretou três importantes consequências no sistema jurídico brasileiro: o controle difuso de constitucionalidade, a unidade de jurisdição e a constituição rígida.

No que tange ao controle difuso de constitucionalidade, o Brasil adotou o sistema norte-americano (incidental e concreto), exercido por todos os órgãos e instâncias do Judiciário[16].

Também sob influência do sistema do *common law*, foi incorporado pelo sistema jurídico nacional o sistema de unidade de jurisdição, o que significa plenitude do acesso à jurisdição (princípio da cláusula aberta do controle

---

administrativas, nem chamar a juízo os administradores em virtude delas. Outros países da Europa também adotaram o sistema dúplice, tais como Finlândia, Grécia, Polônia, Suíça e Hungria.

14. FERRAJOLI, Luigi. *Principia Iuris*: Teoria del Diritto. Roma-Bari: Laterza, 2007, pp. 865/875, v. I.

15. Vale registrar que os princípios da supremacia do parlamento e, por conseguinte, a amplitude do princípio da estrita legalidade, apresentaram conotação distinta no sistema do *civil law* e do *common law*. No sistema do *civil law*, especialmente na França, a Revolução de 1789 objetivou enfraquecer o abuso do Rei (Executivo) e dos juízes (Judiciário), pois estes últimos eram vistos com desconfiança por conta de representar (e tentar conservar) o antigo regime absolutista, regime este combatido e extirpado pelos revolucionários. Daí a razão pela qual surge a supremacia da lei, que representaria a vontade geral do povo, cabendo aos juízes apenas figurar como "a boca da lei", fincando-se, assim, uma rígida separação de poderes. De outro giro, quanto ao sistema do *common law*, na Revolução Gloriosa da Inglaterra em 1688, o fortalecimento do Parlamento não enfraqueceu o Judiciário, pois os juízes (que se misturavam com o Parlamento) e os legisladores uniram-se contra o poder do monarca em prol do povo, estabelecendo um direito comum (costume), o que influenciou posteriormente o sistema jurídico norte-americano, em razão da colonização pela Inglaterra. A propósito, na guerra da independência dos Estados Unidos em 1776, os revolucionários opuseram-se à tirania das autoridades legislativas inglesas, não havendo resistência ao poder dos juízes, como na França, de forma que o sistema estadunidense não se inspirou na radiação separação de poderes francesa, mas no equilíbrio entre os poderes (*checks and balance*). (CAPPELLETTI, Mauro. *O controle judicial de constitucionalidade das leis no direito comparado.* 2. ed. Porto Alegre: Fabris, 1999, p. 38 e ss.)

16. Como *leading case*, a doutrina relata o caso do Juiz Alcides de Mendonça Lima, que ao abrir a sessão do Júri no dia 28 de março de 1896, se recusou a aplicar os artigos 65 e 66 da Lei Gaúcha n. 10, de 16 de dezembro de 1895, baixada pelo então Presidente do Rio Grande do Sul, Júlio de Castilhos, que disciplinou o júri de forma contrária ao estabelecido no art. 72, § 31º, da Constituição Federal de 1891. Na época, foi instaurado processo crime contra o jovem Juiz, o qual fora absolvido no STF, após defesa de Rui Barbosa, sob o fundamento que o Juiz poderia deixar de aplicar um ato normativo por considerá-lo inconstitucional, lançando mão do controle difuso de constitucionalidade. (NEQUETE, Lenine. *O Poder Judiciário no Brasil a partir da independência.* Porte Alegre: Sulina, 1993, p. 20-22, v. II). Desse episódio surgiu a figura do "crime de hermenêutica" (punir o juiz pela interpretação da lei), criada por Rui Barbosa e do qual se utilizou como tese de defesa.

judicial)[17], protegendo o cidadão contra lesão ou ameaça a lesão a direito, exercendo o Poder Judiciário o monopólio sobre a jurisdição.[18]

Todavia, a própria Constituição Federal ressalva esse monopólio da função jurisdicional pelo Poder Judiciário, ao atribuir ao Senado Federal, privativamente, função (atípica) jurisdicional para julgamento dos crimes de responsabilidade praticados por altas autoridades (art. 52, I e II), não se afigurando possível qualquer intervenção do Poder Judiciário sobre o juízo de mérito (político) que recai sobre a ocorrência ou não dos fatos, ou sobre a procedência ou não da acusação, limitando-se a intervenção para análise apenas de vícios formais (regularidade do procedimento à luz da Constituição e da lei).[19]

Contudo, esse tema permanece controverso, não estando ainda pacificado no Plenário do Supremo Tribunal Federal, pois fora denegada a segurança, monocraticamente, no Mandado de Segurança n. 34.441[20] (ainda não transitada em julgada a decisão), impetrado pela ex-Presidente Dilma Rousseff pretendendo a anulação de seu *impeachment* pelo Senado Federal.

Ademais, a Carta Magna exige o prévio esgotamento das instâncias desportivas, na hipótese de matéria afeita à disciplina e às competições desportivas.[21] De todo modo, essa matéria não é excluída, em definitivo, de análise pelo Poder Judiciário, havendo a necessidade apenas de esgotamento das instâncias desportivas.

Cumpre anotar, ainda, que a nossa Suprema Corte posicionava-se, de forma pacífica, pela desnecessidade de prévio requerimento administrativo

---

17. Art. 5º, XXXV, da CF: "a lei não excluirá da apreciação do Poder Judiciário lesão ou ameaça a direito." Nota-se que a proteção constitucional brasileira é para qualquer lesão ou ameaça a "direito", e não simplesmente à "lei", diferentemente conforme prescreve o art. 111 da Constituição Italiana, *in verbis*: "Os juízes são sujeitos somente à lei". Luigi Ferrajoli identifica o acesso à via judicial como um dos postulados do constitucionalismo garantista, referente ao princípio da "acionalibilidade". (FERRAJOLI, Luigi. *La democrazia attraverso i diritti.* Il costituzionalismo garantista come modelo teorico e come progetto politico. Roma/Bari: Laterza, 2013, p. 245 e ss.)

18. Ressalva-se que, embora o Poder Judiciário exerça o monopólio da jurisdição (salvo exceções constitucionais pontuais), a tutela de direitos no Brasil não é exercida exclusivamente pelo Poder Judiciário (tutela jurisdicional de direitos). O Poder Legislativo (tutela normativa de direitos) e o Poder Executivo (tutela administrativa de direitos), também prestam tutela de direito, notadamente para proteger direitos fundamentais, a exemplo dos direitos do consumidor.

19. Nesse sentido: STF, MS 34.193, Rel. Min. Teori Zavascki, decisão monocrática em 11/05/16 (*impeachment* Dilma Rousseff), pendente de julgamento o mérito; STF, MS 21.564, Plenário, Rel. Min. Carlos Velloso (*impeachment* Fernando Collor de Melo); STF, MS n. 20.941, Rel. Min. Sepúlveda Pertence (*impeachment* José Sarney).

20. Rel. Min. Alexandre de Moraes, decisão proferida em 10/12/2018.

21. Art. 217. [...] § 1º O Poder Judiciário só admitirá ações relativas à disciplina e às competições desportivas após esgotarem-se as instâncias da justiça desportiva, regulada em lei.
§ 2º A justiça desportiva terá o prazo máximo de sessenta dias, contados da instauração do processo, para proferir decisão final.

para ajuizamento de ação judicial, por força do princípio da inafastabilidade da jurisdição (art. 5º, XXXV, CF).[22]

Todavia, no ano de 2015 ocorrera uma virada de entendimento pela Suprema Corte, em que a maioria dos Ministros, seguindo o voto do Relator Ministro Roberto Barroso, firmou a tese, em julgamento sob repercussão geral, que a concessão de benefícios previdenciários depende de prévio requerimento administrativo do interessado, não se caracterizando ameaça ou lesão a direito antes de sua apreciação e indeferimento pelo INSS, salvo se excedido o prazo legal para sua análise, afirmando-se, ainda, que a instituição de condições para o regular exercício do direito de ação é compatível com o art. 5º, XXXV, da Constituição.[23] O voto do Relator ainda ofereceu uma maior extensão ao tema, ao defender que essa tese vale para pretensões de concessão original de outras vantagens jurídicas (além de benefícios previdenciários) que também dependam de uma postura ativa do interessado.[24]

1.1.2.1 Separação de Poderes e o Estado Democrático de Direito

Como decorrência do princípio constitucional do acesso à justiça (art. 5º, inciso XXXV, da CF/88), elenca-se oito argumentos para legitimar a atuação do Poder Judiciário no controle do poder estatal, de modo a repelir alegação de indevida usurpação de poder (violação ao princípio de separação dos poderes, art. 2º, CF), a saber:

i) Critério jurídico do Judiciário (não político)

O risco de conflito com os demais poderes não produz graves consequências, comparando-se com as que poderiam advir caso os Poderes Políticos (Legislativo e Executivo) atuassem como "guardiões" da Constituição, já que,

22. "Condicionar a possibilidade do acesso ao Judiciário ao percurso administrativo, equivaleria a excluir a apreciação do Poder Judiciário uma possível lesão a direito individual, em ostensivo gravem à garantia do art. 5º, XXXV, da Constituição Federal." (MS 23789, Relatora Ministra Ellen Gracie, Tribunal Pleno, julgado em 30.06.2005)

23. RE 631.240, j. 03.09.2014.

24. Veja a fundamentação do Relator: "Assim, se a concessão de um direito depende de requerimento, não se pode falar em lesão ou ameaça a tal direito antes mesmo da formulação do pedido administrativo. O prévio requerimento de concessão, assim, é pressuposto para que se possa acionar legitimamente o Poder Judiciário. [...] Esta é a interpretação mais adequada ao princípio da separação de Poderes. Permitir que o Judiciário conheça originariamente de pedidos cujo acolhimento, por lei, depende de requerimento à Administração significa transformar o juiz em administrador, ou a Justiça em guichê de atendimento do INSS, expressão que já se tornou corrente na matéria. O Judiciário não tem, e nem deve ter, a estrutura necessária para atender às pretensões que, de ordinário, devem ser primeiramente formuladas junto à Administração. [...] As regras acima valem para pretensões de concessão original de outras vantagens jurídicas que, embora não constituam benefícios previdenciários, também dependem de uma postura ativa do interessado: é o caso, e.g., dos pedidos de averbação de tempo de serviço."

historicamente, enquanto os Poderes Legislativo e Executivo se pautam pelo critério político, sendo voláteis ao sabor das emoções do momento, o Poder Judiciário se pauta pelo critério jurídico, apresentando-se mais estável para assegurar os direitos dos cidadãos.

ii) Princípio da Inércia

O Poder Judiciário carece de força política direta, não podendo agir de forma espontânea como os demais poderes, demandando provocação através de ação judicial (princípio da inércia)[25];

iii) Carência de meios materiais

O Poder Judiciário carece de meios materiais para executar suas decisões (o que também é uma limitação de sua independência como Poder autônomo)[26]. Por exemplo, o Poder Judiciário não tem polícia judiciária própria para lançar mão, se for preciso, para o cumprimento de ordem judicial em caso de resistência ou desobediência, bem como não ostenta autossuficiência financeira, pois as suas despesas são custeadas pelas receitas arrecadadas pelo Poder Executivo, conforme lei orçamentária anual.

iv) Vinculação ao princípio da legalidade (formal e substancial)

Todos os Poderes da República estão adstritos ao princípio da legalidade (art. 37, *caput*, CF)[27], o que não significa apenas obediência à lei em sentido formal (legalidade formal), mas, antes, obediência à Constituição como lei

25. ZAMUDIO, Hector Fix. *Veinticinco años de evolución de la justicia constitucional*: 1940-1965. México: Unam, 1968, p. 152.

26. SANTOS, Boaventura de Sousa; MARQUES, Maria Manuel Leitão; PEDROZO, João. Os tribunais nas sociedades contemporâneas. *Revista brasileira de ciências sociais*. Ano 11, n. 30, p. 29-62, fev. 1996.

27. Canotilho ensina que, por força do princípio da constitucionalidade imediata da administração, os direitos fundamentais vinculam diretamente inclusive a Administração Pública, de modo que os órgãos administrativos devem executar apenas as leis que sejam compatíveis com os direitos fundamentais, ou seja, devem aplicar e interpretar as leis em conformidade com os direitos fundamentais. (CANOTILHO, José Joaquim Gomes. *Direito constitucional*. 5. ed. Coimbra: Almedina, 1992, p. 595)

maior[28] e plenamente eficaz (força normativa da CF)[29], ou seja, legalidade substancial[30], de forma que cabe ao Judiciário examinar o aspecto de legalidade tanto dos atos administrativos vinculados, quanto dos atos administrativos discricionários[31], inclusive por intermédio da ação de mandado de segurança.

---

28. Isso não significa estimular a declaração de inconstitucionalidade dos atos normativos. Segundo magistério de Luis Roberto Barroso, pelo princípio da presunção da constitucionalidade das leis e atos normativos, não devem os juízes e tribunais, como regra, declarar a inconstitucionalidade de lei ou ato normativo quando: (i) a inconstitucionalidade não for patente e inequívoca, existindo tese razoável para preservação da norma, militando a dúvida em favor da lei (STF, Rp n. 881/MG); (ii) seja possível decidir a questão por outro fundamento, evitando-se a invalidação; (iii) existir interpretação alternativa possível, que permita compatibilizar a norma com a CF. (*Comentários à Constituição do Brasil.* J.J. Gomes Canotilho (coord). São Paulo: Saraiva/Almedina, 2013, p. 93)

29. Em decorrência do princípio da "força normativa da Constituição" explicitado por Konrad Hesse, todas normas constitucionais têm força jurídica (obrigatoriedade) e devem ser revestidas de um mínimo de eficácia, sob pena de figurar "letra morta em papel" (*A Força Normativa da Constituição*. Trad. Gilmar Ferreira Mendes. Porto Alegre: Sérgio Antônio Fabris Editor, 1991). Logo, a Constituição não é apenas uma mera "folha de papel", como dizia Ferdinand Lassale, para quem a constituição teria apenas força "política", e não "jurídica".

30. Ferrajoli assevera que a transformação do princípio da legalidade formal para a legalidade substancial consistiu na "Segunda Revolução", comparando à "Primeira Revolução" que decorreu do estabelecimento da legalidade formal por meio da Revolução Burguesa. Por esse motivo, Ferrajoli, ao definir o modelo garantista baseado em quatro princípios ou postulados, insere o princípio da legalidade como o primeiro princípio/postulado, mas em sua dupla vertente: legalidade formal (mera legalidade) e legalidade substancial (constitucional). (FERRAJOLI, Luigi. *La democrazia attraverso i diritti.* Il costituzionalismo garantista come modelo teorico e come progetto politico. Roma/Bari: Laterza, 2013, p. 245 e ss.).

31. Para a perfeita compreensão do tema, delimitando-se o que consiste, de fato, o ato discricionário, cabe aqui trazer o magistério de Maria Sylvia Zanella di Pietro (*Direito Administrativo.* 25 ed. São Paulo: Atlas, 2012, p.p. 218-226), a qual leciona que ato administrativo discricionário é aquele em que parte de seus elementos são definidos em lei (sujeito, forma e finalidade), e parte a lei deixa para o Administrador a liberdade de decisão segundo sua conveniência e oportunidade (objeto e motivo). Afirma Di Pietro que a discricionariedade nunca é total (não é um "cheque em branco" dado ao Administrador), já que alguns aspectos são sempre vinculados à lei. Via de regra, a discricionariedade existe: i) quando a lei expressamente a confere à Administração; ii) quando a lei é omissa; iii) quando a lei prevê determinada competência, mas não estabelece a conduta a ser seguida. Por conseguinte, continua Di Pietro, os dois elementos do ato administrativo que se referem à discricionariedade são motivo (pressuposto de fato que antecede a prática do ato - "por quê? ") e conteúdo ("o que"). O motivo pode ser vinculado, quando a lei utiliza noções precisas ao descrevê-lo, ou discricionário, quando a (i) a lei não o definir ou (ii) utilizar noções vagas (conceitos jurídicos indeterminados subjetivos). A par disso, há ainda discricionariedade quanto ao momento da prática do ato, porquanto dificilmente o legislador tem condições de fixar um momento preciso para a sua prática. Enfim, prossegue Di Pietro afirmando que se afigura possível o controle judicial do ato discricionário, mas o Judiciário deverá respeitar a discricionariedade administrativa (mérito – conveniência e oportunidade) nos limites impostos por lei. Logo, o Judiciário poderá apreciar os aspectos de legalidade do ato discricionário (sujeito, forma e finalidade) e verificar se a Administração ultrapassou os limites da discricionariedade (objeto e motivo), ou seja, o mérito do ato. Para Di Pietro, eis as hipóteses que limitam o exercício do poder discricionário, autorizando a intervenção do Poder Judiciário no mérito (conveniência e oportunidade) do ato discricionário: i) teoria do desvio de poder (a autoridade uso do poder discricionário para atingir fim diferente daquele que a lei fixou); ii) teoria dos motivos determinantes (quando a Administração indica o motivo do ato, este apenas será válido se verdadeiro o motivo); iii) conceitos jurídicos indeterminados de natureza objetiva: quando se tratar de "conceitos de experiência" (há critérios objetivos práticos, extraídos da experiência comum, que permitem apenas uma única solução) ou "conceitos técnicos" (dependem de manifestação de órgão técnico), afigura-se possível o reexame do ato via judicial, pois haverá apenas "interpretação" do texto; iv) conceitos jurídicos indeterminados de natureza subjetiva: via de regra, não se afigura possível o controle judicial dos "conceitos de valor" (v.g.: moralidade, interesse público, utilidade pública etc.), salvo se demonstrado, inequivocamente, violação aos princípios da razoabilidade e da proporcionalidade, de modo que a valoração subjetiva realizada pelo Administrador não tenha sido feita dentro do razoável (aquilo que o homem médio faria) ou proporcional (necessidade, adequação e proporcionalidade em sentido estrito). Nesse diapasão, já decidiu o STF que "os atos administrativos que envolvem a aplicação de 'conceitos indeterminados' estão sujeitos ao exame e controle do Poder Judiciário." (RMS 24.699, Rel. Min. Eros Grau, j. 30-11-2004, 1ª Turma). Vê-se, portanto, a tendência em se limitar a discricionariedade administrativa. Contudo, consoante advertência de Celso Antônio Bandeira de Mello (*Curso de Direito Administrativo.* São Paulo: Malheiros Editores, 2005, nota 7), em situações de dúvidas razoáveis, em que há uma zona cinzenta (de dúvida, e não de certeza), o ato permanece

v) Inexistência de discricionariedade da decisão judicial

O Poder Judiciário está vinculado às normas constitucionais e legais, inexistindo discricionariedade da decisão judicial, diferentemente das funções administrativa e legislativa, em que há discricionariedade administrativa e livre espaço de conformação do legislador, respectivamente, daí a necessidade de fundamentação hermenêutica e analítica das decisões judiciais, na forma do art. 489 do CPC.

vi) Papel contramajoritário do Judiciário

O fato do Poder Judiciário não ser eleito diretamente pelo povo não é empecilho para exercer o controle sobre os atos dos demais Poderes (*judicial review*), sob o argumento de ausência de legitimidade democrática (dificuldade contramajoritária)[32], pois o Poder Judiciário, como instituição de garantia secundária dos direitos fundamentais[33], também exerce (poder-dever[34])

---

discricionário, prevalecendo o juízo administrativo, por ser o administrador a autoridade competente para a prática do ato, sob pena do juiz meramente substituir a conveniência e oportunidade do administrador pela sua, sendo que ambas interpretações (do juiz e do administrador) são válidas e razoáveis, sob pena de caracterizar, agora sim, indevida usurpação de competência constitucional (separação dos poderes). Nesse diapasão, segundo o *case* norte-americano *Chevron USA Inc. vs. National Resources Defense Council Inc* (1967 U.S. 837 (1984), decidiu-se que o Judiciário apenas deva intervir em ato da Administração se esta atuar contra a lei ou de forma irrazoável, criando-se o precedente da "teoria da deferência administrativa" quando presente interpretação razoável do administrador. Por essa mesma razão, analisando o requisito de adequação do princípio da proporcionalidade, o Tribunal Constitucional Federal da Alemanha refere-se ao controle de evidência (*Evidenzkontrolle*) e de justificabilidade (*Vertretbarkeitskontrolle*) dos atos administrativos, de modo que, para preservar a prerrogativa funcional dos Poderes Executivo e Legislativo, o Judiciário apenas anula as medidas adotadas pelos outros Poderes se sua inadequação for evidente e injustificável.

32. A possibilidade de juízes não eleitos sobrepor seu entendimento jurídico em detrimento dos agentes públicos eleitos, fora denominada "dificuldade contramajoritária" pela doutrina norte-americana (BICKEL, Alexander. *The least dangerous branch*. 2. ed. New Haven: Yale University Press,1986, p. 16-23)

33. FERRAJOLI, Luigi. *Principia Iuris*: Teoria del Diritto. Roma-Bari: Laterza, 2007, p. 668/675, v. I. Luigi Ferrajoli define o modelo garantista como o modelo teórico adequado ao constitucionalismo baseado em quatro princípios ou postulados, dois vinculados às garantias primárias, e dois vinculados às garantias secundárias: i) princípio da legalidade (em sua dupla vertente: legalidade formal (mera legalidade) e legalidade substancial (constitucional); ii) princípio da completude deôntica: obrigação de introduzir deveres correspondentes aos direitos fundamentais como garantias primárias , através de normas e instituições públicas de garantia, desvinculadas das funções de governo, destinadas à sua obediência (limites dos direitos de liberdade) e satisfação (prestação de direitos materiais); iii) princípio da jurisdicionalidade: se existem garantias primárias, deve existir uma jurisdição como garantia secundária que possa corrigir a sua não efetivação ou efetivação insatisfatória por omissão ou comissão; iv) princípio da acionabilidade: se existe uma jurisdição, devem existir órgãos públicos voltados para a satisfação das garantias primárias por via de judicialização das ações próprias, a exemplo do Ministério Público. Nesse modelo garantista de Ferrajoli, há separação entre funções de governo e funções de garantia. Ferrajoli identifica as funções a partir de sua fonte primária de legitimação, a saber: (i) a representatividade democrática no caso de funções de governo, e (ii) os limites e vínculos decorrentes dos direitos fundamentais no caso de funções de garantia (primária e secundária). (FERRAJOLI, Luigi. *La democrazia attraverso i diritti*. Il costituzionalismo garantista come modelo teorico e come progetto politico. Roma/Bari: Laterza, 2013, p. 245 e ss.)

34. Decorrente da teoria dos "deveres-poderes", defendida por Rui Barbosa (*A Constituição e os actos inconstitucionais do Congresso e do Executivo*. 2. ed. Rio de Janeiro: Atlantida, 1893, p. 142-143) e por Alexis de Tocque-

um papel contramajoritário, quando atua, em nome da Constituição, para proteger os direitos fundamentais e as regras do jogo democrático[35], mesmo contra a vontade das maiorias[36] (democracia não significa apenas "governo da maioria"[37]), pois essa atuação dar-se-á a favor e não contra a democracia.

Malgrado isso, conforme ressalva Luís Roberto Barroso[38], nas demais situações em que não esteja em jogo os direitos fundamentais e os procedimentos democráticos, os juízes devem acatar as escolhas legítimas feitas pelo legislador e o exercício razoável da discricionariedade do administrador, seja por conta da ausência de legitimidade constitucional para exercer aquela função legislativa ou administrativa (dificuldade contramajoritária), seja em razão da limitação da capacidade institucional do Judiciário (aspectos técnicos ou científicos, bem como riscos de efeitos sistêmicos da decisão não previstos pelo Judiciário), seja em razão da limitação do debate (ausência de participação efetiva de todos segmentos sociais).[39]

ville, (*Da Democracia na América*, Tradução de Yvonne Jean. 4. ed. Brasília: UnB, 1997, p. 157).

35. BARROSO, Luís Roberto. *O Controle de constitucionalidade do Direito Brasileiro.* 6. ed. São Paulo: Saraiva, 2012, p. 377. Entrementes, quadra salientar a observação de Robert Alexy: "Quanto mais pesada for a intervenção em um direito fundamental, tanto maior terá que ser a certeza das premissas nas quais essa intervenção se baseia." (*Teoria dos direitos fundamentais.* Tradução de Virgílio Afonso da Silva. 2. ed. São Paulo, Malheiros, 2015, p. 617).

36. Robert Alexy afirma que "direitos fundamentais são posições que são tão importantes que a decisão sobre garanti-las ou não garanti-las não pode ser simplesmente deixada para a maioria parlamentar simples." (*Teoria dos direitos fundamentais.* Tradução de Virgílio Afonso da Silva. 2. ed. São Paulo, Malheiros, 2015, p. 446)

37. GRIFFIN, Stephen. Judicial supremacy and equal protection in a democracy of rights. *Journal of Constitucional Law*, v. 4, n. 2, p. 281-313, jan. 2002.

38. Ob. Cit., p. 377-378.

39. Daniel Sarmento e Cláudio Pereira de Souza Neto indicam sete parâmetros para calibrar o grau de ativismo do Poder Judiciário, a saber: (i) grau de legitimidade democrática do processo de elaboração do ato normativo questionado: quanto mais democrática a elaboração do ato normativo, mais autocontido deve ser o Poder Judiciário no exame de sua constitucionalidade (v.g., Emendas Constitucionais e leis ordinárias; ato legal e ato infralegal; grau de consenso que a norma conseguiu aglutinar, com aprovação por unanimidade ou maioria apertada; lei decorrente de iniciativa parlamentar ou popular); (ii) proteção dos pressupostos necessários ao funcionamento da democracia: a restrição a esses direitos, com a tentativa de grupos hegemônicos de alterar as regras do jogo político em favor de seus interesses, merece uma maior atuação do Judiciário, pois estar-se-á atuando para proteger a própria democracia; (iii) defesa das minorias vulneráveis: o processo político majoritário muitas vezes não se atenta para proteger as minorias impopulares, sendo que o critério para identificar "minoria" não é o numérico, mas envolve o grau de participação do grupo social no exercício do poder político, social e econômico; (iv) defesa dos direitos materialmente fundamentais: devem prevalecer como "trunfos" sobre a vontade da maioria, pois expressam exigências morais que se impõem à política; (v) comparação das capacidades constitucionais: quanto maior for o grau de tecnicidade da matéria, objeto da decisão por órgãos dotados de expertise e experiência, menos intenso deve ser o grau de controle judicial; (vi) época do ato normativo: normas editadas antes do advento da CF/88 não desfrutam de presunção de constitucionalidade equiparada àquelas elaboradas posteriormente, pois deliberações das maiorias formadas em outras gerações não tem o mesmo peso das decisões tomadas pelos representantes do povo presente, mormente porque não se pode presumir que o legislador do passado tenha agido de acordo com os princípios da CF atual; (vii) inconsistência temporal: tendência humana de sobrevalorizar os interesses de curto prazo, em detrimento daqueles de longo prazo, o que é retratado muitas vezes nos políticos, que priorizam ações que rendam frutos ainda em seu mandato, buscando a reeleição. (SARMENTO, Daniel; SOU-

De fato, existe nas democracias políticas uma margem de discricionariedade e deliberação quanto às questões políticas que é característica da teoria da democracia. Nesse rumo de ideia, Robert Alexy chama atenção para a observância do princípio formal:

> É exatamente esse o ponto no qual entra em jogo o princípio formal da competência decisória do legislador democraticamente legitimado. Esse princípio é um princípio formal, porque ele não determina nenhum conteúdo, mas apenas diz quem deve definir conteúdos. Por isso, seria possível também denominá-lo «princípio procedimental». Enquanto princípio procedimental, ele exige que as decisões relevantes para a sociedade devam ser tomadas pelo legislador democraticamente legitimado. Decisões como a proibição ou a permissão de produtos derivados de *cannabis* são relevantes para a comunidade. Se a decisão sobre essa questão depende de avaliações empíricas, a competência decisória do legislador, exigida prima facie pelo princípio formal, inclui a competência para decidir sobre ela também nos casos de incerteza. Nesses termos, o princípio formal colide com o princípio material de direito fundamental. Este último exclui *prima facie* a competência do legislador para fundamentar decisões desvantajosas para o direito fundamental em premissas empíricas incertas; o primeiro requer *prima facie* exatamente essa competência.[40]

vii) Dever de assegurar direitos fundamentais na hipótese de omissão estatal

O Poder Judiciário tem o dever de assegurar os direitos fundamentais, ainda quando ausente regulamentação legal (omissão normativa)[41], por conta

---

ZA NETO, Cláudio Pereira de. Controle de Constitucionalidade e democracia: algumas teorias e parâmetros de ativismo. In: *Jurisdição Constitucional e Política.* Daniel Sarmento (Coord.). Rio de Janeiro: Forense, 2015, p. 102-111)

40. ALEXY, Robert. *Teoria dos direitos fundamentais.* Tradução de Virgílio Afonso da Silva. 2. ed. São Paulo, Malheiros, 2015, p. 615.

41. A omissão estatal pode ser normativa (por exemplo, inexiste legislação infraconstitucional obrigando o Estado fornecer medicamento de câncer) ou fática (por exemplo, há legislação sobre o fornecimento de medicamento de câncer, mas, na prática, o Poder Executivo não implementa e não disponibiliza). Na hipótese de omissão estatal normativa de direitos fundamentais, os instrumentos cabíveis para "obrigar" o Estado a legislar é a ADIN por omissão (art. 103, §2º, CF), mandado de injunção (art. 5º, LXXI, CF) e ações judiciais ordinárias (aqui incluído também o mandado de segurança). Nesse sentido, Marinoni afirma que "o controle da omissão constitucional por qualquer juiz ou tribunal convive com a ação direta de inconstitucionalidade por omissão e mesmo com o mandado de injunção." (SARLET, Ingo Wolfgang; MARINONI, Luiz Guilherme;

do disposto no art. 5º, § 1º, CF[42], uma vez que, se qualquer juiz tem o poder para realizar o controle (difuso) de constitucionalidade, e a falta de lei pode ser constatada perante um caso concreto, conclui-se ser possível o juiz suprir a omissão inconstitucional quando provocado por ação judicial (inclusive mandado de segurança), sob pena dos direitos fundamentais se tornarem apenas uma promessa, sem efetividade.

Esse dever do juiz suprir a omissão inconstitucional ocorre mesmo em se cuidando de direitos fundamentais sociais que demandem prestação material por parte do Estado[43], sobretudo, mas não exclusivamente[44], quando estiver em jogo a preservação do mínimo existencial[45], não sendo óbice para tanto a alegação da teoria da "reserva do possível", já que esta teoria é inaplicável quando puder comprometer o núcleo essencial e inatingível do direito fundamental (teoria do "limite dos limites" ou "restrição das restrições"), sendo legítimo, portanto, o controle judicial sobre a omissão do Estado no

MITIDIERO, Daniel. *Curso de Direito Constitucional.* 6. ed. revista e atualizada. São Paulo: Revista dos Tribunais, 2017, p. 369-370).

42. "Art. 5º, § 1º. As normas definidoras dos direitos e garantias fundamentais têm aplicação imediata." Conforme assinala Robert Alexy, "se antes era aceitável dizer: direitos fundamentais somente no marco das leis, agora se quer dizer: leis somente no marco dos direitos fundamentais." (ALEXY, Robert. Derechos fundamentales y Estado Constitucional Democrático. In Miguel Carbonell. *Neoconstitucionalismo.* 2. ed. Madrid: Trotta, 2005, p. 33/34). Contudo, conforme sublinhado por Ingo Sarlet, a aplicabilidade imediata dos direitos fundamentais não significa que estes não estejam sujeitos à regulamentação legal, ou que não possam sofrer restrições e limitações por legislação infraconstitucional (resguardando-se, todavia, o núcleo essencial do direito fundamental) ou por exceções previstas na própria Carta Magna. (SARLET, Ingo Wolfgang; MARINONI, Luiz Guilherme; MITIDIERO, Daniel. *Curso de Direito Constitucional.* 6. ed. revista e atualizada. São Paulo: Revista dos Tribunais, 2017, p. 369-370)

43. Conforme já destacado, o art. 5º, § 1º, da CF não fez nenhuma ressalva entre as espécies de direitos fundamentais que estariam abarcados nesse regime (aplicabilidade imediata), como o fez a Constituição portuguesa, que distinguiu direitos negativos e positivos para efeito de aplicabilidade imediata do direito fundamental, devendo-se, pois, assim, proceder à interpretação que dê mais alcance ao direito fundamental.

44. Discordamos do entendimento no sentido de que o controle judicial de políticas públicas apenas possa ocorrer quando há ofensa ao mínimo existencial. O compromisso do Estado Democrático Constitucional é com a efetivação dos direitos fundamentais como um todo, e não apenas como o mínimo existencial, o qual, com certeza, apenas reforça esse argumento. Nesse mesmo sentido: FREIRE JR, Américo Bedê. *O controle judicial de políticas públicas.* São Paulo: Revista dos Tribunais, 2005, p. 74.

45. Segundo Luís Roberto Barroso, o mínimo existencial constitui o núcleo essencial dos direitos fundamentais em geral e seu conteúdo corresponde às pré-condições para o exercício dos direitos individuais e políticos, da autonomia privada e pública. Situa-se dentro do elemento "autonomia da vontade" (elemento ético), que é um dos três elementos essenciais do princípio da dignidade da pessoa humana (ao lado do valor intrínseco e do valor social). A ideia de mínimo existencial foi cunhada na jurisprudência do Tribunal Constitucional Federal Alemão, em decisões diversas. No Brasil, o tema foi desenvolvido especialmente por Ricardo Lobo Torres, que consolidou seus diversos escritos em "O direito ao mínimo existencial", no ano de 2009. (BARROSO, Luís Roberto. *A Dignidade da Pessoa Humana no Direito Constitucional Contemporâneo:* a construção de um conceito jurídico à luz da jurisprudência mundial. Belo Horizonte: Fórum, 2013, p. 81-87)

implemento de políticas públicas[46], através de qualquer tipo de ação judicial, incluindo-se o mandado de segurança.[47]

Por força dessas razões, quando estiver em jogo a implementação, *in concreto*, dos direitos fundamentais, cai por terra o vetusto argumento, ainda criado por Hans Kelsen, no sentido de que o Poder Judiciário apenas poderia atuar como "legislador negativo", devendo, pois, a questão ser julgada no mérito (se violado ou não o direito fundamental no caso concreto, em razão da omissão estatal), não havendo óbice para a admissibilidade do pedido autoral.[48]

Entrementes, o espaço do juiz para suprir a tutela normativa é mais restrito do que do legislador, de modo que o juiz não pode avançar além do mínimo necessário ao alcance da proteção suficiente, conforme observa Marinoni:

> O legislador detém espaço de discricionariedade para atuar em nome da tutela do direito fundamental, não podendo apenas conferir-lhe tutela excessiva ou insuficiente. O juiz, porém, embora possa suprir a falta da tutela normativa, gozo de espaço bem mais restrito, pois apenas pode determinar, para a proteção reconhecida como devida ao direito fundamental, a providência que se afigura indispensável a sua satisfação, devendo esta ser a que cause a menor restrição pos-

---

46. "[...]. A QUESTÃO DA RESERVA DO POSSÍVEL: RECONHECIMENTO DE SUA INAPLICABILIDADE, SEMPRE QUE A INVOCAÇÃO DESSA CLÁUSULA PUDER COMPROMETER O NÚCLEO BÁSICO QUE QUALIFICA O MÍNIMO EXISTENCIAL (RTJ 200/191-197) – O PAPEL DO PODER JUDICIÁRIO NA IMPLEMENTAÇÃO DE POLÍTICAS PÚBLICAS INSTITUÍDAS PELA CONSTITUIÇÃO E NÃO EFETIVADAS PELO PODER PÚBLICO – A FÓRMULA DA RESERVA DO POSSÍVEL NA PERSPECTIVA DA TEORIA DOS CUSTOS DOS DIREITOS: IMPOSSIBILIDADE DE SUA INVOCAÇÃO PARA LEGITIMAR O INJUSTO INADIMPLEMENTO DE DEVERES ESTATAIS DE PRESTAÇÃO CONSTITUCIONALMENTE IMPOSTOS AO PODER PÚBLICO – A TEORIA DA "RESTRIÇÃO DAS RESTRIÇÕES" (OU DA "LIMITAÇÃO DAS LIMITAÇÕES") – CARÁTER COGENTE E VINCULANTE DAS NORMAS CONSTITUCIONAIS, INCLUSIVE DAQUELAS DE CONTEÚDO PROGRAMÁTICO, QUE VEICULAM DIRETRIZES DE POLÍTICAS PÚBLICAS, ESPECIALMENTE NA ÁREA DA SAÚDE (CF, ARTS. 6º, 196 E 197). [...]." (STF, ARE 745745 Relator Ministro Celso de Mello, Segunda Turma, julgado em 02/12/2014). Esse tema já fora apreciado, inclusive, em sede de repercussão geral: "É lícito ao Judiciário impor à Administração Pública obrigação de fazer, consistente na promoção de medidas ou na execução de obras emergenciais em estabelecimentos prisionais para dar efetividade ao postulado da dignidade da pessoa humana e assegurar aos detentos o respeito à sua integridade física e moral, nos termos do que preceitua o art. 5º, XLIX, da Constituição Federal, não sendo oponível à decisão o argumento da reserva do possível nem o princípio da separação dos poderes." (STF, RE 592581, Plenário, Rel. Min. Ricardo Lewandowski, j. em 13/08/2015)

47. "Disso tudo surge uma inarredável conclusão: qualquer tipo de ação – coletiva, individual com efeitos coletivos ou meramente individual – pode ser utilizada para provocar o Poder Judiciário a exercer o controle e a possível intervenção em políticas públicas." (GRINOVER, Ada Pellegrini. O controle de políticas públicas pelo Poder Judiciário. *Revista do Processo*, São Paulo, Revista dos Tribunais, n. 164, ano 33, dez/2008, p. 27.)

48. Com esse mesmo pensar Humberto Ávila: "Importa deixar de lado a opinião de que o Poder Judiciário só exerce a função de legislador negativo, para compreender que ele concretiza o ordenamento jurídico diante do caso concreto." (ÁVILA, Humberto. *Teorias dos princípios*: da definição à aplicação dos princípios jurídicos. 14 ed., São Paulo: Malheiros, 2013, p. 285)

sível à esfera jurídica da parte afetada. Portanto, o juiz, para suprir a omissão inconstitucional, em primeiro lugar deve analisar se há dever de tutela normativa a direito fundamental; depois verificar se este dever não foi cumprido de outra maneira, que não a pretendida pelo demandante; por fim, definido que há dever de tutela normativa e que o legislador não se desincumbiu legitimamente, de nenhuma forma, da sua obrigação, deverá o juiz fixar, para o caso concreto, a providência que, protegendo o direito fundamental, constitua a de menor restrição à esfera jurídica do demandado.[49]

viii) Exercício da Democracia participativa através do processo judicial

Como todo o poder emana do povo (art. 1º, parágrafo único, CF), e se de um lado os Poderes Executivo e Legislativo são exercidos mediante representantes eleitos (democracia representativa), o Poder Judiciário é exercido mediante democracia participativa[50], através de ação judicial por provocação popular (princípio da inércia) e respeitando os limites propostos (princípio da congruência), por meio de um processo cooperativo e em contraditório (como dever de debate do juiz e direito de influência da partes), onde a decisão é produto da construção feita pelo juiz conjuntamente com as partes (pluralismo)[51].

Nessa medida, em suma, a inércia do Poder Judiciário e sua vinculação à Constituição Federal repele eventuais acusações de que estar-se-ia criando a politização do Poder Judiciário ("governo dos juízes", "judiciocracia", "judi-

49. SARLET, Ingo Wolfgang; MARINONI, Luiz Guilherme; MITIDIERO, Daniel. *Curso de Direito Constitucional.* 6. ed. revista e atualizada. São Paulo: Revista dos Tribunais, 2017, p. 997.

50. Canotilho discorre sobre as facetas do princípio democrático: "Só encarando as várias dimensões do princípio democrático (propósito das chamadas teorias complexas da democracia) se conseguirá explicar a relevância de vários elementos que as teorias clássicas procuravam unilateralmente transformar a ratio e ethos da democracia. Em primeiro lugar, o princípio democrático acolhe os mais importantes postulados da teoria democrática representativa – órgãos representativos, eleições periódicas, pluralismo partidário, separação de poderes. Em segunda lugar, o princípio democrático implica democracia participativa, isto é, a estruturação de processos que ofereçam aos cidadãos efectivas possibilidades de aprender a democracia, participar nos processos de decisão, exercer controle crítico na divergência de opiniões, produzir imputs democráticos." (CANOTILHO, José Joaquim Gomes. *Direito Constitucional e Teoria da Constituição.* 7. ed. Coimbra: Almendina, 2003, p. 288). Sobre a democracia participativa, consultar ainda obra de Paulo Bonavides (*Teoria constitucional da democracia participativa*: por um direito constitucional de luta e resistência, por uma nova hermenêutica, por uma repolitização da legitimidade. São Paulo: Malheiros, 2001, p. 22 e 24).

51. O pluralismo rechaça o "poder monocrático" (poder concentrado numa única mão), e defende o "poder distribuído", ou seja, o direito à participação na formação da decisão e as várias instâncias especializadas de poder. Busca-se, assim, a "demodiversidade", isto é, democracia pluralista que admite várias instâncias de formação e deliberação da decisão política.

cialização da política", "ativismo judicial", "politização da justiça").[52] Cuida-se, como se viu, do caráter contramajoritário das atuais democracias constitucionais, em que as Constituições estabelecem os direitos fundamentais como limites à democracia representativa (vontade da maioria) ocasional, de forma que o Poder Judiciário tem o poder-dever de conformar as políticas públicas aos objetivos constitucionais.[53]

Dessarte, após comparar os limites do sistema do *common law* em face do direito nacional, quanto ao aspecto do controle judicial dos atos de poder, Carlos Alberto Alvaro de Oliveira aponta os benefícios da maior amplitude da jurisdição brasileira, ocasionando na "ilimitada possibilidade de revisão judicial do ato praticado pela administração, seja qual fora a autoridade res-

---

52. Conforme ensina Luís Roberto Barroso, a judicialização (questões relevantes do ponto de vista político, social ou moral decididas pelo Poder Judiciário), é um fato inevitável no Brasil que emana do desenho constitucional vigente, e não de uma opção política do Judiciário, e decorre basicamente de dois fundamentos: (i) o modelo de constitucionalização abrangente e analítico adotado na CF de 1988; (ii) o amplo sistema de controle de constitucionalidade, que combina o sistema difuso e concentrado. Afirma Barroso que a judicialização é um fenômeno mundial, e que a visão da Europa continental de que ao Judiciário cabe apenas atuar como "legislador negativo", para evitar um "governo dos juízes", já não corresponde à prática política atual. Não se deve confundir "judicialização" com "ativismo judicial", que está associada a uma participação mais ampla e intensa do Judiciário na concretização dos valores constitucionais, com maior interferência no espaço de atuação dos outros Poderes Políticos. O oposto de "ativismo judicial" é o da "autocontenção judicial", conduta pela qual o Judiciário procura reduzir sua interferência nas ações dos outros Poderes. Argumenta Barroso que a principal diferença metodológica entre essas duas posições é a de que, no ativismo judicial, busca-se extrair o máximo das potencialidades do texto constitucional, ao passo que, na autocontenção, abre-se mais espaço à atuação dos poderes políticos. Conclui que, enquanto a judicialização é um fato inevitável, o ativismo é uma atitude, a escolha de um modo específico para interpretar a Constituição. (Ob. Cit., p. 366-372). O tema é riquíssimo no direito norte-americano, ligado ao contraste entre restrição judicial (*judicial restraint)* e ativismo judicial (*judicial activism*). A questão tornou-se famosa com a candidatura de Nixon para Presidente dos Estados Unidos. Nixon acusava a Corte de Warren de deturpar a interpretação a lei de acordo com suas convicções pessoais e indicou com sucesso dois juízes conservadores durante o seu mandato presidencial. (DWORKIN, Ronald. *Taking rights seriously*. Cambridge: Harvard University Press, 1978, Cap. 5.)

53. Confira o didático voto do Ministro Celso de Mello: " [...] Uma decisão judicial - que restaure a integridade da ordem jurídica e que torne efetivos os direitos assegurados pelas leis - não pode ser considerada um ato de interferência na esfera do Poder Legislativo, consoante já proclamou, em unânime decisão, o Plenário do Supremo Tribunal Federal [...] A essência do postulado da divisão funcional do poder, além de derivar da necessidade de conter os excessos dos órgãos que compõem o aparelho de Estado, representa o princípio conservador das liberdades do cidadão e constitui o meio mais adequado para tornar efetivos e reais os direitos e garantias proclamados pela Constituição. Esse princípio, que tem assento no art. 2º da Carta Política, não pode constituir e nem qualificar-se como um inaceitável manto protetor de comportamentos abusivos e arbitrários, por parte de qualquer agente do Poder Público ou de qualquer instituição estatal. - O Poder Judiciário, quando intervém para assegurar as franquias constitucionais e para garantir a integridade e a supremacia da Constituição, desempenha, de maneira plenamente legítima, as atribuições que lhe conferiu a própria Carta da República. O regular exercício da função jurisdicional, por isso mesmo, desde que pautado pelo respeito à Constituição, não transgride o princípio da separação de poderes. [...] A separação de poderes - consideradas as circunstâncias históricas que justificaram a sua concepção no plano da teoria constitucional - não pode ser jamais invocada como princípio destinado a frustrar a resistência jurídica a qualquer ensaio de opressão estatal ou a inviabilizar a oposição a qualquer tentativa de comprometer, sem justa causa, o exercício do direito de protesto contra abusos que possam ser cometidos pelas instituições do Estado. [...]" (STF, MS 24458 MC, julgado em 18/02/2003).

ponsável"[54], inclusive o Presidente da República, razão pela qual depreende-se que o cidadão brasileiro está mais aparelhado que outros países para o controle dos atos do Poder Público.[55]

1.2 HISTÓRICO DO MANDADO DE SEGURANÇA

Celso Agrícola Barbi preleciona que os procedimentos adotados pelo processo civil brasileiro, nos primeiros tempos da República, ainda não eram suficientemente rápidos e eficazes para assegurar a proteção dos indivíduos em face do Estado, sendo que o principal defeito consistia na incapacidade dos instrumentos processuais para atender os casos em que o direito violado não pudesse ser substituído pela reparação pecuniária. [56]

Isso foi a razão pela qual Rui Barbosa tentou utilizar os procedimentos possessórios, de curso rápido e suscetível de execução específica da decisão, sob o argumento de que existiria posse de direitos pessoais. Contudo, a resistência foi grande em relação a essa concepção, em razão da amplitude do conceito de posse dada por Rui Barbosa.

Por apresentação de Emenda de José Higino ao Projeto de lei que reorganizava Justiça Federal (Lei n. 221 de 20/11/1894)[57], fora criada a Ação

54. *Do formalismo no processo civil.* São Paulo: Saraiva, 1997, p. 103.

55. Essa maior extensão do controle judicial dos atos de poder no sistema brasileiro é de suma importância, em razão do desenho constitucional de nosso sistema presidencialista. De fato, Seabra Fagundes destaca que o controle judicial se apresenta com menor relevância nos Estados sob regime parlamentar do que nos de sistema presidencial. No regime parlamentar, há um controle direto e efetivo do Parlamento sobre a Administração, já que a atividade administrativa é realizada segundo a orientação do Poder Legislativo e debaixo do seu minucioso controle. De outro lado, no regime presidencialista, notadamente no Brasil, o Executivo, na prática, exerce superioridade em face do Legislativo (por exemplo, com a edição de medidas provisórias, distribuição de cargos públicos e diretorias de estatais, liberação de emendas parlamentares etc.), cujo controle sobre aquele (Executivo) é reduzido. Por esse motivo, e considerando a tradição brasileira de hegemonia do Executivo e fragilidade do sistema representativo (Legislativo), se acentua mais ainda a importância do controle judicial dos atos da administração em nosso país (Ob. Cit., p. 93).

56. Ob. Cit., p. 30. Escreveu também Barbi: "As normas do processo civil, elaboradas secularmente para solução de litígios entre particulares, não se mostraram aptas para adequada resolução dos conflitos em que a Administração, com o peso do seu poder e da sua responsabilidade, pudesse desiquilibrar a balança da justiça. Daí a necessidade de instituição de formas processuais especialmente afeiçoadas para ajuizamento das demandas entre o indivíduo e a Administração." (Ob. Cit., p. 1-2). Até porque, no aspecto político, o desenho institucional da Carta Magna de 1891 deixava muito a desejar, em virtude do excessivo centralismo do poder na figura do Presidente da 1ª República, chegando a doutrina a afirmar que "o Presidente da República era um monarca eletivo que se substituía a cada quatriênio" (BONAVIDES, Paulo; ANDRADE, Paes de. *História Constitucional do Brasil*. 3. ed. São Paulo: Paz e Terra, 1991, p. 249-252), a ponto de um diplomata inglês, Hambloch, ter escrito um texto denominado *"His Majesty, the President"*, descrevendo o sistema presidencial brasileiro como uma "monarquia eleitoral". (HAMBLOCH, Ernest. *His Majesty*. The President of Brazil. A study of constitucional Brazil. New York: E.P. Dutton & Company, 1936)

57. Carlos Alberto Alvaro de Oliveira vê nessa lei a primeira tentativa brasileira clara no sentido de garantir tutela jurisdicional ao cidadão contra o Poder Público (*Do formalismo no processo civil.* São Paulo: Saraiva, 1997, p. 100)

Anulatória de Atos da Administração, sendo um grande passo para melhor proteção do indivíduo, já que o rito era sumário e poderia haver a suspensão da execução do ato impugnado. No entanto, na prática, essa lei não produziu os resultados esperados.[58]

Em virtude do insucesso dessas tentativas, surgiu uma nova solução: ampliação do conceito de cabimento do *habeas corpus*, de modo a admitir o seu manejo em face de atos ilegais praticados pelo Poder Público, ainda que não se tratasse dos direitos de liberdade de locomoção, surgindo, assim, o *habeas corpus* civil. Tratava-se da doutrina do "favorabilia amplianda"[59] criada por Rui Barbosa e aceita pelo Supremo Tribunal Federal[60]. Contudo, ante a reforma constitucional de 1926, que alterou o art. 72, § 22º, da CF, fora restringindo o campo do *habeas corpus*, limitando-se o seu cabimento ao seu conceito tradicional, o que impulsionou o ambiente jurídico a criar novas soluções.

Nesse contexto propício, a primeira sugestão do instituto com feições do mandado de segurança fora dada por Alberto Torres, e publicado em sua obra *A organização Nacional* em 1914, em que criava o "mandado de garantia", com maior amplitude, destinada a proteção de direitos individuais ou coletivos, públicos ou privados, lesados por ato do Poder Público ou privado, aplicável quando não houvesse outro remédio processual.[61]

Finalmente, no Congresso Jurídico de 1922, o Ministro Muniz Barreto propusera a criação, no Brasil, de um instituto semelhante ao *juicio de amparo* mexicano, e com feições semelhantes ao *habeas corpus*, para proteção de direitos não amparáveis por *habeas corpus*.[62]

---

58. BARBI, Celso Agrícola, Ob. Cit., p. 31.

59. "Odiosa restringenda, favorabilia amplianda", isto é, restrinja-se o odioso; amplie-se o favorável. Ver: MAXIMILIANO, Carlos. *Hermenêutica e aplicação do direito*. 13. ed. Rio de Janeiro: Forense, 1993, p. 247.

60. Castro Mendes discorre que "as origens do mandado de segurança estão naquele memorável esforço de adaptação realizado pela jurisprudência, sob a égide do Supremo Tribunal Federal, em torno do *habeas corpus*, para não deixar sem remédio certas situações jurídicas que não encontravam no quadro das nossas ações a proteção adequada. [...] O mandado de segurança representa, portanto, o coroamento dessa evolução interrompida em 1926, pela Reforma Constitucional, que, reduzindo o *habeas corpus*, não lhe deu o sucedâneo que, mais tarde, iniciativas parlamentares e o brilhante debate que se lhes seguiu não lograram fazer triunfar." (NUNES, José de Castro. *Do mandado de Segurança*. 7. ed. Rio de Janeiro: Forense, 1967, p. 15). Com a criação do "*habeas corpus* civil", deu-se aqui a aplicação da doutrina do *common law*, no sentido de que os remédios precedem os direitos, logo, não há direitos sem remédios processuais que os assegurem – *ubi remedius, ibi ius*.

61. NUNES, José de Castro. Ob. Cit., p. 22 e ss.

62. Veja-se o Relatório do citado Ministro na Obra de Castro Nunes, Ob. Cit., p. 16/17. Nesse relatório, consta a seguinte tese: "O incremento da vida judiciária e a necessidade de solução rápida de certas situações de anormalidade, apreciáveis de plano pelos tribunais e incabíveis no remédio do *habeas corpus*, exigem a criação de um instituto processual capaz de reintegrar o direito violado [...] Do que necessitamos é de um instituto

Essa proposta foi levada adiante por João Mangabeira, que sugeriu à Comissão elaboradora do Anteprojeto da Constituição de 1934[63], a criação de um processo sumaríssimo, para proteção de direito incontestável, ameaçado ou violado por ato manifestamente ilegal por parte de qualquer autoridade pública[64], denominado "mandado de segurança", no que resultou no surgimento deste instrumento processual na Constituição Federal de 1934 (art. 113, n. 33)[65], o qual fora regulamentado pela Lei n. 191 de 16/01/1936 (primeira lei do mandado de segurança brasileira)[66], e posteriormente pelo Código de Processo Civil de 1939.

A Carta Magna de 1937 ("Era Vargas" - Constituição "Polaca") não previu o mandado de segurança como garantia constitucional[67], o que só veio retornado (essa garantia constitucional) com a Constituição de 1946 (art. 141, § 24)[68], sendo certo que, desde então, está presente em todas as Cartas Magnas.

Em 31 de dezembro de 1951, a Lei Federal n. 1.533 regulamentou o mandado de segurança, revogando expressamente os artigos do CPC então vigente, sendo alterado pontualmente por leis infraconstitucionais ao longo do tempo, que, em grande parte, restringiram o cabimento do *mandamus*.

---

semelhante ao recurso de amparo, criado no México, com rito, porém, mais sumário, e que compreenda tanto a agressão ao direito, partida da autoridade pública, como a proveniente de ato privado."

63. Para visualizar o projeto e os trabalhos da comissão constitucional e da Assembleia Constituinte, consultar a obra de Themistócles Brandão Cavalcanti (*Do mandado de segurança*. 4. ed. Rio de Janeiro: Freita Bastos, 1957, p. 96).

64. Francisco Cavalcanti Pontes de Miranda afirmou que a expressão "qualquer autoridade" deu uma amplitude significante para o instituto, que sequer o sistema norte-americano concedeu ao *writ* daquele país. (*Comentários à Constituição da República dos Estados Unidos do Brasil de 1934*. Rio de Janeiro: Guanabara, 1936, p. 722, v. I).

65. "Dar-se-á mandado de segurança para defesa do direito, certo e incontestável, ameaçado ou violado por ato manifestamente inconstitucional ou ilegal de qualquer autoridade. O processo será o mesmo do habeas corpus, devendo ser sempre ouvida a pessoa de direito público interessada. O mandado não prejudica as ações petitórias competentes."

66. O histórico do mandado de segurança pode ser compreendido no Relatório do Projeto, que resultou na Lei n. 191/36, escrito pelo Deputado Alcântara Machado (NUNES, José de Castro. Ob. Cit., p. 17-22).

67. Com o golpe de Estado em 1937, foram criadas restrições na legislação infraconstitucional, sobretudo o Decreto n. 6, que proibiu o uso do mandado de segurança contra atos do Presidente da República, de Ministro de Estado, Governadores e interventores. Segundo magistério de Barbosa Moreira, "qual o significado político dessas mudanças? A primeira nota que desde logo emerge, permite-nos ali afirmar que é difícil a compatibilização entre um instituto como o mandado de segurança e, de modo geral, as garantias dos cidadãos, com os regimes autoritários." (MOREIRA, José Carlos Barbosa. *Mandado de segurança*: uma apresentação. *In* Temas de Direito Processual: 6ª série. São Paulo: Saraiva, 1997, p. 196). Como se vê, em que pese a Constituição de 1937 ter excluído a ação de mandado de segurança do texto constitucional, o mandado de segurança continuou a vigorar como remédio infraconstitucional, contudo, com as restrições acima.

68. "Para proteger direito líquido e certo não amparado por habeas corpus, conceder-se-á mandado de segurança, seja qual for a autoridade responsável pela ilegalidade ou abuso de poder."

A Constituição Federal de 1967 e a Emenda Constitucional 1/1969 mantiveram essa garantia constitucional (art. 150, § 21)[69].

O Código de Processo Civil de 1973 não regulamentou a matéria, continuando a vigorar a Lei Federal n. 1.533/1951.

A Constituição Federal de 1988 também manteve o instituto do mandado de segurança como direito fundamental (art. 5º, LXIX), agora ampliando o seu cabimento, com a criação do mandado de segurança coletivo.

Por fim, a Lei Federal n. 12.016/2009 regulamentou integralmente o mandado de segurança, revogando expressamente a Lei Federal n. 1.533/51[70]. Na verdade, a Lei é nova e recente, mas a estrutura teórica é antiga, pois, em grande parte, incorporou as leis anteriores esparsas (consolidação) e as jurisprudências preponderantes do passado, sem grandes inovações[71], sendo que o anteprojeto da Lei em voga é datado de 1996[72], sem sofrer grandes alterações até a promulgação da Lei em 2009.

---

69. "Conceder-se-á mandado de segurança, para proteger direito individual liquido e certo não amparado por habeas corpus, seja qual for a autoridade responsável pela ilegalidade ou abuso de poder."

70. Arnoldo Wald, Relator do Anteprojeto da Lei de Mandado de Segurança, apontou a simplicidade, eficiência e celeridade no julgamento, como as diretrizes que a Comissão pretendeu dar à nova Lei do Mandado de Segurança: "As finalidades da lei vigente foram a modernização e a simplificação do mandado de segurança, que tinha sofrido uma banalização, sendo quase transformado em ação ordinária e passando a ter demora, no seu julgamento, análoga ou um pouco menor que os demais feitos. Era preciso devolver ao mandado a agilidade de verdadeiro comando de medida de execução imediata contra a Administração, que era historicamente assemelhado ao *habeas corpus*, sem as dificuldades prática de andamento que caracterizam os outros processos judiciais. Simplicidade, eficiência, rapidez no julgamento, foram as diretrizes que a Comissão pretendeu dar à nova legislação." (MEIRELLES, Hely Lopes; WALD, Arnoldo; MENDES, Gilmar Ferreira. *Mandado de Segurança e ações constitucionais*. 36. ed. São Paulo: Malheiros, 2014, p. 162)

71. ZANETI Jr, Hermes. *O "novo" mandado de segurança coletivo*. Salvador: Juspodivm, 2013, p. 40. Tanto isso é verdade, que a Exposição de Motivos do Projeto do "Novo" Mandado de Segurança, consta o objetivo de "atualização, por consolidação em diploma único, de todas as normas que regem a mesma matéria", bem como que "foram mantidas a redação e a sistemática das regras vigentes, a fim de evitar divergências de interpretação em matérias sobre as quais a jurisprudência já se consolidou."

72. O Ministro da Justiça, em 1996, nomeou uma Comissão de Juristas para elaborar o anteprojeto da nova lei de mandado de segurança, bem como de outras ações constitucionais, compostas pelos juristas Ada Pellegrini Grinover, Álvaro Villaça Azevedo, Antônio Janyr Dall'Agnol Jr, Arnoldo Wald, Caio Tácito, Carlos Alberto Direito, Gilmar Ferreira Mendes, Luiz Roberto Barroso, Manoel André da Rocha, Roberto Rosas e Ruy Rosado Aguiar. Especificamente no anteprojeto da lei de mandado de segurança, fora Relator o Professor Arnoldo Wald e Revisor o Ministro Carlos Alberto Direito. Após a finalização dos estudos da Comissão, o anteprojeto fora encaminhado ao Congresso Nacional em 07 de agosto de 2001 pelo Advogado-Geral da União, e transformado no Projeto de Lei n. 5.067/2001, o qual fora aprovado pela Câmara Federal com apenas três emendas de redação apresentadas pelo Relator, deputado Antônio Carlos Biscaia: i) complemento do texto do art. 6º, § 4º, determinando a observância do prazo decadencial na hipótese de emenda à inicial; ii) o descumprimento de ordem judicial caracteriza crime de desobediência (art. 26); iii) inversão de ordem entre os arts. 28 e 29. No Senado Federal, o aludido projeto fora aprovado integralmente no ano de 2009, sem modificações. Enviado à Presidência da República, o Projeto de Lei fora sancionado naquele mesmo ano, convertendo-se na Lei Federal n. 12.016, de 07 de agosto de 2009, com apenas dois vetos: i) art. 5º, parágrafo único: prazo decadencial de 120 dias contra omissão de autoridade, após a sua notificação; ii) art. 6º, § 4º: fixava prazo para o impetrante emendar a inicial em caso de arguição de ilegitimidade passiva pela autoridade coatora.

1.2.1 Institutos próximos no Direito Comparado

1.2.1.1 Amparo Mexicano

O antecedente mais próximo das origens do amparo mexicano está no Projeto de Constituição elaborado em 1840 por Manuel Crescéncio Rejón para o Estado de Yucatan.[73]

No entanto, somente após 17 anos esse projeto tornou-se realidade, incorporando-se (o instituto do amparo) à Constituição de 1857, que consagrou os direitos individuais no México, sendo posteriormente mantido o referido instituto pela Constituição de 1917 (arts. 14, 16, 101 e 103).[74]

Segundo definição de Ignácio Burgoa[75], o amparo é um processo que se inicia pela ação que exerce qualquer administrado perante os órgãos jurisdicionais federais, contra todo ato de autoridade que lhe cause um dano em sua esfera jurídica e contrário à Constituição, tendo como finalidade invalidar esse ato ou privá-lo de sua eficácia em virtude de sua inconstitucionalidade ou ilegalidade no caso concreto.

Em sua origem, o amparo seria apenas controle de constitucionalidade das leis e demais atos do Poder Público, mas, posteriormente, fora ampliado para o controle de legalidade em geral.

Malgrado na criação do instituto do mandado de segurança no Brasil tenha-se feito menção ao amparo mexicano como modelo a ser importado, na verdade, este (amparo) apresenta extensão maior de cabimento do que aquele (mandado de segurança), sendo institutos autônomos e genuinamente nacionais.[76]

---

73. BUZAID, Alfredo Buzaid. *Do mandado de segurança*. São Paulo: Saraiva, 1989, vol. I, p. 52. Prescrevia o art. 53: "Corresponde a este tribunal reunido (Corte Suprema de Justicia del Estado): 1º Amparar en el goce de sus derechos a los que le pidan su protección contra las leyes y decretos de la Legislatura que sean contrarios a la Constituición; o contra las providencias del Govierno e Ejecutivo reunido, cuando em ellas se hubiesen infringido el Código Fundamental o las leyes, limitándose em ambos casos a reparar el agravio em la parte em que éstas o la Constitución hubiesen sido violadas."

74. Quadra sublinhar que o *juicio de amparo* espanhol distingue-se em muito de seu correlato mexicano, figurando aquele como espécie de recurso constitucional subsidiário para a defesa de direitos e liberdade cuja lesão tenha origem em atos jurisdicionais. Confira: CARRILLO, Marc. Jurisdicción ordinaria y jurisdiccion constitucional. *Escuela de Verano del Poder judicial*, n. 10, Galicia, 1998, p. 293-300.

75. BURGOA, Ignacio. *El juicio de amparo*. 14. ed. México: 1979, p. 177.

76. "Ambas as instituições, a mexicana e a brasileira, são profundamente nacionais, porque não obstante terem tomados idéias libertárias de outros países, as transformaram, essencialmente, na caldeira de sua nacionalidade, conformando-as de acordo com as necessidades e aspirações de seus povos respectivos. [...]. Por esta virtude, não se pode falar de preeminência de valimento ou supremacia, de uma garantia constitucional sobre a outra, mas sim de uma compenetração recíproca, aproveitando as mútuas conquistas alcançadas nos dois países americanos." (ZAMUDIO, Hector Fix. Mandato de seguridade y juicio de amparo. In: ZAMUDIO,

Com efeito, Fix Zamudio ressalta a maior completude e complexidade do amparo mexicano em face do mandado de segurança, apresentando quatro aspectos diversos, a saber: i) instrumento protetor de direitos fundamentais; ii) meio de combater leis inconstitucionais; iii) recurso de cassação; iv) forma de impugnação dos atos da administração.[77]

1.2.1.2 Direito anglo-americano (Writs)

No sistema do *common law*, a defesa do particular contra a Administração Pública poderá ocorrer pela tutela ressarcitória pelo equivalente (perdas e danos), com utilização de ação civil em face do funcionário que praticar o ato impugnado, ou pela tutela mandamental e *in natura* (específica), através dos remédios judiciais extraordinários (*writs*)[78], destacando-se o *writ of injunction* e *writ of mandamus*[79], cujas origens remontam o direito medieval na Inglaterra e relacionam-se à jurisdição do *equity.*

O *injuction* tem por escopo proibir ato (*non facere*) cujo resultado causaria dano irreparável a direito do autor. Trata-se de ordem emanada do Judiciário determinando à parte (pública ou privada) a qual é destinatária que se abstenha de fazer algo (*prohibitory injunctions)*, ou, eventualmente, que faça algo (*mandatory injuctions*).

No tange às origens do *injunction,* no século XVI, este fora um meio empregado pelo Chanceler do Rei para corrigir os efeitos das normas de *common law* (precedentes), de forma que o Chanceler poderia suspender a execução de julgamento decorrente de norma de *common law*, quando ele reprovasse a decisão por questão de *equity* (justiça).*80*

Por seu turno, o *mandamus* é uma ordem judicial expedida para compelir a autoridade pública a praticar ato (um *facere*) de seu ofício, nas hipóteses em que o servidor não tem poder discricionário. Não pode ser utilizado contra o Presidente da República, e, raramente, pode ser utilizado contra Secretários

---

Hector Fix; RIOS ESPINOZA, Alessandro; ALCALA-ZAMORA, Niceto. *Tres estudios sobre el mandato de seguridade brasileño.* Mexico: Unam, 1963, p. 64). Nesse mesmo sentido: FIUZA, Ricardo Arnaldo Malheiros. Mandado de segurança: notícia histórica. In TEIXEIRA, Sálvio de Figueiredo (coord.). *Mandados de segurança e de injunção.* São Paulo: Saraiva, 1990, p. 52-54.

77. Ob. Cit., p. 65-66.

78. Celso Agrícola Barbi, Ob. Cit., p. 19.

79. Há ainda outros *writs* postos à disposição do cidadão no sistema norte-americano. O *writ of prohibition* visa impedir que Cortes inferiores julguem sem jurisdição. O *writ quo warranto* é utilizado em nome do povo, para protegê-lo contra usurpação ilegal de cargos ou privilégios. O *writ of certiorari* consiste no tribunal superior ordenar ao inferior que lhe submeta, para reexame, alguma causa pendente.

80. TUNC, Andre; TUNC, Suzane. *Le système constitutionel des États-Unis d' Amérique.* v. 2, n. 259, 1954, p. 304.

de Estado, e, antes de ser expedido judicialmente, o cumprimento desse dever há de ser solicitado e apresentado recurso administrativamente.

Sua origem encontra-se desde o período do Rei inglês Eduardo III que, por representar a fonte de toda a justiça e poder, expedia o *writ of mandamus* como lhe aprouvesse, ou seja, uma carta dirigida pelo Rei à autoridade, a quem o ato era ordenado.[81]

Já nos Estados Unidos, há referência do *writ of mandamus* no famoso julgamento Marbury vs. Madison, em 1803, quando o Presidente da Corte Marshall defendeu a possibilidade do uso do *mandamus* no sistema norte-americano.[82]

Por conta dessas características relatadas, há quem sustente que o mandado de segurança encontra suas origens, também, nos *writs* anglo-americanos, sobretudo porque ambos instrumentos (brasileiro e anglo-americano) proporcionam ao autor a tutela de direito na forma mandamental e execução *in natura* (específica).[83]

Contudo, visualiza-se inúmeras distinções, já que o nosso mandado de segurança não é similar a nenhum desses *writs* anglo-americanos, pois realiza a função de todos esses *writs*, bem como não é remédio de equidade, para corrigir injustiças, mas para o controle de legalidade (incluído controle constitucionalidade, como questão prévia, e não principal).[84]

Enfim, a despeito do mandado de segurança apresentar semelhança com os *writs* anglo-americanos e com o amparo mexicano, sendo-lhes posterior na criação e sofrendo, de certa forma, influência, infere-se que o mandado de

81. TUNC, Andre; TUNC, Suzane. Ob. Cit., p. 37.

82. "No famoso julgamento do caso Marbury vs. Madison, em 1803, o Presidente Marshall examinou a natureza do *mandamus*, invocando a lição de Blackstone (Commentaries, v. 3, p. 110), que dizia que é um *writ* 'expedido pelo Tribunal Superior inglês (*Court of King's Bench*) e dirigido a qualquer indivíduo, pessoa jurídica ou tribunal judiciário inferior dentro dos domínios do Rei, ordenando-lhe que faça alguma coisa nele determinada e especificada concernente à sua função e dever, e que o Tribunal Superior do Rei já houvesse julgado ou pelo menos suposto ser conforme ao direito e à justiça'. Sustenta em seguida que a lei que estabeleceu os tribunais judiciários dos Estados Unidos autoriza a Corte Suprema a expedir *writs of mandamus*, nos casos fundados em princípios e usos legais, a quaisquer tribunais instituídos ou pessoas que desempenhem funções sobre a autoridade dos Estados Unidos." (BUZAID, Alfredo. Ob. Cit., p. 42). Para consultar a versão traduzida em vernáculo: SWISHER, Carl Brent. *Decisões históricas da Corte Suprema*. Rio de Janeiro: Forense, 1964, p. 9-14.

83. Nesse sentido escreveu Alfredo Buzaid: "Estas idéias, consolidadas ao longo de vários séculos na Inglaterra e nas antigas que compuseram depois a Federação dos Estados Unidos da América, conquanto correspondessem a institutos que lhes eram peculiares como os equitable remedies, não podiam deixar de ter repercussão, quer no espírito dos legisladores mexicanos, quer na formação dos juristas brasileiros, ambos preocupados em coibir os abusos do poder ou as injustiças praticadas por magistrados." (Ob. Cit., p. 45-46)

84. NUNES, Castro. Ob. Cit., p. 49.

segurança brasileiro é um instrumento processual verdadeiramente "nacional", objeto de produção interna e não "importado", a exemplo do *habeas corpus.*

1.3 DA TUTELA MANDAMENTAL

Conforme já explanado, a finalidade da jurisdição é prestar tutela de direitos de forma efetiva, adequada e tempestiva, por meio de um processo justo.[85]

Especificamente acerca da efetividade, Mauro Cappelletti, ao concluir seu estudo sobre os problemas reais relativos à tutela dos direitos coletivos no Congresso realizado em Pávia em 1974, sobre o tema "As ações para a tutela dos interesses difusos", já salientava a ineficiência da tutela essencialmente repressiva, ressarcitória e de cunho pecuniária, argumentando que "se impõe, aqui, a necessidade de formas mais variadas e eficazes de provimentos judiciais – inibitórios e ordinatórios, *injunction* e *mandamus* –, principalmente de caráter preventivo, e com fortes e adequadas sanções, eventualmente penais, para o caso de inobservância."[86]

Dentro desse contexto, estudaremos as pluralidades de eficácias sentenciais (tutelas), dentre as quais se situa a tutela mandamental, aplicável à ação de mandado de segurança.

São duas as principais correntes doutrinárias quanto às eficácias da sentença. A corrente trinária (tríplice), de origem da doutrina europeia continental, que entende pela existência de apenas três eficácias sentenciais, quais sejam, declaratória, constitutiva e condenatória[87], e a doutrina quinaria, de

---

85. A tutela de direitos no Brasil não é exercida exclusivamente pelo Poder Judiciário (tutela jurisdicional). O Poder Legislativo e o Poder Executivo também prestam tutela de direito, notadamente para proteger direitos fundamentais. Vejamos o exemplo dos direitos do consumidor. A Constituição Federal prescreve que "o Estado promoverá, na forma da lei, a defesa do consumidor" (art. 5º, XXXII). O Poder Legislativo exerce a tutela normativa de direito do consumidor, quando cria leis protegendo o consumidor, a exemplo da inversão do ônus da prova. Por seu turno, o Poder Executivo presta a tutela administrativa de direito do consumidor, quando exerce o seu poder de polícia através de órgãos públicos (ex: PROCON), e fiscaliza empreendimentos que desrespeitam o CDC, aplicando-lhes multas por infração administrativa.

86. *Le azione a tutela di interessi collettivi*: atti del convegno di studio di Pavia, 11-12 giugno 1974. Padova: CEDAM, 1976, p. 207. No Brasil, Carlos Alberto Alvaro de Oliveira também defende a superação da tutela meramente sancionatória: "Daí, igualmente, a preferência cada vez maior emprestada aos remédios jurisdicionais, mesmo os de natureza definitiva, não só tendentes a reconduzir a situação litigiosa ao *status quo ante*, isto é, que atuem após a lesão, mas especialmente em relação aos que permitam evitar o aparecimento do dano." (A ação coletiva de responsabilidade civil e seu alcance. In: BITTAR, Carlos Alberto (org.). *Responsabilidade civil por danos a consumidores*. São Paulo: Saraiva, 1992, p. 88)

87. Particularmente em relação ao mandado de segurança, filia-se a essa corrente Celso Agrícola Barbi, o qual rejeita a possibilidade de existência de sentença mandamental, ao argumento de que toda vez que a ação tiver em vista a abstenção ou a prática de um ato, ter-se-á a sentença condenatória a praticar esse ato; se o vício for passível de nulidade, tratar-se-á de sentença declaratória, ao passo que, se o vício for passível

Pontes de Miranda, que agrega a essas três tradicionais eficácias (declaratória, constitutiva e condenatória), mais duas classes, a saber, a executiva *lato sensu* e a mandamental.[88]

Filiamo-nos à corrente quinaria de Pontes de Miranda, razão pela qual tecemos alguns comentários a respeito.[89]

Essa classificação quinaria de Pontes de Miranda revolucionou a visão do jurista na primeira metade do século XX, já que, até o final do século XIX, apenas eram conhecidas as eficácias sentenciais declaratórias e condenatórias, e, só a partir de então, surgiu a eficácia constitutiva[90] nessa classificação.

Em 1914, Georg Kuttner mencionou, pela primeira vez, a existência de ações mandamentais[91], contudo, o conceito elaborado por Pontes de Miranda é mais amplo, porquanto permite que a ordem seja proferida para cumprimento por particulares e contra a parte, enquanto que a obra de Kuttner a ordem só poderia atingir a terceiros.[92]

Consoante magistério de Pontes de Miranda, "ação mandamental é aquela que tem por fito preponderante que alguma pessoa atenda ao que o juízo manda."[93]

Na criação da sentença mandamental, o método utilizado por Pontes de Miranda não foi o da classificação pelo gênero e espécie (do que se "buscava

de anulabilidade, tratar-se-á de sentença constitutiva, de forma que é desnecessária nova classificação que inclua a sentença mandamental. (Ob. Cit., p. 219-220)

88. MIRANDA, Francisco Cavalcanti Pontes de. *Tratado das ações*. São Paulo: Revista dos Tribunais, 1976, p. 117, Tomo VI: ações mandamentais. Segundo Barbosa Moreira, em princípio, a expressão "sentença mandamental" foi utilizada pela primeira vez por Pontes de Miranda nos "Comentários ao Código de Processo Civil de 1939". Para aprofundamento: MOREIRA, José Carlos Barbosa. A sentença mandamental: da Alemanha ao Brasil. *Revista Brasileira de Direito Comparado*. Rio de Janeiro, n. 17, 2. Sem. 1999, p. 347.

89. Entre os renomados autores brasileiros que admitem a existência da sentença mandamental, além de José Carlos Barbosa Moreira (Ob. cit.), cite-se: SILVA. Ovídio Araújo Baptista da. *Curso de processo civil*. 2. ed. Porto Alegre: Safe, 1993, v. II; GRINOVER, Ada Pellegrini. Tutela jurisdicional das obrigações de fazer e não fazer. *Revista Forense*, Rio de Janeiro, vol. 333, p. 11; WATANABE, Kazuo. *Código Brasileiro de defesa dos consumidores*: comentado pelos autores do anteprojeto. Rio de Janeiro: Forense Universitária, p. 651.

90. De acordo com Clóvis do Couto e Silva (A teoria das ações em Pontes de Miranda. *Ajuris*. Porto Alegre, n. 15, n. 43, p. 70, jul. 1998), o responsável pela criação da eficácia sentencial constitutiva seria Shrutka von Rechtenstamm, em artigo publicado na "Grünhut Zeitschrift", tomo 16, 1889, p. 17.

91. KUTTNER, Georg. *Die Urteilswirkungen auberhalb des Zivilprozesses*. München, 1914, p. 22, *apud* Clóvis do Couto e Silva, Ob. Cit., p. 73.

92. MOREIRA, José Carlos Barbosa. Ob. Cit., p. 346. Malgrado a expressão de origem europeia, Barbosa Moreira lembra que a menção de sentença mandamental na doutrina da Europa continental é de pouco conhecimento, persistindo ainda a classificação tríplice.

93. Ob. Cit., p. 3.

no processo" – perspectiva externa)[94], mas, sim, pela análise da eficácia teleológica da sentença (do que se "obtinha no processo" – perspectiva interna).[95]

Para Pontes de Miranda, todas as sentenças possuem, em maior ou menor grau, os elementos característicos de todas as espécies do gênero, ou seja, há uma pluralidade de eficácias, em uma "constante" de valor igual a quinze (teoria da constante quinze).

Desse modo, vê-se que a classificação quinaria obedece ao critério de preponderância.[96] Classifica-se como mandamental, a sentença preponderantemente mandamental; como condenatória, a sentença preponderantemente condenatória, e assim por diante.

Nesse quadro, segundo lição de Pontes de Miranda, a sentença mandamental teria eficácia mandamental em grau 5, eficácia declaratória em grau 4, eficácia constitutiva com grau 3, eficácia condenatória com grau 2 e executiva com grau 1.[97]

Antes de prosseguirmos, impõe-se levar a cabo uma breve conceituação dessas cinco classes de eficácias elaboradas por Pontes de Miranda, valendo-nos, para tanto, do escólio de Carlos Alberto Alvaro de Oliveira.[98]

A tutela declaratória ("declarar") tem por finalidade certificar a existência de determinada relação jurídica, emprestando-lhe certeza (art. 19, I e II, CPC). Nela predomina a norma segurança, sendo que a sentença é auto-satisfativa.

A tutela constitutiva ("constituir") tem por finalidade satisfazer os direitos potestativos. Nela predomina a norma segurança, sendo que a sentença é auto-satisfativa.

A tutela condenatória ("condenar") tem por finalidade satisfazer a obrigação de pagar (art. 513, CPC). Nela predomina a norma de segurança. Como a sentença não é auto-satisfativa, a realização prática da sentença depende de requerimento de parte, inaugurando uma nova fase procedimental (cumpri-

94. A classificação se dava pelo binômio gênero (ação) e espécie (declaratória, condenatória e constitutiva).

95. *Tradado das ações*. São Paulo: Revista dos Tribunais, 1970, § 25, Tomo I.

96. "O que nos cumpre é vermos o que as enche, mostrarmos o que nelas prepondera e lhes dá lugar numa das cinco classes, e o que vem, dentro delas, em espectração de efeitos." (MIRANDA, Francisco Cavalcanti Pontes de. Ob. Cit., p. 117)

97. *Tratado das ações*. São Paulo: Revista dos Tribunais, 1976, p. 11, Tomo VI: ações mandamentais. Barbosa Moreira tece críticas à validade geral da teoria "constante quinze" (embora concorde com a classificação quinaria), ao argumento de que no mandado de segurança, pela inovação trazida pela Lei n. 5.021/66, afigura-se possível a condenação do Poder Público ao pagamento de vantagens atrasadas desde o ajuizamento da inicial, o que revela, sem sombras de dúvidas, uma providência de natureza condenatória (Ob. Cit., p. 209)

98. *Teoria e Prática da Tutela Jurisdicional*. Rio de Janeiro: Forense, 2008, p. 140.

mento de sentença), e se dá pela tradicional técnica dos meios de sub-rogação (execução forçada), além dos meios de coerção (art. 139, IV, do CPC).

A tutela mandamental ("mandar") tem por finalidade satisfazer as obrigações de fazer e não fazer e os deveres de abstenção (art. 497 do CPC). Como a sentença não é auto-satisfativa, a realização prática da sentença se dá de ofício e sem inaugurar uma nova fase procedimental, pela técnica processual dos meios de coerção (art. 139, IV, do CPC), notadamente a multa diária (*astraint*). Prevalece a norma efetividade.

A tutela executiva *lato sensu* ("executar") tem por finalidade satisfazer as obrigações de dar e os deveres de restituir (art. 498, CPC). Nela predomina a norma efetividade. Como a sentença não é auto-satisfativa, a realização prática da sentença se dá de ofício e sem inaugurar uma nova fase procedimental, pela técnica processual de sub-rogação (art. 538 do CPC), o que não impede, segundo o Código de Processo Civil, a técnica de coerção (art. 139, IV, do CPC).

Firme em tais lições acerca da cinco eficácias sentenciais[99], observa-se que a eficácia mandamental se distingue da eficácia condenatória, pois o juiz

99. Luiz Guilherme Marinoni discorda do entendimento de Pontes de Miranda, por entender que as variadas formas de sentença não representam tutela jurisdicional, mas, sim, técnica processual. Para tanto, valendo-se do magistério da italiana Cristina Rapisarda, a qual sustenta que eficácia jurisdicional equivale à eficácia material, Marinoni assevera que as formas de tutela pertencem ao plano do direito material, malgrado não equivalham aos direitos. Por outro lado, no plano do direito processual, há técnicas (por exemplo, técnica antecipatória, sentença mandamental). Afirma que, como as formas de tutela dizem respeito ao direito material, não se deve perquirir a questão se o processo é idôneo para dar efetividade aos direitos, pois isso cabe às variadas "técnicas processuais". Assim, assevera que as formas de tutela estão em um local mais avançado: é preciso partir de direitos (direito material), para encontrar as formas capazes de atendê-las (formas de tutela de direito), e estruturar o processo de maneira tecnicamente capaz de permitir a prestação das formas de tutela prometidas pelo direito material (técnica processual). Nesse raciocínio, e observando a trajetória de agressão dos direitos, explana que existem as seguintes formas de tutela de direito: i) tutela inibitória: objetiva impedir ou inibir a violação do direito, a sua repetição ou a continuação de uma atividade ilícita. Inexiste dano. Há apenas probabilidade (ameaça) da prática de ato contrário ao direito (ato antijurídico). Independe de dolo ou culpa; ii) tutela de remoção do ilícito: visa eliminar a fonte do dano, e não apenas remediar o dano. Inexiste dano. Há apenas a prática (não mera probabilidade) de ato contrário ao direito. Independe de dolo ou culpa. iii) tutela ressarcitória na forma específica: objetiva estabelecer a situação que existiria caso o dano não houvesse sido produzido (reparação *in natura*). Pressupõe dano. Em regra, responsabilidade subjetiva. iv) tutela ressarcitória pelo equivalente: visa dar ao lesado o valor equivalente ao da diminuição patrimonial ou o valor equivalente para a reparação do dano. Pressupõe dano. Responsabilidade, em regra, subjetiva. Apenas quando o ressarcimento na forma específica for impossível ou configurar forma excessivamente onerosa é que o ressarcimento deverá ser pelo equivalente monetário. v) tutela declaratória: materializada pela sentença declaratória. vi) tutela constitutiva: materializada pela sentença constitutiva. Por isso Marinoni rejeita a existência de tutela mandamental, condenatória etc., e prefere falar em tutela inibitória, ressarcitória etc, de modo que as sentenças mandamental, condenatória e executiva *lato sensu*, consistiriam em técnica processual, e não forma de tutela jurisdicional, ao argumento de que, no plano de direito material, a pessoa tem pretensão ressarcitória, e não condenatória, pois essa sentença não é capaz de proporcionar, no mundo fático, a sua pretensão (o ressarcimento). Afirma, ainda, que a sentença mandamental (técnica processual) pode prestar tutela inibitória ou tutela ressarcitória na forma específica." (MARINONI, Luiz Gui-

"manda" (não "condena") e executa de ofício a ordem, realizando *in natura* o direito pleiteado[100], de forma que inexiste execução *ex intervallo* (nova fase procedimental) e pedido da parte para executar a medida, imprimindo o juiz as medidas coercitivas sob a vontade do réu[101], pressionando-o a obedecer a ordem, não se tratando, pois, assim, de sub-rogação (o juiz não pratica os atos da parte).[102]

Distingue-se a eficácia mandamental da eficácia executiva *lato sensu*, pois, embora ambas resultem na alteração do mundo fático, sem necessidade de execução *ex intervalo*, a eficácia mandamental provê ato originário do estado mediante a técnica de coerção (v.g., mandado de segurança), enquanto a eficácia executiva redunda em substituição do juiz (sub-rogação) para realizar ato originalmente privado (*v.g.*, ação de reintegração de posse).[103] Em outras palavras: a sentença mandamental atua sobre a vontade do réu (por meio de medidas de coerção, por exemplo, a multa), enquanto a sentença executiva atua para substituir a vontade do réu (por meio de medidas de sub-rogação, por exemplo, busca e apreensão).

Por fim, distingue-se da eficácia declaratória e constitutiva, pois o juiz manda, e não apenas "declara" ou "constitui".

A ação de mandado de segurança apresenta a eficácia sentencial mandamental por excelência.[104] Contudo, o mandado de segurança não é a única

---

lherme; ARENHART, Sérgio Cruz; MITIDIERO, Daniel. *Novo Código de Processo Civil.* Teoria do Processo Civil. 2. ed., São Paulo: Revista dos Tribunais, 2016, p. 291-322, v. I). Carlos Alberto Alvaro de Oliveira rebate a tese de Maronini, argumentando de que "as formas de tutela não podem, portanto, ser consideradas meras técnicas, pois constituem exercício do próprio direito, enquanto positivação de poder do Estado" (Ob. Cit., p. 91/92), entendimento este do qual comungamos.

100. A realização *in natura* do direito pleiteado é a valiosa característica da sentença mandamental. (WAMBIER, Teresa Arruda Alvim. *Nulidades do processo e da sentença.* 5. ed. São Paulo: Revista dos Tribunais, 2004, p. 101)

101. "A tutela mandamental encontra seu específico campo de aplicação quando se trata de agir sobre a vontade da parte demandada e não sobre seu patrimônio; distingue-se, assim, por esse aspecto essencial, tanto da tutela condenatória quanto da tutela executiva *lato sensu.*" (OLIVEIRA, Carlos Alberto Alvaro de. Ob. Cit., p. 183)

102. "Não obstante a ordem nela contida, todavia, é necessário que o destinatário a cumpra a fim de que se obtenha esse resultado *in natura.* Se ele resistir será necessário valer-se dos mecanismos destinados a efetivá-la coercitivamente. Aqui está, pois, o traço distintivo dessa espécie de sentença. A técnica destinada a efetivá-la não é a prática de atos materiais de sub-rogação, mesmo porque a natureza do direito material não os comporta." (BEDAQUE, José Roberto dos Santos. *Efetividade do processo e técnica processual.* São Paulo: Malheiros, 2006, p. 515)

103. SILVA, Ovídio Baptista. Eficácia da sentença e coisa julgada. *In: Sentença e coisa julgada.* 3. ed. Porto Alegre: SAFE, 1995, p. 107. De outro giro, quadra ressaltar que pode ocorrer que a técnica de aplicação de multa (execução por coerção) da sentença mandamental não seja suficiente para compelir o devedor a cumprir a ordem judicial, de forma que o juiz deverá se valer de medidas de sub-rogação, a exemplo de "remoção de pessoas e coisas", conforme prescreve o art. 536, § 1º do CPC.

104. WATANABE, Kazuo. *Código Brasileiro de defesa dos consumidores*: comentado pelos autores do anteprojeto. Rio de Janeiro: Forense Universitária, p. 651; SILVA, Ovídio Baptista. Eficácia da sentença e coisa julgada. *In:*

hipótese de eficácia sentencial mandamental, pois esta abarca, genericamente, quaisquer obrigações de fazer e não fazer, a exemplo da norma aberta do art. 497 do CPC.[105] Logo, depreende-se que a eficácia mandamental não se restringe à autoridade pública como destinatária da ordem, mas também tem como destinatário o particular[106], conforme prescrição dos arts. 83 e 94 do Código de Defesa do Consumidor (Lei Federal n. 8.078/90).

Quadra consignar, ademais, que a forma de tutela (eficácia sentencial) solicitada pela parte autora não deve ser interpretada, exclusivamente, com base na apresentação de seu "pedido" ou do rótulo da exordial, mas deflui de toda a argumentação exposta no corpo da causa de pedir, uma vez que a "interpretação do pedido considerará o conjunto da postulação e observará o princípio da boa-fé." (art. 322, § 2º, CPC)[107]

1.4 PERFIL CONSTITUCIONAL DO MANDADO DE SEGURANÇA

O mandado de segurança figura como garantia fundamental do cidadão e da coletividade, conforme previsão expressa no art. 5º, LXIX, da CF, tratando-se de um remédio constitucional.[108]

Sentença e coisa julgada. 3. ed. Porto Alegre: SAFE, 1995, p. 269.

105. Nesse sentido: OLIVEIRA, Carlos Alberto Alvaro de. Ob. Cit., p. 140; BEDAQUE, José Roberto dos Santos. *Tutela Cautelar e Tutela antecipada. Tutelas sumárias e de urgência*: tentativa de sistematização. 3. ed. São Paulo: Malheiros, 2003, p. 104; WATANABE, Kazuo. Tutela antecipatória e tutela específica das obrigações de fazer e não-fazer. *In* Sálvio Figueiredo Teixeira (coord.), *A reforma do Código de Processo Civil*, São Paulo: Saraiva, p. 39.

106. Nesse diapasão, escreve Ovídio Baptista: "Antes de encerrar esta breve exposição a respeito do conceito de ação mandamental, é oportuno advertir que as fronteiras da mandamentalidade não mais se limitam, como supunham seus primeiros teóricos, a ordens dirigidas a órgão e servidores do Estado, mas, ao contrário, tanto podem ter uma autoridade quanto um particular como destinatários da ordem sentencial." (Ob. Cit., p. 269)

107. "Nesse quadro, o nome da forma de tutela requerida pelo autor mostra-se secundário; muito mais importante é o fato motivador do direito de agir e o que realmente pretende a parte, para além do invólucro exterior da pretensão processual exercida." (OLIVEIRA, Carlos Alberto Alvaro de. Ob. Cit., p. 143)

108. Pérez Luño diz que "os direitos fundamentais representam uma das decisões básicas do constituinte, através da qual os principais valores éticos e políticos de uma comunidade alcançam expressão jurídica. Os direitos fundamentais assinalam um horizonte de metas sociopolíticas a alcança, quando estabelecem a posição jurídica dos cidadãos em suas relações com o Estado, ou entre si." (*Derechos humanos, Estado de derecho y Constituición.* Madri: Tecnos, 1988, p. 310). Ingo Sarlet escreve que "é possível definir direitos fundamentais como todas as posições jurídicas concernentes às pessoas (naturais ou jurídicas, consideradas na perspectiva individual ou transindividual) que, do ponto de vista do direito constitucional positivo, foram, expressa ou implicitamente, integradas à constituição e retiradas da esfera de disponibilidade de poderes constituídos, bem como todas as posições jurídicas, que por seu conteúdo e significado, possam lhe ser equiparadas, tendo, ou não, assento na constituição formal." (SARLET, Ingo Wolfgang; MARINONI, Luiz Guilherme; MITIDIERO, Daniel. *Curso de Direito Constitucional.* 6. ed. revista e atualizada. São Paulo: Revista dos Tribunais, 2017, p. 323). Ingo Sarlet também aponta o regime jurídico constitucional peculiar dos direitos fundamentais: (i) aplicabilidade direta e imediata (art. 5º, § 1); (ii) abertura material (art. 5º, § 2º); (iii) proteção contra a abolição ou supressão (art. 60, § 4º, IV).

O Título II da Carta Republicana, onde se insere o mandado de segurança, dispõe acerca dos direitos e garantias fundamentais individuais e coletivos.

Rui Barbosa, interpretando a Constituição de 1891, procedeu à distinção entre os direitos e as garantias fundamentais, afirmando que "as disposições meramente declaratórias, que são as que imprimem existência legal aos direitos reconhecidos, e as disposições assecuratórias, que são as que, em defesa dos *direitos*, limitam o poder. Aquelas instituem os direitos, estas as garantias; ocorrendo não raro juntar-se, na mesma disposição constitucional, ou legal, a fixação da garantia, com a declaração do direito."[109]

Portanto, os direitos são bens e vantagens prescritos na norma constitucional (*v.g.*, direito à honra da pessoa - art. 5º, X, CF), enquanto as garantias são os meios constitucionais através dos quais se assegura o exercício dos aludidos direitos (*v.g.*, garantia da resposta, art. 5º, V, CF).

No quadro das garantias (gênero), inserem-se os remédios constitucionais (espécie), que, na definição de José Afonso da Silva[110], são meios de proteção dos direitos fundamentais, porque visam sanar, corrigir as ilegalidades e o abuso de poder em prejuízo de direitos e interesses individuais, a exemplo do mandado de segurança, do *habeas corpus*, do *habeas data*, do mandado de injunção, da ação popular etc. Contudo, como visto, se é certo que todo remédio constitucional é uma garantia constitucional, nem toda garantia constitucional é um remédio constitucional, pois poderá a garantia se inserir na própria norma que assegura o direito.[111]

O mandado de segurança fora criado como instrumento judicial para controle de atos do poder público, para assegurar ao cidadão, entre outros, os direitos fundamentais de propriedade (art. 5º, XXII, CF), de legalidade (o que inclui constitucionalidade - art. 5º, II, CF), de intimidade e privacidade (art. 5º, X, CF), de livre manifestação do pensamento (art. 5º, IV, CF), de liberdade de consciência e de crença (art. 5º, VI, CF), de liberdade de trabalho (art. 5º, XII, CF), de acesso à informação de cunho público (art. 5º, XXXIII,

109. SILVA, José Afonso. *Curso de Direito Constitucional Positivo*. 21. ed. São Paulo: Malheiros Editores, 2002. p. 185. Sobre o conceito atual de garantia proposto na doutrina de Luigi Ferrajoli, consultar: FERRAJOLI, Luigi. *Principia Iuris*. Teoria del diritto. Roma/Bari: Laterza, 2007, p.p. 194-198, 668-701 e 874-879.

110. Ob. Cit., p. 440. Ferreira Filho escreve que "a expressão 'remédios constitucionais' designa os direitos-garantia que servem de instrumento para a efetivação da tutela, ou proteção, dos direitos fundamentais". (FERREIRA FILHO, Manoel Gonçalves. *Direitos Humanos Fundamentais*. 7. ed. São Paulo: Saraiva, 2005. p. 145)

111. Por exemplo, a Constituição assegura, em seu art. 5º, VI, que é inviolável a liberdade de consciência e de crença (direito), sendo assegurado o livre exercício dos cultos religiosos e garantida, na forma da lei, a proteção aos locais de culto e a suas liturgias (garantia).

CF), do devido processo legal (art. 5º, LIV, CF) e de legalidade tributária (art. 150, I, CF).[112]

Por essa razão, historicamente, enquadra-se o mandado de segurança como garantia fundamental de "primeira dimensão", que são aqueles direitos concebidos em prol do indivíduo em face do Estado (direitos de defesa), frutos do Estado Liberal Burguês do século XVIII, demarcando uma zona de não intervenção do Estado e uma esfera de autonomia individual em face desse poder.[113] Em outras palavras: os direitos de "primeira dimensão" apresentam natureza "negativa" (dever de abstenção por parte do Estado), revelando-se "direitos de resistência ou de oposição perante o Estado"[114]. O valor principal é a liberdade, e se insere nessa dimensão os direitos civis (*v.g.*, vida, propriedade, liberdade) e os direitos políticos (v.g., direito à voto).

Contudo, em virtude de transformação do Estado Liberal de Direito para o Estado Democrático Constitucional (Estado Pós-Social[115]), em que o Poder Judiciário assume um novo papel perante à sociedade, notadamente com a função de garantir os direitos fundamentais do cidadão a despeito de omissão legal (art. 5º, § 1º, CF), o mandado de segurança também se mostra um instrumento hábil para assegurar os direitos fundamentais de "segunda dimensão", que são aqueles direitos em que o indivíduo pode exigir uma prestação positiva por parte do Estado, frutos do Estado de Bem-Estar Social (*Welfare State*) do século XIX. Em outras palavras: os direitos de "segunda dimensão" apresentam natureza "positiva" (dever de prestação por parte do Estado). O valor principal é a igualdade, e se insere nessa dimensão os direitos

---

112. "O mandado de segurança é, assim, o instrumento harmonioso e aperfeiçoado que garante a liberdade individual, a dignidade humana e a intangibilidade das conquistas da Civilização contra o arbítrio do poder governamental. [...]. O Estado de Direito somente existe quando garante a efetiva proteção aos direitos individuais, coletivos e sociais, com o manejo de instrumentos hábeis e adequados para a persecução da finalidade colimada." (MEIRELLES, Hely Lopes; WALD, Arnoldo; MENDES, Gilmar Ferreira. *Mandado de Segurança e ações constitucionais.* 36. ed. São Paulo: Malheiros, 2014, p. 175)

113. SARLET, Ingo Wolfgang; MARINONI, Luiz Guilherme; MITIDIERO, Daniel. *Curso de Direito Constitucional*. 6. ed. revista e atualizada. São Paulo: Revista dos Tribunais, 2017, p. 314.

114. BONAVIDES, Paulo. *Curso de Direito Constitucional*. 24. ed. São Paulo: Malheiros, 2009, p. 517. Bonavides inclui nos direitos fundamentais de "primeira dimensão" algumas garantias processuais (devido processo legal, *habeas corpus*, direito de petição).

115. Superando os Estados Liberal e Social, o Estado Democrático Constitucional (Pós-Social) é um modelo de Estado caracterizado pela supremacia do direito escrito na Constituição, estabelecido de forma rígida (para efeito de alteração), e que assegura os direitos fundamentais e o valor participação (democracia) na formação e nos processos discursivos das decisões estatais. Agrega assim o Estado Democrático Constitucional a quarta dimensão dos direitos fundamentais, que refere-se o direito à democracia, o direito à informação e o direito ao pluralismo. (BONAVIDES, Paulo. Ob. Cit., p. 571).

econômicos (*v.g.*, direito de greve dos trabalhadores), sociais (*v.g.*, direito à saúde)[116] e os direitos culturais (*v.g.*, v.g., respeito à diversidade étnica regional).

Firmada a premissa de que a ação de mandado de segurança é uma garantia fundamental, isso implica dizer que, além desta garantia não ser suscetível de eliminação pelo ordenamento jurídico, por ser uma cláusula pétrea (art. 60, § 4º, IV, da CF), exige-se do intérprete que lhe imprima o mais amplo alcance, já que, por se tratar de um direito fundamental, segundo o princípio da máxima efetividade, citado por Canotilho[117], em caso de dúvida, deve-se adotar a interpretação que dê mais efetividade ao direito fundamental. Nesse mesmo sentido, Jorge Miranda afirma que "a uma norma fundamental tem de ser atribuído o sentido que mais eficácia lhe dê".[118]

Discorrendo sobre essa caraterística do mandado de segurança (direito fundamental) e suas consequências no plano processual, eis o escólio de José Renato Nalini:

> O mandado de segurança é um direito fundamental. Essa concepção precisa nortear o juiz quando estiver diante de invocação ao mandado de segurança. Não é mera ferramenta processual ou procedimental, senão um dos alicerces do Estado de Direito de índole democrática instaurado no Brasil a partir de 05.10.1988. Toda a cautela, portanto, ao submeter o *writ* ao burocrático formalismo estiolante, que é causa manifesta – embora tenha consistente defesa de mentalidade ainda imbuída de ranço – de negação da justiça do país. [...]. Os casos de não cabimento do mandado de segurança previstos no art. 5º da lei constituem restrição a um direito fundamental que não poderiam ser previstos sequer em emenda à Constituição, em virtude da cláusula pétrea. [...]. Incumbe ao juiz concretizar as promessas do constituinte ou neutralizá-las. Toda lei reclama interpretação e também a nova lei do mandado de segurança merece a leitura mais adequada

116. Logo, não restam dúvidas de que a ação de mandado de segurança revela-se adequada para provocar o Poder Judiciário a exercer o controle em políticas públicas.

117. "É um princípio operativo em relação a todas e quaisquer normas constitucionais, e embora a sua origem esteja ligada à tese da atualidade das normas programáticas (THOMA), é hoje sobretudo invocado no âmbito dos direitos fundamentais (no caso de dúvidas deve preferir-se a interpretação que reconheça maior eficácia aos direitos fundamentais)." (CANOTILHO, José Joaquim Gomes. *Direito Constitucional e Teoria da Constituição*, 4. ed. Coimbra: Almedina, 1997, p. 227).

118. MIRANDA, Jorge. *Manual de direito constitucional.* 3. ed. Coimbra: Coimbra, 2000, p. 260, tomo II (Constituição e Inconstitucionalidade). De igual forma, sentencia Carlos Alberto Alvaro de Oliveira: "Significa isto que, havendo dúvida, deve prevalecer a interpretação que, conforme o caso, restrinja menos o direito fundamental, dê-lhe maior proteção, amplie mais o seu âmbito, satisfaça-o em maior grau." (O processo civil na perspectiva dos direitos fundamentais. *Revista de Direito Processual Civil.* Curitiba: Gênesis, 2002, n. 26, p. 653-664)

à efetivação das garantias constitucionais. Sem isso, ela poderá se transformar em outra promessa descumprida, tantas e tão reiteradas são as tentativas de se modernizar um instituto cujo resultado é a frustração das expectativas.[119]

Semelhantemente, Celso Agrícola Barbi sentencia: "é de fundamental importância não esquecer que o mandado de segurança é uma garantia processual assegurada diretamente pela Constituição, no art. 5º, item LXIX. A fonte de onde ele promana não permite que a lei ordinária restrinja o seu alcance. Essa lei deve ser regulamentadora do seu uso e não pode ser restringidora dele."[120]

Nesse mesmo rumo de pensamento, Marinoni, Arenhart e Mitidiero[121] escrevem que a garantia constitucional do mandado de segurança exige do Estado proteção maximizada, impondo-lhe o dever de: (a) criar leis que regulamentem seu procedimento de modo a torná-lo célere, acessível (subjetiva e objetivamente)[122] e eficaz; (b) conferir ao Poder Judiciário interpretação aos dispositivos da matéria que seja sempre mais favorável ao cabimento e efetivação deste instrumento.

De igual sorte, afirma Cássio Scarpinella Bueno[123]: "toda e qualquer restrição ao mandado de segurança ou à sua eficácia não pode ser prestigiada pelo intérprete e pelo aplicador do direito. É flagrante a inconstitucionalidade de qualquer norma que procure, valendo-se de qualquer pretexto, minimizar, obstaculizar ou dificultar o acesso ao Judiciário (CF, art. 5º, XXXV). Mormente quando a hipótese é de mandado de segurança, direito e garantia fundamental expressamente previstos no art. 5º, LXIX, da Constituição Federal de 1988."

---

119. NALINI, José Renato. O juiz brasileiro e a Nova Lei do Mandado de Segurança. *In*: ALVIM, Eduardo Arruda (coord.). *O novo mandado de segurança:* estudos sobre a Lei n. 12.016/2009. Belo Horizonte: Fórum, 2010, pp. 404, 407 e 417.

120. BARBI, Celso Agrícola. *Do Mandado de Segurança*. 12. ed. Revista e Atualizada. Rio de Janeiro: Forense, 2009, p. 104.

121. Ob. Cit., p. 351.

122. MARINONI, Luiz Guilherme; ARENHART, Sérgio Cruz; MITIDIERO, Daniel, Ob. Cit., p. 351: "O acesso subjetivo, indicado no texto, aponta para a necessidade de conceber instrumentos que habilitem todas as pessoas a valerem-se do mandado de segurança. Obstáculos como os custos do processo, as despesas advocatícias, bem como os gastos com a instrução ou com os recursos processuais não podem tolher a todas as pessoas o acesso ao mandado de segurança. Por outro lado, a acessibilidade objetiva exige que qualquer situação que se amolde à hipótese descrita no Texto Constitucional (afirmação de lesão ou ameaça de lesão a direito líquido e certo, não amparada por *habeas corpus* ou *habeas data*, por ato de autoridade) deve autorizar a impetração do mandado de segurança. Em razão disso, por exemplo, regras como o ônus da prova ou a suficiência do convencimento podem exigir interpretação distinta frente ao mandado de segurança, sob pena de se negar o acesso ao mandado de segurança para certos tipos de pretensão."

123. *Mandado de segurança*: comentário às Leis ns. 1.533/51, 4.348/64 e 5.021/66. 2. ed. São Paulo: Saraiva, 2004, p. 63.

Semelhantemente, André Ramos Tavares[124]: "O mandado de segurança deve realizar-se na sua grandeza constitucional, e jamais sucumbir a pretensões minimalistas e reducionistas que o legislador eventualmente vier a estabelecer. É essa a diretriz de qualquer legislação que trate de disciplinar o mandado de segurança."

Dessarte, por se cuidar o mandado de segurança de direito fundamental expressamente previsto no art. 5º da Carta Magna, qualquer restrição legal ou judicial ao mandado de segurança deve ser compreendida como restrição a um direito fundamental, e, como tal, deve ser justificada constitucionalmente com supedâneo em outro direito fundamental de mesmo (ou maior) peso[125], desde que resguardado, sempre, o núcleo intangível da ação mandamental (teoria do limite dos limites)[126].

1.5 VANTAGENS DE IMPETRAÇÃO DO MANDADO DE SEGURANÇA

Os procedimentos especiais apresentam-se como facultativos ou cogentes. Em primeiro lugar, cabe assinalar que o mandado de segurança consiste em um procedimento especial facultativo, portanto, não cogente. Procedimentos especiais facultativos são aqueles em que o ordenamento jurídico possibilita que os pedidos sejam também formulados via procedimento comum. À guisa de exemplo, cite-se a ação de mandado de segurança, a ação possessória e a ação monitória.

De outro lado, procedimentos especiais cogentes são aqueles que, como foram criados para atender ao interesse público, são obrigatórios e inderrogáveis pela vontade das partes, não se lhes afigurando possível optar pelo

---

124. TAVARES, André Ramos. *Manual do novo mandado de segurança*. Rio de Janeiro: Forense, 2009, p. 22.

125. "[...] os direitos fundamentais podem ser restringidos tanto por expressa disposição constitucional como por norma legal promulgada com fundamento na Constituição. [...] em qualquer caso, uma restrição de direito fundamental exige, seja direta, seja indiretamente, um fundamento constitucional." (SARLET, Ingo Wolfgang; MARINONI, Luiz Guilherme; MITIDIERO, Daniel. *Curso de Direito Constitucional*. 6. ed. revista e atualizada. São Paulo: Revista dos Tribunais, 2017, p. 386).

126. Sobre a teoria do "limite dos limites", preleciona Gilmar Mendes: "Da análise dos direitos individuais pode-se extrair a conclusão direta de que direitos, liberdades, poderes e garantias são passíveis de limitação ou restrição. É preciso não perder de vista, porém, que tais restrições são limitadas. Cogita-se aqui dos chamados limites imanentes ou 'limites dos limites' (Schranken-Schranken), que balizam a ação do legislador quando restringe direitos individuais. Esses limites, que decorrem da própria Constituição, referem-se tanto à necessidade de proteção de um núcleo essencial do direito fundamental quando à clareza, determinação, generalidade e proporcionalidade das restrições impostas.[...] De ressaltar, porém, que, enquanto princípio expressamente consagrado na Constituição ou enquanto postulado constitucional imanente, o princípio da proteção do núcleo essencial destina-se a evitar o esvaziamento do conteúdo do direito fundamental decorrente de restrições descabidas, desmesuradas ou desproporcionais." (MENDES, Gilmar Ferreira; COELHO, Inocêncio Mártires; BRANCO, Paulo Gustavo Gonet. *Curso de Direito Constitucional*. 4. ed. São Paulo: Saraiva, 2009, p. 349-350.)

procedimento comum. São exemplos a ação de inventário, a ação de interdição e a ação de desapropriação.[127]

Pode-se elencar as seguintes vantagens processuais de impetração do mandado de segurança: (i) a sentença produz eficácia imediatamente (o recurso de apelação não é dotado de efeito suspensivo, como previsto no CPC como regra geral);[128] (ii) a tutela de direito é prestada na forma mandamental (dispensa-se pedido de cumprimento de sentença) e específica (*in natura*, e não pelo equivalente em dinheiro); (iii) celeridade do procedimento, porquanto é bastante reduzida a prática de atos processuais (não há contestação no prazo de 30 dias pela Fazenda Pública, mas sim informações no prazo de 10 dias; inexiste réplica; inexiste instrução probatória e alegações finais; há prioridade legal para julgamento em 1ª e 2ª instâncias); (iv) não é cabível a intervenção de terceiros; (v) ausência de condenação em honorários advocatícios; (vii) o mandado de segurança coletivo configura hipótese de substituição processual (art. 5º, LXX, CF), e não de representação, mesmo em se tratando de associação, sendo desnecessária, por isso, para a impetração do *mandamus*, apresentação de autorização expressa dos substituídos ou mesmo lista nominal dos beneficiários.

1.5.1 Da técnica processual prevista no art. 327, § 2º, do CPC e o mandado de segurança

O art. 327, *caput*, do Código de Processo Civil[129], possibilita a cumulação objetiva de pedidos, em um único processo, ainda que entre eles não haja conexão (afinidade substancial).[130]

---

127. DIDIER JR, Fredie. *Curso de direito processual civil*: introdução ao direito processual civil, parte geral e processo de conhecimento. 17. ed. Salvador: JusPodivm, 2015, p. 575-576, v. I. Mais recentemente cf. DIDIER JR., Fredie; CUNHA, Leonardo Carneiro da; CABRAL, Antonio do Passo. *Por Uma Nova Teoria dos Procedimentos Especiais.* Dos Procedimentos às Técnicas. Salvador: JusPodivm, 2018, p. 40/43.

128. Poder-se-ia argumentar que a técnica processual da eficácia imediata da sentença, prevista na lei do mandado de segurança, também poderia ser obtida pelo procedimento comum, em idêntica situação, em decorrência da tutela de evidência prevista no art. 311, IV, do CPC, que também ensejaria a eficácia imediata da sentença, já que o mandado de segurança demanda prova documentada tal como exige o referido dispositivo legal. Contudo, a tutela de evidência prevista no art. 311, IV, do CPC, que incide quando "a petição inicial for instruída com prova documental suficiente dos fatos constitutivos do direito do autor, a que o réu não oponha prova capaz de gerar dúvida razoável", aplica-se apenas para controvérsia fática (matéria de prova), e não de direito, de modo que é mais restrito que a eficácia imediata de sentença do mandado de segurança, que aplica-se também para controvérsia sobre matéria de direito, mesmo que inexista controvérsia fática.

129. Art. 327, *caput*: "É lícita a cumulação, em um único processo, contra o mesmo réu, de vários pedidos, ainda que entre eles não haja conexão."

130. O STJ admite também a cumulação subjetiva de pedidos, desde que configurada hipótese de conexão: "[...]. 2. É assente nesta Corte a possibilidade de cumulação de pedidos, nos termos do art. 292 do Código de Processo Civil, quando houver na demanda ponto comum de ordem jurídica ou fática, ainda que contra réus

O art. 327, § 1º, do CPC, preconiza que são requisitos de admissibilidade da cumulação que: i) os pedidos sejam compatíveis entre si; ii) seja competente para conhecer deles o mesmo juízo; iii) seja adequado o tipo de procedimento para todos os pedidos.

Em primeiro lugar, mister se faz que os pedidos sejam compatíveis entre si. Pedidos compatíveis são aqueles que não se excluem mutuamente.[131] Caso os pedidos sejam incompatíveis, cabe ao magistrado intimar o autor para emendar a inicial, dando-lhe a opção de escolher um de seus pedidos. Não se exige compatibilidade de pedidos para a cumulação imprópria (eventual ou alternativa), pois o autor pretende o acolhimento apenas de um dos pedidos (art. 327, § 3º, do CPC).

Em segundo lugar, o juízo deve ser absolutamente competente para examinar todos os pedidos cumulados. Logo, tratando-se de incompetência absoluta, deve o juiz julgar apenas o pedido do qual é competente, extinguindo-se em relação ao qual não é competente.[132] Na hipótese de incompetência relativa, se houver conexão entre os pedidos, inexistirá óbice para a cumulação, em razão da modificação legal da competência (art. 55, CPC).[133] E, mesmo ausente conexão, os pedidos poderão ser apreciados conjuntamente pelo mesmo juízo, caso não alegada a incompetência relativa em preliminar de contestação pelo réu, o que acarretará a prorrogação da competência (art. 65, CPC).

Por derradeiro, impõe-se que o procedimento seja adequado para a tramitação de todos os pedidos cumulados. Caso o procedimento seja inadequado para todos os pedidos, cabe ao magistrado intimar o autor para emendar a inicial, dando-lhe a opção de escolher o pedido que seja adequado àquele procedimento por ele optado.

Quando se tratar de pedidos sujeitos ao procedimento especial (mesmo que previsto em legislação extravagante[134]) e ao procedimento comum, afigura-se possível a cumulação de pedidos, desde que seja adotado o pro-

---

diversos. [...]." (AgRg no REsp 953.731/SP, Rel. Ministro Herman Benjamin, Segunda Turma, j. em 02.10.2008). Nesse mesmo sentido: STJ, CC 128.277/RS, Rel. Ministra Nancy Andrighi, Segunda Seção, j. em 23.10.2013; STJ, REsp 1202556/MG, Rel. Ministra Nancy Andrighi, Terceira Turma, DJe 02.02.2011.

131. MARINONI, Luiz Guilherme; ARENHART, Sérgio Cruz; MITIDIERO, Daniel. *Novo Código de Processo Civil Comentado.* 2. ed. São Paulo: Revista dos Tribunais, 2016, p. 419.

132. Enunciado n. 170 da Súmula do STJ: "compete ao juízo onde primeiro for intentada a ação envolvendo acumulação de pedidos, trabalhista e estatutário, decidi-la nos limites da sua jurisdição, sem prejuízo do ajuizamento de nova causa, com o pedido remanescente, no juízo próprio."

133. Enunciado n. 289 do Fórum Permanente de Processualistas Civis: "Se houver conexão entre pedidos cumulados, a incompetência relativa não impedirá a cumulação, em razão da modificação legal da competência."

134. Enunciado n. 506 do Fórum Permanente de Processualistas Civis: "A expressão 'procedimentos especiais' a que alude o §2º do art. 327 engloba aqueles previstos na legislação especial."

cedimento comum, que, por ser mais amplo, possibilita maior ampla defesa por parte do requerido, inexistindo prejuízo ao mesmo[135], conforme estatui o art. 327, § 2º, do CPC.

Contudo, nem todo procedimento especial pode ser convertido ao procedimento comum, pois os procedimentos especiais apresentam-se como facultativos ou cogentes. Tratando-se de procedimentos especiais facultativos, não há óbice à regra do art. 327, § 2º, do CPC, aplicando-se a conversibilidade do procedimento especial em procedimento comum. De outro lado, cuidando-se de procedimentos especiais cogentes, não se lhes afigurando possível optar pelo procedimento comum, não se lhes aplica a regra do art. 327, § 2º, do CPC.[136]

Na verdade, a possibilidade de cumulação objetiva de pedidos que correspondem a tipos diversos de procedimentos, adotando-se o procedimento comum, tal como estampada no art. 327, § 2º, do CPC/2015, já estava prevista no art. 292, § 2º, do CPC/1973, nos seguintes termos: "quando, para cada pedido, corresponder tipo diverso de procedimento, admitir-se-á a cumulação, se o autor empregar o procedimento ordinário."

Entrementes, o novel art. 327, § 2º, do CPC/2015 inovou, ao permitir que no procedimento comum sejam empregadas "as técnicas processuais diferenciadas previstas nos procedimentos especiais a que se sujeitam um ou mais pedidos cumulados, que não forem incompatíveis com as disposições sobre o procedimento comum."

Vale dizer: o art. 327, § 2º, do CPC/2015, além de autorizar a cumulação objetiva de pedidos que correspondem a tipos diversos de procedimentos, tal como já previa o art. 292, § 2º, do CPC/1973, foi além, permitindo-se que sejam empregadas as técnicas processuais diferenciadas previstas nos proce-

---

135. Nesse mesmo sentido: STJ, AgRg no REsp 1563983/ES, Rel. Ministro Ricardo Villas Bôas Cueva, Terceira Turma, j. em 26.04.2016; STJ, Resp. 413.685, 4ª Turma, Rel. Min. Aldir Passarinho Junior, j. 05.10.2006.

136. Com esse mesmo raciocínio: DIDIER JR, Fredie. *Curso de direito processual civil*: introdução ao direito processual civil, parte geral e processo de conhecimento. 17. ed. Salvador: JusPodivm, 2015, p. 575-576, v. I. Assim também já decidiu o Superior Tribunal de Justiça: "[...]. Em nosso sistema processual prevalece a regra da indisponibilidade do procedimento, segundo a qual as partes não podem alterar a espécie procedimental prevista para determinada situação litigiosa. Todavia, há situações em que o ordenamento jurídico possibilita que pedidos sujeitos a procedimentos especiais sejam também formulados via procedimento comum, como é o caso das ações possessórias e monitórias. - Dessa forma, a partir de uma análise sistemática do CPC, conclui-se que a regra do art. 292, § 2º, não se aplica indiscriminadamente, alcançando apenas os pedidos sujeitos a procedimentos que admitam conversão para o rito ordinário. [...]." (REsp nº 993.535/PR, Rel. Ministra Nancy Andrighi, Terceira Turma, j. em 06.04.2010). Nesse mesmo diapasão: STJ, Resp n. 1.277.041/RR, Rel. Min. Maria Isabel Gallotti, decisão monocrática, DJ 07.03.2016.

dimentos especiais, desde que não sejam incompatíveis com as disposições sobre o procedimento comum.[137]

A nosso ver, não se trata de aglutinação de duas espécies de procedimentos (especial e comum) em uma única ação, sob o procedimento comum, combinando as técnicas de ambos procedimentos (especial e comum). A cumulação é de pedidos (não de procedimentos), de modo que o procedimento é único, qual seja, aquele sob o procedimento comum, porém, afigura-se possível invocar as técnicas processuais diferenciadas dos procedimentos especiais, se compatíveis. Dito de outra forma: mesmo que aplicáveis as técnicas processuais diferenciadas dos procedimentos especiais, se compatíveis, o procedimento permanece sendo o comum, e não uma junção do procedimento especial e do procedimento comum. A compatibilidade é de técnicas processuais, e não de procedimentos.

Essa premissa é de grande relevância, pois influencia a forma como se interpretará a compatibilidade, ou não, das técnicas processuais diferenciadas dos procedimentos especiais no procedimento comum. A inovação legal do art. 327, § 2º, do CPC vem ao encontro, diretamente, do objetivo do processo: prestar tutela de direito de forma efetiva, adequada e tempestiva.

Com fulcro nessas premissas, infere-se que se afigura possível a aplicação do art. 327, § 2º, do CPC à pretensão mandamental, ou seja, é possível cumular, em único procedimento comum, pedido que comporte o procedimento especial do mandado de segurança, e pedido que comporte apenas o procedimento comum, mantendo-se, todavia, todos no procedimento comum. Neste caso, as técnicas processuais diferenciadas previstas no procedimento especial do mandado de segurança, posto que tal procedimento especial é facultativo (e não cogente), podem ser aplicadas ao procedimento comum.

---

137. Comentando essa inovação legal, vale transcrever o magistério de Fredie Didier Jr: "Se os pedidos corresponderem a procedimentos diversos, ainda assim a cumulação será possível, se puderem ser processados pelo procedimento comum. Neste caso, o legislador, corretamente, determina que se adapte o procedimento comum, de modo a inserir técnica processual diferenciada que com ele não seja incompatível (art. 327, § 2º, CPC). Por exemplo: a técnica da cognição limitada no procedimento possessório (irrelevância da alegação de domínio) pode ser inserida no procedimento comum, caso se cumulem pedidos possessório e de resolução de contrato. Se isso ocorrer, o procedimento seria o comum, mas a cognição, em relação ao pedido possessório, seria limitada. Esse dispositivo, cujo alcance ainda precisa ser dimensionado, é muito rico. Dele pode-se extrair a conclusão de que o procedimento comum é adaptável, maleável, flexível; de que ele é receptivo à incorporação, ainda que episódica, de técnicas diferenciadas pensadas para procedimentos especiais. O procedimento comum passa a ser território propício para a imigração de ajustes procedimentais desenvolvidos para a tutela de determinados direitos. Essa cláusula geral pode ser a fonte normativa da reafirmação e do desenvolvimento do princípio da adequação do procedimento." (*Curso de direito processual civil:* introdução ao direito processual civil, parte geral e processo de conhecimento. 17. ed. Salvador: JusPodivm, 2015, p. 575, v. I)

Para melhor visualização da questão, trazemos um exemplo típico da praxe forense tributária. Um contribuinte possui três pretensões para serem tuteladas em juízo: (i) pedido declaratório, intentando obter provimento jurisdicional que declare a ilegalidade de cobrança de tributo incidente sobre sua renda, em virtude de inexistência de relação jurídico-tributária por se tratar de verba indenizatória; (ii) pedido de natureza mandamental, pretendendo obter provimento jurisdicional que imponha à Fazenda Pública obrigação de não fazer, consistente em se abster de levar a cabo o lançamento tributário do tributo em tela; (iii) pedido condenatório (repetição de indébito tributário), objetivando a condenação da Fazenda Pública a restituir (obrigação de pagar) os valores dos tributos por ele recolhidos indevidamente, nos últimos 05 (cinco) anos antes do ajuizamento da ação.

Com o advento do art. 327, § 2º, do Código de Processo Civil, no exemplo ora narrado, possibilitar-se-á o ajuizamento de uma única ação, em cumulação objetiva de pedidos, sob o procedimento comum, mas mantendo as técnicas processuais diferenciadas do mandado de segurança (v.g., eficiácia imediata da sentença, na forma do art. 14, § 3º, da Lei Federal n. 12.016/2009), em relação àqueles pedidos que seriam suscetíveis de postulação na via mandamental (declaração de ilegalidade da cobrança do tributo/declaratório e abstenção de lançamento tributário/mandamental), e naquilo em que for compatível com o procedimento comum.

No entanto, para se valer do permissivo inserto no art. 327, § 2º, do CPC, impõe-se que esses pedidos atendam aos requisitos constitucionais de cabimento do mandado de segurança, a saber, (i) proteção de direito (*rectius*: fato) líquido e certo[138], (ii) quando o responsável pela ilegalidade (iii) for autoridade pública ou a ela equiparada, (iv) não amparável por *habeas corpus* ou *habeas data*.

De outro giro, para aqueles pedidos apresentados no procedimento comum que não atendam aos requisitos constitucionais de cabimento do *writ* (v.g., repetição de indébito tributário/pedido condenatório), não se revela possível empregar as técnicas processuais diferenciadas do *mandamus*, pois, como é curial, apenas se afigura possível aplicar as técnicas processuais da ação constitucional de mandado de segurança para o direito material que se apresente como tal em juízo (fato líquido e certo, decorrente de ilegalidade

138. Por conta disso, é necessário que esses pedidos formulados no procedimento comum não demandem dilação probatória, tal como ocorre na ação mandamental, devendo o processo ser julgado antecipadamente (integral ou parcial, a depender dos outros pedidos cumulados formulados) o mérito, na forma dos arts. 355 e 356 do CPC.

praticada por ato de autoridade, não amparável por *habeas corpus* ou *habeas data*), de forma que tais pedidos pudessem ter sido veiculados, de forma autônoma, através da ação mandamental.

Essa solução vem ao encontro da finalidade do processo nos moldes do Estado Democrático Constitucional brasileiro, a saber: prestar tutela de direito, de forma efetiva, adequada e tempestiva, mediante processo justo. De igual sorte, atende aos objetivos do Novo Código de Processo Civil, que é um processo em sintonia com a Carta Magna, simplificado e com o maior rendimento possível.

Em face da nova diretriz do referido art. 327, § 2º, do CPC, Fredie Didier Jr, Antônio do Passo Cabral e Leonardo Carneiro da Cunha, em abordagem sobre o futuro dos procedimentos especiais no contexto do direito processual civil brasileiro atual, escrevem que a "*atenção legislativa tende a direcionar-se para a criação de técnicas procedimentais diferenciadas, que podem ser encartadas no procedimento comum, em vez de criação de procedimentos especiais*"[139]. Por conta disso, asseveram que a tendência é de "*inexorável obsolescência de procedimentos especiais que se caracterizam por técnicas processuais que possam ser incorporadas ao procedimento comum, por força do art. 327, § 2º, CPC. As técnicas diferenciadas da ação monitória, das ações possessórias, da consignação em pagamento, da ação de alimentos etc., são todas compatíveis com o procedimento comum e podem ser anexadas a ele.*"[140]

Feitas essas digressões, indaga-se: o art. 327, § 2º, do CPC, veio a tornar obsoleto o manejo do mandado de segurança, já que as técnicas processuais diferenciadas desse procedimento especial (facultativo) poderiam ser empregadas no procedimento comum? Indubitavelmente, não.

Quando todos os pedidos comportarem a via mandamental (v.g., pedido declaratório e desconstitutivo), preferir-se-á o manejo do *writ*, uma vez que nem todas as técnicas processuais do mandado de segurança são compatíveis com o procedimento comum, como: (i) a notificação da autoridade coatora para prestar informações (art. 7º, I, da Lei Federal n. 12.016/2009), o que traz celeridade ao procedimento e beneficia a parte autora, já que inexiste citação da Fazenda Pública para contestar no prazo de 30 (trinta) dias, tal como sói acontecer no procedimento comum; (ii) a competência em razão da qualidade da autoridade coatora, que implica em competência originária

139. *Por uma nova teoria dos procedimentos especiais*. Dos procedimentos às técnicas. Salvador: Juspodivm, 2018, p. 99.

140. Ob. Cit., p. 101-102.

do tribunal para julgamento, o que inocorre no procedimento comum; (iii) a autoridade coatora responde pessoalmente pelo cumprimento da ordem judicial, sendo sujeito ao pagamento de multa diária (astreinte) em caso de descumprimento da ordem (art. 537 do CPC), pois figura ela (a autoridade) no polo passivo da demanda, diferentemente do procedimento comum[141]; (iv) na hipótese de mandado de segurança coletivo, como este configura hipótese de substituição processual (art. 5º, LXX, CF), mesmo para associação, é desnecessária apresentação de autorização expressa dos substituídos ou mesmo lista nominal dos beneficiários, o que seria exigível na hipótese de ação coletiva "ordinária" ajuizada por associação (art. 5º, XXI, CF/88), por se cuidar de representação (e não substituição); (v) possibilidade irrestrita de concessão de liminar, já que inaplicável o art. 1º, § 1º, da Lei Federal n. 8.437/1992, que veda a concessão de liminares em ações quando impugnado ato de autoridade sujeita, na via de mandado de segurança, à competência originária de tribunal. Isso sem falar na inolvidável história do mandado de segurança em nosso direito pátrio, remédio heroico criado para ser uma via processual célere e efetiva, posto à disposição do cidadão para combater ato ilegal da Administração Pública, erigido, inclusive, à categoria de garantia fundamental pela Carta Magna (art. 5º, CF), o que denota, *per si*, a sua importância na praxe forense, sendo inegável a sua prioridade, de fato e de direito, para julgamento.

De outra banda, quando nem todos os pedidos do autor comportar a via mandamental (*v.g.*, pedido declaratório e pedido condenatório/obrigação de pagar de parcelas pretéritas), aí, sim, preferir-se-á o ajuizamento de uma única ação, em cumulação objetiva de pedidos, sob o procedimento comum, mas mantendo as técnicas processuais diferenciadas do mandado de segurança, apenas em relação àqueles pedidos que seriam suscetíveis de postulação na via mandamental, e naquilo em que for compatível com o procedimento comum.

---

141. Na ação de mandado de segurança, como a pessoa jurídica exterioriza a sua vontade no processo por meio da autoridade pública, que é notificada pessoalmente para prestar informações e para cumprimento da ordem concessiva, o Superior Tribunal de Justiça admite que a multa cominatória seja imposta em face da autoridade pública. Nesse sentido: REsp 1399842/ES, Rel. Ministro Sérgio Kukina, Primeira Turma, julgado em 25/11/2014; AgRg no REsp 1.388.716/RN, Rel. Ministro Humberto Martins, Segunda Turma, julgado em 23/10/2014; AgRg no AREsp 472.750/RJ, Rel. Min. Mauro Campbell Marques, DJe 9.6.2014. De outro lado, em outras espécies de ação, notadamente em ação civil pública, como a autoridade pública não figura como parte na lide, mas apenas o ente público ao qual está vinculado, o Superior Tribunal de Justiça não tem admitido que a multa cominatória seja imposta pessoalmente em face do agente público. Nesse diapasão: REsp 1.541.676/PR, Rel. Ministro Herman Benjamin, Segunda Turma, julgado em 7/12/2017; REsp 1633295/MG, Rel. Ministro Og Fernandes, Segunda Turma, julgado em 17/04/2018; REsp 1433805/SE, Rel. Ministro Sérgio Kukina, Primeira Turma, julgado em 16/06/2014.

CAPÍTULO 2

DOS REQUISITOS E DO PROCEDIMENTO DO MANDADO DE SEGURANÇA

2.1 NATUREZA JURÍDICA

A natureza jurídica do mandado de segurança consiste em uma ação constitucional de cognição civil (fase de conhecimento), sob rito sumário especial[1], sendo sepultada a posição no sentido de que se trata de ação executória. Cuida-se de um remédio constitucional. Independentemente da natureza do ato impugnado (civil, penal, eleitoral, trabalhista, militar etc.), o mandado de segurança será sempre processado e julgado como ação civil, porém, na respectiva justiça competente.[2]

Partindo do pressuposto que adotamos a classificação quinaria da eficácia sentencial de Pontes de Miranda (declaração, constituição, condenação, mandamento e execução *lato sensu*), e de que todas as sentenças possuem, em maior ou menor grau, os elementos característicos de todas as espécies, ou seja, há uma pluralidade de eficácias (critério de preponderância), conclui-se que a ação de mandado de segurança apresenta, pre-

---

1. O mandado de segurança é uma espécie de procedimento especial, em virtude da forma como o direito material é apresentada em juízo ("direito líquido e certo"), o que demanda prova pré-constituída, de modo que, em razão da falta ou da insuficiência das provas (exceto a prova documentada), impede-se que a questão seja decidida definitivamente, remetendo-se as partes para às "vias ordinárias" (técnica de cognição *secundum eventum probationis*). A lado disso, há sumariedade procedimental, com encurtamento substancial dos atos processuais, de forma que o rito procedimental do mandado de segurança é totalmente distinto do procedimento comum, a ponto de sequer existir contestação por parte da autoridade coatora, mas apenas informações.
2. MEIRELES, Hely Lopes; WALD, Arnoldo; MENDES, Gilmar Ferreira. *Mandado de Segurança e Ações Constitucionais*. 36. ed. São Paulo: Malheiros, 2014, p. 31.

ponderantemente, eficácia sentencial mandamental[3], pois o juiz "manda" e executa de ofício a ordem, realizando *in natura* o direito pleiteado (*v.g.*, determina ao Delegado da Receita Federal a emissão de certidão negativa de débito), de forma que inexiste execução *ex intervallo* (nova fase procedimental) e pedido da parte para executar a medida, imprimindo o juiz medidas coercitivas sob a vontade do réu, pressionando-o a obedecer a ordem, não se tratando, pois, assim, de sub-rogação (o juiz não pratica os atos da parte).

A despeito da preponderância da eficácia mandamental, a sentença de mandado de segurança também pode revelar, no caso concreto, eficácia declaratória (*v.g.*, declarar a inexistência de relação jurídico-tributária), eficácia constitutiva (*v.g.*, anular o auto de infração), eficácia condenatória (*v.g.*, condenar ao pagamento das parcelas vencidas após o ajuizamento da ação) e eficácia executiva *lato sensu* (*v.g.*, entregar a mercadoria ilegalmente apreendida).[4]

Na verdade, o mandado de segurança se distingue da ação sob o procedimento comum em razão da especialidade de seu procedimento, que é diferenciado, abreviado e impossibilita dilação probatória, e não por conta do direito material em discussão.[5]

A ação de mandado de segurança atende ao objetivo do processo: prestar tutela de direito de forma efetiva, adequada e tempestiva, mediante processo justo. Com efeito, o mandado de segurança é um instrumento processual hábil para prestar tutela efetiva, mormente porque a sentença produz eficácia imediatamente (o recurso de apelação não é dotado de efeito suspensivo) e a

---

3. A ação de mandado de segurança representa a eficácia sentencial mandamental por excelência. (WATANABE, Kazuo. *Código Brasileiro de defesa dos consumidores*: comentado pelos autores do anteprojeto. Rio de Janeiro: Forense Universitária, p. 651; SILVA, Ovídio Baptista. Eficácia da sentença e coisa julgada. *In: Sentença e coisa julgada*. 3. ed. Porto Alegre: SAFE, 1995, p. 269)

4. Nessa mesma linha de raciocínio, embora não seja adepto à classificação quinaria, escreve Celso Agrícola Barbi: "A nosso ver, o mandado de segurança não pode, como figura geral, ser classificado, 'com exclusividade', em qualquer dos três tipos de ação que se caracterizam pela natureza da 'sentença' pleiteada. Em cada caso concreto é que se poderá dizer se ação ajuizada é condenatória, constitutiva ou declaratória. O que se pode afirmar, com base apenas na observação do movimente forense, é a predominância dos casos em que a ação tem caráter constitutivo." (Ob. Cit., p. 46).

5. Por exemplo, o pedido de declaração de inconstitucionalidade de um tributo, com a consequente suspensão de exigibilidade de sua cobrança e emissão de certidão negativa de débito, pode ser manejado em mandado de segurança ou em ação sob procedimento comum, de forma que o direito material em jogo é irrelevante para definir o tipo de ação. O que é relevante, na hipótese, é examinar o tipo de prova necessária para comprovação dos fatos (mandado de segurança apenas permite prova documentada), bem como se há pretensão de repetição de indébito (restituição) de parcelas anteriores ao ajuizamento da ação (mandado de segurança não é substitutivo de ação de cobrança).

tutela de direito é prestada na forma mandamental (dispensa-se execução) e específica (*in natura*, e não pelo equivalente em dinheiro).

Igualmente, o mandado de segurança é um meio processual apto para prestar tutela adequada, visto que municia o cidadão e a coletividade de técnicas processuais adequadas ao direito material em jogo (controle judicial de atos do poder público), equilibrando processualmente essa relação entre indivíduo e o Estado que historicamente é tão desigual.

De igual forma, o mandado de segurança materializa a tutela tempestiva, porquanto é bastante reduzida a prática de atos processuais (não há contestação no prazo de 30 dias, mas sim meras informações no prazo de 10 dias; inexiste réplica; é descabida a intervenção de terceiros; inexiste instrução probatória e alegações finais; há prioridade legal para julgamento), de modo a possibilitar a prolação de sentença e de acórdãos (com a consequente entrega do bem jurídico postulado) em prazo rápido, se comparado com o tempo do procedimento comum.

Por fim, o mandado de segurança contém o perfil mínimo de um processo justo, pois se afigura possível a colaboração do juiz para com as partes (princípio da cooperação), a participação das partes em pé de igualdade e com paridade de armas (igualdade substancial), em contraditório e com ampla defesa, com limitação (justificável constitucionalmente) ao direito à prova para ambas as partes (o que não impede a discussão completa em ação sob o procedimento comum), perante juiz natural, em que seus pronunciamentos devam ser analítica e hermeneuticamente motivados, em procedimento público sob o rito especial, com direito à assistência judiciária integral e à coisa julgada (nos limites do *writ*), onde é prestada uma tutela de direito efetiva, adequada e tempestiva.

2.2 CONCEITO CONSTITUCIONAL

O art. 5º, inciso LXIX, da Carta Magna, prevê que "conceder-se-á mandado de segurança para proteger direito líquido e certo, não amparado por *habeas corpus* ou *habeas data*, quando o responsável pela ilegalidade ou abuso de poder for autoridade pública ou agente de pessoa jurídica no exercício de atribuições do Poder Público."

Para fins didáticos e melhor compreensão do conceito constitucional, decompomos esses requisitos do mandado de segurança, fazendo-se a análise separadamente.

2.2.1 Direito Líquido e Certo

Como visto, o art. 5º, LXIX, da Constituição da República, dispõe que "conceder-se-á mandado de segurança para proteger direito líquido e certo"[6].

Durante muito tempo a doutrina e a jurisprudência controverteram a respeito de precisar o conceito do termo "direito líquido e certo". Isto porque parcela da doutrina descrevia direito líquido e certo como um direito objetivo de cunho "especial"[7], revestido de certeza incontestável, verificável de plano (*ictus oculi)*, de forma que, sendo a matéria de direito controvertida ou complexa, restaria incabível o mandado de segurança. Esse equívoco decorria, em parte, pela literalidade da disposição da Constituição de 1934, que exigia ser o direito "manifestamente ilegal"[8].

A justificativa residia no erro de classificar o mandado de segurança como um instrumento de direito material (constitucional ou administrativo), não ajustável ao direito processual, em virtude da importância do instituto como controle dos atos do poder público (direito material). Veja-se a crítica de Barbosa Moreira: "Existe no Brasil certa tendência a ver no mandado de segurança uma entidade exótica, estranha, insuscetível de enquadramento nas categorias tradicionais do direito processual. Tomo a liberdade de atribuir um pouco dessa tendência ao fato de que, nos primeiros tempos da sua existência, o mandado de segurança foi estudado menos por processualistas que por estudiosos, por especialistas de outros campos de direito: constitucionalistas, administrativistas."[9]

Essa conceituação da expressão "direito líquido e certo", como categoria de direito substancial, vem sendo combatida e corrigida pela doutrina

6. Sobre as origens dessa expressão "direito líquido e certo", veja-se nota de Celso Agrícola Barbi: "A expressão direito líquido e certo não foi criada pelo legislador constituinte nem pelo legislador ordinário. Limitaram-se eles a buscá-la na jurisprudência do Supremo Tribunal Federal, onde a introduzira Pedro Lessa, ao tempo da formulação da doutrina brasileira do *habeas corpus*, e para aplicação a este. [...]. Por isso, já no seu relatório apresentado ao Congresso Jurídico de 1922, o Ministro Muniz Barreto, ao sugerir a criação de um instituto processual capaz de reintegrar imediatamente o direito lesado, quando incabível o *habeas corpus*, já falou em 'direito certo e líquido'." (*Do Mandado de Segurança.* 12. ed. Revista e Atualizada. Rio de Janeiro: Forense, 2009, p. 51)

7. Essa era a posição assumida por Alfredo Buzaid: "O mandado de segurança é, a nosso ver, uma ação judicial, que se distingue das demais pela índole do direito que visa tutelar" (*Do mandado de segurança.* São Paulo: Saraiva, 1989, p. 64, v. I).

8. Nesse diapasão posicionava-se Castro Nunes: "O ato contra o qual se requer o mandado de segurança terá de ser manifestamente inconstitucional ou ilegal para que se autorize a concessão da medida. Se a ilegalidade ou inconstitucionalidade não se apresenta aos olhos do juiz em termos inequívocos, patente não será a violação, e, portanto, certo e incontestável não será o direito." (Ob. Cit., p. 166)

9. MOREIRA, José Carlos Barbosa. Mandado de Segurança: uma apresentação. In: *Temas de direito processual*: sexta série. São Paulo: Saraiva, 1997, p. 206.

processual, sobretudo após o advento da Constituição Federal de 1946, que suprimiu a expressão "manifesta" da demonstração da ilegalidade, e hoje majoritariamente advoga a acepção do termo no sentido estritamente processual, representando a ideia de prova pré-constituída, razão pela qual firmou-se entendimento no sentido de que é incabível dilação probatória em mandado de segurança.

Com efeito, Celso Agrícola Barbi escreve: "Como se vê o conceito de direito líquido e certo é tipicamente processual, pois atende ao modo de ser de um direito subjetivo no processo: a circunstância de um determinado direito subjetivo realmente existir não lhe dá a caracterização de liquidez e certeza; esta só lhe é atribuída se os fatos em que quer se fundar puderem ser provados de forma incontestável, certa, no processo."[10] Esse também é o entendimento de Pontes de Miranda[11], Ovídio Baptista[12] e Helly Lopes Meirelles.[13]

Portanto, na ação de mandado de segurança, o que deve ser "líquido e certo" é o fato, ou seja, demanda-se que o fato alegado pelo impetrante esteja, desde a exordial, comprovado indubitavelmente (prova pré-constituída), até porque todo direito é líquido e certo, de modo que, ou há direito, e aplica-se a subsunção aos fatos (procedência do pedido), ou não há direito, não se aplicando a subsunção aos fatos (improcedência do pedido), sendo certo que a atividade probatória é voltada para os fatos, e não para o direito, cabendo ao juiz aplicar, ainda que de ofício e exista lacuna legal, o direito que se amolde ao caso concreto (*da mihi factum, dabo tibi ius*) [14], desde que

---

10. Ob. Cit., p. 56-57.

11. A distinção entre questão fática e questão jurídica, em Pontes de Miranda, fica evidente ao afirmar a possibilidade, em mandado de segurança, do exame incidental da constitucionalidade do ato: "Toda a questão de inconstitucionalidade é questão de direito; e as questões só de direito não fazem incerto ou duvidoso o direito que se examina." (*Tratado das ações.* São Paulo: Revista dos Tribunais, 1976, p. 61, Tomo VI: ações mandamentais)

12. "A regra, portanto, é a seguinte: estando os fatos claramente demonstrados nos documentos com que o autor do mandado de segurança instruiu o pedido, a maior ou menor complexidade da *quaestio juris*, é irrelevante para descaracterizar a 'certeza' do direito. Por mais controvertido que ele seja, no plano da existência somente pode haver duas alternativas: ou o direito existe ou não existe, independentemente daquilo que o julgador possa pensar a seu respeito." (SILVA, Ovídio Baptista da. *Curso de Processo Civil.* 2. ed. Porto Alegre: Safe, 1993, p. 274)

13. "Quando a lei alude a 'direito líquido e certo', está exigindo que esse direito se apresente com todos os requisitos para seu reconhecimento e exercício no momento da impetração. Em última análise, direito líquido e certo é direito comprovado de plano. Se depender de comprovação posterior não é líquido, nem certo, para fins de segurança. O conceito de 'liquidez e certeza' adotado pelo legislador é impróprio – e mal expresso – alusivo à precisão e comprovação do direito, quando deveria aludir à precisão e comprovação dos fatos e situações que ensejam o exercício desse direito." (MEIRELLES, Hely Lopes; WALD, Arnoldo; MENDES, Gilmar Ferreira. *Mandado de Segurança e ações constitucionais.* 36. ed. São Paulo: Malheiros, 2014, p. 37)

14. Art. 140, CPC. O juiz não se exime de decidir sob a alegação de lacuna ou obscuridade do ordenamento jurídico.

respeitado o fato-base narrado pelo impetrante[15] e sejam ouvidas previamente as partes, por força do princípio do contraditório preventivo e do dever de cooperação processual.

Esse tema foi solucionado, em definitivo, pelo Supremo Tribunal Federal, que aprovou o Enunciado n. 625 da Súmula: "Controvérsia sobre matéria de direito não impede a concessão do mandado de segurança."[16]

Assim sendo, a complexidade do direto afirmado não influencia no cabimento do mandado de segurança[17]; contudo, os fatos devem ser comprovados de plano (em regra, juntamente com a peça vestibular), de forma que resta vedada a realização da instrução probatória no *writ* para comprovar os fatos.

2.2.1.1 Ausência de direito líquido e certo (prova pré-constituída)

Indaga-se: a presença do direito líquido e certo constitui um problema de admissibilidade do mandado de segurança ou integra o seu mérito?

Trata-se de interesse de agir[18], na modalidade adequação (ou, para parcela da doutrina, utilidade, que já abarcaria a adequação), uma vez que, ausente

15. [...] 2. A decisão extra petita é aquela inaproveitável por conferir à parte providência diversa da almejada, mercê do deferimento de pedido diverso ou baseado em causa petendi não eleita. Consectariamente, não há decisão extra petita quando o juiz examina o pedido e aplica o direito com fundamentos diversos dos fornecidos na petição inicial ou mesmo na apelação, desde que baseados em fatos ligados ao fato-base. Precedentes do STJ: AgRg no REsp 1164488/DF, SEGUNDA TURMA, DJe 07/06/2010; RMS 26.276/SP, QUINTA TURMA, DJe 19/10/2009; e AgRg no AgRg no REsp 825.954/PR, PRIMEIRA TURMA, DJ de 15/12/2008. [...]" (STJ, REsp 1107219/SP, Rel. Ministro Luiz Fux, Primeira Turma, j. em 02.09.2010)

16. "Quer dizer, os fatos têm de ser incontroversos. Se os fatos forem incontroversos, o direito será sempre certo. Haverá, apenas, problema de subsunção dos fatos incontroversos ao Direito. Porém, por mais difícil que se apresente ao juiz a subsunção dos fatos ao Direito, isso não importa. Pode ocorrer de o juiz ter dúvidas de qual seja o Direito realmente aplicável para o caso concreto. Porém, isso não é relevante. Não tira a liquidez e certeza do direito." (FIGUEIREDO, Lúcia Valle. *Mandado de segurança*. 6. ed. São Paulo: Malheiros, 2009, p. 20-21). Quadra trazer à baila, ainda, didático voto do Ministro Celso de Mello: "[...] o conceito de direito líquido e certo, para os fins da ação civil de mandado de segurança, não constitui noção redutível à categoria do direito material reclamado pelo impetrante do writ. Tal como precedentemente assinalado, a formulação conceitual de direito líquido e certo, que constitui requisito de cognoscibilidade da ação de mandado de segurança, encerra, por isso mesmo, no plano de nossa dogmática jurídica, uma noção de conteúdo eminentemente processual. [...] Dentro dessa perspectiva, precedentes jurisprudenciais desta própria Corte deixaram assinalado que o direito líquido e certo, apto a autorizar o ajuizamento da ação de mandado de segurança, é, tão-somente, aquele que concerne a fatos incontroversos, constatáveis de plano, mediante prova literal inequívoca." (STF, RE 269.464-DF, j. em 29.06.2000)

17. "Afastar a impetração pela complexidade da matéria, quando o direito pode ser reconhecido por esta via judicial, é comodismo do julgador que não encontra apoio na instituição do *mandamus*." (MEIRELES, Hely Lopes; WALD, Arnoldo; MENDES, Gilmar Ferreira. *Mandado de Segurança e Ações Constitucionais*. 36. ed. São Paulo: Malheiros, 2014, p. 55)

18. Nesse sentido: BUENO, Cassio Scarpinella. *Mandado de segurança*: comentário às Leis ns. 1.533/51, 4.348/64 e 5.021/66. 2. ed. São Paulo: Saraiva, 2004, p. 15; CUNHA, Leonardo Carneiro da. *A Fazenda Pública em Juízo*. 13. ed. Rio de Janeiro: Forense, 2016, p. 508. Contudo, há quem defensa que a liquidez e a certeza consistam numa condição específica da ação de mandado de segurança: BARBI, Celso Agrícola, Ob. Cit., p. 50; WAMBIER, Teresa Arruda Alvim. *Nulidades do processo e da sentença*. 5. ed. São Paulo: Revista dos Tribunais, 2004, p. 50-51.

o direito líquido e certo (prova pré-constituída), o *writ* se revela incabível, por força da inadequação da via eleita (ou de sua inutilidade), devendo o processo ser extinto sem resolução do mérito, o que não impede a renovação da questão posteriormente através de ação sob o procedimento comum, desde que seja necessária, entretanto, a produção de outro tipo de prova que não seja a documental.

O problema é que na prática forense, muitas vezes, afirma-se que não há direito líquido e certo, no sentido de que o ato impugnado é legal, quando tecnicamente correto seria utilizar essa expressão ("direito líquido e certo") apenas no sentido de que não há prova pré-constituída. Isso ainda se agrava porquanto o art. 6º, § 5º, da Lei Federal n. 12.016/2009, prevê que "denega-se o mandado de segurança nos casos previstos pelo art. 267 da Lei no 5.869, de 11 de janeiro de 1973 - Código de Processo Civil", ou seja, denega-se a segurança também nas hipóteses de julgamento sem resolução do mérito (art. 485 do CPC), e não apenas no julgamento com resolução de mérito.

Posta assim a questão, independentemente de o dispositivo da sentença constar o termo "denego" o *mandamus*, ou a expressão "ausente direito líquido e certo", certo é que se deve examinar a fundamentação do *decisum*, para aferir se o mérito fora ou não realmente enfrentado.

De todo modo, antes de julgar extinto o processo sem resolução do mérito, a intimação prévia do impetrante é indispensável, pois o art. 10 do CPC cristalizou a regra da vedação de decisões surpresas, baseadas em premissas não discutidas pelas partes, em afronta ao contraditório e à ampla defesa. Diante disso, com o Código de Processo Civil de 2015, o princípio do contraditório releva uma nova face: o dever de debate por parte do juiz e o direito de influência das partes (contraditório preventivo). O dever do juiz de ouvir previamente a parte, antes de decidir matéria de ofício, decorre também do dever de consulta, que emana do princípio da cooperação processual (art. 6º do CPC).

Desse modo, não restam dúvidas de que o magistrado, antes de extinguir o mandado de segurança por faltar-lhe um requisito específico, deverá oportunizar ao impetrante a sua manifestação prévia a respeito, para que tenha a oportunidade de convencer o juiz da existência de prova pré-constituída.

Mas, e se o magistrado, após ouvir o impetrante, não se convencer de seus argumentos contrários?

Ausente prova pré-constituída, é salutar que o magistrado oportunize ao impetrante que, caso queira, converta o procedimento especial em procedimento comum, emendando a inicial, com as devidas adaptações (por exemplo, alterando o polo passivo, incluindo pedido de condenação em honorários, produção de provas etc.), sob pena de extinção do processo sem resolução de mérito, por faltar-lhe interesse de agir.[19] Observe-se que mais uma vez a aplicação do CPC diretamente ao mandado de segurança em função de seus princípios reitores, dentre os quais a primazia do julgamento de mérito (art. 4º, CPC).

Essa conduta do juiz está em sintonia, portanto, com uma das diretrizes do Código de Processo Civil de 2015, qual seja, o processo com o maior rendimento possível, do qual emerge o princípio da primazia do julgamento do mérito[20], redundando no dever processual do juiz sanear vícios processuais (art. 139, IX, CPC)[21], determinando a parte a sua correção antes de proferir sentença sem resolução do mérito (art. 317, CPC)[22].

Na prática forense, ressalvado o pedido de condenação em obrigação de pagar de parcelas pretéritas, o que se verifica é que a causa de pedir e os pedidos de uma ação sob procedimento comum e do mandado de segurança, notadamente em matéria tributária, são semelhantes, não havendo distinção substancial, o que se revela factível e prudente a conversão do procedimento, pois, assim, estar-se-á concretizando o direito do jurisdicionado a uma tutela adequada (procedimento idôneo), efetiva (com economia processual) e tempestiva (duração razoável do processo), mediante um processo justo (processo cooperativo – dever de prevenção por parte do juiz).

---

19. "CONFLITO DE COMPETÊNCIA. TRANSFORMAÇÃO DE MANDADO DE SEGURANÇA EM AÇÃO ORDINÁRIA. - Não obstante pertencerem a procedimentos distintos, o mandado de segurança e a ação ordinária, em atenção aos princípios da instrumentalidade das formas, efetividade, economia e celeridade processual aliada à inexistência de prejuízo da parte contrária, tenho que a prefalada transformação deve ser validada." (TRF 4, CC 200304010134154, Relator Des. Tadaaqui Hirose, Terceira Seção, j. 11.06.2003)

20. O princípio da primazia do julgamento de mérito (art. 4º, CPC) é ligado ao vetor da efetividade no processo. O julgador deve priorizar a decisão de mérito, realizando todas as medidas necessárias para que ela ocorra, uma vez que a prolação de sentenças processuais (julgamento sem exame do mérito), acarreta um dispêndio enorme de tempo e esforço dos órgãos jurisdicionais, com gasto de recursos financeiros do Estado, sem que se obtenha a prestação jurisdicional almejada pelos requerentes e se ponha um fim definitivo a questão em julgamento. Nessa toada, constata-se uma clara contraposição entre o processo como coisa das partes (processo como instrumento de afirmação dos direitos da parte mais forte) e o processo como interesse público (processo como fim em si mesmo, independentemente do interesse das partes), ambas visões superadas do fenômeno processual por serem insuficientes para garantir a sua finalidade: a tutela dos direitos adequada, tempestiva e efetiva, mediante processo justo. Ora, no Estado Democrático Constitucional, o juiz é imparcial, mas não é neutro, porque trabalha pelo julgamento de mérito, determinando condutas às partes que possam viabilizar essa decisão. (ZANETI JR, Hermes. CPC/2015: O Ministério Público como Instituição de Garantia e as Normas Fundamentais Processuais. *Revista Jurídica. Corregedoria Nacional*, v. 2, 2017, p. 128-131)

21. Art. 139. O juiz dirigirá o processo conforme as disposições deste Código, incumbindo-lhe: [...] IX - determinar o suprimento de pressupostos processuais e o saneamento de outros vícios processuais.

22. Art. 317. Antes de proferir decisão sem resolução de mérito, o juiz deverá conceder à parte oportunidade para, se possível, corrigir o vício.

Enfim, o que se busca é a solução definitiva do problema das partes, independente do instrumento processual empregado, e não meramente a extinção de um processo para solucionar o problema estatístico do Poder Judiciário.[23]

2.2.2 Ato de Autoridade

O mandado de segurança deve ser impetrado em face de ato praticado (repressivo), ou a ser praticado (preventivo), por autoridade pública, ou agente de pessoa jurídica ou pessoa natural no exercício de atribuições do Poder Público.[24]

Autoridade pública é aquela que integra os quadros da Administração Pública Direta (entes federados, autarquias e fundações autárquicas), ao passo que os integrantes da Administração Pública Indireta (empresas públicas e sociedades de economia mista), os representantes dos partidos políticos, os dirigentes das pessoas jurídicas privadas e as pessoas naturais, mesmo que não integrem a Administração Pública Direta, são equiparadas à autoridade, quando praticarem o ato no exercício de atribuições do poder público.

E qual é a definição do termo "autoridade"? O art. 6, § 2º, da Lei Federal n. 12.016/2009, dispõe: "Considera-se autoridade coatora aquela que tenha praticado o ato impugnado ou da qual emane a ordem para a sua prática."

Autoridade é aquela investida com poder de decisão para praticar ou ordenar a prática do ato impugnado.[25] Vale dizer: autoridade é o agente público que exerce poder de decisão, capaz de corrigir, no momento da impetração[26], a ilegalidade do ato em toda a sua extensão. Não se confunde, assim, com o mero agente executor do ato, que apenas cumpre as ordens da autoridade,

---

23. José Robertos dos Santos Bedaque afirma:"Assim, o NCPC, preocupado com a efetividade do processo, prevê a possibilidade de correção de qualquer dos vícios capazes de impedir a sentença de mérito, devendo ser a parte intimada a, se possível, regularizar o processo. Mais importante que o *iudicium* é encontrar a solução adequada à *res in iudicium deducta*. Concebe-se o instrumento na suposição de que ele servirá melhor ao seu fim se observadas determinadas regras." (*Comentários ao Novo Código de Processo Civil.* Coordenação Antônio Passo Cabral e Ronaldo Cramer. Rio de Janeiro: Forense, 2015, p. 501)

24. Art. 1º, § 1º, da Lei Federal n. 12.016/2009: "Equiparam-se às autoridades, para os efeitos desta Lei, os representantes ou órgãos de partidos políticos e os administradores de entidades autárquicas, bem como os dirigentes de pessoas jurídicas ou as pessoas naturais no exercício de atribuições do poder público, somente no que disser respeito a essas atribuições."

25. "Por 'autoridade' entende-se a pessoa física investida de poder de decisão dentro da esfera de competência que lhe é atribuída pela norma legal. [...]. Atos de autoridade, portanto, são os que trazem em sim uma decisão, e não apenas execução." (MEIRELES, Hely Lopes; WALD, Arnoldo; MENDES, Gilmar Ferreira. *Mandado de Segurança e Ações Constitucionais*. 36. ed. São Paulo: Malheiros, 2014, p. 33)

26. "A autoridade administrativa legítima para figurar no polo passivo da impetração é a competente para a prática do ato no momento do ajuizamento do *writ*." (STF, RMS 28.193, Rel. Min. Eros Grau, j. 11.05.2010)

não tendo poder para corrigir o ato, não respondendo, pois, assim, pela ilegalidade do ato.[27]

Não se confunde, também, com a autoridade que elaborou, *in abstrato*, o ato normativo infralegal (por exemplo, Instrução Normativa), porquanto o mandado de segurança é voltado para impugnar, diretamente, o ato concreto (praticado ou a ser praticado), e não o ato normativo, que é objeto de impugnação apenas indiretamente.[28] Vale dizer: autoridade coatora no mandado de segurança não é aquela que dá instruções ou edita ordens genéricas, e sim a que faz por individualizá-las, aplicando-as em concreto. [29]

Ademais, autoridade coatora não se confunde com o agente público que, na condição de superior hierárquico, não pratica ou não ordena concreta e especificamente a execução ou inexecução de um ato.[30]

---

27. "[...]. 3. Daí que o instrumento normativo que atualmente regula o mandado de segurança, a Lei Federal n. 12.016, de 7 de agosto de 2009, estipula, por seu art. 6º, § 3º, ser autoridade coatora 'aquela que tenha praticado o ato impugnado ou da qual emane a ordem para a sua prática', dispositivo legal que, apesar da aparente alternativa, requer interpretação sistêmica, não podendo prescindir de conjugação com as normas que disciplinam a própria atuação administrativa do agente público. 4. Como se recolhe da autorizada doutrina, 'O mero executor material do ato, que apenas cumpre as ordens que lhe são dadas, não lhe cabendo questioná-las, não pode ser entendido como autoridade coatora' (BUENO, Cássio Scarpinella. A nova lei do mandado de segurança. 2. ed. São Paulo: Saraiva, 2010, p. 47-8). 5. Não ostenta legitimidade passiva na ação mandamental o agente público desprovido do poder de decisão sobre o ato que pratica, do que resulta o acerto do acórdão recorrido, ao compreender que o Presidente do TRF-5 não agiu com poder decisório, mas unicamente como executor material de determinação oriunda do Tribunal de Contas da União. 6. Recurso ordinário a que se nega provimento. (STJ, RMS 37.657/PE, Rel. Ministro Sérgio Kukina, Primeira Turma, j. em 01/10/2015)

28. "Autoridade coatora é aquela que praticou o ato que particularmente violou o direito do autor. Os órgãos elaboradores da lei não são chamados a juízo [...] ato violador do direito não são as instruções gerais, os pareceres etc., mas sim o ato concreto de aplicação desses atos normativos, sendo, assim, autoridade coatora a que faz aquela aplicação." (BARBI, Celso Agrícola. *Do Mandado de Segurança*. 12. ed. Revista e Atualizada. Rio de Janeiro: Forense, 2009, p. 90 e 92)

29. "Não cabe mandado de segurança contra ato do presidente do STF dotado de caráter normativo, ato que disciplina situações gerais e abstratas. A portaria impugnada neste *writ* produz efeitos análogos ao de uma 'lei em tese', contra a qual não cabe mandado de segurança (Súmula 266 desta Corte)." (STF, MS 28.250 AgR, Rel. Min. Eros Grau, j. 04.02.2010). E mais: "Como se sabe, o mandado de segurança pressupõe a alegação de lesão ou ameaça concreta a direito líquido e certo do impetrante. O referido meio processual não se presta a impugnar normas gerais e abstratas, como exposto na Súmula 266/STF, (...). A 'lei em tese' a que se refere a súmula não é propriamente a lei em sua acepção formal, mas em sentido material, o que abrange atos normativos infralegais, desde que possuam caráter geral e abstrato [...]" (STF, MS 29374 AgR, Relator Ministro Roberto Barroso, Primeira Turma, julgamento em 30.9.2014). Nesse mesmo sentido: STF, MS nº 28.985 AgR, Rel. Min. Dias Toffoli, j. 19.09.2013. No STJ, já se decidiu: "3. Estabelece a Súmula nº 59, do saudoso Tribunal Federal de Recurso: 'a autoridade fiscal de primeiro grau que expede a notificação para pagamento do tributo será legitimada passivamente para a ação de segurança, ainda que sobre a controvérsia haja decisão, em grau de recurso, de conselho de contribuintes.'" (STJ, AgRg no REsp 323.351/SP, Rel. Ministro José Delgado, Primeira Turma, julgado em 21/08/2001', DJ 01/10/2001)

30. "Mesmo após a edição da Lei 12.016/2009, Lei do Mandado de Segurança, aquele que, na condição de superior hierárquico, não pratica ou ordena concreta e especificamente a execução ou inexecução de um ato não poderá figurar como autoridade coatora. Caso contrário, o presidente da República seria autoridade coatora em todos os mandados de segurança impetrados contra ações ou omissões danosas verificadas no âmbito federal." (STF, RMS 26.211, Rel. Min. Luiz Fux, j. 27.9.2011)

Como a Constituição Federal e a legislação infraconstitucional não ressalvaram, qualquer autoridade pública está suscetível de figurar como autoridade coatora, inclusive o Presidente da República, o Presidente do Congresso e o Presidente do Supremo Tribunal Federal.

Essas características são comuns a ambos os mandados, quer individual, quer coletivo, mas tem efeitos diversos num e noutro.

Vezes ocorrem em que o mandado de segurança visa a impugnar ato coator praticado por agente executor, que também possui o poder discricionário de reverter o ato, individualmente considerado. Tem-se aí a situação do mandado de segurança individual. Se, no entanto, são muitos e diversos os atos coatores - a exemplo de autuações fiscais com base em majoração tributária estadual considerada ilegal, cada qual lavrada ou notificada para pagamento pelo respectivo agente – e o substituto processual (sindicato ou associação) entende propor mandado de segurança coletivo, a *autoridade coatora deverá ser aquela que ostenta hierarquia superior a dos agentes concretamente coatores*, ou seja, a que, de forma genérica, tenha determinado a prática dos atos ilegais ou possa ordenar sua retroação, cessação ou impedimento.

A justificativa é simples. O mandado de segurança coletivo visa à *tutela molecular do direito*. Sendo a lesão ou ameaça pontuada, fragmentada, entre os diversos titulares individuais, porém, com origem em ato coator genérico comum a todos (ilegalidade de tributo, edital-padrão), o mandado atua diretamente sobre a autoridade de maior hierarquia, porque *essa é que tem o poder de reverter o ato originário*, mesmo que genérico, que provocou ou provocará as diversas lesões individuais.

Podemos aferir esta particularidade do seguinte exemplo. É aprovado um edital-padrão pelo Governador do Estado. O edital rege as licitações de obras de grande estrutura e está eivado de cláusulas abusivas e inconstitucionais. O empreiteiro individual não pode impugnar as cláusulas porque o edital revela-se genérico, padrão. Ainda não existe nenhum edital particular onde possa estar consubstanciada a lesão ou ameaça de lesão individual concreta a ser afirmada. Contudo, pode o "Sindicato dos Empreiteiros de Obras de Grandes Estruturas" impugnar, preventivamente, as cláusulas que entenda discriminatórias, inconstitucionais ou abusivas, mediante a ação de mandado de segurança coletivo, beneficiando, assim, todos os seus filiados.[31]

---

31. O exemplo foi descrito por Lúcia Valle Figueiredo que assim o apresenta: "O *governador do Estado aprova edital-padrão* que deverá reger licitações de obras de grande estrutura. Juntamente com a aprovação, *determina seja este utilizado para as licitações com tal objeto.* O 'Sindicato dos empreiteiros de obras de grande

Outro exemplo interessante pode ser colocado, como fez Lúcia Valle Figueiredo:

> Vejamos outra hipótese um pouco mais complicada. O Congresso aprova tributo sobre automóveis de luxo, de tais ou quais especificações, tributo este que estaria em descompasso com a Constituição. A fim de ensejar interposição de mandado de segurança individual preventivo, necessário seria comprovar de plano: a) que fulano é fabricante daquele tipo de automóvel; b) que estaria, naquele momento, fabricando tantas unidades; c) ou, que tantas unidades estariam em vias de ser comercializadas e, portanto, na iminência de sofrer a constrição indevida." Ora, além de pontuada esta ilegalidade deveria ser alegada individualmente ou no máximo em litisconsórcio, causando um verdadeiro mar de ações. Contudo, assevera Lúcia Valle Figueiredo, "Por outro lado, desde que publicada a lei, haveria possibilidade de associação de fabricantes de veículos interpor mandado de segurança coletivo para afastar tributo inconstitucional incidente sobre produto específico de seus associados.

Como fecho geral a referida autora afirma que os atos coatores serão diversos no mandado de segurança coletivo, porém, entende-se aqui, nem sempre tal assertiva será verdadeira, *ocorrerão casos em que o próprio ato coator poderá ser individual e coletivamente tratado* (aliás, como no exemplo acima). Outra conclusão da autora é no sentido de que: "Enquanto existente a mesma situação jurídica, vige a mesma norma judicial. Daí o caráter totalmente diverso das sentenças proferidas em mandados de segurança coletivos". Nesse sentido concorda-se com Lúcia Valle Figueiredo; uma vez determinada a ilegalidade de situação jurídica em mandado de segurança coletivo, esta irá continuar ilegal enquanto existente, não podendo ser renovada a prática da ilegalidade após o *decisum* concessivo da segurança, por

---

estrutura' entende que há cláusulas discriminatórias, inconstitucionais. O edital, todavia, não teria ainda sido usado. Não obstante, *caberia mandado de segurança coletivo, cuja finalidade seria a de obter expurgo das cláusulas inconstitucionais em qualquer edital que, com este objetivo, fosse publicado*"; segue: "Entretanto, se algum empreiteiro quisesse impedir fossem as prefaladas cláusulas utilizadas em editais futuros, não teria possibilidade jurídica, pois não seria hipótese de mandado de segurança individual. *Não haveria ainda qualquer lesão, ou ameaça concreta a direito individual.*" Caberia, no entanto, mandado de segurança coletivo porque o edital-padrão seria ilegal e iminentemente lesivo aos interesses dos associados. Segue: "Na hipótese de ter sido interposto mandado de segurança individual, sua procedência implicaria na determinação judicial para que cláusula ou cláusulas de edital certo e determinado fossem suprimidas. *Porém, fique claro descaber determinação judicial (no mandado de segurança individual) para proibir cláusula(s) do edital-padrão.*" Cf. FIGUEIREDO, Lúcia Valle. *Perfil do mandado de segurança coletivo.* São Paulo: Revista dos Tribunais, 1989. p.31-33.

nenhuma autoridade, sob a esfera de competência da autoridade indigitada como coatora no *writ* coletivo.[32]

2.2.2.1 Dos Atos da Administração

A Administração Pública pode submeter-se a regime jurídico de direito privado (*v.g*, contrato civil de compra e venda) ou a regime jurídico de direito público (*v.g.*, licitação, concurso público, contrato administrativo). O que diferencia o regime privado do regime público é que este contém dois elementos, a saber, prerrogativas e sujeições, de modo que inexiste relação de igualdade entre o Estado e o particular.[33]

Nessa medida, o mandado de segurança apenas é cabível em se tratando de impugnação de ato da Administração Pública, praticado na função administrativa[34], sob o regime jurídico de direito público[35]. Trata-se do famigerado "ato de império" (direito público), em contraste com o "ato de gestão" (direito privado), o qual (ato de gestão) não se enquadra no conceito de "autoridade", e, por sua vez, não comporta impugnação via ação de mandado de segurança, mas apenas pelas vias ordinárias.

Contudo, a função administrativa não é exclusiva do Poder Executivo, visto que, malgrado as funções típicas inerentes ao Poder Executivo (administrar), ao Poder Legislativo (legislar) e ao Poder Judiciário (julgar), todos os Poderes da República exercem funções atípicas, desempenhando, ainda que excepcionalmente e quando autorizados pela Constituição Federal, parcelas das funções administrativa, legislativa e jurisdicional.[36]

Posta assim a questão, o que importa para caracterizar uma função como administrativa é o critério material, independentemente de qual poder provenha o ato, conforme lição de José dos Santos Carvalho Filho:

---

32. FIGUEIREDO, Lúcia Valle. *Perfil do mandado de segurança coletivo*. São Paulo: Revista dos Tribunais, 1989, p. 33.

33. DI PIETRO, Maria Sylvia Zella. *Direito Administrativo*. 25 ed. São Paulo: Atlas, 2012, p. 61.

34. Diogo Moreira de Figueiredo Neto ensina que a "função administrativa é toda aquela exercida pelo Estado, que não seja destinada à formulação da regra legal nem à expressão da decisão jurisdicional, em seus respectivos sentidos formais". (MOREIRA NETO, Diogo de Figueiredo. *Curso de direito administrativo:* parte introdutória, parte geral e parte especial. 14. ed. Rio de Janeiro: Forense, 2005, p. 24).

35. "Entende-se, pacificamente, na doutrina brasileira, que o mandado de segurança só será remédio adequado se o ato lesivo ou ameaçador tiver sido praticado pelo Estado como Poder Público, excluídos, assim, os atos em que ele tenha agido como pessoa privada, pois nestes casos estará sujeito apenas aos remédios comuns das leis processuais." (BARBI, Celso Agrícola. Ob. Cit., p. 84)

36. "Não há exclusividade no exercício das funções pelos Poderes. Há, sim, preponderância. As linhas definidoras das funções exercidas pelos Poderes têm caráter político e figuram na Constituição. Aliás, é nesse sentido que se há de entender a independência e a harmonia entre eles: se, de um lado, possuem sua própria estrutura, não se subordinando a qualquer outro, devem objetivar, ainda, os fins colimados pela Constituição." (CARVALHO FILHO, José dos Santos. *Manual de Direito Administrativo*. 20. ed. Rio de Janeiro: Lumem Juris, 2008, p. 2)

> Não custa, por fim, relembrar que, a despeito da reconhecida diversidade de critérios identificadores da função administrativa, como mencionamos acima, é o critério material que tem merecido justo realce entre os estudiosos; cuida-se de examinar o conteúdo em si da atividade, independentemente do Poder de onde provenha. Em virtude dessa consideração é que constituem função materialmente administrativa atividades desenvolvidas no Poder Judiciário, de que são exemplos decisões em processos de jurisdição voluntária e o poder de polícia do juiz nas audiências, ou no poder Legislativo, como as denominadas «leis de efeitos concretos», atos legislativos que, ao invés de traçarem normas gerais e abstratas, interferem na órbita jurídica de pessoas determinadas, como, por exemplo, a lei que concede pensão vitalícia à viúva de ex-presidente. Em relação a elas a ideia é sempre residual: onde não há criação de direito novo ou solução de conflitos de interesses na via própria (judicial), a função exercida, sob o aspecto material, é a administrativa.[37]

Logo, atos praticados pelos agentes públicos do Poder Judiciário e do Poder Legislativo, no exercício de função administrativa (sob o regime de direito público), são suscetíveis de impugnação via ação de mandado de segurança, a exemplo de nomeação de cargo decorrente de concurso público realizada pelo Presidente de Tribunal de Justiça, ou homologação de licitação promovida pelo Presidente da Assembleia Legislativa.

Ademais, os atos praticados por dirigentes de pessoas jurídicas ou pelas pessoas naturais também são passíveis de impugnação via mandado de segurança, desde que o ato tenha sido praticado no "exercício de atribuições do poder público" (art. 5º, LXIV, CF; art. 1º, § 1º, da Lei Federal n. 12.016/2009), ou seja, praticados por delegação de função administrativa.

De outra banda, conforme reza o art. 1º § 2º, da Lei Federal n. 12.016/2009, "não cabe mandado de segurança contra os atos de gestão comercial praticados pelos administradores de empresas públicas, de sociedade de economia mista e de concessionárias de serviço público", pois, na hipótese, as empresas estatais (que não integram o conceito de Fazenda Pública) e as concessionárias (empresas privadas) atuam em estado de igualdade com os particulares, mediante regime jurídico de direito privado (art. 173, § 1º, II, CF). Cite-se, como exemplo, multa aplicada por empresa

37. Ob. Cit., p. 4-5.

estatal a particular, decorrente de descumprimento de cláusula contratual de natureza civil.[38]

Porém, tratando-se de atos praticados pelos administradores das empresas públicas, de sociedade de economia mista e de concessionárias de serviço público no "exercício de atribuições do poder público (art. 1º, § 1º, da Lei Federal n. 12.016/2009), ou seja, mediante regime jurídico de direito público, afigura-se cabível o *writ*, a exemplo de atos praticados em licitação[39] (art. 173, § 1º, III, CF) ou em concurso público[40] (art. 37, II, da CF).

Além disso, os atos praticados por representantes ou órgãos de partidos políticos também são passíveis de impugnação via mandado de segurança, desde que o ato tenha sido praticado no "exercício de atribuições do poder público" (art. 5º, LXIV, CF; art. 1º, § 1º, da Lei Federal n. 12.016/2009), a

---

38. [...]. 1. A imposição de multa decorrente de contrato ainda que de cunho administrativo não é ato de autoridade, posto inegável ato de gestão contratual. Precedentes jurisprudenciais: AGRG RESP 1107565, RESP 420.914, RESP 577.396 2. Os atos de gestão não possuem o requisito da supremacia, por isso são meros atos da administração e não atos administrativos, sendo que a Administração e o Particular encontram-se em igualdade de condições, em que o ato praticado não se submete aos princípios da atividade administrativa, tampouco exercido no exercício de função pública, não se vislumbrando ato de autoridade.3. Sob este enfoque preconiza a doutrina que: Atos de gestão são os que a Administração pratica sem usar de sua supremacia sobre os destinatários. Tal ocorre nos atos puramente de administração dos bens e serviços públicos e nos negociais com os particulares, que não exigem coerção sobre os interessados. (in Direito Administrativo Brasileiro, 31ª Edição, pág. 166, Hely Lopes Meirelles).4. In casu, versa mandado de segurança impetrado por empresa privada em face da Caixa Econômica Federal visando anular ato do Presidente da Comissão de Licitação que, nos autos do contrato para prestação de serviços de adequação da rede elétrica de agência bancária aplicou a penalidade de multa por atraso da obra. 5. Deveras, apurar infração contratual e sua extensão é incabível em sede de writ, via na qual se exige prova prima facie evidente. 6. A novel Lei do Mando de Segurança nº 12.026/2009 sedimentou o entendimento jurisprudencial do descabimento do mandado de segurança contra ato de gestão, em seu art. 1º, par. 2º, in verbis: "Não cabe mandado de segurança contra os atos de gestão comercial praticados pelos administradores de empresas públicas, de sociedade de economia mista e de concessionária de serviço público." 7. Consectariamente, a Caixa Econômica Federal mesmo com natureza jurídica de empresa pública que, integrante da Administração Indireta do Estado, ao fixar multa em contrato administrativo pratica ato de gestão não passível de impugnação via mandado de segurança, mercê de não se caracterizar ato de autoridade. 8. Recurso Especial desprovido." (STJ, REsp 1078342/PR, Rel. Ministro Luiz Fux, Primeira Turma, j. 09.02.2010)

39. Súmula 333 do STJ: "Cabe mandado de segurança contra ato praticado em licitação promovida por sociedade de economia mista ou empresa pública".

40. "PROCESSUAL CIVIL. CONFLITO DE COMPETÊNCIA. MANDADO DE SEGURANÇA. ATO EMANADO DE SOCIEDADE DE ECONOMIA MISTA. CONCURSO PÚBLICO PARA PROVIMENTO DE CARGOS. MATÉRIA PACIFICADA PELO TRIBUNAL PLENO DO STF. COMPETÊNCIA DA JUSTIÇA FEDERAL. 1. Trata-se de Agravo Regimental em Conflito de Competência contra decisão monocrática exarada no sentido de declarar competente a Justiça Estadual para julgar Mandado de Segurança contra ato de autoridade vinculada à sociedade de economia mista federal praticado em concurso público para provimento de cargos. 2. O Supremo Tribunal Federal, todavia, decidiu a matéria, sob o regime de Repercussão Geral (art. 543-A, § 1º, do CPC), em sentido contrário e assentou que, 'sendo a sociedade de economia mista pessoa jurídica de direito privado, ela, na execução de atos de delegação por parte da União, se apresenta, inegavelmente, para efeitos de mandado de segurança, como autoridade federal (...)', não havendo 'como se olvidar não ser competente, em tais casos, a Justiça Federal' (RE 726.035 RG, Rel. Ministro Luiz Fux, DJe 5.5.2014). 3. Agravo Regimental provido." (STJ, AgRg no CC 126.151/RJ, Rel. p/ Acórdão Ministro Herman Benjamin, Primeira Seção, DJe 10.02.2016)

exemplo da correta destinação dos recursos oriundos do Fundo Partidário (art. 44 da Lei Federal n. 9.096/1995). De outro lado, tratando-se de meros atos de gestão do partido político (*v.g.*, contratação de empregados, celebração de contratos), não se afigura cabível o *writ*.

Do exposto, independentemente de que se cuide de agente público ou particular, pessoa jurídica de direito público ou de direito privado, empresa estatal ou empresa privada, infere-se que, para o cabimento do mandado de segurança, não importa a qualidade do agente que pratica o ato (se público ou particular), mas a natureza do ato (se praticado sob regime jurídico de direito público). Enfim: o aspecto objetivo prepondera sobre o subjetivo[41], de modo que a impugnação de um contrato de locação celebrado, em regime de direito privado, pelo Prefeito, não comportará mandado de segurança, pois inexistente ato de autoridade (ato praticado sob o regime de direito público)[42], ao passo que a negativa de colação de grau por um Reitor de Universidade particular estará sujeito ao *writ*, pois praticado o ato no exercício de função pública.

Na hipótese de delegação de competência administrativa, se praticado o ato supostamente ilegal pela autoridade delegada, contra esta cabe o mandado de segurança, e não contra a autoridade delegatária[43], salvo se se discutir justamente a ilegalidade dessa delegação. Assim, se o Ministro da Fazenda delega para o Secretário da Receita Federal a prática de determinado ato, apenas contra este último será cabível o mandado de segurança.

Os atos colegiados (por exemplo, Plenário do TCU) e os atos praticados por comissão de processo administrativo (por exemplo, comissão de processo

41. "Conclui-se, portanto, que o elemento chave para a caracterização de autoridade pública para fins de mandado de segurança é o regime jurídico a que está sujeita a relação jurídica em que atue. Se esse regime for de direito público, o ato que praticar será de autoridade, se for de direito privado, o ato será de direito privado ou de gestão." (SILVA, Almiro Couto e. Autoridade pública e mandado de segurança. *Revista da Faculdade de Direito da UFRGS*, Porto Alegre, v. 11, 1996, p. 134)

42. Aplicando o Código Civil (regime jurídico de direito privado) em contrato de locação de bem público dominical realizado por autarquia federal: "[...]. I-Mesmo em se tratando de locação de bem imóvel público, dominical e urbano, de propriedade da autarquia, cuja finalidade não é precipuamente conferir utilidade pública ao bem, e sim exploração econômica (fim imediato), inaplicável a Lei no. 8.245/91, de acordo com a vedação contida no art. 1°, parágrafo único, alínea "a", do aludido diploma legal. Pode-se traçar a seguinte regra básica quanto ao regime jurídico a que se submetem os bens públicos dominicais: inexistindo lei especial que os disciplinem sob regime de direito público, devem incidir as regras de direito privado, em razão do fim imediato (patrimonial) destes bens. II- Inexistindo regras especiais para disciplinar relação jurídica locatícia tendo por objeto bens públicos dominicais pertencentes às autarquias, devem ser aplicadas as normas do Código Civil relativas aos contratos de locação, vigentes à época da celebração do negócio jurídico, em consonância com o disposto no próprio art. 1°, parágrafo único, alínea "a"" da Lei no. 8.245/91. [...]." (TRF 2, AC 00200353620054025101, Rel. Theophilo Miguel, j. 03.12.2007)

43. Enunciado n. 510 da Súmula do STF: "Praticado o ato por autoridade, no exercício de competência delegada, contra ela cabe o mandado de segurança ou a medida judicial."

administrativo disciplinar-PAD) também são sujeitos ao mandado de segurança, figurando como autoridade coatora apenas o presidente do órgão ou da comissão, respectivamente.[44]

No ato complexo, que resulta da manifestação de dois ou mais órgãos, mas que formam um ato único, o mandado de segurança deve ser impetrado apenas em face da autoridade que praticou o último ato, ainda que o fundamento da impetração seja a ilegalidade ocorrida em fase anterior.[45] Logo, cuidando-se da escolha de um Desembargador Estadual destinado ao quinto constitucional da advocacia, o Conselho Estadual da OAB realiza a lista sêxtupla, o Tribunal de Justiça realiza a lista tríplice, e o Governador do Estado faz a escolha do advogado, de modo que, se houver ilegalidade nesse procedimento de escolha ocorrida na OAB ou no Tribunal de Justiça, o Governador figurará como autoridade coatora se já estiver de posse da lista, ainda que não tenha praticado o ato.[46]

No ato composto, que resulta da manifestação de dois ou mais órgãos, formando mais de um ato (o ato principal e o ato acessório), autoridade coatora é quem praticou o ato principal.[47]

---

44. Na doutrina: MEIRELLES, Hely Lopes; WALD, Arnoldo; MENDES, Gilmar Ferreira. *Mandado de Segurança e ações constitucionais.* 36. ed. São Paulo: Malheiros, 2014, p. 75; CUNHA, Leonardo Carneiro da. *A Fazenda Pública em Juízo.* 13. ed. Rio de Janeiro: Forense, 2016, p. 490. Na jurisprudência: STJ, AgRg no RMS 22.576/BA, Rel. Ministro Nefi Cordeiro, Sexta Turma, julgado em 17/12/2015, DJe 16/02/2016; STJ, RMS 40.367/MG, Rel. Ministro Mauro Campbell Marques, Segunda Turma, julgado em 06/08/2013, DJe 13/08/2013; STJ, RMS 32880/SP, Rel. Ministro Teori Albino Zavascki, Primeira Turma, julgado em 20/09/2011, DJe 26/09/2011. Em sentido contrário, entendendo que o legitimado passivo é o próprio colegiado: FERRAZ, Sérgio. *Mandado de Segurança.* 4. ed. São Paulo: Malheiros, 2006, p. 50; MENDES, Aluisio Gonçalves de Castro; FONTES, André R. C.; LIMA, Arnaldo Esteves; ARAÚJO, Eugênio Rosa de; NASCIMENTO FILHO, Firly; NEIVA, José Antonio Lisbôa; LOPES, Mauro Luís Rocha; AZULAY NETO, Messod; DYRLUND, Poul Erik. *Mandado de segurança individual e coletivo*: Lei 12.016/2009 comentada. 2. ed. São Paulo: Revista dos Tribunais, 2014, p. 73.

45. Enunciado n. 627 da Súmula do STF: "No mandado de segurança contra a nomeação de magistrado da competência do Presidente da República, este é considerado autoridade coatora, ainda que o fundamento da impetração seja nulidade ocorrida em fase anterior do procedimento."

46. "Mandado de segurança. Questão de ordem. Competência do Supremo Tribunal Federal. Lista tríplice. Preenchimento de vaga em Tribunal Regional do Trabalho. Estando o Presidente da República de posse de lista tríplice destinada ao preenchimento de vaga de magistrado de Tribunal Regional do Trabalho, podendo nomear, a qualquer momento, aquele que vai ocupar o cargo vago, configura-se a competência desta Corte para o julgamento do mandado de segurança que impugna o processo de escolha dos integrantes da lista, nos termos da jurisprudência do Supremo Tribunal Federal, consolidada na Súmula 627 desta Corte. Questão de ordem resolvida para reconhecer a competência do STF." (STF, MS 27244 QO, Relator Ministro Joaquim Barbosa, Tribunal Pleno, j. em 13.5.2009)

47. MEIRELLES, Hely Lopes; WALD, Arnoldo; MENDES, Gilmar Ferreira. *Mandado de Segurança e ações constitucionais.* 36. ed. São Paulo: Malheiros, 2014, p. 75; MENDES, Aluisio Gonçalves de Castro; FONTES, André R. C.; LIMA, Arnaldo Esteves; ARAÚJO, Eugênio Rosa de; NASCIMENTO FILHO, Firly; NEIVA, José Antonio Lisbôa; LOPES, Mauro Luís Rocha; AZULAY NETO, Messod; DYRLUND, Poul Erik. *Mandado de segurança individual e coletivo*: Lei 12.016/2009 comentada. 2. ed. São Paulo: Revista dos Tribunais, 2014, p. 74. Em sentido contrário, entendendo ser caso de litisconsórcio passivo necessário entre todos os participantes: FERRAZ, Sérgio. *Mandado de Segurança.* 4. ed. São Paulo: Malheiros, 2006, p. 49-50.

2.2.2.2 Dos Atos do Legislativo

O mandado de segurança também é cabível contra deliberações legislativas praticadas por parlamentares no processo legislativo, quando violada a Constituição Federal, a Lei e o Regimento Interno, desde que ainda pendente o processo legislativo (o projeto de lei ainda não fora promulgado)[48] e inocorra discussão de atos *interna corporis49.* Nesse sentido preleciona Helly Lopes:

> Os atos praticados por parlamentares na elaboração da lei, na votação de proposições ou na administração do Legislativo entram na categoria dos atos de autoridade e se expõem a mandado de segurança desde que infrinjam a Constituição ou as normas regimentais da corporação e ofendam direitos ou prerrogativas do impetrante. No entanto, não se sujeitam a correção judicial a lei regularmente votada e promulgada bem como os atos *interna corporis* do Legislativo, que são aquelas deliberações do Plenário, das Comissões ou da Mesa que entendem direta e exclusivamente com as atribuições e prerrogativas da corporação.[50]

De todo modo, a parte legítima *ad causam* para impetrar o mandado de segurança é apenas o parlamentar, pois este que apresenta direito líquido e certo ao devido processo legislativo.[51]

Como é cediço, "não cabe mandado de segurança contra lei em tese" (Enunciado n. 266 da Súmula do STF)[52], posto que a lei carrega, em princípio, as características de abstração, generalidade e impessoalidade, de forma que

---

48. Promulgada a lei, não se afigura possível a impetração de mandado de segurança contra a lei, pois não há discussão de fato concreto, sob pena do *writ* ser manejado como controle abstrato de constitucionalidade, o que é vedado.

49. Sobre a vedação do exame de atos *interna corporis:* STF, MS 34127 MC, Relator p/ Acórdão Min. Teori Zavascki, Tribunal Pleno, j. em 14.04.2016; STF, MS 33705 AgR, Relator Min. Celso De Mello, Tribunal Pleno, j. em 03.03.2016. Na doutrina: MEIRELLES, Helly Lopes. *Direito Administrativo Brasileiro*. 40. ed. Malheiros: São Paulo, 2014.

50. MEIRELLES, Hely Lopes; WALD, Arnoldo; MENDES, Gilmar Ferreira. *Mandado de Segurança e ações constitucionais.* 36. ed. São Paulo: Malheiros, 2014, p. 35.

51. "[...] mandado de segurança [...]. Ilegitimidade do particular para, na qualidade de cidadão, atuar em face da Mesa da Câmara dos Deputados ou do Senado Federal na defesa de interesse de toda a coletividade." (STF, MS 32.052 AgR, Rel. Min. Dias Toffoli, j. 18.12.2013). Nesse mesmo sentido: STF, MS 33.694, Rel. Min. Cármen Lúcia, decisão monocrática, j. 06.08.2015; STF, MS 33.694, AgR, Rel. Min. Cármen Lúcia, j. 07.10.2015.

52. André Ramos Tavares preleciona que, "em verdade, o surgimento dessa restrição deu-se com o objetivo (legítimo) de impedir a transformação (interpretativa) do mandado de segurança em ação de controle abstrato de constitucionalidade das leis, o que poderia ser obtido por uma leitura extremamente indulgente do instituto na Constituição do Brasil." (TAVARES, André Ramos. *Manual do novo mandado de segurança.* Rio de Janeiro: Forense, 2009, p. 114)

não lesa, por si só, qualquer direito individual.[53] Na verdade, não cabe qualquer ação judicial para impugnar lei em tese (exceto no controle concentrado de constitucionalidade), e não apenas o mandado de segurança, por faltar-se interesse de agir.[54] Idêntico raciocínio se aplica aos atos normativos infralegais, pois também dotados das características de abstração, generalidade e impessoalidade, de forma que não lesam, por si só, qualquer direito individual.[55]

Com efeito, não se pode confundir segurança preventiva com segurança normativa, conforme ressalta Helly Lopes de Meirelles[56]:

> Não basta a invocação genérica de uma remota possibilidade de ofensa a direito para autorizar a segurança preventiva; exige-se prova da existência de atos ou situações atuais que evidenciem a ameaça temida. Não se confunda – como frequentemente se confunde – segurança preventiva com segurança normativa. Nosso sistema judiciário admite aquela e rejeita esta. Segurança preventiva é a que se concede

53. "A lei em tese, como norma abstrata de conduta, não é atacável por mandado de segurança (STF, Súmula 266), pela óbvia razão de que não lesa, por si só, qualquer direito individual. Necessária se torna a conversão da norma abstrata em ato concreto para se expor à impetração, mas nada impede que na sua execução venha a ser declarada inconstitucional pela via do *mandamus*." (MEIRELES, Hely Lopes; WALD, Arnoldo; MENDES, Gilmar Ferreira. *Mandado de Segurança e Ações Constitucionais*. 36. ed. São Paulo: Malheiros, 2014, p. 39)

54. Nesse diapasão Celso Agrícola Barbi: "o assunto não é, todavia, específico do mandado de segurança, mas pertence, em verdade, ao campo das ações em geral." (*Do Mandado de Segurança*. 12. ed. Revista e Atualizada. Rio de Janeiro: Forense, 2009, p. 113).

55. É vasta a jurisprudência do STF a respeito: "Como se sabe, o mandado de segurança pressupõe a alegação de lesão ou ameaça concreta a direito líquido e certo do impetrante. O referido meio processual não se presta a impugnar normas gerais e abstratas, como exposto na Súmula 266/STF, [...]. A 'lei em tese' a que se refere a súmula não é propriamente a lei em sua acepção formal, mas em sentido material, o que abrange atos normativos infralegais, desde que possuam caráter geral e abstrato [...]" (MS 29374 AgR, Relator Ministro Roberto Barroso, Primeira Turma, julgamento em 30.09.2014). "Cumpre enfatizar, neste ponto, que normas em tese - assim entendidos os preceitos estatais qualificados em função do tríplice atributo da generalidade, impessoalidade e abstração - não se expõem ao controle jurisdicional pela via do mandado de segurança, cuja utilização deverá recair, unicamente, sobre os atos destinados a dar aplicação concreta ao que se contiver nas leis, em seus equivalentes constitucionais ou, como na espécie, em regramentos administrativos de conteúdo normativo [...]." (MS 32809 AgR, Relator Ministro Celso de Mello, Segunda Turma, julgamento em 05.08.2014). De igual sorte, é uníssona a jurisprudência do STJ: "[...]. 2. O presente mandamus não preenche os pressupostos de admissibilidade para o julgamento do mérito. 3. Com efeito, a impetrante se insurge contra dispositivos das Resoluções 4.292/2013 e 4.294/2014, publicadas pelo Presidente do Banco Central do Brasil, atos normativos genéricos e abstratos, sem nem sequer descrever quais atos de efeitos concretos praticados pelas autoridades indicadas como coatoras estariam a violar direito líquido e certo seu. 4. Consoante a Súmula 266/STF, "Não cabe mandado de segurança contra lei em tese". 5. Precedentes em casos similares: MS 20.830/DF, Rel. Ministra Assusete Magalhães, Primeira Seção, DJe 10/3/2015; MS 16.682/DF, Rel. Ministro Arnaldo Esteves Lima, Primeira Seção, DJe 6/10/2011; MS 13.999/DF, Rel. Ministro Herman Benjamin, Primeira Seção, DJe 31/8/2009. 6. Segurança denegada, nos termos do art. 6°, § 5°, da Lei 12.016/2009. Processo extinto sem resolução de mérito." (STJ, MS 21.526/DF, Rel. Ministro Herman Benjamin, Primeira Seção, julgado em 14/12/2016, DJe 19/12/2016)

56. MEIRELES, Hely Lopes; WALD, Arnoldo; MENDES, Gilmar Ferreira. *Mandado de Segurança e Ações Constitucionais*. 36. ed. São Paulo: Malheiros, 2014, p. 118.

para impedir a consumação de uma ameaça a direito individual em determinado caso; segurança normativa seria a que estabelecesse regra geral de conduta para casos futuros, indeterminados.

Todavia, tratando-se de lei em sentido formal e de atos normativos infralegais, com características de concretude, especificidade e pessoalidade[57], como são equivalentes a um ato administrativo nos seus resultados imediatos, sendo auto-aplicáveis independentemente do agente executor, caberá mandado de segurança, pois presente ato concreto de autoridade, sendo que a ação será dirigida, na verdade, contra um ato administrativo (fato concreto e específico), embora revestido da formalidade de lei ou de ato normativo.[58]

De igual sorte, tratando-se de lei proibitiva[59], conquanto se cuide de lei em sentido formal (devido processo legislativo) e material (características de abstração, generalidade e impessoalidade), admite-se o mandado de segurança, quando a execução da lei puder violar imediata e diretamente o direito individual (fato concreto), sem que nenhum ato administrativo ulterior seja necessário (lei auto-aplicável)[60]. Nessa medida, não há que se

---

57. Segundo Helly Lopes Meireles, "por 'leis e decretos de efeitos concretos' entendem-se aqueles que trazem em si mesmos o resultado específico pretendido, tais como as leis que aprovam planos de urbanização, as que fixam limites territoriais, as que criam Municípios ou desmembram Distritos, as que concedem isenções fiscais, as que proíbem atividades ou condutas individuais; os decretos que desapropriam bens, os que fixam tarifas, os que fazem nomeações, e outros dessa espécie." (Ob. Cit., p. 40). Acrescenta-se, ainda, a esse rol exemplificativo, as leis orçamentárias.

58. "[...]. 2. À luz do pacífico entendimento jurisprudencial do STJ, atos normativos, quando geradores de efeitos concretos, são passíveis de ataque por meio do mandado de segurança. [...]." (STJ, AgRg no RMS 33.646/SP, Rel. Ministro Benedito Gonçalves, Primeira Turma, j. em 07/02/2012). E mais: "[...]. 2. Mandado de Segurança contra lei de efeitos concretos consistente na edição do decreto nº 26.737/2002, através do qual o acervo patrimonial da COHAB foi revertido em prol do Estado do Ceará, por isso que a autoridade impetrada propiciou a descapitalização da mencionada sociedade de economia mista, frustrando os interesses dos credores, in casu, o do autor-impetrante, que possui direito líquido e certo de ser indenizado em razão do ato expropriatório que sofreu. [...]." (STJ, REsp 700.175/CE, Rel. Ministro Luiz Fux, Primeira Turma, julgado em 25/10/2005, DJ 14/11/2005). Nesse mesmo diapasão: STJ, AgRg no RMS 37.507/MS, Rel. Ministro Ari Pargendler, Primeira Turma, DJe 07/12/2012; STJ, AgRg no RMS 24.986/SC, Rel. Ministro Sebastião Reis Júnior, Sexta Turma, DJe 12/09/2013; STJ, AgRg no AREsp 420.984/PI, Rel. Ministro Benedito Gonçalves, Primeira Turma, julgado em 20/02/2014, DJe 06/03/2014.

59. Como exemplo hipotético de lei proibitiva, imagina-se uma lei estadual (flagrantemente inconstitucional) que proíba, em um Estado da Federação, a realização de cultos e missas durante os dias de semana (segunda a sexta), sob pena de aplicação de multa e interdição temporária dos locais de reunião.

60. Nesse sentido escreve Sérgio Ferraz: "há, doutra parte, verdadeiras leis em tese, suscetíveis, todavia, de provocarem infringência a direito líquido e certo, por seu só início de vigência; é o que se dá com as leis proibitivas, baixadas com infringência, por exemplo, a garantias constitucionais básicas. Por que esperar o indivíduo sofra o impacto da sanção conectada à proibição, genericamente posta?" (FERRAZ, Sérgio. *Mandado de Segurança*. 4. ed. São Paulo: Malheiros, 2006, p. 75). Nesse mesmo rumo de ideia, André Ramos Tavares: "A diferença entre lei proibitiva e a lei meramente formal está em que, enquanto esta última dirige-se para certa e determinada situação, a lei proibitiva, embora seja lei materialmente falando, vale dizer, ainda que se revista da desejada abstração e generalidade, mesmo assim é capaz de alcançar imediatamente o direito de determinado

falar em carência de interesse de agir, uma vez que, a despeito da abstração, generalidade e impessoalidade da lei (direito objetivo), a mesma já viola o direito subjetivo do jurisdicionado (fato concreto e individual). Não há que se falar, também, em utilização do mandado de segurança como substituto de ação de controle de constitucionalidade, pois na hipótese será enfrentada a juridicidade diante de um caso concreto e específico. Ademais, assinala-se que nem a Constituição Federal, nem a legislação infraconstitucional, vedam o manejo do mandado de segurança contra ato legislativo, pois o requisito constitucional consiste na "ilegalidade" ou "abuso de poder" da autoridade pública, não sendo obrigatório que o ato seja exclusivamente administrativo.[61]

Como bem pontuado por André Ramos Tavares[62], o mesmo raciocínio das leis proibitivas aplica-se às leis impositivas de obrigações[63], uma vez que, malgrado também se cuidem de lei em sentido formal e material (características de abstração, generalidade e impessoalidade), admite-se o mandado de segurança quando a execução da lei puder violar imediata e diretamente o direito individual (fato concreto), sem que nenhum ato administrativo ulterior seja necessário (lei auto-aplicável).[64]

---

indivíduo que poderá, então, socorrer-se do Poder Judiciário. Não há espaço, aqui, para aguardar um ato administrativo. Quando este advier, será para violar o direito que se pretende resguardar da mesma forma que o faz a legislação. Nestes casos, admite-se, igualmente, o cabimento do mandado de segurança, quando a execução da lei violará direito individual, sem que nenhum ato ulterior ou intermediário seja necessário para abrir o cabimento do mandado de segurança." (TAVARES, André Ramos. *Manual do novo mandado de segurança*. Rio de Janeiro: Forense, 2009, p. 142). Também defendendo que leis proibitivas possam ensejar o uso do mandado de segurança, quando a lei implicar a imediata violação de um direito, posiciona-se Celso Antônio Bandeira de Mello (O ato coator. In: MELLO, Celso Antônio Bandeira de. *Curso de mandado de segurança*. São Paulo: Revista dos Tribunais, 1986, p. 39).

61. Preciso é o magistério de Celso Antônio Bandeira de Mello: "Mas ainda aqui se quer propor o tema de que é um ato substancialmente administrativo e por ser substancialmente administrativo é que é atacável. Mas não é nada disso o que o diz o texto constitucional. O art. 153, § 21, não fala em ato nem em coator, muito menos em administrativo. Cifra-se a dizer: conceder-se-á mandado de segurança para proteger direito líquido e certo, não amparado por habeas corpus, seja qual for a autoridade responsável pela ilegalidade ou abuso de poder. Basta, para ater-se ao lume do texto constitucional, que exista uma ilegalidade ou um abuso de poder, seja qual for a autoridade – aí não se discrimina se do Legislativo, ou do Executivo ou do Judiciário. (O ato coator. In: MELLO, Celso Antônio Bandeira de. *Curso de mandado de segurança*. São Paulo: Revista dos Tribunais, 1986, p. 33)

62. TAVARES, André Ramos. *Manual do novo mandado de segurança*. Rio de Janeiro: Forense, 2009, p. 146.

63. Como exemplo hipotético, imagina-se uma lei estadual (flagrantemente inconstitucional) que imponha a obrigação de todos os alunos da escola pública do país terem que participar, obrigatoriamente, da disciplina de "ensino religioso", voltado para uma específica religião, sob pena de reprovação do ano letivo. Por que esperar a prática de um ato pelo Poder Público, se a própria lei já viola direito subjetivo de um aluno que se recusa a participar da disciplina?

64. "[...]. 3 - Não se trata de impetração contra lei em tese, quando o ato apontado como coator, o Decreto nº 16.720/95, ao fixar o teto remuneratório dos servidores do Estado do Amazonas, tem efeitos concretos suficientes a autorizar a utilização da via estreita do *writ of mandamus*. Com efeito, o referido ato atingiu diretamente a esfera do direito do recorrido, não sendo o caso de norma genérica e abstrata. [...]." (STJ, REsp 347.482/AM, Rel. Ministro Jorge Scartezzini, Quinta Turma, julgado em 03/06/2004, DJ 02/08/2004)

Como leis impositivas de obrigações, enquadram-se as leis que imponham obrigações tributárias aos contribuintes. Todavia, cabe diferenciar o mandado de segurança tributário com feição preventiva (cabível), do mandado de segurança contra lei em tese (incabível).

Conforme jurisprudência do Superior Tribunal de Justiça[65], "não se pode confundir mandado de segurança preventivo com mandado de segurança impetrado contra lei em tese. [...]. Isto porque a natureza preventiva do *mandamus* decorre da constatação da incidência da norma jurídica, uma vez ocorrente seu suporte fático, sendo o direito ameaçado por ato coator iminente. [...]. Por seu turno, no *writ* dirigido contra lei em tese, a situação de fato, que enseja a incidência da norma jurídica, ainda não restou configurada."[66]

Com efeito, se a lei tributária que impõe obrigação já incidiu, pois já foram praticados fatos relevantes à configuração de sua hipótese de incidência, a impetração já se revela possível (natureza preventiva), ainda que inocorrente o lançamento tributário, visto que há presunção de que a autoridade tributária cumprirá a lei, exigindo o tributo que entende devido, pois a atividade de lançamento tributário é vinculada e obrigatória.[67]

Nesse sentido, é o magistério de Hugo de Brito Machado[68]:

---

65. STJ, REsp 860.538/RS, Rel. Ministro Luiz Fux, Primeira Turma, julgado em 18/9/2008, DJe 16/10/2008. Nesse mesmo diapasão: STJ, AgRg no AREsp 543.226/PE, Rel. Ministro Sérgio Kukina, Primeira Turma, julgado em 24/11/2015, DJe 10/12/2015.

66. "[...]. 2. O mandado de segurança contra lei em tese é o que tem por objeto o ato normativo abstratamente considerado, ou seja, '...quando a impetração nada indica, em concreto, como representativo de ameaça de lesão à esfera jurídica do impetrante' (STF, RE 99.416/SP, Primeira Turma, Min. Rafael Mayer, DJ de 22.04.1983). No caso, entretanto, a norma impugnada constitui mero fundamento do pedido e não seu objeto, havendo, portanto, indicação de situação individual e concreta a ser tutelada. [...]." (STJ, REsp 779.200/SP, Rel. Ministro Teori Albino Zavascki, Primeira Turma, julgado em 03/11/2009, DJe 13/11/2009)

67. "Embora inadmissível o mandado de segurança contra lei em tese, a edição de norma dispondo sobre tributação traz em si a presunção de que a autoridade competente irá aplicá-la. Assim, admite-se que o contribuinte, encontrando-se na hipótese de incidência tributária prevista na lei, impetre o mandado de segurança preventivo, pois há uma ameaça real e um justo receio de que o Fisco efetue a cobrança do tributo." (MEIRELES, Hely Lopes; WALD, Arnoldo; MENDES, Gilmar Ferreira. *Mandado de Segurança e Ações Constitucionais*. 36. ed. São Paulo: Malheiros, 2014, p. 30). É o caso do advento de nova legislação tributária: "[...]. 1. Com o advento de nova legislação alterando os critérios para a cobrança do tributo, é de se presumir que, em vista da estrita legalidade tributária, a autoridade fiscal cumprirá a lei. Com lastro nesse fato, é inegável o cabimento do mandado de segurança preventivo para obstar ação concreta do agente arrecadador, afastada, por conseguinte, a alegada impetração contra lei em tese (REsp 207.270/MG, 2ª Turma, Rel. Min. Franciulli Netto, DJ de 20.9.2004; REsp 619.889/BA, 2ª Turma, Rel. Min. João Otávio de Noronha, DJ de 26.2.2007). [...]." (STJ, AgRg no REsp 1454169/RJ, Rel. Ministro Mauro Campbell Marques, Segunda Turma, julgado em 12/08/2014, DJe 19/08/2014); "[...]. 2. No caso, o Tribunal Estadual atestou o caráter preventivo da impetração, ante a iminência de ato coator, em razão 'da inovação legislativa que alterou o Direito Tributário Municipal'. [...]." (STJ, AgRg no AREsp 543.226/PE, Rel. Ministro Sérgio Kukina, Primeira Turma, julgado em 24/11/2015, DJe 10/12/2015)

68. *Mandado de Segurança em Matéria Tributária*. 9. ed. São Paulo: Malheiros, 2016, p. 340-341.

> Na verdade, porém, a lei deixa de ser em tese no momento em que incide. No momento em que ocorrem os fatos na mesma descritos, e que, por isto mesmo nasce a possibilidade de sua aplicação. Não é o ato de aplicar a lei, mas a ocorrência de seu suporte fático, que faz com que a lei possa ser considerada já no plano concreto. [...]. Tem-se, pois, de distinguir as situações nas quais inexiste qualquer fato capaz de formar, ou de iniciar a formação do direito, cuja lesão é temida pelo impetrante, em face das quais a impetração há de ser considerada contra lei em tese, daquelas outras situações nas quais já ocorreu o suporte fático da norma, ou já aconteceram fatos suficientes para indicar a formação daquele suporte fático. Assim se apenas pretendo importar determinada mercadoria para a qual a alíquota do imposto de importação foi aumentada, e considero que o aumento se deu contrariando a Constituição, mas ainda não adquiri a mercadoria no exterior, não posso dizer que tenho um direito sob ameaça de lesão. Se impetro mandado de segurança, a impetração estará atacando a norma, em tese, que elevou a alíquota do imposto. Por outro lado, se já adquiri a mercadoria, e especialmente se a mercadoria já foi remetida para o Brasil, já estou diante de fatos dos quais inexoravelmente decorrerá o fato impunível. Já posso, portanto, impetrar o *writ*, em caráter preventivo.

Portanto, em princípio, apenas se afigura possível o cabimento de mandado de segurança preventivo quando ocorrido a situação fática (fato gerador) prevista na norma tributária (hipótese de incidência).[69]

Nessas situações de lei de efeitos concretos, leis proibitivas e leis impositivas de obrigações, que são auto-executórias e independem de ato administrativo posterior, contra quem caberá o mandado de segurança? Maria Sylvia

69. "[...]. 2. Não se trata de writ preventivo, pois não houve demonstração de que ocorreu a situação fática hipoteticamente descrita na norma impugnada. [...]." (STJ, AgRg no RMS 33.842/PA, Rel. Ministro Herman Benjamin, Segunda Turma, julgado em 17/05/2012, DJe 23/05/2012); "[...]. IV. A Primeira Turma do STJ, ao julgar o AgRg no RMS 36.846/RJ (Rel. Ministro ARI PARGENDLER, DJe de 07/12/2012), decidiu que, no regime do lançamento por homologação, a iminência de sofrer o lançamento fiscal, acaso não cumpra a legislação de regência, autoriza o sujeito passivo da obrigação tributária a impetrar mandado de segurança contra a exigência que considera indevida. [...]." (STJ, AgInt no RMS 54.968/RN, Rel. Ministra Assusete Magalhães, Segunda Turma, julgado em 15/05/2018, DJe 21/05/2018); "[...]. 1. O cabimento de mandado de segurança preventivo contra ato normativo abstrato instituidor de tributo está condicionado à prova da ocorrência de ato concreto ou de conduta rotineira do fisco que, com base na respectiva legislação, infirme o direito invocado, seja por meio de lavratura de auto de infração, seja pelo indeferimento de pedido administrativo. 2. Hipótese em que a impetrante pretende o não pagamento de contribuição instituída por lei estadual, sem indicar ato concreto e específico materializador de sua exigibilidade, o que revela o não cabimento do mandamus, conforme entendimento sedimentado na Súmula 266 do STF." (STJ, AgInt no REsp 1530846/MT, Rel. Ministro Gurgel de Faria, Primeira Turma, julgado em 15/08/2017, DJe 26/09/2017)

Zanella de Pietro[70] entende que, em se tratando de *writ* repressivo, deve ser impetrado contra o Chefe do Poder Legislativo (que aprova a lei) e o Chefe do Poder Executivo (que sanciona a lei)[71], já que lei é ato complexo, e desde que inexista ato administrativo ulterior, pois, em havendo ato administrativo, a autoridade coatora será apenas a autoridade que praticou tal ato administrativo. De outro lado, em se cuidando de *writ* preventivo, o *mandamus* deva ser impetrado apenas em face da autoridade administrativa que aplicará a lei ao caso concreto[72].

2.2.2.3 Dos Atos Jurisdicionais

Os provimentos jurisdicionais, como são atos estatais praticados pelo Poder Judiciário no exercício de função pública, também são passíveis de serem atacados via mandado de segurança, pois o art. 5º, LXIX, da CF, não restringiu o cabimento do *writ* apenas para atos praticados na função administrativa, pois o texto constitucional exige apenas "ilegalidade" praticada por "autoridade pública", o que se enquadra, ao menos em princípio, os provimentos jurisdicionais.

Contudo, como é sabido, em face de provimentos jurisdicionais decisórios, o instrumento processual adequado para impugnar esses atos é o recurso, de modo que se revela desnecessário (ausência de interesse de agir) o manejo de mandado de segurança, quando o ato judicial seja passível de recurso.[73]

A par disso, os atos jurisdicionais, diferentemente dos atos administrativos, estão sujeitos à preclusão (decisão) ou coisa julgada (sentença), a ensejar a imutabilidade do conteúdo do *decisum*. Assim, não se afigura possível o emprego de mandado de segurança quando esgotado o prazo recursal para impugnar o ato jurisdicional supostamente ilegal[74], sob pena de configurar

70. DI PIETRO, Maria Sylvia Zanella. In: GONÇALVES, Aroldo Plínio (Coord). *Mandado de Segurança*. Belo Horizonte: Del Rey, 1996, p. 161.

71. Tem decidido reiteradamente o Superior Tribunal de Justiça: "[...]. 2. Esta Casa firmou o entendimento de que o Governador do Estado é a autoridade competente para constar no pólo passivo do mandado de segurança quando o ato normativo em que se funda a discussão foi por ele expedido ou sancionado. Precedentes." (STJ, AgRg no REsp 1339165/AL, Rel. Ministro Mauro Campbell Marques, Segunda Turma, julgado em 16/05/2013, DJe 22/05/2013)

72. DI PIETRO, Maria Sylvia Zanella. Ob. Cit., p. 161.

73. Art. 5º da Lei Federal n. 12.016/2009: "Não se concederá mandado de segurança quando se tratar: [...]. II - de decisão judicial da qual caiba recurso com efeito suspensivo"; Súmula 267 do STF: "Não cabe mandado de segurança contra ato judicial passível de recurso ou correição."

74. Art. 5º da Lei Federal n. 12.016/2009: "Não se concederá mandado de segurança quando se tratar: [...]. III - de decisão judicial transitada em julgado." Enunciado n. 268 da Súmula do STF: "Não cabe mandado de segurança contra decisão judicial com trânsito em julgado." Esse ainda é o atual entendimento do STF: "Ementa: Processual Civil. Agravo regimental. Recurso ordinário. Mandado de segurança contra decisão judicial já tran-

sucedâneo de ação rescisória, uma vez que, como a sentença é imutável, mostra-se inútil a impetração do *writ* (ausência de interesse de agir).

O Supremo Tribunal Federal[75] e o Superior Tribunal de Justiça[76], por sua jurisprudência, criaram um terceiro requisito para o cabimento do *mandamus*, consistente na necessidade de flagrante ilegalidade ou teratologia da decisão questionada.

Todavia, nem a Constituição Federal (art. 5º, LXIX, CF), nem a Lei Federal n. 12.016/2009 (lei do mandado de segurança), exigem como requisito de cabimento do *writ* a flagrante ilegalidade ou teratologia da decisão judicial. Com efeito, enquanto a Carta Magna é silente a respeito, a Lei Federal n. 12.016/2009 preconiza que não cabe mandado de segurança apenas de (i) decisão judicial da qual caiba recurso com efeito suspensivo e de (ii) decisão judicial transitada em julgado.

Flávio Cheim Jorge[77] escreve sobre a origem desse requisito de "teratologia" no mandado de segurança:

---

sitada em julgado. Impossibilidade. Lei 12.016/2009, art. 5º, III. Agravo regimental a que se nega provimento." (RMS 33935 AgR, Relator Ministro Teori Zavascki, Segunda Turma, j. em 02.02.2016). Nesse mesmo sentido: STF, MS 30523 AgR, Relator Ministro Celso de Mello, Tribunal Pleno, j. em 09.10.2014. De igual sorte, é a posição do STJ: "[...]. Consoante assentado pela Primeira Turma do STJ, no RMS 33.042/SP (Rel. Ministro TEORI ALBINO ZAVASCKI, DJe de 10/10/2011), e também pela Segunda Turma do STJ, no AgRg no RMS 36.974/SP (Rel. Ministro MAURO CAMPBELL, DJe de 25/04/2012), no regime da Lei 12.016/2009 subsistem os óbices que sustentam a orientação das Súmulas 267 e 268 do STF, no sentido de que, mesmo na hipótese de decisão judicial sujeita a recurso sem efeito suspensivo, o mandado de segurança (a) não pode ser transformado em alternativa recursal, como substitutivo do recurso próprio, e (b) não é cabível contra decisão judicial revestida de preclusão ou com trânsito em julgado.[...]." (STJ, RMS 53.101/SP, Rel. Ministra Assusete Magalhães, Segunda Turma, julgado em 06.04.2017)

75. "[...]. 1. É inadmissível a impetração de mandado de segurança contra ato jurisdicional, exceto nos casos de flagrante ilegalidade ou teratologia da decisão questionada. [...]." (STF, RMS 32133 AgR, Relator Min. Luiz Fux, Primeira Turma, julgado em 19.06.2017); "[...]. 1. A jurisprudência da Suprema Corte é firme no sentido de ser inadmissível a impetração de mandado de segurança contra ato revestido de conteúdo jurisdicional. Incide, na espécie, a Súmula STF nº 267. 2. O mandado de segurança somente se revelaria cabível se no ato judicial houvesse teratologia, ilegalidade ou abuso flagrante, o que não se verifica na espécie." (STF, MS 31831 AgR, Relator Ministro Dias Toffoli, Tribunal Pleno, j. em 17.10.2013)

76. "[...]. 5. Registre-se que a admissão de Mandado de Segurança contra ato judicial requer situação absolutamente excepcional, quando evidenciada flagrante teratologia ou ilegalidade do ato, hipótese que não se faz presente no caso em apreço, valendo destacar que, ao contrário do alegado nas razões recursais, o impetrante foi devidamente intimado para apresentar resposta ao Agravo de Instrumento de iniciativa do ente público. Assim, respeitou-se o contraditório e a ampla defesa, previstos no art. 5o. LV da CF. [...]." (STJ, EDcl no RMS 43.019/SP, Rel. Ministro Napoleão Nunes Maia Filho, Primeira Turma, j. em 28.03.2017); "[...]. 1. O mandado de segurança impetrado contra ato jurisdicional é medida excepcional, somente cabível em casos de flagrante ilegalidade, teratologia ou abuso de poder, situações que não se verificam na espécie na medida em que o tema relativo à tempestividade do agravo foi devidamente apreciado por esta Corte à luz da certidão lançada nos autos. [...]." (STJ, MS 21.463/SP, Rel. p/ Acórdão Ministra Maria Thereza de Assis Moura, Corte Especial, j. em 19.08.2015).

77. JORGE, Flávio Cheim. *Teoria Geral dos Recursos Cíveis*. 7. ed. São Paulo: Saraiva, 2015, p. 291.

Um dos maiores equívocos é vincular o cabimento do *mandamus* à presença das chamadas decisões teratológicas. Sua origem remonta à primeira fase do mandado de segurança, cuja preocupação residia em conceber ou não o juiz como 'autoridade coatora'. Essa circunstância desviou a atenção do intérprete e fez com que fosse admitido o *mandamus* apenas e exclusivamente em situações excepcionais, absurdas ou teratológicas. Na época, em decorrência dessa visão do tema, ainda que inconscientemente, foram concebidas duas espécies de ilegalidade: aquela teratológica ou excepcional, atacável via *mandamus*; e aquela que não padecia de tais características e era impugnável via recursos.

Além de não estar previsto na Constituição Federal ou na Lei Federal n. 12.016/2009, trata-se de termo extremamente vago ("teratologia"[78]), que possibilita o subjetivismo e o casuísmo do julgador em matéria tão relevante (cabimento ou não de sucedâneo recursal para impugnar decisão judicial).

E nem se pode argumentar que a teralogia ou flagrante ilegalidade da decisão estariam fundamentadas no requisito constitucional ligado ao direito "líquido e certo." Isto porque, conforme já salientado, na ação de mandado de segurança, o que deve ser "líquido e certo" é o fato, e não o direito, ou seja, demanda-se que o fato alegado pelo impetrante esteja, desde a exordial, comprovado indubitavelmente (prova pré-constituída), até porque todo direito é líquido e certo, de modo que, ou há direito, e aplica-se a subsunção aos fatos (procedência do pedido), ou não há direito, não se aplicando a subsunção aos fatos (improcedência do pedido). Logo, mera questão de direito (e não de fato) inserta na decisão judicial, ainda que o tema seja complexo, não é óbice para o *writ*.

Feitas essas considerações, para o manejo do mandado de segurança como sucedâneo recursal, concluímos que, além dos requisitos constitucionais e legais para cabimento do *writ*, comentados em linhas pretéritas, é necessário demonstrar apenas a ausência de (i) recurso com efeito suspensivo para impugnar a decisão judicial e ausência de (ii) preclusão ou trânsito em julgado do provimento jurisdicional.

E qual seria o prazo para impetração de mandado de segurança em face de ato jurisdicional? Pois bem, pensamos que não se aplica o prazo de 120 (cento e vinte) dias quando se tratar de sentença. Isto porque, os provimentos

78. Segundo a etimologia da expressão "teratologia", esta significa – pasmem – na língua grega o estudo das monstruosidades.

jurisdicionais de mérito estão sujeitos à coisa julgada, a ensejar a imutabilidade do conteúdo do *decisum*. Logo, como não se afigura possível o emprego de mandado de segurança quando esgotado o prazo recursal e ocorrido o trânsito em julgado para impugnar o ato jurisdicional supostamente ilegal, sob pena de revestir-se de sucedâneo de ação rescisória, o *writ* deve ser impetrado no prazo do recurso em tese cabível.[79]

Há porém uma questão de alta indagação que precisa ser tratada. Quando se tratar de decisão (e não sentença) submetida a preclusão diferente da coisa julgada da qual não caiba recurso, mas que não decida o mérito. Nestes casos, a preclusão opera-se apenas no interior do processo onde decidida a questão, não alcançando o mandado de segurança, que é ação autônoma, de modo que não seria necessário observar o prazo previsto para o recurso eventualmente cabível, mas apenas o prazo decadencial de 120 (cento e vinte) dias? Ou, ao contrário, respeita-se o prazo de impugnação conforme defendido acima? Existem argumentos razoáveis em ambos os sentidos. Isso porque, para parcela da doutrina, para impugnar provimento jurisdicional, o mandado de segurança é utilizado justamente como sucedâneo recursal, e não meramente como uma ação autônoma de impugnação de atos estatais, e, nessa qualidade (sucedâneo recursal), deve se adequar a todo o sistema recursal previsto no Código de Processo Civil, que prevê prazos curtos e uniformes, visando o regular andamento e o desfecho do processo, conferindo celeridade e estabilidade ao procedimento.[80] Por outro lado, há quem defenda a autonomia do mandado de segurança como ação constitucional, logo, deve ser mantido o prazo decadencial de 120 dias, prazo mais razoável para a impugnação do eventual ato ilegal e abusivo do julgador.

Nada obsta que o terceiro prejudicado, que não disponha mais de prazo para interpor o recurso, utilize-se do mandado de segurança, como sucedâneo

---

79. "No tocante ao trânsito em julgado da decisão judicial atacada [...], a sustentação de que só haveria de prevalecer, na espécie, o prazo de 120 dias para a impetração da segurança (não o prazo de interposição do recurso cabível) contraria o enunciado da Súmula 268, deste Supremo Tribunal, fazendo, do mandado, inaceitável substituto da ação rescisória". (STF, RMS 21.533/DF, 1ª Turma, Rel. Min. Octavio Gallotti, DJ de 08.09.1992)

80. "[...]. 5. Na ausência de interposição de embargos de declaração, terá a parte o prazo de 5 dias para a impetração do writ, contado da publicação da decisão, sob pena de tornar-se imutável o decisum, e, portanto, inadmissível o mandado de segurança, nos termos do art. 5º, III, da Lei 12.016/2009 e da súmula 268/STF. Acaso interpostos os aclaratórios, esse prazo fica interrompido, considerando que o mandamus é utilizado, nessas hipóteses, como sucedâneo recursal. 6. Na espécie, é manifestamente inadmissível o mandado de segurança impetrado depois de já tornada definitiva a decisão judicial impugnada.7. Recurso ordinário a que se nega provimento." (STJ, RMS 43.439/MG, Rel. Ministra Nancy Andrighi, Terceira Turma, julgado em 24.09.2013)

recursal.[81] Contudo, cabe ao terceiro esclarecer o motivo pelo qual deixara de interpor recurso próprio no momento adequado.[82]

No mandado de segurança contra ato judicial, cabe ao impetrante, na peça inicial, propugnar pela notificação da autoridade judiciária, mas, também, pela citação do beneficiário do ato impugnado (parte adversa na demanda), pois configurada hipótese de litisconsórcio passivo necessário entre o juiz (autoridade coatora) e a parte que se beneficiou do ato impugnado, uma vez que a concessão do *mandamus*, indubitavelmente, interferirá na esfera jurídica da parte beneficiada pelo ato questionado.[83] Nada impede, porém, que essa citação se dê na pessoa de seu advogado, se já constituído nos autos.[84]

De outro giro, não se vê necessidade e utilidade na ciência da pessoa jurídica de direito público, a qual integra o magistrado, para integrar a lide, uma vez que o *writ* está sendo utilizado como sucedâneo recursal, de forma que a decisão judicial não diz respeito à esfera jurídica do ente estatal (salvo quando for parte na lide), o que provocará indevida dilação procedimental.[85]

Na verdade, o maior interessado no desfecho do *writ* é a parte que se beneficiou do ato impugnado, que deverá ser citada como litisconsórcio passivo necessário, já que o próprio magistrado não apresenta qualquer tipo de interesse (a não ser moral) na manutenção do *decisum* atacado.

A propósito, nos deparamos com a situação inusitada, mas frequente na praxe forense, em que a União impetra o mandado de segurança impugnando decisão judicial proferida em seu desfavor por Juiz Federal e, após o despacho inicial pelo Relator, a própria União, pessoa jurídica da qual integra o Juiz Federal, é cientificada para intervir no feito. Veja-se que é inútil e contraditória essa intimação, pois: (i) se a União intervém no polo ativo, para combater o ato judicial, isso é desnecessário, pois a própria União já está representada no *writ* na condição de impetrante; (ii) se a União intervém no polo passivo, como defender o ato judicial impugnado que ela própria contesta, o que revela manifesta contradição; (iii) se a União permanece inerte, só vem a

---

81. Enunciado n. 202 da Súmula do STJ: "A impetração de segurança por terceiro, contra ato judicial, não se condiciona à interposição de recurso."

82. STJ, AgRg no RMS 38.280/SC, Rel. Ministro Luis Felipe Salomão, Quarta Turma, j. em 06.12.2012; STJ, AgRg no RMS n. 23.752, Sexta Turma, Rel. Min. Og Fernandes, j. 25.08.2009.

83. Enunciado n. 701 da Súmula do STJ: "no mandado de segurança impetrado pelo Ministério Público contra decisão proferida em processo penal, é obrigatória a citação do réu como litisconsorte passivo." E mais: STJ, RMS 30.115/SP, Rel. Ministro Humberto Martins, Segunda Turma, j. em 10.08.2010; STJ, EDcl no RMS 6.487/PB, Rel. Ministro Sálvio de Figueiredo, Quarta Turma, j. em 25/02/1997.

84. STJ, RMS 4.127/SC, Rel. Ministro Paulo Medina, Sexta Turma, j. em 23.03.2004.

85. CUNHA, Leonardo Carneiro da. *A Fazenda Pública em Juízo*. 13. ed. Rio de Janeiro: Forense, 2016, p. 561.

comprovar a inutilidade da intimação, delongando-se o procedimento de forma desnecessária.

2.2.3 Ilegalidade ou abuso de poder

O controle de ilegalidade ou abuso de poder é a essência do *writ*, pois este trata-se de garantia fundamental voltada para o *judicial review*, inconcebível em regimes totalitários onde há exorbitante desiquilíbrio entre o cidadão e o Estado.

Conforme já visto, a Constituição Federal de 1934 exigia que o ato fosse "manifestamente" ilegal ou abusivo, o que foi suprimido pelas Constituições posteriores. Conforme expressa Celso Agrícola Barbi, "a fórmula da legislação revogada restringia, de maneira excessiva e desarrazoada, a aplicação dessa forma processual, pois não bastava a existência de um direito certo, exigia também 'determinado tipo' de ilegalidade. Daí a adjetivação que a doutrina e a jurisprudência aplicaram ao mandado de segurança, considerando-se medida de uso excepcional: 'medida heroica, via peregrina, remédio excepcional' etc [...]."[86]

Entrementes, de acordo com a Constituição Federal de 1988, a ilegalidade em mandado de segurança é "a mesma ilegalidade necessária à proteção do direito pelas vias processuais"[87]. Não se admite, pois, assim, nenhum qualitativo; basta a afirmação de conduta ilegal (incluída a inconstitucionalidade) e o preenchimento dos demais requisitos.

No que tange ao abuso de poder, este é espécie do gênero ilegalidade. Com efeito, segundo magistério de Seabra Fagundes, "a conceituação do *abuso de poder* terá caráter meramente teórico, por isto que, do ponto de vista prático do cabimento do mandado de segurança, a distinção pouco importa. Sendo o abuso de poder espécie do gênero ilegalidade, onde esta se constate caberá aquele remédio, sem embargo da classificação que se lhe possa emprestar (usurpação de função, abuso de poder, defeito formal etc)."[88]

2.2.4 Distinção com outras ações constitucionais

Preceitua o art. 5º, inciso LXIX, da Carta Magna, que será concedido mandado de segurança para proteger direito líquido e certo não amparável por *habeas corpus* ou *habeas data*. Nota-se, pois, que o critério de cabimento do mandado de segurança é residual.

---

86. *Do mandado de segurança*. 12. ed. Rio de Janeiro: Forense, 2009, p. 57.

87. BARBI, Celso Agrícola. Ob. Cit., p. 57.

88. FAGUNDES, Miguel Seabra. *O Controle dos atos administrativos pelo Poder Judiciário*. 6. ed. São Paulo: Saraiva, 1984, p. 269.

Torna-se necessário, portanto, primeiramente, delimitar o campo de incidência do *habeas corpus*, que, segundo o art. 5º, LXVIII, da Constituição da República, está voltado para proteger a "liberdade de locomoção", e que não abrange apenas a prisão ou ameaça de prisão, porquanto há outras formas de restrição de liberdade. Por seu turno, o mandado de segurança está voltado para a proteção de bem jurídico diverso da liberdade de locomoção.

Mas qual a extensão do conceito de liberdade de locomoção? Segundo Castro Nunes[89], deve-se distinguir entre a liberdade física de locomoção, como objeto direto e imediato do pedido, e restrição indireta à liberdade de locomoção, cujo pedido imediato consiste, na verdade, no exercício de um determinado direito. Dessa forma, se o indivíduo está cerceado no uso dos seus meios naturais de locomoção, será caso de *habeas corpus*. De outro lado, se o indivíduo está cerceado do exercício de sua atividade lícita (*v.g.*, afastado de suas funções públicas), mesmo que indiretamente lhe tolha o seu direito de liberdade de locomoção (*v.g.*, impedimento de ingressar na repartição pública), será caso de mandado de segurança, porquanto o bem lesado não é a liberdade de locomoção, mas sim bem jurídico diverso (exercício de função pública).[90] Logo, mesmo no processo penal, quando não esteja em jogo, diretamente, a liberdade de locomoção, afigurar-se-á cabível o manejo do mandado de segurança.[91]

Também não se confunde o mandado de segurança com o *habeas data*. O *habeas data* destina-se a assegurar o conhecimento e a retificação de informações relativas à pessoa de quem o requerer, constantes de bancos de dados

89. Ob. Cit., p. 163-165.

90. "[...]. Com a cessação, em 1926, da doutrina brasileira do *habeas corpus*, a destinação constitucional do remédio heroico restringiu-se, no campo de sua específica projeção, ao plano da estreita tutela da imediata liberdade física de ir, vir e permanecer dos indivíduos, pertencendo, residualmente, ao âmbito do mandado de segurança, a tutela jurisdicional contra ofensas que desrespeitem os demais direitos líquidos e certos, mesmo quando tais situações de ilicitude ou de abuso de poder venham a afetar, ainda que obliquamente, a liberdade de locomoção física das pessoas." (STF, HC 83.966 AgR, Rel. Min. Celso de Mello, j. 23.06.2004, Primeira Turma)

91. "[...]. 3. Se o descumprimento da medida cautelar imposta não pode resultar em ofensa ao direito de ir, vir e permanecer do agente, é inviável a impetração do habeas corpus para obstar o afastamento do exercício de função pública, sendo cabível, portanto, o mandado de segurança. 4. Agravo regimental desprovido." (STJ, AgRg no REsp 1638045/PE, Rel. Ministro Jorge Mussi, Quinta Turma, julgado em 06/06/2017, DJe 14/06/2017); "[...]. 1. É cabível, em tese, o manejo do mandado de segurança por terceiro alheio ao processo criminal em que é determinada a apreensão de veículo de sua propriedade, se demonstrado que ele não tinha como ter tido ciência em tempo hábil da decisão judicial, para contra ela se insurgir por meio da apelação prevista no art. 593, II, do CPP, restando-lhe, assim, apenas a via do mandado de segurança para proteger seus interesses. Caso dos autos. [...]." (STJ, RMS 54.243/SP, Rel. Ministro Reynaldo Soares da Fonseca, Quinta Turma, julgado em 15/08/2017, DJe 25/08/2017); "[...]. 2. Ademais, não é o 'habeas corpus' o meio adequado para se obter vista dos autos, acaso negada, sendo mais adequado o uso do mandado de segurança, porque tal ato teria violado o direito do advogado e não o de ir-e-vir do acusado. 3. 'Writ' não conhecido." (STJ, HC 7.464/RJ, Rel. Ministro Anselmo Santiago, Sexta Turma, julgado em 01/10/1998, DJ 30/11/1998)

de entidades governamentais ou de caráter público (art. 5º, LXXII, CF)[92]. O ponto distintivo é saber quem é o titular das informações: se as informações dizem respeito à pessoa de quem o requerer, é o caso de *habeas data*; se as informações dizem respeito a terceiros ou são de interesse público (art. 5º, XXXIII, CF)[93], é o caso de mandado de segurança.[94]

Calha registrar que o Supremo Tribunal Federal firmou tese, sob a sistemática da repercussão geral, que o "*habeas data* é garantia constitucional adequada para a obtenção dos dados concernentes ao pagamento de tributos do próprio contribuinte constantes dos sistemas informatizados de apoio à arrecadação dos órgãos da administração fazendária dos entes estatais."[95]

---

92. LXXII - conceder-se-á *habeas data*:
a) para assegurar o conhecimento de informações relativas à pessoa do impetrante, constantes de registros ou bancos de dados de entidades governamentais ou de caráter público;
b) para a retificação de dados, quando não se prefira fazê-lo por processo sigiloso, judicial ou administrativo;

93. "XXXIII – todos têm direito a receber dos órgãos públicos informações de seu interesse particular, ou de interesse coletivo ou geral, que serão prestadas no prazo da lei, sob pena de responsabilidade, ressalvadas aquelas cujo sigilo seja imprescindível à segurança da sociedade e do Estado." Comentando o art 5º, XXXIII, da CF, Maria Sylvia Zanella di Pietro escreve: "Embora o dispositivo assegure o direito à informação de interesse particular ou de interesse coletivo, ela não se confunde com a informação protegida pelo *habeas data*, que é sempre relativo à pessoa do impetrante, com a particularidade de constar de banco ou registro de dados. O direito à informação, que se exerce na via administrativa é mais amplo e pode referir-se a assuntos mais variados como o conteúdo de um parecer jurídico, de um laudo técnico, de uma informação do processo, de uma prova apresentada em concurso público, do depoimento de uma testemunha etc.; não se refere a dados sobre a própria pessoa do requerente; e pode ter como finalidade a defesa de um interesse particular [...]. o direito à informação de interesse particular ou coletivo (art. 5º, XXXIII), se negado pela Administração, deve ser protegido pela via judicial ordinária ou pelo mandado de segurança e não pelo *habeas data*; o mesmo direito pode ser exercido de forma ampla, com ressalva para as informações 'cujo sigilo seja imprescindível à segurança da sociedade e do Estado'; essa restrição não se aplica no caso de *habeas data*, que protege a própria intimidade da pessoa. Essa conclusão decorre do fato de que o inciso LXXII do artigo 5º não contém a mesma restrição inserida na parte final do inciso XXXIII." (*Curso de Direito Administrativo*, 25. ed. São Paulo: Atlas, 2012, p. 831)

94. Nesse diapasão, já decidiu o STF que "o *habeas data* não se presta para solicitar informações relativas a terceiros, pois, nos termos do inciso LXXII do art. 5º da CF, sua impetração deve ter por objetivo 'assegurar o conhecimento de informações relativas à pessoa do impetrante'." (HD 87 AgR, Rel. Min. Cármen Lúcia, j. 25.11.2009).

95. "[...]. 1. O habeas data, posto instrumento de tutela de direitos fundamentais, encerra amplo espectro, rejeitando-se visão reducionista da garantia constitucional inaugurada pela carta pós-positivista de 1988. 2. A tese fixada na presente repercussão geral é a seguinte: 'O Habeas Data é garantia constitucional adequada para a obtenção dos dados concernentes ao pagamento de tributos do próprio contribuinte constantes dos sistemas informatizados de apoio à arrecadação dos órgãos da administração fazendária dos entes estatais.' [...]. 5. O registro de dados deve ser entendido em seu sentido mais amplo, abrangendo tudo que diga respeito ao interessado, seja de modo direto ou indireto. (...) Registro de dados deve ser entendido em seu sentido mais amplo, abrangendo tudo que diga respeito ao interessado, seja de modo direto ou indireto, causando-lhe dano ao seu direito de privacidade. [...]. 7. Aos contribuintes foi assegurado constitucionalmente o direito de conhecer as informações que lhes digam respeito em bancos de dados públicos ou de caráter público, em razão da necessidade de preservar o status de seu nome, planejamento empresarial, estratégia de investimento e, em especial, a recuperação de tributos pagos indevidamente, verbis: Art. 5º. ... LXXII. Conceder-se-á habeas data para assegurar o conhecimento de informações relativas à pessoa do impetrante, constantes de registros ou bancos de dados de entidades governamentais ou de caráter público, considerado como um writ, uma garantia, um remédio constitucional à disposição dos cidadãos para que possam implementar

De outro lado, se o administrado pretende a obtenção de certidão de órgão público, mesmo que seja para fatos que dizem respeito a si próprio, e a Administração Pública recusa-se ou mantém-se inerte na emissão da certidão, o remédio cabível é o mandado de segurança, e não o *habeas data96*, pois não está em jogo o conhecimento e a retificação de informações relativas a sua pessoa, mas o exercício de um direito fundamental à obtenção de certidão dos órgãos públicos para defesa de direitos e esclarecimento de situações de interesse pessoal (art. 5º, XXXIV, CF).[97]

direitos subjetivos que estão sendo obstaculados. 8. As informações fiscais conexas ao próprio contribuinte, se forem sigilosas, não importa em que grau, devem ser protegidas da sociedade em geral, segundo os termos da lei ou da constituição, mas não de quem a elas se referem, por força da consagração do direito à informação do art. 5º, inciso XXXIII, da Carta Magna, que traz como única ressalva o sigilo imprescindível à segurança da sociedade e do Estado, o que não se aplica no caso sub examine, verbis: Art. 5º.... XXXIII - todos têm direito a receber dos órgãos públicos informações de seu interesse particular, ou de interesse coletivo ou geral, que serão prestadas no prazo da lei, sob pena de responsabilidade, ressalvadas aquelas cujo sigilo seja imprescindível à segurança da sociedade e do Estado. 9. In casu, o recorrente requereu à Secretaria da Receita Federal do Brasil os extratos atinentes às anotações constantes do Sistema de Conta-Corrente de Pessoa Jurídica-SINCOR, o Sistema Conta-Corrente de Pessoa Jurídica-CONTACORPJ, como de quaisquer dos sistemas informatizados de apoio à arrecadação federal, no que tange aos pagamentos de tributos federais, informações que não estão acobertadas pelo sigilo legal ou constitucional, posto que requerida pelo próprio contribuinte, sobre dados próprios." (STF, RE 673707, Relator Min. Luiz Fux, Tribunal Pleno, j. em 17.06.2015)

96. "AGRAVO REGIMENTAL. DIREITO À CERTIDÃO (ART. 5º, XXXIV, ALÍNEA "B", DA CONSTITUIÇÃO). SUPOSTA PERDA DE OBJETO DO MANDADO DE SEGURANÇA. INOCORRÊNCIA. No caso concreto, o fato de não ter sido ajuizada a ação contra o resultado do concurso público não acarreta a perda de objeto do mandado de segurança impetrado para assegurar o exercício do direito à certidão. A existência de interesse legítimo basta para autorizar o fornecimento de certidão pelo Poder Público. Precedente: RE 472.489-AgR, rel. min. Celso de Mello, Segunda Turma. Agravo regimental improvido." (STF, RE 167.118/SP, Rel. Min. Joaquim Barbosa, Segunda Turma, j. 20/04/2010, DJ 28/05/2010); "[...]. 2. A natureza do *Habeas Data* não se confunde com o direito constitucional de se obter certidões. A pretensão de cada impetrante é sempre obter todas as informações, objetivas ou subjetivas, que constem, a seu respeito, em registros ou banco de dados governamentais. 3. Embargos de Declaração rejeitados." (STJ, EDcl no HD 67/DF, Rel. Ministra Denise Arruda, Primeira Seção, julgado em 09/06/2004, DJ 02/08/2004); "MANDADO DE SEGURANÇA. EXPEDIÇÃO DE CERTIDÃO INFORMATIVA DOS CRÉDITOS NÃO-ALOCADOS. DIREITO LÍQUIDO E CERTO. ART. 5º, XXXIV, "B", DA CONSTITUIÇÃO FEDERAL. APELAÇÃO E REMESSA OFICIAL IMPROVIDAS. 1. Trata-se de mandado de segurança visando à expedição, em favor da impetrante, de certidão informativa de créditos não alocados. 2. Não há que se falar em inadequação da via eleita, pois as hipóteses constitucionais de cabimento do habeas data - assegurar o acesso a dados pessoais mantidos em registros de caráter público ou a sua retificação (art. 5º, LXXII, da CF) -, não se confundem com o exercício do direito à obtenção de certidões junto ao Poder Público (art. 5º, XXXIV, "b", da CF), manejável judicialmente por mandado de segurança se cumpridos seus requisitos. 3. O art. 5º, inc. XXXIV, alínea "b", da CF/88, assegura o direito constitucional à obtenção de certidões "em repartições públicas, para defesa de direitos e esclarecimento de situações de interesse pessoal", atualmente regulamentado pela Lei 9.051 de 18.5.95, a qual prevê o prazo improrrogável de 15 dias para que a administração pública cumpra seu dever de expedir certidões. 4. Agravo retido não conhecido. Apelação e remessa oficial improvidas." (TRF 3, AC n. 320.777, Rel. Des. Marcelo Saraiva, 4ª Turma, DJ 19/10/2016);

97. XXXIV - são a todos assegurados, independentemente do pagamento de taxas:
[...]. b) a obtenção de certidões em repartições públicas, para defesa de direitos e esclarecimento de situações de interesse pessoal;

2.3 HIPÓTESES LEGAIS DE NÃO CABIMENTO DO MANDADO DE SEGURANÇA

As hipóteses legais de não cabimento do mandado de segurança estão dispersas no bojo da Lei Federal n. 12.016/2009.

O art. 1º, § 2º, da Lei Federal n. 12.016/2009, dispõe que "não cabe mandado de segurança contra os atos de gestão comercial praticados pelos administradores de empresas públicas, de sociedade de economia mista e de concessionárias de serviço público."

O art. 5º da Lei Federal n. 12.016/2009 prevê, também, a inadmissibilidade de mandado de segurança quando se tratar:

> I - de ato do qual caiba recurso administrativo com efeito suspensivo, independentemente de caução;
> II - de decisão judicial da qual caiba recurso com efeito suspensivo;
> III - de decisão judicial transitada em julgado.

Ademais, o art. 14, § 4º, da Lei Federal n. 12.016/2009, estatui que "o pagamento de vencimentos e vantagens pecuniárias assegurados em sentença concessiva de mandado de segurança a servidor público da administração direta ou autárquica federal, estadual e municipal somente será efetuado relativamente às prestações que se vencerem a contar da data do ajuizamento da inicial", inferindo-se que, *a contrario sensu*, não se afigura possível postular efeitos financeiros pretéritos ao ajuizamento do *writ*.

É bem de ver-se que a Lei Federal n. 12.016/2009 não reproduziu a regra prevista no art. 5º, III, da Lei Federal n. 1.533/1951, que prescrevia não caber mandado de segurança de ato disciplinar, salvo quando praticado por autoridade incompetente ou com inobservância de formalidade essencial, ou seja, permitia-se apenas o exame da legalidade do ato disciplinar, e não de seu mérito.

Na verdade, já segundo o entendimento tradicional daquela época, a referida regra era supérflua, pois não só em mandado de segurança, mas também em ação sob o procedimento comum, haveria óbice para o exame de mérito do ato disciplinar. Acontece, todavia, que, hodiernamente, o controle judicial do mérito do ato administrativo apresenta contornos mais amplos, de forma que se afigura possível examinar, por exemplo, a proporcionalidade e a razoabilidade da pena aplicada no processo administrativo disciplinar.[98] Por essas razões, andou bem o legislador em não repetir essa regra restritiva.

98. "ADMINISTRATIVO. AGRAVO REGIMENTAL NO AGRAVO EM RECURSO ESPECIAL. PROCESSO ADMINISTRATIVO DISCIPLINAR. MILITAR. DETERMINAÇÃO DE PRISÃO PARA AVERIGUAÇÃO DE CONDUTA SUSPEITA. EXÍGUA

2.3.1 Ato de Gestão Comercial

Conforme já enfrentado esse tema no tópico 2.2.2.1, ao qual remetemos o leitor, "não cabe mandado de segurança contra os atos de gestão comercial praticados pelos administradores de empresas públicas, de sociedade de economia mista e de concessionárias de serviço público" (art. 1º § 2º, da Lei Federal n. 12.016/2009), haja vista que, quando praticam meros atos de gestão negocial (*v.g.*, multa aplicada por empresa estatal à particular em razão de descumprimento de cláusula contratual), as empresas estatais (que não integram o conceito de Fazenda Pública) e as concessionárias de serviço público (empresas privadas) atuam em estado de igualdade com os particulares, mediante regime jurídico de direito privado.

Porém, tratando-se de atos praticados pelos administradores das empresas públicas, de sociedade de economia mista e de concessionárias de serviço público no "exercício de atribuições do poder público" (art. 1º, § 1º, da Lei Federal n. 12.016/2009), ou seja, mediante regime jurídico de direito público (com prerrogativas e sujeições), afigura-se cabível o *writ*, a exemplo de atos praticados em licitação e em concurso público.

Vale destacar que o Conselho Federal da OAB, em 14.09.2009, ajuizou a ADIN n. 4.296-DF, Rel. Min. Marco Aurélio, ainda pendente de julgamento, e com parecer do Procurador Geral da República pela improcedência dos pedidos, pedindo a declaração de inconstitucionalidade do referido dispositivo legal (art. 1º, § 2º, da Lei Federal n. 12.016/2009), ao argumento, em resumo, que lei ordinária não poderia restringir uma garantia constitucional.

Não vislumbramos essa alegada inconstitucionalidade, porquanto a lei infraconstitucional não restringiu os requisitos de cabimento do mandado de segurança previsto na Carta Magna (art. 5º, LXIX), já que a própria Constituição diz que o mandado de segurança será cabível apenas contra ato de "autoridade pública" ou de agente de pessoa jurídica privada no exercício de "atribuições do poder público". Trata-se, como se vê, da famigerada distinção

FRAÇÃO DE TEMPO. ABUSO DE AUTORIDADE. PENA DE DEMISSÃO. DESPROPORCIONALIDADE DO ATO ADMINISTRATIVO, EM FACE DA PARCA OFENSIVIDADE DA INFRAÇÃO, RECONHECIDA PELA CORTE DE ORIGEM. AGRAVO REGIMENTAL DA UNIÃO A QUE SE NEGA PROVIMENTO. 1. A intervenção do Poder Judiciário nos atos administrativos cinge-se à defesa dos parâmetros da legalidade, permitindo-se a reavaliação do mérito administrativo tão somente nas hipóteses de comprovada violação dos princípios da legalidade, razoabilidade e proporcionalidade, sob pena de invasão à competência reservada ao Poder Executivo. 2. No caso dos autos, consta do acórdão proferido pela Corte de origem, que a proporcionalidade e razoabilidade, efetivamente, foram violadas com a decisão emanada pelo Ministério da Justiça, sendo perfeitamente possível ao Judiciário verificas sua extensão e mesmo sua adequação. Assim, não merece reparos o referido entendimento. 3. Agravo Regimental da União a que se nega provimento." (STJ, AgRg no AREsp 373.721/PE, Rel. Ministro Napoleão Nunes Maia Filho, Primeira Turma, julgado em 13/03/2018, DJe 02/04/2018)

entre "ato de império" (direito público), em contraste com o "ato de gestão" (direito privado), sendo que este último não se enquadra nos conceitos de "autoridade pública" ou de "atribuições do poder público".

2.3.2 Ato que caiba recurso administrativo com efeito suspensivo, independentemente de caução

Não cabe mandado de segurança de ato que caiba recurso administrativo com efeito suspensivo, independentemente de caução (5º, inciso I, da Lei Federal n. 12.016/2009). Praticado o ato administrativo contrário aos interesses do administrado, poderá este impetrar, desde logo, o mandado de segurança, até porque não há obrigatoriedade de esgotamento das instâncias recursais administrativas.[99]

Contudo, se o administrado optar por interpor recurso administrativo contra esse ato, e este recurso é (i) dotado de efeito suspensivo e (ii) não lhe é exigido caução[100], o ato administrativo praticado não produz efeitos, em razão do efeito suspensivo do recurso, inexistindo qualquer ameaça ou lesão de direito do administrado, de forma que não há necessidade (interesse de

99. Afirmar que não é preciso o prévio esgotamento das instâncias recursais administrativas, não significa que não é necessário o prévio requerimento administrativo para efeito de ajuizamento de ação judicial, sob pena de ausência de interesse de agir. Com efeito, malgrado a nossa Suprema Corte posicionar-se, de forma pacífica, pela desnecessidade de prévio requerimento administrativo para ajuizamento de ação judicial, por força do princípio da inafastabilidade da jurisdição (art. 5º, XXXV, CF), no ano de 2015, ocorrera uma virada de entendimento pelo STF, em que a maioria dos Ministros, seguindo o voto do Relator Ministro Roberto Barroso, firmou a tese, em julgamento sob repercussão geral, que a concessão de benefícios previdenciários depende de prévio requerimento administrativo do interessado, não se caracterizando ameaça ou lesão a direito antes de sua apreciação e indeferimento pelo INSS, salvo se excedido o prazo legal para sua análise, não sendo necessário o exaurimento das vias recursais administrativas. Afirmou-se, ainda, que a instituição de condições para o regular exercício do direito de ação é compatível com o art. 5º, XXXV, da Constituição (RE 631.240, Plenário, j. 03.09.2014). O voto do Relator ainda ofereceu uma maior extensão ao tema, ao defender que essa tese vale para pretensões de concessão original de outras vantagens jurídicas (além de benefícios previdenciários) que também dependem de uma postura ativa do interessado. Veja a fundamentação do Relator: "Assim, se a concessão de um direito depende de requerimento, não se pode falar em lesão ou ameaça a tal direito antes mesmo da formulação do pedido administrativo. O prévio requerimento de concessão, assim, é pressuposto para que se possa acionar legitimamente o Poder Judiciário. [...] Esta é a interpretação mais adequada ao princípio da separação de Poderes. Permitir que o Judiciário conheça originariamente de pedidos cujo acolhimento, por lei, depende de requerimento à Administração significa transformar o juiz em administrador, ou a Justiça em guichê de atendimento do INSS, expressão que já se tornou corrente na matéria. O Judiciário não tem, e nem deve ter, a estrutura necessária para atender às pretensões que, de ordinário, devem ser primeiramente formuladas junto à Administração. [...] As regras acima valem para pretensões de concessão original de outras vantagens jurídicas que, embora não constituam benefícios previdenciários, também dependem de uma postura ativa do interessado: é o caso, e.g., dos pedidos de averbação de tempo de serviço."

100. Não custa lembrar que o STF firmou entendimento de que "é inconstitucional a exigência de depósito ou arrolamento prévios de dinheiro ou bens para admissibilidade de recurso administrativo." (Súmula Vinculante nº 21)

agir) em impetrar o mandado de segurança[101]; na verdade, nessa situação, inexistirá interesse de agir para o ajuizamento de qualquer tipo de ação que intente invalidar o ato administrativo.[102] Portanto, o que a lei pretende vedar é a utilização simultânea de recurso administrativo e mandado de segurança.[103]

De outro lado, não sendo o recurso dotado de efeito suspensivo, ou, caso seja, se for exigida caução do administrado, abre-se a via do mandado de segurança para o administrado, pois configurado o seu interesse de agir. Cumpre salientar que, como o efeito normal dos recursos administrativos é o devolutivo, demandando o efeito suspensivo norma expressa a respeito, de todo ato para o qual não aponte o efeito do recurso administrativo, cabe mandado de segurança.[104]

Conforme bem observa Celso Agrícola Barbi, a lei omitiu vários casos em que o ingresso em juízo é sabidamente necessário, uma vez que a via administrativa não é capaz de satisfazer o direito do cidadão, o que faz nascer o interesse de agir. Cita como exemplos os atos administrativos omissivos[105] e de recusa, e a impugnação de ato porque fundado em lei inconstitucional. E conclui Barbi, no sentido de que o "mandado de segurança somente pode ter o seu uso restringido quando houver outra via capaz de proporcionar ao cidadão proteção tão eficiente como a que é dada pelo mandado." [106]

Trilhando esse mesmo raciocínio, entendemos que, mesmo que o recurso administrativo seja dotado de efeito suspensivo e não seja exigida caução, tratando-se de requerimento administrativo que busque a imediata fluição do

---

101. "MANDADO DE SEGURANÇA. ADMINISTRATIVO E PROCESSO CIVIL. SERVIDOR PÚBLICO FEDERAL. DEMISSÃO. INTERPOSIÇÃO DE RECURSO ADMINISTRATIVO RECEBIDO COM EFEITO SUSPENSIVO. AUSÊNCIA DE INTERESSE DE AGIR. ART. 5º, I, DA LEI Nº 1.533/51. PRECEDENTES. 1. Não há interesse jurídico na impetração de mandado de segurança em face de ato que, impugnado por recurso administrativo dotado de efeito suspensivo, não tem qualquer eficácia para lesar ou ameaçar direito. Aplicação do disposto no art. 5º, I, da Lei nº 1.533/51. Precedentes. 2. Processo extinto sem resolução de mérito, nos termos do 267, VI, do CPC." (STJ, MS 12.417/DF, Rel. Ministra Maria Thereza de Assis Moura, Terceira Seção, julgado em 09/09/2009, DJe 18/09/2009)

102. Nesse sentido: "A nosso ver, trata-se de restrição por motivo de 'interesse de agir', pois determinou a lei que, enquanto a divergência puder ser resolvida administrativamente, não há 'necessidade' de pleitear judicialmente a solução da controvérsia." (BARBI, Celso Agrícola. *Do Mandado de Segurança*. 12. ed. Revista e Atualizada. Rio de Janeiro: Forense, 2009, p. 67). De igual forma: STF, MS n. 24.511, Rel. Min. Marco Aurélio.

103. "O art. 5º, I, da Lei 12.016/2009 não configura uma condição de procedibilidade, mas tão somente uma causa impeditiva de que se utilize simultaneamente o recurso administrativo com efeito suspensivo e o *mandamus*." (STF, MS 30.822, Rel. Min. Ricardo Lewandowski, j. em 05.6.2012, Segunda Turma)

104. MEIRELES, Hely Lopes; WALD, Arnoldo; MENDES, Gilmar Ferreira. *Mandado de Segurança e Ações Constitucionais*. 36. ed. São Paulo: Malheiros, 2014, p. 43.

105. Enunciado n. 429 da Súmula do STF: "A existência de recurso administrativo com efeito suspensivo não impede o uso do mandado de segurança contra omissão da autoridade."

106. BARBI, Celso Agrícola. *Do Mandado de Segurança*. 12. ed. Revista e Atualizada. Rio de Janeiro: Forense, 2009, p. 69.

bem da vida, como os direitos patrimoniais (*v.g.*: requerimento de pagamento de adicional por periculosidade), a interposição de recurso administrativo contra a decisão indeferitória da administração pública caracterizará o interesse de agir do administrado, em razão da imediata lesão de seu direito, pois o recurso administrativo, ainda que dotado de efeito suspensivo, em nada alterará a sua situação fática, pois incapaz de obter, de imediato, o resultado esperado pelo administrado.[107]

Quadra registrar que, na seara tributária, a propositura de ação judicial pelo contribuinte importa em renúncia ao poder de recorrer na esfera administrativa ou desistência do recurso eventualmente interposto.[108] Logo, impetrado o *mandamus*, restará configurado o interesse de agir, pois se encerrará, automaticamente, a discussão na esfera administrativa.[109]

107. Nesse diapasão, leciona Vicente Greco Filho: "Mesmo com essas hipóteses legais de não concessão de segurança (na verdade são hipóteses de não cabimento de natureza processual e não de mérito), ainda que presente alguma delas, se houver necessidade, porque o direito líquido e certo está sendo violado ou ameaçado, é possível cogitar-se de mandado de segurança porque a garantia constitucional prevalece sobre a norma legal que é genérica, mas pode ser afastada em caso específico, uma vez demonstrada a necessidade do *writ*." (GREGO FILHO. Vicente. *O novo mandado de segurança*. Comentários à Lei n. 12.016, de 7 de agosto de 2009. São Paulo: Saraiva, 2010, p. 24). Nesse mesmo diapasão: THEODORO JR, Humberto. *Lei do mandado de segurança comentada*. Rio de Janeiro: Forense, 2014, p. 156.

108. Art. 38, parágrafo único, da Lei Federal n. 6.830/1980: "A propositura, pelo contribuinte, da ação prevista neste artigo importa em renúncia ao poder de recorrer na esfera administrativa e desistência do recurso acaso interposto." Não custa lembrar que o recurso interposto na esfera administrativa tributária tem efeito suspensivo, pois ensejará a suspensão da exigibilidade do crédito tributário (art. 151, III, do CTN)

109. "TRIBUTÁRIO. PROCESSO ADMINISTRATIVO FISCAL. MANDADO DE SEGURANÇA. AÇÃO JUDICIAL. RENÚNCIA DE RECORRER NA ESFERA ADMINISTRATIVA. IDENTIDADE DO OBJETO. ART. 38, PARÁGRAFO ÚNICO DA LEI Nº 6.830/80. 1. Incide o parágrafo único do art. 38, da Lei nº 6.830/80, quando a demanda administrativa versar sobre objeto menor ou idêntico ao da ação judicial. 2. A exegese dada ao dispositivo revela que: 'O parágrafo em questão tem como pressuposto o princípio da jurisdição una, ou seja, que o ato administrativo pode ser controlado pelo Judiciário e que apenas a decisão deste é que se torna definitiva, com o trânsito em julgado, prevalecendo sobre eventual decisão administrativa que tenha sido tomada ou pudesse vir a ser tomada. (...) Entretanto, tal pressupõe a identidade de objeto nas discussões administrativa e judicial'. (Leandro Paulsen e René Bergmann Ávila. Direito Processual Tributário. Porto Alegre: Livraria do Advogado, 2003, p. 349). 3. In casu, os mandados de segurança preventivos, impetrados com a finalidade de recolher o imposto a menor, e evitar que o fisco efetue o lançamento a maior, comporta o objeto da ação anulatória do lançamento na via administrativa, guardando relação de excludência. 4. Destarte, há nítido reflexo entre o objeto do mandamus - tutelar o direito da contribuinte de recolher o tributo a menor (pedido imediato) e evitar que o fisco efetue o lançamento sem o devido desconto (pedido mediato) - com aquele apresentado na esfera administrativa, qual seja, anular o lançamento efetuado a maior (pedido imediato) e reconhecer o direito da contribuinte em recolher o tributo a menor (pedido mediato). 5. Originárias de uma mesma relação jurídica de direito material, despicienda a defesa na via administrativa quando seu objeto subjuga-se ao versado na via judicial, face a preponderância do mérito pronunciado na instância jurisdicional. 6. Mutatis mutandis, mencionada exclusão não pode ser tomada com foros absolutos, porquanto, a contrario sensu, torna-se possível demandas paralelas quando o objeto da instância administrativa for mais amplo que a judicial. 7. Outrossim, nada impede o reingresso da contribuinte na via administrativa, caso a demanda judicial seja extinto sem julgamento de mérito (CPC, art. 267), pelo que não estará solucionado a relação do direito material. 8. Recurso Especial provido, divergindo do ministro relator." (STJ, REsp 840.556/AM, Rel. p/ Acórdão Ministro Luiz Fux, Primeira Turma, julgado em 26/09/2006, DJ 20/11/2006); "[...]. 3. A jurisprudência do Superior Tribunal de Justiça reconhece que "a propositura, pelo contribuinte, de mandado de segurança,

2.3.3 Ato Judicial passível de recurso com efeito suspensivo

É incabível o mandado de segurança quando se tratar de "decisão judicial da qual caiba recurso com efeito suspensivo." (art. 5º, inciso II, da Lei Federal n. 12.016/2009)

A contrario sensu, poder-se-ia chegar à interpretação no sentido de ser cabível o mandado de segurança contra decisão judicial, quando este provimento for atacado por recurso desprovido de efeito suspensivo, tal como ocorre com o agravo de instrumento (art. 995, CPC), em que as decisões interlocutórias apresentam eficácia imediata.

Todavia, essa não é a melhor interpretação, isto porque, em que pese o agravo de instrumento não ser dotado de efeito suspensivo como regra, afigura-se possível que o Relator conceda tal efeito (art. 1019, I, CPC), por força de simples requerimento formulado pelo agravante. Portanto, a melhor interpretação do referido art. 5º, inciso II, é no sentido de que se há previsão legal, *in abstrato*, para concessão de efeito suspensivo a recurso, ainda que não seja automático (como ocorre com a apelação[110]), mas decorra de expressa manifestação judicial (como ocorre com o agravo de instrumento), é inadmissível o mandado de segurança como sucedâneo recursal, uma vez que há recurso cabível apto (com potencialidade) para impugnar com eficiência o prejuízo suportado pela parte.[111]

---

ação de repetição do indébito, ação anulatória ou declaratória da nulidade do crédito da Fazenda Nacional importa em renúncia ao direito de recorrer na esfera administrativa e desistência do recurso interposto (art. 1º, § 2º, do Decreto-Lei n. 1.737/59 e parágrafo único do art. 38 da Lei n. 6.830/80)" (REsp 1.294.946/MG, Rel. Ministro MAURO CAMPBELL MARQUES, SEGUNDA TURMA, julgado em 28.8.2012, DJe 3.9.2012). Agravo regimental improvido." (STJ, AgRg nos EDcl no REsp 1490614/RS, Rel. Ministro Humberto Martins, Segunda Turma, julgado em 03/03/2015, DJe 09/03/2015)

110. Lembre-se que de sentença judicial cabe apelação (art. 1.009, CPC), que é dotada de efeito suspensivo (art. 1.012, CPC), o que demonstra a ausência de interesse de agir pela impetração de mandado de segurança, mesmo nas hipóteses em que, excepcionalmente, a apelação não é dotada de efeito suspensivo (art. 1.012, § 1º, CPC), pois aberta a possibilidade de concessão de efeito suspensivo pelo Relator (art. 1.012, § 3º, CPC), tal como acontece com o agravo de instrumento.

111. São inúmeros os julgados do STJ: "[...]. 1. Tratando-se de mandado de segurança em face de decisão que não recebera a apelação, por suposta intempestividade, era tal *decisum* impugnável mediante agravo de instrumento, com previsão de concessão de efeito suspensivo, nos termos do art. 522, c/c o art. 527, III, ambos do CPC. 2. Inviabilidade da impetração, nos termos do art. 5º, II, da Lei 12.016/2009. Incidência da Súmula 267/STF. 3. Agravo regimental desprovido." (STJ, AgRg no RMS 34.153/SC, Rel. Ministro RAUL ARAÚJO, QUARTA TURMA, j. em 23.09.2014). E mais: "[...]. Subsistem, no regime da Lei 12.016/2009, os óbices que sustentam a orientação das súmulas 267 e 268 do STF, no sentido de que o mandado de segurança contra ato judicial (a) não pode ser simplesmente transformado em alternativa recursal (= substitutivo do recurso próprio) e de que (b) não é cabível contra decisão judicial revestida de preclusão ou com trânsito em julgado. Isso significa que, mesmo quando impetrado contra decisão judicial sujeita a recurso sem efeito suspensivo, o mandado de segurança não dispensa a parte impetrante de interpor o recurso próprio, no prazo legal." (STJ, RMS 33.042/SP, Rel. Min. Teori Albino Zavascki, DJe 10.10.2011).

Outra questão que causa polêmica diz respeito ao cabimento de mandado de segurança em face de decisões judiciais que não comportam impugnação via agravo de instrumento.

Com o advento do Código de Processo Civil de 2015, as decisões interlocutórias contra as quais caberá interposição de agravo de instrumento foram elencadas, taxativamente, no art. 1.015:

> Art. 1.015. Cabe agravo de instrumento contra as decisões interlocutórias que versarem sobre:
>
> I - tutelas provisórias;
>
> II - mérito do processo;
>
> III - rejeição da alegação de convenção de arbitragem;
>
> IV - incidente de desconsideração da personalidade jurídica;
>
> V - rejeição do pedido de gratuidade da justiça ou acolhimento do pedido de sua revogação;
>
> VI - exibição ou posse de documento ou coisa;
>
> VII - exclusão de litisconsorte;
>
> VIII - rejeição do pedido de limitação do litisconsórcio;
>
> IX - admissão ou inadmissão de intervenção de terceiros;
>
> X - concessão, modificação ou revogação do efeito suspensivo aos embargos à execução;
>
> XI - redistribuição do ônus da prova nos termos do art. 373, § 1o;
>
> XII - (VETADO);
>
> XIII - outros casos expressamente referidos em lei.

Essa alteração da sistemática recursal significou mudança de paradigma quanto à recorribilidade das decisões interlocutórias. No Código de Processo Civil de 1973, a regra era a possibilidade de interposição do agravo (de instrumento ou retido) contra todos os provimentos dessa natureza decisória (decisão interlocutória). No atual diploma processual, todavia, verifica-se que fora eleita a excepcionalidade da interposição do agravo, posto que firmado rol taxativo para tal irresignação. Infere-se, assim, que, hodiernamente, a regra é pelo não cabimento do agravo de instrumento, o que se aplica às decisões interlocutórias proferidas no procedimento de mandado de segurança.[112]

---

112. Enunciado n. 351 do Fórum Permanente de Processualistas Civis: "O regime da recorribilidade das interlocutórias do CPC aplica-se ao procedimento do mandado de segurança."

No que tange às hipóteses previstas no art. 1.015 do CPC, não comungamos do entendimento segundo o qual esse rol é exemplificativo, uma vez que, como é cediço, pelo princípio da taxatividade (que decorre da legalidade), somente lei federal pode criar recursos.

Contudo, taxatividade não significa literalidade.[113] Assim, o rol do art. 1.015 do CPC admite interpretação extensiva, de forma que, por exemplo, "a decisão que condicionar a apreciação da tutela provisória incidental ao recolhimento de custas ou a outra exigência não prevista em lei equivale a negá-la, sendo impugnável por agravo de instrumento (Enunciado n. 29 do Fórum Permanente de Processualistas Civis), ou seja, equivale à hipótese prevista no inciso I (tutela provisória).

Contudo, decidiu a Corte Especial do Superior Tribunal de Justiça, em regime de recurso repetitivo (precedente vinculante), no sentido de que as hipóteses de cabimento de agravo de instrumento não são absolutamente taxativas (mas também não é um rol exemplificativo), de modo que o "o rol do art. 1.015 do CPC é de taxatividade mitigada, por isso admite a interposição de agravo de instrumento quando verificada a urgência decorrente da inutilidade do julgamento da questão no recurso de apelação".[114]

113. Alexandre Freitas Câmara assevera: "A existência de um rol taxativo não implica dizer que todas as hipóteses nele previstas devam ser interpretadas de forma literal ou estrita. É perfeitamente possível realizar-se, aqui – ao menos em alguns incisos, que se valem de fórmulas redacionais mais 'abertas' – interpretação extensiva ou analógica." (*O Novo Processo Civil Brasileiro*. Atlas: São Paulo, 2015, p. 520). De igual forma sentenciam Marinoni, Mitidiero e Arenhart: "O fato de o legislador construir um rol taxativo não elimina a necessidade de interpretação para sua compreensão: em outras palavras, a taxatividade não elimina a equivocidade dos dispositivos e a necessidade de se adscrever sentido aos textos mediante interpretação." (ARENHART, Sérgio Cruz; MARINONI, Luiz Guilherme; MITIDIERO, Daniel. *Novo Código de Processo Civil Comentado*. 2. ed., São Paulo: Revista dos Tribunais, 2016, p. 1.074). Nesse mesmo diapasão: DIDIER JR, Fredie; CUNHA, Leonardo Carneiro da. *Curso de Processo Civil*. 13. ed. Salvador: Juspodivm, 2016, p. 209, v. III.

114. "RECURSO ESPECIAL REPRESENTATIVO DE CONTROVÉRSIA. DIREITO PROCESSUAL CIVIL. NATUREZA JURÍDICA DO ROL DO ART. 1.015 DO CPC/2015. IMPUGNAÇÃO IMEDIATA DE DECISÕES INTERLOCUTÓRIAS NÃO PREVISTAS NOS INCISOS DO REFERIDO DISPOSITIVO LEGAL. POSSIBILIDADE. TAXATIVIDADE MITIGADA. EXCEPCIONALIDADE DA IMPUGNAÇÃO FORA DAS HIPÓTESES PREVISTAS EM LEI. REQUISITOS. 1- O propósito do presente recurso especial, processado e julgado sob o rito dos recursos repetitivos, é definir a natureza jurídica do rol do art. 1.015 do CPC/15 e verificar a possibilidade de sua interpretação extensiva, analógica ou exemplificativa, a fim de admitir a interposição de agravo de instrumento contra decisão interlocutória que verse sobre hipóteses não expressamente previstas nos incisos do referido dispositivo legal. 2- Ao restringir a recorribilidade das decisões interlocutórias proferidas na fase de conhecimento do procedimento comum e dos procedimentos especiais, exceção feita ao inventário, pretendeu o legislador salvaguardar apenas as 'situações que, realmente, não podem aguardar rediscussão futura em eventual recurso de apelação'. 3- A enunciação, em rol pretensamente exaustivo, das hipóteses em que o agravo de instrumento seria cabível revela-se, na esteira da majoritária doutrina e jurisprudência, insuficiente e em desconformidade com as normas fundamentais do processo civil, na medida em que sobrevivem questões urgentes fora da lista do art. 1.015 do CPC e que tornam inviável a interpretação de que o referido rol seria absolutamente taxativo e que deveria ser lido de modo restritivo. 4- A tese de que o rol do art. 1.015 do CPC seria taxativo, mas admitiria interpretações extensivas ou analógicas, mostra-se igualmente ineficaz para a conferir ao referido dispositivo uma interpretação em sintonia com as normas fundamentais do processo civil, seja porque ainda

Nesse precedente vinculante, observa-se que o Superior Tribunal de Justiça adotou posição quanto ao cabimento do agravo de instrumento mais ampla (taxatividade mitigada) do que a interpretação extensiva, porquanto "a tese de que o rol do art. 1.015 do CPC seria taxativo, mas admitiria interpretações extensivas ou analógicas, mostra-se igualmente ineficaz para a conferir ao referido dispositivo uma interpretação em sintonia com as normas fundamentais do processo civil, seja porque ainda remanescerão hipóteses em que não será possível extrair o cabimento do agravo das situações enunciadas no rol, seja porque o uso da interpretação extensiva ou da analogia pode desnaturar a essência de institutos jurídicos ontologicamente distintos."

De outro lado, ainda nesse precedente, embora afirmada a taxatividade mitigada do rol, a Corte Especial rechaçou a tese de rol exemplificativo, pois entendeu que "a tese de que o rol do art. 1.015 do CPC seria meramente exemplificativo, por sua vez, resultaria na repristinação do regime recursal das interlocutórias que vigorava no CPC/73 e que fora conscientemente modificado pelo legislador do novo CPC, de modo que estaria o Poder Judiciário, nessa hipótese, substituindo a atividade e a vontade expressamente externada pelo Poder Legislativo." O acerto do precedente está em separar a possibilidade do recurso da ocorrência da preclusão. Há um *duplo juízo de conformidade*, de forma que somente haverá preclusão se o recurso for impetrado e considerado cabível, caso contrário, restará possível a impugnação nos termos do art. 1.009, § 1º, CPC.

Pois bem, considerando a interpretação do texto do art. 5º, inciso II, da Lei Federal n. 12.016/2009, do qual extrai-se a norma jurídica segundo a

---

remanescerão hipóteses em que não será possível extrair o cabimento do agravo das situações enunciadas no rol, seja porque o uso da interpretação extensiva ou da analogia pode desnaturar a essência de institutos jurídicos ontologicamente distintos. 5- A tese de que o rol do art. 1.015 do CPC seria meramente exemplificativo, por sua vez, resultaria na repristinação do regime recursal das interlocutórias que vigorava no CPC/73 e que fora conscientemente modificado pelo legislador do novo CPC, de modo que estaria o Poder Judiciário, nessa hipótese, substituindo a atividade e a vontade expressamente externada pelo Poder Legislativo. 6- Assim, nos termos do art. 1.036 e seguintes do CPC/2015, fixa-se a seguinte tese jurídica: O rol do art. 1.015 do CPC é de taxatividade mitigada, por isso admite a interposição de agravo de instrumento quando verificada a urgência decorrente da inutilidade do julgamento da questão no recurso de apelação. 7- Embora não haja risco de as partes que confiaram na absoluta taxatividade serem surpreendidas pela tese jurídica firmada neste recurso especial repetitivo, pois somente haverá preclusão quando o recurso eventualmente interposto pela parte venha a ser admitido pelo Tribunal, modulam-se os efeitos da presente decisão, a fim de que a tese jurídica apenas seja aplicável às decisões interlocutórias proferidas após a publicação do presente acórdão. 8- Na hipótese, dá-se provimento em parte ao recurso especial para determinar ao TJ/MT que, observados os demais pressupostos de admissibilidade, conheça e dê regular prosseguimento ao agravo de instrumento no que se refere à competência, reconhecendo-se, todavia, o acerto do acórdão recorrido em não examinar à questão do valor atribuído à causa que não se reveste, no particular, de urgência que justifique o seu reexame imediato. 9- Recurso especial conhecido e parcialmente provido." (STJ, REsp 1696396/MT, Rel. Ministra NANCY ANDRIGHI, CORTE ESPECIAL, julgado em 05/12/2018, DJe 19/12/2018)

qual o mandado de segurança não é sucedâneo de recurso, sendo imprópria a sua impetração contra decisão passível de impugnação prevista em lei[115], a jurisprudência criou o pressuposto de "irrecorribilidade da decisão", para efeito de admissibilidade do *writ*.

Nessa medida, indaga-se: as decisões interlocutórias que não constem do rol taxativo previsto no art. 1.015 do CPC, ou seja, não são impugnáveis por meio de agravo de instrumento, são consideradas irrecorríveis, a ponto de autorizar o uso do mandado de segurança como sucedâneo recursal?

Pensamos que não, pois essas decisões interlocutórias, a) não abrangidas no rol do art. 1.015 do CPC, não são irrecorríveis, porquanto impugnáveis, ainda que de forma diferida, pelo recurso de apelação ou pelas contrarrazões quando da prolação da sentença (art. 1.009, § 1º, CPC), inexistindo preclusão sobre a matéria;[116] b) caso ocorra a hipótese da taxatividade mitigada, ou seja, "verificada a urgência decorrente da inutilidade do julgamento da questão no recurso de apelação", será cabível o recurso de agravo e incabível o *writ*.

A par disso, não se deve olvidar que o recurso de apelação em face de sentença é dotado de efeito suspensivo, como regra (art. 1.012, CPC), de modo que a sentença, mesmo que contrária à parte prejudicada pela decisão interlocutória no curso do procedimento, não produzirá efeitos, inexistindo mudança no plano fático para o recorrente.

Pensar o contrário importaria em subverter-se completamente a lógica recursal que o legislador pretendeu imprimir com a aprovação do Código de Processo Civil de 2015, voltado à simplificação (redução da complexidade

115. Enunciado n. 267 da Súmula do STF: "Não cabe mandado de segurança contra ato judicial passível de recurso ou correição."

116. Pontua José Miguel Garca Medina: "As decisões interlocutórias proferidas na fase de conhecimento que não sejam imediatamente recorríveis (por agravo de instrumento, cf. arts. 1015 do CPC/2015), poderão ser impugnadas, posteriormente, por ocasião da apresentação das razões ou contrarrazões (cf. §§ 1º e 2º do art. 1009 do CPC/2015). Rigorosamente, assim, não há decisão interlocutória irrecorrível, no regime do CPC/2015, mas há decisões interlocutórias imediatamente recorríveis, e outras que, ao contrário, só poderão ser impugnadas posteriormente. O problema que se coloca, assim, à luz do Código de Processo Civil 2015, não é o da irrecorribilidade de alguma decisão interlocutória (já que todas, de algum modo, são recorríveis), mas o da impugnabilidade remota das decisões interlocutórias não recorríveis de imediato." (MEDINA, José Miguel Garcia. *O Novo Código de Processo Civil Comentado*. 4. ed. São Paulo: Revista dos Tribunais, 2016, p. 1504). Nessa mesma direção comentam Nelson Nery Jr e Rosa Nery a respeito do art. 1.015 do CPC: "O dispositivo comentado prevê, em *numerus clausus*, os casos em que a decisão interlocutória pode ser impugnada pelo recurso de agravo de instrumento. As interlocutórias que não se encontram no rol do CPC 2015 não são recorríveis pelo agravo, mas sim como preliminar de razões ou contrarrazões de apelação (CPC 1009, §1º). Pode-se dizer que o sistema abarca o princípio da irrecorribilidade em separado das interlocutórias como regra. Não se trata de irrecorribilidade da interlocutória que não se encontra no rol do CPC 2015, mas de recorribilidade diferida, exercitável em futura e eventual apelação (razões ou contrarrazões)." (NERY JR, Nelson; NERY, Rosa Maria Andrade. *Código de Processo Civil Comentado.* 16. ed. São Paulo: Revista dos Tribunais, 2016, p. 2.233)

recursal), efetividade (processo com o maior rendimento possível) e duração razoável do processo.[117]

Dentro desse propósito, como se viu, as hipóteses de cabimento do agravo de instrumento foram restringidas substancialmente, optando pela adoção de rol taxativo inserido no art. 1.015, aproximando-se do modelo da Justiça do Trabalho[118] e dos Juizados Especiais[119].

Sublinhe-se que essa nova sistemática não importa em cerceamento de defesa ou impedimento de acesso ao Judiciário, pois a decisão interlocutória não agravável poderá ser impugnada nas razões ou contrarrazões de apelação, sendo certo que a apelação é dotada de efeito suspensivo, ou seja, o legislador apresentou solução para impedir eventual lesão ao direito das partes no curso do processo, afastando a preclusão, possibilitando a sua discussão no futuro e impedindo a produção imediata de efeitos da sentença.

---

117. "Com a postergação da impugnação das questões decididas no curso do processo para as razões de apelação ou para as suas contrarrazões e com a previsão de rol taxativo das hipóteses de cabimento do agravo de instrumento, o legislador procurou a um só tempo prestigiar a estruturação do procedimento comum a partir da oralidade (que exige, na maior medida possível, irrecorribilidade em separado das decisões interlocutórias), preservar os poderes de condução de processo do juiz de primeiro grau e simplificar o desenvolvimento do procedimento comum." (ARENHART, Sérgio Cruz; MARINONI, Luiz Guilherme; MITIDIERO, Daniel. *Novo Código de Processo Civil Comentado.* 2. ed., São Paulo: Revista dos Tribunais, 2016, p. 1.074).

118. No procedimento trabalhista, todas as decisões interlocutórias são apreciadas apenas quando da análise da decisão final (art. 893, § 1º, CLT), ou seja, há recorribilidade, mas diferida, o que obsta a via do mandado de segurança. Nesse sentido Orientação Jurisprudencial n. 92, TST: "Não cabe mandado de segurança contra decisão judicial passível de reforma mediante recurso próprio, ainda que com efeito diferido." E mais: "[...]. Observe-se que a decisão combatida tem natureza interlocutória, despida de conteúdo decisório definitivo e irrecorrível de imediato e deve ser objeto de alegação em razões recursais, após a prolação da decisão final, respeitando os prazos preclusivos para interposição de recursos, nos termos dos artigos 893, §1º e 895 da CLT. Assim, existindo medida processual própria, incabível a impetração de mandado de segurança, conforme entendimento consubstanciado na Orientação Jurisprudencial n.º 92 da SBDI-2 e no art. 5º, II, da Lei n.º 12.016/2009. [...]." (TST 1001338-54.2016.5.02.0000, Relatora Ministra Maria Helena Mallmann, j. 20.06.2017)

119. No procedimento do Juizado Especial Federal e do Juizado Especial da Fazenda Pública, à exceção de decisão interlocutória que envolva tutelas de urgência, somente será admitido recurso da sentença definitiva (art. 5º da Lei Federal n. 10.259/2001; art. 4º da Lei Federal n. 12.153/2009), de modo que as decisões interlocutórias podem ser impugnadas quando da interposição de recurso inominado, ou seja, há recorribilidade, mas diferida, o que veda o manejo do mandado de segurança. Nesse diapasão, decidiu o STF em regime de repercussão geral: "RECURSO EXTRAORDINÁRIO. PROCESSO CIVIL. REPERCUSSÃO GERAL RECONHECIDA. MANDADO DE SEGURANÇA. CABIMENTO. DECISÃO LIMINAR NOS JUIZADOS ESPECIAIS. LEI N. 9.099/95. ART. 5º, LV DA CONSTITUIÇÃO DO BRASIL. PRINCÍPIO CONSTITUCIONAL DA AMPLA DEFESA. AUSÊNCIA DE VIOLAÇÃO. 1. Não cabe mandado de segurança das decisões interlocutórias exaradas em processos submetidos ao rito da Lei n. 9.099/95. 2. A Lei n. 9.099/95 está voltada à promoção de celeridade no processamento e julgamento de causas cíveis de complexidade menor. Daí ter consagrado a regra da irrecorribilidade das decisões interlocutórias, inarredável. 3. Não cabe, nos casos por ela abrangidos, aplicação subsidiária do Código de Processo Civil, sob a forma do agravo de instrumento, ou o uso do instituto do mandado de segurança. 4. Não há afronta ao princípio constitucional da ampla defesa (art. 5º, LV da CB), vez que decisões interlocutórias podem ser impugnadas quando da interposição de recurso inominado. Recurso extraordinário a que se nega provimento." (RE 576847, Relator Min. Eros Grau, Pleno, j. em 20.05.2009).

Nesse rumo de ideia, seria debalde a previsão de um rol taxativo para as hipóteses de cabimento do agravo de instrumento, se todas as decisões interlocutórias não enquadráveis no rol do art. 1.015 ensejassem a impetração de mandado de segurança contra ato judicial. Os escopos do legislador de simplificação e celeridade do processo, indubitavelmente, restariam sepultados, pois apenas estar-se-ia substituindo um meio de impugnação por outro.[120]

Dessarte, conclui-se que não é cabível o mandado de segurança, como sucedâneo recursal, para impugnar decisão interlocutória não abrangida no rol do art. 1.015 do CPC, pois tal provimento jurisdicional não é irrecorrível, mas apenas tem sua impugnação diferida para o momento da apelação ou contrarrazões recursais.[121]

---

120. Eis a perspicaz observação de Cássio Scarpinella:"A respeito da inevitável pergunta sobre o que fazer diante de uma decisão interlocutória não prevista como agravável de instrumento pelo artigo 1015 - caberá mesmo, em todo e qualquer caso que lá não esteja previsto, mandado de segurança contra ato judicial? - vale a pena verificar, por ora, neste início de vigência, se o rol que acabou por prevalecer no CPC de 2015 (o do Projeto da Câmara era mais amplo) corresponde, e em que medida, às necessidades do dia a dia do foro e se a doutrina e a jurisprudência tenderão a uma interpretação restritiva ou ampliativa (extensiva analógica) das hipóteses indicadas. Antes de aceitar a generalização do mandado de segurança contra ato judicial, talvez seja chegado o momento de se refletir se sobrevive a compreensão de que toda interlocutória tem que ser recorrível imediatamente ou se a redução, tal qual a empreendida pelo novo CPC, não é senão legítima opção política. É insinuar a seguinte resposta à pergunta formulada: não cabe nenhum recurso nos casos que estão fora do alcance do art. 1.015. Resta ao interessado suscitar a questão em razões ou contrarrazões de apelo (art. 1.009, § 1º) e, naquele instante, - a posteriori, não imediatamente, portanto -, tentar reverter o que for reversível ou, pura e simplesmente, conformar-se com a decisão tal qual proferida anteriormente. No máximo, será bem-vinda, justamente para não generalizar o emprego do mandado de segurança como sucedâneo recursal, interpretação ampliativa das hipóteses do art. 1.015, sempre conservando, contudo, a razão de ser de cada uma de suas hipóteses para não generalizá-las indevidamente." (BUENO, Cássio Scarpinella. *Novo Código de Processo Civil Anotado.* 2 ed. São Paulo: Saraiva, 2016, p. 840-841)

121. Há já manifestação da Segunda Turma do Superior Tribunal de Justiça:"PROCESSUAL CIVIL. NÃO CABIMENTO DO MANDADO DE SEGURANÇA CONTRA DECISÃO INTERLOCUTÓRIA. ARTS. 1009, § 1º, E 1015 DO CPC/2015. 1. A jurisprudência do Superior Tribunal de Justiça é de que o Mandado de Segurança não pode ser utilizado como sucedâneo recursal, sendo descabido o seu manejo contra ato judicial recorrível. 2. Na hipótese dos autos, ainda que do ato judicial tido como coator, na nova sistemática do CPC/2015, não caiba o recurso previsto no art. 1.015, nos exatos termos do art. 1.009, § 1º, as questões decididas na fase de conhecimento que não comportarem Agravo de Instrumento não são cobertas pela preclusão e devem ser suscitadas em preliminar de Apelação, ou nas contrarrazões, incidindo, portanto, o teor da Súmula 267/STF:'Não cabe mandado de segurança contra ato judicial passível de recurso ou correição'. [...]." (STJ, RMS 54.969/SP, Rel. Ministro Herman Benjamin, Segunda Turma, julgado em 10/10/2017, DJe 23/10/2017). Todavia, colhe-se o seguinte aresto do TRF da 3ª Região:"O novo codex alterou substancialmente a sistemática do agravo de instrumento, pois passou a admitir sua interposição apenas nas hipóteses taxativamente previstas em seu artigo 1.015 ou expressamente referidas em lei (inciso XIII). O legislador, portanto, deliberadamente retirou do ordenamento a possibilidade de que toda e qualquer decisão interlocutória possa ser combatida por tal via recursal. - A alteração da sistemática recursal significou mudança de paradigma quanto à recorribilidade das interlocutórias. No CPC de 1973, a regra era a possibilidade de interposição do agravo contra todos os provimentos dessa natureza, inclusive na forma retida. No atual diploma processual, contudo, verifica-se eleita a excepcionalidade da sua apresentação, posto que firmado rol taxativo para tal irresignação. De conseguinte, é certo que não se aplica por analogia ou similitude o inciso III do mencionado dispositivo aos casos que versem sobre competência, quaestio que deverá ser tratada em sede de preliminar de apelação, nos moldes do artigo 1.009, § 1º, do CPC. - A decisão que trata de matéria relativa à competência, embora não tenha sido

Por esse motivo, rechaça-se o argumento de que a inexistência de um recurso imediato geraria lesão apta a legitimar a utilização do remédio constitucional, visto que há meio de impugnação previsto (apelação) e o diferimento do exame não traz em si potencial para causar lesão processual (a sentença não produzirá efeitos imediatos, em razão do efeito suspensivo).

2.3.4 Ato jurisdicional transitado em julgado

Não cabe mandado de segurança contra sentença judicial transitada em julgado (5º, inciso III, da Lei Federal n. 12.016/2009), sob pena de configurar sucedâneo de ação rescisória.[122] A coisa julgada apenas pode ser desconsiderada mediante ação rescisória.

---

eleita como agravável, não é irrecorrível. Cuida-se apenas do diferimento de sua apreciação. - Assentada a recorribilidade das decisões interlocutórias por meio de preliminar nas razões ou contrarrazões de apelação, surge a questão sobre a possibilidade de o diferimento produzir dano irreparável ou de difícil reparação, o que, para alguns, como o impetrante, justificaria o uso do mandado de segurança. - O legislador cuidou de apresentar solução para impedir eventual dano ao direito dos litigantes no curso do processo ao afastar a preclusão (art. 1009, § 1º, CPC), de modo a possibilitar sua futura discussão, se ainda for de interesse da parte. Esse aspecto é de fundamental importância contra a tese dos que advogam a utilização do mandamus para os casos não previstos no artigo 1015 do CPC. Há muito, desde 13/12/1963, quando foi aprovada a Súmula 267 do STF (Não cabe mandado de segurança contra ato judicial passível de recurso ou correição.), a jurisprudência caminhou no sentido de impedir o desvirtuamento do mandado de segurança como mero sucedâneo recursal. Mais recentemente, o artigo 5º da Lei nº 12.016/09 expressamente baniu seu uso contra decisão judicial da qual caiba recurso com efeito suspensivo, vale dizer, positivou o entendimento jurisprudencial com o reforço da noção de existência de instrumento recursal hábil a impedir eventual lesão. Ora, como visto, a nova sistemática processual cuidou de estabelecer mecanismos precisos para esse fim, seja por meio de assegurar a interposição do agravo de instrumentonos casos considerados críticos, seja pelo afastamento da preclusão para o reexame futuro do decisum. Não é válido, portanto, o argumento de que a inexistência de um recurso imediato gera lesão apta a legitimar a utilização do remédio constitucional, porque há meio de impugnação previsto e o diferimento do exame não traz em si potencial para causar lesão processual. - Ainda que se admita a utilização do mandado de segurança sempre que se demonstrar a inutilidade do exame do ato acoimado ilegal apenas por ocasião do julgamento da apelação, no caso dos autos invocou-se a possibilidade de retardamento da marcha processual em decorrência da anulação dos atos praticados pelo juízo incompetente. À luz do § 4º, do artigo 64 do códex vigente, todavia, o efeito alegado pelo impetrante não é a regra, que, ao contrário, é o aproveitamento de tudo quanto foi praticado pelo juízo incompetente, salvo decisão expressa em contrário. Logo, a situação concreta não caracteriza essa possibilidade. - Precedentes desta corte em casos idênticos no mesmo sentido: MS nº 0022921-69.2016.4.03.0000 e nº 0019728-46.2016.4.03.0000. - Agravo interno desprovido." (TRF 3, MS n. 00197336820164030000, 4ª Turma, Rel. André Nabarrete, Dj. 24.05.2017). Nesse mesmo sentido: TRF 2, Autos n. 0005689-71.2016.4.02.0000, Rel. Guilherme Calmon Nogueira da Gama, 6ª Turma, d.j. 29/10/2016; TRF 3, MS nº 0022921-69.2016.4.03.0000, Rel. Johonsom di Salvo, j. em 02/03/2017; TRF4, MS 0000660-83.2016.404.0000, Sexta Turma, Relator João Batista Pinto Silveira, D.E. 23/08/2016; TJSP, Relator Marcos Pimentel Tamassia; 1ª Câmara de Direito Público, d.j. 19.07.2016; TJSP, Relator Renato Delbianco, 2ª Câmara de Direito Público, d.j. 12.07.2016; TJSP, Relator Antonio Celso Faria, 8ª Câmara de Direito Público, d.j. 01/09/2016; TJRS, MS n. 70069991537, Relatora Adriana da Silva Ribeiro, d.j 29.06.2016.

122. Enunciado n. 268 da Súmula do STF: "Não cabe mandado de segurança contra decisão judicial com trânsito em julgado." Ainda é o atual entendimento do STF: "Ementa: Processual Civil. Agravo regimental. Recurso ordinário. Mandado de segurança contra decisão judicial já transitada em julgado. Impossibilidade. Lei 12.016/2009, art. 5º, III. Agravo regimental a que se nega provimento." (RMS 33935 AgR, Relator Ministro Teori

Todavia, parcela da doutrina e da jurisprudência sustentam a possibilidade de a coisa julgada ser desconsiderada em situações excepcionais, independentemente de ação rescisória, quando presente a *querela nullitatis123*, pois, na hipótese, considerar-se-á como inocorrido o trânsito em julgado, diante de gravidade do vício processual.[124]

Apesar da divergência doutrinária acerca das hipóteses de *querela nullitatis*, bem como de sua natureza jurídica (se inexistência jurídica ou nulidade), fato é que a ausência de citação tem sido considerada como hipótese típica de *querela nullitatis*, a qual pode ser alegada a qualquer tempo, não sendo oponível a alegação de coisa julgada.

Com efeito, o Código de Processo Civil prevê que a falta de citação no processo de conhecimento poderá ser alegada até mesmo em impugnação ao cumprimento de sentença (art. 525, § 1º, inciso I), dispensando, assim, o ajuizamento de ação rescisória para expurgar tal vício processual do processo, o que denota que não se opera a coisa julgada material em face desse grave vício processual (ausência de citação).[125]

Zavascki, Segunda Turma, j. em 02.02.2016). Nesse mesmo sentido: MS 30523 AgR, Relator Ministro Celso de Mello, Tribunal Pleno, j. em 09.10.2014.

123. A *querela nullitatis* nasceu da fusão de dois princípios fundamentais diversos: do princípio germânico da validade formal da sentença, segundo o qual os *errores in procedendo* consideram-se de igual gravidade, e são atacáveis através de um único meio de impugnação, e do princípio romano segundo o qual distingue-se a nulidade da injustiça do julgado. Nesse contexto, a *querela nullitatis* consistia num meio de ataque contra a sentença originada de *errores in procedendo*, ao passo que a *appellatio* destinava-se à alegação de *errores in judicando*. A *querela nullitatis* não era recurso, nem ação, mas invocação do *officium iudicis*, pois, no direito romano, os *errores in procedendo* eram considerados como vícios de inexistência jurídica, sem necessidade de algum meio de ataque. Ulteriormente, no Direito Intermédio, distinguiu-se entre *querela sanabilis*, vícios sanáveis em virtude do decurso do tempo, e *querela insanabilis*, destinada a atacar sentenças eivadas de vícios mais graves, não sujeitos a prazo algum. Com o tempo, como a *querela sanabilis* devia ser proposta no prazo da *appellatio*, acabou-se havendo fusão entre esses dois remédios. Sobre o assunto, consultar: KOMATSU, Roque. *Da invalidade no processo civil*. São Paulo: Revista dos Tribunais, 1991.

124. Na doutrina, sustentando o afastamento do trânsito em julgado, independentemente de ação rescisória: DINAMARCO, Cândido Rangel. *Instituições de direito processual civil*. 3. ed. São Paulo: Malheiros, 2003, v. II; MOREIRA, José Carlos Barbosa. *Comentários ao Código de Processo Civil*. 5. ed. Rio de Janeiro: Forense, 1985, v. V; ARAGÃO, Ergaz Dirceu Moniz de. *Comentários ao Código de Processo Civil*. 8. ed. Rio de Janeiro: Forense, 1995; PASSOS, José Joaquim Calmon de. *A nulidade no processo civil*. Salvador: Imprensa oficial da Bahia, 1959; WAMBIER, Teresa Arruda Alvim, *Nulidades do processo e da sentença*. 6. ed. São Paulo: Revista dos Tribunais, 2007; KOMATSU, Roque. *Da invalidade no processo civil*. São Paulo: Revista dos Tribunais, 1991; THEODORO JR. Humberto. As nulidades no código de processo civil. *Revista Síntese do direito civil e processual*, n. 1, p. 136, set.-out. 1999. Na jurisprudência: "[...] 4. No caso específico dos autos, em que a ação tramitou sem que houvesse citação válida do litisconsórcio passivo necessário, não se formou a relação processual em ângulo. Há, assim, vício que atinge a eficácia do processo em relação ao réu e a validade dos atos processuais subsequentes, por afrontar o princípio do contraditório. Em virtude disto, aquela decisão que transitou em julgado não atinge aquele réu que não integrou o polo passivo da ação. Por tal razão, a nulidade por falta de citação poderá ser suscitada por meio de ação declaratória de inexistência por falta de citação, denominada querela nullitatis, ou, ainda, por simples petição nos autos, como no caso dos autos." (STJ, REsp 1105944/SC, Rel. Ministro Mauro Campbell Marques, Segunda Turma, j. em 14.12.2010)

125. A sentença será nula apenas quando diante de litisconsórcio necessário unitário. De outro lado, nos demais casos, a sentença de mérito, quando proferida sem a integração do contraditório, não será nula, mas tão-

Nessa medida, tratando-se de vício de *querela nullitatis*, o reconhecimento da ausência de citação poderá ser realizado, incidentalmente, em uma relação jurídico-processual, através de simples petição, ou através de ação autônoma, a exemplo do mandado de segurança.[126]

Ademais, não se pode confundir a vedação do mandado de segurança contra sentença transitada em julgado, que busca rediscutir o conteúdo (imutável) do *decisum*, com a impetração de mandado de segurança para discutir tão-somente a inexistência da própria coisa julgada da sentença (e não o seu conteúdo), a exemplo do que ocorre com o provimento jurisdicional de 1ª instância que inadmite (indevidamente) o recurso por intempestividade, sendo o ato irrecorrível. Nessa última hipótese, afigura-se possível o *writ*, pois não se busca rediscutir o conteúdo da sentença, mas apenas afastar o próprio provimento jurisdicional que indevidamente que ensejou o trânsito em julgado.[127]

-somente ineficaz para os litisconsortes que não foram citados (art. 115, II, do CPC). Em outras palavras: no litisconsórcio não necessário unitário, o vício situa-se no plano de eficácia, e não no plano de existência ou da nulidade, sendo essa uma opção política do legislador, que vai ao encontro dos princípios do prejuízo, economicidade, duração razoável do processo e aproveitamento dos atos processuais, tal como o fez em relação às sentenças que não são congruentes com o pedido ou causa de pedir (art. 1.013, § 3º, inciso III, CPC).

126. Esse é o entendimento que prevalece no STJ: "PROCESSUAL CIVIL. RMS. CITAÇÃO. NULIDADE. USO DO MANDADO DE SEGURANÇA. ADMISSIBILIDADE. 1 - O reconhecimento pelo Tribunal de origem do vício de nulidade da citação (querela nullitatis insanabilis), impedindo - assim - o trânsito em julgado da sentença, viabiliza a utilização do mandado de segurança para obstacular os efeitos decorrentes do comando de reintegração de posse. 2 - Recurso provido." (STJ, RMS 14.359/MG, Rel. Ministro Fernando Gonçalves, Quarta Turma, julgado em 03.04.2003); "[...] 4. A exclusividade da *querela nullitatis* para a declaração de nulidade de decisão proferida sem regular citação das partes, representa solução extremamente marcada pelo formalismo processual. Precedentes. 5. A desconstituição do acórdão rescindendo pode ocorrer tanto nos autos de ação rescisória ajuizada com fundamento no art. 485, V, do CPC/73 quanto nos autos de ação anulatória, declaratória ou de qualquer outro remédio processual. 6. Recurso especial conhecido e provido." (STJ, REsp 1456632/MG, Rel. Ministra Nancy Andrighi, Terceira Turma, j. em 07.02.2017). Na doutrina, defendendo a utilização do mandado de segurança para impugnar ato judicial inexistente, afastando o requisito de ausência de trânsito em julgado da decisão: MEIRELES, Hely Lopes; WALD, Arnoldo; MENDES, Gilmar Ferreira. *Mandado de Segurança e Ações Constitucionais*. 36. ed. São Paulo: Malheiros, 2014, p. 44; THEODORO JR, Humberto. *Lei do mandado de segurança comentada*. Rio de Janeiro: Forense, 2014, p. 165.

127. Nesse sentido na doutrina: MENDES, Aluisio Gonçalves de Castro; FONTES, André R. C.; LIMA, Arnaldo Esteves; ARAÚJO, Eugênio Rosa de; NASCIMENTO FILHO, Firly; NEIVA, José Antonio Lisbôa; LOPES, Mauro Luís Rocha; AZULAY NETO, Messod; DYRLUND, Poul Erik. *Mandado de segurança individual e coletivo:* Lei 12.016/2009 comentada. 2. ed. São Paulo: Revista dos Tribunais, 2014, p. 65; JORGE, Flávio Cheim. *Teoria Geral dos Recursos Cíveis*. 7. ed. São Paulo: Saraiva, 2015, p. 159. Na jurisprudência: "RECURSO EM MANDADO DE SEGURANÇA – ATO JUDICIAL – CERTIDÃO ERRÔNEA DO TRÂNSITO EM JULGADO – PARTE BENEFICIÁRIA DA ASSISTÊNCIA JUDICIÁRIA GRATUITA E REPRESENTADA PELA PROCURADORIA DO ESTADO – PRAZO EM DOBRO - DECISÃO DENEGATÓRIA DE RECURSO ESPECIAL - BAIXA DOS AUTOS À ORIGEM – IMPEDIMENTO - INTERPOSIÇÃO - AGRAVO DE INSTRUMENTO – ILEGALIDADE – ORDEM CONCEDIDA. I - Merece ser concedida a ordem para anular a certidão que informou o trânsito em julgado da decisão denegatória do recurso especial, determinando a baixa dos autos à origem, equivocada quanto ao prazo que a parte dispunha para interpor o agravo, eis que beneficiária da assistência judiciária gratuita e patrocinada pela Procuradoria Geral do estado. II – A parte que não deu causa ao erro praticado pelo Tribunal e que teve seu direito de recorrer, no mínimo, dificultado pela tramitação errada que se imprimiu ao processo, não deve sofrer as conseqüências desse ato.

2.3.5 Mandado de segurança como substitutivo de ação de cobrança

Conforme Enunciado n. 269 da Súmula, "o mandado de segurança não é substitutivo de ação de cobrança";

Isto porque, conforme já discorrido, a ação mandamental é um instrumento processual destinado a impugnar ato ilegal praticado pelo poder público, sendo que a tutela de direito é prestada, predominantemente, na forma mandamental (dispensa-se execução) e específica (*in natura*, e não pelo equivalente em dinheiro). Portanto, consoante conceito constitucional, e de acordo com as razões históricas da criação desse remédio, o mandado de segurança não se destina à pretensão ressarcitória (natureza de ação de cobrança). Nessa medida, carece de interesse de agir, na modalidade adequação, o autor que impetre mandado de segurança como substitutivo de ação de cobrança, a exemplo de ação em que o impetrante postule que a autoridade coatora proceda ao pagamento de créditos inscritos como despesas de exercícios anteriores, mas sem previsão orçamentária para pagamento.

Se é certo que o mandado de segurança não se revela como substituto de ação de cobrança, por conta do conceito e da finalidade constitucional do instituto, o mesmo não se pode afirmar em relação à limitação jurisprudencial e legal de que a concessão de mandado de segurança não produz efeitos patrimoniais pretéritos.

Cristalizando o entendimento jurisprudencial sumulado[128], a Lei do Mandado de Segurança veda que a sentença imponha efeitos patrimoniais pretéritos à impetração do *writ*, afigurando-se possível apenas o pagamento de valores vencidos no curso do mandado do segurança.[129]

Não obstante o referido art. 14, § 4º, da Lei Federal nº 12.016/2009, esteja alicerçado no Enunciado n. 271 do STF, entendemos que tal dispositivo legal é inconstitucional, pois restringe, indevidamente, o espectro de cabimento do mandado de segurança, violando o art. 5º, LXIX, da Carta Magna.

Recurso em mandado de segurança provido." (STJ, RMS 11.959/SP, Rel. Ministro Castro Filho, Terceira Turma, j. em 19.09.2002)

128. Súmula n. 271 do STF: "concessão de mandado de segurança não produz efeitos patrimoniais em relação a período pretérito, os quais devem ser reclamados administrativamente ou pela via judicial própria."

129. Art. 14, § 4º, da Lei Federal n. 12.016/2009: "O pagamento de vencimentos e vantagens pecuniárias assegurados em sentença concessiva de mandado de segurança a servidor público da administração direta ou autárquica federal, estadual e municipal somente será efetuado relativamente às prestações que se vencerem a contar da data do ajuizamento da inicial."

Ora, conforme linha de raciocínio exposta neste trabalho, cuidando-se o mandado de segurança de garantia fundamental expressamente prevista no art. 5º da Carta Magna, qualquer restrição legal ou judicial ao mandado de segurança deve ser compreendida como restrição a um direito fundamental, e, como tal, deve ser justificada constitucionalmente com supedâneo em outro direito fundamental de mesmo (ou maior) peso[130].

O art. 14, § 4º, da Lei Federal n. 12.016/2009, ao limitar o pagamento de parcelas devidas ao servidor público tão-somente vencidas após o ajuizamento do *writ*, restringiu indevidamente o cabimento do *writ*, sem que houvesse, em contrapartida, justificativa razoável para tanto, pois inexiste direito fundamental que dê guarida para tanto. Pelo contrário, essa limitação vai de encontro aos princípios constitucionais do acesso à justiça (art. 5º, XXXV, CF), do qual decorre o direito à tutela jurisdicional efetiva, bem como ao princípio constitucional da duração razoável do processo (art. 5º, LXXVIII, CF) e o princípio da economia processual, que emerge do princípio constitucional da economicidade (art. 70, CF).

Com efeito, o que não se coaduna com a natureza e conceito constitucional do mandado de segurança, é a sua utilização como substitutivo de ação de cobrança, de forma que o efeito principal da sentença seja condenatório (obrigação de pagar quantia certa). Isso não significa que o mandado de segurança não possa ser utilizado para afastar óbices legais ou administrativos para o pagamento de verbas em dinheiro, pois o efeito principal da sentença continua sendo a invalidação do ato ilegal, sendo o pagamento em dinheiro apenas o seu efeito secundário.[131]

---

130. "[...] os direitos fundamentais podem ser restringidos tanto por expressa disposição constitucional como por norma legal promulgada com fundamento na Constituição. [...] em qualquer caso, uma restrição de direito fundamental exige, seja direta, seja indiretamente, um fundamento constitucional." (SARLET, Ingo Wolfgang; MARINONI, Luiz Guilherme; MITIDIERO, Daniel. *Curso de Direito Constitucional.* 6. ed. revista e atualizada. São Paulo: Revista dos Tribunais, 2017, p. 386).

131. Ainda que pensado em menor amplitude, escreveu Helly Lopes Meireles: "A segurança pode prestar-se à remoção de obstáculos a pagamentos em dinheiro, desde que a retenção desses pagamentos decorra de ato ilegal da Administração – como, por exemplo, a exigência de condições estranhas à obrigação do credor para o recebimento do que lhe é devido. Neste caso, o juiz poderá ordenar o pagamento, afastando as exigências ilegais. O que negamos é a utilização da segurança para a reparação de danos patrimoniais, dado que seu objeto próprio é a invalidação de atos de autoridades ofensivos de direito individual líquido e certo." (MEIRELES, Hely Lopes; WALD, Arnoldo; MENDES, Gilmar Ferreira. *Mandado de Segurança e Ações Constitucionais.* 36. ed. São Paulo: Malheiros, 2014, p. 120-121). De igual sorte escreve Humberto Theodoro Jr: "Pouco importa que a remuneração tenha se tornado exigível antes do ajuizamento do mandado de segurança. O que é relevante é a circunstância de que o não pagamento se apresenta como efeito imediato do ato impugnado, de modo que, invalidado este, tem de ser assegurado o direito à prestação que o mesmo ato embaraçara ou suprimira." (*Lei do mandado de segurança comentada.* Rio de Janeiro: Forense, 2014, p. 293).

Citemos, à guisa de ilustração, a hipótese em que o servidor público impetre mandado de segurança, postulando a invalidação do ato administrativo que cessara o pagamento de uma gratificação mensal de sua remuneração, ocorrida 10 (dez) meses anteriores ao ajuizamento do *writ*. Na hipótese de concessão da segurança, não há utilidade prática em limitar o pagamento das parcelas apenas em relação àquelas vencidas após o ajuizamento do *mandamus*, transferindo para as "vias ordinárias" a pretensão de receber os valores pretéritos. Isso vai de encontro ao escopo de efetividade que se espera de uma sentença proferida em mandado de segurança, até porque, na posterior ação sob o procedimento comum, não se afigurará possível rediscutir a questão de direito principal decidida (se devida ou não a gratificação), em virtude do efeito positivo da coisa julgada.

Ora, propor nova ação, já sabendo de antemão o seu desfecho (procedência), somente estimulará a movimentação da máquina judiciária com demandas desnecessárias, consumindo tempo e recursos públicos de forma completamente inútil, inclusive honorários sucumbenciais (no *writ* é incabível), tudo em inobservância ao princípio da economicidade, tanto sob o prisma do particular, quanto da Fazenda Pública.

Além disso, delongar-se-á, mais ainda, o tempo (já demorado) de prestação de tutela de direito por parte do Poder Judiciário, pois necessário o ajuizamento de uma nova ação para acertamento do direito (fase de conhecimento), para, só então, obter a satisfação do direito (fase de cumprimento de sentença), o que contraria o princípio constitucional da duração razoável do processo.

Nessa esteira, em embargos de divergência Relatado pelo Ministro Napoleão Nunes Maia Filho, decidiu o Plenário do Superior Tribunal de Justiça, em julgado realizado em 16/12/2015, por unanimidade:

> [...]. 2. Quanto aos efeitos patrimoniais da tutela mandamental, sabe-se que, nos termos das Súmula 269 e 271 do STF, caberia à parte impetrante, após o trânsito em julgado da sentença concessiva da segurança, ajuizar nova demanda de natureza condenatória para reivindicar os valores vencidos em data anterior à impetração do pedido de writ; essa exigência, contudo, não apresenta nenhuma utilidade prática e atenta contra os princípios da justiça, da efetividade processual, da celeridade e da razoável duração do processo, além de estimular demandas desnecessárias e que movimentam a máquina judiciária, consumindo tempo e recursos públicos, de forma completamente inútil, inclusive honorários sucumbenciais, em ação que já

> se sabe destinada à procedência. 3. Esta Corte Superior, em julgado emblemático proferido pelo douto Ministro ARNALDO ESTEVES LIMA, firmou a orientação de que, nas hipóteses em que o Servidor Público deixa de auferir seus vencimentos, ou parte deles, em face de ato ilegal ou abusivo do Poder Público, os efeitos financeiros da concessão de ordem mandamental devem retroagir à data do ato impugnado, violador do direito líquido e certo do impetrante, isso porque os efeitos patrimoniais do decisum são mera consequência da anulação do ato impugnado que reduziu a pensão da Impetrante, com a justificativa de adequá-la ao subteto fixado pelo Decreto 24.022/2004, daquela unidade federativa. 4. Embargos de Divergência do Estado do Amazonas desprovidos.[132]

Infelizmente, posteriormente, a própria Corte Especial do Superior Tribunal de Justiça alterou esse entendimento, em embargos de divergência Relatado pelo Ministro Herman Benjamin, providos por unanimidade em sessão realizada em 07/12/2016, da qual participou, inclusive, o Min. Napoleão Nunes Maia Filho, Relator do supracitado EResp n. 1.1645.514[133]. Esse último

---

132. STJ, EREsp 1164514/AM, Rel. Ministro Napoleão Nunes Maia Filho, Corte Especial, julgado em 16/12/2015, DJe 25/02/2016.

133. "[...]. 3. O entendimento de que os efeitos patrimoniais da sentença concessiva de Segurança devem alcançar prestações anteriores ao ajuizamento do mandamus, embora possa aparentar alguma lógica jurídico-processual, carece manifestamente de respaldo legal, haja vista a vedação contida no art. 14, § 4°, da Lei 12.016/2009, in verbis: 'O pagamento de vencimentos e vantagens pecuniárias assegurados em sentença concessiva de mandado de segurança a servidor público da administração direta ou autárquica federal, estadual e municipal somente será efetuado relativamente às prestações que se vencerem a contar da data do ajuizamento da inicial'. 4. O legislador fez clara opção por manter a sistemática consolidada nas Súmulas 269/STF ('O mandado de segurança não é substitutivo de ação de cobrança') e 271/STF ('Concessão de mandado de segurança não produz efeitos patrimoniais em relação a período pretérito, os quais devem ser reclamados administrativamente ou pela via judicial própria'). 5. Em que pese a existência de corrente contrária, merece prevalecer a jurisprudência amplamente dominante, em consonância com as Súmulas 269/STF e 271/STF, por se tratar da única forma de preservar a vigência do art. 14, § 4°, da Lei 12.016/2009. Precedentes do STF e do STJ: MS 26.053 ED, Relator: Min. Ricardo Lewandowski, Tribunal Pleno, DJe-096 de 23/5/2011; MS 26.740 ED, Relator: Min. Ayres Britto, Segunda Turma, DJe-036 de 22/2/2012; AgRg no RMS 47.257/RS, Rel. Ministro Sérgio Kukina, Primeira Turma, DJe 23/6/2016; AgRg no RMS 47.646/RS, Rel. Ministro Og Fernandes, Segunda Turma, DJe 2/6/2015; AgRg no AREsp 600.368/RS, Rel. Ministro Humberto Martins, Segunda Turma, DJe 15/12/2014; MS 19.369/DF, Rel. Ministra Eliana Calmon, Rel. p/ Acórdão Ministro Mauro Campbell Marques, Primeira Seção, DJe 3/9/2015; MS 19.246/DF, Rel. Ministro Benedito Gonçalves, Primeira Seção, DJe 20/5/2014; AgRg no REsp 782.495/AM, Rel. Ministro Nefi Cordeiro, Sexta Turma, DJe 3/8/2015; AgRg no RMS 24.373/ES, Rel. Ministro Rogerio Schietti Cruz, Sexta Turma, DJe 26/8/2014; EDcl no MS 13.356/DF, Rel. Ministro Sebastião Reis Júnior, Terceira Seção, DJe 19/12/2013). 6. Com a devida vênia, a circunstância de os efeitos financeiros consistirem em mera consequência da anulação do ato impugnado, tal como fundamentado nos EREsp 1.164.514/AM, Rel. Ministro Napoleão Nunes Maia Filho, Corte Especial, DJe 25/2/2016, em nada abala a regra prevista no art. 14, § 4°, da Lei 12.016/2009, que não faz distinção sobre a causa da consequência patrimonial. 7. A propósito, o referido julgado afirma que as Súmulas 269 e 271/STF atentam 'contra os princípios da justiça, da efetividade processual, da celeridade e da razoável duração do processo', mas deixou de examinar a vigência do sempre mencionado art. 14, § 4°, da Lei do Mandado de Segurança, tampouco

entendimento (pagamento das parcelas vencidas apenas após o ajuizamento do *writ*) tem sido mantido pela 1ª Seção do Superior Tribunal de Justiça[134], inclusive em recursos relatados pelo Min. Napoleão Nunes Maia Filho, com a ressalva de entendimento pessoal contrário do relator[135].

De igual sorte, no âmbito da Excelsa Corte, ainda prevalece o entendimento da vigência da Súmula n. 271 do STF[136], aplicando-se, assim, literalmente, o disposto no art. 14, § 4º, da Lei Federal n. 12.016/2009.[137]

Todavia, o próprio Supremo Tribunal Federal, em julgado recente, sob a sistemática da repercussão geral, por unanimidade, relativizou a aplicação da aludida Súmula n. 271, admitindo possibilidade de se determinar o pagamento imediato, em sede de mandado de segurança, de valores retroativos devidos a título de reparação econômica a anistiados políticos, assim declarados com base em Portaria expedida pelo Ministro de Estado da Justiça, com fundamento no art. 8º, *caput*, do Ato das Disposições Constitucionais Transitórias e na lei.[138] Entendeu-se, naquela situação específica de anistiados políticos, que

---

declarou sua inconstitucionalidade, único meio de afastar a incidência, sob pena de ofensa à Súmula Vinculante 10. 8. Anote-se que o restabelecimento de vencimentos ou de proventos, por força da anulação de ato coator, é o resultado natural observado na grande maioria dos Mandados de Segurança concedidos, a exemplo do citado MS 26.053, no qual o Plenário do STF confirmou a regra do art. 14, § 4º, da Lei 12.016/2009, ao consignar: 'I - O art. 14, § 4º, da Lei 12.016/2009 dispõe que o pagamento de vencimentos e vantagens pecuniárias assegurados em sentença concessiva de mandado de segurança somente será efetuado relativamente às prestações que se vencerem a contar da data do ajuizamento da inicial do writ. II - Dessa forma, restabelecidos os proventos da embargante, pois considerado ilegal o ato da Corte de Contas, o termo inicial para o pagamento é o ajuizamento do mandado de segurança'. 9. Embargos de Divergência providos." (STJ, EREsp 1087232/ES, Rel. Ministro Herman Benjamin, Corte Especial, julgado em 07/12/2016, DJe 19/04/2017)

134. STJ, REsp 1502598/DF, Rel. Ministra Regina Helena Costa, Primeira Turma, julgado em 13/03/2018, DJe 06/04/2018; STJ, MS 22.489/DF, Rel. Ministra Assusete Magalhães, Primeira Seção, julgado em 08/02/2017, DJe 20/02/2017.

135. STJ, MS 15.783/DF, Rel. Ministro Napoleão Nunes Maia Filho, Primeira Seção, julgado em 24/05/2017, DJe 30/06/2017.

136. "Concessão de mandado de segurança não produz efeitos patrimoniais em relação a período pretérito, os quais devem ser reclamados administrativamente ou pela via judicial própria."

137. MS 31690, Relator Min. Celso de Mello, Segunda Turma, julgado em 11/02/2014; MS 26.005, Relator Min. Ricardo Lewandowski, Tribunal Pleno, DJe de 23/5/2011; MS 26.740, Relator Min. Ayres Britto, Segunda Turma, DJe de 22/2/2012.

138. "Direito Constitucional e Administrativo. Mandado de segurança. Anistiado político. Pagamento retroativo de prestação mensal concedida. Norma que torna vinculante requisição ou decisão administrativa de órgão competente que determina o pagamento pela União. Dívida da Fazenda Pública que não foi reconhecida por decisão do Poder Judiciário. Afastamento do regime do art. 100 da Constituição Federal. Obrigação de fazer que está sendo descumprida. Repercussão geral reconhecida. Recurso extraordinário a que se nega provimento. Tese fixada. 1. Recurso extraordinário em que se discute, à luz dos arts. 167, II, e 169, § 1º, I e II, da Constituição Federal, a possibilidade, ou não, de se determinar o pagamento imediato, em sede de mandado de segurança, de valores retroativos devidos a título de reparação econômica a anistiados políticos, assim declarados com base em portaria expedida pelo Ministro de Estado da Justiça, com fundamento no art. 8º, caput, do Ato das Disposições Constitucionais Transitórias e na lei. 2. Declarado anistiado político por portaria do Ministro de Estado da Justiça, a falta de cumprimento da determinação de providências por parte da União, por intermédio do Ministério competente, no prazo previsto no parágrafo único do art. 18 da

o uso do *writ* não consubstanciava ação de cobrança (obrigação de pagar), mas tinha por finalidade sanar omissão da autoridade coatora (obrigação de fazer), que não deu cumprimento integral às Portarias do Ministro de Estado da Justiça (providências para o pagamento de indenização no prazo de 60 dias), mesmo existindo rubrica no orçamento para tanto e reconhecimento da dívida por parte da Fazenda Pública.

De igual sorte, a Suprema Corte firmou entendimento de que, a decisão judicial que reintegra servidor público às suas funções, reconhecendo o direito do servidor à percepção dos vencimentos que deixou de auferir em razão do restabelecimento de sua demissão desde a data do ato demissional, tem como consequência o cumprimento de uma obrigação de fazer à Administração Pública, não se confundindo com a cobrança de valores anteriores à impetração do mandado de segurança, motivo pelo qual não se aplica, ao caso, o entendimento consolidado nas súmulas 269 e 271.[139]

De todo modo, ainda que se entenda constitucional o supracitado art. 14, § 4º, da Lei Federal n. 12.016/2009, trilhando a ideia apresentada por Cássio

Lei nº 10.599/2002 caracteriza omissão ilegal e violação de direito líquido e certo. 3. O art. 12, § 4º, da Lei nº 10.559/2002 tornou vinculante a decisão administrativa ao estabelecer que "as requisições e decisões proferidas pelo Ministro de Estado da Justiça nos processos de anistia política serão obrigatoriamente cumpridas no prazo de sessenta dias, por todos os órgãos da Administração Pública e quaisquer outra entidades a que estejam dirigidas". A ressalva inserida na última parte desse parágrafo não serve para tornar sem eficácia a primeira parte do enunciado normativo. A obrigação existe, inclusive houve na espécie a inclusão no orçamento das despesas decorrentes da decisão administrativa vinculante. 4. Não há que se aplicar o regime jurídico do art. 100 da Constituição Federal se a Administração Pública reconhece, administrativamente, que o anistiado possui direito ao valor decorrente da concessão da anistia. A dívida da Fazenda Pública não foi reconhecida por meio de uma decisão do Poder Judiciário. A discussão cinge-se, na verdade, ao momento do pagamento. O direito líquido e certo do impetrante já foi reconhecido pela portaria específica que declarou sua condição de anistiado, sendo, então, fixado valor que lhe era devido, de cunho indenizatório. O que se tem, na espécie, é uma obrigação de fazer por parte da União que está sendo descumprida. Fundamentos na doutrina e nos julgados da Suprema Corte. 5. Recurso extraordinário a que se nega provimento. 6. Fixada a seguinte tese de repercussão geral, dividida em três pontos: i) Reconhecido o direito à anistia política, a falta de cumprimento de requisição ou determinação de providências por parte da União, por intermédio do órgão competente, no prazo previsto nos arts. 12, § 4º, e 18, caput e parágrafo único, da Lei nº 10.599/02, caracteriza ilegalidade e violação de direito líquido e certo. ii) Havendo rubricas no orçamento destinadas ao pagamento das indenizações devidas aos anistiados políticos e não demonstrada a ausência de disponibilidade de caixa, a União há de promover o pagamento do valor ao anistiado no prazo de 60 dias. iii) Na ausência ou na insuficiência de disponibilidade orçamentária no exercício em curso, cumpre à União promover sua previsão no projeto de lei orçamentária imediatamente seguinte." (STF, RE 553710, Relator Min. Dias Toffoli, Tribunal Pleno, julgado em 23/11/2016, DJe de 31.08.2017)

139. "Agravo regimental no agravo regimental no recurso extraordinário. 2. Efeitos patrimoniais em relação a período pretérito à impetração do mandado de segurança. 3. Obrigação de fazer imposta à Administração Pública que não se confunde com cobrança de valores anteriores à impetração do mandamus. Matéria infraconstitucional. 4. Agravo regimental a que se nega provimento." (STF, RE 800990 AgR-AgR, Relator Min. Gilmar Mendes, Segunda Turma, julgado em 05/05/2015). Nesse mesmo diapasão: STF, ARE 744441, Relator Min. Luiz Fux, Primeira Turma, julgado em 29/03/2016.

Scarpinella Bueno[140], pensamos que a sentença que reconhece a ilegalidade do ato perpetrado pelo ente público – sendo obtido, por via reflexa, o reconhecimento do direito do impetrante –, possa ser objeto de cumprimento de sentença em face da Fazenda Pública para o pagamento de obrigação de pagar, na forma do art. 534 do CPC, apurando-se os valores retroativos devidos por mero cálculo aritmético.[141]

Isto porque, segundo tese defendida por Ministro Teori Zavascki[142], apresenta eficácia executiva a sentença declaratória que traz definição integral da norma jurídica individualizada, consoante inteligência do disposto no art. 515, inciso I, do CPC[143], o qual confere uma maior amplitude ao conceito de título executivo judicial. Segundo Zavascki, não há razão alguma, lógica ou jurídica, para submeter a sentença declaratória, antes do cumprimento de sentença (fase satisfativa), a um segundo juízo de certificação, até porque a nova sentença não poderia chegar a resultado diferente da anterior, sob pena de ofensa à garantia da coisa julgada. E instaurar um processo de cognição sem oferecer às partes e ao juiz outra alternativa de resultado que não um, já prefixado, representaria atividade meramente burocrática e desnecessária. A propósito, essa tese já fora encampada pelo Superior Tribunal de Justiça, em julgamento sob a sistemática de recurso repetitivo em matéria tributária.[144]

---

140. BUENO, Cassio Scarpinella. *A nova lei do mandado de segurança*. 2 ed. São Paulo: Saraiva, 2010, p. 122-123.

141. De igual sorte, sustenta Vicente Greco Filho: "O mandado de segurança não é ação de cobrança, mas pode ter efeitos patrimoniais, em se tratando de vencimentos e vantagens de servidores. A execução far-se-á mediante o cumprimento de sentença, nos próprios autos, quanto à parte referente aos valores vencidos, a partir da data do ajuizamento da inicial. As vantagens relativas a período anterior devem ser executadas mediante precatório alimentar, na forma do art. 100 da Constituição Federal e art. 730 do Código de Processo Civil." (GREGO FILHO. Vicente. *O novo mandado de segurança*. Comentários à Lei n. 12.016, de 7 de agosto de 2009. São Paulo: Saraiva, 2010, p. 40). Também aderindo expressamente à ideia de Cassio Scarpinella Bueno: THEODORO JR, Humberto. *Lei do mandado de segurança comentada*. Rio de Janeiro: Forense, 2014, p. 249.

142. ZAVASCKI, Teori Albino. *Título Executivo e Liquidação*. São Paulo: Revista dos Tribunais, 1999, p. 101-106.

143. Art. 515. São títulos executivos judiciais, cujo cumprimento dar-se-á de acordo com os artigos previstos neste Título: I - as decisões proferidas no processo civil que reconheçam a exigibilidade de obrigação de pagar quantia, de fazer, de não fazer ou de entregar coisa;

144. "PROCESSUAL CIVIL E TRIBUTÁRIO. SENTENÇA DECLARATÓRIA DO DIREITO À COMPENSAÇÃO DE INDÉBITO TRIBUTÁRIO. POSSIBILIDADE DE REPETIÇÃO POR VIA DE PRECATÓRIO OU REQUISIÇÃO DE PEQUENO VALOR. FACULDADE DO CREDOR. RECURSO ESPECIAL REPRESENTATIVO DE CONTROVÉRSIA. ART. 543-C, DO CPC. 1. 'A sentença declaratória que, para fins de compensação tributária, certifica o direito de crédito do contribuinte que recolheu indevidamente o tributo, contém juízo de certeza e de definição exaustiva a respeito de todos os elementos da relação jurídica questionada e, como tal, é título executivo para a ação visando à satisfação, em dinheiro, do valor devido' (REsp n. 614.577/SC, Ministro Teori Albino Zavascki). 2. A opção entre a compensação e o recebimento do crédito por precatório ou requisição de pequeno valor cabe ao contribuinte credor pelo indébito tributário, haja vista que constituem, todas as modalidades, formas de execução do julgado colocadas à disposição da parte quando procedente a ação que teve a eficácia de declarar o indébito. Precedentes da Primeira Seção: REsp.796.064 - RJ, Primeira Seção, Rel. Min. Luiz Fux, julgado em 22.10.2008; EREsp. Nº 502.618 - RS, Primeira Seção, Rel. Min. João Otávio de Noronha, julgado em 8.6.2005; EREsp. N. 609.266 - RS, Primeira Seção, Rel. Min. Teori Albino Zavascki, julgado em 23.8.2006. 3. Recurso especial provi-

Contudo, a sentença concessiva do *mandamus*, que declara ilegal o ato administrativo, para servir como título executivo judicial em relação às parcelas pretéritas ao ajuizamento do *writ*, deve certificar (ainda que inexista condenação) o direito de crédito pretérito do impetrante, contendo juízo de certeza e de definição exaustiva a respeito de todos os elementos da relação jurídica questionada, sobretudo o termo inicial de pagamento.

E nem se pode alegar violação à ampla defesa da Fazenda Pública, pois as matérias relativas às parcelas retroativas, desde que não decididas no mandado de segurança, poderão ser objeto de alegação quando da apresentação de impugnação ao cumprimento de sentença pela Fazenda Pública (art. 535, CPC), posto que inocorrente os efeitos da coisa julgada a respeito[145], afigurando-se possível, a título de exemplo, alegação sobre os índices de juros moratórios e correção monetária aplicáveis, prescrição, entre outras matérias que digam respeito exclusivamente às parcelas pretéritas, e desde que não decididas anteriormente no *writ*. Na hipótese, como essas matérias, frequentemente, não são aventadas pelas partes em virtude da limitação do *mandamus*, que veda efeitos patrimoniais pretéritos, tornar-se-ia inaplicável a regra do efeito preclusivo da coisa julgada (art. 508, CPC)[146] e o rol taxativo de matérias de defesa de impugnação previstas no art. 535 do CPC[147], sob pena de – agora sim – violar a garantia constitucional da ampla defesa da Fazenda Pública.

---

do. Acórdão submetido ao regime do art. 543-C do CPC e da Resolução STJ 08/2008." (STJ, REsp 1114404/MG, Rel. Ministro Mauro Campbell Marques, Primeira Seção, julgado em 10/02/2010, DJe 01/03/2010)

145. "[...]. 3. Nas execuções de título judicial, os embargos do devedor ficam restritos às matérias supervenientes não argüidas em na fase de cognição, sob pena de preclusão. Segundo o entendimento desta Corte, na execução contra a Fazenda Pública, os embargos poderão tratar de matérias cognoscíveis desde que não constitua ofensa à coisa julgada. [...]." (STJ, AgInt no REsp 1639176/PE, Rel. Ministro Mauro Campbell Marques, Segunda Turma, j. em 08/06/2017). De outro lado, se já decididas as questões suscitadas pela Fazenda Pública quando do exame do mandado de segurança, não se afigurará mais possível rediscutir essas questões na fase de cumprimento de sentença: "[...]. 1. As alegações suscitadas pela UNIÃO configuram tentativa de nova análise das questões de mérito do processo de conhecimento, sendo inadmissível em sede de Embargos à Execução, por não ser o meio processual apto para rescisão da coisa julgada formada no título executivo. Precedentes: REsp. 1.604.440/PE, Rel. Min. HUMBERTO MARTINS, DJe 21.6.2016; AgRg no AREsp. 715.923/AL, Rel. Min. HERMAN BENJAMIN, DJe 9.11.2015; AgRg no REsp. 1.223.128/RS, de minha relatoria, DJe 29.6.2016; AgRg nos EmbExeMS 10.424/DF, Rel. Min. ROGERIO SCHIETTI CRUZ, DJe 1.7.2015, entre outros. 2. Agravo Interno da UNIÃO desprovido." (STJ, AgInt no REsp 1640478/PB, Rel. Ministro Napoleão Nunes Maia Filho, Primeira Turma, julgado em 22/08/2017, DJe 31/08/2017).

146. Art. 508. Transitada em julgado a decisão de mérito, considerar-se-ão deduzidas e repelidas todas as alegações e as defesas que a parte poderia opor tanto ao acolhimento quanto à rejeição do pedido.

147. Art. 535. A Fazenda Pública será intimada na pessoa de seu representante judicial, por carga, remessa ou meio eletrônico, para, querendo, no prazo de 30 (trinta) dias e nos próprios autos, impugnar a execução, podendo arguir: I - falta ou nulidade da citação se, na fase de conhecimento, o processo correu à revelia; II - ilegitimidade de parte; III - inexequibilidade do título ou inexigibilidade da obrigação; IV - excesso de execução ou cumulação indevida de execuções; V - incompetência absoluta ou relativa do juízo da execução; VI - qualquer causa modificativa ou extintiva da obrigação, como pagamento, novação, compensação, transação ou prescrição, desde que supervenientes ao trânsito em julgado da sentença.

De todo modo, como todos os pagamentos devidos pela Fazenda Pública, em juízo, estão adstritos ao sistema de requisitórios (precatório ou RPV), nos termos do que dispõe o artigo 100 da Constituição Federal, o que abrange, inclusive, as verbas de caráter alimentar, a condenação ao pagamento das parcelas vencidas no *writ*, mesmo aquelas vencidas em seu curso (após o ajuizamento), deverá observar a regra prevista no art. 100 da CF (precatório ou RPV), não sendo suficiente a afastar essa sistemática o simples fato de o débito ser proveniente de sentença concessiva de mandado de segurança.[148]

Torna-se imperioso sublinhar que, se apreciado o mérito do mandado de segurança, para julgar procedente ou improcedente o pedido autoral, não se poderá rediscutir essa mesma matéria futuramente em ação sob o procedimento comum, sob pena de afronta a coisa julgada.[149] Com efeito, mesmo em posterior ação de cobrança postulando o pagamento de verbas vencidas anteriormente ao ajuizamento do *writ*, não se afigura possível rediscutir o direito já reconhecido no *mandamus*, mas apenas apresentar defesa processual ou material que diga respeito tão-somente ao período dessas parcelas pretéritas vencidas, a exemplo da discussão sobre prescrição, índice de juros moratórios e correção monetária, termo inicial do pagamento, e desde que essas matérias não tenham sido decididas anteriormente no *writ*.[150]

Anota-se que, conforme entendimento pacífico do Superior Tribunal de Justiça, a impetração de mandado de segurança interrompe a fluência do

---

148. "RECURSO EXTRAORDINÁRIO. CONSTITUCIONAL E PROCESSUAL. MANDADO DE SEGURANÇA. VALORES DEVIDOS ENTRE A DATA DA IMPETRAÇÃO E A IMPLEMENTAÇÃO DA ORDEM CONCESSIVA. SUBMISSÃO AO REGIME DE PRECATÓRIOS. REPERCUSSÃO GERAL RECONHECIDA. REAFIRMAÇÃO DE JURISPRUDÊNCIA." (RE 889173 RG, Plenário, Relator Min. Luiz Fux, j. em 07.08.2015). Todavia, importa sublinhar que apenas a obrigação de pagar em face da Fazenda Pública está sujeita ao regime de precatório. Logo, "a execução provisória de obrigação de fazer em face da Fazenda Pública não atrai o regime constitucional dos precatórios." (STF, Tema 45 da repercussão geral, julgado em 24.05.2017, Rel. Min. Edson Fachin).

149. "[...]. 1. A Corte a quo solucionou a quaestio juris de maneira clara e coerente, apresentando todas as razões que firmaram o seu convencimento, em perfeita consonância com o entendimento firmado por esta Corte Superior de Justiça, no sentido de que o direito reconhecido em mandado de segurança não pode ser rediscutido em via ordinária, sob pena de afronta à coisa julgada." (STJ, AgRg no REsp 993.659/AM, Rel. Ministra Laurita Vaz, Quinta Turma, j. em 06/11/2008)

150. "PROCESSUAL CIVIL. MANDADO DE SEGURANÇA. AÇÃO DE COBRANÇA. PARCELAS ANTERIORES À IMPETRAÇÃO DO WRIT. REDISCUSSÃO DO MÉRITO. IMPOSSIBILIDADE. COISA JULGADA. 1. Conforme jurisprudência do STJ, em Ação de Cobrança que visa ao pagamento de parcelas anteriores à impetração do Mandado de Segurança, é vedado rediscutir direito reconhecido no writ, sob pena de violação à coisa julgada. 2. Recurso Especial provido." (STJ, REsp 1669480/RJ, Rel. Ministro Herman Benjamin, Segunda Turma, j. em 20.06.2017); "[...]. Na ação que tenha por fim vindicar prestações anteriores à impetração do mandado de segurança não se pode rediscutir questões acobertadas pela coisa julgada. A inexistência de fatos impeditivos não considerados na demanda anterior leva irremediavelmente à procedência do pedido. (STJ, REsp 540.197/RJ, Rel. Ministro José Arnaldo da Fonseca, Quinta Turma, julgado em 26/10/2004, DJ 29/11/2004).

prazo prescricional (art. 202, I, do Código Civil)[151], de modo que tão-somente após o trânsito em julgado da sentença nele proferida é que voltará a fluir (o prazo fica suspenso), pela metade (art. 9º do Decreto-Lei n. 20.910/1932)[152], em desfavor da Fazenda Pública, o prazo prescricional para o ajuizamento de ação de cobrança (procedimento comum) das parcelas referentes ao quinquênio que antecedeu a propositura do *writ.153*

2.4 DO PRAZO PARA IMPETRAÇÃO

2.4.1 Natureza Jurídica

O direito de requerer mandado de segurança extinguir-se-á decorridos 120 (cento e vinte) dias, contados da ciência, pelo interessado, do ato impugnado (art. 23, Lei Federal n. 12.016/2009). A doutrina majoritária entende que se trata de prazo decadencial, e não prescricional, razão pela qual não se suspende, nem se interrompe o prazo[154], porém, se o prazo tem seu termo final em feriado ou dia que não haja expediente forense, prorroga-se para o primeiro dia útil seguinte, em analogia ao art. 224 do CPC.[155]

---

151. Art. 202. A interrupção da prescrição, que somente poderá ocorrer uma vez, dar-se-á: I - por despacho do juiz, mesmo incompetente, que ordenar a citação, se o interessado a promover no prazo e na forma da lei processual.

152. Art. 9º do Decreto-Lei n. 20.910/1932 (regula a prescrição quinquenal em face da Fazenda Pública):"A prescrição interrompida recomeça a correr, pela metade do prazo, da data do ato que a interrompeu ou do último ato ou termo do respectivo processo."Todavia, embora a prescrição em favor da Fazenda Pública recomeça a correr, por dois anos e meio (pela metade), a partir do ato interruptivo, não fica reduzida aquém de 05 (cinco) anos, embora o titular do direito a interrompa durante a primeira metade do prazo. (Súmula 383 do STF)

153. "[...]. 2. 'A impetração de mandado de segurança interrompe a fluência do prazo prescricional, de modo que tão somente após o trânsito em julgado da decisão nele proferida é que voltará a fluir, pela metade, o prazo prescricional para o ajuizamento de ação ordinária de cobrança das parcelas referentes ao quinquênio que antecedeu a propositura do writ.' (AgRg no REsp 1.332.074/RS, Rel. Ministro Mauro Campbell Marques, Segunda Turma, DJe 4/9/2013). 3. Recurso Especial não provido." (STJ, REsp 1645378/DF, Rel. Ministro Herman Benjamin, Segunda Turma, j. em 09/03/2017);"[...]. 2. 'A impetração de mandado de segurança interrompe a fluência do prazo prescricional, de modo que tão somente após o trânsito em julgado da decisão nele proferida é que voltará a fluir, pela metade, o prazo prescricional para o ajuizamento de ação ordinária de cobrança das parcelas referentes ao quinquênio que antecedeu a propositura do writ.' (AgRg no REsp 1.332.074/RS, Rel. Ministro MAURO CAMPBELL MARQUES, SEGUNDA TURMA, julgado em 27/8/2013, DJe 4/9/2013.) 3. No presente caso, o termo inicial do prazo prescricional iniciou-se em janeiro de 2004, ocorrendo a interrupção com a impetração do mandado de segurança em janeiro de 2007, após ter transcorrido a primeira metade do lapso quinquenal, e voltou a correr, pela metade, nos termos do art. 9º do Decreto 20.910/32, com o trânsito em julgado da decisão da ação mandamental em fevereiro de 2008, findando, assim, em 2010. Como a presente ação foi interposta apenas fevereiro de 2012, indubitável a ocorrência da prescrição, não havendo falar em afronta à Súmula 383/STF.Agravo regimental improvido." (STJ, AgRg no REsp 1504829/RJ, Rel. Ministro Humberto Martins, Segunda Turma, julgado em 05.04.2016)

154. MEIRELLES, Hely Lopes; WALD, Arnoldo; MENDES, Gilmar Ferreira. *Mandado de Segurança e ações constitucionais*. 36. ed. São Paulo: Malheiros, 2014, p. 63; BARBI, Celso Agrícola. *Do Mandado de Segurança*. 12. ed. Revista e Atualizada. Rio de Janeiro: Forense, 2009, p. 153.

155. "[...]. 2. O prazo legal para a impetração do *mandamus* tem natureza processual, razão pela qual se lhe aplica a norma do Código de Processo Civil que posterga o início do lapso para o primeiro dia útil seguinte ao da

Por conta disso, por não se tratar de prazo processual (no decurso do processo), mas, sim, de prazo específico para o ajuizamento de ação, anterior à deflagração da ação, não se computa o prazo decadencial de 120 (cento e vinte) dias para impetração em dias úteis, conforme ressalva do art. 219, parágrafo único, do CPC[156], mas, sim, conta-se o prazo em dias corridos.[157]

Como o prazo apenas faz decair o direito processual à ação específica de mandado de segurança, e não o próprio direito material, extinto o *writ* pelo decurso do prazo de 120 (cento e vinte) dias, o ato tido como ilegal poderá ser questionado por intermédio de ação sob procedimento comum, desde que inocorrente a prescrição.[158]

2.4.2 Constitucionalidade

Comungamos com parcela minoritária da doutrina que sustenta a inconstitucionalidade do prazo de 120 (cento e vinte) dias previsto em legislação infraconstitucional (art. 23, Lei Federal n. 12.016/2009), uma vez que contraria a Constituição Federal, pois o art. 5º, inciso LXIX, ao dispor sob o mandado de segurança, não fixou prazo para impetração[159]. Ora, consoante já discorrido, o mandado de segurança consiste em uma garantia fundamental

ciência do ato impugnado (art. 184 do CPC/1973 ou art. 224 do CPC/2015). [...]." (STJ, RMS 36.054/MG, Rel. Ministro Gurgel De Faria, Primeira Turma, julgado em 10/05/2016, DJe 02/06/2016); "[...]. 1. A jurisprudência do STJ orienta-se no sentido de que o termo inicial para a impetração do Mandado de Segurança é a data da ciência do ato, mas a contagem só tem início no primeiro dia útil seguinte e, caso o termo final recaia em feriado forense ou dia não útil (sábado ou domingo), prorroga-se automaticamente o término do prazo para o primeiro dia útil que se seguir. Precedentes do STJ e do STF. [...]." (STJ, AgRg no AREsp 687.431/PA, Rel. Ministro Herman Benjamin, Segunda Turma, julgado em 18/06/2015, DJe 05/08/2015)

156. Art. 219. Na contagem de prazo em dias, estabelecido por lei ou pelo juiz, computar-se-ão somente os dias úteis. Parágrafo único. O disposto neste artigo aplica-se somente aos prazos processuais.

157. Nessa mesma direção: WALD, Arnoldo. Lei do mandado de segurança (Lei n. 12.016, de 7-8-2009) e o novo CPC. In: CIANCI, Mirna; DELFINO, Lúcio; DANTAS, Bruno; DIDIER JR, Fredie; CUNHA, Leonardo Carneiro da; CAMARGO, Luiz Henrique Volpe; REDONDO, Bruno Garcia (coords.). *Novo Código de Processo Civil:* impactos na legislação extravagante e interdisciplinar. São Paulo: Saraiva, 2016, p. 129, v. I)

158. "[...]. O ato estatal eivado de ilegalidade ou de abuso de poder não se convalida nem adquire consistência jurídica pelo simples decurso, in albis, do prazo decadencial a que se refere o art. 23 da Lei 12.016/2009. A extinção do direito de impetrar mandado de segurança, resultante da consumação do prazo decadencial, embora impeça a utilização processual desse instrumento constitucional, não importa em correspondente perda do direito material, ameaçado ou violado, de que seja titular a parte interessada, que, sempre, poderá – respeitados os demais prazos estipulados em lei – questionar, em juízo, a validade jurídica dos atos emanados do Poder Público que lhe sejam lesivos." (STF, MS 29.108 ED, Rel. Min. Celso de Mello, j. 11.05.2011)

159. Sustentando a inconstitucionalidade: BUENO, Cassio Scarpinella. *A nova lei do mandado de segurança*. 2. ed. São Paulo: Saraiva, 2010, p. 249. Sugerindo a supressão de tal prazo: BARBI, Celso Agrícola. *Do Mandado de Segurança*. 12. ed. Revista e Atualizada. Rio de Janeiro: Forense, 2009. A propósito, anota-se que o Conselho Federal da OAB, em 14.09.2009, ajuizou a ADIN n. 4.296-DF, Rel. Min. Marco Aurélio, ainda pendente de julgamento, e com parecer do Procurador Geral da República pela improcedência dos pedidos, pedindo a declaração de inconstitucionalidade do referido dispositivo legal (art. 23 da Lei Federal n. 12.016/2009), ao argumento, em resumo, que lei ordinária não poderia restringir uma garantia constitucional.

colocada à disposição do cidadão, e, como todo direito fundamental, deve-se interpretá-lo de forma a conferir a maior efetividade e alcance possíveis. Aliás, nunca é demais lembrar que outros remédios constitucionais, como o *habeas corpus* e o *habeas data*, em que a Constituição também não fixou prazo, não possuem termo para impetração, já que a legislação infraconstitucional nada dispôs a respeito.

Nessa medida, suprimido o prazo de 120 (cento e vinte) dias, o mandado de segurança seria regulado apenas pelas normas de prescrição aplicáveis a qualquer tipo de ação judicial.[160]

Contudo, tem prevalecido o entendimento pela constitucionalidade do prazo legal, conforme Enunciado n. 632 da Súmula do STF: "é constitucional a lei que fixa o prazo de decadência para a impetração de mandado de segurança."[161]

De todo modo, ainda que se entenda constitucional o prazo legal, por se tratar o mandado de segurança de garantia fundamental, caso ocorra dúvida no caso concreto acerca da expiração, ou não, do prazo de 120 (cento e vinte) dias para impetração, deve-se perfilhar o entendimento pelo não esgotamento do prazo, admitindo o cabimento do *writ*.[162]

2.4.3 Termo Inicial

A contagem do prazo de 120 (cento e vinte) dias para impetração inicia-se a partir do momento em que o ato atacado se torna operante ou exequível, isto é, quando seja capaz de gerar lesão ao direito do impetrante[163]. Vê-se pelo texto legal que o prazo se conta em dias, e não em meses.

De outro lado, enquanto o ato for insuscetível de gerar lesão, não se inicia o referido prazo, pois necessária ofensa à esfera jurídica da pessoa[164]. Assim, o prazo para impetração não se inicia da publicação de lei ou de ato normativo infralegal, mas do ato administrativo que, com supedâneo neles,

---

160. Nesse mesmo sentido: REDONDO, Bruno Garcia; OLIVEIRA, Guilherme Peres de; CRAMER, Ronaldo. *Mandado de Segurança:* Comentários à Lei 12.016/2009. Rio de Janeiro: Forense, 2009, p. 159.

161. O STF tem reafirmado esse entendimento: MS 25097, Relator Ministro Gilmar Mendes, Segunda Turma, j. em 28.03.2017; AI 498551 AgR, Relator Ministro Roberto Barroso, Primeira Turma, j. em 28.04.2015.

162. "Havendo séria dúvida quanto ao início do prazo, deve-se resolver a dúvida em favor do impetrante." (BARBI, Celso Agrícola. Ob. Cit., p. 155)

163. MEIRELES, Hely Lopes; WALD, Arnoldo; MENDES, Gilmar Ferreira. *Mandado de Segurança e Ações Constitucionais*. 36. ed. São Paulo: Malheiros, 2014, p. 64.

164. MIRANDA, Francisco Cavalcanti Pontes de. *Tratado das ações*. São Paulo: Revista dos Tribunais, 1976, p. 89, Tomo VI: ações mandamentais.

concretiza o direito à situação fática, salvo em se cuidando de leis e atos normativos concretos.[165]

O prazo apenas começa a fluir com a ciência, pelo interessado, do ato impugnado (art. 23 da Lei Federal n. 12.016/2009), que se dá a partir da publicação do ato no Diário Oficial ou da intimação pessoal feita ao impetrante.[166] Eventual reiteração da prática do ato impugnado não enseja a reabertura do prazo para impetrar o *writ*.[167]

Interposto recurso administrativo com efeito suspensivo independentemente de caução[168], não se inicia o prazo para impetração do mandado de segurança, pois o ato não é capaz de gerar lesão ao impetrante. O prazo contar-se-á apenas da intimação da decisão final do recurso administrativo. Contudo, se ao invés de interpor recurso administrativo, o administrado apresentar pedido de reconsideração, o prazo de impetração do *writ* se inicia imediatamente, pois pedido de reconsideração não tem natureza de recurso.[169]

---

165. MEIRELES, Hely Lopes; WALD, Arnoldo; MENDES, Gilmar Ferreira. *Mandado de Segurança e Ações Constitucionais.* 36. ed. São Paulo: Malheiros, 2014, p. 66. Na jurisprudência: "ADMINISTRATIVO E PROCESSUAL CIVIL. RECURSO ORDINÁRIO EM MANDADO DE SEGURANÇA. CONCURSO PÚBLICO. SERVENTIAS EXTRAJUDICIAIS. PROVA DE TÍTULOS. CERTIFICADO DE PÓS-GRADUAÇÃO LATU SENSU. REJEIÇÃO. PRAZO PARA A IMPETRAÇÃO. TERMO INICIAL. ATO LESIVO. 1. Discute-se nos autos o termo inicial do prazo de decadência para impetrar Mandado de Segurança, em virtude de ato coator que declarou que o certificado de pós-graduação latu sensu (especialização) da impetrante estava em desacordo com o que fora estabelecido no Edital 01/2014. 2. Na hipótese, o Tribunal de Justiça local considerou que o Mandado de Segurança deveria ter sido impetrado dentro do prazo de 120 dias a contar da publicação do edital, em razão de estar-se impugnando regra editalícia. Esse entendimento, porém, não se aplica à hipótese dos autos. 3. Embora as normas de concurso público possam ser impugnadas por meio de Mandado de Segurança desde a publicação do edital, ocasião em que o impetrante deverá demonstrar a existência de direito que foi violado ou poderá sê-lo, não há como ignorar o fato de que o direito de ação é potestivo e direito a ser protegido pelo Mandado de Segurança deve ser, comprovadamente, líquido e certo.

4. In casu, é a partir do ato que não reconheceu o certificado de pós-graduação para fins de pontuação na fase da prova de títulos que deve ser observado o prazo de 120 dias para a impetração do Mandado de Segurança. 5. Recurso Ordinário provido para afastar a decadência e determinar o retorno dos autos ao Tribunal de origem a fim de prosseguir no julgamento do mandamus." (STJ, RMS 51.883/SE, Rel. Ministro Herman Benjamin, Segunda Turma, julgado em 21/02/2017, DJe 18/04/2017)

166. "Mandado de segurança. Decadência. Ato do TCU. O prazo decadencial alusivo à impetração começa a correr a partir da ciência do ato atacado, e não da primeira supressão da parcela glosada pelo TCU." (STF, MS 25.985 AgR, Rel. Min. Marco Aurélio, j. 01.07.2009). De igual modo: STF, MS 26.282 AgR, Rel. Min. Dias Toffoli, j. 12.06.2012.

167. "[...]. 2. O prazo decadencial para o ajuizamento do mandado de segurança começa a fluir a partir da data em que o impetrante toma ciência do ato que potencialmente fere seu direito líquido e certo. Precedentes. 3. Eventual reiteração integral de decisão supostamente lesiva a direito líquido e certo não tem o condão de abrir novo prazo para a impetração de mandado de segurança. [...]." (STJ, RMS 33.083/SP, Rel. Ministra Nancy Andrighi, Terceira Turma, julgado em 17/03/2011, DJe 25/03/2011)

168. Não custa lembrar que o STF firmou entendimento de que "é inconstitucional a exigência de depósito ou arrolamento prévios de dinheiro ou bens para admissibilidade de recurso administrativo." (Súmula Vinculante nº 21)

169. Enunciado n. 430 da Súmula do STF: "pedido de reconsideração na via administrativa não interrompe o prazo para o mandado de segurança." O STF tem reafirmado a súmula: "O mandado de segurança há de ser im-

Impetrado o mandado de segurança, tempestivamente, perante juízo incompetente, e declarada a incompetência pelo juízo originário, se após o recebimento do *writ* pelo juízo competente já se expirou o prazo de 120 (cento e vinte) dias, não há que se falar em inadmissibilidade do *mandamus*, posto que exercido o direito de ação dentro do prazo previsto em lei, ainda que em juízo incompetente.[170]

Calha registrar, ainda, que, nos termos do art. 4º do Decreto-Lei 20.910/1932[171], a formulação de requerimento administrativo tem o condão de suspender o prazo prescricional, de forma que o prazo ficará suspenso entre a data do requerimento administrativo e a decisão final da Administração Pública[172], raciocínio este também aplicável ao prazo (ainda que não prescricional) para impetração do *writ*.

Por derradeiro, anota-se que, conforme entendimento pacífico do Superior Tribunal de Justiça, a impetração de mandado de segurança interrompe

---

petrado no prazo assinado em lei, não o reabrindo pedido de reconsideração formalizado anos após o ato atacado ter vindo à balha." (STF, RMS 30.990, Rel. Min. Marco Aurélio, j. 08.05.2012, Primeira Turma)

170. "É posição pacífica da jurisprudência desta Suprema Corte que o prazo decadencial para ajuizamento do mandado de segurança, mesmo que tenha ocorrido perante juízo absolutamente incompetente, há de ser aferido pela data em que foi originariamente protocolizado." (STF, MS 26.792 AgR, Rel. Min. Dias Toffoli, j. 04.09.2012)

171. Art. 4º. Não corre a prescrição durante a demora que, no estudo, ao reconhecimento ou no pagamento da dívida, considerada líquida, tiverem as repartições ou funcionários encarregados de estudar e apurá-la. Parágrafo único. A suspensão da prescrição, neste caso, verificar-se-á pela entrada do requerimento do titular do direito ou do credor nos livros ou protocolos das repartições públicas, com designação do dia, mês e ano.

172. "[...]. 2. O acórdão rescindendo estipulou como marco interruptivo da prescrição o recurso administrativo, porém, à luz das disposições legais que regem a prescrição contra a Fazenda Pública, do Código Civil e do Código de Processo Civil, a irresignação no âmbito administrativo, aqui entendida em sentido amplo e genérico, tem o condão de suspender o prazo prescricional do processo judicial (precedentes do Supremo Tribunal Federal e do Superior Tribunal de Justiça). 3. In casu, procede o pedido rescindendo, para declarar que o recurso administrativo, suspendeu o prazo prescricional da pretensão judicial, tendo a interrupção operada pela impetração do mandado de segurança. 4. Juízo rescisório. 4.1. Excluído o servidor do certame interno do Ministério da Fazenda em 1º de outubro de 1.984, o prazo prescricional foi suspenso pelo requerimento administrativo, cuja decisão final ocorreu em 17 de julho de 1987; 4.2. Impetrado mandado de segurança em novembro de 1987, interrompeu-se a prescrição. Julgado o mandamus em maio de 1991, recomeçou o prazo prescricional, pela metade; 4.3. Ajuizada a ação ordinária em julho de 1.992, não se operou a prescrição. 5. Ação rescisória julgada procedente. Juízo rescisório que nega provimento ao recurso especial." (STJ, AR 4.318/DF, Rel. Ministro Jorge Mussi, Terceira Seção, julgado em 09.03.2016); "[...]. "A formalização de requerimento administrativo provoca a suspensão do prazo prescricional, nos termos do art. 4º do Decreto n.º 20.910/32" (AgRg no REsp 1.147.859/SE, Rel. Min. JORGE MUSSI, Quinta Turma, DJe 18/4/11). 2. Assim, 'reconhecido o direito em sede de processo administrativo, este se ultima apenas com o cumprimento da obrigação, de sorte que o prazo prescricional permanece suspenso' (REsp 1.194.939/RS, Rel. Min. LUIZ FUX, Primeira Turma, DJe 14/10/10). [...] 4. Agravo regimental improvido." (STJ, AgRg no REsp 1212348/AL, Rel. Ministro Arnaldo Esteves Lima, Primeira Turma, DJe 15.08.2011); "PROCESSUAL CIVIL E ADMINISTRATIVO. SERVIDOR PÚBLICO. PRESCRIÇÃO. REQUERIMENTO ADMINISTRATIVO. SUSPENSÃO DO PRAZO. ART. 4º, PARÁGRAFO ÚNICO, DO DECRETO N.º 20.910/32. 1. O requerimento administrativo suspende o lapso prescricional, nos termos do art. 4.º do Decreto n.º 20.910/32, reiniciando a contagem do prazo na data da negativa do pedido. Precedentes. 2. Agravo regimental não provido." (STJ, AgRg no REsp 1308900/SP, Rel. Ministro Castro Meira, Segunda Turma, DJe 21.08.2012)

a fluência do prazo prescricional (art. 202, I, do Código Civil)[173], de modo que tão-somente após o trânsito em julgado da decisão nele proferida é que voltará a fluir (o prazo fica suspenso), pela metade (art. 9º do Decreto-Lei n. 20.910/1932)[174], em desfavor da Fazenda Pública, o prazo prescricional para o ajuizamento de ação de cobrança (procedimento comum) das parcelas referentes ao quinquênio que antecedeu a propositura do *writ.175*

2.4.4 Impetração preventiva

É cabível mandado de segurança para proteger direito líquido e certo, quando qualquer pessoa física ou jurídica sofrer *violação* ou houver *justo receio* de sofrê-la. Por conseguinte, quando voltado a prevenir uma lesão ou evitar uma ameaça, o *mandamus* será preventivo.

Como o ato ilegal ainda não se concretizou, inocorre esgotamento do prazo legal para impetração do *mandamus*, o qual apenas se iniciará com a prática do ato ilegal.[176] Nesse sentido, eis a lição de Pontes de Miranda: "ato

173. Art. 202. A interrupção da prescrição, que somente poderá ocorrer uma vez, dar-se-á: I - por despacho do juiz, mesmo incompetente, que ordenar a citação, se o interessado a promover no prazo e na forma da lei processual.

174. Art. 9º do Decreto-Lei n. 20.910/1932 (regula a prescrição quinquenal em face da Fazenda Pública):"A prescrição interrompida recomeça a correr, pela metade do prazo, da data do ato que a interrompeu ou do último ato ou termo do respectivo processo."Todavia, embora a prescrição em favor da Fazenda Pública recomeça a correr, por dois anos e meio (pela metade), a partir do ato interruptivo, não fica reduzida aquém de 05 (cinco) anos, embora o titular do direito a interrompa durante a primeira metade do prazo. (Súmula 383 do STF)

175. "[...]. 2.'A impetração de mandado de segurança interrompe a fluência do prazo prescricional, de modo que tão somente após o trânsito em julgado da decisão nele proferida é que voltará a fluir, pela metade, o prazo prescricional para o ajuizamento de ação ordinária de cobrança das parcelas referentes ao quinquênio que antecedeu a propositura do writ.' (AgRg no REsp 1.332.074/RS, Rel. Ministro Mauro Campbell Marques, Segunda Turma, DJe 4/9/2013). 3. Recurso Especial não provido." (STJ, REsp 1645378/DF, Rel. Ministro Herman Benjamin, Segunda Turma, j. em 09/03/2017);"[...]. 2.'A impetração de mandado de segurança interrompe a fluência do prazo prescricional, de modo que tão somente após o trânsito em julgado da decisão nele proferida é que voltará a fluir, pela metade, o prazo prescricional para o ajuizamento de ação ordinária de cobrança das parcelas referentes ao quinquênio que antecedeu a propositura do writ.' (AgRg no REsp 1.332.074/RS, Rel. Ministro MAURO CAMPBELL MARQUES, SEGUNDA TURMA, julgado em 27/8/2013, DJe 4/9/2013.) 3. No presente caso, o termo inicial do prazo prescricional iniciou-se em janeiro de 2004, ocorrendo a interrupção com a impetração do mandado de segurança em janeiro de 2007, após ter transcorrido a primeira metade do lapso quinquenal, e voltou a correr, pela metade, nos termos do art. 9º do Decreto 20.910/32, com o trânsito em julgado da decisão da ação mandamental em fevereiro de 2008, findando, assim, em 2010. Como a presente ação foi interposta apenas fevereiro de 2012, indubitável a ocorrência da prescrição, não havendo falar em afronta à Súmula 383/STF.Agravo regimental improvido." (STJ, AgRg no REsp 1504829/RJ, Rel. Ministro Humberto Martins, Segunda Turma, julgado em 05.04.2016)

176. "[...]. 2. Trata-se, portanto, de mandado de segurança com nítido caráter preventivo, não alcançado pelo prazo decadencial previsto no art. 18, da Lei n. 1.533/51. Precedentes: RMS 23120 / ES, Primeira Turma, Rel. Min. Dennise Arruda, julgado em 18.11.2008; AgRg no REsp 1128892 / MT, Primeira Turma, Rel. Min. Benedito Gonçalves, julgado em 05.10.2010; REsp 833409 / BA, Segunda Turma, Rel. Min. Mauro Campbell Marques, julgado em 14.09.2010; AgRg no REsp 1066405 / CE, Segunda Turma, Rel. Min. Herman Benjamin, julgado em 11.11.2008. 3. Recurso especial não provido." (STJ, REsp 908.577/SP, Rel. Ministro Mauro Campbell Marques,

impugnado é o ato que causou a ofensa ao direito líquido e certo, contra o qual se há de pedir a medida mandamental. Não é o ato que poderia ofender, e sim o que ofende; se ainda há, apenas, 'justo receio', nenhuma preclusão se há de temer, porque não houve, ainda, a ofensa, não nasceu, ainda, a pretensão por ato ilícito (ilegalidade ou abuso de poder)."[177]

2.4.5 Relação Continuativa

Nos atos de trato sucessivo (relação continuativa), ou seja, aqueles em que a lesão renova-se periodicamente, a exemplo do não reajustamento de vantagem pecuniária mensal de servidor público, o prazo para impetração do *mandamus* renova-se a cada ato (a cada lesão), exceto se a Administração Pública, tenha, expressamente, negado o pleito do servidor, quando, então, o prazo se inicia a partir da ciência do ato administrativo indeferitório.[178]

Todavia, impõe-se não confundir atos de trato sucessivo (que se repetem periodicamente) com ato único de efeitos concretos e permanentes. Assim, "a supressão de vantagem de vencimentos ou proventos dos servidores públicos, por força de lei, não configura relação de trato sucessivo, mas ato único de efeitos concretos e permanentes, devendo este ser o marco inicial para a contagem do prazo decadencial de 120 (cento e vinte) dias previsto para a impetração do *mandamus*."[179]

Segunda Turma, julgado em 27/08/2013, DJe 04/09/2013). Nesse mesmo sentido: STJ, REsp 1378767/PE, Rel. Ministra Regina Helena Costa, Primeira Turma, julgado em 04/04/2017, DJe 10/04/2017.

177. MIRANDA, Francisco Cavalcanti Pontes de. *Tratado das ações*. São Paulo: Revista dos Tribunais, 1976, p. 76, Tomo VI: ações mandamentais.

178. Enunciado n. 85 da Súmula do STJ: "Nas relações jurídicas de trato sucessivo em que a Fazenda Pública figure como devedora, quando não tiver sido negado o próprio direito reclamado, a prescrição atinge apenas as prestações vencidas antes do qüinqüênio anterior a propositura da ação." Reafirmando a súmula: "[...]. 3. Além disso, ressalto que o Superior Tribunal de Justiça consolidou a jurisprudência de que, não havendo expressa negativa da Administração Pública, não há falar em decadência, nem em prescrição de fundo de direito quando se busca paridade entre servidores ativos e inativos, uma vez caracterizada a relação de trato sucessivo, que se renova mês a mês, nos termos da Súmula 85/STJ. Nesse sentido: AgInt no AgInt no AREsp 981.630/AM, Rel. Ministro Mauro Campbell Marques, Segunda Turma, DJe 17.4.2017; AgInt no REsp 1.294.390/TO, Rel. Ministro Sérgio Kukina, Primeira Turma, DJe 6.3.2017; AgRg no REsp 1.510.029/CE, Rel. Ministra Regina Helena Costa, Primeira Turma, DJe 11.3.2016; AgRg no AREsp 554.574/CE, Rel. Ministra Assusete Magalhães, Segunda Turma, DJe 8.9.2015. [...]." (STJ, RMS 53.238/GO, Rel. Ministro Herman Benjamin, Segunda Turma, julgado em 03/10/2017, DJe 19/12/2017). Nesse mesmo diapasão, posiciona-se o STF: "O prazo decadencial para ajuizamento de mandado de segurança renova-se mês a mês, quando o ato impugnado respeite a pagamento de prestações de trato sucessivo, sem que tenha havido indeferimento expresso da pretensão pela autoridade." (STF, RMS 24.250, Rel. Min. Cezar Peluso, j. 29.09.2009, Segunda Turma)

179. STJ, AgInt no AREsp 1130000/PE, Rel. Ministro Francisco Falcão, Segunda Turma, julgado em 01/03/2018, DJe 06/03/2018. Nesse mesmo sentido: STJ, AgRg no REsp 1309578 / AM, Segunda Turma, Relator Ministro Mauro Campbell Marques, julgamento 18/11/2014, DJe 24/11/2014; STJ, AgRg no RMS 49665/BA, Segunda Turma, Relator Ministro Humberto Martins, julgamento 12/04/2016, DJe 19/04/2016.

2.4.6 Ato omissivo

Impetrado mandado de segurança contra omissão da autoridade pública, não se perquire sobre prazo de impetração, pois, se inexiste o ato administrativo que deveria ser praticado, não há que se falar em início do prazo. Logo, o *writ* pode ser impetrado a qualquer momento, enquanto persistir a omissão.[180]

O prazo de 120 (cento e vinte) dias somente se inicia a partir do momento em que esgotado o prazo legal estabelecido (se previsto) para a autoridade coatora praticar o ato omissivo.[181] Inexistindo prazo legal para a prática do ato, não flui o prazo para impetração do *mandamus*.

No que tange a atos omissivos, não se exige a prova da omissão da autoridade dita coatora para efeito de impetração do *writ* (prova de fato negativo), sendo suficiente a demonstração de que a autoridade teria o dever legal de agir.[182]

2.5 DAS PARTES

2.5.1 Legitimidade ativa

Apresenta legitimidade ativa *ad causam* quem afirma ser titular de direito subjetivo (não simples interesse) e próprio (e não da coletividade)[183]. Pode figurar no polo ativo pessoa jurídica ou física[184], brasileira ou estrangeira[185], desde que preencha os pressupostos processuais de capacidade de ser parte (aptidão para contrair direitos e obrigações na órbita civil) e capacidade de estar em juízo (aptidão para exercer por si os atos da vida civil).

Certos órgãos estatais não apresentam capacidade de ser parte, pois não são dotados de personalidade jurídica, a exemplo da Câmara de Vereadores,

---

180. "[...]. 1. Imputando-se à autoridade ilegalidade por não praticar ato de sua competência (ato omissivo), não há, em princípio, evento que se preste como marco inicial para deflagrar a contagem do prazo de cento e vinte dias de que trata o art. 23 da Lei n. 12.016/2009, de modo que também não há incidência da referida norma. Precedentes. [...]." (STJ, AgRg no MS 20.456/DF, Rel. Ministro Sérgio Kukina, Primeira Seção, julgado em 22/11/2017, DJe 01/12/2017)

181. STF RMS 23987, Relator Min. Moreira Alves, Primeira Turma, julgado em 25/03/2003.

182. STF, RMS 22032, Relator Min. Moreira Alves, Primeira Turma, julgado em 26/03/1999.

183. O direito líquido e certo é aquele titularizado diretamente pelo impetrante, não se afigurando possível impetração individual contra atos lesivos ao patrimônio público, à moralidade administrativa etc., pois violado os direitos da coletividade em geral, e apenas indiretamente os direitos do impetrante. Por isso que o "mandado de segurança não substitui a ação popular". (Súmula 101 do STF)

184. Diferentemente do *habeas corpus* ou da ação popular, a Constituição Federal não restringiu o uso do mandado de segurança à pessoa humana ou ao cidadão, respectivamente.

185. "Ao estrangeiro, residente no exterior, também é assegurado o direito de impetrar mandado de segurança, como decorre da interpretação sistemática dos arts. 153, caput, da Emenda Constitucional de 1969 e do 5º, LXIX, da Constituição atual." (STF, RE 215.267, Rel. Min. Ellen Gracie, j. 24.04.2001, Primeira Turma)

pois tal órgão integra a Administração Direta da pessoa jurídica de direito público (no caso, o Município), de forma que, em regra, não é possível figurar como parte em ação judicial. A despeito disso, admite-se a impetração de mandado de segurança por esses órgãos, reconhecendo-se personalidade judiciária, quando visarem resguardar suas prerrogativas institucionais.[186]

De igual forma, afigura-se possível impetração de mandado de segurança por pessoa jurídica de direito público[187], a exemplo de *writ* impetrado por Município em face da União, em razão de eventual cobrança ilegal de contribuições sociais.

Com efeito, como a Constituição Federal não define a legitimidade ativa do mandado de segurança, e como o art. 1º da Lei Federal n. 12.016/2009 preconiza que o mandado de segurança poderá ser manejado por "qualquer pessoa física ou jurídica", tratando-se de direito fundamental, impõe-se levar a cabo uma interpretação ampliativa desse texto legal (princípio da máxima efetividade), extraindo a norma que é cabível a impetração do *writ* por pessoa jurídica ou física, de direito privado ou público, inclusive por entes despersonalizados.[188]

Ocorrendo a morte do impetrante no curso da ação mandamental, diferentemente do procedimento comum, em que há sucessão do *de cujus* pelo seu espólio ou pelos seus sucessores (art. 110, CPC), salvo direito personalíssimo

186. "A legitimidade ad causam no mandado de segurança pressupõe que o impetrante se afirme titular de um direito subjetivo próprio, violado ou ameaçado por ato de autoridade; no entanto, segundo assentado pela doutrina mais autorizada (cf. Jellinek, Malberg, Duguit, Dabin, Santi Romano), entre os direitos públicos subjetivos, incluem-se os chamados direitos-função, que têm por objeto a posse e o exercício da função pública pelo titular que a detenha, em toda a extensão das competências e prerrogativas que a substantivem: incensurável, pois, a jurisprudência brasileira, quando reconhece a legitimação do titular de uma função pública para requerer segurança contra ato do detentor de outra, tendente a obstar ou usurpar o exercício da integralidade de seus poderes ou competências: a solução negativa importaria em 'subtrair da apreciação do Poder Judiciário lesão ou ameaça de direito'. A jurisprudência – com amplo respaldo doutrinário (v.g., Victor Nunes, Meirelles, Buzaid) – tem reconhecido a capacidade ou 'personalidade judiciária' de órgãos coletivos não personalizados e a propriedade do mandado de segurança para a defesa do exercício de suas competências e do gozo de suas prerrogativas. Não obstante despido de personalidade jurídica, porque é órgão ou complexo de órgãos estatais, a capacidade ou personalidade judiciária do Ministério lhe é inerente – porque instrumento essencial de sua atuação – e não se pode dissolver na personalidade jurídica do estado, tanto que a ele frequentemente se contrapõe em juízo; se, para a defesa de suas atribuições finalísticas, os tribunais têm assentado o cabimento do mandado de segurança, este igualmente deve ser posto a serviço da salvaguarda dos predicados da autonomia e da independência do Ministério Público, que constituem, na Constituição, meios necessários ao bom desempenho de suas funções institucionais." (STF, MS 21.239, Rel. Min. Sepúlveda Pertence, j. 05.06.1991). Nesse mesmo sentido: STF, MS 30.717 AgR, Rel. Min. Ricardo Lewandowski, j. 27.09.2011, Segunda Turma.

187. Em sentido contrário: MACHADO, Hugo de Brito. Impetração de mandado de segurança pelo Estado. *Revista de Processo*, São Paulo: Revista dos Tribunais, v. 78, abr-jun. 1995, p. 19-26.

188. MEIRELLES, Hely Lopes; WALD, Arnoldo; MENDES, Gilmar Ferreira. *Mandado de Segurança e ações constitucionais*. 36. ed. São Paulo: Malheiros, 2014, p. 68.

(art. 485, IX, CPC), segundo jurisprudência pacífica dos tribunais superiores, esse evento (a morte) implicará na extinção do mandado de segurança, por se entender que o impetrante dispõe de um direito personalíssimo ao mandado de segurança, cabendo aos sucessores apenas buscar as vias ordinárias para levar adiante sua pretensão financeira.[189]

Em que pese esse entendimento jurisprudencial, ousamos discordar sobre esse tema, haja vista que a extinção do *writ* deveria ocorrer em virtude da natureza personalíssima do direito material debatido, e não apenas levando em conta o tipo de ação (mandado de segurança), pois, como é sabido, o direito material discutido em ação de mandado de segurança em nada difere, substancialmente, daquele direito material debatido em ação sob procedimento comum.[190]

De todo modo, se a morte do impetrante ocorrer após a prolação da sentença concessiva do *mandamus* que produza efeitos financeiros, inexiste óbice para o prosseguimento do mandado de segurança após habilitação dos sucessores, quando da fase de cumprimento da sentença para recebimento dos valores vencidos após o ajuizamento da ação, uma vez que, nessa hipótese, não se trata mais de direito personalíssimo.[191]

2.5.1.1 Direito pertencente a vários titulares

Prescreve o art. 1º, § 3º, da Lei Federal n. 12.019/2009: "quando o direito ameaçado ou violado couber a várias pessoas, qualquer delas poderá requerer o mandado de segurança."

Essa regra trata da hipótese em que o direito ameaçado ou violado é de titularidade de várias pessoas simultaneamente. Qualquer um dos cotitulares será parte legítima *ad causam* para impetrar o mandado de segurança, independente de autorização dos demais interessados.

Trata-se de hipótese de litisconsórcio ativo facultativo unitário[192], figurando o impetrante como substituto processual dos demais interessados que

189. STF, ED no ED no EDv no AgR no AgR no ED no RE 221.452/DF, Relator Min. Edson Fachin, Tribunal Pleno, julgado em 01.07.2016; STF, RE 445.409 AgR, Rel. Min. Dias Toffoli, j. 26.04.2011, 1ª Turma; STJ, AgInt no RE nos EDcl no MS 13.452/DF, Rel. Ministro Humberto Martins, Corte Especial, julgado em 06/06/2018, DJe 19/06/2018; STJ, EDcl no AgInt nos EREsp 1191357/DF, Rel. Ministro Napoleão Nunes Maia Filho, Corte Especial, julgado em 06.09.2017, DJe 13.09.2017.

190. Com esse mesmo pensar: CUNHA, Leonardo Carneiro da. *A Fazenda Pública em Juízo*. 13. ed. Rio de Janeiro: Forense, 2016.

191. "[...]. 2. A jurisprudência do STJ entende que, embora o Mandado de Segurança tenha caráter personalíssimo, o que torna incabível a sucessão processual na fase de conhecimento, na execução é cabível a habilitação dos herdeiros. [...]." (STJ, EmbExeMS 786/DF, Rel. Ministro Herman Benjamin, Primeira Seção, j. em 28.06.2017)

192. THEODORO JR, Humberto. *Lei do mandado de segurança comentada*. Rio de Janeiro: Forense, 2014, p. 82-83.

não impetraram o *writ.193* Cite-se, à guisa de exemplo, o Enunciado n. 628 da Súmula do STF: "Integrante de lista de candidatos a determinada vaga da composição de tribunal é parte legítima para impugnar a validade da nomeação de concorrente."

2.5.1.2 Titular de direito decorrente

Dispõe o art. 3º, da Lei Federal n. 12.016/2009, que, "o titular de direito líquido e certo decorrente de direito, em condições idênticas, de terceiro poderá impetrar mandado de segurança a favor do direito originário, se o seu titular não o fizer, no prazo de 30 (trinta) dias, quando notificado judicialmente."

Trata-se de hipótese em que o direito do impetrante é violado indiretamente, pois o ato ilegal da autoridade atinge o direito de terceiro, do qual dependa o direito do impetrante. O fundamento está na necessidade de proteção do direito condicionado do impetrante, e que não se enquadra nas categorias processuais atualmente existentes.[194]

Na hipótese prevista no supracitado texto legal, se o terceiro, titular do direito originário, não impetrar o mandado de segurança, mesmo após notificado pelo beneficiário do direito derivado, este terá legitimidade para impetrar o *writ* em nome próprio, mas defendendo direito alheio, na qualidade de substituto processual (art. 18, CPC).[195]

Torna-se imperioso, portanto: (i) que o direito do substituto seja decorrente do direito do substituído; (ii) que ambos os direitos sejam líquidos e certos; (iii) que o titular do direito originário, devidamente notificado para propor o *writ*, não o faça em prazo razoável.[196]

Cite-se, a título de ilustração, o caso de um erro na classificação de concursados, em que o direito lesado é apenas de uma pessoa, mas com reflexos sobre todos os demais que são atingidos indiretamente pela irregularidade do ato administrativo praticado[197], ou o caso em que o terceiro alugou um

193. BUENO, Cassio Scarpinella. *A nova lei do mandado de segurança*. 2 ed. São Paulo: Saraiva, 2010, p. 27.

194. BARBI, Celso Agrícola. *Do Mandado de Segurança*. 12. ed. Revista e Atualizada. Rio de Janeiro: Forense, 2009, p. 136.

195. THEODORO JR, Humberto. *Lei do mandado de segurança comentada*. Rio de Janeiro: Forense, 2014, p. 144; BUENO, Cassio Scarpinella. *Mandado de segurança*: comentário às Leis ns. 1.533/51, 4.348/64 e 5.021/66. 2. ed. São Paulo: Saraiva, 2004, p. 58.

196. BARBI, Celso Agrícola. *Do Mandado de Segurança*. 12. ed. Revista e Atualizada. Rio de Janeiro: Forense, 2009, p. 135.

197. BUENO, Cassio Scarpinella. Ob. Cit., p. 58.

prédio, cuja utilização depende do "habite-se", que o proprietário já requereu, mas a Prefeitura não expede.[198]

Tratando-se de hipótese de substituição processual, o substituído, ainda que não intervenha no *mandamus*, ficará vinculado ao mérito do julgamento, independentemente do resultado, fazendo coisa julgada a sentença de mérito.[199] Intervindo o substituído no *writ*, o fará na qualidade de assistente litisconsorcial do impetrante (substituinte)[200].

Em que pese a redação do dispositivo legal exigir a notificação "judicial", não há óbice que a notificação extrajudicial também seja admitida, desde que comprovada a ciência inequívoca do substituído.[201]

2.5.2 Legitimidade passiva

Malgrado a autoridade pública figurar como autoridade coatora e seja notificada para prestar informações, a legitimidade passiva do mandado de segurança é da pessoa jurídica a cujo quadro integra a autoridade que praticou o ato, pois aquela (pessoa jurídica) que suportará as consequências financeiras da demanda.[202] A par disso, a coisa julgada que se opera no mandado de segurança alcança a pessoa jurídica, e não a autoridade, tanto que se renovada

198. THEODORO JR, Humberto. Ob. Cit., p. 147.

199. THEODORO JR, Humberto. Ob. Cit., p. 145; BUENO, Cassio Scarpinella. Ob. Cit., p. 58.

200. Enunciado n. 487 do Fórum Permanente de Processualistas Civis: "No mandado de segurança, havendo substituição processual, o substituído poderá ser assistente litisconsorcial do impetrante que o substituiu." É também o pensamento de Cássio Scarpinella Bueno: "Nessas condições, a hipótese é de verdadeira substituição processual, espécie de legitimação extraordinária, porque o titular do direito originário deixa de poder impetrar seu próprio mandado de segurança, ficando adstrito ao que for decidido naquele impetrado pelo terceiro. Certamente que pode pretender intervir no feito pendente, quando deverá fazê-lo na qualidade de assistente litisconsorcial (CPC, art. 54), uma vez que a sentença produzirá efeitos diretamente em sua própria esfera jurídica porque, em última análise, é a ele que pertence o direito deduzido em juízo." (*Mandado de segurança*: comentário às Leis ns. 1.533/51, 4.348/64 e 5.021/66. 2. ed. São Paulo: Saraiva, 2004, p. 58).

201. BUENO, Cassio Scarpinella. Ob. Cit., p. 31.

202. Nesse diapasão: NUNES, José de Castro. *Do mandado de Segurança.* 7. ed. Rio de Janeiro: Forense, 1967, p. 88; FAGUNDES, Miguel Seabra. *O Controle dos atos administrativos pelo Poder Judiciário.* 6. ed. São Paulo: Saraiva, 1984, p. 223; ROCHA, José de Moura. *Mandado de segurança*: a defesa dos direitos individuais. Rio da Janeiro: Aide, 1987, p. 182; BARBI, Celso Agrícola. *Do Mandado de Segurança.* 12. ed. Revista e Atualizada. Rio de Janeiro: Forense, 2009, p. 139; FUX, Luiz. *Mandado de Segurança.* Rio de Janeiro: Forense, 2010, p. 26; THEODORO JR, Humberto. *Lei do mandado de segurança comentada.* Rio de Janeiro: Forense, 2014, p. 55; STJ, REsp 443.614/AL, Rel. Ministro Luiz Fux, Primeira Turma, julgado em 08/04/2003, DJ 05/05/2003. Em sentido contrário, entendendo ser a autoridade coatora a parte que deve ocupar o polo passivo da lide, ao lado do ente público (litisconsórcio passivo necessário), ao argumento de que a legislação se refere a ela (autoridade) como pessoa em face de quem se impetra o *writ*, devendo prestar as informações e atender às ordens mandamentais do juízo, além de ter legitimidade recursal: MEIRELLES, Hely Lopes; WALD, Arnoldo; MENDES, Gilmar Ferreira. *Mandado de Segurança e ações constitucionais.* 36. ed. São Paulo: Malheiros, 2014, p. 69-71. De igual sorte, Cássio Scarpinella Bueno escreve que essa foi a opção escolhida pelo legislador por meio da Lei Federal n. 12.016/2009, embora o autor não concorde com essa linha. (BUENO, Cassio Scarpinella. *A nova lei do mandado de segurança.* 2. ed. São Paulo: Saraiva, 2010, p. 45).

a questão através de ação sob procedimento comum, ocorrerá coisa julgada, por força da identidade tríplice de elementos da ação (partes, causa de pedir e pedido).

É certo que o art. 6º da Lei Federal n. 12.016/2009 prevê que a peça vestibular do mandado de segurança deverá indicar, além da autoridade coatora, a pessoa jurídica que a integra, cabendo ao juiz, se receber a inicial, determinar a (i) notificação da autoridade coatora para prestar informações (art. 7º, I), e a (ii) ciência ao órgão de representação judicial da pessoa jurídica interessada, para, querendo, ingressar no feito (art. 7º, II).

Todavia, na verdade, a pessoa jurídica está no processo, desde o limiar, na pessoa da autoridade, que "presenta" a pessoa jurídica[203], cabendo à autoridade, no curso do processo, apenas (i) prestar as informações, que equivale a uma espécie de depoimento prestado em juízo[204] (não equivale à contestação), e (ii) cumprir a ordem judicial eventualmente imposta.

Caso a autoridade apontada como coatora coincida com o representante judicial da pessoa jurídica (*v.g,* Procurador-Chefe da Fazenda Nacional, que já presenta a União em matéria tributária), por força dos princípios da duração razoável do processo e da economia processual, dispensa-se a intimação deste último na qualidade de representante judicial, pois já estará ciente da demanda, de forma que a finalidade prevista em lei já terá sido cumprida.[205]

E qual é a definição do termo "autoridade"? O art. 6, § 2º, da Lei Federal n. 12.016/2009, dispõe: "Considera-se autoridade coatora aquela que tenha praticado o ato impugnado ou da qual emane a ordem para a sua prática."

Em interpretação sistemática desse dispositivo legal, a doutrina entende que autoridade é aquela investida com poder de decisão para praticar ou ordenar a prática do ato impugnado.[206] Vale dizer: autoridade é o agente público

---

203. BOCHENEK, Antônio César. A autoridade coatora e o ato coator no mandado de segurança individual. In: BUENO, Cassio Scarpinella; ALVIM, Eduardo Arruda; WAMBIER, Teresa Arruda Alvim (coords). *Aspectos polêmicos do mandado de segurança.* São Paulo: Revista dos Tribunais, 2002, p. 63.

204. DIDIER JR, Fredie. Natureza jurídica das informações da autoridade coatora no mandado de segurança. In: BUENO, Cassio Scarpinella; ALVIM, Eduardo Arruda; WAMBIER, Teresa Arruda Alvim (coords). *Aspectos polêmicos do mandado de segurança.* São Paulo: Revista dos Tribunais, 2002, p. 369-370.

205. CUNHA, Leonardo Carneiro da. *A Fazenda Pública em Juízo.* 13. ed. Rio de Janeiro: Forense, 2016, p. 527; BUENO, Cassio Scarpinella. *A nova lei do mandado de segurança.* 2. ed. São Paulo: Saraiva, 2010, p. 46.

206. "Por 'autoridade' entende-se a pessoa física investida de poder de decisão dentro da esfera de competência que lhe é atribuída pela norma legal. [...]. Atos de autoridade, portanto, são os que trazem em sim uma decisão, e não apenas execução." (MEIRELES, Hely Lopes; WALD, Arnoldo; MENDES, Gilmar Ferreira. *Mandado de Segurança e Ações Constitucionais.* 36. ed. São Paulo: Malheiros, 2014, p. 33)

que exerce poder de decisão, capaz de corrigir, no momento da impetração[207], a ilegalidade do ato em toda a sua extensão. Não se confunde, assim, com o mero agente executor do ato, que apenas cumpre as ordens da autoridade, não tendo poder para corrigir o ato, não respondendo, pois, assim, pela ilegalidade do ato.[208]

Não se confunde, também, com a autoridade que elaborou, *in abstrato*, o ato normativo infralegal (por exemplo, Instrução Normativa), porquanto o mandado de segurança é voltado para impugnar, diretamente, o ato concreto (praticado ou a ser praticado), e não o ato normativo, que é objeto de impugnação apenas indiretamente.[209] Vale dizer: autoridade coatora no mandado de segurança não é aquela que dá instruções ou edita ordens genéricas, e sim a que faz por individualizá-las, aplicando-as em concreto.[210]

207. "A autoridade administrativa legítima para figurar no polo passivo da impetração é a competente para a prática do ato no momento do ajuizamento do *writ*." (STF, RMS 28.193, Rel. Min. Eros Grau, j. 11.05.2010)

208. "[...]. 3. Daí que o instrumento normativo que atualmente regula o mandado de segurança, a Lei Federal n. 12.016, de 7 de agosto de 2009, estipula, por seu art. 6º, § 3º, ser autoridade coatora 'aquela que tenha praticado o ato impugnado ou da qual emane a ordem para a sua prática', dispositivo legal que, apesar da aparente alternativa, requer interpretação sistêmica, não podendo prescindir de conjugação com as normas que disciplinam a própria atuação administrativa do agente público. 4. Como se recolhe da autorizada doutrina, 'O mero executor material do ato, que apenas cumpre as ordens que lhe são dadas, não lhe cabendo questioná-las, não pode ser entendido como autoridade coatora' (BUENO, Cássio Scarpinella. A nova lei do mandado de segurança. 2. ed. São Paulo: Saraiva, 2010, p. 47-8). 5. Não ostenta legitimidade passiva na ação mandamental o agente público desprovido do poder de decisão sobre o ato que pratica, do que resulta o acerto do acórdão recorrido, ao compreender que o Presidente do TRF-5 não agiu com poder decisório, mas unicamente como executor material de determinação oriunda do Tribunal de Contas da União. 6. Recurso ordinário a que se nega provimento. (STJ, RMS 37.657/PE, Rel. Ministro Sérgio Kukina, Primeira Turma, j. em 01/10/2015)

209. "Autoridade coatora é aquela que praticou o ato que particularmente violou o direito do autor. Os órgãos elaboradores da lei não são chamados a juízo [...] ato violador do direito não são as instruções gerais, os pareceres etc., mas sim o ato concreto de aplicação desses atos normativos, sendo, assim, autoridade coatora a que faz aquela aplicação." (BARBI, Celso Agrícola. *Do Mandado de Segurança*. 12. ed. Revista e Atualizada. Rio de Janeiro: Forense, 2009, p. 90 e 92)

210. "Não cabe mandado de segurança contra ato do presidente do STF dotado de caráter normativo, ato que disciplina situações gerais e abstratas. A portaria impugnada neste *writ* produz efeitos análogos ao de uma 'lei em tese', contra a qual não cabe mandado de segurança (Súmula 266 desta Corte)." (STF, MS 28.250 AgR, Rel. Min. Eros Grau, j. 04.02.2010). E mais: "Como se sabe, o mandado de segurança pressupõe a alegação de lesão ou ameaça concreta a direito líquido e certo do impetrante. O referido meio processual não se presta a impugnar normas gerais e abstratas, como exposto na Súmula 266/STF, (...). A 'lei em tese' a que se refere a súmula não é propriamente a lei em sua acepção formal, mas em sentido material, o que abrange atos normativos infralegais, desde que possuam caráter geral e abstrato [...]" (STF, MS 29374 AgR, Relator Ministro Roberto Barroso, Primeira Turma, julgamento em 30.9.2014). Nesse mesmo sentido: STF, MS nº 28.985 AgR, Rel. Min. Dias Toffoli, j. 19.09.2013. No STJ, já se decidiu: "3. Estabelece a Súmula nº 59, do saudoso Tribunal Federal de Recurso: 'a autoridade fiscal de primeiro grau que expede a notificação para pagamento do tributo será legitimada passivamente para a ação de segurança, ainda que sobre a controvérsia haja decisão, em grau de recurso, de conselho de contribuintes.'" (STJ, AgRg no REsp 323.351/SP, Rel. Ministro José Delgado, Primeira Turma, julgado em 21/08/2001', DJ 01/10/2001)

Ademais, autoridade coatora não se confunde com o agente público que, na condição de superior hierárquico, não pratica ou não ordena concreta e especificamente a execução ou inexecução de um ato.[211]

Firmadas essas premissas, em um exemplo hipotético tributário de autuação fiscal, sem inscrição em dívida ativa, autoridade coatora não será o Secretário da Receita Federal que expediu a instrução normativa em que fundamentou a autuação fiscal, tampouco o agente público que executou materialmente o ato, cientificando o contribuinte da autuação fiscal, mas, sim, o Delegado da Receita Federal da respectiva área geográfica, o qual detém atribuição para arrecadar o tributo e impor as sanções tributárias, apresentando poder de decisão e de correção do ato.

2.5.3.2 Indicação errônea da autoridade coatora

No que tange à ilegitimidade passiva, o Código de Processo Civil de 2015 trouxe importante inovação, dentro das diretrizes de simplificação procedimental e da primazia do julgamento do mérito, *in verbis*:

> Art. 338. Alegando o réu, na contestação, ser parte ilegítima ou não ser o responsável pelo prejuízo invocado, o juiz facultará ao autor, em 15 (quinze) dias, a alteração da petição inicial para substituição do réu.
>
> Parágrafo único. Realizada a substituição, o autor reembolsará as despesas e pagará os honorários ao procurador do réu excluído, que serão fixados entre três e cinco por cento do valor da causa ou, sendo este irrisório, nos termos do art. 85, § 8o.
>
> Art. 339. Quando alegar sua ilegitimidade, incumbe ao réu indicar o sujeito passivo da relação jurídica discutida sempre que tiver conhecimento, sob pena de arcar com as despesas processuais e de indenizar o autor pelos prejuízos decorrentes da falta de indicação.
>
> § 1º O autor, ao aceitar a indicação, procederá, no prazo de 15 (quinze) dias, à alteração da petição inicial para a substituição do réu, observando-se, ainda, o parágrafo único do art. 338.

211. "Mesmo após a edição da Lei 12.016/2009, Lei do Mandado de Segurança, aquele que, na condição de superior hierárquico, não pratica ou ordena concreta e especificamente a execução ou inexecução de um ato não poderá figurar como autoridade coatora. Caso contrário, o presidente da República seria autoridade coatora em todos os mandados de segurança impetrados contra ações ou omissões danosas verificadas no âmbito federal." (STF, RMS 26.211, Rel. Min. Luiz Fux, j. 27.9.2011)

§ 2º No prazo de 15 (quinze) dias, o autor pode optar por alterar a petição inicial para incluir, como litisconsorte passivo, o sujeito indicado pelo réu.

A despeito do veto ao art. 6º, § 4º, do Projeto que deu origem à Lei Federal n. 12.016/2009[212], esses dispositivos legais supracitados aplicam-se perfeitamente ao procedimento do mandado de segurança, sobretudo por força do princípio da primazia do julgamento de mérito (art. 4º, CPC), do qual decorre o dever do juiz de priorizar a decisão de mérito, realizando todas as medidas necessárias para que ela ocorra, uma vez que a prolação de sentenças processuais (julgamento sem resolução do mérito), acarreta um dispêndio enorme de tempo e esforço dos órgãos jurisdicionais, com gasto de recursos financeiros do Estado, sem que se obtenha a prestação jurisdicional almejada pelos requerentes e se ponha um fim definitivo a questão em julgamento. [213]

A par disso, justifica-se a aplicação desses aludidos dispositivos, em virtude do princípio da cooperação processual, do qual emerge deveres de condutas objetivos às partes e ao juiz, em desdobramento do dever de boa-fé processual objetiva, de modo que os comportamentos das partes e do órgão jurisdicional devem ser pautados de forma objetiva. Especificamente em relação ao juiz, extrai-se, para o problema em tela, o dever de prevenção (dever do juiz de apontar as deficiências das postulações das partes, para que sejam supridas).

Ademais, como se infere da praxe forense, a complexa estrutura dos órgãos administrativos nem sempre possibilita ao impetrante identificar, com precisão, o agente público coator, a ponto de o próprio juízo desconhecer as minúcias de divisões dos órgãos administrativos, de forma que a autoridade coatora legítima apenas será conhecida a partir das informações prestadas pela autoridade impetrada.

Nessa medida, caso a autoridade indicada coatora alegue a sua ilegitimidade, deverá apontar a autoridade legítima, sendo conferido ao autor a

---

212. O citado dispositivo previa que, "suscitada a ilegitimidade pela autoridade coatora, o impetrante poderá emendar a inicial no prazo de 10 (dez) dias, observado o prazo decadencial." Segundo as razões do veto, "a redação conferida ao dispositivo durante o trâmite legislativo permite a interpretação de que devem ser efetuadas no correr do prazo decadencial de 120 dias eventuais emendas à petição inicial com vistas a corrigir a autoridade impetrada. Tal entendimento prejudica a utilização do remédio constitucional, em especial, ao se considerar que a autoridade responsável pelo ato ou omissão impugnados nem sempre é evidente ao cidadão comum." Como se nota, o veto não se deu por se considerar incabível a correção do polo passivo, mas, sim, porque o prazo de 120 dias fixado na lei para a correção poderia prejudicar o impetrante. Em outras palavras: o veto ocorrera para beneficiar o impetrante, e não para prejudicá-lo.

213. Nesse sentido, é o Enunciado 123 da II Jornada de Direito Processsual Civil do Conselho de Justiça Federal: "Aplica-se o art. 339 do CPC à autoridade coatora indicada na inicial do mandado de segurança e à pessoa jurídica que compõe o polo passivo."

oportunidade de alterar o polo passivo da demanda.[214] Isso não impede que, ao constatar de plano da ilegitimidade da autoridade coatora, antes mesmo da notificação para prestar informações, o magistrado faculte ao impetrante a emenda da inicial, para correção da autoridade apontada como coatora.[215]

Em outras palavras: a indicação errônea da autoridade coatora não enseja, de imediato, a extinção do processo sem resolução de mérito[216].

À guisa de ilustração, é comum a (incorreta) impetração de mandado de segurança em face do Delegado Regional da Receita Federal, objetivando impugnar inscrição em dívida ativa decorrente de constituição definitiva do crédito tributário, quando o correto seria impetrar em face do Procurador-Chefe Regional da Fazenda Nacional, o qual tem competência legal para inscrever em dívida ativa. Nessa hipótese, não há empecilho para a correção do polo passivo.

De todo modo, nada obsta a aplicação da teoria da encampação no processo de mandado de segurança, tornando-se parte legítima a autoridade coatora que, sem estar legitimada em princípio, encampa o ato da autoridade que lhe é subordinada. Para tanto, segundo construção do Superior Tribunal de Justiça (Súmula 628, DJ 17/12/2018), devem estar presentes os seguintes requisitos: i) vínculo hierárquico entre a autoridade que prestou as informações e aquela que determinou a prática do ato; (ii) manifestação

214. Nesse diapasão é o Enunciado 511 do Fórum Permanente de Processualista Civis: "A técnica processual prevista nos arts. 338 e 339 pode ser usada, no que couber, para possibilitar a correção da autoridade coatora, bem como da pessoa jurídica, no processo de mandado de segurança."

215. Enunciado 296 do Fórum Permanente de Processualista Civis: "Quando conhecer liminarmente e de ofício a ilegitimidade passiva, o juiz facultará ao autor a alteração da petição inicial, para substituição do réu, nos termos dos arts. 339 e 340, sem ônus sucumbenciais." Não raro, o impetrante inclui no polo passivo da demanda o ente federativo, ao invés da autoridade coatora, ou o nome do agente público, ao invés do cargo que ele ocupa, tratando-se de erros meramente formais. Como bem pontua Humberto Theodoro Jr, "se do contexto narrado na petição inicial se revela possível entrever quem seria a verdadeira autoridade coatora, não há impropriedade na determinação, pelo juiz, de sua notificação, desde que se considere como adequada a teoria de que a verdadeira parte do *mandamus* é a pessoa jurídica de direito público e não o agente que o representa em juízo." (*Lei do mandado de segurança comentada.* Rio de Janeiro: Forense, 2014, p. 91).

216. Esse é o atual entendimento do STJ: "[...]. 1. O Superior Tribunal de Justiça tem entendimento de que 'considerando a finalidade precípua do mandado de segurança que é a proteção de direito líquido e certo, que se mostre configurado de plano, bem como da garantia individual perante o Estado, sua finalidade assume vital importância, o que significa dizer que as questões de forma não devem, em princípio, inviabilizar a questão de fundo gravitante sobre ato abusivo da autoridade. Conseqüentemente, o Juiz, ao deparar-se, em sede de mandado de segurança, com a errônea indicação da autoridade coatora, deve determinar a emenda da inicial ou, na hipótese de erro escusável, corrigi-lo de ofício, e não extinguir o processo sem julgamento do mérito' (REsp 865.391/BA, Rel. Ministro Luiz Fux, Primeira Turma, DJe 7/8/2008. [...]." (STJ, RMS 55.062/MG, Rel. Ministro Herman Benjamin, Segunda Turma, julgado em 03/04/2018, DJe 24/05/2018). Nesse mesmo diapasão, é o Enunciado n. 488 do Fórum Permanente de Processualistas Civis: "No mandado de segurança, havendo equivocada indicação da autoridade coatora, o impetrante deve ser intimado para emendar a petição inicial e, caso haja alteração de competência, o juiz remeterá os autos ao juízo competente."

sobre o mérito nas informações prestadas; (iii) ausência de modificação na competência constitucionalmente estabelecida.[217]

2.5.3 Litisconsórcio

É incontroverso, tanto na doutrina quanto na jurisprudência, a admissibilidade de litisconsórcio no mandado de segurança, em razão da compatibilidade de seu regime com o procedimento da ação mandamental, sem contar que há expressa previsão legal permissiva (art. 24 da Lei Federal n. 12.016/2009).

Atinente ao polo da demanda, afigura-se possível o litisconsórcio ativo (mais de um impetrante figurar no polo ativo), o litisconsórcio passivo (mais de uma autoridade coatora figurar no polo passivo), e o litisconsórcio misto (mais de um impetrante propor a demanda em face de mais de uma autoridade coatora).

No que tange ao momento do litisconsórcio, poderá ser ele inicial (quando sua formação se der já na propositura da ação) ou ulterior (quando surgir no decorrer do processo); quanto à obrigatoriedade, o litisconsórcio se revela como facultativo (sua formação ocorre pela vontade das partes)[218] ou necessário (sua formação é imposta)[219]; quanto ao resultado da lide, o litisconsórcio se apresenta como simples (a decisão de mérito, embora proferida no mesmo processo, pode ser diferente para cada um dos litisconsortes) ou unitário (a decisão de mérito deve ser uniforme para todos os litisconsortes).[220]

Todas essas espécies de litisconsórcios são admitidas no procedimento do mandado de segurança, ressalvando-se que, quanto ao litisconsórcio ativo ulterior, o ingresso do terceiro como litisconsorte ativo não será admitido após o despacho da petição inicial (art. 10, § 2º, da Lei Federal n. 12.016/2009), sob pena de ofensa à garantia do juiz natural e à regra da livre distribuição,

---

217. "A teoria da encampação é aplicada no mandado de segurança quando presentes, cumulativamente, os seguintes requisitos: a) existência de vínculo hierárquico entre a autoridade que prestou informações e a que ordenou a prática do ato impugnado; b) manifestação a respeito do mérito nas informações prestadas; e c) ausência de modificação de competência estabelecida na Constituição Federal."

218. Art. 113, CPC. Duas ou mais pessoas podem litigar, no mesmo processo, em conjunto, ativa ou passivamente, quando: I - entre elas houver comunhão de direitos ou de obrigações relativamente à lide; II - entre as causas houver conexão pelo pedido ou pela causa de pedir; III - ocorrer afinidade de questões por ponto comum de fato ou de direito.

219. Art. 114, CPC. O litisconsórcio será necessário por disposição de lei ou quando, pela natureza da relação jurídica controvertida, a eficácia da sentença depender da citação de todos que devam ser litisconsortes.

220. Art. 116, CPC. O litisconsórcio será unitário quando, pela natureza da relação jurídica, o juiz tiver de decidir o mérito de modo uniforme para todos os litisconsortes.

sobretudo se já deferida a liminar postulada.[221] De todo modo, pensamos que essa regra legal restritiva aplica-se apenas para o litisconsórcio simples, e não para o litisconsórcio unitário, pois no litisconsórcio unitário o terceiro poderá intervir a qualquer momento no processo como assistente litisconsorcial (art. 124, CPC).[222]

A violação às regras jurídicas do litisconsórcio enseja diferentes consequências jurídicas: (i) em se tratando de litisconsórcio necessário unitário[223], haverá nulidade (plano da validade) da sentença (art. 115, I, CPC), não sendo esta aproveitada sequer em relação ao litisconsorte que fora citado; (ii) em se cuidando de litisconsórcio necessário simples, a eficácia da sentença atinge apenas aqueles litisconsortes que foram citados para integrar o processo, sendo ineficaz (plano da eficácia) a sentença em relação àqueles que não participaram do processo (art. 115, II, CPC), de forma que a sentença permanecerá válida, mas apenas parcialmente ineficaz; (iii) em se tratando de litisconsórcio facultativo, como é curial, inexiste invalidade, pois a formação do litisconsórcio ocorre pela vontade das partes; (iv) em todo os casos, apenas haverá invalidade (seja nulidade ou ineficácia) se julgado procedente o pedido

---

221. Leonardo Carneiro da Cunha defende a interpretação desse dispositivo legal conforme à Constituição, ao qual comungamos, para abranger apenas a hipótese deduzida no mandado de segurança que seja apta a acarretar uma multiplicidade de demandas, assim procedendo em prol da isonomia, da racionalidade de julgamentos, da duração razoável do processo e da efetividade do processo. Fora dessa hipótese, o dispositivo seria inconstitucional, por transgredir a garantia constitucional do juiz natural, sob o argumento de que essa garantia assegura que não se deve permitir à parte a escolha do juiz que deva processar a sua causa, sendo irrelevante o marco temporal fixado em lei (despacho inicial do juiz), pois já teria ocorrido a livre escolha do juízo. (CUNHA, Leonardo Carneiro da. *Jurisdição e competência*. 2. ed. São Paulo: Revista dos Tribunais, 2013, p. 84-88). Nessa mesma linha de pensamento: CÂMARA, Alexandre Freitas. *Manual do Mandado de Segurança*. 2. ed. São Paulo: Atlas, 2014, p. 79; MENDES, Aluisio Gonçalves de Castro; FONTES, André R. C.; LIMA, Arnaldo Esteves; ARAÚJO, Eugênio Rosa de; NASCIMENTO FILHO, Firly; NEIVA, José Antonio Lisbôa; LOPES, Mauro Luís Rocha; AZULAY NETO, Messod ; DYRLUND, Poul Erik. *Mandado de segurança individual e coletivo*: Lei 12.016/2009 comentada. 2. ed. São Paulo: Revista dos Tribunais, 2014, p. 93-95; GREGO FILHO. Vicente. *O novo mandado de segurança*. Comentários à Lei n. 12.016, de 7 de agosto de 2009. São Paulo: Saraiva, 2010, p. 36. A propósito, há longa data o STJ já firmou entendimento de que "[...] a orientação desta Corte não admite a formação de litisconsórcio ativo facultativo em momento posterior à distribuição da ação, para que se preserve a garantia do juiz natural, ressalvadas as hipóteses autorizativas previstas em lei especial (como é o caso da Lei 4.717/65 - que regula a ação popular). [...]." (REsp 1221872/RJ, Rel. Ministro Mauro Campbell Marques, Segunda Turma, julgado em 16.08.2011)

222. Nesse mesmo diapasão: CUNHA, Leonardo Carneiro da. *A Fazenda Pública em Juízo*. 13. ed. Rio de Janeiro: Forense, 2016, p. 570.

223. Não se deve confundir litisconsórcio necessário com litisconsórcio unitário, não sendo este uma espécie ou consequência daquele, muito embora em grande parte dos casos o litisconsórcio necessário é também unitário. Com efeito, é possível a ocorrência de litisconsórcio facultativo unitário, cuja formação não é obrigatória, mas a decisão deva ser uniforme, a exemplo do litisconsórcio entre condôminos para a ação em que se busca a proteção do condomínio e o litisconsórcio entre legitimados do processo coletivo. De outro lado, é possível litisconsórcio necessário simples, em que a formação dos litisconsortes é obrigatória, mas não demanda decisão uniforme para todos litisconsortes, a exemplo do confinantes na ação de usucapião imobiliária e os casos do art. 73 do CPC.

do autor, pois, inexistindo prejuízo à parte ré na improcedência do pedido, não há que se falar em declaração de invalidade (*pas de nullite sans grief*).

Respeitante ao litisconsórcio necessário, viu-se que o mesmo se apresenta sob dois tipos: (i) o que decorre de previsão legal; (ii) e o que, independente de previsão legal, resulta da natureza da relação jurídica controvertida (análise do caso concreto), posto que o direito objeto de litígio pertence a mais de um titular. Por conseguinte, ainda que ausente previsão legal, quando a eventual concessão da ordem mandamental afetar diretamente a esfera jurídica de determinado sujeito, que não figura como parte ré no processo, este deverá integrar a lide na condição de litisconsorte passivo necessário, como nas hipóteses de pedido de anulação de adjudicação de licitação pela empresa derrotada (necessidade de citação da empresa vencedora)[224] ou pedido de anulação de ato administrativo praticado em concurso público, e que possa gerar efeitos reflexos sobre outro candidato já nomeado, se alterada judicialmente a classificação do certame (necessidade de citação do candidato nomeado).[225]

224. "[...]. 2. In casu, a impetração ab origine erige-se contra procedimento licitatório cujo objetivo consistiu na contratação de pessoa jurídica de direito privado, com ou sem fins lucrativos, para a prestação de serviços e execução das ações programadas para o Hospital Ronaldo Gazolla, a operacionalização de 09 (nove) equipes do Programa de Saúde da Família e para a administração do Centro de Serviços do Bairro de Acari, não tendo sido chamada para integrar a lide a empresa vencedora do certame até o presente momento processual. 3. A ausência de citação de litisconsorte passivo necessário em sede de mandado de segurança, como na hipótese in foco, e, nos termos do art. 24, da Lei n.º 12.016/2009, enseja a aplicação do entendimento cristalizado pela Súmula 631 do Supremo Tribunal Federal, verbis: 'Extingue-se o processo de mandado de segurança se o impetrante não promove, no prazo assinado, a citação do litisconsorte passivo necessário.'. [...]." (STJ, REsp 1159791/RJ, Rel. Ministro Luiz Fux, Primeira Turma, julgado em 07/12/2010, DJe 25/02/2011). Nesse mesmo sentido: STJ, AR 4.847/DF, Rel. Ministro Sérgio Kukina, Primeira Seção, julgado em 08/10/2014, DJe 04/11/2014.

225. "[...]. 2. Como regra, a jurisprudência deste Tribunal Superior orienta-se, em controvérsia sobre a validade de cláusula editalícia de concurso público, sobre a nulidade de ato de classificação ou eliminação de candidato ou sobre a higidez da aplicação de alguma das provas, pela desnecessidade de formação de litisconsórcio necessário entre os candidatos, porque ausente a comunhão de interesses, na medida em que eventual direito à nomeação constitui simples expectativa de direito. 3. No caso concreto, contudo, as peculiaridades da controvérsia demonstram que a providência almejada pelo impetrante resultará no atingimento de direito de terceiro, o que impõe o afastamento pontual desse entendimento pretoriano. 4. No contexto desta demanda, o candidato impetrante reclama a nulidade de ato que indeferiu a sua posse porque deixara de apresentar a documentação comprobatória do preenchimento dos requisitos do cargo, ele aduzindo, no entanto, que a sua formação profissional supria a exigida no edital. 5. A questão é que uma vez indeferido esse pedido pela Administração Pública, esta alegadamente tornou a convocar o candidato seguinte na ordem de classificação e, segundo sustentou, proveu-o regularmente no posto, daí por que, em tese, a concessão da ordem implicaria, por um lado, o provimento do impetrante, mas a exoneração do concorrente ora nomeado, o que se afigura suficiente para justificar a relevância do debate a ser entabulado na instância de origem acerca da necessidade eventual de sua integração na lide. 6. Agravo conhecido para dar provimento ao recurso especial." (STJ, AREsp 1119999/RS, Rel. Ministro Mauro Campbell Marques, Segunda Turma, julgado em 24/10/2017, DJe 31/10/2017). Nesse mesmo sentido: STJ, RMS 55.622/SP, Rel. Ministro Mauro Campbell Marques, Segunda Turma, julgado em 21/11/2017, DJe 27/11/2017. De todo modo, inexistindo risco de anulação de nomeação de candidato aprovado, ou não se tratando de aprovação de candidato dentro do número de vagas ofertadas no edital (o que geraria direito adquirido), não há necessidade de citação de todos os candidatos com melhor classificação que o impetrante. Nesse diapasão: "[...]. O STJ pacificou o entendimen-

A par disso, no mandado de segurança contra ato judicial, cabe ao impetrante, na peça inicial, propugnar pela notificação do magistrado que proferiu a decisão (autoridade coatora), mas, também, pela citação do beneficiário do ato impugnado (parte adversa na demanda), pois configurada hipótese de litisconsórcio passivo necessário entre o juiz e a parte que se beneficiou do ato impugnado, uma vez que a concessão do *mandamus*, indubitavelmente, interferirá na esfera jurídica da parte beneficiada pelo ato questionado.[226]

Constatado pelo juiz a indispensabilidade de litisconsórcio necessário, deverá intimar o impetrante para promover a citação do litisconsorte ausente para, querendo, apresentar defesa, sob pena de extinção do processo sem resolução do mérito (art. 115, parágrafo único, CPC), por força do dever de cooperação do juiz para com as partes e o resultado útil do processo, não cabendo ao juiz determinar a citação do litisconsorte necessário de ofício, sem requerimento do impetrante, pois ninguém é obrigado a litigar contra uma pessoa que não queira. Essa indica ser a inteligência do Enunciado n. 631 da Súmula do STF: "Extingue-se o processo de mandado de segurança se o impetrante não promove, no prazo assinado, a citação do litisconsorte passivo necessário."[227]

Contudo, por questão de isonomia, o prazo de defesa do litisconsorte não será o de 15 (quinze) dias, conforme reza o Código de Processo Civil, mas o de 10 (dez) dias, previsto para a autoridade coatora prestar informações no mandado de segurança.[228]

---

to de que é dispensável a formação de litisconsórcio passivo necessário entre candidatos participantes de concurso público, tendo em vista que eles têm apenas expectativa de direito à nomeação. [...]." (STJ, AgInt no REsp 1690488/MG, Rel. Ministro Gurgel De Faria, Primeira Turma, julgado em 15/05/2018, DJe 20/06/2018).

226. Enunciado n. 701 da Súmula do STJ: "no mandado de segurança impetrado pelo Ministério Público contra decisão proferida em processo penal, é obrigatória a citação do réu como litisconsorte passivo." No campo cível: STJ, RMS 30.115/SP, Rel. Ministro Humberto Martins, Segunda Turma, j. em 10.08.2010; STJ, EDcl no RMS 6.487/PB, Rel. Ministro Sálvio de Figueiredo, Quarta Turma, j. em 25/02/1997.

227. "[...]. Sob esse ângulo, ressoa evidente que dispositivo em comento é norma de natureza de ordem pública, podendo o juiz da causa, de ofício, determinar que autor da ação promova a citação do litisconsorte necessário, para o aperfeiçoamento da relação processual, haja vista que a ausência dessa liturgia enseja a nulidade absoluta do feito. [...]." (STJ, AgRg na AR 4.429/MG, Rel. Ministro Benedito Gonçalves, Primeira Seção, julgado em 14/12/2011, DJe 01/02/2012); "[...]. 2. O art. 47 do Código de Processo Civil dispõe que há o litisconsórcio necessário quando, por disposição de lei ou pela natureza da relação jurídica, o juiz tiver de decidir a lide de modo uniforme para todas as partes. Caso a parte não requeira a citação dos litisconsortes, deverá ser ordenada de ofício e, somente no caso de descumprimento do despacho, deve-se determinar a extinção do processo. Precedentes. [...]." (STJ, AgRg no REsp 908.333/AC, Rel. Ministro Humberto Martins, Segunda Turma, julgado em 18/12/2007, DJ 15/02/2008). Em sentido contrário, entendendo que o juiz pode promover de ofício a citação: BUENO, Cassio Scarpinella. Litisconsórcio necessário e ausência de citação de litisconsorte necessário em mandado de segurança. *Revista de Processo*, São Paulo: RT, n. 79, jul.-set. 1995, p. 263.

228. BARBI, Celso Agrícola. *Do Mandado de Segurança*. 12. ed. Revista e Atualizada. Rio de Janeiro: Forense, 2009, p. 184.

Não há necessidade de litisconsórcio passivo necessário entre a autoridade apontada coatora e a pessoa jurídica de direito público a qual integra, uma vez que a autoridade pública já "presenta" a própria pessoa jurídica, sendo que esta também já é intimada para, querendo, intervir na causa.[229]

Com efeito, o art. 6º da Lei Federal n. 12.016/2009 prevê que a peça vestibular do mandado de segurança deverá indicar, além da autoridade coatora, a pessoa jurídica que a integra, cabendo ao juiz, se receber a inicial, determinar a (i) notificação da autoridade coatora para prestar informações (art. 7º, I), e a (ii) ciência ao órgão de representação judicial da pessoa jurídica interessa, para, querendo, ingressar no feito (art. 7º, II).

2.5.4 Intervenção de Terceiros

Não se tem admitido a intervenção de terceiros (assistência, denunciação à lide e chamamento ao processo) na ação de mandado de segurança, seja porque o art. 24 da Lei Federal n. 12.016/2009 refere-se apenas ao litisconsórcio, seja porque o instituto de intervenção de terceiros não é compatível com o espírito (simplicidade e celeridade) do procedimento do mandado de segurança, criado em prol do cidadão (parte ativa) em face do Poder Público (parte passiva). Ademais, em relação à denunciação da lide e ao chamamento ao processo, a natureza da pretensão veiculada no *writ* não se coaduna com esses institutos.

Particularmente em relação à assistência, como não há, ao menos em tese, incompatibilidade desse instituto com a natureza da pretensão veiculada no *writ*, parcela da doutrina advoga pela sua admissibilidade, pois inexistiria expressa vedação legal, devendo-se aplicar subsidiariamente o Código de Processo Civil.[230]

Contudo, o Supremo Tribunal Federal e o Superior Tribunal de Justiça não têm admitido a assistência (tanto simples, quanto litisconsorcial) em mandado de segurança[231].

229. Nesse sentido: STJ, AgRg no Resp n. 1.191.674, Rel. Min. Napoleão Nunes Maia Filho, j. 03.09.2015; BARBI, Celso Agrícola. Ob. Cit., p. 146; THEODORO JÚNIOR, Humberto. Ob. Cit., p. 21; CUNHA, Leonardo Carneiro da. Ob. Cit., p. 532. Em sentido contrário, sustentando que a Fazenda Pública intervém no feito como litisconsorte passivo necessário, posiciona-se Helly Lopes Meirelles, por entender que parte no mandado de segurança é a autoridade coatora, e não o ente público a qual integra. (MEIRELLES, Hely Lopes; WALD, Arnoldo; MENDES, Gilmar Ferreira. Ob. Cit., p. 71).

230. BUENO, Cassio Scarpinella. *A nova lei do mandado de segurança*. 2. Ed. São Paulo: Saraiva, 2010, p. 26. Mais restritivo, Helly Lopes defende que o assistente só poderia ingressar aos autos com a aquisciência das partes. (MEIRELLES, Hely Lopes; WALD, Arnoldo; MENDES, Gilmar Ferreira. Ob. Cit., p. 82-83).

231. Na jurisprudência do STF: MS 32.074/DF, Relator Min. Luiz Fux, Primeira Turma, DJ em 05.11.2014; MS nº 32824 MC, Rel. Min. Roberto Barroso, DJ de 11/04/2014; RMS nº 31.553, Rel. Min. Ricardo Lewandowski, DJ

Comungamos de posição intermediária[232], no sentido de que é admitida no mandado de segurança apenas a assistência litisconsorcial[233], dada a íntima ligação do assistente com a matéria controvertida nos autos, mormente porque parcela da doutrina e da jurisprudência defendem, com razão, que a assistência litisconsorcial representa, na verdade, hipótese de litisconsórcio ulterior[234], tanto que só se legitima a participar do processo como assistente litisconsorcial aquele que poderia participar no processo como parte desde o seu limiar.[235] Logo, tratando-se de hipótese de litisconsórcio ulterior, a admissibilidade da assistência litisconsorcial é legalmente expressa (art. 24 da Lei Federal n. 12.016/2009).

De outro lado, restaria vedada a assistência simples no mandado de segurança, porquanto o assistente não integra a mesma relação jurídica dos litigantes, não equivalendo a litisconsórcio ulterior.

Respeitante à intervenção anômala prevista no art. 5º da Lei Federal n. 9.469/1997[236], que não se confunde com a assistência por dispensar a necessidade de demonstração de interesse jurídico (basta o interesse econômico),

---

de 14/03/2014. Na jurisprudência do STJ: AgRg no MS 16.702/DF, Rel. Ministro Humberto Martins, Primeira Seção, julgado em 14/10/2015; AgRg no MS n. 15.298, Primeira Seção, Rel. Min. Og Fernandes, j. 08.10.2014.

232. TEIXEIRA, Guilheme Freire de Barros. A assistência e a nova Lei do Mandado de Segurança, *Revista do Processo*, v. 183, São Paulo, maio/2010; THEODORO JR, Humberto. *Lei do mandado de segurança comentada*. Rio de Janeiro: Forense, 2014, p. 103.

233. Art. 124, CPC. Considera-se litisconsorte da parte principal o assistente sempre que a sentença influir na relação jurídica entre ele e o adversário do assistido.

234. Na doutrina: ARENHART, Sérgio Cruz; MARINONI, Luiz Guilherme; MITIDIERO, Daniel. *Novo Código de Processo Civil Comentado*. 2. ed., São Paulo: Revista dos Tribunais, 2016, p. 261. No STJ: "[...] 3. Na hipótese dos autos, a assistência é qualificada ou litisconsorcial, porquanto o assistente atua com poderes equivalentes ao do litisconsorte, uma vez que a quaestio iuris em litígio também é do assistente, o que lhe confere a legitimidade para para discutí-la individualmente ou em litisconsórcio com o assistido. 4. A assistência litisconsorcial se assemelha 'a uma espécie de litisconsórcio facultativo ulterior, ou seja, o assistente litisconsorcial é todo aquele que, desde o início do processo, poderia ter sido litisconsorte facultativo-unitário da parte assistida' (CPC Comentado por Nélson Nery Júnior e Rosa Maria de Andrade Nery, 9ª Edição, Editora RT, p. 235, comentários ao art. 54 do CPC). [...]." (AgRg no REsp 916.010/SP, Rel. Ministro Humberto Martins, Segunda Turma, j. em 19/08/2010)

235. "[...] 1. Na assistência litisconsorcial, também denominada qualificada, é imprescindível que o direito em litígio, sendo também do assistente, confira a este legitimidade para discuti-lo individualmente ou em litisconsórcio com o assistido. [...]." (STJ, REsp 205.249/MG, Rel. Ministro Francisco Peçanha Martins, Segunda Turma, julgado em 20/03/2001)

236. Art. 5º A União poderá intervir nas causas em que figurarem, como autoras ou rés, autarquias, fundações públicas, sociedades de economia mista e empresas públicas federais. Parágrafo único. As pessoas jurídicas de direito público poderão, nas causas cuja decisão possa ter reflexos, ainda que indiretos, de natureza econômica, intervir, independentemente da demonstração de interesse jurídico, para esclarecer questões de fato e de direito, podendo juntar documentos e memoriais reputados úteis ao exame da matéria e, se for o caso, recorrer, hipótese em que, para fins de deslocamento de competência, serão consideradas partes.

pensamos não ser possível a sua admissibilidade[237], pois a intervenção de pessoas jurídicas de direito público, com a juntada de documentos e memoriais, o que demandará o contraditório das partes, certamente delongará o procedimento do mandado de segurança, indo de encontro ao escopo célere e sumário que se espera desse procedimento, prejudicando, assim, tão-somente o impetrante, pois a intervenção da pessoa jurídica de direito público se dará, quase sempre, em defesa do ato praticado pela autoridade pública (impetrado), e não do impetrante. Ora, conforme já discorrido, a ação de mandado de segurança é um instrumento criado a favor do cidadão contra o Poder Público, não se afigurando possível desvirtuar esse desiderato.

No que tange ao *amicus curie*[238], previsto agora como regra geral em qualquer tipo de ação (art. 138 do CPC[239]), inclusive em procedimento de primeira instância, não há nenhum óbice para a sua admissibilidade no procedimento de mandado de segurança, se preenchido os requisitos legais, tanto que a Suprema Corte, no MS n. 32.033[240], admitiu a participação de interessados naquele *writ*, em virtude da relevância da discussão.[241] Com efeito, a participação de entidades interessadas não atua para favorecer nenhuma das partes, mas para auxiliar o Poder Judiciário, como "amigos da Corte", esclarecendo melhor a questão controvertida e apresentando subsídios aos juízes, permitindo, dessa forma, a prestação de tutela jurisdicional de qualidade.

---

237. Nesse sentido: STJ, AgRg no REsp 1279974/RJ, Rel. Ministro Humberto Martins, Segunda Turma, julgado em 27/03/2012; STJ, AgRMS nº 5.690, Primeira Seção, Rel. Min. José Delgado, j. 13.06.2001; CUNHA, Leonardo Carneiro da. *A Fazenda Pública em Juízo*. 13. ed. Rio de Janeiro: Forense, 2016, subitem 7.2.9. Em sentido contrário: MEIRELES, Hely Lopes; WALD, Arnoldo; MENDES, Gilmar Ferreira. *Mandado de Segurança e Ações Constitucionais*. 36. ed. São Paulo: Malheiros, 2014, p. 82.

238. O instituto do *amicus curiae* apresenta grande papel de informação ao Poder Judiciário (seja como *expert testimony* ou como participação das partes interessadas, mas não legitimadas no processo), bem como para a democratização das decisões, visto que agrega a participação de grupos muitas vezes de lados opostos interessados na formação da decisão judicial, permitindo, assim, maior conhecimento da causa pelo juízo ou tribunal que decidirá a *quaestio*. Na doutrina: BUENO, Cassio Scarpinella. *Amicus curiae no processo civil brasileiro.* São Paulo: Saraiva, 2006; CAMBI, Eduardo; DAMASCENO, Kleber Ricardo. Amicus curiae e o processo coletivo: uma proposta democrática. *Revista do Processo*. São Paulo: Revista dos Tribunais, v. 192, p. 35.

239. Art. 138. O juiz ou o relator, considerando a relevância da matéria, a especificidade do tema objeto da demanda ou a repercussão social da controvérsia, poderá, por decisão irrecorrível, de ofício ou a requerimento das partes ou de quem pretenda manifestar-se, solicitar ou admitir a participação de pessoa natural ou jurídica, órgão ou entidade especializada, com representatividade adequada, no prazo de 15 (quinze) dias de sua intimação.

240. MS n. 32.033, Pleno, Rel. Min. Gilmar Mendes, DJe de 17.02.2014.

241. Nesse mesmo sentido é o Enunciado 12 da I Jornada de Direito Processo Civil do Conselho de Justiça Federal em relação ao mandado de injunção: "É cabível a intervenção de amicus curiae (art. 138 do CPC) no procedimento do Mandado de Injunção (Lei n. 13.300/2016)."
Enunciado n. 249 do Fórum Permanente de Processualistas Civis: "A intervenção do amicus curiae é cabível no mandado de segurança."

Essa intervenção pode contribuir, sobretudo, na formação da convicção judicial para a procedência do pedido do impetrante, sendo, portanto, uma espécie de intervenção que pode favorecer o impetrante, e não prejudicar (tal como sói acontecer com a intervenção anômala), mormente porque, tratando-se de matéria relevante, específica e que causa repercussão social, a ponto de justificar a aplicação do instituto em tela pela complexidade do tema, a tendência é de o Poder Judiciário adotar uma conduta de autocontenção, rejeitando a pretensão autoral. Ademais, o âmbito de aplicação do *amicus curiae* é mais restrito do que a intervenção anômola, porquanto necessário demonstrar a relevância da matéria, a especificidade do tema ou a repercussão social, cabendo ao juiz, ainda, definir os poderes dos participantes (art. 138, § 2º, CPC), diferentemente da intervenção anômala, que basta demonstrar interesse econômico na causa.

2.5.5 Ministério Público

O Ministério Público atua como uma instituição independente, autônoma e especializada de garantia dos direitos fundamentais, da ordem jurídica e do regime democrático, quer trate-se de defender direitos de liberdade ou sociais, quer trate-se de defender direitos individuais indisponíveis, direitos individuais disponíveis com relevância social ou direitos coletivos. Justamente por isso, a doutrina defende, em sentido próximo, que o Ministério Público é um "órgão autônomo de tutela do interesse público"[242], o que não "significa que seria um quarto poder. Mas tão somente uma instituição independente e autônoma, reconhecida pelo ordenamento constitucional"[243], uma "instituição de acesso à justiça"[244].

Segundo magistério de Hugo Nigro Mazzilli, o Ministério Público intervém no processo civil em três situações: (i) em razão da indisponibilidade pela qualidade da parte; (ii) em razão da indisponibilidade decorrente da natureza da lide; (iii) em razão de interesse social.[245]

---

242. LIMA, Fernando Antônio Negreiros. *A intervenção do Ministério Público no processo civil brasileiro como custos legais.* São Paulo: Método, 2007, p. 94-96.

243. LEITE, Carlos Henrique Bezerra. *Ministério Público do Trabalho*. 2. ed. São Paulo: LTr, 2006, p. 41.

244. ALMEIDA, Gregório Assagra de. As corregedorias, a nacional e as internas, no contexto do Ministério Público como instituição de acesso à justiça. *Revista da Corregedoria Nacional do Ministério Público.* Brasília: CNMP, p. 49/109, 2016.

245. "Em suma, aponto três causas de atuação para o Ministério Público no processo civil: a) atuação em decorrência de uma indisponibilidade ligada à qualidade da parte; b) atuação em decorrência de uma indisponibilidade ligada à natureza da relação jurídica; atuação em decorrência de um interesse que, embora não seja propriamente indisponível, tenha tal abrangência ou repercussão geral, que sua defesa coletiva seja conveniente à sociedade como um todo (expressão social do interesse)." (MAZZILLI, Hugo Nigro. A intervenção

Nessa qualidade, o Ministério Público pode atuar no processo civil como parte ou como fiscal da ordem jurídica.

Como parte, o Ministério Público exerce o direito de ação representando a sociedade, de acordo com as suas atribuições constitucionais[246], cabendo-lhe os mesmos ônus, deveres, poderes e faculdades das partes, salvo as exceções legais, a exemplo da contagem do prazo em dobro, que se justifica em razão do interesse público defendido pelo *Parquet*.

Dessa forma, o Ministério Público é parte legítima tanto para impetrar mandado de segurança de natureza individual (v.g., postulando uma cirurgia médica para um cidadão – direito individual indisponível), quanto de natureza coletiva (v.g., postulando a anulação de questão de edital do concurso público que beneficie todos os candidatos inscritos no concurso).[247]

De outra banda, como fiscal da ordem "jurídica", a intervenção do Ministério Público se dá nas hipóteses do art. 178 do CPC:

> Art. 178. O Ministério Público será intimado para, no prazo de 30 (trinta) dias, intervir como fiscal da ordem jurídica nas hipóteses previstas em lei ou na Constituição Federal e nos processos que envolvam:
>
> I - interesse público ou social;
>
> II - interesse de incapaz;
>
> III - litígios coletivos pela posse de terra rural ou urbana.

Nota-se, pois, que o Código de Processo Civil de 2015 se alinhou à Constituição Federal, na medida em que atribuiu ao Ministério Público a função de fiscal da ordem "jurídica", e não da "lei", como constava do Código de Processo Civil de 1973, e que traduzia a visão formalista da atuação do Ministério Público.[248] À guisa de exemplo, cite-se o art. 698 do CPC/2015,

---

do Ministério Público no processo civil. In: SALLES, Carlos Alberto (org). *Processo Civil e interesse público*. São Paulo: Revista dos Tribunais, 2003, p. 162)

246. Art. 127, CF. O Ministério Público é instituição permanente, essencial à função jurisdicional do Estado, incumbindo-lhe a defesa da ordem jurídica, do regime democrático e dos interesses sociais e individuais indisponíveis.
Art. 177, CPC. O Ministério Público exercerá o direito de ação em conformidade com suas atribuições constitucionais.

247. A celeuma em torno da legitimidade ativa do Ministério Público para impetrar mandado de segurança coletivo, em razão da ausência de previsão legal, será abordado em capítulo próprio (mandado de segurança coletivo).

248. "No Brasil, especialmente em face das relações entre o Ministério Público e o Poder Executivo, características do modelo interventivo pró-Estado desenhado no art. 82 do CPC/1973 e da obrigatoriedade da intervenção

que exige a intervenção do Ministério Público em matéria de família, apenas se presente interesse de incapaz, diferentemente do CPC/1973, que impunha a intervenção em quaisquer ações ligadas ao estado de pessoa.

Nesse contexto, a Recomendação nº 34 do Conselho Nacional do Ministério Público valorizou o poder de agenda do Ministério Público, ao definir que o planejamento institucional fará parte das matérias consideradas de interesse público para fins de intervenção (arts. 1º, I e 5º, parágrafo único). Em matéria de proteção do patrimônio público, a Recomendação nº 42 do Conselho Nacional do Ministério Público determina que cabe ao Ministério Público: "estabelecer critérios objetivos e transparentes que permitam a priorização de atuação em casos de maior relevância e com maior potencial de retorno para o erário e para a sociedade, bem como a não atuação justificada em matérias de menor relevância" (art. 7º). Constata-se, com isso, uma mudança de direção em prol da efetividade da tutela dos direitos, em consonância com a exigência do Código de Processo Civil de 2015, não bastando mais a atuação meramente formal em todos os processos.

Entrementes, na contramão do caminho atual que percorre o Ministério Público, o art. 12 da Lei Federal n. 12.016/2009, prevê que "findo o prazo a que se refere o inciso I do caput do art. 7º desta Lei, o juiz ouvirá o representante do Ministério Público, que opinará, dentro do prazo improrrogável de 10 (dez) dias."

Em outras palavras: pela interpretação literal desse texto, é obrigatória a intimação do Ministério Público na ação de mandado de segurança, independentemente da matéria veiculada.

Contudo, em consonância com essa diretriz que repele a atuação meramente formal do Ministério Público em todos os processos, impõe-se proceder a uma interpretação conforme à Constituição Federal, de forma que o texto do art. 7º, inciso I, da Lei Federal 12.016/2009, seja lido em conformidade com o art. 127 da Carta Magna, e conjuntamente com o art. 178 do CPC, extrain-

---

em alguns processos individuais como curador do Estado ou de interesses privados nos processos individuais – à época considerados de relevância pública (ex.: vínculo conjugal, jurisdição voluntária etc.) –, o Ministério Público atuava obrigatoriamente sempre que a lei determinava a sua intervenção. A vinculatividade à lei sem o filtro da função constitucional gerava uma desconformidade constitucional que deve ser sanada hermeneuticamente a partir do novo Código. O CPC/2015 atualiza a tradição e impõe uma adequação forte entre a atuação do Ministério Público como instituição de garantia e os direitos fundamentais aos quais está vocacionado a tutelar. O Ministério Público brasileiro necessita aproveitar, portanto, a refundação democrática do CPC para sanar o desequilíbrio que existia no período entre a Constituição de 1988 e a sua edição, quando ainda era possível falar no processo civil do Ministério Público da lei e do Ministério Público da Constituição." (ZANETI JR, Hermes. CPC/2015: O Ministério Público como Instituição de Garantia e as Normas Fundamentais Processuais. *Revista Jurídica. Corregedoria Nacional*, v. 2, 2017, p. 115)

do-se a norma jurídica segundo a qual a manifestação obrigatória do órgão do *Parquet,* no procedimento especial do mandado de segurança *individual*, apenas ocorra se presentes as hipóteses do supracitado art. 178 do CPC.[249]

Com efeito, não é o tipo de ação que justifica a participação do Ministério Público no processo, mas, sim, a natureza do direito material em jogo. Calha trazer à lume a didática ilustração de Hugo Nigro Mazzilli:

> Suponham que uma autoridade cometa um ato ilegal, passível de correção por mandado de segurança e, dentro de 120 dias de prazo de decadência, o lesado entre com a ação mandamental; lá irá o Promotor dar o seu parecer. Mas suponhamos que o lesado ajuíze a ação em 121 dias ou mais: em vez de usar o mandado de segurança, terá de propor ação ordinária, com a mesma causa de pedir e o mesmo pedido, e o Ministério Público não irá nela necessariamente intervir. Assim, nesse caso, não será, no mais das vezes, a relação jurídica que trará o Ministério Público ao processo; terá sido apenas o rito processual escolhido... o que acaba trazendo o Ministério Público ao processo será o fato de o indivíduo ter ajuizado um mandado de segurança e não uma ação ordinária; não será necessariamente o direito que ele está discutindo que tornará necessária a presença da instituição no processo, até porque aquele mesmo direito, se for discutido fora do prazo de decadência do mandado de segurança, já não importará a presença do Ministério Público ao processo, mas só ao rito, o que é inadequado. Nem se diga que o mandado de segurança é uma garantia constitucional, pois o próprio direito de ação também é, e nem por isso o Ministério Público oficia em todas as ações.[250]

Toda essa argumentação diz respeito ao mandado de segurança individual. No tocante ao mandado de segurança coletivo, a intimação e intervenção

249. Nesse mesmo sentido, advogam Marinoni, Arenhart e Mitidiero: "*De lege ferenda,* seria até mesmo recomendável a supressão da participação compulsória do Ministério Público em todo mandado de segurança, deixando que sua intervenção fosse regulada pelo art. 178 do CPC." *(Novo Código de Processo Civil.* Tutela dos direitos mediante procedimentos diferenciados. 2. ed., São Paulo: Revista dos Tribunais, 2016, p. 373, v. III). De igual sorte: MAZZILLI, Hugo Nigro. A intervenção do Ministério Público no processo civil. In: SALLES, Carlos Alberto (org). *Processo Civil e interesse público*. São Paulo: Revista dos Tribunais, 2003, p. 168-169; CUNHA, Leonardo Carneiro da. *A Fazenda Pública em Juízo.* 13. ed. Rio de Janeiro: Forense, 2016, p. 539; TAVARES, André Ramos. *Manual do novo mandado de segurança*. Rio de Janeiro: Forense, 2009, p. 77. Em sentido contrário, justificando a intimação obrigatória do Ministério Público em virtude da natureza constitucional da ação de mandado de segurança: BUENO, Cassio Scarpinella. *A nova lei do mandado de segurança*. 2. ed. São Paulo: Saraiva, 2010, p. 100-103.

250. MAZZILLI, Hugo Nigro. A intervenção do Ministério Público no processo civil. In: SALLES, Carlos Alberto (org). *Processo Civil e interesse público*. São Paulo: Revista dos Tribunais, 2003, p. 168-169.

do Ministério Público sempre será obrigatória, em face da natureza do direito debatido, pois a tutela coletiva sempre revela interesse social, tanto que, se na ação coletiva conta com a intervenção obrigatória do Ministério Público, com a mesma razão no mandado de segurança coletivo.[251]

De todo modo, nunca é demais lembrar que a declaração de nulidade, por força de ausência de intimação do Ministério Público, apenas ocorre se afirmado efetivo prejuízo, incidindo o vetusto brocardo jurídico *pas de nullité sans grief*,[252] nos termos do art. 279, § 2º, CPC, cabendo ao Ministério Público a decisão.

2.6 COMPETÊNCIA

A competência para o processamento da ação de mandado de segurança é *sui genesis*, pois agrega quatros critérios, examinados em ordem preferencial da seguinte forma: (i) graduação hierárquica da autoridade; (ii) matéria em litígio (eleitoral ou trabalhista); (iii) qualificação de autoridade (federal ou local); (iv) território. Passemos à análise individual de cada critério.

2.6.1 Competência em razão da graduação hierárquica da autoridade

O primeiro critério que deva ser apreciado, e que prevalece sobre os demais, consiste na graduação hierárquica da autoridade, em virtude de gozar de foro especializado para julgamento nos tribunais superiores (competência originária).

Dispõe o art. 102, I, "d", da CF, que compete ao Supremo Tribunal Federal, processar e julgar, originalmente, "o mandado de segurança e o habeas data contra atos do Presidente da República, das Mesas da Câmara dos Deputados e do Senado Federal, do Tribunal de Contas da União, do Procurador-Geral da República e do próprio Supremo Tribunal Federal", bem como os

251. Esse tema será mais desenvolvido em tópico próprio, ao tratar do mandado de segurança coletivo.

252. "[...] 3. A jurisprudência desta Corte já assentou entendimento no sentido de que a ausência de intimação do Ministério Público, por si só, não enseja a decretação de nulidade do julgado, a não ser que se demonstre o efetivo prejuízo para as partes ou para a apuração da verdade substancial da controvérsia jurídica, à luz do princípio pas de nullités sans grief. Até mesmo nas hipóteses em que a intervenção do Parquet é obrigatória seria necessária a demonstração de prejuízo para que se reconheça a nulidade processual. (Precedentes: REsp 1.010.521/PE, Rel. Min. Sidnei Beneti, Terceira Turma, julgado em 26.10.2010, DJe 9.11.2010; REsp 814.479/RS, Rel. Min. Mauro Campbell Marques, Segunda Turma, julgado em 2.12.2010, DJe 14.12.2010). [...]" (STJ, REsp 1199244/PI, Rel. Ministro Mauro Campbell Marques, Segunda Turma, j. em 27.09.2011). Mais recentemente: STJ, REsp 1666681/RN, Rel. Ministro Herman Benjamin, Segunda Turma, julgado em 05/12/2017.

mandados de segurança contra autoridades do Conselho Nacional de Justiça e do Conselho Nacional do Ministério Público" (art. 102, I, "r", da CF).

O Supremo Tribunal Federal tem interpretado restritivamente a sua competência originária para julgamento de mandado de segurança. A título de ilustração, a competência originária do STF para julgar atos praticados pelo CNJ ou CNMP engloba apenas o mandado de segurança, e não outras espécies de ação.[253] Ademais, a competência originária do STF é apenas contra ato supostamente ilegal praticado pelas Mesas da Câmara de Deputados ou do Senado Federal, e não de ato praticado por seus respectivos Presidentes.[254] A par disso, a Excelsa Corte inclina-se no sentido de que não cabe mandado de segurança contra ato jurisdicional da própria Corte[255] ou de tribunais inferiores.[256]

Dispõe o art. 105, I, "b", da CF, que compete ao Superior Tribunal de Justiça, processar e julgar, originalmente, "os mandados de segurança e os habeas data contra ato de Ministro de Estado[257], dos Comandantes da Marinha, do Exército e da Aeronáutica ou do próprio Tribunal." Como se observa, "o Superior Tribunal de Justiça não tem competência para processar e julgar, originariamente, mandado de segurança contra ato de outros tribunais ou dos Respectivos órgãos." (Súmula n. 41 do STJ)

---

253. "COMPETÊNCIA – AÇÃO – RITO ORDINÁRIO – UNIÃO – MÓVEL – ATO DO CONSELHO NACIONAL DE JUSTIÇA. Cabe à Justiça Federal processar e julgar ação ajuizada contra a União presente ato do Conselho Nacional de Justiça. A alínea "r" do inciso I do artigo 102 da Carta da República, interpretada de forma sistemática, revela a competência do Supremo apenas para os mandados de segurança." (STF, AO-QO 1814, Pleno, Rel. Ministro Marco Aurélio, j. 24.09.2014)

254. "Não compete ao Supremo, mas à Justiça Federal, conhecer de mandado de segurança impetrado contra ato, omissivo ou comissivo, praticado, não pela Mesa, mas pelo presidente da Câmara dos Deputados." (STF, MS 23.977, Pleno, Rel. Min. Cezar Peluso, j. 12.5.2010).

255. "[...]. 1. É inadmissível mandado de segurança contra atos praticados por membros do Supremo Tribunal, no exercício da prestação jurisdicional, sejam eles proferidos por seus Ministros, monocraticamente, ou por seus órgãos colegiados. Precedentes: MS 31.019-AgR, Rel. Min. Luiz Fux, Tribunal Pleno, DJe 16/6/2014 e RMS 31.214-AgR, Rel. Min. Dias Toffoli, Primeira Turma, DJe 14/12/2012. [...]." (STF, MS 33459 AgR, Relator Min. Luiz Fux, Primeira Turma, julgado em 03/05/2016). Nesse mesmo sentido: STF, MS 28982 AgR, Relator Min. Gilmar Mendes, Tribunal Pleno, julgado em 16/09/2010.

256. Súmula n. 330 do STF: "O Supremo Tribunal Federal não é competente para conhecer de mandado de segurança contra atos dos Tribunais de Justiça dos Estados." Súmula n. 624 do STF: "Não compete ao Supremo Tribunal Federal conhecer originariamente de mandado de segurança contra atos de outros Tribunais."

257. A competência do STJ para processar mandado de segurança contra Ministro de Estado apenas incide quando o mesmo pratica o ato impugnado nessa qualidade. Quando atua, em cumulação de funções, presidindo órgão colegiado, o ato objeto de impugnação não fora praticado por Ministro de Estado, mas, sim, pelo Presidente do órgão, a quem deve figurar como autoridade coatora. Dessa forma, o "Superior Tribunal de Justiça é incompetente para processar e julgar, originariamente, mandado de segurança contra ato de órgão colegiado presidido por Ministro de Estado." (Enunciado n. 177 da Súmula do STJ). Todavia, respeitante a ato praticado pelo Conselho da Justiça Federal, órgão vinculado ao próprio STJ, e presidido pelo seu Presidente, é no próprio STJ que deva ser impetrado o *writ*. (STJ, Rcl n. 3.495, Corte Especial, Rel. Min. Nancy Andrigui, DJ de 28.02.2013)

Por simetria constitucional, e desde que estabelecido nas Constituições Estaduais, mandado de segurança impetrado em face de Governador de Estado deva ser processado e julgado pelo respectivo Tribunal de Justiça.

Portanto, respeitante a essas autoridades públicas, independentemente da matéria em discussão (se eleitoral, trabalhista, federal ou estadual), o mandado de segurança sempre será impetrado perante o órgão ao qual está constitucionalmente vinculado. Assim, mandado de segurança intentado em face de Presidente da República, sempre será processado e julgado pelo Supremo Tribunal Federal.

A impetração do *writ* em face de juízo incompetente, ainda que seja no Supremo Tribunal Federal (indicando autoridade que não tenha foro previsto na Carta Magna), não tem o condão de ensejar a extinção do processo, devendo ser determinada a remessa dos autos ao juízo competente.[258]

2.6.2 Competência em razão da matéria (eleitoral ou trabalhista)

Não se enquadrando a autoridade coatora naquelas hipóteses constitucionais que autorizam a competência originária dos Tribunais para processamento do *writ* (competência em razão da graduação hierárquica da autoridade), cabe verificar a especificidade da matéria, se eleitoral, trabalhista ou comum (federal ou estadual), sendo esta última (matéria comum) critério residual.

Nessa medida, resta superado o entendimento de que a competência do mandado de segurança é firmada apenas em relação à qualificação da autoridade e da graduação hierárquica da autoridade[259], pois a matéria debatida prevalece sobre a qualificação da autoridade.

2.6.2.1 Matéria Eleitoral

O art. 121 da CF prescreve que "lei complementar disporá sobre a organização e competência dos tribunais, dos juízes de direito e das juntas eleitorais."

O art. 35, inciso III, do Código Eleitoral (Lei Federal n. 4.737/1965), por sua vez, dispõe que compete aos juízes "decidir *habeas corpus* e mandado de segurança, em matéria eleitoral, desde que essa competência não esteja atribuída privativamente à instância superior."

---

258. "Mandado de segurança: incompetência do Supremo Tribunal para processar e julgar originariamente mandado de segurança contra ato do seu Secretário de Recursos Humanos (CF, art. 102, I, d). Remessa dos autos à Justiça Federal do Distrito Federal (CF, art. 109, VIII): precedente (MS 25.087-ED, Pleno, Carlos Britto, Inf.STF 441)." (STF, MS 26244 AgR, Relator Min. Sepúlveda Pertence, Tribunal Pleno, julgado em 02.02.2007)

259. NUNES, Castro. Ob. Cit., p. 217.

Assim, à exceção da competência originária das instâncias superiores, cabe à Justiça Eleitoral processar e julgar mandado de segurança que (i) envolva matéria estritamente eleitoral (art. 22, I, "e", e 29, I, "e", do Código Eleitoral - Lei Federal n. 4.737/1965)[260], desde que ocorrido o ato até a diplomação dos eleitos[261]; ou (ii) contra quaisquer atos dos membros do próprio Tribunal, ainda que de cunho administrativo, na forma do art. 21, VI, da LOMAN (LC n. 35/1979)[262], por se tratar de norma especial e posterior em relação ao Código Eleitoral[263].

2.6.2.2 Matéria Trabalhista

Preceitua o art. 114, IV, da CF, que compete à Justiça do Trabalho processar e julgar "os mandados de segurança, *habeas corpus* e habeas data, quando o ato questionado envolver matéria sujeita à sua jurisdição."

A matéria sujeita à jurisdição trabalhista, em suma, é aquela decorrente de relação de trabalho (regime celetista)[264], ainda que decorrente de emprego

---

260. Matéria eleitoral não se confunde com atos administrativos praticados pelos agentes públicos vinculados à Justiça Eleitoral, sendo que tais atos administrativos, por emanarem de autoridade federal, são passíveis de mandado de segurança perante à Justiça Federal. Assim já se manifestou o STF: "Cabe ao juízo da vara federal com atuação no domicílio do impetrante julgar mandado de segurança mediante o qual se insurge contra ato do procurador regional eleitoral destituindo-o da função de promotor eleitoral." (CC 7.698, Rel. Min. Marco Aurélio, j. 13-5-2014, 1ª Turma)

261. "CONFLITO DE COMPETÊNCIA. MANDADO DE SEGURANÇA. NOMEAÇÃO DE VEREADORES SUPLENTES. COMPETÊNCIA. JUSTIÇA COMUM. 1. Com exceção da ação de impugnação de mandato prevista no § 10 do art. 14 da CF/88, a competência da Justiça Eleitoral finda-se com a diplomação dos eleitos. Precedentes: CC 96.265/RS, Rel. Min. Teori Albino Zavascki, DJe de 1º.09.08; CC 1021/SP, Rel. Min. Luiz Vicente Cernicchiaro, DJU de 30.04.90; CC 9.534-4/RS, Rel. Min. Hélio Mosimann, DJU de 26.09.94; CC 92.675/MG, Rel. Min. Benedito Gonçalves, DJe de 23.03.09; CC 88.995/PA, Rel. Min. Mauro Campbell Marques, DJe de 1º.12.08; CC 88.236/SP, Rel. Min. Castro Meira, DJe de 17.03.08; CC 28.775/SP, Rel. Min. Francisco Falcão, DJU de 17.09.01; CC 36.533/MG, Rel. Min.Luiz Fux, DJU de 10.05.04. 2. Compete à Justiça Comum Estadual processar e julgar mandado de segurança em que se discute a ordem de convocação de suplente à Câmara de Vereadores. 3. Conflito conhecido para declarar competente o Juízo de Direito da 1ª Vara do Foro Distrital de Américo Brasiliense - Araraquara/SP, o suscitado." (STJ, CC 108.023/SP, Rel. Ministro Castro Meira, Primeira Seção, julgado em 28/04/2010)

262. Art. 21. Compete aos tribunais, privativamente: [...]. VI - julgar, originariamente, os mandados de segurança contra seus atos, os dos respectivos Presidentes e os de suas Câmaras, Turmas ou Seções.

263. STJ, CC 27.078/PI, Rel. p/ Acórdão Ministro Milton Luiz Pereira, Primeira Seção, julgado em 26/04/2000; TRF 1, MS nº 93.0114487-5, Corte Especial, Rel. Des. Nelson Gomes, DJ 17.12.1993. Contudo, tratando-se de ação sob o procedimento comum, para atacar ato praticado pelo Presidente do TRE, a ação será ajuizada em face da União, perante a Justiça Federal.

264. Art. 114. Compete à Justiça do Trabalho processar e julgar: I - as ações oriundas da relação de trabalho, abrangidos os entes de direito público externo e da administração pública direta e indireta da União, dos Estados, do Distrito Federal e dos Municípios; II - as ações que envolvam exercício do direito de greve; III - as ações sobre representação sindical, entre sindicatos, entre sindicatos e trabalhadores, e entre sindicatos e empregadores; IV - os mandados de segurança, habeas corpus e habeas data , quando o ato questionado envolver matéria sujeita à sua jurisdição; V - os conflitos de competência entre órgãos com jurisdição trabalhista, ressalvado o disposto no art. 102, I, o; VI - as ações de indenização por dano moral ou patrimonial, decorrentes da relação de trabalho; VII - as ações relativas às penalidades administrativas impostas aos empregadores pelos

público, não abrangendo, todavia, a (i) simples prestação de serviço regida pelo Direito Civil (competência da justiça comum - estadual ou federal -, a depender da parte)[265], (ii) e exercício de cargo público (regime estatutário)[266] ou função pública decorrente de contrato temporário (relação jurídico-administrativa)[267], regidas pelo Direito Administrativo.

Vale dizer: cabe à Justiça de Trabalho processar mandado de segurança contra atos supostamente ilegais, (i) praticados por agentes públicos cujo conteúdo tenha cunho trabalhista (ainda que provenha de empresa estatal federal no exercício de função pública delegada)[268] ou (ii) praticado pelos Juízes do Trabalho na função jurisdicional, que tratem de matérias relacionadas a questões trabalhistas, exceto se a autoridade apontada coatora possui foro específico no STF ou STJ, a exemplo de Ministro de Estado, quando, então, o mandado de segurança deverá ser intentado no STJ, ainda que se trate de matéria trabalhista, pois o critério da graduação hierárquica da autoridade prevalece sobre o critério da matéria.[269]

Como se nota, por não se tratar de matéria afeita à relação de trabalho, a Justiça do Trabalho não detém competência para julgar mandado de

---

órgãos de fiscalização das relações de trabalho; VIII - a execução, de ofício, das contribuições sociais previstas no art. 195, I, a , e II, e seus acréscimos legais, decorrentes das sentenças que proferir; IX - outras controvérsias decorrentes da relação de trabalho, na forma da lei.

265. "[...]. 2. Não configurada, na hipótese, a existência de vínculo laboral, mas de relação civil de prestação de serviços de disponibilização de vaga de estágio obrigatório acadêmico, exigido por instituição de ensino superior para colação de grau, competindo à Justiça Comum processar e julgar a ação de indenização. [...]." (STJ, CC 131.195/MG, Rel. Ministro Raul Araújo, Segunda Seção, julgado em 26/02/2014)

266. "INCONSTITUCIONALIDADE. Ação direta. Competência. Justiça do Trabalho. Incompetência reconhecida. Causas entre o Poder Público e seus servidores estatutários. Ações que não se reputam oriundas de relação de trabalho. Conceito estrito desta relação. Feitos da competência da Justiça Comum. Interpretação do art. 114, inc. I, da CF, introduzido pela EC 45/2004. Precedentes. Liminar deferida para excluir outra interpretação. O disposto no art. 114, I, da Constituição da República, não abrange as causas instauradas entre o Poder Público e servidor que lhe seja vinculado por relação jurídico-estatutária." (STF, ADI 3395 MC, Relator Min. Cezar Peluso, Tribunal Pleno, j. em 05/04/2006)

267. "Reclamação. Contrato temporário. Regime jurídico administrativo. Descumprimento da ADI 3.395. Competência da Justiça Federal. Contrato firmado entre a Anatel e a Interessada tem natureza jurídica temporária e submete-se ao regime jurídico administrativo, nos moldes da Lei 8.745/1993; do inciso XXIII do art. 19 da Lei 9.472/1997 e do Decreto 2.424/1997. Incompetência da Justiça Trabalhista para o processamento e o julgamento das causas que envolvam o Poder Público e servidores que lhe sejam vinculados por relação jurídico-administrativa. Precedentes. Reclamação julgada procedente." (STF, Rcl 4.762, Rel. Min. Cármen Lúcia, j. 02.03.2007, 1ª Turma). Nesse mesmo sentido: STF, Rcl 5.171, Rel. Min. Cármen Lúcia, j. 21.08.2008, Pleno.

268. Compete à Justiça do Trabalho "decidir mandados de segurança impetrados contra dirigentes de sociedades de economia mista, no exercício de atribuições de autoridade administrativa, como é o caso de dirigente de entidade da administração pública indireta (CF, art. 37), no exercício de poder disciplinar em relação a empregado celetista." (STJ, CC 129.193, 1ª Seção, Rel. Min. Raul Araújo, j. 28.10.2015)

269. STJ, 1ª Seção, MS 10.295, Rel. Min. Denise Arruda, j. 23.11.2005. De igual sorte, mandado de segurança impetrado contra Governador do Estado, ainda que a matéria seja trabalhista, deve ser julgado perante o Tribunal de Justiça respectivo, e não perante o TRT. (STJ, RMS 1.902/PR, Rel. Ministro Edson Vidigal, Quinta Turma, julgado em 20/04/1999)

segurança em face de atos administrativos praticados por agentes públicos (*v.g.*, concurso público da CEF)[270], mesmo se oriundos da Justiça do Trabalho (v.g., ato praticado por Analista Judiciário em processo administrativo disciplinar, na condição de Presidente da Comissão), quando, então, a competência será da Justiça Federal (art. 109, VIII, CF), salvo atos administrativos praticados por membros dos tribunais trabalhistas (TST e TRT), na forma do art. 21, VI, da LOMAN (LC n. 35/1979)[271], pois cabe a cada tribunal julgar os mandados de segurança que impugnem os atos praticados por seus respectivos membros.[272]

2.6.3 Competência em razão da qualificação da autoridade (federal ou local)

Não se tratando de autoridade cujo julgamento compete originariamente aos tribunais superiores (competência em razão da graduação hierárquica de autoridade), e não se cuidando de matéria eleitoral ou trabalhista (competência em razão da matéria), a competência do mandado de segurança será comum (federal ou estadual), e será definida pela qualidade da autoridade.

2.6.3.1 Autoridade Federal

2.6.3.1.1 Competência da Justiça Federal – Linhas Gerais

A competência cível da Justiça Federal é fixada em razão da pessoa, da matéria e da função.[273] Assim, pode-se classificar essa competência:

---

270. "[...]. 2. Extrai-se da inicial que o autor objetiva, com a presente ação, a nomeação para o cargo de Técnico Bancário da Caixa Econômica Federal, para o qual fora aprovado em concurso público, dentro do número de vagas disponível no edital. 3. O STJ pacificou o entendimento de que não compete à Justiça do Trabalho decidir os feitos em que se discutem critérios utilizados pela administração para a seleção e admissão de pessoal em seus quadros, uma vez que envolve fase anterior à investidura no emprego público. [...]." (STJ, CC 154.087/MG, Rel. Ministro Herman Benjamin, Primeira Seção, julgado em 27/09/2017)

271. Art. 21. Compete aos tribunais, privativamente: [...]. VI - julgar, originariamente, os mandados de segurança contra seus atos, os dos respectivos Presidentes e os de suas Câmaras, Turmas ou Seções.

272. "[...]. 3. Compete à Justiça Trabalhista processar e julgar as impetrações voltadas contra atos de autoridade em sede de matéria puramente trabalhista, assim entendida aquela que se amolde aos incisos do art. 114 da CF, notadamente as relativas ao direito de greve (inciso II), representação sindical (inciso III) e penalidades administrativas impostas pelos órgãos de fiscalização das relações de trabalho aos empregadores (inciso VII), bem como os mandados de segurança impetrados contra seus próprios atos, na forma do que dispõe o art. 21, inciso VI, da Lei Complementar n. 35, de 14 de março de 1979. [...]." (STJ, CC 130.946/CE, Rel. Ministro Sérgio Kukina, Primeira Seção, julgado em 24/09/2014)

273. MENDES, Aluisio Gonçalves de Castro Mendes. *Competência Cível da Justiça Federal*. 3. ed. São Paulo: Revista dos Tribunais, 2009, p. 56.

(i) *em razão da pessoa*: (a) quando presente a União, as autarquias federais[274], as fundações públicas federais (espécie de autarquia)[275] e as empresas públicas federais, na condição de autoras, rés, assistentes[276] ou oponentes (art. 109, I, CF), salvo matéria de falência[277], de acidente de trabalho[278] e de competência da Justiça Eleitoral e da Justiça do Trabalho, (b) litígio envolvendo Estado Estrangeiro ou organismo internacional e Município ou pessoa domiciliada ou

---

274. Como espécie do gênero autarquia federal, situam-se as autarquias corporativas (conselhos de fiscalização profissional), a exemplo do CRM e do CREA, a ensejar a competência da Justiça Federal, ainda que o Conselho seja de âmbito estadual (v.g, CRM Regional do Estado do Espírito Santo), conforme já definido pelo STF. Nesse sentido é o Enunciado n. 66 da Súmula do STJ: "Compete à Justiça Federal processar e julgar execução fiscal promovida por Conselho de Fiscalização profissional." De igual forma, apesar de sua natureza *sui genesis*, "compete à justiça federal processar e julgar ações em que a Ordem dos Advogados do Brasil (OAB), quer mediante o conselho federal, quer seccional, figure na relação processual." (STF, RE 595.332, Rel. Min. Marco Aurélio, j. 31.08.2016, Pleno, sob a sistemática da repercussão geral)

275. Rememora-se que as fundações podem ser públicas (criadas pelos entes federados) ou privadas (criadas pelos particulares). As fundações públicas, por sua vez, podem apresentar regime jurídico de direito público, ou regime jurídico de direito privado, sendo certo que apenas as fundações públicas de direito público enquadram-se no conceito de Fazenda Pública. Apenas as fundações públicas federais (tanto no regime de direito público, quanto no regime de direito privado) inserem-se na competência da Justiça Federal.

276. Verifica-se que não apenas como parte, mas também como terceiro, a presença do ente federal justifica a competência da Justiça Federal. A despeito da Constituição da República se referir apenas a uma espécie de intervenção de terceiro (assistência), além da oposição (que agora é espécie de procedimento especial), nada obsta a aplicação desse dispositivo constitucional às demais espécies de intervenção de terceiro (chamamento ao processo e denunciação à lide), para efeito de fixação da competência da Justiça Federal. Contudo, cabe ressaltar que a assistência anômola prevista no art. 5º da Lei Federal n. 9.469/1997, em que a União pode intervir em qualquer causa que possa ter reflexos de natureza econômica, ainda que não demonstre interesse jurídico, não enseja a alteração de competência no primeiro grau de jurisdição, apenas deslocando a competência se interposto recurso. Nesse sentido: STJ, AgInt no CC 152.972/DF, Rel. Ministro Francisco Falcão, Primeira Seção, julgado em 11/04/2018.

277. No processo de falência, "a intervenção da União, suas autarquias e empresas públicas em concurso de credores ou de preferência não desloca a competência para a Justiça Federal (Verbete n. 244 do TFR). Vale lembrar que o crédito tributário (art. 187, CTN) e qualquer dívida ativa da Fazenda Pública (art. 29 da Lei Federal n. 6.830/80), não estão sujeitos a concurso de credores ou habilitação em falência, recuperação judicial, liquidação, inventário ou arrolamento. Dessa forma, o STJ entende que os créditos fiscais, por não estarem sujeitos à habilitação no juízo falimentar, não são atingidos pela decretação da falência, que não tem o condão de paralisar a execução fiscal, nem desconstituir a penhora, prosseguindo-se até a alienação; contudo, o produto resultante da alienação dos bens penhorados deve ser entregue ao juízo de falência. Quanto ao momento da penhora na execução fiscal, se realizada antes da decretação da falência, mantém-se válida; se realizada a penhora após a decretação de falência, a penhora deve ser feita no rosto do processo de falência. Confira: STJ, REsp 188.148/RS, Rel. Ministro Humberto Gomes de Barros, Corte Especial, julgado em 19/12/2001; STJ, EREsp 444.964/RS, Rel. p/ Acórdão Ministro João Otávio de Noronha, Primeira Seção, julgado em 06/10/2003.

278. O STJ dá interpretação ampla ao termo "acidente de trabalho", para alcançar qualquer ação previdenciária que, ainda que indiretamente, a causa de pedir se refira a acidente, de forma que cabe ao juízo estadual a análise de litígios previdenciários em face do INSS decorrentes de acidente de trabalho, tanto para conceder o benefício, quando para proceder a sua revisão (STJ, AgRg no CC 141.868/SP, Rel. Ministro Napoleão Nunes Maia Filho, Primeira Seção, DJe 02/02/2017). Todavia, vale ressaltar que os servidores da União e autarquias federais são submetidos, como regra geral, ao regime estatutário (Lei Federal n. 8.112/1990), de forma que os litígios decorrentes de acidente de serviço não se submetem ao conceito constitucional de "acidente de trabalho", a ponto de afastar a competência da Justiça Federal. (STJ, EDcl no CC 104.691/SP, Rel. Ministro Castro Meira, Primeira Seção, julgado em 24/02/2010)

residente no país (art. 109, II, CF), (c) nos mandados de segurança e nos *habeas data* em que é apontada autoridade federal como coatora (art. 109, VIII, CF);

(ii) *em razão da matéria:* (a) as causas fundadas em tratado ou contrato da União com Estado estrangeiro ou organismo internacional (art. 109, III, CF)[279], (b) a disputa sobre direitos indígenas (art. 109, XI, CF)[280], (c) causas referentes à nacionalidade e naturalização (art. 109, X, CF);

(iii) *em razão da função* (art. 109, X, CF): (a) execução de carta rogatória, após o *exequatur* pelo STJ, e (b) execução de sentença estrangeira, após a homologação pelo STJ.

De início, não custa lembrar que as hipóteses de competência da Justiça Federal são taxativas, elencadas *numerus clausus* na Constituição da República nos arts. 108 e 109, não comportando ampliação por norma infraconstitucional[281], cuidando-se de competência material absoluta[282], improrrogável e declarada de ofício pelo juiz (após a oitiva das partes, em respeito ao contraditório preventivo e ao dever de cooperação)[283].

Por conta dessa taxatividade, a competência da Justiça Federal não atrai outros pedidos não abarcados nas hipóteses dos arts. 108 e 109 da CF, obstando, assim, (i) a modificação de competência por conexão ou continência

279. O STF procedeu a uma interpretação restritiva desse dispositivo constitucional, de modo que apenas são de competência da Justiça Federal as causas que versem sobre disposições do próprio tratado (STF, CJ 6528, Relator Min. Sydney Sanches, Tribunal Pleno, julgado em 19/02/1987), tanto que as ações de indenização em face de companhias aéreas em virtude de extravio de bagagem em transporte internacional, em que se discute a aplicabilidade das Convenções de Varsóvia e Montreal, são julgadas pela Justiça Estadual, e não pela Justiça Federal. Nesse diapasão é o Enunciado n. 21 da Súmula do extinto TRF: "Após a Emenda Constitucional nº 7, de 1977, a competência para o processo e julgamento das ações de indenização, por danos ocorridos em mercadorias, no transporte aéreo, é da Justiça Comum Estadual, ainda quando se discuta a aplicação da Convenção de Varsóvia relativamente ao limite da responsabilidade do transportador."

280. Para o STF, a competência da Justiça Federal apenas se configura se a causa versar sobre as terras indígenas, sua cultura ou afetar a coletividade. Nesse sentido: HC 91.121, Rel. Min. Gilmar Mendes, j. 6-11-2007, 2ª Turma; RHC 85.737, Rel. Min. Joaquim Barbosa, j. 12-12-2006, 2ª Turma.

281. MENDES, Aluisio Gonçalves de Castro Mendes. *Competência Cível da Justiça Federal*. 3. ed. São Paulo: Revista dos Tribunais, 2009, p. 54; STF, ACO 1509, Relator Min. Eros Grau, julgado em 18/06/2010.

282. Frisa-se que, com o Código de Processo Civil de 2015, a regra é a conservação dos atos processuais, mesmo na declaração de incompetência absoluta, só havendo ineficácia dos atos praticados pelo juízo incompetente se expressamente declarado pelo juízo firmado competente. Nesse sentido é a inteligência do art. 64, § 4º, do CPC: "salvo decisão judicial em sentido contrário, conservar-se-ão os efeitos de decisão proferida pelo juízo incompetente até que outra seja proferida, se for o caso, pelo juízo competente."

283. Art. 10, CPC. O juiz não pode decidir, em grau algum de jurisdição, com base em fundamento a respeito do qual não se tenha dado às partes oportunidade de se manifestar, ainda que se trate de matéria sobre a qual deva decidir de ofício.

(art. 54, CPC)[284], ou (ii) a cumulação de pedidos na exordial (art. 327, § 1º, II, CPC)[285], em razão da incompetência absoluta para apreciar um dos pedidos[286]. A exceção a essa regra consiste na hipótese em que incida o litisconsórcio necessário ou o litisconsórcio unitário.[287] Não se desconhece o fato de que

---

284. "[...] - Somente os juízos determinados pelos critérios territorial ou objetivo em razão do valor da causa - competência relativa - estão sujeitos à modificação de competência por conexão. Art. 102 do CPC.- A reunião dos processos por conexão, como forma excepcional de modificação de competência, só tem lugar quando as causas supostamente conexas estejam submetidas a juízos, em tese, competentes para o julgamento das duas demandas. - Sendo a Justiça Federal absolutamente incompetente para julgar a ação anulatória de ato administrativo, não se permite a modificação de competência por conexão." (STJ, AgRg no CC 117.259/SC, Rel. Ministro Cesar Asfor Rocha, Primeira Seção, j. em 27.06.2012); "[...]. 2. IMISSÃO NA POSSE. LIDE ENTRE PARTICULARES. BEM IMÓVEL. REMESSA DA AÇÃO DE IMISSÃO PARA A JUSTIÇA FEDERAL. IMPOSSIBILIDADE. CASO QUE NÃO SE ENQUADRA NA HIPÓTESE DO ART. 109, I, DA CF/1988. PRECEDENTES. [...]. 2. Tratando-se de litígio entre particulares, firmou-se nesta Corte orientação segundo a qual 'não é possível reunir ações, sob o fundamento de que o fato que as originou é o mesmo, se para uma delas a competência do Juízo é absoluta" (AgRg no CC n. 92.346/RS, Relator o Ministro Humberto Gomes de Barros, DJe 3/9/2008)." (STJ, AgInt no REsp 1636936/MG, Rel. Ministro Marco Aurélio Bellizze, Terceira Turma, julgado em 06/06/2017)

285. Art. 327. É lícita a cumulação, em um único processo, contra o mesmo réu, de vários pedidos, ainda que entre eles não haja conexão. § 1º São requisitos de admissibilidade da cumulação que: [..] II - seja competente para conhecer deles o mesmo juízo.

286. "[...]. 3. Configura-se indevida a cumulação de pedidos, in casu, porquanto formulada contra dois réus distintos, o Banco do Brasil e a Caixa Econômica Federal. 4. Mesmo que se cogite de eventual conexão entre os pedidos formulados na exordial, ainda assim eles não podem ser julgados pelo mesmo juízo, ante a incompetência absoluta, em razão da pessoa, da Justiça Estadual para processar e julgar ação contra a Caixa Econômica Federal e a mesma incompetência absoluta, ratione personae, da Justiça Federal para julgar demanda e face do Banco do Brasil S/A, nos termos do art. 109, I, da Constituição Federal. 5. Nos termos da súmula 170/STJ, verbis: 'compete ao Juízo onde primeiro for intentada a ação envolvendo acumulação de pedidos, trabalhista e estatutário decidi-la nos limites da sua jurisdição, sem prejuízo do ajuizamento de nova causa, com pedido remanescente, no juízo próprio'. 6. Cabe à Justiça Estadual decidir a lide nos limites de sua jurisdição, ou seja, processar e julgar o pedido formulado contra o Banco do Brasil, competindo à Justiça Federal o julgamento da pretensão formulada contra a Caixa Econômica Federal - CEF. 7. Cisão determinada com o intuito de evitar inócua e indesejada posterior discussão acerca da prescrição da pretensão de cobrança formulada contra a CEF no interregno da interrupção havida com a citação válida dos demandados e a nova propositura da demanda. 8. Conflito de competência conhecido para determinar a cisão do processo, declarando competente a justiça estadual para a pretensão formulada contra o Banco do Brasil e a justiça federal para a pretensão formulada contra a caixa econômica federal." (STJ, CC 119.090/MG, Rel. Ministro Paulo de Tarso Sanseverino, Segunda Seção, julgado em 12/09/2012). Nesse mesmo sentido: STJ, REsp 1527232/SP, Rel. Ministro Luis Felipe Salomão, Segunda Seção, DJe 05/02/2018 (julgado sob a sistemática do recurso repetitivo).

287. "[...]. 4. Hipótese de cumulação indevida de pedidos, porquanto contra dois réus distintos, o que é vedado pelo art. 292 do CPC. 5. A competência absoluta não pode ser modificada por conexão ou continência. 6. O litisconsórcio passivo existente entre a CEF e o endossante não pode ser desfeito, na medida em que se trata de um único título de crédito. 7. Conflito conhecido, com a determinação de cisão do processo, para declarar a competência do juízo estadual, no que tange à pretensão formulada contra o Banco do Brasil S/A e a empresa Ancora Fomento Mercantil Ltda. - EPP, e a competência do juízo federal, quanto à pretensão formulada contra a Caixa Econômica Federal e a empresa Macro Assessoria e Fomento Mercantil Ltda." (STJ, CC 128.277/RS, Rel. Ministra Nancy Andrighi, Segunda Seção, julgado em 23/10/2013); "[...]. 2 – O litisconsórcio existente entre os apelantes e a CEF tem natureza jurídica de litisconsórcio simples, não unitário e facultativo, já que a decisão da lide não seria uniforme para os réus, vez que os pedidos formulados em relação aos apelantes e à CEF são distintos. 3- A interveniência da CEF no contrato de Promessa de Compra e Venda se deu em razão de ter financiado os apelantes, não implica em litisconsórcio unitário e não tem o condão de atrair a competência da Justiça Federal para a análise dos pedidos formulados em relação a eles. [...]." (TRF 2, AC n. 00317111020074025101, Rel. Des. Frederico Gueiros, DJ 28/09/2009)

essa vedação de reunião de causas conexas pode gerar risco de decisões conflitantes; porém, o sistema jurídico apresenta uma solução, que é a suspensão de um dos processos por prejudicialidade (art. 313, V, *a*, CPC).[288]

Se o juiz estadual vislumbra, no caso concreto, que há interesse federal na causa, não deve remeter imediatamente o processo à Justiça Federal. Primeiramente, deve intimar o ente federal interessado, e apenas se este manifestar interesse na causa, deve remeter o processo à Justiça Federal, pois quem define o interesse do ente federal em participar do processo é o Juiz Federal (Súmula 150, STJ)[289]. Se o ente federal intimado manifestar desinteresse pela causa, o processo permanece na Justiça Estadual, pois se não há ente federal como parte no processo, não se justifica a competência da Justiça Federal.[290]

Agora, se remetido o processo à Justiça Federal em razão da manifestação expressa de interesse pelo ente federal, o Juiz Federal analisará a legitimidade *ad causam* desse ente federal, podendo excluí-lo da lide como parte, sem suscitar conflito de competência[291] (pois incabível o reexame pelo juízo estadual)[292], e devolver o processo à Justiça Estadual se entender pela falta de legitimidade do ente federal, ainda que este manifeste expressamente seu interesse na causa, pois quem define a existência de legitimidade *ad causam* é o Poder Judiciário, e não o ente federal, sendo certo que, excluído o ente federal que justificava a competência da Justiça Federal, esta não mais subsiste.

Nesse rumo de ideia, intervindo ente federal em processo ajuizado perante a Justiça Estadual, ou intentada ação diretamente na Justiça Federal por

288. STJ, CC 146.896/PI, Rel. Ministro Mauro Campbell Marques, Primeira Seção, julgado em 13/12/2017.

289. Enunciado n. 150 da Súmula do STJ: "Compete à Justiça Federal decidir sobre a existência de interesse jurídico que justifique a presença, no processo, da União, suas autarquias ou empresas públicas." Nesse mesmo sentido, preconiza o art. 45 do CPC: "Tramitando o processo perante outro juízo, os autos serão remetidos ao juízo federal competente se nele intervier a União, suas empresas públicas, entidades autárquicas e fundações, ou conselho de fiscalização de atividade profissional, na qualidade de parte ou de terceiro interveniente [...]."

290. "[...]. 2. Tendo sido requerida a citação da Caixa Econômica Federal pela parte autora, cabe ao Juízo de Direito decidir sobre o pedido e, caso entenda pelo seu deferimento, os autos deverão ser encaminhados à Justiça Federal após a manifestação de interesse da entidade em intervir no feito. 3. "Se se entende que há interesse federal numa causa que corre no juízo estadual, não devem os autos ser remetidos, de logo, à Justiça Federal. Faz-se, por primeiro, a citação da União ou da autarquia ou da empresa pública federal, no juízo estadual. Feita a citação, se a entidade federal manifestar seu interesse e pedir a intervenção no feito, os autos serão remetidos ao juízo federal que decidirá a respeito da legitimidade, ou não, da intervenção (Carlos M. Velloso, AI 47.762-SC, DJU 21.11.1986, p. 21.213, AC 117.817-MG, DJU 09.04.1987, p. 6.333)" (CARVALHO, Vladimir Souza. "Competência da Justiça Federal", 6ª ed., Curitiba: Ed. Juruá, 2005, pp. 51/52). [...]." (STJ, CC 52.133/PB, Rel. Ministra Denise Arruda, Primeira Seção, j. em 27.06.2007)

291. Art. 45, § 3º, CPC: O juízo federal restituirá os autos ao juízo estadual sem suscitar conflito se o ente federal cuja presença ensejou a remessa for excluído do processo.

292. Enunciado n. 54 da Súmula do STJ: A decisão do Juízo Federal que exclui da relação processual ente federal não pode ser reexaminada no Juízo Estadual.

ente federal, independentemente da matéria alegada, fixa-se a competência da Justiça Federal para exame do feito, o que não significa que será admitida pelo Judiciário a legitimidade *ad causam* do órgão federal.[293]

E, para saber se há legitimidade do ente federal para atuar em processo cível, figurando como parte ou terceiro, necessário proceder à análise da legislação sobre o interesse federal para a matéria, notadamente (mas não exclusivamente) os dispositivos constitucionais do art. 20 (define os bens da União), art. 21 (competência material/administrativa privativa da União), art. 22 (competência privativa legislativa da União), arts. 37 e 39 (matéria sobre servidores público federais), arts. 44, 76 e 92 (matéria sobre Poderes Legislativo, Executivo e Judiciário da União), art. 70, parágrafo único (fiscalização de dinheiro público proveniente de verbas federais), art. 142 (forças armadas - militares federais), arts. 145, 147, 148, 149, 153 e 154 (tributos de competência da União), art. 174 (União como agente normativo e fiscalizador da atividade econômica), art. 175 (concessão ou permissão de serviço público federal), art. 177 (serviço de monopólio da União), art. 184 (reforma agrária), art. 196 (solidariedade dos entes federados em saúde pública), art. 201 (previdência social pelo regime geral - INSS), art. 216 (patrimônio cultural brasileiro), art. 220, § 3º, (regulamentação de programas ou programações de rádio e televisão) e art. 225 (meio ambiente, desde que tenha bem, serviço ou interesse federal envolvido).

Isso sem contar, é claro, com aquelas matérias que a própria Carta Magna estabeleceu, expressamente, de competência da Justiça Federal, independentemente da presença de ente federal no processo, a saber: (i) as causas fundadas em tratado ou contrato da União com Estado estrangeiro ou organismo internacional (art. 109, III, CF), (b) a disputa sobre direitos indígenas (art.

293. Portanto, não se deve confundir a análise da competência (prévia) e da legitimidade *ad causam* (posterior). Intervindo ente federal no processo, a competência sempre será da Justiça Federal para o exame da admissibilidade da parte federal. No entanto, isso não quer dizer que o processo será, obrigatoriamente, julgado no mérito pela Justiça Federal, pois cabe a este definir se há relação material entre o ente federal e o direito material em discussão (legitimidade *ad causam*). Nesse diapasão: "[...]. Não se pode confundir incompetência de juízo com ilegitimidade das partes. [...]. 11. A competência da Justiça Federal, prevista no art. 109, I, da Constituição, tem por base um critério subjetivo, levando em conta não a natureza da relação jurídica litigiosa, e sim a identidade dos figurantes da relação processual. Presente, no processo, um dos entes ali relacionados, a competência será da Justiça Federal, a quem caberá decidir, se for o caso, sobre sua legitimidade para a causa.[...]." (STJ, CC 48.106/DF, Rel. p/ Acórdão Ministro Teori Albino Zavascki, Primeira Seção, j. em 14.09.2005). E mais: "A definição da competência para a causa se estabelece levando em consideração os termos da demanda (e não a sua procedência ou improcedência, ou a legitimidade ou não das partes, ou qualquer outro juízo a respeito da própria demanda). O juízo sobre competência é, portanto, lógica e necessariamente, anterior a qualquer outro juízo sobre a causa. Sobre ela quem vai decidir é o juiz considerado competente (e não o Tribunal que aprecia o conflito).[...]." (STJ, CC 126.489/RN, Rel. Ministro Humberto Martins, Primeira Seção, j. em 10/04/2013).

109, XI, CF) e as (c) causas referentes à nacionalidade e naturalização (art. 109, X, CF).[294]

Contudo, no que tange ao Ministério Público Federal, nem sempre a sua atuação será perante à Justiça Federal, pois poderá exercer as suas funções em qualquer ramo da Justiça, inclusive a Justiça Estadual.

Isto porque, as atribuições do Ministério Público Federal não estão constitucionalmente vinculadas à competência da Justiça Federal, já que suas atribuições decorrem não só da Constituição Federal (art. 129, incisos I a VIII, da CF), mas também de legislação infraconstitucional (LC n. 75/93), conforme autoriza a própria Carta Magna (arts. 128, § 5º e 129, XI, CF), diferentemente da competência da Justiça Federal, que é taxativa, prevista apenas na Constituição da República.[295]

Com efeito, não há exata coincidência entre a competência da Justiça Federal e as atribuições do Ministério Público Federal, tanto que o art. 37, inciso II, da Lei Complementar n. 75/93, prevê atribuição do *Parquet* federal "nas causas de competência de quaisquer juízes e tribunais, para defesa de direitos e interesses dos índios e das populações indígenas, do meio ambiente, de bens e direitos de valor artístico, estético, histórico, turístico e paisagístico, integrantes do patrimônio nacional."

A par disso, não se pode equiparar o Ministério Público Federal a órgão da União, para enquadrá-lo no art. 109, I, da CF, uma vez que, a despeito de não ter personalidade jurídica própria, a sua capacidade de ser parte independe da pessoa jurídica da União, possuindo personalidade judiciária para postular diretamente em juízo (arts. 127 e 129 da CF).

294. Vê-se, portanto, que para fixação da competência cível da Justiça Federal, o critério preponderante é a qualidade da parte (presença de ente federal no polo ativo ou passivo, como parte ou terceiro – art. 109, I, CF), e não a matéria debatida. Ausente parte federal no processo, a competência da Justiça Federal apenas será firmada em (i) razão da matéria, se presentes as hipóteses elencadas no art. 109, incisos III (tratado internacional), X (nacionalidade e naturalização) e XI (direitos indígenas), da CF, ou (ii) em razão da função, para execução de carta rogatória e de sentença estrangeira (art. 109, X, CF). Nesse diapasão, é a inteligência da Súmula Vinculante n. 27 do STF: "Compete à Justiça estadual julgar causas entre consumidor e concessionária de serviço público de telefonia, quando a Anatel não seja litisconsorte passiva necessária, assistente, nem opoente."

295. Nesse diapasão, Aloísio Gonçalves de Castro Mendes assevera que "a competência da Justiça Federal encontra-se elencada taxativamente na Constituição da República, enquanto as atribuições e o estatuto de cada Ministério Público são estabelecidos por leis complementares da União e dos Estados, em conformidade com o art. 128, § 5º, da Constituição da República. Por conseguinte, a delimitação das funções de cada Ministério Público não está constitucionalmente vinculada à competência dos órgãos judiciais, sendo objeto, sim, das respectivas leis complementares. Assim sendo, da simples leitura dos arts. 37 e 39 do Estatuto do Ministério Público da União, percebe-se que o Ministério Público Federal possui atribuições que extrapolam a competência da Justiça Federal. [...]. Portanto, não sendo a causa da competência da Justiça Federal, nada obsta que o Ministério Público Federal possa atuar perante a Justiça dos Estados." (Ob. Cit., p. 100-101).

Ademais, o art. 5º, § 5º, da Lei Federal n. 7.437/1985, autoriza expressamente o litisconsórcio facultativo entre Ministérios Públicos para a propositura da ação civil pública, o que revela a possibilidade de o Ministério Público poder demandar em Justiça que não lhe seria correspondente. Caso contrário, o Ministério Público Estadual ficaria na dependência de atuação do Ministério Público Federal, que, se não agisse, impediria aquele de exercer as suas atribuições.[296]

Nesse mesmo rumo de ideia (possibilidade de o Ministério Público poder demandar em Justiça que não lhe seria correspondente)[297], o Supremo Tribunal Federal reconheceu a legitimidade de atuação direta do Ministério Público Estadual (órgão estadual) perante às Cortes Superiores (órgãos federais).[298]

Contudo, em sentido diverso, mas sem enfrentar expressamente esses argumentos ora expostos, tem se posicionado o Superior Tribunal de Justiça, vinculando o Ministério Público Federal à atuação exclusiva perante à Justiça Federal.[299]

2.6.3.1.2 Competência da Justiça Federal – Mandado de Segurança

O que fixa a competência da Justiça Federal para o julgamento do mandado de segurança é (a) a presença de autoridade federal no polo passivo

---

296. DIDIER JR, Fredie; ZANETI JR, Hermes. *Curso de Direito Processual Civil*. 10. ed. Salvador: Juspodvm, 2016, p. 362, v. IV.

297. Ilustra-se com o seguinte caso: "Como ficaria, por exemplo, a situação do Ministério Público Estadual diante da negativa de informações não sigilosas por autoridade coatora vinculada à União (p.ex.: delegado Chefe da Receita Federal)? Ocorre, no caso, que a solicitação é do próprio órgão do MPE, portanto a autoridade coatora (Delegado Chefe da Receita Federal) é responsável por obstaculizar, mediante ato ilegal e abusivo, as atribuições investigativas do parque estadual. Como o 'direito' atingido é do MPE, como órgão, por óbvio é ele que detém a legitimidade autônoma e ordinária para a impetração do mandado de segurança, que, no caso, não é uma ação coletiva, mas, sim, uma demanda para a tutela do poder-dever do Ministério Público, que foi ofendido. Observem, ainda, que a competência será da Justiça Federal, embora o autor seja o Ministério Público Estadual [...]." (DIDIER JR, Fredie; ZANETI JR, Hermes. *Curso de Direito Processual Civil*. 10. ed. Salvador: Juspodvm, 2016, p. 364, v. IV)

298. STF, ACO 2.351-AgR, Rel. Min. Luiz Fux, Primeira Turma, DJe 05.03.2015; STF, RE 891.901-AgR, Rel. Min. Cármen Lúcia, Segunda Turma, 08.09.2015.

299. "[...]. 3. Sendo o Ministério Público Federal parte da União, qualquer ação por ele ajuizada será da competência da Justiça Federal, por aplicação direta do art. 109, I, da Constituição. Todavia, a presença do Ministério Público Federal no polo ativo é insuficiente para assegurar que o processo receba sentença de mérito na Justiça Federal, pois, se não existir atribuição do Parquet federal, o processo deverá ser extinto sem julgamento do mérito por ilegitimidade ativa ou, vislumbrando-se a legitimidade do Ministério Público Estadual, ser remetido a Justiça Estadual para que ali prossiga com a substituição do MPF pelo MPE, o que se mostra viável diante do princípio constitucional da unidade do Ministério Público. 4. O MPF não pode livremente escolher as causas em que será ele o ramo do Ministério Público a intervir. O Ministério Público está dividido em diversos ramos, cada um deles com suas próprias atribuições e que encontra paralelo na estrutura do próprio Judiciário. O Ministério Público Federal tem atribuição somente para atuar quando existir um interesse federal envolvido, considerando-se como tal um daqueles abarcados pelo art. 109 da Constituição, que estabelece a competência da Justiça Federal. [...]." (STJ, REsp 1250033/ES, Rel. Ministro Herman Benjamin, Segunda Turma, j. em 15.09.2016)

da demanda (arts. 108, I, e 109, VIII, da CF, c/c art. 2º da Lei Federal n. 12.016/2009), ou (b) a presença de ente federal (União, autarquias federais, fundações públicas federais e empresas públicas federais) no polo ativo da ação (art. 109, I, CF)[300], desde que seja inaplicável, em ambas hipóteses, os critérios de competência em razão da graduação hierárquica da autoridade e em razão da matéria (eleitoral ou trabalhista).

Por conseguinte, a competência da Justiça Federal no mandado de segurança é definida em razão da pessoa, seja em relação ao polo ativo, seja em relação ao polo passivo (qualificação da autoridade).

Trata-se de competência funcional (absoluta), em virtude da qualificação de autoridade.

Conforme já explanado, o mandado de segurança deve ser impetrado em face de ato praticado por (i) autoridade pública, ou (ii) agente de pessoa jurídica ou pessoa natural no exercício de atribuições do Poder Público (autoridade por equiparação).

Segundo o art. 2º da Lei Federal n. 12.016/2009, "considerar-se-á federal a autoridade coatora se as consequências de ordem patrimonial do ato contra o qual se requer o mandado houverem de ser suportadas pela União ou entidade por ela controlada."

Autoridade pública federal é aquela que integra os quadros da União ou das entidades por ela controlada (autarquias, fundações autárquicas, empresas públicas e sociedade de economia mista).

Vê-se que há diferença entre a competência da Justiça Federal prevista no art. 109, I, da CF, que não inclui a sociedade da economia mista, e a competência preconizada no art. 109, VIII, da CF, que confere à Justiça Federal competência para julgar o *writ* contra ato de autoridade federal, que, segundo

300. Mesmo que seja apontada autoridade estadual ou municipal como coatora, justifique-se a competência da Justiça Federal pela presença de ente federal como parte impetrante, incidindo, na espécie, o disposto no art. 109, I, da CF, e não o inciso VIII. Nesse diapasão, é o Enunciado n. 511 da Súmula do STF: "Compete à Justiça Federal, em ambas as instâncias, processar e julgar as causas entre autarquias federais e entidades públicas locais, inclusive mandados de segurança, ressalvada a ação fiscal, nos termos da Constituição Federal de 1967, art. 119, § 3º.". No Superior Tribunal de Justiça colhe-se o seguinte excerto: "No primeiro dos precedentes - RE 178881, PI, 13.3.97, DJ 6.3.98 - o Tribunal, por maioria, reafirmou a Súmula 511 e entendeu competente o TRF para conhecer de mandado de segurança impetrado por empresa pública federal contra decisão concessiva de liminar em ação cautelar, na qual a impetrante pretendia ingressar como assistente da ré." (MS 25624 QO, Relator Ministro Sepúlveda Pertence, j. em 3.11.2005); "A competência para julgamento de mandado de segurança impetrado por autarquia federal é da Justiça Federal (art. 109, I, da CF), mesmo que a autoridade coatora seja autoridade estadual. Aplicação do princípio federativo da prevalência do órgão judiciário da União sobre o do Estado-membro (Súmula 511/STF)." (STJ, CC 68.584/SP, Rel. Ministro Teori Albino Zavascki, Primeira Seção, julgado em 28.03.2007)

o art. 2º da Lei Federal n. 12.016/2009[301], engloba a sociedade de economista mista federal (entidade controlada pela União).

Sendo assim, ato praticado por dirigente de sociedade de economia mista no exercício de função pública (v.g., Presidente da Comissão de licitação da Petrobrás), será objeto de mandado de segurança perante a Justiça Federal. Isto porque, a despeito da Justiça Federal não ser competente para processar e julgar demandas em face de sociedade de economia mista (art. 109, I, CF), o ato combatido é considerado federal, já que as consequências de ordem patrimonial do ato contra o qual se requer o mandado serão suportadas por entidade controlada pela União, incidindo, na espécie, o critério de qualificação da autoridade (função exercida pela autoridade), na forma do art. 109, VIII, da Carta Magna.[302]

Além disso, são equiparadas às autoridades públicas federais os dirigentes das pessoas jurídicas de direito público estadual e municipal, dirigentes de pessoas jurídicas de direito privado e pessoas naturais, mesmo que não se enquadrem, a rigor, no conceito de autoridade federal, quando (i) praticarem o ato no exercício de atribuições do poder público federal - por delegação - (art. 1º, § 1º, da Lei Federal nº 12.016/2009) e/ou (ii) houver consequências de ordem patrimonial do ato, a ser suportado pela União ou entidade por ela controlada (art. 2º da Lei Federal n. 12.016/2009).

Como observa Humberto Theodoro Jr, "o que se pode deduzir das duas regras legais é que não basta que o concessionário ou delegatário tenha recebido a outorga de poderes da União; a autoridade coatora somente será federal se houver repercussão patrimonial do ato impugnado a ser suportada pela União ou entidade por ela controlada (autarquia, empresa pública, sociedade de economia mista ou fundação federal)."[303] Tal afirmação pode ser contestada em hipóteses nas quais o interesse imaterial da União seja tão

---

301. "O art. 2º da Lei 1.533/1951 tinha disposição idêntica, mas se referia tão somente à União e às entidades autárquicas. O novo texto foi mais amplo, abrangendo também, além das autarquias, as demais entidades controladas pela União (como as empresas públicas e as sociedades de economia mista)." (MEIRELES, Hely Lopes; WALD, Arnoldo; MENDES, Gilmar Ferreira. *Mandado de Segurança e Ações Constitucionais*. 36. ed. São Paulo: Malheiros, 2014, p. 88)

302. "RECURSO EXTRAORDINÁRIO. PROCESSUAL CIVIL E CONSTITUCIONAL. CONCURSO PÚBLICO. MANDADO DE SEGURANÇA. SOCIEDADE DE ECONOMIA MISTA. AUTORIDADE FEDERAL. COMPETÊNCIA. JUSTIÇA FEDERAL. RECURSO EXTRAORDINÁRIO DESPROVIDO. REPERCUSSÃO GERAL RECONHECIDA. REAFIRMADA A JURISPRUDÊNCIA DOMINANTE SOBRE A MATÉRIA." (STF, RE 726035 RG, Relator Min. Luiz Fux, j. em 24.04.2014; "É pacífico no Superior Tribunal de Justiça o entendimento de que compete à Justiça Federal julgar mandado de segurança no qual se impugna ato de dirigente de sociedade de economia mista federal." (STJ, AgRg no CC n. 131.715, Rel. Min. Herman Benjamin, 1ª Seção, j. 08.10.2014);

303. THEODORO JR, Humberto. *Lei do mandado de segurança comentada*. Rio de Janeiro: Forense, 2014, p. 111.

relevante a ponto de dispensar o prejuízo patrimonial *in pecúnia*, a exemplo de mandado de segurança em face de instituição privada que se nega a expedir diploma de curso superior.

O Supremo Tribunal Federal tem reiteradamente decidido que, em relação às concessionárias de serviço público federal (empresas privadas), ainda que o serviço público delegado seja federal (*v.g.*, energia elétrica), a competência será da Justiça Federal apenas se presente interesse da União no feito[304], até porque, no caso, inexistem consequências de ordem patrimonial do ato a ser suportado pela União ou entidade por ela controlada (empresas estatais), na forma do art. 2º da Lei Federal n. 12.016/2009.

O Superior Tribunal de Justiça posiciona-se entendendo que, na hipótese de delegação de competência administrativa de matéria federal, se praticado o ato supostamente ilegal pela autoridade delegada[305], ainda que seja órgão estadual ou municipal (em que não há consequências de ordem patrimonial para a União ou entidade por ela controlada), a competência fixar-se-á perante a Justiça Federal, pois a autoridade estadual praticou o ato em delegação de competência federal.[306]

Trilhando essa mesma linha, é firme a jurisprudência do Superior Tribunal de Justiça no sentido de que, em se tratando de ato praticado pelo diri-

---

304. "AGRAVO REGIMENTAL EM RECURSO EXTRAORDINÁRIO. COMPETÊNCIA. JUSTIÇA ESTADUAL. EMPRESA CONCESSIONÁRIA DE SERVIÇO PÚBLICO. PRECEDENTES. A jurisprudência do Supremo Tribunal Federal é firme no sentido de que, não havendo interesse da União no feito, compete à Justiça estadual julgar demanda entre empresa concessionária de serviço público e particular. Precedentes. Agravo regimental a que se nega provimento." (STF, RE 247746 AgR, Relator Min. Roberto Barroso, Primeira Turma, j. em 10/03/2015)

305. Enunciado n. 510 da Súmula do STF: "Praticado o ato por autoridade, no exercício de competência delegada, contra ela cabe o mandado de segurança ou a medida judicial."

306. "[...]. 1. Esta Seção, ao julgar o CC 35.972/SP (Rel. p/acórdão Min. Teori Albino Zavascki, DJ de 7.6.2004, p. 152), firmou o entendimento de que, havendo mandado de segurança contra ato de entidade privada com função delegada do Poder Público Federal, mostra-se logicamente inconcebível hipótese de competência estadual. É que, de duas uma: ou há, nesse caso, ato de autoridade (caso em que se tratará necessariamente de autoridade federal delegada, sujeita à competência federal), ou há ato de particular, e não ato de autoridade (caso em que o mandado de segurança será incabível). [...]." (STJ, CC 122.713/SP, Rel. Ministro Mauro Campbell Marques, Primeira Seção, julgado em 08/08/2012, DJe 14/08/2012). Nesse diapasão, o STJ entende que as Juntas Comerciais, a despeito de tratarem-se de órgãos estaduais, exercem função delegada federal pelo Departamento Nacional de Registro de Comércio, a ponto de justificar a competência da Justiça Federal quando envolver matéria técnica (de registro de comércio). De outra banda, tratando-se de ato meramente administrativo, a competência é da Justiça Estadual (STJ, CC 31.357/MG, Rel. Ministro Sálvio De Figueiredo Teixeira, Segunda Seção, julgado em 26/02/2003). De igual sorte, colhe-se o seguinte aresto do STF: "Juntas comerciais. Órgãos administrativamente subordinados ao Estado, mas tecnicamente à autoridade federal, como elementos do sistema nacional dos Serviços de Registro do Comércio. Consequente competência da Justiça Federal para o julgamento de mandado de segurança contra ato do presidente da Junta, compreendido em sua atividade fim." (RE 199.793, Rel. Min. Octavio Gallotti, j. 04.04.2000, 1ª Turma). Contudo, a nosso ver, em ambos os casos, trata-se de competência da justiça estadual, pois não há repercussão patrominial do ato em desfavor da União ou de entidade por ela controlada, na forma do art. 2º da Lei Federal n. 12.016/2009.

gente de entidade de ensino superior privada, *prima facie*, deve-se investigar se praticado (i) ato de autoridade (delegação de atribuição do poder público, na forma do art. 16, II, da Lei Federal n. 9.394/1996), a exemplo de negativa de diplomação ou matrícula de aluno, azo em que cabível o mandado de segurança, ou se praticado (ii) mero ato de gestão (*v.g.*, cobrança de mensalidade escolar), quando, então, não será cabível o mandado de segurança, pois inexistente ato de autoridade.[307]

Fincada essa premissa, tratando-se de ato de autoridade praticado por entidade de curso superior federal ou por entidade de curso superior privada (por delegação federal), a competência será da Justiça Federal, ante a presença de autoridade federal, segundo o STJ.[308] De outro lado, cuidando-se de ato de autoridade praticado por entidade de curso superior estadual ou municipal, a competência será da Justiça Estadual.

Não sendo ato de autoridade, o que impede o manejo do *writ*, ou preferindo-se as vias ordinárias mesmo em se tratando de ato de autoridade, a ação sob o procedimento comum será intentada perante a Justiça Estadual (entidade de curso superior estadual, municipal e particular), salvo as universidades federais, que sempre são processadas perante a Justiça Federal, por se tratarem de autarquias federais.[309]

---

307. "[...]. Compete à Justiça Federal processar e julgar mandado de segurança quando a autoridade apontada como coatora for autoridade federal (CF, art. 109, VIII), considerando-se como tal também o agente de entidade particular investido de delegação pela União (situação do dirigente de entidade de ensino superior). Nesse último caso, entende-se que é logicamente inconcebível hipótese de competência estadual, já que, de duas uma: ou o ato é de autoridade (caso em que se tratará de autoridade federal delegada, sujeita à competência federal), ou o ato é de particular, e não ato de autoridade (caso em que o mandado de segurança será incabível), e só quem pode decidir a respeito é o juiz federal (súmula 60/TFR)." (STJ, CC 94.024, Rel. Min. Teori Albino Zavascki, DJ de 11.04.2008).

308. Contudo, a nosso ver, cuidando-se de entidade de curso superior privada, a competência será da Justiça Estadual, e não da Justiça Federal, pois não há repercussão patrimonial do ato em desfavor da União ou de entidade por ela controlada, na forma do art. 2º da Lei Federal n. 12.016/2009, já que a entidade privada não é controlada pela União. A par disso, vai de encontro a racionalidade e a efetividade da jurisdição, dividir a competência em matéria de ensino (entidade de curso superior privada), tão-somente em razão do tipo de ação manejado: se impetrado mandado de segurança, a competência seria da Justiça Federal; se ajuizada ação sob o procedimento comum, a competência seria da Justiça Estadual.

309. "[...]. 7. Permanece inalterado o critério definidor da competência para o julgamento de mandado de segurança, em que se leva em conta a natureza das pessoas envolvidas na relação processual, ratione personae, sendo irrelevante, para esse efeito e ressalvadas as exceções mencionadas no texto constitucional, a natureza da controvérsia sob o ponto de vista do direito material ou do pedido formulado na demanda. 8. Nos processos em que envolvem o ensino superior, são possíveis as seguintes conclusões: a) mandado de segurança - a competência será federal quando a impetração voltar-se contra ato de dirigente de universidade pública federal ou de universidade particular; ao revés, a competência será estadual quando o mandamus for impetrado contra dirigentes de universidades públicas estaduais e municipais, componentes do sistema estadual de ensino; b) ações de conhecimento, cautelares ou quaisquer outras de rito especial que não o mandado de segurança - a competência será federal quando a ação indicar no pólo passivo a União Federal ou quaisquer de suas autarquias (art. 109, I, da Constituição da República); será de competência estadual, entretanto, quan-

Cuidando-se de autoridade federal, primeiramente, deve-se perquirir se incide a competência originária de julgamento do mandado de segurança pelo Tribunal Regional Federal respectivo da Região, na hipótese em que o *writ* seja intentado (i) em face de ato (administrativo ou jurisdicional) praticado pelo próprio Tribunal ou por Juiz Federal (art. 108, I, *c*, CF)[310], ou, (ii) mesmo à míngua de previsão no referido dispositivo constitucional, por simetria constitucional, em face de ato praticado, no âmbito da competência da Justiça Federal, por autoridade que detenha prerrogativa de foro no Tribunal de Justiça.[311] Logo, mister se faz conhecer as autoridades que possuem foro de julgamento perante o Tribunal de Justiça correlacionado, de acordo com a respectiva Constituição Estadual, para aferir se incide, ou não, a competência do Tribunal Regional Federal.

Não caracterizadas essas hipóteses, pelo critério residual, o mandado de segurança será processado e julgado em primeira instância, pelos Juízes Federais (art. 109, VIII, CF).

2.6.3.2 Autoridade local

Não se cuidando (i) de autoridade cujo julgamento compete originariamente aos Tribunais Superiores (competência em razão da graduação hierárquica de autoridade), (ii) de matéria eleitoral ou trabalhista (competência em razão da matéria), e (iii) de autoridade federal (qualidade da autoridade), pelo critério residual, a autoridade será considerada local (estadual ou mu-

do o ajuizamento voltar-se contra entidade estadual, municipal ou contra instituição particular de ensino. [...]." (STJ, CC 108.466/RS, Rel. Ministro Castro Meira, Primeira Seção, j. em 10/02/2010). Nesse mesmo sentido: STJ, AgRg no CC 138.024/MG, Rel. Ministro Sérgio Kukina, Primeira Seção, julgado em 09/05/2018.

310. Art. 108. Compete aos Tribunais Regionais Federais:
I - processar e julgar, originariamente:
[...]. c) os mandados de segurança e os habeas data contra ato do próprio Tribunal ou de juiz federal.

311. "[...]. 3. Por força do princípio da simetria constitucional e à luz dos arts. 102, I, "d", e 109, VIII, da Constituição Federal, deve-se reconhecer que os mandados de segurança impetrados contra atos do Procurador-Geral de Justiça do Distrito Federal, quando em atividade submetida à jurisdição administrativa de natureza federal, são da competência do Tribunal Regional Federal da 1ª Região. [...]." (STJ, REsp 1303154/DF, Rel. Ministro GURGEL DE FARIA, PRIMEIRA TURMA, julgado em 16.06.2016);"[...]. 3. De consequência, ainda que o mandado de segurança não impugne decisão de autoridade federal, ou de autoridade atuando com jurisdição delegada da Justiça Federal (art. 109, § 3º, da CF), o critério de definição de competência ratione autoritatis pode ceder lugar ao critério ratione persoanae se o impetrante for algum dos entes previstos no art. 109, I, da CF. 4. Conjugada a regra do art. 109, I, da CF com o princípio da hierarquia e com o princípio da simetria, tem-se que não pode o juiz federal julgar mandados de segurança impetrados contra decisão de juiz estadual, de mesma hierarquia, devendo caber tal competência ao Tribunal Regional Federal, por analogia com o disposto no art. 108, I, "c", da CF. Precedentes do STF: RE 266689 AgR, Relator(a): Min. ELLEN GRACIE, Segunda Turma, julgado em 17/08/2004, DJ 03-09-2004 PP-00032 EMENT VOL-02162-02 PP-00294 e RE 176881, Relator(a): Min. CARLOS VELLOSO, Relator(a) p/ Acórdão: Min. ILMAR GALVÃO, Tribunal Pleno, julgado em 13/03/1997, DJ 06-03-1998 PP-00018 EMENT VOL-01901-04 PP-00709. [...]." (STJ, CC 129.174/DF, Rel. Ministro Reynaldo Soares Da Fonseca, Terceira Seção, julgado em 09.09.2015).

nicipal), fixando-se a competência da Justiça Estadual para o processamento e julgamento do *writ*.

Partindo da premissa que a autoridade é local (estadual ou municipal), em primeiro plano, deve-se perquirir se incide a competência originária de julgamento do mandado de segurança pelo Tribunal de Justiça do Estado-membro, cabendo, para tanto, examinar a respectiva Constituição Estadual[312].

Inexistindo foro no Tribunal de Justiça, pelo critério residual, o mandado de segurança será processado e julgado em primeira instância, pelos Juízes de Direito do respectivo Estado.

2.6.4 Competência em razão do território

Ultrapassados os critérios de (i) matéria e de (ii) qualificação da autoridade, dos quais redunda a fixação da Justiça especializada para processar o mandado de segurança (Justiça Eleitoral, Trabalhista, Federal ou Estadual), cabe agora definir o local (território) de impetração do *mandamus*.

Assim, deve o mandado de segurança ser impetrado no foro onde se situa a sede da autoridade coatora[313], na forma do art. 53, III, alíneas *a* e *b*, do CPC[314]. Não obstante seja territorial, trata-se de competência absoluta[315], improrrogável e declarada de ofício pelo juiz.

2.6.4.1 Competência territorial na Justiça Federal

A despeito da competência territorial absoluta na ação de mandado de segurança, verifica-se que, especificamente em relação à Justiça Federal, demanda-se solução diversa.

---

312. Para ilustrar, a Constituição do Estado do Espírito Santo prevê, no art. 109, I, *b*, que compete ao Tribunal de Justiça, processar e julgar, originariamente, "os mandados de segurança e os habeas-data contra ato do Governador do Estado, do Presidente da Assembleia Legislativa, dos membros da sua Mesa, do Presidente e dos Conselheiros do Tribunal de Contas do Estado, do Procurador Geral de Justiça, do Procurador-Geral do Estado, de Secretário de Estado e do próprio Tribunal, do seu Presidente, do seu Vice-Presidente e do Corregedor-Geral da Justiça."

313. MEIRELLES, Hely Lopes; WALD, Arnoldo; MENDES, Gilmar Ferreira. *Mandado de Segurança e ações constitucionais*. 36. ed. São Paulo: Malheiros, 2014, p. 87.

314. Ar. 53. É competente o foro: [...] III - do lugar: a) onde está a sede, para a ação em que for ré pessoa jurídica; b) onde se acha agência ou sucursal, quanto às obrigações que a pessoa jurídica contraiu."

315. Na doutrina: MEIRELLES, Hely Lopes; WALD, Arnoldo; MENDES, Gilmar Ferreira. Ob. Cit., p. 87. Na jurisprudência: "[...] 1. Na hipótese dos autos, o entendimento do Tribunal de origem está em consonância com a orientação do Superior Tribunal de Justiça no sentido de que, em se tratando de Mandado de Segurança, a competência para processamento e julgamento da demanda é estabelecida de acordo com a sede funcional da autoridade apontada como coatora e a sua categoria profissional, o que evidencia a natureza absoluta e a improrrogabilidade da competência, bem como a possibilidade de seu conhecimento ex officio. [...]" (STJ, AgRg no AREsp 721.540/DF, Rel. Ministro Herman Benjamin, Segunda Turma, j. em 25/08/2015)

É certo que inexiste norma constitucional a respeito da competência territorial para o mandado de segurança, tratando-se, na verdade, de competência embasada em legislação infraconstitucional, mais especificamente, no Código de Processo Civil (art. 53, III, *a* e *b*, CPC), pois sequer a lei do mandado de segurança regulamentou o tema.

No entanto, quando se trata da Justiça Federal, a sua competência territorial fora disciplinada pela própria Constituição Federal, cujo art. 109, § 2º[316], assegurou ao autor da ação a faculdade de escolher, entre as alternativas delineadas pela Carta Magna, o foro para ajuizar as ações intentadas contra a União.

Nota-se que o referido dispositivo constitucional se refere às "causas", o que engloba, como é óbvio, o mandado de segurança, não havendo nenhuma exceção quanto a esta via processual.[317]

Com efeito, o constituinte não determinou nenhuma correlação entre a opção de foro do autor e a natureza da ação proposta contra a União, mesmo que se cuide da ação mandamental.

Isto porque, o constituinte quis ampliar e facilitar o acesso ao Poder Judiciário do jurisdicionado que litiga contra a União, possibilitando o ajuizamento da ação em seu próprio domicílio, o que seria deveras prejudicado, caso a ação tivesse que ser ajuizada no domicílio do réu, notadamente em se tratando de mandado de segurança da Justiça Federal, em que a maioria das sedes federais se encontra em Brasília.

Ora, como já discorrido, o procedimento do mandado de segurança fora criado para facilitar o acesso do jurisdicionado ao Poder Judiciário, para buscar a tutela de direito em face de ilegalidades de autoridade pública, o que também repercute na competência, razão pela qual, em se tratando de competência territorial da Justiça Federal para julgamento de mandado de segurança, cabe ao autor optar entre aqueles foros previstos no art. 109, § 2º, da CF (domicílio do autor; ocorrência do ato ou fato que deu origem à demanda; local da situação da coisa; Distrito Federal), não sendo peremptório o foro da sede da autoridade coatora.

---

316. "As causas intentadas contra a União poderão ser aforadas na seção judiciária em que for domiciliado o autor, naquela onde houver ocorrido o ato ou fato que deu origem à demanda ou onde esteja situada a coisa, ou, ainda, no Distrito Federal."

317. "Sendo ação civil, o mandado de segurança enquadra-se no conceito de 'causa' enunciado pela Constituição da República, para fins de fixação de foro e juízo competentes para seu julgamento quando for interessada a União Federal (art. 109, I e VIII), e produz todos os efeitos próprios dos feitos contenciosos." (MEIRELES, Hely Lopes; WALD, Arnoldo; MENDES, Gilmar Ferreira. *Mandado de Segurança e Ações Constitucionais.* 36. ed. São Paulo: Malheiros, 2014, p. 31)

Nessa mesma linha de raciocínio, é a atual jurisprudência do Supremo Tribunal Federal[318] e do Superior Tribunal de Justiça[319], sendo que o Supremo Tribunal Federal, inclusive, permite o ajuizamento da ação também na Capital do Estado, mesmo quando instalada Vara da Justiça Federal no município em que domiciliado o impetrante.[320]

Nessa medida, partindo-se do pressuposto que o art. 109, § 2º, da Constituição Federal também é aplicável ao mandado de segurança, cabe examinar as nuances desse dispositivo legal.

---

318. "AGRAVO REGIMENTAL NO RECURSO EXTRAORDINÁRIO. CONSTITUCIONAL. PROCESSUAL CIVIL. COMPETÊNCIA. DESAPROPRIAÇÃO INDIRETA. AÇÃO INTENTADA CONTRA A UNIÃO. ART. 109, 2º, DA CONSTITUIÇÃO. AGRAVO IMPROVIDO. I O art. 109, § 2º, da Constituição assegurou ao autor a faculdade de escolher, entre as alternativas delineadas pela Carta Magna, o foro para ajuizar as ações intentadas contra a União. Precedentes. II O constituinte não determinou qualquer correlação entre a opção do autor e a natureza da ação proposta contra a União. Assim, o fato de se tratar de uma ação real não impede o autor de escolher, entre as opções definidas pela Lei Maior, o foro mais conveniente à satisfação de sua pretensão. III Agravo regimental improvido." (RE 599188 AgR, Relator(a): Min. Ricardo Lewandowski, Primeira Turma, julgado em 14.06.2011); "CONSTITUCIONAL E DIREITO PROCESSUAL CIVIL. AGRAVO REGIMENTAL EM RECURSO EXTRAORDINÁRIO. JURISDIÇÃO E COMPETÊNCIA. MANDADO DE SEGURANÇA. UNIÃO. FORO DE DOMICILIO DO AUTOR. APLICAÇÃO DO ART. 109, § 2º, DA CONSTITUIÇÃO FEDERAL. 1. A jurisprudência do Supremo Tribunal Federal está pacificada no sentido de que as causas intentadas contra a União poderão ser aforadas na seção judiciária em que for domiciliado o autor, naquela onde houver ocorrido o ato ou fato que deu origem à demanda ou onde esteja situada a coisa, ou, ainda, no Distrito Federal. 2. Agravo regimental improvido. (RE 509442 AgR, Relator(a): Min. Ellen Gracie, Segunda Turma, julgado em 03.08.2010)

319. "PROCESSUAL CIVIL. AGRAVO INTERNO NO CONFLITO DE COMPETÊNCIA. MANDADO DE SEGURANÇA. AUTARQUIA FEDERAL. ARTIGO 109, § 2º, DA CONSTITUIÇÃO FEDERAL. POSSIBILIDADE DE AJUIZAMENTO NO DOMICÍLIO DO AUTOR. FACULDADE CONFERIDA AO IMPETRANTE. 1. Não se desconhece a existência de jurisprudência no âmbito deste Superior Tribunal de Justiça segundo a qual, em se tratando de Mandado de Segurança, a competência para processamento e julgamento da demanda é estabelecida de acordo com a sede funcional da autoridade apontada como coatora e a sua categoria profissional. No entanto, a aplicação absoluta de tal entendimento não se coaduna com a jurisprudência, também albergada por esta Corte de Justiça, no sentido de que "Proposta ação em face da União, a Constituição Federal (art. 109, § 2º) possibilita à parte autora o ajuizamento no foro de seu domicílio" (REsp 942.185/RJ, Rel. Ministro JORGE MUSSI, QUINTA TURMA, julgado em 02/06/2009, DJe 03/08/2009). 2. Diante do aparente conflito de interpretações, tenho que deve prevalecer a compreensão de que o art. 109 da Constituição Federal não faz distinção entre as várias espécies de ações e procedimentos previstos na legislação processual, motivo pelo qual o fato de se tratar de uma ação mandamental não impede o autor de escolher, entre as opções definidas pela Lei Maior, o foro mais conveniente à satisfação de sua pretensão. 3. A faculdade prevista no art. 109, § 2º, da Constituição Federal, abrange o ajuizamento de ação contra quaisquer das entidades federais capazes de atrair a competência da Justiça Federal, uma vez que o ordenamento constitucional, neste aspecto, objetiva facilitar o acesso ao Poder Judiciário da parte litigante. 4. Agravo interno a que se nega provimento." (STJ, AgInt no CC 153.878/DF, Rel. Ministro Sérgio Kukina, Primeira Seção, julgado em 13/06/2018, DJe 19/06/2018). Nesse mesmo sentido: STJ, AgInt no CC 154.470/DF, Rel. Ministro Og Fernandes, Primeira Seção, julgado em 11/04/2018; STJ, AgInt no CC 153.138/DF, Rel. Ministro Gurgel de Faria, Primeira Seção, DJe 22/2/2018.

320. "Agravo regimental no recurso extraordinário. Ações propostas contra a União. Competência. Justiça Federal. 1. A jurisprudência desta Corte firmou entendimento no sentido de que a parte autora pode optar pelo ajuizamento da ação contra a União na capital do Estado-membro, mesmo quando instalada Vara da Justiça Federal no município do mesmo Estado em que domiciliada. 2. Agravo regimental não provido." (STF, RE 641449 AgR, Relator Min. Dias Toffoli, Primeira Turma, julgado em 08/05/2012)

Em primeiro lugar, malgrado o citado dispositivo referir-se apenas à "União", também é extensível às autarquias federais e fundações públicas federais de direito público, por se amoldarem ao conceito de Fazenda Pública.[321]

O art. 109, § 2º, da CF, embora tenha índole constitucional, não afasta a natureza relativa da competência territorial, uma que vez, conforme bem argumenta Aluísio Gonçalves Castro Mendes, "o fato de as regras de definição do foro da União estarem previstas na Constituição não modifica a natureza e as características da competência de foro, se inexiste previsão expressa a estabelecer a exceção. A competência territorial não passa a ser absoluta apenas porque prevista na Carta Política."[322] Nessa medida, tratando-se de competência relativa (territorial), deve se alegada em preliminar de contestação, sob pena de prorrogação de competência, sendo vedada a apreciação *ex officio*.

Ademais, em que pese o art. 109, § 2º, da CF, aludir à "seção judiciária" (cada Estado representa uma seção judiciária) do domicílio do autor, entendemos que o *writ* deva ser proposto perante a subseção judiciária (foro ou circunscrição) do domicílio do autor[323] (equivalente às comarcas da Justiça Estadual), tal como agora prevê o art. 51, parágrafo único, do CPC, que alude à "foro", e não à "seção", devendo-se levar a cabo uma interpretação histórica do referido dispositivo constitucional, que pretendia aproximar (e não distanciar) o cidadão do Poder Judiciário[324], assim como à vista da realidade fática daquela época, onde não havia ganhado força, ainda, a interiorização

---

321. "[...]. I - A faculdade atribuída ao autor quanto à escolha do foro competente entre os indicados no art. 109, § 2º, da Constituição Federal para julgar as ações propostas contra a União tem por escopo facilitar o acesso ao Poder Judiciário àqueles que se encontram afastados das sedes das autarquias. II – Em situação semelhante à da União, as autarquias federais possuem representação em todo o território nacional. III - As autarquias federais gozam, de maneira geral, dos mesmos privilégios e vantagens processuais concedidos ao ente político a que pertencem. IV - A pretendida fixação do foro competente com base no art. 100, IV, a, do CPC nas ações propostas contra as autarquias federais resultaria na concessão de vantagem processual não estabelecida para a União, ente maior, que possui foro privilegiado limitado pelo referido dispositivo constitucional. V - A jurisprudência do Supremo Tribunal Federal tem decidido pela incidência do disposto no art. 109, § 2º, da Constituição Federal às autarquias federais. Precedentes. VI - Recurso extraordinário conhecido e improvido." (STF, RE 627709, Relator Min. Ricardo Lewandowski, Tribunal Pleno, julgado em 20/08/2014). Nesse mesmo sentido: STF, RE 627709 ED, Relator Min. Edson Fachin, Tribunal Pleno, julgado em 18/08/2016.

322. Ob. Cit., p. 38. Em sentido contrário, há arestos do Tribunal Regional Federal da 2ª Região: "[...]. 2- A interiorização da Justiça Federal, com a criação das Subseções Judiciárias, abrangendo o território de vários municípios, tem como objetivo a descentralização da Justiça, bem como facilitar o acesso ao Poder Judiciário. São levados em consideração critérios de ordem pública, que devem prevalecer sobre a conveniência das partes, razão pela qual a competência territorial funcional adquire excepcionalmente natureza de competência absoluta, declinável, pois, de ofício. [...]." (Ap. 0014238-36.2017.4.02.0000, Rel. Des. Maria Amelia Senos de Carvalho, 8ª Turma, DJ 05/04/2018).

323. Com esse mesmo pensar: MENDES, Aluisio Gonçalves Castro Mendes. Ob. Cit., p. 150. Essa interpretação por nós dada não afasta a natureza relativa (e prorrogável, portanto) da competência territorial em voga.

324. Em comentário ao art. 109, § 2º, da CF, afirma José Cretella Júnior: "A expressão Capital do Estado foi substituída, com vantagem, pela expressão seção judiciária. Desloca-se, assim, o foro 'da Capital', muitas vezes bem distante da cidade em que reside a parte, para a seção judiciária em que tem domicílio, para o lugar em que

da Justiça Federal. Contudo, o STF mantém firme jurisprudência pela interpretação literal do art. 109, § 2º, da CF, permitindo o ajuizamento da ação pelo autor em face da União em qualquer subseção que integre a respectiva Seção Judiciária (o Estado-membro).[325]

Observa-se, ainda, que o art. 109, § 3º, da CF[326], que trata da competência delegada, não se aplica ao mandado de segurança[327], conforme já prescrevia o Enunciado n. 216 da Súmula do TFR: "Compete à Justiça Federal processar e julgar mandado de segurança impetrado contra ato de autoridade previdenciária, ainda que localizada em comarca do interior". Assim, o *writ* impetrado contra de ato de autoridade previdenciária, ainda que o impetrante seja domiciliado em município que não é sede de vara federal, deve ser julgado pela subseção judiciária a qual integra o respectivo município, e não pela vara estadual (em delegação) localizada no município.

2.6.5 Mandado de Segurança e Juizado Especial

Não é cabível mandado de segurança para impugnar ato de autoridade administrativa perante o Juizado Especial Federal[328] e o Juizado Especial da Fazenda Pública[329], conforme expressa vedação legal.

---

a coisa está situada (forum rei sitae), ou, por fim, para o lugar em que ocorreu o ato ou o fato que propiciou a demanda." (*Comentários à Constituição de 1988.* 2. ed. Rio de Janeiro: Forense Universitária, 1993. p. 3.185).

325. "[...]. A jurisprudência desta nossa Casa de Justiça é firme no sentido de que o § 2º do art. 109 do Magno Texto admite o ajuizamento de ação contra a União Federal no foro da seção judiciária federal da capital do estado membro, mesmo que o autor seja domiciliado em município do interior. 2. Agravo regimental desprovido. (AI 457.968-AgR, Rel. Min. Ayres Britto, Segunda Turma, DJe de 12.04.2012);"PROCESSUAL CIVIL E CONSTITUCIONAL. AGRAVO REGIMENTAL NO RECURSO EXTRAORDINÁRIO. JUSTIÇA FEDERAL. AÇÃO AJUIZADA CONTRA A UNIÃO NO FORO DA CAPITAL. AUTORES DOMICILIADOS EM SUBSEÇÕES JUDICIÁRIAS DIVERSAS. POSSIBILIDADE. INTERPRETAÇÃO DO ART. 109, § 2º, DA CF/88. PRECEDENTES. AGRAVO REGIMENTAL A QUE SE NEGA PROVIMENTO." (RE 852521 AgR, Relator Min. Teori Zavascki, Segunda Turma, julgado em 28.04.2015).
No RE n. 233.990, Rel. Min. MAURÍCIO CORRÊA, DJ de 01.03.2002, constou-se: "Não há dúvida que o artigo 110 da Carta Federal prevê que cada Estado-membro constitui uma seção judiciária como medida mínima, tendo como sede a capital do Estado, admitindo-se a fixação, por lei, de varas federais (subseções) dentro do território estadual. Entretanto, a descentralização ocorrida não pode se converter em fixação de competência absoluta, em antagonismo ao que determinado no dispositivo constitucional que assegura a faculdade de opção (CF, artigo 102, § 2º)."

326. § 3º Serão processadas e julgadas na justiça estadual, no foro do domicílio dos segurados ou beneficiários, as causas em que forem parte instituição de previdência social e segurado, sempre que a comarca não seja sede de vara do juízo federal, e, se verificada essa condição, a lei poderá permitir que outras causas sejam também processadas e julgadas pela justiça estadual.

327. STJ, CC 15.203/RS, Rel. Ministro Antônio De Pádua Ribeiro, Primeira Seção, julgado em 12/12/1995.

328. Art. 3º, § 1º, da Lei Federal n. 10.259/2001: "Não se incluem na competência do Juizado Especial Cível as causas: I - referidas no art. 109, incisos II, III e XI, da Constituição Federal, as ações de mandado de segurança, de desapropriação, de divisão e demarcação, populares, execuções fiscais e por improbidade administrativa e as demandas sobre direitos ou interesses difusos, coletivos ou individuais homogêneos."

329. Art. 2º, § 1º, da Lei Federal n. 12.513/2009: "Não se incluem na competência do Juizado Especial da Fazenda Pública: I - as ações de mandado de segurança, de desapropriação, de divisão e demarcação, populares,

No entanto, o mandado de segurança passou a ser admitido como sucedâneo recursal pelo Superior Tribunal de Justiça, para impugnar decisão judicial não passível de recurso no âmbito dos Juizados[330].

De outro giro, nos procedimentos do Juizado Especial Cível (Lei Federal n. 9.099/95), do Juizado Especial Federal (art. 5º da Lei Federal n. 10.259/2001) e do Juizado Especial da Fazenda Pública (art. 4º da Lei Federal n. 12.153/2009), à exceção de decisão interlocutória que envolva tutelas de urgência nestes últimos dois Juizados, somente será admitido recurso da sentença definitiva, de modo que as decisões interlocutórias podem ser impugnadas quando da interposição de recurso inominado, ou seja, há recorribilidade, mas diferida, o que veda o manejo do mandado de segurança.

Por esse motivo, e considerando os princípios norteadores dos Juizados Especiais (celeridade e oralidade), a Suprema Corte firmou posição, em regime de repercussão geral, pelo descabimento de mandado de segurança para impugnar decisões interlocutórias praticadas no âmbito dos Juizados Especiais.[331] Ressalva-se, contudo, que em face das decisões interlocutórias proferidas após a sentença, como na fase de execução e no processamento de recursos, não há óbice para o manejo do *writ*, pois, na hipótese, inexiste recorribilidade diferida.

---

por improbidade administrativa, execuções fiscais e as demandas sobre direitos ou interesses difusos e coletivos."

330. [...]. VIII - Embora a Lei 10.259/01, em seu artigo 3º, § 1º, I, preceitue não se incluir na competência do Juizado Especial Cível as ações de mandado de segurança, toda vez que houver algum ato praticado com ilegalidade ou abuso de poder, o remédio cabível é o mandado de segurança, por se cuidar de uma garantia constitucional. De fato, é o mandado de segurança uma ação civil de rito sumário, previsto no artigo 5º da Constituição Federal, inserido no Título das Garantias e Direitos Fundamentais. IX - Não se inclui na competência do Juizado Especial Federal ações de mandado de segurança, quando houver casos em que o segurado entenda possuir algum direito líquido e queira exercê-lo contra o Instituto Nacional do Seguro Social. Com certeza, este possível direito líquido e certo deverá ser exercido na Justiça Federal e não no Juizado Especial Federal, por vedação expressa da Lei. Todavia, reprise-se, caso haja ato abusivo ou ilegal de juiz federal com atuação no Juizado Especial Federal, é cabível o mandado de segurança a ser julgado por Turma Recursal. [...]." (REsp 690.553/RS, Rel. Ministro GILSON DIPP, QUINTA TURMA, julgado em 03.03.2005).

331. "RECURSO EXTRAORDINÁRIO. PROCESSO CIVIL. REPERCUSSÃO GERAL RECONHECIDA. MANDADO DE SEGURANÇA. CABIMENTO. DECISÃO LIMINAR NOS JUIZADOS ESPECIAIS. LEI N. 9.099/95. ART. 5º, LV DA CONSTITUIÇÃO DO BRASIL. PRINCÍPIO CONSTITUCIONAL DA AMPLA DEFESA. AUSÊNCIA DE VIOLAÇÃO. 1. Não cabe mandado de segurança das decisões interlocutórias exaradas em processos submetidos ao rito da Lei n. 9.099/95. 2. A Lei n. 9.099/95 está voltada à promoção de celeridade no processamento e julgamento de causas cíveis de complexidade menor. Daí ter consagrado a regra da irrecorribilidade das decisões interlocutórias, inarredável. 3. Não cabe, nos casos por ela abrangidos, aplicação subsidiária do Código de Processo Civil, sob a forma do agravo de instrumento, ou o uso do instituto do mandado de segurança. 4. Não há afronta ao princípio constitucional da ampla defesa (art. 5º, LV da CB), vez que decisões interlocutórias podem ser impugnadas quando da interposição de recurso inominado. Recurso extraordinário a que se nega provimento." (STF, RE 576847, Relator Min. Eros Grau, Pleno, julgado em 20.05.2009). O STF tem reafirmado esse precedente vinculante: STF, ARE 704232 AgR, Relator Min. Luiz Fux, Primeira Turma, j. em 20.11.2012; STF, ARE 708238 ED, Relator Min. Roberto Barroso, Primeira Turma, julgado em 26/05/2015.

De todo modo, ainda que se admita o mandado de segurança para impugnar atos jurisdicionais no âmbito dos Juizados Especiais, são as Turmas Recursais que detêm competência para exame dos atos praticados pelos juízes e seus respectivos membros, e não o Tribunal de Justiça ou Tribunal Regional Federal, tampouco o STF[332] ou STJ[333], salvo se estiver em discussão o controle de competência dos Juizados Especiais, quando, então, a competência será do Tribunal de Justiça ou do Tribunal Regional Federal ao qual esteja vinculado o juiz.[334]

2.7 MANDADO DE SEGURANÇA PREVENTIVO

2.7.1 Noções gerais

É cabível mandado de segurança para proteger direito líquido e certo, quando qualquer pessoa física ou jurídica sofrer *violação* ou houver *justo receio* de sofrê-la. Por conseguinte, quando voltado a prevenir uma lesão ou evitar uma ameaça, o *mandamus* será preventivo. De outro lado, caso voltado contra uma lesão efetiva, o *writ* será repressivo.

Celso Antônio Bandeira de Mello defende a natural tendência preventiva do mandado de segurança, em vista do termo "proteger" constante do texto constitucional. Justifica a existência de *mandamus* preventivo, porque afasta a necessidade absurda de que ocorra a lesão para dar-se a proteção, a par de afastar a necessária existência de um ato, bastando indício razoável de ilegalidade. E argumenta: "vejam que é sempre a aplicação do mesmo critério, a partir do qual se considera que o relevante não é a existência da eficácia do ato, porque se considera irrelevante inclusive se existe um ato. Basta pura e simplesmente algum comportamento que autorize em termos objetivos, num

---

332. "[...]. II – Competente a Turma Recursal para processar e julgar recursos contra decisões de primeiro grau, também o é para processar e julgar o mandado de segurança substitutivo de recurso. [...]." (STF, RE 586789, Relator Min. Ricardo Lewandowski, Tribunal Pleno, julgado em 16.11.2011, Repercussão Geral)

333. Enunciado n. 376 da Súmula do STJ: "Compete a turma recursal processar e julgar o mandado de segurança contra ato de juizado especial." E mais: "[...]. 1. Compete à própria turma recursal dos juizados especiais apreciar mandado de segurança impetrado contra ato de seus membros. 2. Agravo regimental desprovido. (STJ, AgRg no MS 20.251/DF, Rel. Ministro JOÃO OTÁVIO DE NORONHA, CORTE ESPECIAL, julgado em 01.08.2013)

334. "[...]. II - Nos termos da firme jurisprudência desta Corte, os tribunais estaduais não possuem competência para rever decisões de turmas recursais de juizados especiais, mesmo em se tratando de mandado de segurança, consoante estabelecido na Súmula n. 376/STJ. III - A Corte Especial do Superior Tribunal de Justiça, ao julgar o RMS 17.524/BA (Rel. Min. NANCY ANDRIGHI, DJe 11.9.2006), firmou entendimento segundo a mencionada súmula não é aplicável aos casos em que o mandamus tiver sido impetrado com o intuito de discutir o controle de competência dos juizados especiais, mesmo que já esteja em fase de execução como no caso paradigma. [...]." (STJ, AgInt no RMS 47.325/GO, Rel. Ministra Regina Helena Costa, Primeira Turma, julgado em 05/06/2018)

crivo de razoabilidade do qual nunca se pode fugir em Direito, a esperar o advento de um dado ato iminente e lesivo." [335]

A natureza preventiva do *writ* está prevista expressamente na Lei Federal n. 12.016/2009, com a expressão "justo receio" em seu art. 1º.

Consoante bem pontua Celso Agrícola Barbi, "o que deve importar não é o receio do autor, que varia conforme a sensibilidade. A nosso ver, o que deve ser qualificado não é o receio, mas a ameaça, que é elemento objetivo."[336] Para tanto, não se trata de qualquer tipo de ameaça. A ameaça deva ser objetiva e atual. Para Barbi, "a 'ameaça' será 'objetiva' quando 'real', traduzida por fatos e atos, e não por meras suposições; e será 'atual' se existir no momento, não bastando que tenha existido em outros tempos e haja desaparecido."[337]

Dessa forma, a iminência objetiva e atual de ameaça de lesão, mesmo que decorrente de atos genéricos, enseja a impetração do *writ* para proteger o direito, pois configurado o "justo receio".

Como o ato ainda não se concretizou, inocorre esgotamento do prazo legal para impetração do *mandamus*, o qual apenas se iniciará com a prática do ato ilegal.[338]

---

335. O ato coator. In: MELLO, Celso Antônio Bandeira de. *Curso de mandado de segurança*. São Paulo: Revista dos Tribunais, 1986, p. 14-15.

336. BARBI, Celso Agrícola. *Do mandado de segurança*. 12. ed. Revista e Atualizada. Rio de Janeiro: Forense, 2009, p. 74. Nesse mesmo sentido, rejeitando o cabimento do *mandamus* quando diante de mero receio subjetivo da lesão, posiciona-se o STJ: "[...]. 3. O cabimento de mandado de segurança preventivo exige muito mais do que um mero receio subjetivo da lesão a um direito, mas sim a existência de uma ameaça real, plausível, concreta e objetiva, traduzida em atos da Administração preparatórios ou ao menos indicativos da tendência da autoridade pública a praticar o ato ou a se omitir deliberadamente quando esteja obrigada a agir. Precedente: REsp 431.154/BA, Rel. Ministro Luiz Fux, Primeira Turma, julgado em 08/10/2002, DJ 28/10/2002. 4. In casu, o impetrante sustenta a existência de ameaça iminente ao seu direito à transposição sob o pretexto de que a autoridade coatora estaria a indeferir requerimentos administrativos de transposição formulados por outros Assistentes Jurídicos aposentados antes de 30/04/1994. Ocorre que tais alegações são insuficientes a demonstrar a existência de uma ameaça real, plausível, concreta e objetiva ao seu suposto direito, traduzida em atos da Administração preparatórios ou ao menos indicativos da tendência da autoridade pública a indeferir o seu pleito com base nos mesmos fundamentos adotados para os casos similares, o que poderia ter sido comprovado através da colação aos autos de pareceres ou minutas de decisão emanadas em seu respectivo processo administrativo, o que não aconteceu, limitando-se o impetrante a colacionar aos autos provas pré-constituídas relativas a requerimentos administrativos formulados por outros servidores. [...]." (STJ, MS 20.393/DF, Rel. Ministro Mauro Campbell Marques, Primeira Seção, j. em 23.09.2015)

337. Ob. Cit., p. 75.

338. "[...]. 2. Trata-se, portanto, de mandado de segurança com nítido caráter preventivo, não alcançado pelo prazo decadencial previsto no art. 18, da Lei n. 1.533/51. Precedentes: RMS 23120 / ES, Primeira Turma, Rel. Min. Dennise Arruda, julgado em 18.11.2008; AgRg no REsp 1128892 / MT, Primeira Turma, Rel. Min. Benedito Gonçalves, julgado em 05.10.2010; REsp 833409 / BA, Segunda Turma, Rel. Min. Mauro Campbell Marques, julgado em 14.09.2010; AgRg no REsp 1066405 / CE, Segunda Turma, Rel. Min. Herman Benjamin, julgado em 11.11.2008. 3. Recurso especial não provido." (STJ, REsp 908.577/SP, Rel. Ministro Mauro Campbell Marques, Segunda Turma, julgado em 27/08/2013, DJe 04/09/2013). Nesse mesmo sentido: STJ, REsp 1378767/PE, Rel. Ministra Regina Helena Costa, Primeira Turma, julgado em 04/04/2017, DJe 10/04/2017.

Nesse sentido, eis a lição de Pontes de Miranda: "ato impugnado é o ato que causou a ofensa ao direito líquido e certo, contra o qual se há de pedir a medida mandamental. Não é o ato que poderia ofender, e sim o que ofende; se ainda há, apenas, 'justo receio', nenhuma preclusão se há de temer, porque não houve, ainda, a ofensa, não nasceu, ainda, a pretensão por ato ilícito (ilegalidade ou abuso de poder)."[339]

Convém assinalar, ainda, que "a circunstância de a alegada ameaça de lesão ao direito pretensamente titularizado pelo impetrante ter-se convolado em ato concreto não acarreta perda de objeto da ação." (STF, MS 30.260, Rel. Min. Cármen Lúcia, j. 27.04.2011)

2.7.2 Mandado de Segurança contra lei em tese

Como é cediço, "não cabe mandado de segurança contra lei em tese" (Enunciado n. 266 da Súmula do STF)[340], posto que a lei carrega, em princípio, as características de abstração, generalidade e impessoalidade, de forma que não lesa, por si só, qualquer direito individual.[341] Na verdade, não cabe qualquer ação judicial para impugnar lei em tese (exceto no controle concentrado de constitucionalidade), e não apenas o mandado de segurança, por faltar-se interesse de agir.[342] Idêntico raciocínio se aplica aos atos normativos infralegais, pois também dotados das características de abstração, generalidade e impessoalidade, de forma que não lesam, por si só, qualquer direito individual.[343]

---

339. MIRANDA, Francisco Cavalcanti Pontes de. *Tratado das ações*. São Paulo: Revista dos Tribunais, 1976, p. 76, Tomo VI: ações mandamentais.

340. André Ramos Tavares preleciona que, "em verdade, o surgimento dessa restrição deu-se com o objetivo (legítimo) de impedir a transformação (interpretativa) do mandado de segurança em ação de controle abstrato de constitucionalidade das leis, o que poderia ser obtido por uma leitura extremamente indulgente do instituto na Constituição do Brasil." (TAVARES, André Ramos. *Manual do novo mandado de segurança.* Rio de Janeiro: Forense, 2009, p. 114)

341. "A lei em tese, como norma abstrata de conduta, não é atacável por mandado de segurança (STF, Súmula 266), pela óbvia razão de que não lesa, por si só, qualquer direito individual. Necessária se torna a conversão da norma abstrata em ato concreto para se expor à impetração, mas nada impede que na sua execução venha a ser declarada inconstitucional pela via do *mandamus*." (MEIRELES, Hely Lopes; WALD, Arnoldo; MENDES, Gilmar Ferreira. *Mandado de Segurança e Ações Constitucionais*. 36. ed. São Paulo: Malheiros, 2014, p. 39)

342. Nesse diapasão Celso Agrícola Barbi: "o assunto não é, todavia, específico do mandado de segurança, mas pertence, em verdade, ao campo das ações em geral." (*Do Mandado de Segurança*. 12. ed. Revista e Atualizada. Rio de Janeiro: Forense, 2009, p. 113).

343. É vasta a jurisprudência do STF a respeito: "Como se sabe, o mandado de segurança pressupõe a alegação de lesão ou ameaça concreta a direito líquido e certo do impetrante. O referido meio processual não se presta a impugnar normas gerais e abstratas, como exposto na Súmula 266/STF, [...]. A 'lei em tese' a que se refere a súmula não é propriamente a lei em sua acepção formal, mas em sentido material, o que abrange atos normativos infralegais, desde que possuam caráter geral e abstrato [...]" (MS 29374 AgR, Relator Ministro Roberto Barroso, Primeira Turma, julgamento em 30.09.2014). "Cumpre enfatizar, neste ponto, que normas

Com efeito, não se pode confundir segurança preventiva com segurança normativa, conforme ressalta Helly Lopes de Meirelles[344]:

> Não basta a invocação genérica de uma remota possibilidade de ofensa a direito para autorizar a segurança preventiva; exige-se prova da existência de atos ou situações atuais que evidenciem a ameaça temida. Não se confunda – como frequentemente se confunde – segurança preventiva com segurança normativa. Nosso sistema judiciário admite aquela e rejeita esta. Segurança preventiva é a que se concede para impedir a consumação de uma ameaça a direito individual em determinado caso; segurança normativa seria a que estabelecesse regra geral de conduta para casos futuros, indeterminados.

Todavia, tratando-se de lei em sentido formal e de atos normativos infralegais, com características de concretude, especificidade e pessoalidade[345], como são equivalentes a um ato administrativo nos seus resultados imediatos, sendo auto-aplicáveis independentemente do agente executor, caberá mandado de segurança, pois presente ato concreto de autoridade, sendo que a ação será dirigida, na verdade, contra um ato administrativo (fato concreto e específico), embora revestido da formalidade de lei ou de ato normativo.[346]

em tese - assim entendidos os preceitos estatais qualificados em função do tríplice atributo da generalidade, impessoalidade e abstração - não se expõem ao controle jurisdicional pela via do mandado de segurança, cuja utilização deverá recair, unicamente, sobre os atos destinados a dar aplicação concreta ao que se contiver nas leis, em seus equivalentes constitucionais ou, como na espécie, em regramentos administrativos de conteúdo normativo [...]." (MS 32809 AgR, Relator Ministro Celso de Mello, Segunda Turma, julgamento em 05.08.2014). De igual sorte, é uníssona a jurisprudência do STJ:"[...]. 2. O presente mandamus não preenche os pressupostos de admissibilidade para o julgamento do mérito. 3. Com efeito, a impetrante se insurge contra dispositivos das Resoluções 4.292/2013 e 4.294/2014, publicadas pelo Presidente do Banco Central do Brasil, atos normativos genéricos e abstratos, sem nem sequer descrever quais atos de efeitos concretos praticados pela autoridades indicadas como coatoras estariam a violar direito líquido e certo seu. 4. Consoante a Súmula 266/STF, 'Não cabe mandado de segurança contra lei em tese'. 5. Precedentes em casos similares: MS 20.830/DF, Rel. Ministra Assusete Magalhães, Primeira Seção, DJe 10/3/2015; MS 16.682/DF, Rel. Ministro Arnaldo Esteves Lima, Primeira Seção, DJe 6/10/2011; MS 13.999/DF, Rel. Ministro Herman Benjamin, Primeira Seção, DJe 31/8/2009. 6. Segurança denegada, nos termos do art. 6°, § 5°, da Lei 12.016/2009. Processo extinto sem resolução de mérito." (STJ, MS 21.526/DF, Rel. Ministro Herman Benjamin, Primeira Seção, julgado em 14/12/2016, DJe 19/12/2016)

344. MEIRELES, Hely Lopes; WALD, Arnoldo; MENDES, Gilmar Ferreira. *Mandado de Segurança e Ações Constitucionais*. 36. ed. São Paulo: Malheiros, 2014, p. 118.

345. Segundo Helly Lopes Meireles, "por 'leis e decretos de efeitos concretos' entendem-se aqueles que trazem em si mesmos o resultado específico pretendido, tais como as leis que aprovam planos de urbanização, as que fixam limites territoriais, as que criam Municípios ou desmembram Distritos, as que concedem isenções fiscais, as que proíbem atividades ou condutas individuais; os decretos que desapropriam bens, os que fixam tarifas, os que fazem nomeações, e outros dessa espécie." (Ob. Cit., p. 40). Acrescenta-se, ainda, a esse rol exemplificativo, as leis orçamentárias.

346. "[...]. 2. À luz da pacífico entendimento jurisprudencial do STJ, atos normativos, quando geradores de efeitos concretos, são passíveis de ataque por meio do mandado de segurança. [...]." (STJ, AgRg no RMS 33.646/SP,

De igual sorte, tratando-se de lei proibitiva[347], conquanto se cuide de lei em sentido formal (devido processo legislativo) e material (características de abstração, generalidade e impessoalidade), admite-se o mandado de segurança, quando a execução da lei puder violar imediata e diretamente o direito individual (fato concreto), sem que nenhum ato administrativo ulterior seja necessário (lei auto-aplicável)[348]. Nessa medida, não há que se falar em carência de interesse de agir, uma vez que, a despeito da abstração, generalidade e impessoalidade da lei (direito objetivo), a mesma já viola o direito subjetivo do jurisdicionado (fato concreto e individual). Não há que se falar, também, em utilização do mandado de segurança como substituto de ação de controle de constitucionalidade, pois na hipótese será enfrentada a juridicidade diante de um caso concreto e específico. Ademais, assinala-se que nem a Constituição Federal, nem a legislação infraconstitucional, vedam o manejo do mandado de segurança contra ato legislativo, pois o requisito constitucional consiste na "ilegalidade" ou

---

Rel. Ministro Benedito Gonçalves, Primeira Turma, j. em 07/02/2012). E mais: "[...]. 2. Mandado de Segurança contra lei de efeitos concretos consistente na edição do decreto nº 26.737/2002, através do qual o acervo patrimonial da COHAB foi revertido em prol do Estado do Ceará, por isso que a autoridade impetrada propiciou a descapitalização da mencionada sociedade de economia mista, frustrando os interesses dos credores, in casu, o do autor-impetrante, que possui direito líquido e certo de ser indenizado em razão do ato expropriatório que sofreu. [...]." (STJ, REsp 700.175/CE, Rel. Ministro Luiz Fux, Primeira Turma, julgado em 25/10/2005, DJ 14/11/2005). Nesse mesmo diapasão: STJ, AgRg no RMS 37.507/MS, Rel. Ministro Ari Pargendler, Primeira Turma, DJe 07/12/2012; STJ, AgRg no RMS 24.986/SC, Rel. Ministro Sebastião Reis Júnior, Sexta Turma, DJe 12/09/2013; STJ, AgRg no AREsp 420.984/PI, Rel. Ministro Benedito Gonçalves, Primeira Turma, julgado em 20/02/2014, DJe 06/03/2014.

347. Como exemplo hipotético de lei proibitiva, imagina-se uma lei estadual (flagrantemente inconstitucional) que proíba, em um Estado da Federação, a realização de cultos e missas durante os dias de semana (segunda a sexta), sob pena de aplicação de multa e interdição temporária dos locais de reunião.

348. Nesse sentido escreve Sérgio Ferraz: "há, doutra parte, verdadeiras leis em tese, suscetíveis, todavia, de provocarem infringência a direito líquido e certo, por seu só início de vigência; é o que se dá com as leis proibitivas, baixadas com infringência, por exemplo, a garantias constitucionais básicas. Por que esperar o indivíduo sofra o impacto da sanção conectada à proibição, genericamente posta?" (FERRAZ, Sérgio. *Mandado de Segurança*. 4. ed. São Paulo: Malheiros, 2006, p. 75). Nesse mesmo rumo de ideia, André Ramos Tavares: "A diferença entre lei proibitiva e a lei meramente formal está em que, enquanto esta última dirige-se para certa e determinada situação, a lei proibitiva, embora seja lei materialmente falando, vale dizer, ainda que se revista da desejada abstração e generalidade, mesmo assim é capaz de alcançar imediatamente o direito de determinado indivíduo que poderá, então, socorrer-se do Poder Judiciário. Não há espaço, aqui, para aguardar um ato administrativo. Quando este advier, será para violar o direito que se pretende resguardar da mesma forma que o faz a legislação. Nestes casos, admite-se, igualmente, o cabimento do mandado de segurança, quando a execução da lei violará direito individual, sem que nenhum ato ulterior ou intermediário seja necessário para abrir o cabimento do mandado de segurança." (TAVARES, André Ramos. *Manual do novo mandado de segurança*. Rio de Janeiro: Forense, 2009, p. 142). Também defendendo que leis proibitivas possam ensejar o uso do mandado de segurança, quando a lei implicar a imediata violação de um direito, posiciona-se Celso Antônio Bandeira de Mello (O ato coator. In: MELLO, Celso Antônio Bandeira de. *Curso de mandado de segurança*. São Paulo: Revista dos Tribunais, 1986, p. 39).

"abuso de poder" da autoridade pública, não sendo obrigatório que o ato seja exclusivamente administrativo.[349]

Como bem pontuado por André Ramos Tavares[350], o mesmo raciocínio das leis proibitivas aplica-se às leis impositivas de obrigações[351], uma vez que, malgrado também se cuidem de lei em sentido formal e material (características de abstração, generalidade e impessoalidade), admite-se o mandado de segurança quando a execução da lei puder violar imediata e diretamente o direito individual (fato concreto), sem que nenhum ato administrativo ulterior seja necessário (lei auto-aplicável).[352]

Como leis impositivas de obrigações, enquadram-se as leis que imponham obrigações tributárias aos contribuintes. Todavia, cabe diferenciar o mandado de segurança tributário com feição preventiva (cabível), do mandado de segurança contra lei em tese (incabível).

Conforme jurisprudência do Superior Tribunal de Justiça[353], "não se pode confundir mandado de segurança preventivo com mandado de segurança impetrado contra lei em tese. [...]. Isto porque a natureza preventiva do *mandamus* decorre da constatação da incidência da norma jurídica, uma vez ocorrente seu suporte fático, sendo o direito ameaçado por ato coator iminente. [...]. Por seu turno, no *writ* dirigido contra lei em tese, a situação de fato, que enseja a incidência da norma jurídica, ainda não restou configurada."[354]

---

349. Preciso é o magistério de Celso Antônio Bandeira de Mello: "Mas ainda aqui se quer propor o tema de que é um ato substancialmente administrativo e por ser substancialmente administrativo é que é atacável. Mas não é nada disso o que o diz o texto constitucional. O art. 153, § 21, não fala em ato nem em coator, muito menos em administrativo. Cifra-se a dizer: conceder-se-á mandado de segurança para proteger direito líquido e certo, não amparado por habeas corpus, seja qual for a autoridade responsável pela ilegalidade ou abuso de poder. Basta, para ater-se ao lume do texto constitucional, que exista uma ilegalidade ou um abuso de poder, seja qual for a autoridade – aí não se discrimina se do Legislativo, ou do Executivo ou do Judiciário. (O ato coator. In: MELLO, Celso Antônio Bandeira de. *Curso de mandado de segurança*. São Paulo: Revista dos Tribunais, 1986, p. 33)

350. TAVARES, André Ramos. *Manual do novo mandado de segurança*. Rio de Janeiro: Forense, 2009, p. 146.

351. Como exemplo hipotético, imagina-se uma lei estadual (flagrantemente inconstitucional) que imponha a obrigação de todos os alunos da escola pública do país terem que participar, obrigatoriamente, da disciplina de "ensino religioso", voltado para uma específica religião, sob pena de reprovação do ano letivo. Por que esperar a prática de um ato pelo Poder Público, se a própria lei já viola direito subjetivo de um aluno que se recusa a participar da disciplina?

352. "[...]. 3 - Não se trata de impetração contra lei em tese, quando o ato apontado como coator, o Decreto nº 16.720/95, ao fixar o teto remuneratório dos servidores do Estado do Amazonas, tem efeitos concretos suficientes a autorizar a utilização da via estreita do *writ of mandamus*. Com efeito, o referido ato atingiu diretamente a esfera do direito do recorrido, não sendo o caso de norma genérica e abstrata. [...]." (STJ, REsp 347.482/AM, Rel. Ministro Jorge Scartezzini, Quinta Turma, julgado em 03/06/2004, DJ 02/08/2004)

353. STJ, REsp 860.538/RS, Rel. Ministro Luiz Fux, Primeira Turma, julgado em 18/9/2008, DJe 16/10/2008. Nesse mesmo diapasão: STJ, AgRg no AREsp 543.226/PE, Rel. Ministro Sérgio Kukina, Primeira Turma, julgado em 24/11/2015, DJe 10/12/2015.

354. "[...]. 2. O mandado de segurança contra lei em tese é o que tem por objeto o ato normativo abstratamente considerado, ou seja, '...quando a impetração nada indica, em concreto, como representativo de ameaça de

Com efeito, se a lei tributária que impõe obrigação já incidiu, pois já foram praticados fatos relevantes à configuração de sua hipótese de incidência, a impetração já se revela possível (natureza preventiva), ainda que inocorrente o lançamento tributário, visto que há presunção de que a autoridade tributária cumprirá a lei, exigindo o tributo que entende devido, pois a atividade de lançamento tributário é vinculada e obrigatória.[355]

Nesse sentido, é o magistério de Hugo de Brito Machado[356]:

> Na verdade, porém, a lei deixa de ser em tese no momento em que incide. No momento em que ocorrem os fatos na mesma descritos, e que, por isto mesmo nasce a possibilidade de sua aplicação. Não é o ato de aplicar a lei, mas a ocorrência de seu suporte fático, que faz com que a lei possa ser considerada já no plano concreto. [...]. Tem-se, pois, de distinguir as situações nas quais inexiste qualquer fato capaz de formar, ou de iniciar a formação do direito, cuja lesão é temida pelo impetrante, em face das quais a impetração há de ser considerada contra lei em tese, daquelas outras situações nas quais já ocorreu o suporte fático da norma, ou já aconteceram fatos suficientes para indicar a formação daquele suporte fático. Assim se apenas pretendo importar determinada mercadoria para a qual a alíquota do imposto de importação foi aumentada, e considero que o aumento se deu contrariando a Constituição, mas ainda não adquiri a mercadoria no exterior, não posso dizer que tenho um direito sob ameaça de lesão. Se impetro mandado de segurança,

lesão à esfera jurídica do impetrante' (STF, RE 99.416/SP, Primeira Turma, Min. Rafael Mayer, DJ de 22.04.1983). No caso, entretanto, a norma impugnada constitui mero fundamento do pedido e não seu objeto, havendo, portanto, indicação de situação individual e concreta a ser tutelada. [...]." (STJ, REsp 779.200/SP, Rel. Ministro Teori Albino Zavascki, Primeira Turma, julgado em 03/11/2009, DJe 13/11/2009)

355. "Embora inadmissível o mandado de segurança contra lei em tese, a edição de norma dispondo sobre tributação traz em si a presunção de que a autoridade competente irá aplicá-la. Assim, admite-se que o contribuinte, encontrando-se na hipótese de incidência tributária prevista na lei, impetre o mandado de segurança preventivo, pois há uma ameaça real e um justo receio de que o Fisco efetue a cobrança do tributo." (MEIRELES, Hely Lopes; WALD, Arnoldo; MENDES, Gilmar Ferreira. *Mandado de Segurança e Ações Constitucionais*. 36. ed. São Paulo: Malheiros, 2014, p. 30). É o caso do advento de nova legislação tributária: "[...]. 1. Com o advento de nova legislação alterando os critérios para a cobrança do tributo, é de se presumir que, em vista da estrita legalidade tributária, a autoridade fiscal cumprirá a lei. Com lastro nesse fato, é inegável o cabimento do mandado de segurança preventivo para obstar ação concreta do agente arrecadador, afastada, por conseguinte, a alegada impetração contra lei em tese (REsp 207.270/MG, 2ª Turma, Rel. Min. Franciulli Netto, DJ de 20.9.2004; REsp 619.889/BA, 2ª Turma, Rel. Min. João Otávio de Noronha, DJ de 26.2.2007). [...]." (STJ, AgRg no REsp 1454169/RJ, Rel. Ministro Mauro Campbell Marques, Segunda Turma, julgado em 12/08/2014, DJe 19/08/2014); "[...]. 2. No caso, o Tribunal Estadual atestou o caráter preventivo da impetração, ante a iminência de ato coator, em razão 'da inovação legislativa que alterou o Direito Tributário Municipal'. [...]." (STJ, AgRg no AREsp 543.226/PE, Rel. Ministro Sérgio Kukina, Primeira Turma, julgado em 24/11/2015, DJe 10/12/2015)

356. *Mandado de Segurança em Matéria Tributária*. 9. ed. São Paulo: Malheiros, 2016, p. 340-341.

> a impetração estará atacando a norma, em tese, que elevou a alíquota do imposto. Por outro lado, se já adquiri a mercadoria, e especialmente se a mercadoria já foi remetida para o Brasil, já estou diante de fatos dos quais inexoravelmente decorrerá o fato impunível. Já posso, portanto, impetrar o *writ*, em caráter preventivo.

Portanto, em princípio, apenas se afigura possível o cabimento de mandado de segurança preventivo quando ocorrido a situação fática (fato gerador) prevista na norma tributária (hipótese de incidência).[357]

Nessas situações de lei de efeitos concretos, leis proibitivas e leis impositivas de obrigações, que são auto-executórias e independem de ato administrativo posterior, contra quem caberá o mandado de segurança? Maria Sylvia Zanella de Pietro[358] entende que, em se tratando de *writ* repressivo, deve ser impetrado contra o Chefe do Poder Legislativo (que aprova a lei) e o Chefe do Poder Executivo (que sanciona a lei)[359], já que lei é ato complexo, e desde que inexista ato administrativo ulterior, pois, em havendo ato administrativo, a autoridade coatora será apenas a autoridade que praticou tal ato administrativo. De outro lado, em se cuidando de *writ* preventivo, o *mandamus* deva ser impetrado apenas em face da autoridade administrativa que aplicará a lei ao caso concreto[360].

357. "[...]. 2. Não se trata de writ preventivo, pois não houve demonstração de que ocorreu a situação fática hipoteticamente descrita na norma impugnada. [...]." (STJ, AgRg no RMS 33.842/PA, Rel. Ministro Herman Benjamin, Segunda Turma, julgado em 17/05/2012, DJe 23/05/2012);"[...]. IV. A Primeira Turma do STJ, ao julgar o AgRg no RMS 36.846/RJ (Rel. Ministro ARI PARGENDLER, DJe de 07/12/2012), decidiu que, no regime do lançamento por homologação, a iminência de sofrer o lançamento fiscal, acaso não cumpra a legislação de regência, autoriza o sujeito passivo da obrigação tributária a impetrar mandado de segurança contra a exigência que considera indevida. [...]." (STJ, AgInt no RMS 54.968/RN, Rel. Ministra Assusete Magalhães, Segunda Turma, julgado em 15/05/2018, DJe 21/05/2018);"[...]. 1. O cabimento de mandado de segurança preventivo contra ato normativo abstrato instituidor de tributo está condicionado à prova da ocorrência de ato concreto ou de conduta rotineira do fisco que, com base na respectiva legislação, infirme o direito invocado, seja por meio de lavratura de auto de infração, seja pelo indeferimento de pedido administrativo. 2. Hipótese em que a impetrante pretende o não pagamento de contribuição instituída por lei estadual, sem indicar ato concreto e específico materializador de sua exigilibilidade, o que revela o não cabimento do mandamus, conforme entendimento sedimentado na Súmula 266 do STF." (STJ, AgInt no REsp 1530846/MT, Rel. Ministro Gurgel de Faria, Primeira Turma, julgado em 15/08/2017, DJe 26/09/2017)

358. DI PIETRO, Maria Sylvia Zanella. In: GONÇALVES, Aroldo Plínio (Coord). *Mandado de Segurança*. Belo Horizonte: Del Rey, 1996, p. 161.

359. Tem decidido reiteradamente o Superior Tribunal de Justiça:"[...]. 2. Esta Casa firmou o entendimento de que o Governador do Estado é a autoridade competente para constar no pólo passivo do mandado de segurança quando o ato normativo em que se funda a discussão foi por ele expedido ou sancionado. Precedentes." (STJ, AgRg no REsp 1339165/AL, Rel. Ministro Mauro Campbell Marques, Segunda Turma, julgado em 16/05/2013, DJe 22/05/2013)

360. DI PIETRO, Maria Sylvia Zanella. Ob. Cit., p. 161.

2.8 PROCEDIMENTO

2.8.1 Da Petição Inicial

O mandado de segurança deve ser ajuizado mediante petição inicial, observando-se os requisitos preconizados nos arts. 319 e 320 do CPC[361] (ressalvando-se o pedido de produção de provas que não a documental), devendo ser indicado a (i) autoridade coatora e a (ii) pessoa jurídica que esta integra.[362]

Em caso de urgência, é permitido, observados os requisitos legais, impetrar mandado de segurança por telegrama, radiograma, fax ou outro meio eletrônico de autenticidade comprovada (art. 4º, *caput*, da Lei Federal n. 12.016/2009), devendo o texto original da petição ser apresentado nos 05 (cinco) dias úteis seguintes (art. 4º, § 2º, da Lei Federal n. 12.016/2009), se se tratar de processo físico[363].

2.8.1.1 Emenda à Inicial

O princípio da primazia do julgamento do mérito redunda no dever processual do juiz sanear vícios processuais (art. 139, IX, CPC), determinando a parte a sua correção antes de proferir sentença sem resolução do mérito (art. 317, CPC).[364]

---

361. Art. 319. A petição inicial indicará:
I - o juízo a que é dirigida;
II - os nomes, os prenomes, o estado civil, a existência de união estável, a profissão, o número de inscrição no Cadastro de Pessoas Físicas ou no Cadastro Nacional da Pessoa Jurídica, o endereço eletrônico, o domicílio e a residência do autor e do réu;
III - o fato e os fundamentos jurídicos do pedido;
IV - o pedido com as suas especificações;
V - o valor da causa;
VI - as provas com que o autor pretende demonstrar a verdade dos fatos alegados;
VII - a opção do autor pela realização ou não de audiência de conciliação ou de mediação.
§ 1º Caso não disponha das informações previstas no inciso II, poderá o autor, na petição inicial, requerer ao juiz diligências necessárias a sua obtenção.
§ 2º A petição inicial não será indeferida se, a despeito da falta de informações a que se refere o inciso II, for possível a citação do réu.
§ 3º A petição inicial não será indeferida pelo não atendimento ao disposto no inciso II deste artigo se a obtenção de tais informações tornar impossível ou excessivamente oneroso o acesso à justiça.
Art. 320. A petição inicial será instruída com os documentos indispensáveis à propositura da ação.

362. Art. 6º da Lei Federal n. 12.016/2009: A petição inicial, que deverá preencher os requisitos estabelecidos pela lei processual, será apresentada em 2 (duas) vias com os documentos que instruírem a primeira reproduzidos na segunda e indicará, além da autoridade coatora, a pessoa jurídica que esta integra, à qual se acha vinculada ou da qual exerce atribuições.

363. O processo virtual é regulamentado pela Lei Federal n. 11.419/2006, que reputa suficiente a prática do ato pelo meio eletrônico.

364. O princípio da primazia do julgamento de mérito (art. 4º, CPC) é ligado ao vetor da efetividade no processo. O julgador deve priorizar a decisão de mérito, realizando todas as medidas necessárias para que ela ocorra,

A par disso, o art. 317 do CPC cristalizou a regra de vedação de decisões surpresas, baseadas em premissas não discutidas pelas partes, em afronta ao contraditório e à ampla defesa. Diante disso, com o Código de Processo Civil de 2015, o princípio do contraditório releva uma nova face: o dever de debate por parte do juiz e o direito de influência das partes.

Trata-se, também, de desdobramento do princípio da cooperação processual, que gera para o juiz os deveres de consulta (ouvir as partes antes de decidir, ainda que seja matéria de ordem pública) e de prevenção (dever do juiz de apontar as deficiências das postulações das partes, para que sejam supridas).

Esses citados deveres processuais do juiz (primazia do julgamento de mérito, contraditório preventivo e cooperação) se aplicam, inclusive, já no limiar do procedimento, na hipótese de indeferimento da peça inicial. Essa é a inteligência do art. 321 do CPC: "O juiz, ao verificar que a petição inicial não preenche os requisitos dos arts. 319 e 320 ou que apresenta defeitos e irregularidades capazes de dificultar o julgamento de mérito, determinará que o autor, no prazo de 15 (quinze) dias, a emende ou a complete, indicando com precisão o que deve ser corrigido ou completado."

Nesse mesmo diapasão, escrevem Marinoni, Arenhart e Mitidiero:

> O indeferimento da petição inicial só é legítimo se precedido da oportunidade de emenda a fim de sanada a inépcia, a omissão na qualificação do advogado e se devidamente oportunizado o contraditório a respeito das questões processuais concernentes à legitimidade da parte e de seu interesse de agir. Em outras palavras, mesmo nas questões que o juiz pode conhecer de ofício, como legitimidade das partes (art. 337, § 5º), tem o juiz de primeiro oportunizar o contraditório antes de decidi-la (arts. 5º, LV, da CF, e 9º do CPC).[365]

---

uma vez que a prolação de sentenças processuais (julgamento sem exame do mérito), acarreta um dispêndio enorme de tempo e esforço dos órgãos jurisdicionais, com gasto de recursos financeiros do Estado, sem que se obtenha a prestação jurisdicional almejada pelos requerentes e se ponha um fim definitivo a questão em julgamento. Nessa toada, constata-se uma clara contraposição entre o processo como coisa das partes (processo como instrumento de afirmação dos direitos da parte mais forte) e o processo como interesse público (processo como fim em si mesmo, independentemente do interesse das partes), ambas visões superadas do fenômeno processual por serem insuficientes para garantir a sua finalidade: a tutela dos direitos adequada, tempestiva e efetiva, mediante processo justo. Ora, no Estado Democrático Constitucional, o juiz é imparcial, mas não é neutro, porque trabalha pelo julgamento de mérito, determinando condutas às partes que possam viabilizar essa decisão. (ZANETI JR, Hermes. CPC/2015: O Ministério Público como Instituição de Garantia e as Normas Fundamentais Processuais. *Revista Jurídica. Corregedoria Nacional*, v. 2, 2017, p. 128-131)

365. MARINONI, Luiz Guilherme; ARENHART, Sérgio Cruz; MITIDIERO, Daniel. *Novo Código de Processo Civil.* Tutela dos direitos mediante procedimento comum. 2. ed., São Paulo: Revista dos Tribunais, 2016, p. 174, v. II.

Todavia, de forma totalmente oposta, preconiza o art. 10 da Lei Federal nº 12.016/2009 (Lei do Mandado de Segurança): "A inicial será desde logo indeferida, por decisão motivada, quando não for o caso de mandado de segurança ou lhe faltar algum dos requisitos legais ou quando decorrido o prazo legal para a impetração."

Desse modo, não restam dúvidas de que tal dispositivo legal deva se ajustar ao CPC/2015, de forma que o magistrado, antes de extinguir o mandado de segurança por faltar-lhe requisito específico, ainda que esteja no início do procedimento, deverá oportunizar ao impetrante a sua manifestação prévia a respeito, para que ele corrija o vício processual ou convença o juiz da ausência de qualquer defeito processual, indicando o juiz, com precisão, o que deve ser corrigido ou completado.[366]

Mas, e se o vício processual não for passível de correção, afetando especificamente o próprio cabimento do mandado de segurança, e o magistrado, após ouvir o impetrante, não se convencer de seus argumentos contrários?

Em outras palavras: o defeito processual diz respeito apenas a requisitos específicos do cabimento do procedimento especial do mandado de segurança, tais como o prazo de 120 (cento e vinte) dias para impetração, a vedação do manejo do *mandamus* como ação de cobrança, a necessidade de dilação probatória para o desfecho da lide etc.

Nesse contexto, o prosseguimento do procedimento especial tornar-se-á inviável, mas nada impede que o magistrado determine que o autor, caso queira, converta o procedimento especial em procedimento comum, emendando a inicial, com as devidas adaptações (por exemplo, alterando o polo passivo, incluindo pedido de condenação em honorários, produção de provas, condenação em obrigação de pagar etc), sob pena de extinção do processo sem resolução de mérito, por faltar-lhe interesse de agir para o *mandamus*.[367]

Na prática, ressalvando o pedido de condenação em obrigação de pagar de parcelas pretéritas, o que se verifica é que a causa de pedir e os pedidos

---

366. Nesse mesmo sentido: MEIRELES, Hely Lopes; WALD, Arnoldo; MENDES, Gilmar Ferreira. *Mandado de Segurança e Ações Constitucionais*. 36. ed. São Paulo: Malheiros, 2014, p. 93. Nesse mesmo diapasão: STJ, REsp 38.957/RS, Rel. Ministro ARI PARGENDLER, SEGUNDA TURMA, julgado em 17/03/1997; TRF 1, Ap. 0018306462014401340, Rel. Des. Marcos Augusto de Sousa, 8ª Turma, DJ 18/09/2015; TRF 3, AMS 00933884919924036100, Rel. Des. Lazarano Neto, 6ª Turma, 04/06/2007.

367. "CONFLITO DE COMPETÊNCIA. TRANSFORMAÇÃO DE MANDADO DE SEGURANÇA EM AÇÃO ORDINÁRIA. - Não obstante pertencerem a procedimentos distintos, o mandado de segurança e a ação ordinária, em atenção aos princípios da instrumentalidade das formas, efetividade, economia e celeridade processual aliada à inexistência de prejuízo da parte contrária, tenho que a prefalada transformação deve ser validada." (TRF 4, CC 200304010134154, Relator Des. Tadaaqui Hirose, Terceira Seção, j. 11.06.2003)

de uma ação sob o procedimento comum e do mandado de segurança são semelhantes, não havendo distinção substancial, o que se revela factível e prudente a conversão de procedimento, pois, assim, estar-se-á concretizando o direito do jurisdicionado a uma tutela adequada (procedimento idôneo e adaptável), efetiva (extração do maior rendimento possível do processo, gerando economia processual para as partes e o Poder Judiciário) e tempestiva (duração razoável para a solução definitiva da controvérsia), e mediante um processo justo (processo cooperativo – dever de prevenção por parte do juiz).

Enfim, o que se busca é a solução definitiva do problema das partes, e não meramente a extinção de um processo para solucionar o problema estatístico do Poder Judiciário.[368]

2.8.1.2 Indeferimento da inicial

Não sendo emendada a exordial, e presentes as hipóteses previstas no art. 330 do CPC[369], o juiz deve indeferir a petição inicial. Conforme já visto, o juiz não deve indeferir imediatamente a inicial, mas oportunizar ao impetrante a faculdade de corrigi-la, viabilizando, sempre, julgar o mérito da demanda.

Com o CPC/2015, nenhuma das hipóteses que levam ao indeferimento da petição inicial diz respeito ao mérito da causa. A extinção do processo com resolução de mérito, antes da citação do réu, apenas ocorre nas hipóteses de improcedência liminar do pedido (art. 332, CPC), que consistem, de fato, em matérias de mérito, o que não se confunde com indeferimento da inicial (art. 330, CPC), que diz respeito às questões processuais. Assim, é nula a sentença que indefere a petição inicial, por razões de mérito.[370]

---

368. José Roberto dos Santos Bedaque afirma:"Assim, o NCPC, preocupado com a efetividade do processo, prevê a possibilidade de correção de qualquer dos vícios capazes de impedir a sentença de mérito, devendo ser a parte intimada a, se possível, regularizar o processo. Mais importante que o *iudicium* é encontrar a solução adequada à *res in iudicium deducta*. Concebe-se o instrumento na suposição de que ele servirá melhor ao seu fim se observadas determinadas regras." (*Comentários ao Novo Código de Processo Civil.* Coordenação Antônio Passo Cabral e Ronaldo Cramer. Rio de Janeiro: Forense, 2015, p. 501)

369. Art. 330. A petição inicial será indeferida quando:
I - for inepta;
II - a parte for manifestamente ilegítima;
III - o autor carecer de interesse processual;
IV - não atendidas as prescrições dos arts. 106 e 321.
§ 1º Considera-se inepta a petição inicial quando:
I - lhe faltar pedido ou causa de pedir;
II - o pedido for indeterminado, ressalvadas as hipóteses legais em que se permite o pedido genérico;
III - da narração dos fatos não decorrer logicamente a conclusão;
IV - contiver pedidos incompatíveis entre si.

370. STJ, RMS 18.589/PR, Rel. Ministro Teori Albino Zavascki, Primeira Turma, julgado em 03/02/2005.

O indeferimento da inicial se dá por sentença terminativa (art. 485, I, CPC), sem resolver o mérito, sendo suscetível de apelação[371], a qual possui efeito regressivo (possibilidade de juízo de retratação pelo juiz), na forma do art. 331 do CPC, aplicável ao mandado de segurança.

2.8.1.3 Improcedência liminar do pedido

Antes da citação do réu, só há uma forma de ser imediatamente proferida sentença de mérito: nos casos de improcedência liminar do pedido. Dispõe o art. 332 do CPC:

> Art. 332. Nas causas que dispensem a fase instrutória, o juiz, independentemente da citação do réu, julgará liminarmente improcedente o pedido que contrariar:
>
> I - enunciado de súmula do Supremo Tribunal Federal ou do Superior Tribunal de Justiça;[372]
>
> II - acórdão proferido pelo Supremo Tribunal Federal ou pelo Superior Tribunal de Justiça em julgamento de recursos repetitivos;
>
> III - entendimento firmado em incidente de resolução de demandas repetitivas ou de assunção de competência;
>
> IV - enunciado de súmula de tribunal de justiça sobre direito local.
>
> § 1º O juiz também poderá julgar liminarmente improcedente o pedido se verificar, desde logo, a ocorrência de decadência ou de prescrição.

Essa regra não é incompatível com o mandado de segurança, pois aplica-se a todas as espécies de procedimentos, mormente porque o procedimento do mandado de segurança já dispensa, pela sua própria natureza, a fase instrutória, a par de estar em sintonia com a celeridade que se busca por meio do procedimento do *writ*.[373]

---

371. Art. 10, § 1º, da Lei n. 12.016/2009: Do indeferimento da inicial pelo juiz de primeiro grau caberá apelação e, quando a competência para o julgamento do mandado de segurança couber originariamente a um dos tribunais, do ato do relator caberá agravo para o órgão competente do tribunal que integre.

372. À míngua de previsão expressa no art. 332 do CPC, figura como hipótese de improcedência liminar do pedido todas aquelas causas previstas no art. 927 do CPC. Nesse diapasão, o Enunciado nº 22 da I Jornada de Direito Processo Civil do Conselho de Justiça Federal dispõe: "Em causas que dispensem a fase instrutória, é possível o julgamento de improcedência liminar do pedido que contrariar decisão do Supremo Tribunal Federal em controle concentrado de constitucionalidade ou enunciado de súmula vinculante."

373. Enunciado n. 291, do Fórum Permanente de Processualistas Civis: "Aplicam-se ao procedimento do mandado de segurança os arts. 331 e parágrafos e 332, § 3ºº do CPC."

Com efeito, assumiu o *novel* Código de Processo Civil o papel de apontar o regime geral do processo[374], de acordo com a visão constitucional dos direitos fundamentais processuais (art. 1º, CPC), de modo que os procedimentos especiais não codificados hoje existentes (a exemplo do mandado de segurança), devem se ajustar a esse novo paradigma do processo civil[375], desde que não contrarie as regras e os princípios que justificam a existência desses procedimentos especiais. Dessa forma, a parte geral do CPC/2015 não se restringe a esse diploma legal, figurando como parâmetro geral para quaisquer processos especiais de índole civil, desde que – registre-se – não contrarie as particularidades destes. Logo, a parte geral do CPC/2015 aplica-se no procedimento especial do mandado de segurança, desde que compatível com as finalidades criadas para esse instrumento.

Pois bem, certo da aplicação do julgamento liminar de improcedência ao procedimento do mandado de segurança, cabe examinar se necessária a oitiva prévia do impetrante, antes de proferir sentença, para debater o fundamento jurídico que ensejará a improcedência liminar. Pensamos que não, uma vez que a apelação interposta contra a sentença de improcedência possibilita o juízo de retratação pelo magistrado sentenciante (art. 332, § 3º, CPC), de forma que o contraditório será exercido na plenitude por meio da apelação. Essa é razão pela qual o art. 487, parágrafo único, do CPC[376], dispensa o contraditório prévio no julgamento da improcedência liminar que declara a decadência ou a prescrição.[377]

2.8.2 Notificação da autoridade coatora e ciência da pessoa jurídica interessada

Não sendo o caso de indeferimento da petição inicial (art. 330, CPC), ou de julgamento liminar de improcedência (art. 332, CPC), ao despachar

374. MAZZEI, Rodrigo; GONCALVES, T. F., Ob. Cit., p. 101.

375. "O CPC/2015 foi construído com a noção de que as codificações não são corpos legais com completude, de modo a, sem deixar de preservar os regramentos das leis especiais e estatutárias, promover diálogo com ambientes especiais, notadamente nas partes da omissão de tais legislações (naquilo que o código, reforce-se, não contrarie suas peculiaridades) e na implementação das diretrizes constitucionais no âmbito infraconstitucional."(MAZZEI, Rodrigo; GONCALVES, T. F., Ob. Cit., p. 103)

376. Art. 487, Parágrafo único, CPC. Ressalvada a hipótese do § 1º do art. 332, a prescrição e a decadência não serão reconhecidas sem que antes seja dada às partes oportunidade de manifestar-se.

377. Nesse sentido: ARENHART, Sérgio Cruz; MARINONI, Luiz Guilherme;; MITIDIERO, Daniel. *Novo Código de Processo Civil Comentado.* 2. ed., São Paulo: Revista dos Tribunais, 2016, p. 426. Em sentido contrário, posiciona-se Georges Abboud e José Carlos Van Cleef de Almeida Santos, ao argumento de violação do princípio do contraditório (como proibição de decisão-surpresa), pois se para o indeferimento da inicial e matéria de ordem pública o juiz deve ouvir previamente a parte interessada, com maior razão essa teleologia deve ser conferida na técnica de julgamento liminar de improcedência. (ABBOUD, Georges; SANTOS, José Carlos Van Cleef de Almeida. *Breves Comentários do código de processo civil.* Teresa Arruda Alvim Wambier, Fredie Didier Junior, Eduardo Talamani e Bruno Dantas (coordenadores). 1. ed. São Paulo: Revista dos Tribunais, 2015, p. 860)

a inicial, o juiz, mediante ofício (e não AR ou mandado)[378], ordenará que se notifique a autoridade coatora do conteúdo da petição inicial, enviando-lhe a segunda via apresentada com as cópias dos documentos, a fim de que, no prazo de 10 (dez) dias[379], preste as informações (art. 7º, I, Lei Federal n. 12.016/2009), contando-se tal prazo a partir da juntada aos autos do ofício de notificação devidamente cumprido (art. 231, I, CPC).

Contudo, poderá o juiz, em caso de urgência, notificar a autoridade por telegrama, radiograma ou outro meio que assegure a autenticidade do documento e a imediata ciência pela autoridade (art. 4º, § 1º, Lei Federal n. 12.016/2009), contando-se o prazo na forma do art. 231, V, do CPC.

Além da notificação da autoridade coatora, o juiz deve ordenar, também mediante ofício (art. 11 da Lei Federal n. 12.016/2009), que se dê ciência do feito ao órgão de representação judicial da pessoa jurídica interessada, enviando-lhe cópia da inicial sem documentos, para que, querendo, ingresse no feito (art. 7º, II, Lei Federal n. 12.016/2009).

A despeito da omissão legal, aplica-se o prazo de 10 (dez) dias previsto no art. 7º, I, da Lei Federal n. 12.016/2009, para a apresentação de defesa pelo ente público interessado, tendo em vista a isonomia e o rito célere do *writ*[380], não se aplicando o prazo de 30 (trinta) dias da Fazenda Pública para contestar (art. 335 c/c art. 183, do CPC), tampouco o prazo legal residual de 05 (cinco) dias (art. 218, § 3º, CPC), posto que a Fazenda Pública teria prazo menor que a autoridade coatora para se manifestar nos autos, prejudicando a qualidade da defesa, sendo que isso não traria nenhuma celeridade processual, já que seria necessário aguardar o término do prazo (10 dias) para prestação de informações pela autoridade coatora.

---

378. Art. 11 da Lei Federal n. 12.016/2009. "Feitas as notificações, o serventuário em cujo cartório corra o feito juntará aos autos cópia autêntica dos ofícios endereçados ao coator e ao órgão de representação judicial da pessoa jurídica interessada, bem como a prova da entrega a estes ou da sua recusa em aceitá-los ou dar recibo e, no caso do art. 4º desta Lei, a comprovação da remessa."

379. À míngua de previsão da Lei Federal n. 12.016/2009, o prazo inicia-se a partir da juntada aos autos do mandado ou do ofício de notificação, na forma do art. 231, I e II, do CPC, correndo o prazo em dias úteis (art. 219).

380. MEIRELES, Hely Lopes; WALD, Arnoldo; MENDES, Gilmar Ferreira. *Mandado de Segurança e Ações Constitucionais.* 36. ed. São Paulo: Malheiros, 2014, p. 91; BUENO, Cassio Scarpinella. *A nova lei do mandado de segurança.* 2. ed. São Paulo: Saraiva, 2010, p. 59; MENDES, Aluisio Gonçalves de Castro; FONTES, André R. C.; LIMA, Arnaldo Esteves; ARAÚJO, Eugênio Rosa de; NASCIMENTO FILHO, Firly; NEIVA, José Antonio Lisbôa; LOPES, Mauro Luís Rocha; AZULAY NETO, Messod ; DYRLUND, Poul Erik. *Mandado de segurança individual e coletivo*: Lei 12.016/2009 comentada. 2. ed. São Paulo: Revista dos Tribunais, 2014, p. 82-83; THEODORO JR, Humberto. *Lei do mandado de segurança comentada.* Rio de Janeiro: Forense, 2014, p. 220; CÂMARA, Alexandre Freitas. *Manual do Mandado de Segurança.* 2. ed. São Paulo: Atlas, 2014, p. 190.

Considerando que parte, no mandado de segurança, é a pessoa jurídica de direito público e não a autoridade coatora, a ciência dada ao ente público equivale à citação quanto aos seus efeitos[381], fluindo a partir de então o decêndio legal para a apresentação de defesa.[382]

Em sentido diverso, Vicente Greco Filho defende que a notificação da autoridade coatora é que equivale à citação.[383] O Superior Tribunal de Justiça tem decidido nesse diapasão, segundo o qual não caberá mais a emenda da inicial para alterar os fatos narrados após a prestação de informações[384], bem como flui a partir de então o termo inicial dos juros moratórios.[385]

As autoridades administrativas, no prazo de 48 (quarenta e oito) horas da notificação da medida liminar, remeterão ao órgão a que se acham subordinadas e à Advocacia Pública que presenta judicialmente a pessoa jurídica da qual integra, cópia autenticada do mandado notificatório, assim como indicações e elementos outros necessários às providências a serem tomadas para a eventual suspensão da medida e defesa do ato apontado como ilegal ou abusivo de poder (art. 9º, Lei Federal n. 12.016/2009). De todo modo, o prazo para que a pessoa jurídica possa recorrer da decisão liminar conta-se da ciência que foi dada ao advogado público pelo Poder Judiciário, e não da data da intimação da autoridade coatora para cumprir o *decisum*.[386]

Constatado pelo juiz a indispensabilidade de litisconsórcio necessário, deverá intimar o impetrante para promover a citação do litisconsorte ausente para, querendo, apresentar contestação, sob pena de extinção do processo (art. 115, parágrafo único, CPC), não cabendo ao juiz determinar a citação do

381. Art. 240. A citação válida, ainda quando ordenada por juízo incompetente, induz litispendência, torna litigiosa a coisa e constitui em mora o devedor, ressalvado o disposto nos arts. 397 e 398 da Lei no 10.406, de 10 de janeiro de 2002 (Código Civil).
Art. 329. O autor poderá: I - até a citação, aditar ou alterar o pedido ou a causa de pedir, independentemente de consentimento do réu; II - até o saneamento do processo, aditar ou alterar o pedido e a causa de pedir, com consentimento do réu, assegurado o contraditório mediante a possibilidade de manifestação deste no prazo mínimo de 15 (quinze) dias, facultado o requerimento de prova suplementar.

382. THEODORO JR, Humberto. *Lei do mandado de segurança comentada*. Rio de Janeiro: Forense, 2014, p. 227.

383. GREGO FILHO. Vicente. *O novo mandado de segurança*. Comentários à Lei n. 12.016, de 7 de agosto de 2009. São Paulo: Saraiva, 2010, p. 37.

384. STJ, MS 21.989/DF, Rel. Ministro Humberto Martins, Primeira Seção, julgado em 25/11/2015, DJe 04/12/2015; STJ, MS 12.735/DF, Rel. Ministro Og Fernandes, Terceira Seção, julgado em 09/06/2010, DJe 24/08/2010; STJ, MS 4.196, Rel. Min. Félix Fischer, DJ. 17.08.1998.

385. STJ, EmbExeMS 11.505/DF, Rel. Ministro Herman Benjamin, Primeira Seção, julgado em 28/06/2017; STJ, REsp 1327811/RJ, Rel. Ministro Castro Meira, Segunda Turma, julgado em 04/04/2013; STJ, AgRg no REsp 1.111.275/RS, Rel. Ministro Og Fernandes, DJe 14/9/2011; STJ, AgRg no REsp 939.959/PA, Rel. Min. Felix Fischer, DJ 7/2/2008.

386. Súmula 392 do STF: "O prazo para recorrer de acórdão concessivo de segurança conta-se da publicação oficial de suas conclusões, e não da anterior ciência à autoridade para cumprimento da decisão."

litisconsorte necessário de ofício, sem requerimento do autor, pois ninguém é obrigado a litigar contra uma pessoa que não queira. Essa indica ser a inteligência do Enunciado n. 631 da Súmula do STF: "Extingue-se o processo de mandado de segurança se o impetrante não promove, no prazo assinado, a citação do litisconsorte passivo necessário."

A citação do litisconsorte também será realizada mediante ofício, não se concebendo a expedição de precatória, por ser incompatível com a celeridade que se espera do *mandamus*.[387] Por questão de isonomia e atento à celeridade do *writ*, o prazo de contestação do litisconsorte não será o de 15 (quinze) dias, conforme reza o Código de Processo Civil, mas o de 10 (dez) dias, previsto para a autoridade coatora prestar informações no mandado de segurança.[388]

Não há necessidade de litisconsórcio necessário passivo entre a autoridade apontada coatora e a pessoa jurídica de direito público a qual integra, uma vez que a autoridade pública já "presenta" a própria pessoa jurídica, sendo que esta também já é intimada para, querendo, intervir na causa.[389]

Prevê ainda a lei que, no caso em que o documento necessário à prova do alegado se ache em (i) repartição pública ou em poder de autoridade que se recuse a fornecê-lo por certidão ou (ii) em poder de terceiro, o juiz ordenará, preliminarmente, de ofício ou a requerimento da parte, a exibição desse documento em original ou em cópia autêntica e marcará, para o cumprimento da ordem, o prazo de 10 (dez) dias (art. 6º, § 1º, Lei Federal n. 12.016/2009), sendo que, se a autoridade que tiver procedido dessa maneira for a própria autoridade apontada coatora, a ordem far-se-á no próprio instrumento da notificação (art. 6º, § 2º, Lei Federal n. 12.016/2009).

Caso a autoridade pública ou o terceiro se recuse a fornecer o documento ordenado judicialmente, se afigura possível que o juiz adote medidas indutivas, coercitivas, mandamentais ou sub-rogatórias para que o documento seja exibido (art. 400, parágrafo único, CPC), a exemplo da fixação de multa diária (*astreintes*) para compelir ao cumprimento da ordem judicial, bem como impor multa e responsabilização administrativa e penal como punição

387. MEIRELES, Hely Lopes; WALD, Arnoldo; MENDES, Gilmar Ferreira. Ob. Cit., p. 91; BARBI, Celso Agrícola. *Do Mandado de Segurança*. 12. ed. Revista e Atualizada. Rio de Janeiro: Forense, 2009, p. 222.

388. BARBI, Celso Agrícola. Ob. Cit., p. 184.

389. Nesse sentido: STJ, AgRg no Resp n. 1.191.674, Rel. Min. Napoleão Nunes Maia Filho, j. 03.09.2015; BARBI, Celso Agrícola. Ob. Cit., p. 146; THEODORO JÚNIOR, Humberto. *O mandado de segurança segundo a Lei n. 12.016, de 07 de agosto de 2009*. Rio de Janeiro: Forense, 2009, p. 21; CUNHA, Leonardo Carneiro da. Ob. Cit., p. 532. Defendendo que o ingresso do ente público no processo se dá na qualidade de assistente litisconsorcial, porque a autoridade é seu substituto processual: GREGO FILHO. Vicente. *O novo mandado de segurança*. Comentários à Lei n. 12.016, de 7 de agosto de 2009. São Paulo: Saraiva, 2010, p. 30.

pela prática de ato atentatório à dignidade da justiça (art. 77, IV, §§ 1º e 2º, do CPC).[390]

Porém, se essas medidas se revelarem inócuas, e não for apresentado o documento determinado judicialmente no prazo assinalado, entendemos que se deve aplicar, subsidiariamente, o regime do CPC/2015 acerca de exibição de documentos, de forma que o "o juiz admitirá como verdadeiros os fatos que, por meio do documento ou da coisa, a parte pretendia provar" (art. 400, *caput*, CPC), salvo se a recusa (se existente) da autoridade pública ou do terceiro for havida por legítima (art. 400, inciso II, e art. 403, ambos do CPC) ou ocorrente algumas das hipóteses previstas no 404 do CPC[391].

Com efeito, na hipótese do art. 6º, §§ 1º e 2º, da Lei Federal n. 12.016/2009, com a determinação judicial da autoridade coatora fornecer os documentos indicados, incide o princípio da carga dinâmica da prova ao mandado de segurança[392], na forma do art. 373, § 1º, do CPC (maior facilidade de obtenção de prova pela parte contrária)[393], de modo que o ônus probatório de compro-

390. Art. 77. Além de outros previstos neste Código, são deveres das partes, de seus procuradores e de todos aqueles que de qualquer forma participem do processo: [...]. IV - cumprir com exatidão as decisões jurisdicionais, de natureza provisória ou final, e não criar embaraços à sua efetivação; [...] § 1º Nas hipóteses dos incisos IV e VI, o juiz advertirá qualquer das pessoas mencionadas no caput de que sua conduta poderá ser punida como ato atentatório à dignidade da justiça. § 2º A violação ao disposto nos incisos IV e VI constitui ato atentatório à dignidade da justiça, devendo o juiz, sem prejuízo das sanções criminais, civis e processuais cabíveis, aplicar ao responsável multa de até vinte por cento do valor da causa, de acordo com a gravidade da conduta.

391. Art. 404. A parte e o terceiro se escusam de exibir, em juízo, o documento ou a coisa se:
I - concernente a negócios da própria vida da família;
II - sua apresentação puder violar dever de honra;
III - sua publicidade redundar em desonra à parte ou ao terceiro, bem como a seus parentes consanguíneos ou afins até o terceiro grau, ou lhes representar perigo de ação penal;
IV - sua exibição acarretar a divulgação de fatos a cujo respeito, por estado ou profissão, devam guardar segredo;
V - subsistirem outros motivos graves que, segundo o prudente arbítrio do juiz, justifiquem a recusa da exibição;
VI - houver disposição legal que justifique a recusa da exibição.
Parágrafo único. Se os motivos de que tratam os incisos I a VI do caput disserem respeito a apenas uma parcela do documento, a parte ou o terceiro exibirá a outra em cartório, para dela ser extraída cópia reprográfica, de tudo sendo lavrado auto circunstanciado.

392. "[...]. 5- Cumpre perceber que a requisição judicial de documentos, como prescrita no art. 6º, § 1º, da Lei nº 12.010/09, guarda estreita afinidade com a moderna Teoria das cargas probatórias dinâmicas, segundo a qual, nas palavras de Eduardo Cambi, cabe ao magistrado, enquanto gestor do concerto probatório, 'verificar, no caso concreto, quem está em melhores condições de produzir a prova e, destarte, distribuir este ônus entre as partes', cuja técnica 'encontra respaldo imediato na dimensão objetiva do direito fundamental à tutela jurisdicional adequada e efetiva' (in Curso de direito probatório. Curitiba: Juruá, 2014, p. 227 e 229)." (STJ, RMS 38.025/BA, Rel. Ministro Sérgio Kukina, Primeira Turma, j. em 23/09/2014)

393. Art. 373, § 1º, CPC. Nos casos previstos em lei ou diante de peculiaridades da causa relacionadas à impossibilidade ou à excessiva dificuldade de cumprir o encargo nos termos do *caput* ou à maior facilidade de obtenção da prova do fato contrário, poderá o juiz atribuir o ônus da prova de modo diverso, desde que o

vação do fato constitutivo é transferido da parte requerente (jurisdicionado) para a parte requerida (Fazenda Pública), não se revelando possível que o magistrado julgue extinto o processo sem resolução do mérito, por faltar os documentos (direito líquido e certo) justamente exigido pelo juízo, sob pena de cerceamento do direito constitucional à prova[394] e violação ao princípio da boa-fé objetiva (ninguém pode se beneficiar de sua própria torpeza).

Caso se entenda que se não se afigura possível inverter o ônus da prova em face da Fazenda Pública, ao argumento de que os interesses são indisponíveis, a ponto de não comportarem presunção de veracidade dos fatos, tal como acontece com a revelia[395], a confissão[396] e o dever de impugnação específica dos fatos[397] em face da Fazenda Pública, estar-se-á transgredindo o direito fundamental do autor à tutela jurisdicional adequada e efetiva, mediante processo justo, sobretudo porque o seu direito constitucional à produção de prova estará tolhido em razão das especificidades do caso concreto, por conta da impossibilidade ou excessiva dificuldade de obtenção de prova, em contraste com a facilidade de obtenção da prova pela Fazenda Pública.

Todavia, é mister que o juiz decida, fundamentadamente, acerca da inversão do ônus da prova, e o faça previamente à prolação da sentença (regra de procedimento), cientificando e oportunizando à Fazenda Pública de se desincumbir do ônus que lhe foi atribuído, tal como prescreve o art. 373, § 1º, CPC.

De todo modo, torna-se imperioso a prova, por parte do impetrante, da recusa da Administração Pública em fornecer o documento solicitado, pois, via de regra, a produção da prova compete ao autor (ônus do fato constitutivo da prova – art. 373, I, CPC).[398]

---

faça por decisão fundamentada, caso em que deverá dar à parte a oportunidade de se desincumbir do ônus que lhe foi atribuído.

394. "[...]. 4- Ao denegar o writ, extinguindo o feito sem resolução do mérito porque faltantes os documentos que a própria Corte Estadual determinara fossem trazidos aos autos pela parte impetrada, o acórdão recorrido acabou por cercear o direito de acesso à prova pelo impetrante, beneficiando, indevidamente, à parte impetrada, a quem, como dito, incumbia ter dado primário cumprimento à requisição judicial, mediante a entrega da documentação funcional da parte autora ou, não sendo assim, justificando a impossibilidade de fazê-lo, quedando, entretanto, por não fazer nem uma coisa nem outra. (STJ, RMS 38.025/BA, Rel. Ministro Sérgio Kukina, Primeira Turma, j. em 23/09/2014)

395. Art. 345, CPC. A revelia não produz o efeito mencionado no art. 344 se: [...]. II - o litígio versar sobre direitos indisponíveis;

396. Art. 392. Não vale como confissão a admissão, em juízo, de fatos relativos a direitos indisponíveis.

397. Art. 341. Incumbe também ao réu manifestar-se precisamente sobre as alegações de fato constantes da petição inicial, presumindo-se verdadeiras as não impugnadas, salvo se: I - não for admissível, a seu respeito, a confissão;

398. "[...]. 1. O mandado de segurança, garantia constitucional marcada pelo rito célere, demanda a apresentação, de pronto, de todos os elementos probatórios suficientes para embasar a alegação de direito líquido e certo contida nas razões do mandamus. 2. A requisição de tais documentos pela autoridade judiciária à autoridade

Juntada aos autos a documentação pelo ente público ou terceiro, de forma a revelar novos fatos, afigura-se possível a emenda da inicial, para alterar a causa de pedir ou o pedido.[399]

2.8.3 Informações

Conforme já explanado, despachada a petição inicial, deverá o juiz ordenar (i) a notificação da autoridade coatora para que esta preste suas informações, assim como (ii) dar ciência à pessoa jurídica a qual integra a autoridade, para, querendo, intervir no feito.

A natureza jurídica das informações não equivale à contestação[400]. Contestação é apresentada pela parte; contudo, conforme já discorrido, parte no mandado de segurança é a pessoa jurídica a qual integra a autoridade coatora, e não esta. Dessa forma, a autoridade coatora é apenas informante, cabendo a apresentação de contestação ao representante da Fazenda Pública, que é cientificado para intervir no feito.

A par disso, as informações prestadas e subscritas pela autoridade coatora, por emanarem de agente público no exercício da função pública, gozam, quanto à matéria de fato, de presunção relativa de veracidade gozando o ato administrativo (as informações) de presunção de veracidade e legitimidade[401]. Assim, como bem pontua Sérgio Ferraz[402], "é exatamente a submissão

---

pública imprescinde da prévia negativa do órgão público em relação ao fornecimento de tais evidências. É, portanto, providência subsidiária que não desincumbe a parte impetrante da propositura do mandamus já devidamente instruído com todas as provas pré-constituídas. 3. No caso em concreto, a própria parte agravante reconheceu, nas razões do agravo regimental, que não foram apresentadas todas as provas no momento da impetração do mandamus. [...]." (STJ, AgRg no RMS 37.954/PE, Rel. Ministro Mauro Campbell Marques, Segunda Turma, julgado em 26.06.2012)

399. Nesse diapasão: BUENO, Cassio Scarpinella. *A nova lei do mandado de segurança*. 2. ed. São Paulo: Saraiva, 2010, p. 47.

400. Nesse diapasão: NUNES, José de Castro. *Do mandado de Segurança*. 7. ed. Rio de Janeiro: Forense, 1967, p. 253; CAVALCANTI, Themistócles Brandão. *Do mandado de segurança*. 4. ed. Rio de Janeiro: Freita Bastos, 1957, p. 15; FERRAZ, Sérgio. *Mandado de Segurança*. 4. ed. São Paulo: Malheiros, 2006, p. 119; DIDIER JR, Fredie. Natureza jurídica das informações da autoridade coatora no mandado de segurança. In: BUENO, Cassio Scarpinella; ALVIM, Eduardo Arruda; WAMBIER, Teresa Arruda Alvim (coords). *Aspectos polêmicos do mandado de segurança*. São Paulo: Revista dos Tribunais, 2002, p. 369-370. Em sentido contrário, defendendo a paridade entre informações e contestação: ROCHA, José de Moura. *Mandado de segurança*: a defesa dos direitos individuais. Rio da Janeiro: Aide, 1987, p. 193; BUZAID, Alfredo. *Do mandado de segurança*. São Paulo: Saraiva, 1989, v. I, p. 231; BARBI, Celso Agrícola. *Do Mandado de Segurança*. 12. ed. Revista e Atualizada. Rio de Janeiro: Forense, 2009, p. 177; MEIRELES, Hely Lopes; WALD, Arnoldo; MENDES, Gilmar Ferreira. *Mandado de Segurança e Ações Constitucionais*. 36. ed. São Paulo: Malheiros, 2014, p. 114.

401. MEIRELES, Hely Lopes; WALD, Arnoldo; MENDES, Gilmar Ferreira. *Mandado de Segurança e Ações Constitucionais*. 36. ed. São Paulo: Malheiros, 2014, p. 115.

402. Ob. Cit., p. 119.

do coator ao dever da verdade que tira das informações o caráter de defesa ou contestação".

Com esse mesmo pensamento, Fredie Didier Jr[403] assevera que "a apresentação de defesa jamais poderia ser vista como um dever, senão ônus, pois ninguém é obrigado a defender-se. Como autoridade pública que é, está a autoridade coatora submetida ao dever de dizer a mais estrita verdade, pois suas informações se revestirão de presunção de legitimidade dos atos administrativos, circunstância que, por si só, já afastaria a concepção das informações como defesa."

E arremeta Sergio Ferraz quanto à natureza jurídica das informações: "1) se defesa fossem, teriam que ser apresentadas por advogado (CF, art. 133); 2) se defesa fossem, teriam que ser deduzidas pelo advogado da União ou pelos Procuradores dos Estados e Municípios (CF, arts. 131 e 132); 3) se defesa fossem, não estariam jungidas ao dever de imparcialidade, pois parte não é, por definição, imparcial."[404]

Nessa medida, comungamos com a posição de Fredie Didier Jr, no sentido que as informações equivalem a uma espécie de depoimento prestado em juízo (meio de prova), de forma que a autoridade inquinada de coatora é fonte de prova.[405] E, tratando-se de depoimento prestado em juízo, as informações dizem respeito apenas à questão de fato, cabendo ao representante judicial do ente público a defesa da questão de direito (além de fato) do ato impugnado.[406]

Tratando-se de depoimento pessoal da autoridade coatora, o que revela o caráter personalíssimo do ato, infere-se que a prestação de informações é uma responsabilidade pessoal e intransferível da autoridade coatora, de modo que se afigura possível até ser subscrita por advogado, desde que presente, concomitantemente, a firma da autoridade.[407]

---

403. Ob. Cit., p. 374.

404. Ob. Cit., p. 119.

405. DIDIER JR, Fredie. Natureza jurídica das informações da autoridade coatora no mandado de segurança. In: BUENO, Cassio Scarpinella; ALVIM, Eduardo Arruda; WAMBIER, Teresa Arruda Alvim (coords). *Aspectos polêmicos do mandado de segurança.* São Paulo: Revista dos Tribunais, 2002, p. 369-370. Em sentido semelhante, André Ramos Tavares escreve que a autoridade coatora atua como uma espécie de informante do juízo. (*Manual do novo mandado de segurança.* Rio de Janeiro: Forense, 2009, p. 70), enquanto Humberto Theodoro Jr afirma que a autoridade coatora é um colaborador da justiça, prestando informações e esclarecimentos. (*Lei do mandado de segurança comentada.* Rio de Janeiro: Forense, 2014, p. 55).

406. TAVARES, André Ramos. *Manual do novo mandado de segurança.* Rio de Janeiro: Forense, 2009, p. 72.

407. FERRAZ, Sérgio. *Mandado de Segurança.* 4. ed. São Paulo: Malheiros, 2006, p. 120; MEIRELES, Hely Lopes; WALD, Arnoldo; MENDES, Gilmar Ferreira. *Mandado de Segurança e Ações Constitucionais.* 36. ed. São Paulo: Malheiros, 2014, p. 114.

Dessa forma, cuidando-se de fonte de prova, há um dever (e não mero ônus) de prestar informações, de forma que a ausência de prestação por parte da autoridade coatora pode ensejar-lhe a incursão nas sanções prevista ao delito de desobediência.[408]

Não apresentadas as informações, não se presumem verdadeiros os fatos alegados, uma vez que cabe ao impetrante comprovar, mediante prova pré-constituída dos fatos que embasam a impetração, a ocorrência do direito (na verdade, fato) líquido e certo, o que implica o ônus processual por parte do autor da ação.[409] Além disso, em se tratando de aplicação de direito lastreado em regime jurídico de direito público (o que é o caso no *writ*), não há o efeito material da revelia em face da Fazenda Pública (art. 345, II, CPC)[410], tampouco o dever de impugnação específica dos fatos (art. 341, I, CPC)[411], em razão da natureza indisponível do direito controvertido, notadamente em se tratando de mandado de segurança, que exige como pressuposto ato de autoridade ("ato de império"), ou seja, ato praticado sob o regime de direito público.[412]

---

408. DIDIER JR, Fredie. Natureza jurídica das informações da autoridade coatora no mandado de segurança. In: BUENO, Cassio Scarpinella; ALVIM, Eduardo Arruda; WAMBIER, Teresa Arruda Alvim (coords). *Aspectos polêmicos do mandado de segurança.* São Paulo: Revista dos Tribunais, 2002, p. 376. Também entendendo que a autoridade coatora tem o dever de prestar as informações, e não mero ônus: THEODORO JR, Humberto. *Lei do mandado de segurança comentada.* Rio de Janeiro: Forense, 2014, p. 224.
De outro lado, para quem entenda pela natureza jurídica de contestação, as informações não consistem em dever, mas apenas ônus processual, de forma a afastar eventual prática de crime pela omissão de prestar as informações.

409. "[...]. I - Segundo assente na jurisprudência desta colenda Corte, 'a intempestividade das informações prestadas pela autoridade apontada coatora no mandado de segurança não induz a revelia, uma vez que ao impetrante cumpre demonstrar, mediante prova pré-constituída dos fatos que embasam a impetração, a ocorrência do direito líquido e certo.' (STJ, RMS nº 11571/SP, Rel. Min. SÁLVIO DE FIGUEIREDO TEIXEIRA, Quarta Turma, DJ de 23/10/2000). [...]." (STJ, RMS 26.170/RO, Rel. Ministro Francisco Falcão, Primeira Turma, julgado em 04.12.2008)

410. Art. 344. Se o réu não contestar a ação, será considerado revel e presumir-se-ão verdadeiras as alegações de fato formuladas pelo autor. Art. 345. A revelia não produz o efeito mencionado no art. 344 se: [...]; II - o litígio versar sobre direitos indisponíveis; [...]

411. Art. 341. Incumbe também ao réu manifestar-se precisamente sobre as alegações de fato constantes da petição inicial, presumindo-se verdadeiras as não impugnadas, salvo se: I - não for admissível, a seu respeito, a confissão.

412. "[...]. 1. Os efeitos da revelia não se operam integralmente em face da Fazenda Pública, posto indisponíveis os interesses em jogo, na forma do art. 320, II, do CPC. Precedentes do S.T.J: REsp 635.996/SP, DJ 17.12.2007 e REsp 541.239/DF, DJ 05.06.2006. [...]." (STJ, EDcl no REsp 724.111/RJ, Rel. Ministro LUIZ FUX, PRIMEIRA TURMA, julgado em 17/12/2009, DJe 12/02/2010). Contudo, em se tratando de "ato da administração", ou seja, ato praticado pela Administração Pública sob o regime de direito privado, como o direito não é indisponível, aplica-se normalmente o efeito material da revelia em face da Fazenda Pública. Veja-se: "[...]. 1. Os efeitos materiais da revelia não são afastados quando, regularmente citado, deixa o Município de contestar o pedido do autor, sempre que não estiver em litígio contrato genuinamente administrativo, mas sim uma obrigação de direito privado firmada pela Administração Pública. [...]. 3. A contestação é ônus processual cujo descumprimento acarreta diversas consequências, das quais a revelia é apenas uma delas. Na verdade, a ausência de contestação, para além de desencadear os efeitos materiais da revelia, interdita a possibilidade de o réu manifestar-se sobre o que a ele cabia ordinariamente, como a prova dos fatos impeditivos, modificativos

A propósito, partindo-se do pressuposto que revelia vem a ser a falta de contestação pelo réu, certo é que não ocorrerá tal fenômeno em caso de inexistência de informações, pois estas não equivalem à contestação.

Se não bastasse, não se pode olvidar que o efeito material da revelia (quando incidente) é apenas a presunção de veracidade dos fatos alegados pelo autor[413], não tendo o condão de presumir-se como verdadeiro o fundamento jurídico ventilado pelo impetrante em sua peça inaugural.[414]

Ainda que o impetrante não comprove, já na inicial, os fatos alegados, afigura-se possível a caracterização do direito líquido e certo, se a autoridade coatora, ao prestar as informações, admitir como verdadeiros os fatos, limitando-se a debater as consequências jurídicas desses fatos. Ilustra-se com o seguinte exemplo: um importador impetra mandado de segurança, alegando a ilegalidade da cobrança do Imposto de Importação, em razão da superveniência de uma lei que alterou a base de cálculo do tributo com efeitos imediatos, desconsiderando a regra da anterioridade; contudo, a despeito de sua alegação, o contribuinte não demonstra por prova documental a sua condição de importador. Ao prestar informações, a autoridade coatora, para construir os fundamentos jurídicos de sua defesa, reconhece a condição de importador do impetrante, mas afirma que a cobrança do tributo é legal em relação a classe de importadores da espécie do autor da ação.

Nessa hipótese, como inexistirá controvérsia a respeito dos fatos pela autoridade coatora (a condição de importador é afirmada bilateralmente por

---

ou extintivos do direito do autor (art. 333, inciso II, CPC), salvo aqueles relativos a direito superveniente, ou a respeito dos quais possa o juiz conhecer de ofício, ou, ainda, aqueles que, por expressa autorização legal, possam ser apresentados em qualquer tempo e Juízo (art. 303, CPC). 4. Nessa linha de raciocínio, há nítida diferença entre os efeitos materiais da revelia - que incidem sobre fatos alegados pelo autor, cuja prova a ele mesmo competia - e a não alegação de fato cuja prova competia ao réu. Isso por uma razão singela: os efeitos materiais da revelia dispensam o autor da prova que lhe incumbia relativamente aos fatos constitutivos de seu direito, não dizendo respeito aos fatos modificativos, extintivos ou impeditivos do direito alegado, cujo ônus da prova pesa sobre o réu. Assim, no que concerne aos fatos cuja alegação era incumbência do réu, a ausência de contestação não conduz exatamente à revelia, mas à preclusão quanto à produção da prova que lhe competia relativamente a esses fatos." (STJ, REsp 1084745/MG, Rel. Ministro Luis Felipe Salomão, Quarta Turma, julgado em 06.11.2012)

413. Essa presunção de veracidade dos fatos demanda que a alegação do autor esteja em harmonia com o contexto fático dos autos, pois o art. 344, IV, do CPC, preconiza que não induz o efeito material da revelia se as alegações de fato formuladas pelo autor forem inverossímeis ou estiverem em contradição com prova constante dos autos.

414. Eis a lúcida observação de Arruda Alvim: "Outro aspecto que temos que considerar, haurido do art. 319, é o de que são reputados verdadeiros os fatos, o que não implica, contudo, que a demanda seja necessariamente ganha pelo autor, pois daqueles fatos, ainda que devam ser considerados verídicos, segundo a lei, poderão não decorrer das consequências tiradas pelo autor, como poderão eles não encontrar apoio em lei, o que, então, levará, apesar da revelia, a um julgamento de improcedência." (ALVIM, José Manoel Arruda. *Manual de Direito Processual Civil.* 14. ed. São Paulo: Revista dos Tribunais, 2011, p. 348)

ambas partes, sendo que a autoridade coatora coloca esse fato como pressuposto de sua defesa), será cabível o *writ*, posto que a autoridade coatora estará admitindo os fatos[415], o que se afigura possível (art. 374, III, CPC)[416], não se tratando de confissão dos fatos (art. 392, CPC) ou de ausência (omissão) de impugnação específica dos fatos (art. 341, I, CPC), o que seria vedado em face da Fazenda Pública.

Cabe, ainda, examinar a forma pela qual apresentar-se-á as defesas processuais no procedimento do mandado de segurança.

Conforme já discorrido, o CPC/2015 extinguiu vários incidentes e exceções, para simplificar o procedimento, tornando-o mais célere. Pretendeu-se uma visão do processo como um meio (instrumento), e não um fim em si mesmo, de modo que a forma existe para atender a uma finalidade (valor).

Atento a esse fim de simplificação, tal como agora prevê o Código de Processo Civil, qualquer defesa processual ou substancial no mandado de segurança deve ser oposta nas próprias informações da autoridade coatora ou na manifestação da Fazenda Pública, de modo que não se afigura possível a suspensão do mandado de segurança para julgamento de questões prévias, pois incompatível com o valor celeridade inerente ao *mandamus*.[417] Todavia, diferentemente da posição de Marinoni, Arenhart e Mitidiero[418], entendemos que tão-somente em relação à alegação de impedimento ou suspeição, deva ser apresentada em peça autônoma, tal como prevê o art. 146 do CPC, afigurando-se possível o Juiz da causa dar prosseguimento ao feito apenas se o Relator indeferir o efeito suspensivo ao incidente (art. 146, § 2º, I, CPC).

---

415. Eis a lição de Carnelutti, diferenciando admissão de confissão: "À afirmação de um fato por parte de um litigante pode corresponder à afirmação do mesmo fato por parte do outro. Isto sucede sempre que também este outro ponha aquele fato como pressuposto de seu pedido ao juiz. Se peço ao Juiz que condene Tício à restituição da soma mutuada, e Tício por sua vez pede ao Juiz que indefira meu pedido por não se haver celebrado contrato algum entre nós, existe somente a afirmação (da existência) do contrato, feita por mim; se Tício, em vez disse pede ao Juiz que indefira meu pedido por já haver restituído a soma mutuada, então existe afirmação bilateral quanto à celebração do contrato de mútuo e quanto à entrega da soma em dinheiro ao mutuário, posto que também Tício coloca esses fatos como pressuposto de seu pedido. A afirmação de um fato já afirmado pela parte contrária chama-se admissão, que pode ser definido como: colocação como pressuposto do pedido, de um fato já pressuposto do pedido do adversário." (CARNELUTTI, Francisco. *La prova civile*. Milão: Giuffré, 1992, p. 19)

416. Art. 374. Não dependem de prova os fatos: [...] III - admitidos no processo como incontroversos.

417. Aliás, no que tange à alegação de falsidade de documento, restam duas opções: (i) ou a falsidade é evidente, ocasião em que o juiz já reconhece a falsidade, dispensando o incidente; (ii) ou a falsidade não é evidente, oportunidade em que será necessário o incidente de falsidade, com dilação probatória, o que não se coaduna com a ação mandamental, que requer direito líquido e certo.

418. MARINONI, Luiz Guilherme; ARENHART, Sérgio Cruz; MITIDIERO, Daniel. *Novo Código de Processo Civil. Tutela dos direitos mediante procedimentos diferenciados*. Vol. 3. 2. ed., São Paulo: Revista dos Tribunais, 2016, p. 371-372.

Caso contrário, se se entender que essa alegação deva ser realizada juntamente com as informações (e não em peça autônoma), não haveria como dar continuidade ao procedimento, caso o Relator indeferisse o efeito suspensivo do pedido de impedimento ou suspeição, pois o processo estaria no tribunal competente, já que a alegação de suspeição ou impedimento estaria contido no bojo das informações.

Por fim, caso a autoridade coatora ou a pessoa jurídica de direito público apresentem novos documentos, de não conhecimento do impetrante e capazes de alterar o resultado da lide, deve-se intimar o impetrante para conhecimento e oportunidade de contraprova, em respeito ao princípio do contraditório[419], na forma do art. 397 do CPC[420],

2.8.4 Conciliação e Mediação

Do princípio do autorregramento do processo, extrai-se o direito das próprias partes disciplinarem juridicamente suas condutas processuais, de forma a concretizar o princípio da autonomia da vontade, que decorre do valor liberdade previsto na Carta Magna (art. 5º, *caput*). Desse princípio (autorregramento do processo) deflui os negócios jurídicos processuais.[421]

Os negócios processuais podem ser celebrados extrajudicialmente ou judicialmente, pelas partes unicamente ou com a participação do juiz. Neste último caso, o juiz já controlará, de imediato, a validade do negócio. Os negócios poderão versar sobre mudanças de procedimento, inclusive com a derrogação de normas processuais.

A disciplina dos negócios processuais tem seu núcleo nos arts. 190 e 200 do CPC, que funcionam como cláusulas gerais dos negócios processuais atípicos. O art. 190 do CPC estabelece a possibilidade de autorregramento da vontade nos negócios, acordos e convenções pré-processuais ou processuais tendo por objeto ônus, poderes, faculdades e deveres processuais, o

419. Nesse mesmo sentido: THEODORO JR, Humberto. *Lei do mandado de segurança comentada*. Rio de Janeiro: Forense, 2014, p. 205.

420. Art. 435. É lícito às partes, em qualquer tempo, juntar aos autos documentos novos, quando destinados a fazer prova de fatos ocorridos depois dos articulados ou para contrapô-los aos que foram produzidos nos autos.

421. A terminologia da doutrina oscila entre negócios, acordos ou convenções. Optaremos por negócios processuais. Cf. Fredie Didier Jr., Curso de Direito Processual Civil, cit., p. 376; Antônio do Passo Cabral, *Convenções Processuais*. Salvador: Juspodivm, 2016; Pedro Henrique Pedrosa Nogueira, *Negócios Jurídicos Processuais*, Salvador: Juspodivm, 2016.

que abrange a Fazenda Pública[422], inclusive o procedimento do mandado de segurança, caso o litígio admita autocomposição e a Fazenda Pública adira ao entabulamento do negócio jurídico processual.

Entre os negócios jurídicos processuais, destacam-se a conciliação e a mediação (arts. 165 a 175, CPC).

No procedimento do mandado de segurança, malgrado previsão legal, não há óbice que seja concretizada a solução consensual do conflito, notadamente com a prática de conciliação e de mediação.

Na verdade, esse método de solução de problemas consensual (conciliação e mediação) não se restringe ao procedimento comum previsto no Código de Processo Civil, devendo ser disseminado em todos os procedimentos cíveis, tipificados ou não, pois o escopo de solucionar problemas é inerente a todo processo.

O fato do procedimento do mandado de segurança se caracterizar sumário e célere não impede, em casos específicos e excepcionalmente, a realização de audiência de conciliação ou mediação, pois a celeridade seria mitigada em prol da qualidade da tutela jurisdicional a ser prestada (processo justo), bem como em prol da efetividade (realização efetiva do direito). Frise-se: a audiência seria realizada apenas em caráter excepcional, diante de situação atípica e específica, para não tornar inócuo o valor celeridade do mandado de segurança.

Imagina-se o exemplo de um mandado de segurança coletivo impetrado por um Sindicato de Empresas do Setor de Importação de um Estado, em que se postula ordem mandamental para que o Delegado da Receita Federal do Estado aprecie, imediatamente, todos os 10.000 (dez mil) processos administrativos em que seus representados pedem ressarcimento tributário de crédito presumido, em virtude da mora da Administração, que não dá andamento a tais processos administrativos há mais de 01 (um) ano.

A Primeira Seção do Superior Tribunal de Justiça, em regime de recurso repetitivo[423], já decidiu que o Fisco deve ser considerado em mora, por revelar resistência ilegítima, a partir do término do prazo de 360 (trezentos e sessenta) dias contado da data do protocolo dos pedidos de ressarcimento, aplicando-se por analogia o art. 24 da Lei Federal 11.457/2007.

---

422. Enunciado nº 17 da I Jornada de Direito Processo Civil do Conselho de Justiça Federal: "A Fazenda Pública pode celebrar convenção processual, nos termos do art. 190 do CPC."

423. Resp n. 1.138.206/RS, Rel Min. Luiz Fux, DJe 01.09.2010.

No entanto, a despeito da configuração da mora, a fixação do prazo para prolação de decisão administrativa sobre esses pedidos de ressarcimento é arbitrada judicialmente, de acordo com as circunstâncias da causa. Nesse exemplo, tendo em vista o elevado número de procedimentos administrativos a serem apreciados pela administração, considerando a burocracia administrativa, e considerando a existência, não raro, de precariedade da estrutura administrativa e de pessoal na localidade onde atua a autoridade coatora, revela-se prudente buscar um acordo entre as partes, para se chegar a um prazo razoável (nem exíguo, de modo a não se tornar impraticável pela Administração; nem elástico, a ponto de manter a mora) que possa atender, ao máximo, aos interesses antagônicos das partes.

Não custa lembrar que, para levar a cabo a transação entre as partes, não é indispensável a realização de audiência, de modo que esse fim pode se dá através de simples petição aos autos, por iniciativa das partes, ou por provocação do magistrado, o que se coaduna perfeitamente com o rito célere do mandado de segurança.

2.8.5 Oitiva do Ministério Público

Findo o prazo para prestação de informações pela autoridade coatora e manifestação da Fazenda Pública, os autos serão remetidos ao Ministério Público para emissão de parecer, no prazo improrrogável de 10 (dez) dias (prazo próprio), findo o qual os autos serão conclusos para prolação de sentença.[424]

Basta a intimação do Ministério Público, não sendo necessária a sua efetiva manifestação[425], tanto que o art. 12, parágrafo único, da Lei Federal n. 12.016/2009, preconiza que "com ou sem o parecer do Ministério Público, os autos serão conclusos ao juiz."

---

424. Sobre o nosso entendimento acerca da não obrigatoriedade de intimação do Ministério Público em todas causas de mandado de segurança individual, mas apenas quando presente as hipóteses previstas no art. 178 do CPC, remetemos o leitor ao tópico "do Ministério Público."

425. "[...]. A jurisprudência dos Tribunais e o magistério da doutrina, pronunciando-se sobre a ausência de manifestação do Ministério Público nos processos em que se revela obrigatória a sua intervenção, tem sempre ressaltado que, em tal situação, o que verdadeiramente constitui causa de nulidade processual não é a falta de efetiva atuação do Parquet, que eventualmente deixe de emitir parecer no processo, mas, isso sim, a falta de intimação que inviabilize a participação do Ministério Público na causa em julgamento. Hipótese inocorrente na espécie, pois ensejou-se a Procuradoria-Geral da Republica a possibilidade de opinar no processo." (AI 139671 AgR, Relator: Min. Celso De Mello, Primeira Turma, julgado em 20/06/1995)

2.8.6 Provas

A prova assume no procedimento de mandado de segurança suma importância, uma vez que, conforme já explanado, a definição do que seja direito líquido e certo cinge-se na indiscutibilidade dos fatos.

Prima facie, deve-se desmistificar a assertiva de que, em sede de mandado de segurança, o Poder Judiciário não examina provas. Ora, tal exame é necessário, para que se avalie a procedência do direito afirmado. Vedada, no processo de Mandado de Segurança, é a coleta de outras provas, que não aquelas oferecidas com a inicial e na defesa, pois não se afigura possível dilação probatória, pois o direito (na verdade, o fato) afirmado deva ser líquido e certo (prova pre-constituída).[426]

Aplica-se ao mandado de segurança a regra do ônus da prova estabelecida no Código de Processo Civil, especialmente no art. 373, cabendo ao autor o ônus de provar o fato constitutivo de seu direito, e ao réu o ônus de provar a existência de fato impeditivo, modificativo ou extintivo do direito do autor. Não se deve esquecer que os atos administrativos gozam de presunção de veracidade, o que implica a inversão do ônus da prova, cabendo ao administrado o ônus de prova em sentido contrário ao conteúdo do ato administrativo.[427]

Entrementes, nada impede a inversão do ônus da prova em face da Fazenda Pública, desde que o juiz o faça fundamentadamente e previamente à prolação de sentença (regra de procedimento).

Com efeito, na hipótese do art. 6º, §§ 1º e 2º, da Lei Federal n. 12.016/2009[428], com a determinação judicial da autoridade coatora fornecer

---

426. "PROCESSUAL - MANDADO DE SEGURANÇA - EXAME DE PROVA - VIABILIDADE. - Não é correta a assertiva de que, em sede de Mandado de Segurança, o Poder Judiciário não examina provas. Tal exame é necessário, para que se avalie a certeza do direito pleiteado. - Vedada, no processo de Mandado de Segurança é a coleta de outras provas, que não aquelas oferecidas com a inicial, as informações e eventuais pronunciamentos de litisconsortes. - A prova há de ser pré-constituída. No entanto, por mais volumosa que seja, ela deve ser examinada. - Não é lícito indeferir-se pedido de Segurança, sob o argumento de ser necessário o exame da prova." (STJ, RMS 8.844/RS, Rel. Ministro Humberto Gomes de Barros, Primeira Turma, julgado em 16.03.1999)

427. "[...]. IV - Estabelecida a natureza do documento apresentado como ato administrativo, in casu, dotado de presunção juris tantum de veracidade, se tem impositiva a inversão do ônus probatório para o contribuinte, que deverá afastar a presunção. Na hipótese presente, o contribuinte não rebate os documentos apresentados pela Fazenda Pública, sendo impositivo ao julgador o aproveitamento total dos elementos apresentados." (STJ, REsp 1095153/DF, Rel. Ministro Francisco Falcão, Primeira Turma, julgado em 16/12/2008)

428. § 1º No caso em que o documento necessário à prova do alegado se ache em repartição ou estabelecimento público ou em poder de autoridade que se recuse a fornecê-lo por certidão ou de terceiro, o juiz ordenará, preliminarmente, por ofício, a exibição desse documento em original ou em cópia autêntica e marcará, para o cumprimento da ordem, o prazo de 10 (dez) dias. O escrivão extrairá cópias do documento para juntá-las à segunda via da petição.

§ 2º Se a autoridade que tiver procedido dessa maneira for a própria coatora, a ordem far-se-á no próprio instrumento da notificação.

os documentos indicados, incide o princípio da carga dinâmica da prova ao mandado de segurança[429], na forma do art. 373, § 1º, do CPC (maior facilidade de obtenção de prova pela parte contrária)[430], de modo que o ônus probatório de comprovação do fato constitutivo é transferido da parte requerente (jurisdicionado) para a parte requerida (Fazenda Pública).

Caso se entenda que se não se afigura possível inverter o ônus da prova em face da Fazenda Pública, ao argumento de que os interesses são indisponíveis, a ponto de não comportarem presunção de veracidade dos fatos, tal como acontece com a revelia[431], a confissão[432] e o dever de impugnação específica dos fatos[433] em face da Fazenda Pública, estar-se-á transgredindo o direito fundamental do autor à tutela jurisdicional adequada e efetiva, mediante processo justo, sobretudo porque o seu direito constitucional à produção de prova estará tolhido em razão das especificidades do caso concreto, por conta da impossibilidade ou excessiva dificuldade de obtenção de prova, em contraste com a facilidade de obtenção da prova pela Fazenda Pública.

2.8.6.1 Prova documental e Prova documentada

Firmada a premissa que os fatos devem ser comprovados de plano (prova pré-constituída), resta vedada a realização de atividade probatória no curso do processo (prova testemunhal, pericial ou inspeção judicial), de modo que os fatos devem ser provados por prova documentada juntada aos autos.

A polêmica ocorre no exame se se afigura possível, ou não, a comprovação dos fatos apenas por prova documental (em sentido estrito), ou se admite também a prova documentada na via do mandado de segurança.

---

429. "[...]. 5- Cumpre perceber que a requisição judicial de documentos, como prescrita no art. 6º, § 1º, da Lei nº 12.010/09, guarda estreita afinidade com a moderna Teoria das cargas probatórias dinâmicas, segundo a qual, nas palavras de Eduardo Cambi, cabe ao magistrado, enquanto gestor do concerto probatório, 'verificar, no caso concreto, quem está em melhores condições de produzir a prova e, destarte, distribuir este ônus entre as partes', cuja técnica 'encontra respaldo imediato na dimensão objetiva do direito fundamental à tutela jurisdicional adequada e efetiva' (in Curso de direito probatório. Curitiba: Juruá, 2014, p. 227 e 229)." (STJ, RMS 38.025/BA, Rel. Ministro Sérgio Kukina, Primeira Turma, j. em 23/09/2014)

430. Art. 373, § 1º, CPC. Nos casos previstos em lei ou diante de peculiaridades da causa relacionadas à impossibilidade ou à excessiva dificuldade de cumprir o encargo nos termos do *caput* ou à maior facilidade de obtenção da prova do fato contrário, poderá o juiz atribuir o ônus da prova de modo diverso, desde que o faça por decisão fundamentada, caso em que deverá dar à parte a oportunidade de se desincumbir do ônus que lhe foi atribuído.

431. Art. 345, CPC. A revelia não produz o efeito mencionado no art. 344 se: [...]. II - o litígio versar sobre direitos indisponíveis;

432. Art. 392. Não vale como confissão a admissão, em juízo, de fatos relativos a direitos indisponíveis.

433. Art. 341. Incumbe também ao réu manifestar-se precisamente sobre as alegações de fato constantes da petição inicial, presumindo-se verdadeiras as não impugnadas, salvo se: I - não for admissível, a seu respeito, a confissão;

Prova documental é aquela produzida por um documento, o qual consiste em uma coisa que representa diretamente um fato (por exemplo, o contrato social). Trata-se de uma espécie de prova admitida no Código de Processo Civil. De outro lado, prova documentada consiste na documentação de outros tipos de prova (pericial ou testemunhal), além da prova documental em si. A perícia e a testemunha apenas revelam o que alguém pensa sobre os fatos, não representando o próprio fato (como o documento). Essa distinção é indispensável, caso contrário, toda prova seria classificada como documental, porquanto a prova testemunhal ou pericial é documentada nos autos do processo.

Feita essa distinção, Marinoni, Arenhart e Mitidiero sustentam que apenas a prova documental (e não a documentada) é permitida no seio do mandado de segurança.

> A prática apresenta a hipótese em que o impetrante do mandado de segurança procurar demonstrar a existência do 'direito líquido e certo' através de prova testemunhal ou pericial realizada antecipadamente. Entretanto, o direito líquido e certo não pode ser demonstrado através dessa provas, não só porque tais provas não constituem prova documental (porém apenas provas documentadas), mas também porque, se a prova testemunhal for admitida como suficiente para a demonstração de 'direito líquido e certo', ocorrerá lesão ao direito de defesa, na medida em que o réu não tem oportunidade de produzir prova para contrapor à prova antecipadamente realizada pelo autor, uma vez que somente pode valer-se de prova documental. O fato de o réu poder participar da formação da prova testemunhal e pericial requeridas pelo autor não basta para lhe garantir o direito de defesa. Poder inquirir a testemunha do autor ou indicar assistente técnico e formular quesitos na prova pericial nada tem a ver com o direito de produzir prova.[434]

Discordamos dessa posição. Quanto à primeira objeção, no sentido de que os fatos alegados em mandado de segurança não podem ser comprovados por provas documentadas, não há empecilho constitucional ou legal para tanto.

---

434. MARINONI, Luiz Guilherme; ARENHART, Sérgio Cruz; MITIDIERO, Daniel. *Novo Código de Processo Civil.* Teoria do Processo Civil. 2. ed., São Paulo: Revista dos Tribunais, 2016, p. 402-403, v. I. Nesse mesmo sentido: BARBI, Celso Agrícola. *Do Mandado de Segurança.* 12. ed. Revista e Atualizada. Rio de Janeiro: Forense, 2009, p. 189.

Com efeito, nem a Constituição Federal, nem a legislação infraconstitucional, exigem que os fatos devem ser comprovados exclusivamente por prova documental. O que Constituição Federal requer é a existência de "direito líquido e certo", ou seja, fatos comprovados de plano, pois o legislador pretendeu criar um remédio processual com rito célere para realizar, em tempo hábil, o controle dos atos ilegais estatais, daí a razão pela qual não se afigura possível realizar, no curso do processo, atividade probatória. Como se observa, a pretensão do constituinte foi evitar a dilação probatória, sendo certo que a prova documentada não vai de encontro a esse desiderato, pois a mesma já é apresentada de plano, dispensando, em princípio, instrução probatória.[435]

Nessa medida, como não há óbice constitucional (e até mesmo legal) para tanto, não cabe ao intérprete restringir o cabimento do mandado de segurança, uma vez que, por se tratar de direito fundamental, deve-se proceder à interpretação que lhe dê mais efetividade, de modo que a prova documentada não contraria o espírito de celeridade e sumariedade do mandado de segurança.

No que tange à segunda objeção, qual seja, violação ao direito de defesa, na medida em que o réu não terá oportunidade de contrapor à prova documentada realizada pelo autor, uma vez que somente poderá valer-se de prova documental, verifica-se que nem em todas situações concretas ocorrerá essa violação à defesa.

De fato, quando a autoridade coatora se contrapor diretamente à prova documentada (pericial ou testemunhal) apresentada pelo impetrante, a exemplo de rebater a conclusão de uma perícia ou questionar o teor do depoimento realizados em outra ação e documentada nos autos pelo impetrante (prova emprestada), como não se afigura possível a realização de prova pericial ou testemunhal no bojo do mandado de segurança pela parte ré, o *writ* será incabível por ausência de direito líquido e certo, sob pena de tolher o direito constitucional do réu à ampla defesa.[436]

---

435. Inclina-se por essa posição Helly Lopes Meirelles: "As provas tendentes a demonstrar a liquidez e certeza do direito podem ser todas as modalidades admitidas em lei, desde que acompanhem a inicial, salvo no caso de documento em poder do impetrado (art. 6º, § 1º, da Lei 12.016/2009) ou superveniente às informações. [...]. O que se exige é prova pré-constituída das situações e fatos que embasam o direito invocado pelo impetrante. [...]. Nas informações o impetrado deverá esclarecer minuciosamente os fatos e o direito em que se baseou o ato impugnado. Poderá oferecer prova documental e pericial já produzida. O que não se permite é o pedido de prova futura, a ser produzida em juízo." (MEIRELES, Hely Lopes; WALD, Arnoldo; MENDES, Gilmar Ferreira. *Mandado de Segurança e Ações Constitucionais*. 36. ed. São Paulo: Malheiros, 2014, pp. 37-38 e 114)

436. A propósito, mesmo se tratando de prova documental (em sentido estrito), esta deva estar imune de qualquer suspeita. Com efeito, "se os documentos apresentados forem impugnados por falsos, não cabe no processo o incidente de falsidade. Arguido esse defeito de prova, desaparece a credibilidade do documento e, portanto, cria-se a dúvida em relação aos fatos alegados, o que basta para afastar o uso da va do mandado

Todavia, quando inexistir controvérsia a respeito dos fatos documentados pelo impetrante, ainda que se trate de prova originariamente pericial ou testemunhal, não haverá necessidade de dilação probatória, o que redundará no cabimento do mandado de segurança, visto que não há que se falar em violação ao direito de defesa.[437]

2.8.7 Desistência

Conforme entendimento pacificado no âmbito do Supremo Tribunal Federal, o impetrante pode desistir da ação de mandado de segurança a qualquer tempo, mesmo após proferida sentença de mérito concessiva, independente de anuência do réu, não sendo aplicável o art. 485, §§ 4º e 5º do CPC.[438]

Isto porque, entendeu-se que se pode desistir da ação de mandado de segurança, a qualquer tempo, pela sua peculiar natureza constitucional de ser instrumento posto à disposição do cidadão para se livrar de alguma ilegalidade ou abuso de poder, não sendo uma via de mão dupla (Estado em face do cidadão). Portanto, neste caso, não gera, para a parte passiva, que é a entidade a cujos quadros pertence essa autoridade tida como coatora, qualquer tipo de prejuízo que decorreria dessa desistência.

Nesse diapasão, decidiu o STF em regime de repercussão geral:

> RECURSO EXTRAORDINÁRIO. REPERCUSSÃO GERAL ADMITIDA. PROCESSO CIVIL. MANDADO DE SEGURANÇA. PEDIDO DE DESISTÊNCIA DEDUZIDO APÓS A PROLAÇÃO DE SENTEN-

---

de segurança." (BARBI, Celso Agrícola. *Do Mandado de Segurança.* 12. ed. Revista e Atualizada. Rio de Janeiro: Forense, 2009, p. 190)

437. Na condição de Juiz Federal, já nos deparamos com inúmeras ações tributárias em que se discute a correta classificação de um determinado produto, para efeito de enquadramento no regime tributário. Na primeira ação judicial, sob o procedimento comum, em que o importador pretende a reclassificação do produto decorrente de uma determinada importação (fato concreto), é realizada perícia, em que o *expert* define a natureza física do produto, objeto de controvérsia entre as partes. Por conta dessa conclusão, aplica-se o direito relacionado à espécie. Acontece que, em outras operações futuras, com o mesmo importador, o mesmo produto, e perante a mesma Aduana, o importador volta a ter o mesmo problema, pois a Receita Federal classifica o seu produto objeto de importação de forma contrária ao que entende devido. Por conta disso, agora ajuíza ação de mandado de segurança, coligindo a prova pericial (como prova documentada) realizada na ação anterior (que apresenta identidade de partes e do produto objeto de importação), de forma que a autoridade coatora limita-se a discutir as consequências jurídicas da conclusão da perícia (enquadramento no regime tributário), e não propriamente qual a natureza da coisa. Isso caracteriza a prova pré-constituída pelo impetrante, uma vez que a dilação probatória será dispensável, em razão da ausência de controvérsia sobre o fato alegado, inexistindo, no caso, prejuízo ao direito de defesa, sendo a discussão voltado apenas à questão de direito.

438. § 4º Oferecida a contestação, o autor não poderá, sem o consentimento do réu, desistir da ação. § 5º A desistência da ação pode ser apresentada até a sentença.

ÇA. ADMISSIBILIDADE. "É lícito ao impetrante desistir da ação de mandado de segurança, independentemente de aquiescência da autoridade apontada como coatora ou da entidade estatal interessada ou, ainda, quando for o caso, dos litisconsortes passivos necessários" (MS 26.890-AgR/DF, Pleno, Ministro Celso de Mello, DJe de 23.10.2009), "a qualquer momento antes do término do julgamento" (MS 24.584-AgR/DF, Pleno, Ministro Ricardo Lewandowski, DJe de 20.6.2008), "mesmo após eventual sentença concessiva do 'writ' constitucional, (...) não se aplicando, em tal hipótese, a norma inscrita no art. 267, § 4º, do CPC" (RE 255.837-AgR/PR, 2ª Turma, Ministro Celso de Mello, DJe de 27.11.2009). Jurisprudência desta Suprema Corte reiterada em repercussão geral (Tema 530 - Desistência em mandado de segurança, sem aquiescência da parte contrária, após prolação de sentença de mérito, ainda que favorável ao impetrante. Recurso extraordinário provido. (RE 669367, Relator p/ Acórdão: Min. Rosa Weber, Tribunal Pleno, julgado em 02.05.2013)

Entretanto, no referido julgado, o impetrante buscava desistir da ação de mandado de segurança após sentença de mérito que lhe fora favorável, sustentando que a parte contrária não teria prejuízo com a extinção do processo, tanto que, na redação da tese de repercussão geral proposta pela Ministra Rosa Weber, e aceita pela maioria, constou que "é lícito ao impetrante desistir da ação de mandado de segurança, independentemente de aquiescência da autoridade apontada como coatora", "mesmo após eventual sentença *concessiva* do 'writ' constitucional". (grifos nossos)

Vê-se, portanto, que não constou na redação da tese, expressamente, a possibilidade de desistência do *writ*, após a sentença *denegatória*, bem como esse tema não fora suscitado, expressamente, pela Ministra Rosa Weber na fundamentação do voto condutor.

Nessa medida, levando a termo o *distinguinshing* desse precedente vinculante, pensamos que o mesmo não se aplica aos pedidos de desistência de mandado de segurança formulados após a sentença *denegatória*, pois a extinção da impetração por desistência, após sentença de mérito desfavorável, diferentemente da sentença concessiva, traz prejuízo à parte contrária, a quem beneficia a sentença de mérito, pois restará patente a intenção de burla ao instituto da coisa julgada, pois abrir-se-á a oportunidade para o autor rediscutir a mesma matéria em ação sob o procedimento comum, já ciente de que no mérito de seu pedido fora julgado improcedente.[439]

Em voto proferido no referido julgamento do RE 669.367, o Min. Luiz Fux manifestou-se contrário à possibilidade de desistência do mandado de segurança pelo impetrante após a prolação de sentença de mérito. Confira-se trecho do voto abaixo transcrito:

> "[...]
>
> Com efeito, aquele que figura no polo passivo da impetração, uma vez proferida decisão de mérito que lhe favoreça, possui o direito constitucional à imutabilidade de tal decisão acaso o impetrante demonstre não ter interesse em impugná-la. Não vejo como poderia uma construção jurisprudencial, sem qualquer base legal ou mesmo doutrinária, invocando-se, singelamente, a natureza constitucional do mandado de segurança, afetar o direito igualmente constitucional à coisa julgada (art. 5º, XXXVI, CRFB). [...] Não se pode descurar do fato de que o processo jurisdicional é um instrumento público de solução de controvérsias, sendo impossível que o impetrante, ao seu alvedrio, decida sobre a subsistência da sentença de mérito, ainda que esta tenha concedido a ordem. O Judiciário não age por desfastio, nem se lhe pode impor a repetida análise de um mesmo caso. Aliás, a vedação à reiteração de julgados é o fundamento basilar do instituto da coisa julgada, conforme aponta autorizada doutrina (NIEVA FENOLL, Jordi. La cosa julgada: El fim de um mito. In: Jurisdicción y proceso – estúdios de ciência jurisdiccional. Madrid: Marcial Pons, 2009). A proibição de que a parte desista do mandado de segurança, eliminando a sentença de mérito proferida, possui razões de ordem pública, considerando a racionalidade da administração da justiça. Por isso, pouco importa que apenas tenham sido proferidas no processo decisões favoráveis ao impetrante. Uma vez prolatada a sentença de mérito, a parte apenas pode dispor dos recursos destinados a impugná-la, mas não lhe assiste a faculdade de afastar a decisão por ato próprio.
>
> [...]"

439. Com o mesmo pensar, José Antônio Lisboa Neves escreve que "não resta dúvida que a desistência posterior a uma sentença de mérito denegatória seria uma forma de evitar a formação de uma coisa julgada desfavorável ao impetrante, o que deveria ser repelido pelo próprio sistema processual, notadamente quando é fruto de manifestação unilateral de vontade." (MENDES, Aluisio Gonçalves de Castro; FONTES, André R. C.; LIMA, Arnaldo Esteves; ARAÚJO, Eugênio Rosa de; NASCIMENTO FILHO, Firly; NEIVA, José Antonio Lisbôa; LOPES, Mauro Luís Rocha; AZULAY NETO, Messod ; DYRLUND, Poul Erik. *Mandado de segurança individual e coletivo*: Lei 12.016/2009 comentada. 2. ed. São Paulo: Revista dos Tribunais, 2014, p. 78).

Há, ainda, aresto da Segunda Turma da Suprema Corte de 2007, que trata especificamente do impedimento de formular desistência de mandado de segurança após sentença denegatória[440], o que não obsta que o impetrante apresente pedido de desistência do recurso (e não desistência da ação) por ele eventualmente interposto, quando, então, a homologação da desistência do recurso, acarretará o trânsito em julgado da sentença denegatória.

Por fim, adiante, flexibilizando o precedente vinculante firmado no RE n. 669.367, a Excelsa Corte[441] decidiu que "nas hipóteses em que demonstrado o mero intuito de se recusar observância a Jurisprudência pacífica da Corte, o Supremo Tribunal tem afastado o entendimento firmado no RE 669.367 RG (Relatora para o acórdão a Ministra Rosa Weber, Pleno, DJe de 30/10/14), segundo o qual pode a parte impetrante manifestar desistência da ação mandamental a qualquer tempo, mesmo após a sentença, independentemente da concordância da parte impetrada. Precedentes. Pedido de desistência não homologado."

2.8.8 Prioridade legal de tramitação e julgamento

Os processos de mandado de segurança e os respectivos recursos desfrutam de prioridade de processamento (prática de atos processuais) e julgamento (prolação de sentença ou acórdão) sobre todos os demais processos, salvo os de *habeas corpus.442*

Em que pese o art. 12 do CPC dispor sobre a ordem preferencial cronológica de julgamento (critério de antiguidade), cristalizando os valores de igualdade, de impessoalidade e de duração razoável do processo, essa regra não se aplica ao mandado de segurança, por ter este prioridade legal, enquadrando-se na exceção prevista no art. 12, § 2º, VII, CPC.

Dentre os processos de mandado de segurança, também há uma ordem prioritária própria para julgamento, pois deferida a medida liminar, o processo terá prioridade para julgamento (art. 7º, § 4º, CPC). Isso sem contar outras

---

440. "MANDADO DE SEGURANÇA. Processo. Desistência independente de assentimento da parte contrária. Inadmissibilidade. Feito já dotado de sentença de mérito, desfavorável ao impetrante. Pendência de recurso. Homologação negada. Provimento parcial ao agravo, apenas para cognição do recurso. Não pode o impetrante, sem assentimento da parte contrária, desistir de processo de mandado de segurança, quando já tenha sobrevindo sentença de mérito a ele desfavorável." (AI 221462 AgR-AgR, Relator: Min. Cezar Peluso, Segunda Turma, julgado em 07/08/2007)

441. STF, MS 29083 ED-ED-AgR, Relator p/ Acórdão: Min. Dias Toffoli, Segunda Turma, julgado em 16/05/2017).

442. Art. 20, Lei Federal n. 12.016/2009. Os processos de mandado de segurança e os respectivos recursos terão prioridade sobre todos os atos judiciais, salvo habeas corpus. § 1º. Na instância superior, deverão ser levados a julgamento na primeira sessão que se seguir à data em que forem conclusos ao relator.

prioridades que devem ser levadas em consideração, como para idosos e metas do Conselho Nacional de Justiça.

2.9 TUTELA PROVISÓRIA

2.9.1 Tutela Provisória do Código de Processo Civil

A tutela provisória está disciplinada no Livro V do Código de Processo Civil (arts. 294 a 311). Estão agrupadas nesse gênero tanto as tutelas satisfativas como as tutelas cautelares, ambas prestadas mediante cognição sumária, isto é, lastreadas em juízo de probabilidade.[443] Distingue-se da tutela definitiva, baseada em juízo de cognição exauriente.

Em razão de característica a ela inerente (provisoriedade), a tutela provisória pode, a qualquer tempo, ser revogada ou modificada (art. 296, CPC), desde que o juiz motive seu convencimento de modo claro e preciso (art. 298, CPC). Dispõe o art. 294 do CPC que a tutela provisória pode fundamentar-se em urgência ou evidência. A tutela provisória de urgência consiste na técnica processual que visa antecipar a tutela jurisdicional definitiva, fundamentando-se na urgência e na probabilidade do direito[444]. A tutela de urgência pode ser cautelar ou satisfativa (art. 294, parágrafo único), podendo ambas ser concedida em caráter antecedente ou incidental.

A tutela de urgência satisfativa (tutela "antecipada", segundo nomenclatura do CPC), consiste na técnica antecipatória que dá lugar a um provimento provisório, para viabilizar a realização e a fruição do direito pelo autor, diante de perigo de dano (*v.g.*, emissão de certidão negativa de débito). Por sua vez, a tutela de urgência cautelar consiste na técnica antecipatória que dá lugar a um provimento provisório, para assegurar que a fruição do direito pelo autor tenha condições de eventual e futuramente ocorrer, diante de risco ao resul-

---

443. Segundo conhecida lição de Kazuo Watanabe, a cognição no processo civil pode ser visualizada em dois planos distintos: o horizontal e o vertical. No plano horizontal (extensão ou amplitude), a cognição pode ser plena ou limitada (parcial). Será plena se o objeto da demanda for a integralidade do conflito (elementos objetivos do processo: pressupostos processuais, condição de ação e mérito – ex: ação sob o procedimento comum) e, limitada (parcial), se a demanda tiver por objeto apenas parte do conflito (ex: ação possessória – não se pode discutir propriedade). No plano vertical, a cognição pode ser exauriente ou sumária, dependendo do grau de profundidade com que é realizada a cognição é exauriente ou superficial. A cognição exauriente baseia-se em aprofundado exame das alegações e provas (ex.: ação sob o procedimento comum), o que cria um juízo de certeza. Na cognição sumária, o juiz decide com base em juízo de probabilidade da existência do direito (ex.: tutelas provisórias de urgência). (WATANABE, Kazuo. *Da cognição no processo civil*. São Paulo: Revista dos Tribunais, 1987, p. 84).

444. Art. 300. A tutela de urgência será concedida quando houver elementos que evidenciem a probabilidade do direito e o perigo de dano ou o risco ao resultado útil do processo.

tado útil do processo[445] (*v.g*, suspensão de leilão marcado para alienação de bem apreendido). Portanto, mister se faz presentes a probabilidade de direito (*fumus boni juris*) e a urgência (*periculum in mora*), para configuração das tutelas de urgência cautelar (risco ao resultado útil do processo) e satisfativa (perigo de dano).[446]

Prescreve o art. 300, § 3º, do CPC, que a tutela de urgência satisfativa (de natureza "antecipada") não será concedida quando houver perigo de irreversibilidade dos efeitos da decisão. Tal regra, todavia, não é absoluta[447], devendo ser sopesada diante dos bens e valores jurídicos em jogo, mediante o postulado da proporcionalidade, pois, não raro, o indeferimento da liminar pode revelar-se mais irreversível e gravoso do que o seu deferimento (irreversibilidade inversa), azo em que deve ser suplantada essa regra legal, a exemplo do que ocorre em ações que discutem o direito à saúde.[448]

De outro giro, como espécie do gênero tutela provisória (ao lado das tutelas provisórias de urgência), a tutela de evidência consiste na técnica processual que visa antecipar a tutela jurisdicional definitiva, fundamentando-se na forte probabilidade do direito afirmado pelo autor, consoante hipóteses previstas no art. 311 do CPC. Na tutela de evidência, não se perquire a respeito da urgência.

As tutelas provisórias, de urgência e de evidência, podem ser concedidas liminarmente ou após justificação prévia (art. 300, § 2º, do CPC). Em que pese a literalidade da lei (art. 9º, I e 311, parágrafo único, ambos do CPC), em regra, cabe ao juiz, justificadamente[449], observar o princípio do contraditório prévio[450], intimando-se a parte ré para manifestar-se, especificamente, apenas

---

445. ARENHART, Sérgio Cruz; MARINONI, Luiz Guilherme; MITIDIERO, Daniel. *Novo Código de Processo Civil Comentado*. 2. ed., São Paulo: Revista dos Tribunais, 2016, p. 376.

446. Enunciado n. 143 do Fórum Permanente de Processualistas Civis: "A redação do art. 300, caput, superou a distinção entre os requisitos da concessão para a tutela cautelar e para a tutela satisfativa de urgência, erigindo a probabilidade e o perigo na demora a requisitos comuns para a prestação de ambas as tutelas de forma antecipada."

447. Enunciado nº 40 da I Jornada de Direito Processo Civil do Conselho de Justiça Federal: "A irreversibilidade dos efeitos da tutela de urgência não impede sua concessão, em se tratando de direito provável, cuja lesão seja irreversível." De igual forma: Enunciado n. 419 do Fórum Permanente de Processualistas Civis: "Não é absoluta a regra que proíbe tutela provisória com efeitos irreversíveis."

448. "ANTECIPAÇÃO DE TUTELA. Tratamento médico. Atropelamento. Irreversibilidade do provimento. A regra do § 2º do art. 273 do CPC não impede o deferimento da antecipação da tutela quando a falta do imediato atendimento médico causará ao lesado dano também irreparável, ainda que exista o perigo da irreversibilidade do provimento antecipado". (STJ, REsp nº 417005/SP, rel. Min. Ruy Rosado de Aguiar, DJ de 19.12.2002)

449. Enunciado n. 143 do Fórum Permanente de Processualistas Civis: "O juiz deve justificar a postergação da análise liminar da tutela provisória sempre que estabelecer a necessidade de contraditório prévio."

450. "Ou seja, a concessão de tutela urgente antes da ouvida do réu somente é legítima quando não se pode esperar a apresentação da resposta. Caso o juiz possa aguardar a defesa sem correr o risco de deixar o autor

sobre o pedido liminar[451], salvo se estiver diante de perecimento imediato do direito, quando, então, o juiz deverá apreciar liminarmente o pedido (*inaudita altera parte*).

Ademais, tratando-se de matéria exclusivamente de direito e repetitiva no juízo, onde o juiz já tenha tido conhecimento das informações prestadas pela Fazenda Pública em feitos anteriores semelhantes, dispensando-se maiores digressões fáticas e jurídicas a respeito, torna-se despiciendo o contraditório prévio para análise do pleito liminar, mesmo em não se cuidando de perecimento imediato de direito, por nada acrescentar de novo ao processo, o que só viria a prejudicar a duração razoável do processo e a economia processual.

Por força do princípio da fungibilidade, nada obsta que o magistrado receba tutela de urgência como tutela de evidência, ou vice-versa, pois o que é relevante para tanto são os fatos narrados pelo autor na inicial, cabendo ao juiz dar a correta qualificação jurídica, pois, de todo modo, a pretensão do autor é a mesma: obter tutela provisória.[452]

Não se pode olvidar que, no procedimento do mandado de segurança, apenas traz utilidade ao impetrante a concessão de tutela provisória se reali-

---

desemparado, não há racionalidade em aceitar a concessão da tutela antes da ouvida do demandado. Essa lógica tem sido acolhida pelo *Bundesverfassungsgericht* alemão mediante o argumento de que a negação do princípio da audiência prévia, pode significar ingerência na esfera jurídica de alguém, somente pode ser admitida quando resultar imprescindível à consecução da própria finalidade do provimento ou da tutela do direito." (MARINONI, Luiz Guilherme; ARENHART, Sérgio Cruz; MITIDIERO, Daniel. *Novo Código de Processo Civil.* Teoria do Processo Civil. 2. ed., São Paulo: Revista dos Tribunais, 2016, p. 394, v. I). De igual sorte: "[...]. 1. A tutela antecipada, via de regra, deve ser concedida após a oitiva da parte contrária. Contudo, a sua concessão inaudita altera parte não é vedada em nosso ordenamento jurídico e pode ser deferida nos casos em que o juiz verificar que o prazo de resposta possa implicar em risco de perecimento do direito invocado, como é a hipótese de deferimento de benefício previdenciário do qual a parte necessite para sobreviver. [...]." (TRF 2, Ag. 0006011-91.2016.4.02.0000, Rel. Helena Elias Pinto, 2ª Turma, DJ 24/10/2016)

451. A liminar deve ser apreciada pelo juiz em prazo exíguo, seja para deferir, ou indeferir a medida, pelo que não se mostra razoável postergar a sua análise para após o prazo de contestação, notadamente no procedimento comum. Recomenda-se a intimação da parte ré para manifestação específica sobre o pleito liminar, em prazo curto, e não para contestar. A postergação desrrazoável da análise da liminar configura, na verdade, indeferimento do pleito, passível de agravo de instrumento. Se o magistrado pretende analisar a liminar apenas quando da prolação da sentença, é porque entende não configurado o *periculum in mora* até esse momento processual (sentença), o que deve resultar no indeferimento da medida, sem prejuízo de reapreciá-la quando da prolação da sentença. Nesse rumo de ideia é o Enunciado nº 70 da I Jornada de Direito Processo Civil do Conselho de Justiça Federal: "É agravável o pronunciamento judicial que postergar a análise de pedido de tutela provisória ou condicioná-la a qualquer exigência." Em menor extensão: "[...]. 2. Descabe agravo de instrumento de despacho que posterga a apreciação do pedido de liminar para o momento posterior ao prazo para resposta, dada a ausência de conteúdo decisório de tal ato judicial. Apenas em situações excepcionais, quando a ausência de apreciação imediata da antecipação de tutela causar dano de difícil e incerta reparação, equivalendo ao indeferimento do pedido liminar, é que seria cabível o manejo do agravo de instrumento. [...].(TRF 1, AG 00558848720164010000, Rel. Des. Kassio Nunes Marques, Sexta Turma, DJ 07/08/2017)

452. Enunciado nº 45 da I Jornada de Direito Processo Civil do Conselho de Justiça Federal: "Aplica-se às tutelas provisórias o princípio da fungibilidade, devendo o juiz esclarecer as partes sobre o regime processual a ser observado."

zada antes da prolação da sentença, visto que a sentença proferida em mandado de segurança produz efeitos imediatos, não sendo a respectiva apelação dotada de efeito suspensivo.

2.9.2 Da Liminar em Mandado de Segurança – Lei Federal n. 12.016/2009

No procedimento do mandado de segurança, afigura-se possível a concessão de liminar (tutela provisória de urgência), quando houver fundamento relevante (*fumus boni juris*) e do ato impugnado puder resultar a ineficácia da medida (*periculum in mora*), caso seja finalmente deferida (art. 7º, III, da Lei Federal n. 12.016/2009).

A natureza da liminar, no mandado de segurança, tanto pode ter natureza cautelar (tutela provisória de urgência cautelar), como natureza satisfativa (tutela provisória de urgência antecipada), a depender do pedido formulado pelo impetrante[453], além de natureza de tutela de evidência. Aplica-se, pois, assim, tudo aquilo que foi dito acima sobre a tutela provisória prevista no Código de Processo Civil, inclusive os requisitos legais para concessão.

Concedida a liminar, o juiz deve determinar, além da notificação da autoridade, a intimação pessoal do representante judicial da pessoa jurídica de direito público a qual integra, para efeito de início do prazo recursal.[454]

Há hipóteses legais em que não se admite a concessão de liminar, conforme discorremos abaixo. Contudo, mesmo sendo cabível a liminar, poderá o juiz (é facultativo, não obrigatório) exigir do impetrante caução, fiança ou depósito, com o objetivo de assegurar o ressarcimento à pessoa jurídica (art. 7º, III, da Lei Federal n. 12.016/2009).

A despeito da existência de entendimento pela inconstitucionalidade do supracitado dispositivo legal[455], entendemos que a norma é constitucional[456].

---

453. MEIRELES, Hely Lopes; WALD, Arnoldo; MENDES, Gilmar Ferreira. *Mandado de Segurança e Ações Constitucionais.* 36. ed. São Paulo: Malheiros, 2014, p. 95.

454. Art. 1º, § 4º, da Lei Federal n. 8.437/1992: Nos casos em que cabível medida liminar, sem prejuízo da comunicação ao dirigente do órgão ou entidade, o respectivo representante judicial dela será imediatamente intimado.

455. O Conselho Federal da OAB propôs em 14/09/2009 ação declaratória de inconstitucionalidade perante o STF, alegando, entre outras, a inconstitucionalidade do art. 7º, inciso III, da Lei Federal n. 12.016/2009, por afronta aos arts. 2º e 5º, XXXV e LXIX, da CF, por impor restrições incompatíveis com a natureza da ação mandamental (STF, ADIN n. 4.296-DF, Rel. Min. Marco Aurélio). A referida ADIN ainda pende de julgamento, tendo parecer pela improcedência do pedido pelo Procurador Geral da República.

456. Firmando posição pela constitucionalidade da norma: MEIRELES, Hely Lopes; WALD, Arnoldo; MENDES, Gilmar Ferreira. *Mandado de Segurança e Ações Constitucionais.* 36. ed. São Paulo: Malheiros, 2014, p. 97; BUENO, Cassio Scarpinella. *A nova lei do mandado de segurança.* 2 ed. São Paulo: Saraiva, 2010, p. 66; THEODORO JR,

Em primeiro lugar, essa exigência de caução, fiação ou depósito não é obrigatória, mas apenas facultativa. Em segundo lugar, essa norma confere ao magistrado maior liberdade para analisar as liminares, sobretudo para concessão, pois, na dúvida quanto preenchimento de seus requisitos, e sobretudo diante de significativas consequências financeiras da decisão judicial, poderá conceder a medida, exigindo a contracautela.

Contudo, essa exigência deve funcionar tão-somente como uma medida de contracautela, e não como um requisito a mais para concessão de liminar.[457] Dessa forma, como regra, não deve o juiz condicionar a concessão da liminar à prestação da caução, fiança ou depósito. Apenas em situações excepcionais, em que revele o risco de grave dano ao Erário por força de eventual cassação ou revogação da liminar, devidamente justificado no caso concreto, deve ser condicionada a liminar à prestação de caução. De todo modo, mesmo presente situação excepcional, a caução será dispensada se a parte economicamente hipossuficiente não puder oferecê-la, tal como prevê o art. 300, § 1º, do CPC.[458]

Da decisão que defere ou indefere a liminar em primeira instância, é cabível o recurso de agravo de instrumento (art. 7º, § 1º, da Lei Federal n. 12.016/2009, c/c art. 1015, I, do CPC). Em se cuidando de mandado de segurança impetrado originariamente nos Tribunais, da decisão do Relator que defere ou indefere a liminar, é cabível o recurso de agravo interno no prazo de 15 (quinze) dias para o Colegiado (art. 16, parágrafo único, da Lei Federal n. 12.016/2009, c/c art. 1.021 do CPC), quando então será assegurada a defesa oral na sessão do julgamento do pedido liminar (art. 16 da Lei Federal n. 12.016/2009, conforme nova redação dada pela Lei Federal n. 13.676/2018)

2.9.3 Tutela de evidência

Conforme já explicitado, como espécie do gênero tutela provisória (ao lado das tutelas provisórias de urgência), situa-se a tutela de evidência,

---

Humberto. *O mandado de segurança segundo a Lei n. 12.016, de 07 de agosto de 2009.* Rio de Janeiro: Forense, 2009, p. 25; FUX, Luiz. *Mandado de segurança*. Rio de Janeiro: Forense, 2010, p. 75.

457. André R. C. Fontes preconiza que "a caução, fiança ou depósito não constituem requisitos para o deferimento de liminar, mas forma de prevenir danos ocasionais." (MENDES, Aluisio Gonçalves de Castro; FONTES, André R. C.; LIMA, Arnaldo Esteves; ARAÚJO, Eugênio Rosa de; NASCIMENTO FILHO, Firly; NEIVA, José Antonio Lisbôa; LOPES, Mauro Luís Rocha; AZULAY NETO, Messod ; DYRLUND, Poul Erik. *Mandado de segurança individual e coletivo*: Lei 12.016/2009 comentada. 2. ed. São Paulo: Revista dos Tribunais, 2014, p. 84). Com esse mesmo pensamento: BUENO, Cassio Scarpinella. *A nova lei do mandado de segurança*. 2. ed. São Paulo: Saraiva, 2010, p. 67.

458. Art. 300, § 1º, CPC: Para a concessão da tutela de urgência, o juiz pode, conforme o caso, exigir caução real ou fidejussória idônea para ressarcir os danos que a outra parte possa vir a sofrer, podendo a caução ser dispensada se a parte economicamente hipossuficiente não puder oferecê-la.

que consiste na técnica processual que visa antecipar a tutela jurisdicional definitiva, fundamentando-se na forte probabilidade do direito afirmado pelo autor, em contraste com a defesa inconsistente do réu[459]. As afirmações de fato e de direito do autor encontram-se em estado de evidência, são robustas, a ponto de justificar a antecipação dos efeitos da tutela jurisdicional. O ônus do tempo do processo é invertido, beneficiando a parte autora (que, historicamente, sempre suportou o ônus da demora do processo) que demonstra ter mais razão, transferindo para o réu esse ônus, a ponto de estimular neste o interesse no desfecho da demanda em tempo hábil.

A tutela de evidência é fundada em cognição sumária, não formando coisa julgada, mas apenas estabilidade. Não se perquire a respeito da urgência, requisito este indispensável para deferimento das tutelas provisórias de urgência (cautelar e antecipada).

Preceitua o art. 311 do CPC:

> Art. 311. A tutela da evidência será concedida, independentemente da demonstração de perigo de dano ou de risco ao resultado útil do processo, quando:
>
> I - ficar caracterizado o abuso do direito de defesa ou o manifesto propósito protelatório da parte;
>
> II - as alegações de fato puderem ser comprovadas apenas documentalmente e houver tese firmada em julgamento de casos repetitivos ou em súmula vinculante;
>
> III - se tratar de pedido reipersecutório fundado em prova documental adequada do contrato de depósito, caso em que será decretada a ordem de entrega do objeto custodiado, sob cominação de multa;
>
> IV - a petição inicial for instruída com prova documental suficiente dos fatos constitutivos do direito do autor, a que o réu não oponha prova capaz de gerar dúvida razoável.

A tutela de evidência é compatível, em tese, com o procedimento do mandado de segurança, pois em harmonia com o seu espírito de efetividade e celeridade.[460] Analisemos cada hipótese legal.

O inciso I já estava previsto no CPC/1973, como espécie de tutela antecipada (art. 273, II). Aplica-se perfeitamente ao mandado de segurança,

---

459. ARENHART, Sérgio Cruz; MARINONI, Luiz Guilherme; MITIDIERO, Daniel. *Novo Código de Processo Civil Comentado*. 2. ed., São Paulo: Revista dos Tribunais, 2016, p. 391.

460. Enunciado nº 49 da I Jornada de Direito Processo Civil do Conselho de Justiça Federal: "A tutela da evidência pode ser concedida em mandado de segurança."

desde que, após prestadas as informações prestadas pela autoridade coatora, revela-se abuso do direito de defesa ou manifesto propósito protelatório do réu. A título de ilustração, "considera-se abusiva a defesa da Administração Pública, sempre que contrariar entendimento coincidente com orientação vinculante firmada no âmbito administrativo do próprio ente público, consolidada em manifestação, parecer ou súmula administrativa, salvo se demonstrar a existência de distinção ou da necessidade de superação do entendimento." (Enunciado n. 34 do Fórum Permanente de Processualistas Civis).

O inciso II também é aplicável perfeitamente ao mandado de segurança, mormente porque este é baseado apenas em prova documentada. Assim, amparada a tese autoral em precedente normativo formalmente vinculante[461], autoriza-se a concessão de tutela provisória, já no limiar do procedimento, independente das informações da autoridade coatora.

O inciso III diz respeito à antiga ação de depósito (art. 901 do CPC/1973), procedimento especial extinto pelo CPC/2015, submetendo-se, agora, ao procedimento comum. Pela natureza desta ação (fundada em contrato de depósito), este inciso não se aplica ao mandado de segurança, que é voltado para atacar ato de autoridade no exercício de função eminentemente pública, não se coadunando com a natureza privada do contrato de depósito.

O inciso IV concerne à comprovação pelo autor, através de prova documentada, dos fatos constitutivos de seu direito, a que o réu não oponha prova capaz de gerar dúvida razoável. Essa hipótese apresenta três requisitos: (i) causa cuja prova seja exclusivamente documental; (ii) o autor coligir prova documentada suficiente de seu fato constitutivo de direito alegado, demonstrando a "evidência" do fato alegado; (iii) ausência de contraprova documental suficiente pelo réu.[462]

Como se vê, essa espécie de tutela de evidência apenas pode ser concedida após a apresentação de defesa por parte do réu. Trata-se de controvérsia fática (matéria de prova), e não de direito. Na verdade, se não for necessária a produção de outros tipos de prova, que não a documental, a hipótese enquadra-se como julgamento antecipado do mérito (art. 355, I, do CPC), mas com a vantagem de afastar o efeito suspensivo da apelação (art. 1.012, § 1º, V, CPC), posto que configurado os requisitos para concessão de tutela provisória (na espécie, tutela de evidência).[463]

---

461. Entendemos que se deve dar interpretação sistemática dessa hipótese legal (art. 311, II, CPC), para abranger todas as hipóteses de precedentes vinculantes previstas no art. 927 do CPC, pois esse dispositivo legal consiste no regime geral de precedentes normativos formalmente vinculantes do Código de Processo Civil. Nesse mesmo sentido é o Enunciado nº 48 da I Jornada de Direito Processo Civil do Conselho de Justiça Federal: "É admissível a tutela provisória da evidência, prevista no art. 311, II, do CPC, também em casos de tese firmada em repercussão geral ou em súmulas dos tribunais superiores."

462. DIDIER JR, Fredie; BRAGA, Paula Sarno; OLIVEIRA, Rafael Alexandria de. Ob. Cit., 642.

463. DIDIER JR, Fredie; BRAGA, Paula Sarno; OLIVEIRA, Rafael Alexandria de. Ob. Cit., p. 642; CUNHA, Leonardo Carneiro da. *A Fazenda Pública em Juízo*. 13. ed. Rio de Janeiro: Forense, 2016, p. 320. Essa é a inteligência do

Embora possível o seu cabimento no procedimento do *mandamus*, pois este se limita à prova documentada, a aplicação dessa hipótese de tutela de evidência é de reduzida incidência, pois como o *writ* não tem instrução probatória, e como há necessidade de se aguardar as informações da autoridade coatora para aplicar essa hipótese legal, a própria sentença já produzirá eficácia imediata (art. 14, § 3º, da Lei Federal n. 12.016/2009), independente da concessão da tutela de evidência. Na verdade, a tutela de evidência nessa hipótese apenas se justifica, se concedida entre a prestação das informações pela autoridade coatora e o recebimento do parecer do Ministério Público; contudo, como esse intervalo de tempo é exíguo, recomenda-se, salvo situação excepcional, aguardar o parecer do Ministério Público é já proferir sentença, pois economizar-se-á um ato processual (a decisão de tutela de evidência), entregando a prestação de tutela jurisdicional definitiva em tempo mais rápido para o impetrante.

Por derradeiro, em lides tributárias, a importância da tutela da evidência resta nítida, sobressaindo em face da tutela de urgência, porquanto aquela dispensa a análise da urgência, sendo certo que a análise concreta se configurado, ou não, o *periculum in mora*, especialmente quando estiver em jogo o pedido liminar de suspensão imediata de pagamento de tributos reputados ilegais, é bastante controvertida na jurisprudência.[464]

2.9.4 Apreciação de Ofício

A despeito de parcela considerável da doutrina sustentar a possibilidade de concessão, *ex officio*, de liminar no mandado de segurança[465], em razão do poder geral de cautela do juiz, entendemos que a liminar deva preceder a requerimento do impetrante, uma vez que a tutela satisfativa e a tutela cautelar são antecipações da tutela de direito do autor, devendo-se respeitar,

Enunciado n. 207 do Fórum Permanente de Processualistas Civis: "A apelação contra o capítulo da sentença que concede, confirma ou revoga a tutela antecipada da evidência ou de urgência não terá efeito suspensivo automático."

464. Entendendo pela presença do *periculum in mora*: "[...]. 3-O perigo inverso da demora evidencia-se pela onerosidade da contribuição previdenciária e na provável diminuição de investimentos nas atividades comerciais da empresa caso tenha de aguardar o provimento judicial final. Assim, antecipação da tutela é medida que se impõe. [...]." (TRF 1, Ag. 00043752520134010000, Rel. Des. Luciano Tolentino Amaral, DJ 26/04/2013). De outro lado, entendendo pela ausência de *periculum in mora* nesse mesmo contexto: "[...]. 3. Periculum in mora não comprovado. Não demonstração, no caso concreto, de que a suspensão da isenção que se busca reverter tem o potencial de sacrificar seriamente um direito não patrimonial ou um direito fundamental, especialmente atrelado ao princípio da dignidade humana (cf. TRF2, Terceira Turma Especializada, AI 2013.02.01.009598-8, Rel. Des. Fed. RICARDO PERLINGEIRO, E-DJF2R 13.12.2013). 4. Não aplicação do conceito de dano irreparável a lesão exclusivamente patrimonial, exceto se o devedor estiver na iminência de insolvência (v. PISANI, Andrea Proto. Lezioni di diritto processuale civile. 5 ed. Napoli: Jovene, 2010, p. 602, 633-635), o que não ocorre quando a Administração Pública atua na qualidade de demandada. [...]." (TRF 2, Autos n. 00152315520124020000, Rel. Des. Ricardo Perlingeiro, j. 06.05.2014)

465. CAVALCANTE, Mantovanni Colares. *Mandado de Segurança*. São Paulo: Dialética, 2002, p. 153; MACHADO, Hugo de Brito. *Mandado de Segurança em matéria tributária*. 9. ed. São Paulo: Malheiros, 2016, p. 187.

por conta disso, o princípio dispositivo.[466] A par disso, concedida a tutela de urgência, deverá o impetrante ser responsabilizado pelos danos suportados pelo demandado, se a segurança vier a ser denegada (art. 302, I, CPC)[467], a par da efetivação da tutela provisória (urgência ou evidência) observar as normas referentes ao cumprimento provisório da sentença, entre as quais as regras de restituição das partes ao estado anterior e de reparação dos danos (art. 297, parágrafo único, CPC).[468]

Portanto, cabe ao impetrante analisar os riscos que advirão a ele de eventual cassação ou revogação de liminar deferida, mormente porque o Superior Tribunal de Justiça já firmou entendimento, em regime de recurso repetitivo (precedente vinculante), que a reforma da decisão que antecipa a tutela obriga o autor da ação a devolver os benefícios previdenciários indevidamente recebidos no curso do processo[469], ainda que concedidos *ex officio* pelo juiz.[470]

466. Nessa mesma linha: ROCHA, José de Moura. *Mandado de segurança*: a defesa dos direitos individuais. Rio de Janeiro: Aide, 1987, p. 207; BARBI, Celso Agrícola. *Do Mandado de Segurança*. 12. ed. Revista e Atualizada. Rio de Janeiro: Forense, 2009, p. 173; BUENO, Cassio Scarpinella. *A nova lei do mandado de segurança*. 2. ed. São Paulo: Saraiva, 2010; ARENHART, Sérgio Cruz; MARINONI, Luiz Guilherme;; MITIDIERO, Daniel. *Novo Código de Processo Civil Comentado*. 2. ed., São Paulo: Revista dos Tribunais, 2016, p. 377; DIDIER JR, Fredie; BRAGA, Paula Sarno; OLIVEIRA, Rafael Alexandria de. *Curso de Direito Processual Civil*. 11. ed. Salvador: Juspodivm, 2016, p. 607, v. II; CUNHA, Leonardo Carneiro da. *A Fazenda Pública em Juízo*. 13. ed. Rio de Janeiro: Forense, 2016, p. 575.

467. Art. 302. Independentemente da reparação por dano processual, a parte responde pelo prejuízo que a efetivação da tutela de urgência causar à parte adversa, se: I - a sentença lhe for desfavorável.

468. Art. 520. O cumprimento provisório da sentença impugnada por recurso desprovido de efeito suspensivo será realizado da mesma forma que o cumprimento definitivo, sujeitando-se ao seguinte regime: I - corre por iniciativa e responsabilidade do exequente, que se obriga, se a sentença for reformada, a reparar os danos que o executado haja sofrido; II - fica sem efeito, sobrevindo decisão que modifique ou anule a sentença objeto da execução, restituindo-se as partes ao estado anterior e liquidando-se eventuais prejuízos nos mesmos autos; [...].

469. STJ, REsp 1401560/MT, Rel. Ministro Sérgio Kukina, Rel. p/ Acórdão Ministro Ari Pargendler, Primeira Seção, julgado em 12.02.2014. De outro lado, o Supremo Tribunal Federal tem entendimento em sentido contrário, pois "para o Colegiado, nos termos da jurisprudência do Supremo Tribunal Federal (MS 25.430 e MS 30.556 AgR), é desnecessária a devolução dos valores recebidos por liminar revogada, em razão de mudança de jurisprudência. Também é descabida a restituição de valores recebidos indevidamente, circunstâncias em que o servidor público atuou de boa-fé. A orientação ampara-se na confiança legítima que tinham os beneficiários de a pretensão ser acolhida e no lapso temporal transcorrido entre o deferimento da liminar e sua revogação. Os princípios da boa-fé e da segurança jurídica afastam o dever de restituição de parcelas recebidas por ordem liminar revogada." (MS 32.185/DF, julgamento em 13.11.2018, Informativo 923, Primeira Turma). Por conta desse entendimento contrário do STF, o próprio STJ decidiu acolher questão de ordem levada pelo Ministro Og Fernandes no REsp 1.734.685, e submeter o precedente vinculante do STJ (REsp 1.401.560) a processo de revisão. Na questão de ordem, o Ministro destacou a importância da revisão do tema, tendo em vista "a variedade de situações que ensejam dúvidas quanto à persistência da orientação firmada pela tese repetitiva relacionada ao Tema 692/STJ, bem como a jurisprudência do STF, estabelecida em sentido contrário, mesmo que não tendo sido com repercussão geral ou em controle concentrado de constitucionalidade". O Ministro Og Fernandes ainda asseverou que a tese que obriga a devolução dos valores poderá ser "reafirmada, restringida no seu âmbito de alcance ou mesmo cancelada". Portanto, o tema ainda está em aberto no STJ.

470. "[...]. 3. A principal argumentação trazida pela embargante consiste em que a tutela antecipada que lhe reconheceu o direito à aposentadoria por idade rural, posteriormente, revogada pelo Tribunal a quo, foi concedida de ofício pelo Magistrado de primeiro grau, sem que houvesse requerimento da parte nesse sentido. 4. A definitividade da decisão que antecipa liminarmente a tutela, na forma do artigo 273 do

Contudo, pelo dever de consulta imposto ao juiz, que decorre do modelo cooperativo de processo, nada obsta que o magistrado, ao constatar a possibilidade, ao menos em tese, de concessão de tutela provisória não postulada pelo impetrante, ouça-o para saber o seu interesse na obtenção dessa tutela provisória.[471]

2.9.5 Restrições legais

A legislação prevê hipóteses legais em que não se admite a concessão de tutela provisória em face da Fazenda Pública, inclusive em sede de mandado de segurança.

O art. 7º, § 2º, da Lei Federal n. 12.016/2009, preceitua que não será concedida medida liminar que tenha por objeto a compensação de créditos tributários, a entrega de mercadorias e bens provenientes do exterior[472], a reclassificação ou equiparação de servidores públicos e a concessão de aumento ou a extensão de vantagens ou pagamento de qualquer natureza.[473] Nessas hipóteses, a sentença proferida no *writ* também não terá eficácia imediata (apelação dotada de efeito suspensivo), conforme reza o art. 14, § 3º, da Lei Federal n. 12.016/2009.

Essas vedações da Lei do Mandado de Segurança aplicam-se, de igual forma, às providências liminares concedidas em ações cautelares (art. 1º da Lei Federal n. 8.437/1992).[474]

O art. 1º, § 1º, da Lei Federal n. 8.437/1992, estatui que é vedada a concessão de liminares em ações cautelares quando impugnado ato de autoridade

CPC/1973, não enseja a presunção, pelo segurado, de que os valores recebidos integram, em definitivo, o seu patrimônio. O pressuposto básico do instituto é a reversibilidade da decisão judicial. Havendo perigo de irreversibilidade, não há tutela antecipada, consoante artigo 273, § 2º, do CPC/1973. 5. Quando o juiz antecipa a tutela, está anunciando que seu decisum não é irreversível. Nos dizeres do Ministro Ari Pargendler, que inaugurou a divergência no âmbito do julgamento do representativo da controvérsia, mal sucedida a demanda, o autor da ação responde pelo que recebeu indevidamente. O argumento de que ele confiou no Juiz, ignora o fato de que a parte, no processo, está representada por advogado, o qual sabe que a antecipação de tutela tem natureza precária. [...]."(STJ, EDcl no REsp 1401560/MT, Rel. Ministro Mauro Campbell Marques, Primeira Seção, julgado em 27.04.2016)

471. Nesse mesmo caminho: ARENHART, Sérgio Cruz; MARINONI, Luiz Guilherme;; MITIDIERO, Daniel. *Novo Código de Processo Civil Comentado*. 2. ed., São Paulo: Revista dos Tribunais, 2016, p. 377.

472. A vedação à concessão de liminar que vise à liberação de bens e mercadorias de procedência estrangeira já estava regulamentada pela Lei Federal n. 2.270/1956.

473. A vedação à concessão de liminar objetivando a reclassificação ou equiparação de servidores ou à concessão de aumento ou extensão de vantagens já estava prevista nas Lei Federais n. 4.348/1964 e 5.021/1966.

474. Art. 1º. Não será cabível medida liminar contra atos do Poder Público, no procedimento cautelar ou em quaisquer outras ações de natureza cautelar ou preventiva, toda vez que providência semelhante não puder ser concedida em ações de mandado de segurança, em virtude de vedação legal.

sujeita, na via de mandado de segurança, à competência originária de tribunal; contudo, essa restrição não se aplica aos processos de ação popular e de ação civil pública (art. 1º, § 2º, da Lei Federal n. 8.437/1992).

O art. 1º, § 3º, da Lei Federal n. 8.437/1992, diz que não será cabível medida liminar que esgote, no todo ou em parte, o objeto da ação.

O art. 29-B, da Lei Federal n. 8.036/1990, preconiza que "não será cabível medida liminar em mandado de segurança, no procedimento cautelar ou em quaisquer outras ações de natureza cautelar ou preventiva, nem a tutela antecipada prevista nos arts. 273 e 461 do Código de Processo Civil que impliquem saque ou movimentação da conta vinculada do trabalhador no FGTS."

As disposições proibitivas de liminares em mandado de segurança[475], bem como as regras restritivas de cautelares contra a Fazenda Pública[476], se aplicam para quaisquer tipos de tutelas provisórias de urgência, conforme preceitua o art. 1.059 do Código de Processo Civil, *in verbis:* "À tutela provisória requerida contra a Fazenda Pública aplica-se o disposto nos arts. 1º a 4º da Lei nº 8.437, de 30 de junho de 1992, e no art. 7º, § 2º, da Lei nº 12.016, de 7 de agosto de 2009."

Registra-se que, malgrado a literalidade da redação do aludido art. 1.059 do CPC, que contém o termo "tutela provisória" (gênero da qual são espécies a tutela provisória de urgência e a tutela provisória de evidência), extrai-se desse texto legal a norma jurídica segundo a qual a restrição aplica-se apenas para a tutela provisória de "urgência", não compreendendo a tutela de "evidência", pois as vedações legais têm como fundamento principal a inexistência de *periculum in mora*, requisito este não exigível na tutela de evidência. Nesse diapasão, é o Enunciado n. 35 do Fórum Permanente de Processualistas Civis: "As vedações à concessão de tutela provisória contra a Fazenda Pública limitam-se às tutelas de urgência."[477]

---

475. Art. 7º, § 5º, da Lei Federal n. 12.016/2009: "As vedações relacionadas com a concessão de liminares previstas neste artigo se estendem à tutela antecipada a que se referem os arts. 273 e 461 da Lei nº 5.869, de 11 janeiro de 1973 - Código de Processo Civil."

476. Art. 1º da Lei Federal n. 9.494/1997: "Aplica-se à tutela antecipada prevista nos arts. 273 e 461 do Código de Processo Civil o disposto nos arts. 5º e seu parágrafo único e 7º da Lei nº 4.348, de 26 de junho de 1964, no art. 1º e seu § 4º da Lei nº 5.021, de 9 de junho de 1966, e nos arts. 1º, 3º e 4º da Lei nº 8.437, de 30 de junho de 1992."

477. Nesse sentido: CAVALCANTI NETO, Antônio de Moura. A possibilidade de concessão de tutela de evidência contra a Fazenda Pública no projeto do Novo Código de Processo Civil: sobre acreditar ou não no acesso à Justiça. *Revista de Processo.* São Paulo: Revista dos Tribunais, 2014, n. 238; DIDIER JR, Fredie; BRAGA, Paula Sarno; OLIVEIRA, Rafael Alexandria de. *Curso de Direito Processual Civil.* 11. ed. Salvador: Juspodivm, 2016, p. 649, v. II

A par disso, o Supremo Tribunal Federal tem posição no sentido da inaplicabilidade das vedações de liminares contra a Fazenda Pública, quando a liminar se apoie em entendimento já consolidado no STF.[478] Isso reforça o argumento no sentido de que as restrições de liminares contra a Fazenda Pública não se aplicam ao menos à hipótese de tutela de evidência prevista no inciso II do art. 311 do CPC (precedentes vinculantes do STF).

Quadra registrar que o Supremo Tribunal Federal, em que pese tenha declarado constitucional o art. 1º da Lei Federal n. 9.494/1997 na Ação Declaratória de Constitucionalidade n. 4[479], tem conferido interpretação restritiva às vedações legais de concessão de liminares em face da Fazenda Pública.[480]

Nessa medida, temos um regime geral que proíbe a concessão de tutelas provisórias de urgência em face da Fazenda Pública, em quaisquer tipos de ações, nas seguintes hipóteses:

i) quando tiver por finalidade a reclassificação ou equiparação de servidores públicos, ou a concessão de aumento ou extensão de vantagens (art. 7º, § 2º, da Lei Federal n. 12.016/2009);[481]

---

478. STF, Rcl 4628 AgR, Relator Min. Cezar Peluso, Tribunal Pleno, julgado em 27.11.2008.

479. ADC 4, Relator: Min. SYDNEY SANCHES, Relator p/ Acórdão: Min. CELSO DE MELLO, Tribunal Pleno, julgado em 01.10.2008.

480. Esse é o mesmo entendimento do STJ: "[...]. 3. É possível a concessão de antecipação dos efeitos da tutela em face da Fazenda Pública, como instrumento de efetividade e celeridade da prestação jurisdicional, sendo certo que a regra proibitiva, encartada no art. 1º, da Lei 9.494/97, reclama exegese estrita, por isso que, onde não há limitação não é lícito ao magistrado entrevê-la. Precedentes do STJ: AgRg no REsp 945.775/DF, QUINTA TURMA, DJ de 16/02/2009; AgRg no REsp 726.697/PE, SEGUNDA TURMA, DJ de 18/12/2008; AgRg no Ag 892.406/PI, QUINTA TURMA, DJ 17/12/2007; AgRg no REsp 944.771/MA, SEGUNDA TURMA, DJ De 31/10/2008; MC 10.613/RJ, Rel. PRIMEIRA TURMA, DJ 08/11/2007; AgRg no Ag 427600/PA, PRIMEIRA TURMA, DJ 07/10/2002. [...]." (STJ, REsp 1070897/SP, Rel. Ministro Luiz Fux, Primeira Turma, julgado em 03/12/2009)

481. Segundo as Cortes Superiores, essas vedações de concessão de liminares contra a Fazenda Pública que envolvam pagamento de qualquer natureza, previstas expressamente em lei, devem ser interpretadas restritivamente, não se aplicando: i) às causas de natureza previdenciária (Súmula 729 do STF; STJ, REsp 1701969/SP, Rel. Ministro Herman Benjamin, Segunda Turma, julgado em 28/11/2017), inclusive para servidores inativos e pensionistas do regime próprio (STJ, AgRg na SLS 1.545/RN, Rel. Ministro Ari Pargendler, Corte Especial, julgado em 2/5/2012); ii) restauração de vantagem suprimida já existente, que não equivale a concessão de vantagem, mas apenas restabelecimento (STF, Rcl 9466 AgR, Relator Min. Roberto Barroso, Primeira Turma, julgado em 02/06/2017; STJ, AgInt no AREsp 331.239/PI, Rel. Ministro Gurgel De Faria, Primeira Turma, julgado em 26/09/2017); iii) pagamento de parcela indenizatória (STF, Rcl 21565 AgR, Relator Min. Luiz Fux, Primeira Turma, julgado em 29/09/2015; STF, Rcl 5174 AgR, Relator Min. Cezar Peluso, Tribunal Pleno, julgado em 27.11.2008); iv) quando o pagamento da vantagem é mera consequência da medida liminar, ou seja, os efeitos financeiros constituem consequência secundária da decisão, a exemplo da nomeação e posse de candidato em concurso público (STF, Rcl 10052 AgR, Relator Min. Ricardo Lewandowski, Segunda Turma, julgado em 24/06/2014; STF, Rcl 5983 AgR, Relator: Min. Cezar Peluso, Tribunal Pleno, julgado em 03.12.2008; STJ, AgRg no AREsp 373.865/PI, Rel. Ministro Benedito Gonçalves, Primeira Turma, julgado em 14/10/2014); v) pagamento de quantia certa por parte dos entes públicos, para custear despesas com a saúde da parte

ii) para compensação de créditos tributários (art. 1º, § 5º, da Lei Federal n. 8.437/1992; art. 7º, § 2º, da Lei Federal n. 12.016/2009);[482]

iii) para entrega de mercadorias ou bens provenientes do exterior (art. 7º, § 2º, da Lei Federal n. 12.016/2009);

iv) quando impugnado, na primeira instância, ato de autoridade sujeita, na via de mandado de segurança, à competência originária de tribunal, ressalvada ação civil pública e ação popular (art. 1º, § 1º, da Lei Federal n. 8.437/1992)[483];

v) quando a medida liminar esgotar, no todo ou em parte, o objeto da ação (art. 1º, § 3º, da Lei Federal n. 8.437/1992);[484]

vi) para saque ou movimentação da conta de FGTS vinculada do trabalhador (art. 29-B da Lei Federal n. 8.036/1990).[485]

---

autora (STF, STA 223 AgR, Relator p/ Acórdão Min. Celso De Mello, Tribunal Pleno, julgado em 14/04/2008; STJ, AgRg no AREsp 420.158/PI, Rel. Ministro Humberto Martins, Segunda Turma, julgado em 26/11/2013).

482. Ainda que não se afigure possível conceder, em tutela provisória, providência que compense o crédito tributário (causa de extinção do crédito - art. 156, II, CTN), pois não se antecipa a constituição ou desconstituição de situação jurídica, o que seria tutela definitiva, nada obsta que se antecipem os efeitos práticos da compensação (suspensão da exigibilidade do crédito). Nesse sentido: TALAMINI, Eduardo. Tutela de urgência e Fazenda Pública. *Revista do Processo*. São Paulo, n. 152, ano 32, out. 2007, p. 49; DIDIER JR, Fredie; BRAGA, Paula Sarno; OLIVEIRA, Rafael Alexandria de. *Curso de Direito Processual Civil*. 11. ed. Salvador: Juspodivm, 2016, p. 655, v. II.

483. Declarando a validade desse dispositivo legal: STJ, REsp 1592178/PR, Rel. Ministro Sérgio Kukina, Primeira Turma, julgado em 14/06/2016; STJ, AgRg na Rcl 4.299/SP, Rel. Ministro Hamilton Carvalhido, Corte Especial, DJe 15/2/2011. Contudo, (i) quando não estiverem presentes os requisitos específicos de cabimento do mandado do segurança, não restando outra opção senão o ajuizamento de ação sob o procedimento comum, ou (ii) quando houver risco concreto de perecimento imediato do direito do autor, a ponto de inexistir tempo hábil para impetração do *writ* (se cabível) no foro especial do tribunal competente, entendemos que não há óbice para que o juiz de primeira instância, mesmo em ação sob o procedimento comum, aprecie a tutela provisória postulada, em atendimento ao princípio constitucional da inafastabilidade da jurisdição, devendo-se, pois, assim, proceder à declaração de nulidade sem redução de texto do art. 1º, § 1º, da Lei Federal n. 8.437/1992, entendendo-o inconstitucional nessas duas situações específicas.

484. "[...]. 2. O art. 1º, § 3º, da Lei 8.437/92, que estabelece que não será cabível medida liminar contra o Poder Público que esgote, no todo ou em parte, o objeto da ação, refere-se 'às liminares satisfativas irreversíveis, ou seja, àquelas cuja execução produz resultado prático que inviabiliza o retorno ao *status quo ante*, em caso de sua revogação' (REsp 664.224/RJ, Rel. Min. Teori Albino Zavascki, Primeira Turma, DJe de 1.3.2007, p. 230). Na presente hipótese, contudo, não ficou demonstrada a irreversibilidade da medida. [...]." (STJ, REsp 1615687/SC, Rel. Ministro Herman Benjamin, Segunda Turma, julgado em 16.08.2016). De outro lado, salienta-se que tal regra legal não é absoluta, devendo ser sopesada diante dos bens e valores jurídicos em jogo, mediante o postulado da proporcionalidade, pois, não raro, o indeferimento da liminar, ainda que esgote o objeto da ação, pode revelar-se mais gravoso do que o seu deferimento, com o perecimento irreversível do próprio direito afirmado pelo autor, azo em que deve ser suplantada essa regra legal, a exemplo do que ocorre em ações que discutem o direito à saúde. Nesse sentido: STJ, REsp nº 417005/SP, Rel. Min. Ruy Rosado de Aguiar, DJ de 19.12.2002.

485. Não se trata de regra absoluta, devendo ser interpretada em conformidade com os valores constitucionais, a exemplo da dignidade da pessoa humana e o direito à saúde. Nesse sentido: "[...]. Tratando-se de situação excepcional a legitimar a providência de urgência, qual seja o levantamento do FGTS para tratamento de

É importante sublinhar que o Supremo Tribunal Federal tem posição no sentido da inaplicabilidade dessas vedações legais, quando a tutela de urgência (i) se apoie em entendimento já consolidado no STF[486] ou (ii) quando concedida em sentença de mérito[487].

Parcela significativa da doutrina entende que as vedações legais à concessão de tutela de urgência são inconstitucionais, por transgredirem o princípio da inafastabilidade da tutela jurisdicional.[488] A propósito, o Conselho Federal da OAB, em 14.09.2009, ajuizou a ADIN n. 4.296-DF, Rel. Min. Marco Aurélio, ainda pendente de julgamento, e com parecer do Procurador Geral da República pela improcedência dos pedidos, pedindo a declaração de inconstitucionalidade do referido dispositivo legal (art. 7º, § 2º, da Lei Federal n. 12.016/2009).

De outro lado, parcela da doutrina sustenta a constitucionalidade dessas regras proibitivas, pois as hipóteses legais estariam, na verdade, a retratar situações em que não estariam presentes os requisitos para a sua concessão. Assim, o legislador, em análise prévia, já teria descartado a possibilidade de concessão do provimento de urgência para situações em que não se revela presente o *periculum in mora* ou a reversibilidade da medida.[489]

Comungamos desse último entendimento, no sentido de constitucionalidade das normas proibitivas, pois as hipóteses legais restritivas, ao menos

saúde de dependente acometido de enfermidade grave, há que ser afastada a aplicação da norma do artigo 29-B da Lei nº 8.036/90. [...]." (TRF 2, AG 200902010096527, Oitava Turma, Rel. Des. Poul Erik, DJ 09.09.2009)

486. STF, Rcl 4628 AgR, Relator Min. Cezar Peluso, Tribunal Pleno, julgado em 27.11.2008.

487. STF, Rcl 2933 AgR, Relator Min. Roberto Barroso, Primeira Turma, julgado em 26/05/2017; STF, Rcl 7620 AgR, Relator Min. Ricardo Lewandowski, Tribunal Pleno, julgado em 24/03/2011.

488. FERRAZ, Sérgio. *Mandado de Segurança*. 4. ed. São Paulo: Malheiros, 2006, p. 245-262; FIGUEIREDO, Lúcia Valle. *Mandado de segurança*. 6. ed. São Paulo: Malheiros, 2009, p. 119-124; BUENO, Cassio Scarpinella. *A nova lei do mandado de segurança*. 2. ed. São Paulo: Saraiva, 2010, p. 71; DANTAS, Marcelo Navarro Ribeiro. *Comentários à nova lei do mandado de segurança*. Napoleão Nunes Maia Filho; Caio Cesar Vieira Rocha; Tiago Asfor Rocha Lima (orgs.). São Paulo: Revista dos Tribunais, 2010, p. 139; ARENHART, Sérgio Cruz; MARINONI, Luiz Guilherme; MITIDIERO, Daniel. *Novo Código de Processo Civil*. Tutela dos direitos mediante procedimentos diferenciados. 2. ed. São Paulo: Revista dos Tribunais, 2016, p. 370, v. III; MACHADO, Hugo de Brito. *Mandado de Segurança em matéria tributária*. 9. ed. São Paulo: Malheiros, 2016, p. 185-187.

489. Nesse diapasão, Hélio do Valle Pereira afirma que o legislador estaria, na verdade, incentivando o juiz a ter redobrados escrúpulos na concessão de medida de urgência, eliminando exageros na concessão de liminares contra o poder público. (PEREIRA, Hélio do Valle. *O novo mandado de segurança:* comentários à Lei n. 12.016 de 7/08/2009. Florianópolis: Conceito Editorial, 2010, p. 96). De igual forma, Eduardo José da Fonseca Costa assevera que "essas leis circunscrevem-se a enrijecer o pressuposto do *periculum in mora*, e não impedir a concessão de tutela de urgência." (COSTA, Eduardo José da Fonseca. As leis "impeditivas de liminar realmente impedem? In: ALVIM, Eduardo Arruda et al (Coord.). *O novo mandado de segurança*: estudos sobre a Lei n. 12.016/2009. Belo Horizonte: Fórum, 2010, p. 168.)

em tese, retratam situações em que inocorrem *periculum in mora* ou reversibilidade da medida.[490]

Contudo, se em determinado caso concreto restar configurado, satisfatoriamente, o *periculum in mora*, a ponto de existir risco concreto e imediato de perecimento de direito do autor, ainda que irreversível a medida, deve o juiz, mediante a técnica da declaração parcial de nulidade sem redução de texto[491], afastar a regra proibitiva e apreciar a tutela de urgência, pois o poder de acautelar é imanente ao de julgar, tendo o Judiciário o dever constitucional de prestar tutela de direito de forma efetiva, de acordo com o princípio do acesso à justiça (art. 5º, XXXV, CF).[492]

Nesse rumo de ideia, na ADIN n. 223-6 contra a medida provisória n. 173/1990, que vedava a concessão de "medida liminar em mandado de segurança e em ações ordinárias e cautelares decorrentes das medidas provisórias números 151, 154, 158, 160, 162, 165, 167 e 168", o STF indeferiu a medida cautelar, mas não prejudicou "o exame judicial em cada caso concreto da constitucionalidade, incluída a razoabilidade, da aplicação da norma proibitiva da liminar"[493], ou seja, não impediu o controle difuso de constitucionalidade no caso concreto.

---

490. De igual sorte: CUNHA, Leonardo Carneiro da. *A Fazenda Pública em Juízo*. 13. ed. Rio de Janeiro: Forense, 2016, p. 306.

491. "Há, ainda, casos em que uma norma constitucional é aplicada em situações que a tornam inconstitucional. [...]. Há aí emprego da técnica da declaração parcial de nulidade sem redução de texto. A nulidade – ou inconstitucionalidade – é pronunciada para a específica situação, preservando-se a norma ou o texto legal. [...] A técnica permite a preservação da norma ou do texto legal ainda que a decisão pronuncie, para a específica situação, a sua inconstitucionalidade. Não há redução da validade do dispositivo, que resta com plena força normativa, mas restrição do seu âmbito de aplicação. Diante disso, a diferença entre as técnicas de controle de constitucionalidade conhecidas como interpretação conforme e declaração parcial de nulidade sem redução de texto está em que, na primeira, evita-se a declaração de inconstitucionalidade da norma, conferindo-se a ela interpretação que a torna inconstitucional, e, na segunda, preserva-se a constitucionalidade ou a validade da norma, haja vista que a inconstitucionalidade se dá apenas na situação impugnada." (MARINONI, Luiz Guilherme; ARENHART, Sérgio Cruz; MITIDIERO, Daniel. Ob. Cit., p. 112-113)

492. "A despeito do julgamento da ADC 4/DF, o juiz não pode tomar essas limitações como absolutas, mas sim ponderar no caso concreto o que será mais grave: conceder a tutela provisória ou não. A meu ver, qualquer restrição absoluta, que não permita nenhum tipo de flexibilização, à tutela jurisdicional, sela ela provisória ou definitiva, viola o inc. XXXV do art. 5º da CF/1988." (CRAMER, Ronaldo. *Breves Comentários do código de processo civil*. Teresa Arruda Alvim Wambier, Fredie Didier Junior, Eduardo Talamani e Bruno Dantas (coordenadores). 1. ed. São Paulo: Revista dos Tribunais, 2015, p. 2.383). Ainda nessa corrente, no sentido de que o exame de inconstitucionalidade dependa da análise do caso concreto: CUNHA, Leonardo Carneiro. *A Fazenda Pública em juízo*. 13. ed. rev. atual. São Paulo: Dialética, 2016, p. 239-240; CARNEIRO, Athos Gusmão. O mandado de segurança coletivo, nos termos da Lei 12.016/2009. *Revista de Processo*, v. 178, São Paulo: Revista dos Tribunais, 2009, p. 41-44; GRECO FILHO, Vicente. *O novo mandado de segurança*: comentários à Lei n. 12.016, de 7 de agosto de 2009. São Paulo: Saraiva, 2010, p. 31.

493. ADI 223 MC, Relator p/ Acórdão: Min. Sepúlveda Pertence, Tribunal Pleno, julgado em 05/04/1990.

2.9.5.1 Proibição de entrega de mercadorias importadas

Conforme já explanado, o art. 7º, § 2º, da Lei Federal n. 12.016/2009 veda a concessão de liminar para a entrega de mercadorias e bens provenientes do exterior.

Essa proibição já continha na Lei Federal nº 2.270/1956, a qual foi criada, segundo nos conta Celso Agrícola Barbi[494], para impedir a perda (impossibilidade de restituição) das mercadorias liberadas judicialmente, já que, nos anos de 1946 a 1955, surgiram muitos mandados de segurança coletivos para liberação de automóveis apreendidos pelo Executivo, e, após obtida a liminar e retirados os carros da alfândegas, os impetrantes não se interessaram mais pelo andamento do feito, e, quando do julgamento final do *mandamus*, em caso de denegação, tornava-se inviável restituir os veículos, pois muitos já haviam sido alienados e dispersos no país.

Em outras palavras: a proibição de liminar nessa hipótese está ligada à impossibilidade de restituição da mercadoria (risco de irreversibilidade da medida)[495].

Contudo, o dispositivo em tela deve ser interpretado de acordo com os ditames constitucionais, levando-se em conta as especificidades do caso concreto.

Com efeito, a aplicação literal do texto legal para todo e qualquer caso de liberação de mercadoria importada, indistintamente, implicaria em cerceamento de mecanismos de desconstituição de ilegalidades ou abusos do poder público, ofendendo o princípio constitucional da separação dos Poderes (art. 2º), na medida em que limitaria a atuação do Poder Judiciário, abalando a inafastabilidade da jurisdição (art. 5º, XXXV) e afrontando o princípio do não confisco (art. 150, IV), com a retenção das mercadorias como forma de coação do contribuinte para o pagamento do tributo.[496]

Assim sendo, se, concreta e excepcionalmente, estiver demonstrado pela parte autora o grave risco de dano, deverá o juiz, afastando a vedação legal, conceder a medida, em prol da efetividade e da inafastabilidade da tutela jurisdicional.

494. Ob. Cit., p. 162.

495. Art. 300, § 3º, do CPC: "A tutela de urgência de natureza antecipada não será concedida quando houver perigo de irreversibilidade dos efeitos da decisão."

496. A propósito, o Conselho Federal da OAB, em 14.09.2009, ajuizou a ADIN n. 4.296-DF, Rel. Min. Marco Aurélio, ainda pendente de julgamento, e com parecer do Procurador Geral da República pela improcedência dos pedidos, pedindo a declaração de inconstitucionalidade do referido dispositivo legal (art. 7º, § 2º, da Lei Federal n. 12.016/2009), por violar a cláusula constitucional da inafastabilidade da jurisdição.

O mesmo raciocínio nos traz Leonardo Carneiro da Cunha[497] ao afirmar:

> A vedação para concessão de liminar destinada à liberação de bens e mercadorias justifica-se, em princípio, pelo risco de irreversibilidade da medida, pois o desembaraço antecipado das mercadorias pode impedir eventual cominação do perdimento. Se, em princípio, houver aparente conduta criminosa ou risco para população, para o meio ambiente, para a saúde, enfim, para o interesse público, sendo possivelmente irreversível o provimento, há de prevalecer a vedação legal. Diversamente, se não houver nada disso, se, na realidade, a apreensão da mercadoria consistir num meio coercitivo indireto de cobrança de tributo, deve, então, ser possível a concessão da medida liminar. É que, devido um tributo, cabe ao ente fazendário constituir o crédito mediante lançamento tributário e promover a cobrança judicial, servindo-se da execução fiscal, não lhe sendo legítimo impor medidas restritivas ao contribuinte como forma indireta de cobrança, nem apreender bens ou mercadorias. A jurisprudência está pejada de decisões que repelem a adoção de meios coercitivos indiretos de cobrança, bastando lembrar o teor das Súmulas nºs 70, 323 e 547, todas do Supremo Tribunal Federal.

Nesse mesmo rumo de ideia, escreveu Hely Lopes Meireles: "Tem-se entendido, entretanto, que essa vedação só se refere a produtos de contrabando, e não aos bens importados ou trazidos para o País como bagagem sobre os quais as autoridades passem a fazer exigências ilegais ou abusivas para seu desembaraço."[498]

Em lides tributárias, é comum constatar que, nos procedimentos administrativos-fiscais que culminam na retenção de mercadorias importadas, não se discute a aplicação de penalidade de perdimento.

Pelo contrário, é comum verificar que o único óbice ao desembaraço aduaneiro de mercadorias importadas reside na imposição de tributo a recolher a maior, oriundo, por exemplo, da reclassificação fiscal pretendida pela autoridade aduaneira. Assim, nessa hipótese, o único óbice ao desembaraço aduaneiro se encontra na diferença de tributo a recolher, oriunda da classificação fiscal apontada como correta pela autoridade coatora, diversa da que foi utilizada pela impetrante.

---

497. *A Fazenda Pública em juízo*. 13. ed. São Paulo: Dialética, 2016, p. 304-305.

498. *Mandado de Segurança e Ações Constitucionais*. 36. ed. São Paulo: Malheiros, 2014, p. 100.

Entretanto, da divergência quanto à classificação fiscal pode advir a lavratura de auto de infração para cobrança da exação e de eventual multa, mas não a apreensão das mercadorias. Não se falando em suspeita de infração punível com o perdimento, aplica-se, com precisão, o dizer da Súmula n.º 323 do STF: "É inadmissível a apreensão de mercadorias como meio coercitivo para pagamento de tributos".

Quadra destacar que essa conclusão não se modifica em virtude da extrafiscalidade que caracteriza os tributos incidentes na importação, pois a paralisação do despacho aduaneiro, com a retenção das mercadorias, em decorrência de erro na classificação fiscal, não se relaciona ao intuito de proteção da economia nacional. Ao contrário, não existindo suspeita de infração punível com o perdimento, que poderia justificar a aludida proteção da economia nacional, a manutenção das mercadorias em poder do Fisco se revela, na realidade, como mecanismo de arrecadação das exações. Nessa linha, traz-se à baila precedentes da Segunda Turma do Superior Tribunal de Justiça e da Terceira Turma Especializada do TRF da 2ª Região.[499]

Posta assim a questão, tratando-se de apreensão de mercadoria como meio coercitivo indireto para cobrança de tributo, deve-se afastar, mediante a técnica da declaração parcial de nulidade sem redução de texto, a regra proibitiva de liminar prevista no supracitado art. 7º, § 2º, por afrontar, no caso concreto, os princípios constitucionais da separação dos poderes (art. 2º), do acesso à justiça (art. 5º, XXXV) e do não confisco (art. 150, IV).

Com efeito, se no processo administrativo-fiscal não há previsão de pena de perdimento, e se ausente o interesse público primário que justifique a apreensão da mercadoria (*vg.*, proteção à saúde pública, ao meio ambiente, ao consumidor, indícios de prática criminosa), o risco de irreversibilidade da medida (restituição da mercadoria) é mitigado, figurando a apreensão apenas como meio coercitivo indireto para cobrança de tributo.

Colhem-se arestos dos Tribunais Regionais Federais nesse diapasão:

> DIREITO PROCESSUAL CIVIL E ADUANEIRO. AGRAVO INOMINADO. AGRAVO DE INSTRUMENTO. MANDADO DE SEGU-

499. "[...]. 1. O Fisco não pode utilizar-se da retenção de mercadoria importada como forma de impor o recebimento da diferença de tributo ou exigir caução para liberar a mercadoria. Aplicação analógica da Súmula 323 do STF. 2. Recurso especial provido." (STJ, RESP 201201432960, Eliana Calmon, Segunda Turma, DJE 22.08.2013); "[...] I - O erro ou discordância quanto à classificação tarifária não autoriza a retenção das mercadorias importadas. II - É inadmissível a apreensão de mercadorias como meio coercitivo para pagamentos de tributos, nos termos da Súmula 323 do STF. III - Remessa e Apelação improvidas." (TRF 2, APELRE 200950010063819, Desembargadora Federal Lana Regueira, Terceira Turma, DJ Data:05.08.2014)

RANÇA. INGRESSO DE MERCADORIA. RECURSO DESPROVIDO. [...] 11. Por sua vez, não cabe alegar que os §§ 2º e 5º do artigo 7º da Lei 12.016/09 estariam a vedar a apreciação da medida liminar. Tais dispositivos determinam que "não será concedida medida liminar que tenha por objeto a compensação de créditos tributários, a entrega de mercadorias e bens provenientes do exterior, a reclassificação ou equiparação de servidores públicos e a concessão de aumento ou a extensão de vantagens ou pagamento de qualquer natureza [...] as vedações relacionadas com a concessão de liminares previstas neste artigo se estendem à tutela antecipada a que se referem os arts. 273 e 462 da Lei nº 5.869, de 11 de janeiro de 1973- Código de Processo Civil." 12. A literalidade do preceito não alcança, porém, a integralidade das hipóteses possíveis de ocorrência e sujeitas à apreciação judicial. A liminar ou antecipação de tutela, cujo efeito possa exaurir o objeto da própria ação, dotada de irreversibilidade sob o prisma jurídico ou material, deve ser, ordinariamente, negada. Mas sequer em tal situação é possível acolher, de forma absoluta, a regra, a salvo de toda e qualquer exceção. E assim é por conta da inserção sistemática de cada norma no contexto do processo e da jurisdição, sujeito a princípios e vetores, sobretudo axiológicos. 13. Mesmo as hipóteses vedadas, lado a lado, no preceito impugnado, não têm conteúdo e valor equivalente. A compensação fiscal, o desembaraço e a reclassificação, equiparação ou concessão de aumento ou extensão de vantagens ou pagamento a servidor público, revelam, em si, situações jurídicas de alcance e conteúdo distinto, a demonstrar que ao juiz, afinal, incumbe aplicar a regra geral de que a liminar ou antecipação de tutela deve ser negada em tais casos, mas não sempre e sem qualquer análise do caso concreto. 14. A ponderação de valores prefixada pelo legislador atinge o comum das situações jurídicas, não a absoluta integralidade do possível de ocorrer diante da dinâmica própria da vida social, por isto que a jurisprudência, mesmo diante de vedação equivalente, no sistema legal revogado, permitia, sim, a delimitação de hipóteses permissivas da tutela de urgência, o que se afigura correto não apenas à luz dos princípios da efetividade da jurisdição, como sobretudo da celeridade e eficiência. 15. Não cabe, pois, invocar a regra genérica como solução para toda e qualquer situação, pois tal aplicação, assim reducionista, é incompatível com os princípios do devido processo legal, da razoabilidade e proporcionalidade, assim exigindo, pois, que, caso a caso, sejam analisados os fatos a fim de excluir da regra proibitiva geral as situações, por exemplo, de patente ilegalidade – cuja aferição pode, ainda assim, recomendar o mínimo do contraditório, através das informações no caso de mandado de segurança- da qual possa resultar dano irreversível- e não apenas de difícil reparação, quando se trata de hipóteses em que o indeferimento da tutela é legalmente configurada como proibida; ou de evidente perecimento do direito, na hipótese, por exemplo, de desembaraço de mercadoria perecível ou cuja liberação seja essencial para a proteção jurídica de um bem de fundamental importância legal ou constitucional. 16. Assim, decidido na jurisprudência regional, salientado, justamente, que, entre outros fundamentos, 'A vedação constante do art. 7º, parágrafo 2º, da Lei nº 12.016/2009 não se aplica indistintamente a todos os casos, devendo o magistrado fazer uma interpretação casuística do indigitado diploma normativo, e, aferindo, nos termos do art. 5º, da Lei de Introdução ao Código Civil, qual seria a mens legis."(TRF 3, AI 00022705020154030000, Relator Desembargador Federal Carlos Muta, DJ 28.04.2015)

Por derradeiro, quadra destacar que o Supremo Tribunal Federal, ao julgar a Ação Declaratória de Constitucionalidade n. 4[500], declarou constitucional apenas o art. 1º da Lei Federal n. 9.494/1997, o qual não se refere à proibição legal de concessão de liminares para liberação de bens e mercadorias provenientes do exterior.

De fato, o art. 1º da Lei Federal n. 9.494/1997, dispõe que "aplica-se à tutela antecipada prevista nos arts. 273 e 461 do Código de Processo Civil o disposto nos arts. 5º e seu parágrafo único e 7º da Lei nº 4.348, de 26 de junho de 1964, no art. 1º e seu § 4º da Lei nº 5.021, de 9 de junho de 1966, e nos arts. 1º, 3º e 4º da Lei nº 8.437, de 30 de junho de 1992."

O arts. 5º e seu parágrafo único e 7º da Lei Federal nº 4.348/1964, preceituam:

> Art. 5º Não será concedida a medida liminar de mandados de segurança impetrados visando à reclassificação ou equiparação de servidores públicos, ou à concessão de aumento ou extensão de vantagens.
>
> Parágrafo único. Os mandados de segurança a que se refere este artigo serão executados depois de transitada em julgado a respectiva sentença.
>
> Art. 7º O recurso voluntário ou "ex officio", interposto de decisão concessiva de mandado de segurança que importe outorga ou adição de vencimento ou ainda reclassificação funcional, terá efeito suspensivo.

[500] ADC 4, Relator p/ Acórdão Min. Celso De Mello, Tribunal Pleno, julgado em 01.10.2008.

O art. 1º e seu § 4º da Lei Federal nº 5.021/1966 prescreve:

> Art . 1º O pagamento de vencimentos e vantagens pecuniárias asseguradas, em sentença concessiva de mandado de segurança, a servidor público federal, da administração direta ou autárquica, e a servidor público estadual e municipal, somente será efetuado relativamente às prestações que se vencerem a contar da data do ajuizamento da inicial.
>
> § 4º Não se concederá medida liminar para efeito de pagamento de vencimentos e vantagens pecuniárias

Por fim, os arts. 1º, 3º e 4º da Lei Federal nº 8.437/1992 estatui:

> Art. 1° Não será cabível medida liminar contra atos do Poder Público, no procedimento cautelar ou em quaisquer outras ações de natureza cautelar ou preventiva, toda vez que providência semelhante não puder ser concedida em ações de mandado de segurança, em virtude de vedação legal.
>
> Art. 3° O recurso voluntário ou ex officio, interposto contra sentença em processo cautelar, proferida contra pessoa jurídica de direito público ou seus agentes, que importe em outorga ou adição de vencimentos ou de reclassificação funcional, terá efeito suspensivo.
>
> Art. 4° Compete ao presidente do tribunal, ao qual couber o conhecimento do respectivo recurso, suspender, em despacho fundamentado, a execução da liminar nas ações movidas contra o Poder Público ou seus agentes, a requerimento do Ministério Público ou da pessoa jurídica de direito público interessada, em caso de manifesto interesse público ou de flagrante ilegitimidade, e para evitar grave lesão à ordem, à saúde, à segurança e à economia públicas.

Como se nota, a ADC n. 4 declarou constitucional apenas a vedação legal para concessão de liminares visando à reclassificação ou equiparação de servidores públicos, ou à concessão de aumento ou extensão de vantagens, e o fundamento jurídico utilizado para tanto fora a de que essa vedação legal é razoável e proporcional, atendendo ao interesse público, porquanto a própria regra constitucional exige, para efeito de pagamento, o trânsito em julgado da sentença que condena a Fazenda Pública à obrigação de pagar, a par da obrigatoriedade de observar a ordem cronológica de pagamento (precatório ou RPV) e as regras orçamentárias.

Ora, como se observa, tanto a conclusão, quanto à fundamentação da ADC n. 4, não se aplicam à hipótese ora debatida (proibição de concessão de liminar para liberação de bem ou mercadoria proveniente do exterior).

2.9.5.1 Proibição de compensação de crédito tributário

Segundo o art. 7º, § 2º, da Lei Federal n. 12.016/2009, "não será concedida medida liminar que tenha por objeto a compensação de créditos tributários." Nessa mesma linha, prescreve o artigo 170-A do CTN: "É vedada a compensação mediante o aproveitamento de tributo, objeto de contestação judicial pelo sujeito passivo, antes do trânsito em julgado da respectiva decisão judicial."

Contudo, o Conselho Federal da OAB, em 14.09.2009, ajuizou a ADIN n. 4.296-DF, Rel. Min. Marco Aurélio, ainda pendente de julgamento, e com parecer do Procurador Geral da República pela improcedência dos pedidos, pedindo a declaração de inconstitucionalidade do referido dispositivo legal (art. 7º, § 2º, da Lei Federal n. 12.016/2009), por violar a cláusula constitucional da inafastabilidade da jurisdição.

Não vislumbramos inconstitucionalidade no referido dispositivo legal. Com efeito, a compensação refere-se a um instituto de eficácia jurídica constitutiva, que enseja a extinção do crédito tributário (art. 156, II, CTN), sendo, portanto, incompatível com provimentos jurisdicionais provisórios. Desta forma, não se pode constituir e nem desconstituir provisoriamente.

Nesse diapasão, o Superior Tribunal de Justiça, em regime de recurso repetitivo (precedente vinculante), já firmou tese no sentido de que "em se tratando de compensação de crédito objeto de controvérsia judicial, é vedada a sua realização 'antes do trânsito em julgado da respectiva decisão judicial', conforme prevê o art. 170-A do CTN".[501]

Não obstante, ainda que não se afigure possível emitir provimento jurisdicional que extinga o crédito tributário pela compensação, sem a prévia ocorrência do trânsito em julgado, nada obsta que se concedam os efeitos

501. "TRIBUTÁRIO E PROCESSUAL CIVIL. COMPENSAÇÃO TRIBUTÁRIA. LEI APLICÁVEL. REDAÇÃO DO ART. 170-A DO CTN. INAPLICABILIDADE A DEMANDA ANTERIOR À LC 104/2001. 1. A lei que regula a compensação tributária é a vigente à data do encontro de contas entre os recíprocos débito e crédito da Fazenda e do contribuinte. Precedentes. 2. Em se tratando de compensação de crédito objeto de controvérsia judicial, é vedada a sua realização "antes do trânsito em julgado da respectiva decisão judicial", conforme prevê o art. 170-A do CTN, vedação que, todavia, não se aplica a ações judiciais propostas em data anterior à vigência desse dispositivo, introduzido pela LC 104/2001. Precedentes. 3. Recurso especial provido. Acórdão sujeito ao regime do art. 543-C do CPC e da Resolução STJ 08/08." (STJ, Primeira Seção, REsp 1164452/MG, Relator Ministro TEORI ALBINO ZAVASCKI, DJe 02/09/2010). Mais recentemente: STJ, Primeira Turma, AgInt nos EDcl no REsp 1098868/PR, Relator Ministro NAPOLEÃO NUNES MAIA FILHO, DJe 06/02/2017.

práticos da compensação (suspensão da exigibilidade do crédito tributário em que o contribuinte figure como sujeito passivo).[502]

Sobre o tema, confira-se as lições de Humberto Theodoro Júnior[503]:

> [...] a norma que emerge das Súmulas nº 212 e 213, bem como do §2º do art. 7º da Lei nº 12.016/2009, não impede que o regime jurídico da compensação tributária seja tratado em medida liminar de mandado de segurança. O que não é compatível com medida de antecipação de tutela é o decreto sumário de extinção de crédito tributário em decisão liminar. Esta, contudo, poderá, se necessário, decidir como essa compensação será feita, dentro do procedimento administrativo adequado.

2.9.6 Meios de impugnação da decisão judicial que aprecia a liminar

Deferida liminar em mandado de segurança pelo juízo de primeira instância, abre-se à Fazenda Pública três caminhos alternativos e concorrentes[504] para atacar a decisão judicial: (i) interposição de agravo de instrumento (art. 1.015, I, CPC; art. 7º, § 1º, da Lei Federal n. 12.016/2009); (ii) ajuizamento de pedido de suspensão perante o Presidente do respectivo Tribunal (art. 15 da Lei Federal n. 12.016/2009); (iii) ajuizamento de reclamação constitucional perante o STF, para garantir a observância de enunciado de súmula vinculante e de decisão do STF em controle concentrado de constitucionalidade (art. 102, I, "l", CF).[505]

Em caso de indeferimento, cabe a interposição de agravo de instrumento pelo impetrante (art. 1.015, I, CPC; art. 7º, § 1º, da Lei Federal n. 12.016/2009), objetivando a reforma da decisão impugnada, sendo possível

502. Nesse sentido: TALAMINI, Eduardo. Tutela de urgência e Fazenda Pública. *Revista do Processo*. São Paulo, n. 152, ano 32, out. 2007, p. 49; DIDIER JR, Fredie; BRAGA, Paula Sarno; OLIVEIRA, Rafael Alexandria de. *Curso de Direito Processual Civil*. 11. ed. Salvador: Juspodivm, 2016, p. 655, v. II.

503. *Lei do Mandado de Segurança comentada*. Rio de Janeiro: Forense, 2014, p. 245.

504. Não há violação ao princípio da singularidade recursal, pois a doutrina e a jurisprudência inclinaram-se no sentido de que os institutos de suspensão de segurança e de reclamação constitucional não apresentam natureza jurídica de recurso, diferentemente do agravo de instrumento. Essa é a inteligência do art. 15, § 3º, da Lei Federal n. 12.016/2009: "A interposição de agravo de instrumento contra liminar concedida nas ações movidas contra o poder público e seus agentes não prejudica nem condiciona o julgamento do pedido de suspensão a que se refere este artigo."

505. Considerando que o STF entendeu que algumas restrições legais à concessão de tutelas provisórias em desfavor da Fazenda Pública são constitucionais, deferir tutelas provisórias nessas hipóteses configura desrespeito à autoridade da decisão do STF proferida na ADC n. 4, abrindo-se a via da reclamação constitucional; contudo, não se deve olvidar a interpretação restritiva que o STF tem dado à extensão da ADC n. 4, consoante comentado em linhas pretéritas.

apresentar o pleito de antecipação da tutela da pretensão recursal (art. 1.019, I, CPC). Lembre-se que, a despeito da possibilidade de apresentar pedido de reconsideração ao juízo *a quo*, tal pedido não tem o condão de interromper o prazo recursal para interposição de agravo de instrumento.

A contagem do prazo para interposição do recurso flui da intimação oficial do julgado através do advogado público, e não da notificação da autoridade coatora para cumprimento da ordem.[506]

2.9.7 Efeitos da reforma, anulação ou cassação da liminar

Concedida a tutela provisória, os efeitos da medida liminar, salvo se reformada, anulada ou cassada, persistirão até a prolação da sentença (art. 7º, § 3º, da Lei Federal n. 12.016/2009), passando a ter o processo prioridade para o julgamento entre todos os mandados de segurança.

De outra banda, denegada a segurança, fica sem efeito a liminar concedida, independentemente de manifestação expressa do juiz (efeito automático), conforme entendimento da jurisprudência[507] e majoritário da doutrina[508],

---

506. Súmula 392 do STF: "O prazo para recorrer de acórdão concessivo de segurança conta-se da publicação oficial de suas conclusões, e não da anterior ciência à autoridade para cumprimento da decisão."

507. Enunciado n. 405 da Súmula do STF: "Denegado o mandado de segurança pela sentença, ou no julgamento do agravo dela interposto, fica sem efeito a liminar concedida, retroagindo os efeitos da decisão contrária."; STF, AC 280 AgR, Relator Min. Carlos Velloso, Segunda Turma, julgado em 03/08/2004; STJ, RMS 48.028/SP, Rel. Ministro Herman Benjamin, Segunda Turma, julgado em 01/09/2016; STJ, EREsp 839.962/MG, Rel. Ministro Arnaldo Esteves Lima, Primeira Seção, julgado em 27/02/2013.

508. Nesse sentido: "No caso de denegação do mandado de segurança, o desaparecimento da medida cautelar concedida não depende nem mesmo de revogação expressa na sentença: trata-se de 'efeito' desta, e que pode ser adequadamente incluído entre os chamados 'efeitos secundários da sentença'." (BARBI, Celso Agrícola. *Do Mandado de Segurança*. 12. ed. Revista e Atualizada. Rio de Janeiro: Forense, 2009, p. 171). Nessa linha: BUENO, Cassio Scarpinella. *A nova lei do mandado de segurança*. 2. ed. São Paulo: Saraiva, 2010, p. 82; DANTAS, Marcelo Navarro Ribeiro. *Comentários à nova lei do mandado de segurança*. Napoleão Nunes Maia Filho; Caio Cesar Vieira Rocha; Tiago Asfor Rocha Lima (orgs.). São Paulo: Revista dos Tribunais, 2010, p. 141-142; GREGO FILHO. Vicente. *O novo mandado de segurança*. Comentários à Lei n. 12.016, de 7 de agosto de 2009. São Paulo: Saraiva, 2010, p. 32; THEODORO JR, Humberto. *Lei do mandado de segurança comentada*. Rio de Janeiro: Forense, 2014, p. 252. Em sentido contrário, exigindo que o magistrado revogue, expressamente, a liminar na sentença, sob pena de sua permanência: TAVARES, André Ramos. *Manual do novo mandado de segurança*. Rio de Janeiro: Forense, 2009, p. 91-92. De todo modo, em se tratando de situação excepcional e devidamente justificada, com risco de perecimento imediato de direito, não vislumbramos óbice de que o juiz, ao proferir a sentença denegatória, mantenha a liminar concedida, até apreciação pelo Relator do pedido de efeito suspensivo ao recurso de apelação interposto pelo impetrante. Nesse diapasão: "A solução é criticável, porque é possível que essa cassação imediata – enquanto a questão ainda esteja pendente de outra decisão em superior instância – pode importar em perecimento de um direito que venha a ser reconhecido como existente pelo grau recursal. Melhor seria deixar a critério do magistrado (ou do tribunal) a avaliação da necessidade de manutenção ou não da liminar, enquanto se aguarda o julgamento do recurso, decisão essa a ser tomada segundo o sopeso dos critérios de probabilidade e risco de prejuízo dos interesses de ambas as partes." (ARENHART, Sérgio Cruz; MARINONI, Luiz Guilherme; MITIDIERO, Daniel. *Novo Código de Processo Civil*. Tutela dos direitos mediante procedimentos diferenciados. 2. ed. São Paulo: Revista dos Tribunais, 2016, p. 369, v. III). Imaginemos a hipótese em que o juiz defira liminar para autorizar o impetrante a realizar a 2ª

já que a sentença substitui a decisão provisória, vigorando esta apenas até a prolação da sentença (art. 7º, § 3º, da Lei Federal n. 12.016/2009), sendo que a apelação interposta contra a sentença que revoga tutela provisória será recebida apenas no efeito devolutivo (art. 1.012, § 1º, V, CPC).[509] Assim, cassada a tutela de urgência na sentença, a parte poderá, além de interpor recurso, pleitear o respectivo restabelecimento na instância superior, na petição de recurso ou em via autônoma (Enunciado nº 39 da I Jornada de Direito Processo Civil do Conselho de Justiça Federal).

Denegada a segurança, deverá o impetrante ser responsabilizado pelos danos suportados pelo demandado em razão da anterior concessão de tutela provisória (art. 302, I, CPC)[510], pois a efetivação da tutela provisória (urgência ou evidência) deve observar as regras referentes ao cumprimento provisório da sentença, entre as quais a restituição das partes ao estado anterior (efeitos *ex tunc*)[511] e a reparação dos danos, liquidando-se os eventuais prejuízos nos mesmos autos (art. 297, parágrafo único, CPC).[512]

---

da etapa de concurso público. Todavia, na sentença, a segurança é denegada, de forma que o impetrante estaria impedido de participar da 3ª etapa do concurso, a ser realizada naqueles próximos dias, pois a liminar estaria automaticamente revogada pela sentença denegatória. Acontece, entretanto, que o Tribunal teria jurisprudência majoritária a favor da tese do impetrante, mas poderia não haver tempo hábil para o Relator do recurso no Tribunal examinar o efeito suspensivo. Nessa situação, o risco de perecimento de direito é evidente, e, por cautela, urge que o magistrado sentenciante consigne, expressamente, que, apesar da sentença denegatória, a liminar vigorará até a análise do efeito suspensivo pelo Relator.

509. "Art. 1.012. A apelação terá efeito suspensivo. § 1º Além de outras hipóteses previstas em lei, começa a produzir efeitos imediatamente após a sua publicação a sentença que: [...]. V - confirma, concede ou revoga tutela provisória." Nesse mesmo diapasão: "[...]. 1. É pacífica a orientação do STJ no sentido de que a Apelação interposta da Sentença que denega a ordem em Mandado de Segurança deve ser recebida apenas no efeito devolutivo. Aplica-se na espécie, por analogia, o enunciado da Súmula 405/STF. [...]." (STJ, AgRg no AREsp 368.657/SP, Rel. Ministro Herman Benjamin, Segunda Turma, julgado em 06/05/2014)

510. Art. 302. Independentemente da reparação por dano processual, a parte responde pelo prejuízo que a efetivação da tutela de urgência causar à parte adversa, se: I - a sentença lhe for desfavorável.

511. Enunciado n. 405 da Súmula do STF: "Denegado o mandado de segurança pela sentença, ou no julgamento do agravo dela interposto, fica sem efeito a liminar concedida, retroagindo os efeitos da decisão contrária.". Nesse mesmo sentido: STJ, RMS 46.196/MG, Rel. Ministro Humberto Martins, Segunda Turma, julgado em 16/12/2014. Assim, a sentença denegatória produzirá efeito liberatório imediato quanto ao ato impugnado, ficando a autoridade pública livre para praticá-lo. Contudo, como bem pontua Helly Lopes Meirelles, "se no período da suspensão liminar (ou da sentença concessiva de segurança, posteriormente reformada) forem praticados atos geradores de direito subjetivo para o impetrante ou para terceiros, ou consumadas situações definitivas, tais atos e situações deverão ser considerados válidos e subsistentes, pois se constituíram ao amparo de uma ordem judicial eficaz durante sua vigência." (MEIRELES, Hely Lopes; WALD, Arnoldo; MENDES, Gilmar Ferreira. *Mandado de Segurança e Ações Constitucionais*. 36. ed. São Paulo: Malheiros, 2014, p. 105).

512. "Art. 520. O cumprimento provisório da sentença impugnada por recurso desprovido de efeito suspensivo será realizado da mesma forma que o cumprimento definitivo, sujeitando-se ao seguinte regime: I - corre por iniciativa e responsabilidade do exequente, que se obriga, se a sentença for reformada, a reparar os danos que o executado haja sofrido; II - fica sem efeito, sobrevindo decisão que modifique ou anule a sentença objeto da execução, restituindo-se as partes ao estado anterior e liquidando-se eventuais prejuízos nos mesmos autos; [...]."

Isso significa que, reformada, anulada ou cassada a tutela provisória (de urgência ou evidência), deverá o impetrante restituir à Fazenda Pública os valores recebidos em decorrência da medida concedida, ainda que a verba tenha natureza alimentar, como os benefícios previdenciários, sendo inadmissível a invocação de boa-fé objetiva, pois é ínsito à tutela provisória a sua característica de provisoriedade (natureza precária e modificável), devendo o autor assumir o ônus da implementação da tutela provisória, na forma dos arts. 297 e 302 do CPC[513], sob pena de o réu experimentar prejuízo (definitivo) não passível de ressarcimento, violando o seu direito constitucional de propriedade. Nesse diapasão, decidiu o Superior Tribunal de Justiça sob a sistemática de recurso repetitivo (precedente vinculante):

> PREVIDÊNCIA SOCIAL. BENEFÍCIO PREVIDENCIÁRIO. ANTECIPAÇÃO DE TUTELA. REVERSIBILIDADE DA DECISÃO.
>
> O grande número de ações, e a demora que disso resultou para a prestação jurisdicional, levou o legislador a antecipar a tutela judicial naqueles casos em que, desde logo, houvesse, a partir dos fatos conhecidos, uma grande verossimilhança no direito alegado pelo autor. O pressuposto básico do instituto é a reversibilidade da decisão judicial. Havendo perigo de irreversibilidade, não há tutela antecipada (CPC, art. 273, § 2º). Por isso, quando o juiz antecipa a tutela, está anunciando que seu decisum não é irreversível. Mal sucedida a demanda, o autor da ação responde pelo recebeu indevidamente. O argumento de que ele confiou no juiz ignora o fato de que a parte, no processo, está representada por advogado, o qual sabe que a antecipação de tutela tem natureza precária. Para essa solução, há ainda o reforço do direito material. Um dos princípios gerais do direito é o de que não pode haver enriquecimento sem causa. Sendo um princípio geral, ele se aplica ao direito público, e com maior razão neste caso porque o lesado é

---

513. Nessa mesma linha de raciocínio, colhe-se a seguinte fundamentação do voto do Ministro Teori Zavascki: "Com efeito, é decorrência natural do regime das medidas cautelares antecipatórias que a sua concessão se cumpra sob risco e responsabilidade de quem as requer, que a sua natureza é precária e que a sua revogação opera automáticos efeitos 'ex tunc'. Em se tratando de mandado de segurança, há até mesmo súmula do STF a respeito (Súmula 405): (...). A matéria tem, atualmente, disciplina legal expressa, aplicável a todas as medidas antecipatórias, sujeitas que estão ao mesmo regime da execução provisória (CPC, art. 273, § 3º). Isso significa que a elas se aplicam as normas do art. 475-O do Código: o seu cumprimento corre por conta e responsabilidade do requerente (inciso I), que, portanto, tem consciência dos riscos inerentes; e, se a decisão for revogada, 'ficam sem efeito', 'restituindo-se as partes ao estado anterior' (inciso II). O mesmo ocorre em relação às medidas cautelares, cuja revogação impõe o retorno das partes ao 'status quo ante', ficando o requerente responsável pelos danos oriundos da indevida execução da medida (art. 811 do CPC)." (STF, RE 608482, Relator Ministro Teori Zavascki, Tribunal Pleno, j. em 7.8.2014)

o patrimônio público. O art. 115, II, da Lei nº 8.213, de 1991, é expresso no sentido de que os benefícios previdenciários pagos indevidamente estão sujeitos à repetição. Uma decisão do Superior Tribunal de Justiça que viesse a desconsiderá-lo estaria, por via transversa, deixando de aplicar norma legal que, a contrario sensu, o Supremo Tribunal Federal declarou constitucional. Com efeito, o art. 115, II, da Lei nº 8.213, de 1991, exige o que o art. 130, parágrafo único na redação originária (declarado inconstitucional pelo Supremo Tribunal Federal - ADI 675) dispensava. Orientação a ser seguida nos termos do art. 543-C do Código de Processo Civil: a reforma da decisão que antecipa a tutela obriga o autor da ação a devolver os benefícios previdenciários indevidamente recebidos. Recurso especial conhecido e provido. (REsp 1401560/MT, Rel. p/ Acórdão Ministro Ari Pargendler, Primeira Seção, julgado em 12.02.2014)

A propósito, a Turma Nacional de Uniformização dos Juizados Especiais Federais, para se alinhar ao entendimento do STJ, cancelou a sua Súmula n. 51[514], no julgamento ocorrido em 30 de agosto de 2017 (Processo nº 0004955-39.2011.4.03.6315).

Contudo, consigna-se que há posição, mas não vinculante, em sentido diametralmente oposta do Supremo Tribunal Federal, invocando justamente a boa-fé objetiva e o caráter alimentar da verba para impedir o ressarcimento pelo autor[515]. Todavia, há outros julgados do STF afirmando que não cabe à Corte examinar o tema, ao argumento de que a matéria seria de natureza infraconstitucional[516], tendo, inclusive, por essa razão, sido reconhecida a ausência de repercussão geral da matéria.[517]

---

514. Enunciado n. 51 da Súmula do TNU: Os valores recebidos por força de antecipação dos efeitos de tutela, posteriormente revogada em demanda previdenciária, são irrepetíveis em razão da natureza alimentar e da boa-fé no seu recebimento.

515. "[...] A jurisprudência do STF já assentou que o benefício previdenciário recebido de boa-fé pelo segurado, em decorrência de decisão judicial, não está sujeito à repetição de indébito, em razão de seu caráter alimentar. Precedentes. 2. Decisão judicial que reconhece a impossibilidade de descontos dos valores indevidamente recebidos pelo segurado não implica declaração de inconstitucionalidade do art. 115 da Lei nº 8.213/1991. [...]." (STF, ARE 734242 AgR, 1ª Turma, Rel. Min. Roberto Barroso, j. em 04/08/2015). Nesse mesmo sentido: STF, MS 32.185/DF, julgamento em 13.11.2018, Informativo 923, Primeira Turma; STF, ARE 734199 AgR, Relator Min. Rosa Weber, Primeira Turma, julgado em 09/09/2014.

516. STF, ARE 990318 AgR, Relator Min. Rosa Weber, Primeira Turma, julgado em 07/03/2017; STF, ARE 920715 AgR, Relator Min. Dias Toffoli, Segunda Turma, julgado em 15/03/2016; STF, RE 798.793, Rel. Min. Luiz Fux, 1ª Turma, j. em 10/02/2015.

517. "RECURSO EXTRAORDINÁRIO COM AGRAVO. PREVIDENCIÁRIO E PROCESSUAL CIVIL. VALORES RECEBIDOS EM VIRTUDE DE CONCESSÃO DE ANTECIPAÇÃO DE TUTELA POSTERIORMENTE REVOGADA. DEVOLUÇÃO. MATÉRIA DE ÍNDOLE INFRACONSTITUCIONAL. OFENSA INDIRETA À CONSTITUIÇÃO. REPERCUSSÃO GERAL.

Por conta desse entendimento contrário do STF, o próprio STJ decidiu acolher questão de ordem levada pelo Ministro Og Fernandes no REsp 1.734.685 (sessão de 11/11/2018), e submeter o precedente vinculante do STJ (REsp 1.401.560) a processo de revisão. Na questão de ordem, o Ministro destacou a importância da revisão do tema, tendo em vista "a variedade de situações que ensejam dúvidas quanto à persistência da orientação firmada pela tese repetitiva relacionada ao Tema 692/STJ, bem como a jurisprudência do STF, estabelecida em sentido contrário, mesmo que não tendo sido com repercussão geral ou em controle concentrado de constitucionalidade". O Ministro Og Fernandes ainda asseverou que a tese que obriga a devolução dos valores poderá ser "reafirmada, restringida no seu âmbito de alcance ou mesmo cancelada". Portanto, o tema ainda está em aberto no STJ.

De todo modo, segundo decidiu a Corte Especial do Superior Tribunal de Justiça, não está sujeito à repetição o valor do benefício previdenciário recebido por força de sentença que foi confirmada em segunda instância e, posteriormente, veio a ser reformada no julgamento do recurso especial, pois essa dupla conformidade da sentença e do acórdão do tribunal inferior cria no vencedor a legítima expectativa de que é titular do direito, caracterizando a sua boa-fé.[518]

A par disso, conforme jurisprudência do Superior Tribunal de Justiça[519], os valores que foram pagos pelo INSS aos segurados por força de decisão judicial transitada em julgado, a qual, posteriormente, vem a ser rescindida, não são passíveis de devolução, pelo fato de que o segurado recebeu tais quantias de boa-fé, pois o trânsito em julgado da sentença criou no segurado a legítima expectativa de que é titular de direito.

Como visto, a reforma, anulação ou cassação da tutela provisória enseja o retorno das partes ao estado anterior, daí o motivo pelo qual não se admite a invocação da teoria do fato consumado, a exemplo da hipótese de posse

INEXISTÊNCIA. I – O exame da questão constitucional não prescinde da prévia análise de normas infraconstitucionais, o que afasta a possibilidade de reconhecimento do requisito constitucional da repercussão geral. II – Repercussão geral inexistente." (STF, ARE 722421 RG, Relator Min. Ministro Presidente, julgado em 19/03/2015)

518. STJ, EREsp 1.086.154-RS, Rel. Min. Nancy Andrighi, Corte Especial, j. em 20.11.2013. Esse é o entendimento ainda atual: STJ, AgInt no REsp 1642664/RS, Rel. Ministro Francisco Falcão, Segunda Turma, julgado em 15/03/2018; STJ, REsp 1720338/MG, Rel. Ministro Herman Benjamin, Segunda Turma, julgado em 27/02/2018.

519. STJ, AgRg no AREsp 254.336/RS, Rel. Ministro Benedito Gonçalves, Primeira Turma, julgado em 10/04/2018; STJ, AR 3.926/RS, Rel. Min. Marco Aurélio Bellizze, Terceira Seção, j. em 11.09.2013.

em concurso público através de decisão judicial provisória posteriormente revogada, conforme precedente vinculante da Suprema Corte.[520]

2.9.8 Perempção e caducidade da medida liminar

A Lei Federal n. 12.016/2009 não fixa prazo de vigência para a medida liminar, porquanto os efeitos da medida liminar, salvo se reformada, anulada ou cassada, persistirão até a prolação da sentença (art. 7º, § 3º, da Lei Federal n. 12.016/2009).

Contudo, será decretada a perempção ou caducidade da medida liminar *ex officio* ou a requerimento do Ministério Público quando, concedida a medida, o impetrante criar obstáculo ao normal andamento do processo ou deixar de promover, por mais de 03 (três) dias úteis, os atos e as diligências que lhe competem (art. 8º da Lei Federal n. 12.016/2009). De todo modo, mister se faz a presença de conduta dolosa ("criar obstáculo") ou omissiva ("deixar de promover") por parte do impetrante, e desde que o ato lhe competisse, pois o legislador pretendeu punir a conduta de má-fé do impetrante que logra êxito na obtenção da liminar, e depois, propositadamente, busca retardar o desfecho do processo, para que não seja proferida sentença de mérito, persistindo a medida liminar por tempo irrazoável.

Na verdade, conquanto louvável a intenção do legislador de coibir comportamentos de má-fé por parte do impetrante, entendemos que a punição (perempção ou caducidade) não guarda correlação sistemática com tais comportamentos de má-fé, pois para tais condutas o sistema processual já prevê a pena por litigância de má-fé para aquele que criar obstáculo ao normal andamento do processo[521]. Dessa forma, se no plano do direito material o impetrante possui razão na lide, mesmo ele criando obstáculo ao regular

520. "CONSTITUCIONAL. ADMINISTRATIVO. CONCURSO PÚBLICO. CANDIDATO REPROVADO QUE ASSUMIU O CARGO POR FORÇA DE LIMINAR. SUPERVENIENTE REVOGAÇÃO DA MEDIDA. RETORNO AO STATUS QUO ANTE. 'TEORIA DO FATO CONSUMADO', DA PROTEÇÃO DA CONFIANÇA LEGÍTIMA E DA SEGURANÇA JURÍDICA. INAPLICABILIDADE. RECURSO PROVIDO. 1. Não é compatível com o regime constitucional de acesso aos cargos públicos a manutenção no cargo, sob fundamento de fato consumado, de candidato não aprovado que nele tomou posse em decorrência de execução provisória de medida liminar ou outro provimento judicial de natureza precária, supervenientemente revogado ou modificado. 2. Igualmente incabível, em casos tais, invocar o princípio da segurança jurídica ou o da proteção da confiança legítima. É que, por imposição do sistema normativo, a execução provisória das decisões judiciais, fundadas que são em títulos de natureza precária e revogável, se dá, invariavelmente, sob a inteira responsabilidade de quem a requer, sendo certo que a sua revogação acarreta efeito *ex tunc*, circunstâncias que evidenciam sua inaptidão para conferir segurança ou estabilidade à situação jurídica a que se refere. 3. Recurso extraordinário provido." (STF, RE 608482, Relator Min. Teori Zavascki, Tribunal Pleno, DJe 30.10.2014).

521. Art. 80. Considera-se litigante de má-fé aquele que: [...]. IV - opuser resistência injustificada ao andamento do processo; V - proceder de modo temerário em qualquer incidente ou ato do processo; [...].

andamento do processo, não há justificativa razoável para a revogação da liminar, devendo-se impor a pena por litigância de má-fé, tal como sói acontecer no procedimento comum, imprimindo o Poder Judiciário celeridade para julgar o mérito do pedido.

No que tange ao comportamento do impetrante de deixar de promover, por mais de 03 (três) dias úteis, os atos e as diligências que lhe competem, o sistema processual prevê a extinção do processo sem resolução do mérito, na forma do art. 485, III, do CPC[522], o que, por via reflexa, resultará na revogação automática da liminar, desde que previamente intimado pessoalmente o impetrante e ouvido o seu causídico (contraditório preventivo e dever de prevenção e consulta). A diferença residiria no exíguo prazo de 03 (três) dias previsto na Lei Federal n. 12.016/2009 (lei especial), se comparado ao prazo de 05 (cinco) dias previsto no CPC.

Nessa medida, na esteira do pensamento de Cassio Scarpinella Bueno[523], entendemos que o art. 8º da Lei Federal n. 12.016/2009 é inconstitucional, por violar o direito do autor à inafastabilidade da jurisdição (art. 5º, XXXV, CF) e restringir indevidamente a vigência de liminar do mandado de segurança, o que limita, por via de consequência, essa garantia fundamental (art. 5º, LXIX, CF).

2.9.9 Suspensão de Liminar ou Segurança

2.9.9.1 Previsão legal

O pedido de suspensão de liminar ou segurança é destinado às pessoas jurídicas de direito público e ao Ministério Público, diante de grave lesão à ordem, à saúde, à segurança e à economia públicas. O pedido de suspensão é dirigido ao Presidente do respectivo tribunal, postulando a suspensão da execução da liminar ou da segurança concedida.

Especificamente em relação ao mandado de segurança, a Lei Federal n. 12.016/2009 regulamenta o tema:

Art. 81. De ofício ou a requerimento, o juiz condenará o litigante de má-fé a pagar multa, que deverá ser superior a um por cento e inferior a dez por cento do valor corrigido da causa, a indenizar a parte contrária pelos prejuízos que esta sofreu e a arcar com os honorários advocatícios e com todas as despesas que efetuou.

522. Art. 485. O juiz não resolverá o mérito quando: [...]. III - por não promover os atos e as diligências que lhe incumbir, o autor abandonar a causa por mais de 30 (trinta) dias; [...]. § 1º Nas hipóteses descritas nos incisos II e III, a parte será intimada pessoalmente para suprir a falta no prazo de 5 (cinco) dias.

523. BUENO, Cassio Scarpinella. *A nova lei do mandado de segurança*. 2. ed. São Paulo: Saraiva, 2010, p. 85.

Art. 15. Quando, a requerimento de pessoa jurídica de direito público interessada ou do Ministério Público e para evitar grave lesão à ordem, à saúde, à segurança e à economia públicas, o presidente do tribunal ao qual couber o conhecimento do respectivo recurso suspender, em decisão fundamentada, a execução da liminar e da sentença, dessa decisão caberá agravo, sem efeito suspensivo, no prazo de 5 (cinco) dias, que será levado a julgamento na sessão seguinte à sua interposição.

§ 1º Indeferido o pedido de suspensão ou provido o agravo a que se refere o caput deste artigo, caberá novo pedido de suspensão ao presidente do tribunal competente para conhecer de eventual recurso especial ou extraordinário.

§ 2º É cabível também o pedido de suspensão a que se refere o § 1º deste artigo, quando negado provimento a agravo de instrumento interposto contra a liminar a que se refere este artigo.

§ 3º A interposição de agravo de instrumento contra liminar concedida nas ações movidas contra o poder público e seus agentes não prejudica nem condiciona o julgamento do pedido de suspensão a que se refere este artigo.

§ 4º O presidente do tribunal poderá conferir ao pedido efeito suspensivo liminar se constatar, em juízo prévio, a plausibilidade do direito invocado e a urgência na concessão da medida.

§ 5º As liminares cujo objeto seja idêntico poderão ser suspensas em uma única decisão, podendo o presidente do tribunal estender os efeitos da suspensão a liminares supervenientes, mediante simples aditamento do pedido original.

Não obstante tenha sido adotado, por tradição, o termo "suspensão de segurança", porquanto o pedido de suspensão fora criado, originariamente, apenas para o mandado de segurança[524], na verdade, hodiernamente, o pedido de suspensão cabe em todas as espécies de ações em que se defere tutela provisória, ou que seja proferida sentença que produza efeitos imediatos (recurso não dotado de efeito suspensivo) em desfavor da Fazenda Pública.[525]

524. Lei Federal n. 191/1936.

525. Art. 4° da Lei Federal n. 8.437/1992: "Compete ao presidente do tribunal, ao qual couber o conhecimento do respectivo recurso, suspender, em despacho fundamentado, a execução da liminar nas ações movidas contra o Poder Público ou seus agentes, a requerimento do Ministério Público ou da pessoa jurídica de direito público interessada, em caso de manifesto interesse público ou de flagrante ilegitimidade, e para evitar grave lesão à ordem, à saúde, à segurança e à economia públicas. § 1° Aplica-se o disposto neste artigo à sentença proferida em processo de ação cautelar inominada, no processo de ação popular e na ação civil pública, enquanto não transitada em julgado."; Art. 1° da Lei Federal n. 9.494/1997: "Aplica-se à tutela antecipada

Conforme se infere da regra legal acima transcrita, o pedido de suspensão demanda requerimento, razão pela qual resta vedado a concessão *ex officio* pelo Presidente do tribunal.

Prevê o art. 15, § 4º, da Lei Federal n. 12.016/2009, que o "presidente do tribunal poderá conferir ao pedido efeito suspensivo liminar se constatar, em juízo prévio, a plausibilidade do direito invocado e a urgência na concessão da medida."

Contudo, essa faculdade conferida ao Presidente do tribunal deve ser conciliada com a regra constitucional do contraditório (art. 5º, LV, CF), de modo que, antes da apreciação do pedido de suspensão pelo Presidente, deva ser ouvido previamente a parte impetrante do *mandamus*. A apreciação pelo Presidente do Tribunal, *inaudita altera pars*, apenas deva ocorrer excepcionalmente, se configurado o risco de perecimento imediato do direito, a ponto de não se afigurar possível aguardar o tempo necessário para a oitiva da parte contrária.[526]

A constitucionalidade do instituto em tela é sustentada com fundamento no princípio da supremacia do interesse público em face do interesse privado.

Contudo, parcela da doutrina sustenta a inconstitucionalidade desse instituto processual[527], sobretudo em se tratando de pedido de suspensão em face de decisão proferida em sede de mandado de segurança, por violar o princípio constitucional da isonomia ("paridade de armas" - art. 5º, *caput*, CF), já que o impetrante não dispõe de um semelhante instrumento processual para interferir nos efeitos das decisões proferidas em mandado de segurança, criado justamente para proteger o cidadão em face do Poder Público, e não o contrário, bem como por violar a competência taxativa[528] do Supremo Tribunal

prevista nos arts. 273 e 461 do Código de Processo Civil o disposto nos arts. 5º e seu parágrafo único e 7º da Lei nº 4.348, de 26 de junho de 1964, no art. 1º e seu § 4º da Lei nº 5.021, de 9 de junho de 1966, e nos arts. 1º, 3º e 4º da Lei nº 8.437, de 30 de junho de 1992."; Art. 1.059 do CPC: "À tutela provisória requerida contra a Fazenda Pública aplica-se o disposto nos arts. 1º a 4º da Lei no 8.437, de 30 de junho de 1992, e no art. 7º, § 2º, da Lei no 12.016, de 7 de agosto de 2009."

526. BUENO, Cassio Scarpinella. *A nova lei do mandado de segurança*. 2. ed. São Paulo: Saraiva, 2010, p. 136.

527. BUENO, Cassio Scarpinella. *A nova lei do mandado de segurança*. 2. ed. São Paulo: Saraiva, 2010, p. 127-128; MENDES, Aluisio Gonçalves de Castro; FONTES, André R. C.; LIMA, Arnaldo Esteves; ARAÚJO, Eugênio Rosa de; NASCIMENTO FILHO, Firly; NEIVA, José Antonio Lisbôa; LOPES, Mauro Luís Rocha; AZULAY NETO, Messod ; DYRLUND, Poul Erik. *Mandado de segurança individual e coletivo:* Lei 12.016/2009 comentada. 2. ed. São Paulo: Revista dos Tribunais, 2014, p. 121-122.

528. "[...]. Como se sabe, a CF de 1988 – observando uma tradição que se inaugurou com a Carta Política de 1934 – não incluiu o julgamento da ação popular na esfera das atribuições jurisdicionais originárias da Suprema Corte. Na realidade, a previsão de ação popular não se subsume a qualquer das situações taxativamente enunciadas no rol inscrito no art. 102, I, da Carta Política, que define, em numerus clausus, as hipóteses de competência originária do STF [...]." (STF, HC 100.231 MC, Rel. Min. Celso de Mello, dec. monocrática, j. 7-8-2009)

Federal (art. 102, CF) e do Superior Tribunal de Justiça (art. 105, CF) prevista na Carta Magna, que não prevê o julgamento de pedido de suspensão, além de transgredir o princípio da efetividade (que decorre do acesso à justiça – art. 5º, XXXV, CF), pois limita a eficácia de uma decisão proferida por meio de um remédio heróico (*writ*), criado exatamente para imprimir efetividade às ordem judiciais em face do Poder Público, violando, assim, também, o art. 5º, LXIX, da CF.

A propósito, observa Cássio Scarpinella Bueno[529], não se justifica mais a existência no ordenamento jurídico do pedido de suspensão, pois desaparecido o móvel que lhe dera causa:

> Não é errado entender esse instituto como uma espécie de 'pedido de efeito suspensivo avulso', que se justificou à época de sua criação, por causa da inadmissão, pela jurisprudência e pela doutrina, do cabimento de agravo de instrumento contra a decisão concessiva de liminar. Até porque, mesmo que aceita a recorribilidade dessa decisão, aquele recurso era inapto para evitar eventuais danos ou transtornos para o réu do mandado de segurança. Justamente porque o agravo de instrumento não suspendia generalizadamente os efeitos da decisão recorrida, ao contrário do que hoje é expressamente admitido pelo art. 538, caput, do Código de Processo Civil, desde a Lei n. 9.139/1995. Também o recurso de agravo de petição, cabível das sentenças proferidas em sede de mandado de segurança, era, de acordo com a maior parte da doutrina da época, despido de efeito suspensivo. Justifica-se, assim, que o legislador criasse mecanismo como o instituto em exame, para inviabilizar que os efeitos da decisão que acabara de reconhecer o direito do impetrante fossem experimentados desde logo.

O certo é que, independentemente de ser constitucional ou não, o juízo sobre a suspensão da segurança não pode ser meramente político, ao contrário, os termos ordem pública, segurança pública, saúde pública e economia pública, são conceitos jurídicos indeterminados, jurídicos, portanto.

2.9.9.2 Natureza jurídica

O pedido de suspensão não tem natureza recursal, por não estar previsto em lei como recurso (princípio da taxatividade), a par de não implicar

529. BUENO, Cassio Scarpinella. *A nova lei do mandado de segurança*. 2. ed. São Paulo: Saraiva, 2010, p. 129.

a reforma ou a anulação da decisão judicial, mas apenas suspensão de sua executoriedade (plano da eficácia); logo, o pedido de suspensão não ostenta o efeito substitutivo inerente aos recursos (art. 1.008, CPC).

Com efeito, ao apreciar o pedido de suspensão, o Presidente do respectivo tribunal apenas examina se houve grave lesão à ordem, à saúde, à segurança e à economia públicas, não adentrando o mérito da causa principal.[530]

A doutrina é divergente quanto à natureza jurídica do pedido de suspensão. Uma corrente defende a natureza de sucedâneo recursal[531], e outra a de incidente processual[532], por fim, outros sustentam a natureza de ação cautelar específica do pedido de segurança[533], pois este visa apenas suspender a eficácia da decisão judicial, mantendo-se intocável a sua existência e a sua validade, sendo certo que é necessário comprovar, no caso concreto, os pressupostos *fumus boni juris* e *periculum in* mora, inerentes a toda medida cautelar.

De todo modo, todas essas correntes, as quais comungamos, sustentam a natureza jurisdicional (e não administrativa) do pedido de suspensão.

Contudo, o Superior Tribunal de Justiça entende que a cognição exercida na análise do pedido suspensão ostenta natureza política, e não jurisdicional, daí a razão pela qual inadmite o recurso especial.[534] Discordamos desse entendimento, pois não se pode conceber que uma decisão administrativa ou política atingisse uma decisão judicial[535], sem contar que, se apresentasse mesmo feição administrativa ou política, o Presidente do Tribunal poderia agir de ofício, o que é vedado por lei.

---

530. "A natureza do ato presidencial não se reveste de caráter revisional, nem se substitui ao reexame jurisdicional na via recursal própria. [...]. Em suma, o que ao Presidente é dado aquilatar não é a correção ou equívoco da medida cuja suspensão se requer, mas a sua potencialidade de lesão a outros interesses superiormente protegidos." (NORTHFLEET, Ellen Gracie. Suspensão de sentença e de liminar. *Revista de Processo,* 97:183-193, São Paulo: Revista dos Tribunais, p. 183). Nesse mesmo sentido: STF, SS 2255 AgR, Relator Min. Maurício Corrêa, Tribunal Pleno, julgado em 24/03/2004.

531. ASSIS, Araken. *Introdução aos sucedâneos recursais.* Aspectos polêmicos e atuais dos recursos e de outros meios de impugnação às decisões judiciais – 6ª série. São Paulo: Revista dos Tribunais, 2002, p. 17.

532. RODRIGUES, Marcelo Abelha. *Suspensão de segurança*: sustação da eficácia de decisão judicial proferida contra o Poder Público. São Paulo: Revista dos Tribunais, 2000, p. 92-98.

533. VENTURI, Elton. *Suspensão de liminares e sentenças contrárias ao Poder Público.* São Paulo: Revista dos Tribunais, 2005, p. 46-72; CUNHA, Leonardo Carneiro da. *A Fazenda Pública em Juízo.* 13. ed. Rio de Janeiro: Forense, 2016, p. 606.

534. STJ, AgInt no AREsp 1122635/MS, Rel. Ministra Assusete Magalhães, Segunda Turma, j. em 03/10/2017; STJ, AgRg no AREsp 784.604/MG, Rel. Ministro Gurgel de Faria, Primeira Turma, j. em 03.05.2016.

535. RODRIGUES, Marcelo Abelha. *Suspensão de segurança*: sustação da eficácia de decisão judicial proferida contra o Poder Público. São Paulo: Revista dos Tribunais, 2000, p. 96. Nessa linha de raciocínio, tem decidido o STF sobre a incompetência do CNJ para revisão de atos jurisdicionais: MS 35421 AgR, Relator Min. Gilmar Mendes, Segunda Turma, julgado em 25/05/2018; MS 28939 AgR, Relator Min. Dias Toffoli, Tribunal Pleno, julgado em 06/03/2013.

Nesse rumo de ideia, no julgamento do RE 798.740-AgR[536], a Primeira Turma da Excelsa Corte dera provimento, por maioria de votos, ao agravo regimental, para permitir a análise do mérito do recurso extraordinário interposto contra acórdão do Superior Tribunal de Justiça, o qual reputara incabível o recurso especial contra decisões proferidas no âmbito de pedido de suspensão de segurança, por ostentar natureza política. A maioria dos Ministros entendeu que a decisão proferida em sede de pedido de suspensão de segurança não é estritamente política, possuindo, também, feição jurisdicional, e admitindo, em tese, Recurso Especial contra essa decisão.[537]

Na verdade, o óbice para a interposição de recursos especial e extraordinário está no fato de que não é cabível reexame de matéria fática em sede desses recursos excepcionais (Súmula 279 do STF e Súmula 7 do STJ), e não em virtude da natureza administrativa ou política do pedido de suspensão, de forma que, se não estiver em discussão o reexame de matéria fática, abrir-se-á as portas para os apelos extremos.[538]

Como dito acima, no pedido de suspensão de liminar ou segurança, o Presidente do respectivo tribunal apenas examina se houve grave lesão à ordem, à saúde, à segurança e à economia públicas, ou seja, examina o *periculum in mora*, não adentrando o mérito da causa principal. Entrementes, conforme entendimento do Supremo Tribunal Federal[539] e do Superior Tribunal de Justiça[540], mister se faz a presença de um mínimo de plausibilidade da tese

---

536. "RECUPERAÇÃO JUDICIAL – NATUREZA – RECURSO – INADMISSIBILIDADE DECLARADA NA ORIGEM. Questionamento sobre a natureza estritamente política de atos praticados surge relevante, abrindo a via de acesso ao Supremo." (RE 798740 AgR, Relator p/ Acórdão Min. Marco Aurélio, Primeira Turma, j. em 01/09/2015)

537. Consta do referido excerto o seguinte debate: "O SENHOR MINISTRO MARCO AURÉLIO (PRESIDENTE) – Também vou prover, Ministra, o de número vinte e sete da lista, que é o Agravo Regimental no Recurso Extraordinário nº 798.740. Qual é a situação concreta? É a ligada à jurisdição: providência cautelar teria sido alvo de suspensão. Contra esse pronunciamento – e se está no âmbito do processo de recuperação judicial de empresa em que não há sentença de mérito definitiva – foi interposto recurso para o Superior Tribunal de Justiça. E se proclamou que a decisão, o pronunciamento judicial alusivo à tutela – e houve suspensão da medida – seria estritamente político. A meu ver, não o é. É uma providência jurisdicional que, de início, desafia recurso. O SENHOR MINISTRO LUIZ FUX - Houve uma alteração desses dispositivos da Lei nº 8.437/92: se a decisão atentar contra a saúde pública, as finanças, ou for flagrantemente ilegal, então, essa expressão conferiu juridicidade também a essa decisão. Ela não é só política."

538. Nesse diapasão: SCARTEZZINI, Jorge Tadeo Goffi Flaquer. *Suspensão de segurança*. São Paulo: Revista dos Tribunais, 2010, p. 157; CARVALHO, Cesar Arthur Cavalcanti. *O instituto da suspensão da decisão judicial contrária ao Poder Público*: um instrumento de proteção do interesse público. Recife: Fundação Antônio dos Santos Abranches, 2008, p. 183-186.

539. STF, AgRg na STA 73, Rel. Min. Ellen Gracie, Tribunal Pleno, julgado em 17/3/2008; STF, SS 1.272-AgR, Rel. Min. Carlos Velloso, Tribunal Pleno, DJ 18.5.2001; STF, SS n. 1.272, Rel. Min. Carlos Velloso, Tribunal Pleno, j. em 10.02.1999.

540. STJ, AgInt na SS 2.923/AP, Rel. Ministra Laurita Vaz, Corte Especial, julgado em 04/04/2018.

de mérito da Fazenda Pública, ou seja, análise do *fumus boni juris*, ainda que em intensidade menor se comparada à tutela provisória.

2.9.9.3 Legitimidade

O pedido de suspensão pode ser intentado por pessoa jurídica de direito público (União, Estados, Municípios, Distrito Federal, e respectivas autarquias e fundações públicas). Para ajuizar o pedido de suspensão, pouco importa se a pessoa jurídica tenha sido parte no processo.[541]

À míngua da literalidade da regra legal prevista na lei do mandado de segurança (Lei Federal n. 12.016/2009), a doutrina e a jurisprudência têm interpretado extensivamente o rol de legitimados.

O Supremo Tribunal Federal e o Superior Tribunal de Justiça já decidiram que as empresas públicas[542] e as concessionárias de serviço público[543], apesar de não se enquadrarem no conceito de Fazenda Pública, podem intentar pedido de suspensão, desde que presente o interesse público para suspender a decisão atacada. Cássio Scarpinella Bueno escreve que todo aquele que é alvo de mandado de segurança, em virtude da função da pública que exerce, afigura-se legítimo para apresentar pedido de suspensão.[544] Elton Venturi assevera que o pedido de suspensão espelha pretensão à tutela de direitos coletivos, que traspassam à pessoa jurídica interessada, porquanto relacionada à ordem, à saúde, à segurança e à economia públicas. Assim sendo, por força do princípio da máxima amplitude do processo coletivo, sustenta que se afigura possível o ajuizamento do pedido de suspensão por todos os legitimados para a propositura de ação civil pública.[545]

2.9.9.4 Competência

Inicialmente, vejamos quanto às decisões proferidas pelos juízes de primeira instância.

---

541. RODRIGUES, Marcelo Abelha. *Suspensão de segurança*: sustação da eficácia de decisão judicial proferida contra o Poder Público. São Paulo: Revista dos Tribunais, 2000, p. 120.

542. STJ, AgRg na SLS 1.647/SE, Rel. Ministro Felix Fischer, Corte Especial, julgado em 17/10/2012; STJ, AgRg na SLS n. 1.320, Corte Especial, Rel. Min. Ari Pargendler, j. 16.03.2011.

543. STF, SL 251-SP, Rel. Min. Gilmar Mendes, DJ. 04.08.2008; STJ, AgInt na SS 2.878/SP, Rel. Ministra Laurita Vaz, Corte Especial, julgado em 29/11/2017.

544. BUENO, Cassio Scarpinella. *A nova lei do mandado de segurança*. 2. ed. São Paulo: Saraiva, 2010, p. 129.

545. VENTURI, Elton. *Suspensão de liminares e sentenças contrárias ao Poder Público*. São Paulo: Revista dos Tribunais, 2005, p. 83-86.

Concedida liminar ou sentença (com eficácia imediata) por juiz de primeira instância, em desfavor da Fazenda Pública, independente da espécie de ação, o pedido de suspensão de liminar ou de segurança deve ser apresentado ao Presidente do Tribunal ao qual o juiz esteja vinculado, que seria competente para análise de eventual recurso de agravo de instrumento ou apelação.

Na hipótese em que o juiz estadual esteja exercendo competência delegada federal (art. 109, § 3º, CF), o pedido de suspensão deverá ser intentando perante o Tribunal Regional Federal respectivo, tal como acontece com os recursos de agravo de instrumento e de apelação.

Na hipótese em que o juiz estadual profira liminar ou sentença que atinja interesse da União, pensamos que o pedido de suspensão deva ser proposto perante o Tribunal Regional Federal respectivo, e não perante o Tribunal de Justiça. Isto porque, a competência para examinar o pedido de suspensão é do Presidente do tribunal competente para apreciar o recurso a ser interposto. No caso, se a União interpusesse recurso, seja pelo fundamento de terceiro juridicamente prejudicado (art. 996, CPC), seja com supedâneo na intervenção anômala (Lei Federal n. 9.469/1997)[546], em ambas hipóteses seria atraída a competência da Justiça Federal, pois haveria parte federal no processo.[547]

Analisemos, agora, as decisões proferidas pelos Desembargadores em segunda instância.

Na hipótese em que o provimento, provisório ou definitivo (com efeitos imediatos), seja proferido em segunda instância em desfavor da Fazenda Pública, o pedido de suspensão deverá ser intentado junto ao Presidente do Supremo Tribunal Federal ou ao Presidente do Superior Tribunal de Justiça, quando a causa tiver por fundamento, respectivamente, matéria constitucional

546. Art. 5º. Parágrafo único. As pessoas jurídicas de direito público poderão, nas causas cuja decisão possa ter reflexos, ainda que indiretos, de natureza econômica, intervir, independentemente da demonstração de interesse jurídico, para esclarecer questões de fato e de direito, podendo juntar documentos e memoriais reputados úteis ao exame da matéria e, se for o caso, recorrer, hipótese em que, para fins de deslocamento de competência, serão consideradas partes.

547. "[...]. 5. Impende relevar que, embora o ente público interveniente tenha sua atuação limitada (o dispositivo legal apenas lhe permite esclarecer questões de fato e de direito, além de juntar documentos ou memoriais úteis ao esclarecimento da matéria sub judice), a parte final do parágrafo único do art. 5º da Lei n. 9.469/97 permite-lhe a interposição de recurso cabível na espécie, momento no qual passará a revestir a condição de parte, exercendo os ônus, poderes, faculdades e deveres que são atribuídos a qualquer parte no processo. E, passando a ostentar a condição de parte no processo por ter recorrido da decisão que lhe for desfavorável, há, por conseguinte, o deslocamento da competência da Justiça Comum para a Justiça Federal. 6. Apreciando controvérsias advindas da intervenção anômala de que trata o art. 5º, parágrafo único, da Lei 9.469/1997, a jurisprudência desta Corte tem se firmado no sentido de que, quando não se configurar o interesse jurídico da ente federal para integrar a lide, a Justiça Federal não terá competência para apreciar e julgar o feito. Somente se a pessoa de direito público recorrer, haverá o deslocamento. [...]." (STJ, EDcl no AgRg no CC 89.783/RS, Rel. Ministro Mauro Campbell Marques, Primeira Seção, j. em 09.06.2010)

ou infraconstitucional. Portanto, é necessário examinar a causa de pedir da demanda, ou qual a matéria prequestionada na decisão objeto de impugnação. Se houver fundamentos constitucional e infraconstitucional insertos na decisão hostilizada, a competência é exclusiva do Supremo Tribunal Federal, que absorve a competência do Superior Tribunal de Justiça.[548]

O pedido de suspensão perante o STF ou STJ pode decorrer das seguintes decisões do tribunal de segunda instância: (i) de decisão judicial, em causa originária do tribunal, em desfavor da Fazenda Pública; (ii) quando indeferido, pelo Presidente do tribunal, o pedido de suspensão de decisão judicial de primeira instância; (iii) quando provido, pelo tribunal, o agravo contra a decisão do Presidente que defere o pedido de suspensão; (iv) quando negado provimento a agravo de instrumento ou apelação, interposto contra decisão judicial de primeira instância em desfavor da Fazenda Pública, e que produza efeitos imediatos; (iv) quando concedido provimento a agravo de instrumento ou apelação, interposto contra decisão judicial ou sentença de primeira instância favorável à Fazenda Pública.

Proferida decisão por qualquer membro de tribunal de segunda instância, e desde que conhecido o recurso[549], a competência para análise de pedido de suspensão cabe ao Presidente do Supremo Tribunal Federal ou do Superior Tribunal de Justiça, e não mais ao Presidente do respectivo tribunal de segunda instância, pois este não cabe suspender decisão de membro de seu próprio tribunal.[550] De outro lado, se ainda não conhecido o recurso, afigura-se possível que se intente o pedido de suspensão para o mesmo tribunal.

2.9.9.5 Simultaneidade de pedido de suspensão e de agravo de instrumento

Conforme já visto, deferida liminar em mandado de segurança pelo juízo de primeira instância, abre-se à Fazenda Pública três caminhos alternativos e concorrentes para atacar a decisão judicial: (i) interposição de agravo de instrumento (art. 1.015, I, CPC); (ii) ajuizamento de pedido de suspensão perante

---

548. STJ, AgInt na Rcl 32.432/MA, Rel. Ministra Laurita Vaz, Corte Especial, julgado em 15/03/2017; STJ, AgRg na SLS n. 1.372, Corte Especial, Rel. Min. Ari Pargendler, j. em 15.06.2011.

549. Como é cediço, após o conhecimento do recurso (juízo de admissibilidade), se desprovido ou provido o recurso para a reforma (e não anulação) da decisão atacada, a decisão ou sentença de primeira instância é substituída pelo acórdão do tribunal (art. 1.008, CPC). Logo, é contra o acórdão, e não contra o provimento jurisdicional de primeira instância, que deve ser intentado novo pedido de suspensão.

550. STJ, Rcl 12.363/RJ, Rel. Ministra Laurita Vaz, Corte Especial, julgado em 16/11/2016; STJ, AgRg na Rcl n. 12.363, Corte Especial, Rel. Min. Felix Fischer, j. em 19.06.2013; STJ, EDcl no AgRg na Sl n. 26, Corte Especial, Rel. Min. Nilson Naves, j. 06.12.2006.

o Presidente do respectivo Tribunal (art. 15 da Lei Federal n. 12.016/2009); (iii) ajuizamento de reclamação constitucional perante o STF, para garantir a observância de enunciado de súmula vinculante e de decisão do STF em controle concentrado de constitucionalidade (art. 102, I, "l", CF).[551]

A interposição simultânea de agravo de instrumento e pedido de suspensão não viola o princípio da singularidade recursal, uma vez que, conforme já explanado, o instituto de suspensão de segurança não apresenta natureza jurídica de recurso, pois (i) não está previsto expressamente em lei como tal (princípio da taxatividade), (ii) não visa a reforma ou a anulação da decisão (validade), mas apenas a suspensão de sua eficácia, e (iii) não se sujeita a qualquer prazo para ajuizamento.

Nesse diapasão, prevê o art. 15, § 3º, da Lei Federal n. 12.016/2009: "A interposição de agravo de instrumento contra liminar concedida nas ações movidas contra o poder público e seus agentes não prejudica nem condiciona o julgamento do pedido de suspensão a que se refere este artigo."

Em outras palavras: inexiste vinculação ou condicionamento do pedido de suspensão com o agravo de instrumento.

Sendo assim, deferido pedido de suspensão pelo Presidente do Tribunal, o agravo de instrumento não ficará prejudicado, mas apenas o pedido de efeito suspensivo neste formulado.[552]

2.9.9.6 Aspecto temporal da suspensão

Inexiste prazo legal para o ajuizamento do pedido de suspensão, o qual pode ser intentando a qualquer tempo[553], enquanto durar o risco de grave lesão àqueles interesses relevantes[554], desde que o ajuizamento ocorra até o trânsito em julgado[555].

551. Considerando que o STF entendeu que algumas restrições legais à concessão de tutelas provisórias em desfavor da Fazenda Pública são constitucionais, deferir tutelas provisórias nessas hipóteses configura desrespeito à autoridade da decisão do STF proferida na ADC n. 4, abrindo-se a via da reclamação constitucional; contudo, não se deve olvidar a interpretação restritiva que o STF tem dado à extensão da ADC n. 4, consoante comentado em linhas pretéritas.

552. CUNHA, Leonardo Carneiro da. *A Fazenda Pública em Juízo*. 13. ed. Rio de Janeiro: Forense, 2016, p. 618

553. BARCELOS, Pedro dos Santos. Medidas liminares em mandado de segurança. Suspensão de execução de medida liminar. Suspensão de execução de sentença. Medidas cautelares. *Revista dos Tribunais*, v. 663, 1981, p. 43.

554. Conforme assinala Ellen Gracie, "é mesmo possível que a potencialidade de risco surja em momento posterior ao da prolação da liminar ou sentença atacadas." (NORTHFLEET, Ellen Gracie. Suspensão de sentença e de liminar. *Revista de Processo*, 97:183-193, São Paulo: Revista dos Tribunais, p. 188)

555. "[...]. IV - Assim sendo, ocorrido o trânsito em julgado do mérito da controvérsia e restando apenas a fase executiva do julgado, mostra-se incabível o pedido suspensivo cuja pretensão recai sobre eventual erro de

Acolhido o pedido de suspensão, a sustação da eficácia da tutela provisória "vigorará até o trânsito em julgado da decisão de mérito na ação principal."[556]

Significa que a legislação conferiu ultratividade à decisão do Presidente do tribunal, posto que, deferido o pedido de suspensão, este vigorará até o trânsito em julgado da sentença da ação principal[557], não sendo atingido pela superveniência de decisão ou sentença que confirme a tutela provisória objeto de suspensão.

A supracitada regra legal (art. 4º, § 9º, da Lei Federal n. 8.437/1992) pode ser questionada em face da especialidade do mandado de segurança, porquanto a Lei Federal n. 12.016/2009 nada dispõe a respeito dessa matéria (ultraatividade da decisão do Presidente), embora tenha regulado outros pontos ligados ao instituto de suspensão de segurança em seu art. 15. Logo, lei especial posterior deva prevalecer sobre lei geral anterior, conclusão esta que se compatibiliza com a natureza de garantia fundamental desse instituto (mandado de segurança), devendo-se prestigiar a interpretação que dê mais efetividade aos comandos judiciais proferidos em sede de mandado de segurança, o qual fora criado justamente para proteger o cidadão em face do Poder Público, e não o contrário.

Assim, ainda que se considere constitucional o instituto da suspensão de segurança, que ao menos se lhe dê interpretação restritiva de seus termos, em face da garantia fundamental do mandado de segurança, que enseja a interpretação que configura a máxima amplitude ao *writ*.[558]

Em sentido contrário, regulando especificamente o mandado de segurança, prescreve o Enunciado n. 626 da Súmula do STF, publicada em 13/10/2003 (ainda não vigente a Lei Federal n. 12.016/2009): "A suspensão

---

cálculo na execução, porquanto o presente incidente não pode ser utilizado como sucedâneo recursal. Agravo regimental desprovido." (STJ, AgRg na SLS 1.881/PI, Rel. Ministro Felix Fischer, Corte Especial, julgado em 21/05/2014)

556. Art. 4º, § 9º, da Lei Federal n. 8.437/1992. "A suspensão deferida pelo Presidente do Tribunal vigorará até o trânsito em julgado da decisão de mérito na ação principal."

557. "[...]. Conquanto o § 9º do art. 4º da Lei nº 8.437/92 disponha expressamente que 'a suspensão deferida pelo Presidente do Tribunal vigorará até o trânsito em julgado da decisão de mérito na ação principal', nada obsta a que o Presidente delimite tempo inferior àquele estabelecido na legislação. Tal dispositivo, portanto, só é de ser aplicado no silêncio da decisão quanto à duração de seus efeitos. Agravo não provido." (STJ, AgRg na SLS 162/PE, Rel. Ministro Barros Monteiro, Corte Especial, julgado em 04/10/2006, DJ 11/12/2006)

558. Consoante escreve Humberto Theodoro Jr: "De qualquer maneira, deve-se ter presente que dita suspensão representa restrição a uma garantia fundamental, razão pela qual só pode ser interpretada e aplicada com extrema parcimônia, a título de excepcionalidade e segundo interpretação restritiva e jamais ampliativa. O que se interpreta ampliativamente são os direitos e garantias fundamentais e nunca as normas que as limitam." (*Lei do mandado de segurança comentada*. Rio de Janeiro: Forense, 2014, p. 303)

da liminar em mandado de segurança, salvo determinação em contrário da decisão que a deferir, vigorará até o trânsito em julgado da decisão definitiva de concessão da segurança ou, havendo recurso, até a sua manutenção pelo Supremo Tribunal Federal, desde que o objeto da liminar deferida coincida, total ou parcialmente, com o da impetração."

Como se depreende do referido Enunciado, para a suspensão perdurar até o trânsito em julgado, é necessário que o fundamento da sentença coincida com o da liminar; caso contrário, se a sentença vem a ser proferida sob novas condições fáticas ou jurídicas, restará afastada a ultratividade da suspensão.

Comungamos do entendimento de Leonardo Carneiro da Cunha[559], no sentido de que o Enunciado n. 626 da Súmula do STF somente tem aplicação quando a suspensão de liminar ou segurança for, originariamente, deferida por Tribunal Superior, não se aplicando na hipótese de a suspensão ter sido concedida por tribunal de segunda instância, pois os precedentes que ensejaram o aludido enunciado decorreram de suspensões deferidas, originariamente, pelo Ministro Presidente da Suprema Corte.

Nessa medida, determinada a suspensão de liminar pelo Presidente de tribunal de segunda instância, ela vigora mesmo com a superveniência da sentença. Entretanto, sobrevindo acórdão que substitua a sentença, não mais persiste a decisão de suspensão do Presidente, devendo ser renovado o pedido de suspensão perante o STF ou STJ, de forma que, se concedida a suspensão por um destes, aí sim vigorará a suspensão até o trânsito em julgado.[560]

2.9.9.7 Agravo interno

Da decisão do Presidente do tribunal que defere o pedido de suspensão, é cabível agravo interno, sem efeito suspensivo, na forma do art. 15 da Lei Federal n. 12.016/2009[561], no prazo de 15 (quinze) dias, na forma dos arts.

---

559. CUNHA, Leonardo Carneiro da. *A Fazenda Pública em Juízo*. 13. ed. Rio de Janeiro: Forense, 2016, p. 625.

560. Tanto isso é verdade que, conforme jurisprudência do STJ, proferida decisão por qualquer membro de tribunal de segunda instância, e desde que conhecido o recurso, a competência para análise de pedido de suspensão cabe ao Presidente do Supremo Tribunal Federal ou do Superior Tribunal de Justiça, e não mais ao Presidente do respectivo tribunal de segunda instância, pois este não cabe suspender decisão de membro de seu próprio tribunal. (STJ, Rcl 12.363/RJ, Rel. Ministra Laurita Vaz, Corte Especial, julgado em 16/11/2016; STJ, AgRg na Rcl n. 12.363, Corte Especial, Rel. Min. Felix Fischer, j. em 19.06.2013; STJ, EDcl no AgRg na Sl n. 26, Corte Especial, Rel. Min. Nilson Naves, j. 06.12.2006).

561. Art. 15. Quando, a requerimento de pessoa jurídica de direito público interessada ou do Ministério Público e para evitar grave lesão à ordem, à saúde, à segurança e à economia públicas, o presidente do tribunal ao qual couber o conhecimento do respectivo recurso suspender, em decisão fundamentada, a execução da liminar e da sentença, dessa decisão caberá agravo, sem efeito suspensivo, no prazo de 5 (cinco) dias, que será levado a julgamento na sessão seguinte à sua interposição.

1.021, § 3º e 1.070, do CPC[562], que revogaram tacitamente o art. 4º, § 3º, da Lei Federal n. 8.437/1992, pois o Código de Processo Civil de 2015 pretendeu uniformizar os prazos recursais.[563]

Observa-se que a Lei Federal n. 12.016/2009 prevê o agravo interno somente da decisão que defere o pedido de suspensão, reproduzindo a redação do art. 4º da Lei Federal n. 4.348/1964. Acontece, todavia, que o Supremo Tribunal Federal e o Superior Tribunal de Justiça cancelaram suas respectivas Súmulas n. 506[564] e 217[565], passando a admitir o agravo interno também da decisão que indefere o pedido de suspensão no procedimento do mandado de segurança, com fulcro no art. 4º, § 3º, da Lei Federal n. 8.437/1992 (com a redação dada pela Medida Provisória nº 2.180-35/2001[566]), que figura como norma geral para todos os pedidos de suspensão, argumentado que ocorrera lacuna de regulação superveniente, o que demanda a sua colmatação.[567]

A despeito disso, pensamos que esse entendimento jurisprudencial não prevalece sobre o texto legal (art. 15 da Lei Federal n. 12.016/2009), pelas seguintes razões: a uma, porque esses julgamentos do STF e do STF se deram sob a égide da Lei Federal n. 1.533/1951 (revogada) e da Lei Federal n. 4.348/1964 (revogada), e não da Lei Federal n. 12.016/2009 (vigente), devendo prevalecer lei posterior e especial (Lei Federal n. 12.016/2009) em face de lei anterior e geral (Medida Provisória nº 2.180-35/2001); a duas, porque a própria Lei Federal n. 12.016/2009 já possibilita um outro instrumento processual para impugnar o indeferimento do pedido de suspensão, qual seja, a renovação

---

562. Art. 1.070. É de 15 (quinze) dias o prazo para a interposição de qualquer agravo, previsto em lei ou em regimento interno de tribunal, contra decisão de relator ou outra decisão unipessoal proferida em tribunal.

563. Enunciado nº 58 da I Jornada de Direito Processo Civil do Conselho de Justiça Federal: "O prazo para interposição do agravo previsto na Lei n. 8.437/92 é de quinze dias, conforme o disposto no art. 1.070 do CPC."

564. "O agravo a que se refere o art. 4º da Lei 4.348, de 26/6/1964, cabe, somente, do despacho do Presidente do Supremo Tribunal Federal que defere a suspensão da liminar, em mandado de segurança; não do que a 'denega'."

565. "Não cabe agravo de decisão que indefere o pedido de suspensão da execução da liminar, ou da sentença em mandado de segurança."

566. "Do despacho que conceder ou negar a suspensão, caberá agravo, no prazo de cinco dias, que será levado a julgamento na sessão seguinte a sua interposição."

567. Nesse sentido o STF: "Suspensão de Segurança. Agravo Regimental. 2. Completa reformulação da legislação, quanto à suspensão das liminares nos diversos processos, até mesmo na ação civil pública e na ação popular. 3. Disciplina assimétrica na legislação do mandado de segurança. Recorribilidade, tão-somente, da decisão que nega o pedido de suspensão em mandado de segurança. Súmula 506. 4. Configuração de lacuna de regulação superveniente. Necessidade de sua colmatação. Extensão da disciplina prevista na Lei nº 8.437, de 1992, à hipótese de indeferimento do pedido de suspensão em mandado de segurança. 5. Admissibilidade do agravo nas decisões que deferem ou indeferem a suspensão de segurança. Questão de ordem resolvida no sentido do conhecimento do agravo. Revogação da Súmula 506. 6. No mérito, em face da grave lesão causada à economia pública, o agravo foi provido, para deferir a suspensão de segurança." (STF, SS 1945 AgR-AgR-AgR-QO, Relator p/ Acórdão: Min. Gilmar mendes, Tribunal Pleno, julgado em 19.12.2002). Nesse mesmo sentido: STJ, AgRg na SS n. 1.204-AM, Corte Especial, j. em 23/10/2003.

do pedido de suspensão perante o Superior Tribunal de Justiça ou Supremo Tribunal Federal, independentemente de interposição de agravo interno (art. 15, § 1º, da Lei Federal n. 12.016/2009)[568]; a três, porque o texto restritivo da Lei Federal n. 12.016/2009 (agravo interno apenas de decisão que indefere o pedido de suspensão), se coaduna com a natureza de garantia fundamental desse instituto (mandado de segurança), devendo-se prestigiar a interpretação que dê mais efetividade aos comandos judiciais proferidos em sede de mandado de segurança, o qual fora criado justamente para proteger o cidadão em face do Poder Público, e não o contrário.[569]

Dessa forma, a nosso ver, à luz do art. 15 da Lei Federal n. 12.016/2009, é cabível o agravo interno, no prazo de 15 (quinze) dias, sem efeito suspensivo, apenas do indeferimento do pedido de suspensão em mandado de segurança.

2.9.9.8 Da Renovação do pedido de suspensão

Deferido o pedido de suspensão pelo Presidente do Tribunal, o interesse da Fazenda Pública será obtido, restando ao autor da ação originária interpor agravo interno perante o Pleno ou o órgão especial. Caso seja desprovido o agravo interno, caberá, ao menos em tese, a interposição de recursos especial e/ou extraordinário, posto que é incabível o pedido nos tribunais superiores de suspensão contra suspensão já deferida em segundo grau[570], bem como em razão da natureza jurídica dessa decisão, conforme entendimento da Primeira Turma do Supremo Tribunal Federal no RE 798.740-AgR[571], malgrado jurisprudência pacífica em sentido contrário do Superior Tribunal de Justiça, que entende que a cognição exercida na análise do pedido suspensão ostenta natureza política, e não jurisdicional, daí a razão pela qual inadmite o recurso especial.[572]

568. Art. 15, § 1º. Indeferido o pedido de suspensão ou provido o agravo a que se refere o *caput* deste artigo, caberá novo pedido de suspensão ao presidente do tribunal competente para conhecer de eventual recurso especial ou extraordinário.

569. Nesse mesmo sentido: BUENO, Cassio Scarpinella. *A nova lei do mandado de segurança*. 2. ed. São Paulo: Saraiva, 2010, p. 131. Em sentido contrário, Leonardo Carneiro da Cunha entende que, mesmo diante da superveniência da Lei Federal n. 12.016/2009, como esta expressamente não proíbe o cabimento de agravo interno em face decisão que indefere o pedido de suspensão, e como a Lei Federal n. 8.437/1992 é tratada como o regime geral de pedido de suspensão, e considerando que as razões invocadas para o cancelamento do Enunciado n. 506 da Súmula do STF se aplicam, perfeitamente, à Lei Federal n. 12.016/2009, não há fundamento razoável para diferenciação, devendo-se admitir tanto da decisão que defere, quanto da que indefere o pedido de suspensão no procedimento do mandado de segurança, o cabimento do agravo interno. (CUNHA, Leonardo Carneiro da. *A Fazenda Pública em Juízo*. 13. ed. Rio de Janeiro: Forense, 2016, p. 611)

570. STJ, AgRg na SLS 2.075/RO, Rel. Ministro Francisco Falcão, Corte Especial, julgado em 02/12/2015.

571. RE 798740 AgR, Relator p/ Acórdão Min. Marco Aurélio, Primeira Turma, j. em 01/09/2015.

572. STJ, AgInt no AREsp 1122635/MS, Rel. Ministra Assusete Magalhães, Segunda Turma, j. em 03/10/2017; STJ, AgRg no AREsp 784.604/MG, Rel. Ministro Gurgel de Faria, Primeira Turma, j. em 03.05.2016.

Na hipótese em que seja indeferido pelo Presidente do tribunal o pedido de suspensão formulado pelo ente público, ou provido o agravo interno interposto pelo autor da ação originária, para reformar a decisão do Presidente do Tribunal que deferira o pedido de suspensão, restará ao ente público a renovação do pedido de suspensão de segurança perante o Supremo Tribunal Federal ou Superior Tribunal de Justiça, caso o fundamento seja constitucional ou infraconstitucional, respectivamente.

A renovação do pedido de suspensão de segurança perante o STF ou STJ, independe da interposição de agravo interno em face da decisão do Presidente do Tribunal que indefere tal pleito, conforme estatui o art. 15, § 1º, da Lei Federal n. 12.016/2009[573], porquanto na lei de mandado de segurança não há previsão de recurso de agravo interno da decisão que indefere o pedido de suspensão de segurança, mas apenas da que defere[574], sendo que a própria lei já apresentou o meio de impugnação nessa hipótese: a renovação do pedido de suspensão perante o STF ou STJ.[575]

Dessa forma, em virtude da existência de lei específica para o mandado de segurança, e como não é cabível agravo interno da decisão do Presidente do tribunal local que indefere o pedido de suspensão, a renovação de pedido de suspensão de segurança perante o STF ou STJ independe de interposição de agravo interno, não se aplicando, assim, a regra geral de pedido de suspensão prevista no art. 4º, § 4º, da Lei Federal n. 8.437/1992, *in verbis*: "se do julgamento do agravo de que trata o § 3º resultar a manutenção ou o restabelecimento da decisão que se pretende suspender, caberá novo pedido de suspensão ao Presidente do Tribunal competente para conhecer de eventual recurso especial ou extraordinário."

O supracitado art. 4º, § 4º, da Lei Federal n. 8.437/1992, que permite a renovação do pedido de suspensão apenas após a interposição de agravo interno, apenas seria aplicável se fosse admitido, no mandado de segurança, a interposição de agravo interno da decisão que indefere o pedido de suspen-

---

573. Art. 15, § 1º. Indeferido o pedido de suspensão ou provido o agravo a que se refere o caput deste artigo, caberá novo pedido de suspensão ao presidente do tribunal competente para conhecer de eventual recurso especial ou extraordinário.

574. Art. 15, *caput*. Quando, a requerimento de pessoa jurídica de direito público interessada ou do Ministério Público e para evitar grave lesão à ordem, à saúde, à segurança e à economia públicas, o presidente do tribunal ao qual couber o conhecimento do respectivo recurso suspender, em decisão fundamentada, a execução da liminar e da sentença, dessa decisão caberá agravo, sem efeito suspensivo, no prazo de 5 (cinco) dias, que será levado a julgamento na sessão seguinte à sua interposição.

575. Nesse mesmo diapasão: STF, SS 2.660-SP, Rel. Min. Ellen Gracie, Tribunal Pleno, DJ. 30.04.2008; STJ, AgRg na SLS 1.782/RJ, Rel. Ministro Felix Fischer, Corte Especial, julgado em 16/10/2013; STJ, AgRg na SLS 1078/MT, Corte Especial, Rel. Min. César Asfor Rocha, DJe de 10/9/2010.

são, o que inocorre, em razão do expresso texto legal específico aplicável ao mandado de segurança (art. 15, *caput*, da Lei Federal n. 12.016/2009).

2.9.9.9 Da Suspensão para várias decisões similares

Estatui o art. 15, § 5º, da Lei Federal n. 12.016/2009: "As liminares cujo objeto seja idêntico poderão ser suspensas em uma única decisão, podendo o presidente do tribunal estender os efeitos da suspensão a liminares supervenientes, mediante simples aditamento do pedido original."

Essa regra legal atende aos princípios da economia processual, efetividade e isonomia, autorizando que, em uma única decisão, o Presidente do Tribunal suspenda várias liminares que tenham idêntico objeto, podendo-se, ainda, estender a suspensão já deferida a novas liminares que venham a ser concedidas ulteriormente. Assim, a superveniência de outras liminares poderá redundar em um simples pedido de aditamento pela Fazenda Pública do pedido de suspensão original.

Ora, consoante já discorrido, pelo princípio constitucional da isonomia, se a lei deve ser igual para todos, a interpretação das leis pelas decisões judiciais também deve ser, de forma que se impõe-se buscar a uniformização das interpretações judiciais, não se concebendo que os jurisdicionados recebam respostas judiciárias distintas, para casos similares. Esse dispositivo está em consonância com a racionalidade e pretensão à universalidade que se espera do ordenamento jurídico.

2.10 SENTENÇA

Partindo do pressuposto que adotamos a classificação quinaria da eficácia sentencial de Pontes de Miranda (declaração, constituição, condenação, mandamento e execução *lato sensu*)[576], e de que todas as sentenças possuem, em maior ou menor grau, os elementos característicos de todas as espécies do gênero, ou seja, há uma pluralidade de eficácias, de forma que a classificação quinaria

576. Rememorando o conceito dessas cinco classes de eficácias da sentença, valemo-nos do escólio de Carlos Alberto Alvaro de Oliveira (*Teoria e Prática da Tutela Jurisdicional*. Rio de Janeiro: Forense, 2008, p. 140), que assim sintetiza: a tutela declaratória ("declarar") tem por finalidade certificar a existência de determinada relação jurídica, emprestando-lhe certeza (art. 19, I e II, CPC); a tutela constitutiva ("constituir") tem por finalidade satisfazer os direitos potestativos; a tutela condenatória ("condenar") tem por finalidade satisfazer a obrigação de pagar (art. 513, CPC); a tutela mandamental ("mandar") tem por finalidade satisfazer as obrigações de fazer e não fazer e os deveres de abstenção (art. 497 do CPC); a tutela executiva lato sensu ("executar") tem por finalidade satisfazer as obrigações de dar e os deveres de restituir (art. 498, CPC).

obedece ao critério de preponderância, conclui-se que a ação de mandado de segurança apresenta, preponderantemente, eficácia sentencial mandamental[577].

Com efeito, o juiz "manda" e executa de ofício a ordem (por exemplo, determina ao Delegado da Receita Federal a emissão de Certidão Negativa de Débito), realizando *in natura* o direito pleiteado, de forma que inexiste execução *ex intervallo* (nova fase procedimental) e necessidade de pedido da parte para executar a medida, imprimindo o juiz as medidas coercitivas típicas e atípicas (art. 139, IV, CPC)[578] sob a vontade do agente público a quem é dirigida a ordem, pressionando-o a obedecer a ordem[579], não se tratando, pois, assim, de sub-rogação (o juiz não pratica os atos da parte).

A despeito da preponderância da eficácia mandamental, a sentença de mandado de segurança também pode revelar, no caso concreto, eficácia declaratória (por exemplo, declarar a inexigibilidade de relação jurídico-tributária), eficácia constitutiva (por exemplo, anular o auto de infração), eficácia condenatória (por exemplo, condenar ao pagamento das parcelas vencidas após o ajuizamento da ação) e eficácia executiva *lato sensu* (entregar a mercadoria ilegalmente apreendida).[580]

Na verdade, a sentença do mandado de segurança se diferencia da sentença da ação sob o procedimento comum em razão da especialidade de seu procedimento, que é diferenciado, abreviado e veda dilação probatória, e não por conta do direito material em discussão.[581]

---

577. A ação de mandado de segurança representa a eficácia sentencial mandamental por excelência. (WATANABE, Kazuo. *Código Brasileiro de defesa dos consumidores*: comentado pelos autores do anteprojeto. Rio de Janeiro: Forense Universitária, p. 651; SILVA, Ovídio Baptista. Eficácia da sentença e coisa julgada. *In: Sentença e coisa julgada*. 3. ed. Porto Alegre: SAFE, 1995, p. 269)

578. A imposição de medidas coercitivas atípicas, na forma do art. 139, IV, do CPC, devem respeitar os seguintes requisitos: (i) fundamentação analítica e concreta; (ii) contraditório preventivo; (iii) proporcionalidade, no sentido de ser adequada (apta a produzir o efeito desejado), necessária (esgotados outros meios coercitivos igualmente idôneos) e proporcional em sentido estrito (o bem jurídico a ser tutelado é de igual ou maior valor que aquele bem a ser sacrificado do réu); (iv) inexistência de vedação legal da medida coercitiva a ser adotada. Para aprofundamento do tema, conferir: GUERRA, Marcelo Lima. *Execução Indireta*. São Paulo: Revista dos Tribunais, 1998.

579. "A tutela mandamental encontra seu específico campo de aplicação quando se trata de agir sobre a vontade da parte demandada e não sobre seu patrimônio; distingue-se, assim, por esse aspecto essencial, tanto da tutela condenatória quanto da tutela executiva *lato sensu*." (OLIVEIRA, Carlos Alberto Alvaro de. Ob. Cit., p. 183)

580. Nessa mesma linha de raciocínio, embora não seja adepto à classificação quinaria, escreve Celso Agrícola Barbi: "A nosso ver, o mandado de segurança não pode, como figura geral, ser classificado, 'com exclusividade', em qualquer dos três tipos de ação que se caracterizam pela natureza da 'sentença' pleiteada. Em cada caso concreto é que se poderá dizer se ação ajuizada é condenatória, constitutiva ou declaratória. O que se pode afirmar, com base apenas na observação do movimento forense, é a predominância dos casos em que a ação tem caráter constitutivo." (Ob. Cit., p. 46).

581. Por exemplo, o pedido de declaração de inconstitucionalidade de um tributo, com a consequente suspensão de exigibilidade de sua cobrança e emissão de certidão negativa, pode ser manejado em mandado de se-

Por força de sua natureza mandamental e de sua relevância constitucional (garantia fundamental), criado para ser efetivo e célere, a sentença no *writ* produz efeitos imediatamente, não sendo o recurso dotado de efeito suspensivo, exceto (i) nas hipóteses legais em que é vedada a concessão de liminar (art. 14, § 3º, CPC), já explanadas anteriormente, ou (ii) quando exigível o trânsito em julgado para o cumprimento da sentença (obrigação de pagar – art. 100, § 5º, CF). Na hipótese de sentença condenatória (pagamento das parcelas vencidas), o cumprimento da obrigação de pagar apenas ocorrerá após o trânsito em julgado da sentença, por meio do procedimento previsto nos arts. 534 e 535 do CPC (cumprimento de sentença contra a Fazenda Pública), mediante expedição de requisitório de precatório ou RPV (Requisição de Pequeno Valor), mesmo para as parcelas vencidas no curso do *writ.582*

Concedida a segurança, o juiz transmitirá em ofício, por intermédio do oficial do juízo (mandado), ou pelo correio, mediante correspondência com aviso de recebimento (ofício), o inteiro teor da sentença à autoridade coatora e à pessoa jurídica interessada (art. 13 da Lei Federal n. 12.016/2009)[583], bem como procederá a intimação do impetrante por meio de seu advogado através de intimação eletrônica ou publicação oficial (art. 272, CPC)[584]. Todavia, a contagem do prazo para interposição do recurso pela Fazenda Pública, flui apenas da intimação do respectivo advogado público, e não da intimação da autoridade coatora para cumprimento da ordem.[585] Em caso de urgência, poderá o juiz, observados os requisitos legais, realizar a comunicação por telegrama, radiograma, fax ou outro meio eletrônico de autenticidade comprovada (art. 14, parágrafo único, da Lei Federal n. 12.016/2009).

Em caso de denegação da ordem, além da intimação do impetrante por seu advogado na forma do art. 272 do CPC (intimação eletrônica ou publi-

gurança ou em ação sob procedimento comum, de forma que o direito material em jogo é irrelevante para definir o tipo de ação. O que é relevante, na hipótese, é examinar o tipo de prova necessário para comprovação dos fatos (mandado de segurança apenas permite prova documentada), bem como se há pretensão de repetição de indébito de parcelas anteriores ao ajuizamento da ação (mandado de segurança não é substitutivo de ação de cobrança).

582. "RECURSO EXTRAORDINÁRIO. CONSTITUCIONAL E PROCESSUAL. MANDADO DE SEGURANÇA. VALORES DEVIDOS ENTRE A DATA DA IMPETRAÇÃO E A IMPLEMENTAÇÃO DA ORDEM CONCESSIVA. SUBMISSÃO AO REGIME DE PRECATÓRIOS. REPERCUSSÃO GERAL RECONHECIDA. REAFIRMAÇÃO DE JURISPRUDÊNCIA." (STF, RE 889173 RG, Plenário, Relator Min. Luiz Fux, j. em 07.08.2015)

583. "Concedido o mandado, o juiz transmitirá em ofício, por intermédio do oficial do juízo, ou pelo correio, mediante correspondência com aviso de recebimento, o inteiro teor da sentença à autoridade coatora e à pessoa jurídica interessada."

584. "Quando não realizadas por meio eletrônico, consideram-se feitas as intimações pela publicação dos atos no órgão oficial."

585. Súmula 392 do STF: "O prazo para recorrer de acórdão concessivo de segurança conta-se da publicação oficial de suas conclusões, e não da anterior ciência à autoridade para cumprimento da decisão."

cação oficial), a intimação do ente público será feita apenas em nome do advogado público[586], através das regras do Código do Processo Civil (prazo em dobro e intimação pessoal por carga, remessa ou meio eletrônico)[587], dispensando-se a intimação da autoridade coatora.

2.11 SUCUMBÊNCIA

Na ação de mandado de segurança, não há condenação em honorários advocatícios (tanto para o autor, quanto para o réu), pois o 25 da Lei Federal n. 12.016/2009 cristalizou o entendimento do Enunciado n. 512 da Súmula do STF[588] e do Enunciado n. 105 da Súmula do STJ[589], que vedam a condenação em honorários advocatícios.[590] Contudo, o referido dispositivo legal ressalvou a possibilidade de aplicação de sanções por litigância de má-fé.[591]

---

586. Art. 269, § 3º, CPC: "A intimação da União, dos Estados, do Distrito Federal, dos Municípios e de suas respectivas autarquias e fundações de direito público será realizada perante o órgão de Advocacia Pública responsável por sua representação judicial."

587. Art. 183, CPC. A União, os Estados, o Distrito Federal, os Municípios e suas respectivas autarquias e fundações de direito público gozarão de prazo em dobro para todas as suas manifestações processuais, cuja contagem terá início a partir da intimação pessoal. § 1º A intimação pessoal far-se-á por carga, remessa ou meio eletrônico.

588. Reafirmando a aplicação da Súmula nº 512: STF, AI 844835 AgR-segundo, Relator Min. Roberto Barroso, Primeira Turma, julgado em 18/11/2016.

589. Reafirmando a aplicação da Súmula nº 105: STJ, AgInt no REsp 1721981/MG, Rel. Ministro Sérgio Kukina, Primeira Turma, julgado em 22/05/2018, DJe 30/05/2018; STJ, AgInt no AREsp 1152560/AP, Rel. Ministra Assusete Magalhães, Segunda Turma, julgado em 27/02/2018.

590. O Conselho Federal da OAB, em 14.09.2009, ajuizou a ADIN n. 4.296-DF, Rel. Min. Marco Aurélio, ainda pendente de julgamento, e com parecer do Procurador Geral da República pela improcedência dos pedidos, postulando a declaração de inconstitucionalidade do art. 25 da Lei Federal n. 12.016/2009), ao argumento de que a vedação em condenação em honorários desmerece e retira a remuneração pelo trabalho do advogado, em ofensa ao art. 133 da CF. Argumenta, ainda, que não é razoável que o jurisdicionado tenha que contratar advogado para se defender de ato ilegal da autoridade pública, enquanto esta, caso seja vencida, não sofra penalização. Entretanto, reputamos constitucional o art. 25 da Lei Federal n. 12.016/2009, pois tratando-se o mandado de segurança de uma garantia fundamental, não se deve criar óbice legais que dificultem ou desestimulem a entrada do cidadão perante o Poder Judiciário para buscar os seus direitos, tanto que outros remédios constitucionais também não ensejam condenação em honorários advocatícios, a exemplo do *habeas data* e do *habeas corpus*. A par disso, não há afronta ao art. 133 da CF, pois esse dispositivo não garante o direito aos honorários sucumbenciais, tanto que a legislação infraconstitucional dispensa os honorários em causas de Juizados Especiais, por exemplo. Não há que se falar, também, em retirada da remuneração do advogado, pois a ausência de honorários sucumbenciais não impede o recebimento de honorários contratuais, como sói acontecer no processo penal. No que tange à alegação de desigualdade, pois o impetrante teria gastos com a contratação com advogado, enquanto a Fazenda Pública não sofreria condenação com honorários, esse argumento apenas procederia, caso os honorários sucumbenciais fossem destinados para a parte vencedora (o impetante), servindo como ressarcimento pelos gastos efetuados com honorários contratuais, o que não ocorre, pois sabemos que os honorários sucumbenciais são destinados aos advogados (e não às partes). Defendendo a constitucionalidade do referido dispositivo legal: BUENO, Cássio Scarpinella. *A nova lei do mandado de segurança*. São Paulo: Saraiva, 2009, p. 150 e 194. Em sentido contrário, sustentando a inconstitucionaldiade: MEDINA, José Miguel Garcia; ARAÚJO, Fábio Caldas. *Mandado de segurança individual e coletivo:* comentários à Lei n. 12.016, de 7 de agosto de 2009. São Paulo: Revista dos Tribunais, 2009, p. 165; CERQUEIRA, Luís Otávio Sequeira. *Comentários à nova lei do Mandado de Segurança*. São Paulo: Revista dos Tribunais, 2009, p. 224.

591. Art. 80. Considera-se litigante de má-fé aquele que: I - deduzir pretensão ou defesa contra texto expresso de lei ou fato incontroverso; II - alterar a verdade dos fatos; III - usar do processo para conseguir objetivo ilegal;

Segundo a doutrina, à míngua de previsão na Lei Federal n. 12.016/2009, aplica-se o regime previsto no Código de Processo Civil a respeito das despesas processuais, de forma que o impetrante responde normalmente por todas as despesas processuais[592] (custas, emolumentos e despesas em sentido estrito)[593]. Mas isso não impede, é curial, que o impetrante seja beneficiário de gratuidade da justiça, que o isentará do pagamento, total ou parcial, das despesas processuais (art. 98, § 5º, CPC), salvo as multas processuais impostas (art. 98, § 4º, CPC).

Caso os entes públicos sejam autores do *mandamus*, responderão também pelas despesas processuais, salvo o pagamento de honorários advocatícios (art. 25 da Lei Federal n. 12.016/2009) e das custas processuais, por força de isenção legal, ao menos perante a Justiça Federal.[594]

Assinala-se, ainda, que a despeito da inadmissibilidade da condenação em honorários advocatícios no *mandamus*, se apresentada pela Fazenda Pública impugnação ao cumprimento de sentença de obrigação de pagar, na hipótese de eventual sentença de eficácia condenatória, será cabível a condenação em honorários (art. 85, § 7º, do CPC).[595]

IV - opuser resistência injustificada ao andamento do processo; V - proceder de modo temerário em qualquer incidente ou ato do processo; VI - provocar incidente manifestamente infundado; VII - interpuser recurso com intuito manifestamente protelatório. Art. 81. De ofício ou a requerimento, o juiz condenará o litigante de má-fé a pagar multa, que deverá ser superior a um por cento e inferior a dez por cento do valor corrigido da causa, a indenizar a parte contrária pelos prejuízos que esta sofreu e a arcar com os honorários advocatícios e com todas as despesas que efetuou.

592. "O termo despesa constitui o gênero, do qual decorrem 3 (três) espécies: a) Custas, que se destinam a remunerar a prestação da atividade jurisdicional, desenvolvida pelo Estado-juiz por meio de suas serventias e cartórios; b) emolumentos, que se destinam a remunerar os serviços prestados pelos serventuários de cartórios não-oficializados, remunerados pelo valor dos serviços desenvolvidos, e não pelos cofres públicos; despesas em sentido estrito, que se destinam a remunerar terceiras pessoas indicadas pelo aparelho judicial, no desenvolvimento da atividade do Estado-Juiz. Nesse sentido, os honorários do perito e o transporte do oficial de Justiça constituem, por exemplo, despesas com sentido estrito." (CUNHA, Leonardo Carneiro da. *A Fazenda Pública em Juízo*. 13. ed. Rio de Janeiro: Forense, 2016, p. 123).

593. Na verdade, ante a omissão da Lei Federal n. 12.016/2009, não se deveria impor às partes o pagamento de despesas processuais, uma vez que, seguindo a mesma linha de raciocínio que justifica a vedação de condenação em honorários advocatícios, tratando-se o mandado de segurança de uma garantia fundamental, não se deve criar óbice legais que dificultem ou desestimulem a entrada do cidadão perante o Poder Judiciário para buscar os seus direitos, tanto que outros remédios constitucionais também não ensejam o pagamento de custas processuais, a exemplo do *habeas data* e do *habeas corpus*.

594. Art. 4º da Lei Federal n. 9.289/1996. "São isentos de pagamento de custas: I - a União, os Estados, os Municípios, os Territórios Federais, o Distrito Federal e as respectivas autarquias e fundações."

595. "[...]. 2. O acórdão recorrido contraria a jurisprudência deste Superior Tribunal, que assentou entendimento no sentido de que os embargos à execução constituem verdadeira ação de conhecimento que objetiva a desconstituição do título executivo. Tratando-se de ação autônoma, ainda que derivada de ação mandamental, submete-se à regra geral insculpida no art. 20 do CPC, pelo que é devida a condenação nos honorários advocatícios. (STJ, REsp nº 885.997/DF, relator Min. Arnaldo Esteves Lima, DJ 05/02/2007). 3. Agravo regimental a que se nega provimento." (STJ, AgRg no REsp 1272268/PR, Rel. Ministro Sérgio Kukina, Primeira Turma,

2.12 REMESSA NECESSÁRIA

2.12.1 Histórico

O Código de Processo Civil de 2015 utilizou o termo *remessa necessária*, instituto que também é conhecido pela doutrina como reexame necessário, remessa obrigatória ou duplo grau de jurisdição obrigatório.

A remessa necessária originou-se do Direito Processual Penal Português, especificamente das Ordenações Afonsinas, em que o recurso de ofício era interposto, pelo próprio magistrado, em face das sentenças que julgavam crimes de natureza pública ou cuja apuração se iniciasse por devassa, com a finalidade de controlar o abuso do processo inquisitório.[596]

Posteriormente, surgiram leis isoladas, impondo ao juiz apelar de sua própria sentença em diversas causas cíveis portuguesas, até ser incorporada ao processo civil brasileiro, exigindo-se a remessa necessária das sentenças proferidas contra a Fazenda Nacional[597].

A remessa necessária fora prevista no Código de Processo Civil de 1939 (art. 820) e no Código de Processo Civil de 1973 (art. 475), contra sentenças proferidas em desfavor da União, Estados e Municípios, inexistindo hipóteses legais de dispensa. Contudo, a Lei Federal n. 10.352/2001 trouxe duas hipóteses de dispensa da remessa necessária, alterando o art. 475 do CPC/1973, nos seguintes casos: (i) sempre que a condenação, ou o direito controvertido, for de valor certo não excedente a 60 (sessenta) salários mínimos, bem como no caso de procedência dos embargos do devedor na execução de dívida ativa do mesmo valor; (ii) quando a sentença estiver fundada em jurisprudência do plenário do Supremo Tribunal Federal ou em súmula deste Tribunal ou do tribunal superior competente.

2.12.2 Remessa necessária e o CPC/2015

O Código de Processo Civil de 2015 manteve a remessa necessária, dispondo em seu art. 496 que está sujeita ao duplo grau de jurisdição, não produzindo efeito senão depois de confirmada pelo tribunal, a sentença: (i)

---

julgado em 03.03.2015). Esse mesmo entendimento aplica-se à fase de cumprimento de sentença, na forma do art. 85, § 1º, do CPC.

596. BUZAID, Alfredo. *Da apelação "ex officio" no sistema do Código de Processo Civil*. São Paulo: Saraiva, 1951, p. 23-24.

597. LIMA, Alcides de Mendonça. *Sistema de normas gerais dos recursos cíveis*. Rio de Janeiro: Freitas Bastos, 1963, p. 165.

proferida contra a União, os Estados, o Distrito Federal, os Municípios e suas respectivas autarquias e fundações de direito público[598]; (ii) que julgar procedentes, no todo ou em parte, os embargos à execução fiscal.[599]

Apenas há remessa necessária de sentença proferida pelos juízes de primeira instância, não englobando, portanto, decisões interlocutórias de primeira instância ou acórdãos dos tribunais. Todavia, como agora se afigura possível prolatar decisão parcial de mérito (art. 356, CPC), apta a formar coisa julgada material, mesmo ostentando ela natureza de decisão (e não de sentença), caberá a remessa necessária, por decidir matéria de mérito.

A remessa necessária apenas é obrigatória se a sentença (ou decisão parcial) for de mérito e contra a Fazenda Pública (ainda que parcialmente), não se admitindo a remessa necessária referente às sentenças que resolvam o processo sem resolução do mérito, ainda que prejudique a Fazenda Pública.[600]

Apesar de mantida no Código de Processo Civil de 2015, este alargou, qualitativa e quantitativamente, as hipóteses de dispensa da remessa necessária, preceituando em seu art. 496 que:

> § 3º Não se aplica o disposto neste artigo quando a condenação ou o proveito econômico obtido na causa for de valor certo e líquido inferior a:
>
> I - 1.000 (mil) salários-mínimos para a União e as respectivas autarquias e fundações de direito público;
>
> II - 500 (quinhentos) salários-mínimos para os Estados, o Distrito Federal, as respectivas autarquias e fundações de direito público e os Municípios que constituam capitais dos Estados;
>
> III - 100 (cem) salários-mínimos para todos os demais Municípios e respectivas autarquias e fundações de direito público.
>
> § 4º Também não se aplica o disposto neste artigo quando a sentença estiver fundada em:

598. Como se nota, estão excluídas da previsão da remessa necessária as empresas públicas e as sociedades de economia mista, pois não integram o conceito de Fazenda Pública.

599. Como se observa, não cabe remessa necessária na fase de cumprimento de sentença ou de execução, exceto quando julgar procedentes, no todo ou em parte, os embargos à execução fiscal. Logo, não comporta remessa necessária a fase de cumprimento de sentença em face da Fazenda Pública, mesmo que a impugnação seja julgada desfavoravelmente contra a Fazenda Pública. Nesse sentido: STJ, AgRg nos EDcl nos EDcl no REsp 1338659/PR, Rel. Ministro Humberto Martins, Segunda Turma, julgado em 17/03/2016; STJ, AgRg nos EREsp 1160906/BA, Rel. Ministro Gilson Dipp, Corte Especial, julgado em 29/08/2012.

600. STJ, AgInt no AREsp 906.674/SP, Rel. Ministro Francisco Falcão, Segunda Turma, julgado em 20/02/2018; STJ, AgRg no AREsp 601.881/RJ, Rel. Ministro Benedito Gonçalves, Primeira Turma, julgado em 15/09/2015.

I - súmula de tribunal superior;

II - acórdão proferido pelo Supremo Tribunal Federal ou pelo Superior Tribunal de Justiça em julgamento de recursos repetitivos;

III - entendimento firmado em incidente de resolução de demandas repetitivas ou de assunção de competência;

IV - entendimento coincidente com orientação vinculante firmada no âmbito administrativo do próprio ente público, consolidada em manifestação, parecer ou súmula administrativa.

A primeira hipótese de dispensa (parágrafo terceiro) diz respeito ao valor da condenação ou proveito econômico obtido, que deve levar em consideração o momento em que for proferida a sentença, e não o ajuizamento da ação. Nota-se que o referido dispositivo legal diz "valor certo e líquido", razão pela qual, sendo ilíquida a sentença, não se afigura possível dispensar a remessa necessária[601], mesmo em se tratando de obrigação de fazer ou não fazer[602]. Em outras palavras: independentemente da eficácia da sentença (condenatória, constitutiva, declaratória, mandamental ou executiva *lato sensu*), sendo ela ilíquida, descabe dispensar remessa necessária.

A segunda hipótese de dispensa (parágrafo quarto, incisos I, II, e III) trata dos precedentes normativos formalmente vinculantes.

A terceira hipótese de dispensa (parágrafo quarto, inciso IV) refere-se quando a sentença estiver fundada em entendimento coincidente com orientação vinculante firmada no âmbito administrativo do próprio ente público, consolidada em manifestação, parecer ou súmula administrativa.

Em virtude desse alargamento das hipóteses de dispensa da remessa necessária, deve prevalecer a regra em vigor no momento da prolação da sentença, conforme Enunciado n. 311 do Fórum Permanente de Processualistas Civis: "A regra sobre remessa necessária é aquela vigente ao tempo da prolação da sentença, de modo que a limitação de seu cabimento no CPC não prejudica os reexames estabelecidos no regime do art. 475 CPC/1973."[603]

601. Súmula 490 do STJ: "A dispensa de reexame necessário, quando o valor da condenação ou do direito controvertido for inferior a sessenta salários mínimos, não se aplica a sentenças ilíquidas."

602. Súmula 61 do TRF 2: "Há remessa necessária nos casos de sentenças ilíquidas e condenatórias, de obrigação de fazer ou de não fazer, nos termos do artigo 496, inciso I e parágrafo 3º, do Código de Processo Civil de 2015."

603. Nesse mesmo diapasão: STJ, REsp 1689664/RN, Rel. Ministro Herman Benjamin, Segunda Turma, julgado em 05/10/2017; STJ, ERESp n. 600.874, Rel. Min. José Delgado, Corte Especial, julgado em 01.08.2006. Todavia, impõe consignar entendimento em sentido contrário, no sentido de que a superveniência de lei que traga novas hipóteses de dispensa de remessa necessária produz efeitos imediatos, inclusive para processos já

Proferida sentença em desfavor da Fazenda Pública, cabe ao juiz determinar, expressamente, a remessa dos autos ao tribunal para reexame obrigatório da sentença proferida, independente de recurso interposto pela Fazenda Pública. A ausência de tal determinação impede o trânsito em julgado da sentença, podendo o magistrado suprir a omissão a qualquer tempo, conforme Enunciado n. 423 da Súmula do STF: "não transita em julgado a sentença por haver omitido o recurso *ex officio*, que se considera interposto *ex lege*." Por conseguinte, a remessa necessária apresenta-se como condição de eficácia da sentença.

Caso o magistrado não supra a omissão, o Presidente do Tribunal, de ofício ou por provocação das partes, avocará os autos (art. 496, § 1º, CPC), e distribuirá o processo a um Relator para exame da remessa necessária.

Incidindo algumas das hipóteses de dispensa de remessa necessária previstas no art. 496, § 3º e § 4º, do CPC, deve o juiz, expressa e fundamentadamente, dispensar a remessa necessária, externando os motivos para tanto. Caso não haja fundamentação expressa de dispensa, considera-se omissa a sentença, o que impedirá o trânsito em julgado da sentença (Súmula 423 do STF).

Decidindo o juiz, expressa e fundamentadamente, no seio da sentença que incide hipótese legal de dispensa de remessa necessária, caberá à Fazenda Pública impugnar esse capítulo da sentença, mediante interposição de apelação pelo princípio da singularidade recursal[604], sob pena de operar-se a coisa julgada material sobre esse tema, em virtude do trânsito em julgado da sentença que abordou expressamente a questão, a qual (sentença) apenas poderá ser revista em sede de ação rescisória, caso se configure uma das hipóteses previstas no art. 966 do CPC.[605]

No bojo da remessa necessária, o tribunal reexaminará toda a matéria discutida na causa, mesmo que a Fazenda Pública tenha interposto recurso parcial contra a sentença. Contudo, não se afigura possível o tribunal agravar a

---

sentenciados: LACERDA, Galeno. *O novo direito processual civil e os feitos pendentes*. 2. ed. Rio de Janeiro: Forense, 2006, p. 62.

604. Não cabe agravo de instrumento contra o provimento jurisdicional que dispensa a remessa necessária, à míngua de previsão dessa matéria nas hipóteses taxativas do art. 1.015 do CPC.

605. Nesse sentido: CUNHA, Leonardo Carneiro. *A Fazenda Pública em juízo*. 13. ed. rev. atual. São Paulo: Dialética, 2016, p. 197. No entanto, quadra registrar que os tribunais tem apresentado interpretação mais flexível, permitindo a avocação pelo Presidente do tribunal tanto na hipótese de omissão da sentença quanto à remessa necessária, quanto de manifestação expressa do juiz acerca da dispensa, ao argumento que em ambas hipóteses não há o trânsito em julgado da matéria. Confira: TRF 2, Pedido de avocação n. 0010924-19.2016.4.02.0000, Rel. Des. André Fontes, Plenário, DJ 14/09/2017.

situação da Fazenda Pública no julgamento da remessa necessária (*reformatio in pejus*), consoante Enunciado n. 45 da Súmula do STJ: "No reexame necessário, é defeso, ao tribunal, agravar a condenação imposta à Fazenda Pública."

Julgada a remessa necessária pelo Tribunal, se afigura possível a interposição de recurso especial pela Fazenda Pública, ainda que esta não tenha interposto apelação da sentença proferida em seu desfavor pelo juiz de primeiro grau, inexistindo preclusão recursal, conforme entendimento da Corte Especial do Superior Tribunal de Justiça.[606]

2.12.3 Remessa necessária e o mandado de segurança

O art. 14, § 1º, da Lei Federal n. 12.016/2009, prevê que, concedida a segurança, a sentença[607] estará sujeita obrigatoriamente ao duplo grau de jurisdição. Portanto, no mandado de segurança, não importa quem figura no polo passivo da demanda, mas sim se houve concessão de segurança.

Dessa forma, concedida a segurança, mesma que seja contra empresa pública ou sociedade de economia mista, ou contra entidade particular que exerça atividade pública por delegação, será obrigatória a remessa necessária, ainda que não figure no polo passivo a União, os Estados, os Municípios, e suas respectivas autarquias e fundações públicas.[608]

Como se depreende da literalidade do referido dispositivo legal, "concedida a segurança, a sentença estará sujeita obrigatoriamente ao duplo grau de jurisdição", ou seja, institui a remessa necessária (obrigatória), sem criar exceções legais de dispensa.

Nesse diapasão, o Superior Tribunal de Justiça, interpretando esse supracitado dispositivo legal em face do CPC/1973, entendeu que é inaplicável ao mandado de segurança o art. 475 do CPC/1973, que trata das hipóteses de dispensa de remessa necessária, pois a regra especial contida no art. 14, § 1º, da Lei Federal nº 12.016/2009, prevalece sobre a disciplina genérica do Código de Processo Civil, na forma do art. 2º, § 2º, da LICC. Em outras palavras: lei especial posterior derroga lei geral anterior.[609]

606. Resp. 905.771, Rel. Min. Teori Zavascki, j. 29.06.2010. Esse é ainda o atual entendimento: STJ, AgRg no REsp 1054481/RJ, Rel. Ministro Napoleão Nunes Maia Filho, Primeira Turma, julgado em 15/09/2016.

607. Observa-se que, pelo texto legal, a remessa necessária cabe apenas de sentença (primeira instância), e não de acórdão proferido por tribunal, ainda que concessivo do *mandamus* em competência originária.

608. STJ, Resp n. 278.047, 5ª Turma, Rel. Min. Felix Fischer, j. 13.03.2002; STJ, REsp 279.217/PR, Rel. Ministro Jorge Scartezzini, Quinta Turma, julgado em 02/08/2001.

609. STJ, AgRg nos EDcl no AREsp 302.656/SP, Rel. Ministro Herman Benjamin, Segunda Turma, j. em 15.08.2013; STJ, REsp 1.274.066/PR, Rel. Ministro Mauro Campbell, Segunda Turma, DJe 09.12.2011; STJ, EREsp 687.216/SP, Rel. Ministro Castro Meira, Corte Especial, DJe 04.08.2008.

No entanto, com o advento do Código de Processo Civil de 2015, impõe-se uma nova interpretação desse dispositivo legal.

Em primeiro lugar, os métodos clássicos hermenêuticos (a exemplo de conflito de lei no tempo) não ocupam mais o lugar de primazia em nosso ordenamento jurídico. Assim, o método hermenêutico consistente na prevalência de lei especial anterior sobre lei geral posterior cede ao principal método hermenêutico de um processo civil constitucional: interpretação de acordo com a Constituição Federal.

Conforme já explanado, o art. 496 do CPC/2015, não só manteve as exceções à remessa necessária previstas no CPC/1973, como as ampliou, quantitativa (em razão do valor da condenação ou do proveito econômico) e qualitativamente (em razão dos precedentes vinculantes), o que demonstra que o legislador flexibilizou mais ainda a obrigatoriedade da remessa necessária, visando, assim, assegurar outros valores constitucionais no processo, como a duração razoável, a efetividade, a isonomia entre as partes e a segurança jurídica.

Ora, o referido entendimento firmado pelo Superior Tribunal de Justiça, que aplica a literalidade do art. 14, § 1º, da Lei de Mandado de Segurança, anda na contramão das diretrizes do Código de Processo Civil de 2015.

Conforme já explanado, o mandado de segurança consiste em um instrumento processual criado para ser célere e efetivo. Acontece que, mantendo a interpretação literal do texto legal em relação ao *writ* (obrigatoriedade, sem exceções, da remessa necessária), o término de seu procedimento (que também inclui o grau recursal) e, por conseguinte, a prestação de tutela jurisdicional definitiva, demorará mais do que um procedimento comum, o que contraria a vontade do Constituinte, que o criou (o *mandamus*) como garantia fundamental para ser mais célere e efetiva.

Há violação também à isonomia, pois, no plano substancial, não há distinção entre a matéria objeto de análise em ação de mandado de segurança e a ação sob o procedimento comum. *Prima facie*, a causa de pedir suscetível de mandado de segurança não é mais relevante ou complexa do que a causa de pedir inserta em ação sob o procedimento comum.

Logo, se um jurisdicionado, ao ter um direito subjetivo violado, optar por ajuizar uma ação sob procedimento comum, ao invés de mandado de segurança (ainda que configurados os requisitos de cabimento deste), poderá se valer das hipóteses de dispensa de remessa necessária, culminando na ocorrência da coisa julgada com mais celeridade que o mandado de segurança.

Não há lógica nisso... Estar-se-á dando um tratamento mais benéfico à ação sob o procedimento comum, em detrimento da ação de mandado de segurança, sem justificativa discriminatória para tanto, o que viola a isonomia, sobretudo porque o mandado de segurança é um garantia fundamental prevista na própria Constituição Federal, criado justamente para ser mais célere e efetivo que o procedimento comum.[610]

Isso se agrava com a redação do atual art. 496, § 3º, do CPC/2015, porquanto o valor de teto para afastamento da remessa necessária foi elevado substancialmente, sendo que em causas da União Federal o valor é de 1.000 (mil) salários mínimos, o que, na prática, acaba por abolir a remessa necessária em sentenças líquidas contra a União, pois é mínima a parcela de causas que superam esse teto.

Ademais, vislumbra-se também violação à segurança jurídica, pois o art. 496, § 4º, do CPC/2015, em conformação com a estrutura pensada para o Código de Processo Civil de 2015, adota a teoria dos precedentes normativos formalmente vinculantes, buscando dar racionalidade, isonomia e segurança ao sistema.

Ora, se o sistema processual atual encampou a teoria da precedentes normativos formalmente vinculantes, sendo certo que, no próprio mandado de segurança, os Juízes de primeira instância e Desembargadores dos tribunais estarão vinculados aos precedentes vinculantes arrolados no art. 927 do CPC, de forma vertical e horizontal, na hipótese de uma sentença ter se baseado em precedente vinculante, qual é a razão de que esta sentença deverá ser obrigatoriamente reexaminada pelo Tribunal, já que este próprio Tribunal também deverá observar o precedente aplicável ao caso?

Manter a obrigatoriedade da remessa necessária no mandado de segurança só contribuirá para o abarrotamento de processos nos Tribunais, prejudicando a tão almejada celeridade processual, não apenas daquele processo individual, mas no acervo processual como um todo, pois o Tribunal despen-

610. Igual raciocínio apresentou Celso Agrícola Barbi, ao defender a inconstitucionalidade parcial da Lei Federal n. 4.348: "Quando o legislador constituinte inscreveu na Carta Magna o mandado de segurança, dando-lhe, assim, garantia constitucional, pressupôs que aquele meio de defesa do cidadão deveria ter forma processual mais rápida, mais eficiente do que os demais procedimentos. [...]. Assim, qualquer lei ordinária que, de forma direta ou indireta, destruir a eficiência do mandado de segurança, tornando-a igual ou inferior à obtida pelas formas comuns do processo, violará a Constituição e, portanto, não poderá prevalecer [...] Chegaremos à situação absurda de ver o mesmo direito de um funcionário ter a sentença que o reconheça executada na pendência de recurso extraordinário, se usada uma ação de rito ordinário, e, se usado o mandado de segurança, ter de esperar o julgamento final deste." (BARBI, Celso Agrícola. *Do Mandado de Segurança.* 12. ed. Revista e Atualizada. Rio de Janeiro: Forense, 2009, p. 225-226)

derá tempo e dinheiro para examinar um processo fadado ao insucesso, em que a própria parte interessada (Fazenda Publica) não interpôs recurso, pois já sabe de antemão o desfecho da lide, em virtude da observância obrigatória de aplicação do precedente vinculante.

Isso se torna mais desarrazoável quando a sentença judicial coincide com "orientação vinculante firmada no âmbito administrativo do próprio ente público, consolidada em manifestação, parecer ou súmula administrativa" (art. 496, § 4º, IV, CPC), pois se a própria Fazenda Pública não tem interesse em apresentar recurso, já que a matéria está sedimentada administrativamente, por que o Poder Judiciário dispenderia tempo para reexame da matéria? Nesse sentido, é o Enunciado n. 312 do Fórum Permanente de Processualistas Civis: "O inciso IV do § 4º do art. 496 do CPC aplica-se ao procedimento do mandado de segurança."

A propósito, em nível federal, o art. 19, § 2º, da Lei Federal n. 10.522/2002, dispensa a remessa necessária em processos em que atua a Procuradoria da Fazenda Nacional, quando a sentença desfavorável à Fazenda Pública Federal está de acordo com precedente vinculante do STF e do STJ, conforme nova redação dada pela Lei Federal nº 12.844/2013, que, aliás, é posterior e especial em relação à Lei Federal n. 12.016/2009.

Destarte, com o advento do Código de Processo Civil de 20015, impõe-se a alteração do mencionado entendimento do Superior Tribunal de Justiça, de forma a aplicar por analogia as exceções previstas no art. 496 do CPC/2015 ao procedimento de mandado de segurança, quando cabíveis, visto que, agindo assim, estar-se-á interpretando o art. 14, § 1º, da Lei Federal n. 12.016/2009 de acordo com a Constituição Federal, para assegurar os valores efetividade, duração razoável do processo, isonomia e segurança jurídica, o que está em consonância com o objetivo da jurisdição, de prestar uma tutela efetiva, adequada e tempestiva, mediante um processo justo.[611]

---

611. Nesse mesmo sentido, entendendo ser possível aplicar as exceções de obrigatoriedade da remessa necessária previstas no Código de Processo Civil ao mandado de segurança: BUENO, Cássio Scarpinella. *Mandado de segurança*: comentário às Leis ns. 1.533/51, 4.348/64 e 5.021/66. 2. ed. São Paulo: Saraiva, 2004, p. 132; PEREIRA, Hélio do Valle. *O novo mandado de segurança*: comentários à Lei n. 12.016 de 7/08/2009. Florianópolis: Conceito Editorial, 2010, p. 143; CUNHA, Leonardo Carneiro. *A Fazenda Pública em juízo*. 13. ed. rev. atual. São Paulo: Dialética, 2016, p. 582-583. Alexandre Freitas Câmara escreve que seria possível um diálogo entre o CPC e a Lei de Mandado de Segurança n. 1.533/1951, de forma a admitir a aplicação das exceções previstas no CPC/1973. Contudo, Câmara afirma que, como a Lei Federal n. 12.016/2009 não fez qualquer menção às exceções ao reexame necessário, conclui que o legislador fez uma opção clara pelo entendimento predominante do STJ, que impõe a obrigatoriedade da remessa em toda sentença concessiva do *mandamus*. (*Manual do Mandado de Segurança*. 2. ed. São Paulo: Atlas, 2014, p. 266-267)

2.13 RECURSOS

2.13.1 Disciplina Geral

No processo de mandado de segurança, aplica-se o regramento geral de cabimento de recursos previsto no Código de Processo Civil. Dessa forma, na forma do art. 994 do CPC, é cabível, no processo de mandado de segurança, o agravo de instrumento, embargos de declaração, apelação, agravo interno, agravo em recurso especial ou extraordinário, embargos de divergência, recurso ordinário, recurso especial e recurso extraordinário.

2.13.1.1 Agravo de instrumento

Das decisões interlocutórias de primeira instância proferidas no processo de mandado de segurança, que versarem sobre as hipóteses previstas no art. 1.015 do CPC, é cabível o recurso de agravo de instrumento.[612] As questões resolvidas na fase de conhecimento, se a decisão a seu respeito não comportar agravo de instrumento, não são cobertas pela preclusão e devem ser suscitadas em preliminar de apelação, eventualmente interposta contra a decisão final, ou nas contrarrazões (art. 1.009, § 1º, CPC).

Com o advento do Código de Processo Civil de 2015, as decisões interlocutórias contra as quais caberá interposição de agravo de instrumento foram elencadas, taxativamente, no art. 1.015:

> Art. 1.015. Cabe agravo de instrumento contra as decisões interlocutórias que versarem sobre:
>
> I - tutelas provisórias;
>
> II - mérito do processo;
>
> III - rejeição da alegação de convenção de arbitragem;
>
> IV - incidente de desconsideração da personalidade jurídica;
>
> V - rejeição do pedido de gratuidade da justiça ou acolhimento do pedido de sua revogação;
>
> VI - exibição ou posse de documento ou coisa;
>
> VII - exclusão de litisconsorte;
>
> VIII - rejeição do pedido de limitação do litisconsórcio;

612. Sobre a interpretação do art. 1.015 do CPC (rol taxativo ou exemplificativo), bem como sobre o cabimento do *writ* como sucedâneo recursal na hipótese (ausência ou não de recurso), consultar o tópico 2.3.3 (Ato Judicial passível de recurso com efeito suspensivo).

IX - admissão ou inadmissão de intervenção de terceiros;

X - concessão, modificação ou revogação do efeito suspensivo aos embargos à execução;

XI - redistribuição do ônus da prova nos termos do art. 373, § 1o;

XII - (VETADO);

XIII - outros casos expressamente referidos em lei.

Essa alteração da sistemática recursal significou mudança de paradigma quanto à recorribilidade das decisões interlocutórias. No Código de Processo Civil de 1973, a regra era a possibilidade de interposição do agravo (de instrumento ou retido) contra todos os provimentos dessa natureza decisória (decisão interlocutória). No atual diploma processual, todavia, verifica-se que fora eleita a excepcionalidade da interposição do agravo, posto que firmado rol taxativo para tal irresignação. Infere-se, assim, que, hodiernamente, a regra é pelo não cabimento do agravo de instrumento, o que se aplica às decisões interlocutórias proferidas no procedimento de mandado de segurança.[613]

No que tange às hipóteses previstas no art. 1.015 do CPC, não comungamos do entendimento segundo o qual esse rol é exemplificativo, uma vez que, como é cediço, pelo princípio da taxatividade (que decorre da legalidade), somente lei federal pode criar recursos.

Contudo, taxatividade não significa literalidade.[614] Assim, o rol do art. 1.015 do CPC admite interpretação extensiva, de forma que, por exemplo, "a decisão que condicionar a apreciação da tutela provisória incidental ao recolhimento de custas ou a outra exigência não prevista em lei equivale a negá-la, sendo impugnável por agravo de instrumento (Enunciado n. 29 do Fórum Permanente de Processualistas Civis), ou seja, equivale à hipótese prevista no inciso I (tutela provisória).

613. Enunciado n. 351 do Fórum Permanente de Processualistas Civis: "O regime da recorribilidade das interlocutórias do CPC aplica-se ao procedimento do mandado de segurança."

614. Alexandre Freitas Câmara assevera: "A existência de um rol taxativo não implica dizer que todas as hipóteses nele previstas devam ser interpretadas de forma literal ou estrita. É perfeitamente possível realizar-se, aqui – ao menos em alguns incisos, que se valem de fórmulas redacionais mais 'abertas' – interpretação extensiva ou analógica." (*O Novo Processo Civil Brasileiro*. Atlas: São Paulo, 2015, p. 520). De igual forma sentenciam Marinoni, Mitidiero e Arenhart: "O fato de o legislador construir um rol taxativo não elimina a necessidade de interpretação para sua compreensão: em outras palavras, a taxatividade não elimina a equivocidade dos dispositivos e a necessidade de se adscrever sentido aos textos mediante interpretação." (ARENHART, Sérgio Cruz; MARINONI, Luiz Guilherme; MITIDIERO, Daniel. *Novo Código de Processo Civil Comentado*. 2. ed., São Paulo: Revista dos Tribunais, 2016, p. 1.074). Nesse mesmo diapasão: DIDIER JR, Fredie; CUNHA, Leonardo Carneiro da. *Curso de Processo Civil*. 13. ed. Salvador: Juspodivm, 2016, p. 209, v. III.

Contudo, decidiu a Corte Especial do Superior Tribunal de Justiça, em regime de recurso repetitivo (precedente vinculante), no sentido de que as hipóteses de cabimento de agravo de instrumento não são absolutamente taxativas (mas também não é um rol exemplificativo), de modo que o "o rol do art. 1.015 do CPC é de taxatividade mitigada, por isso admite a interposição de agravo de instrumento quando verificada a urgência decorrente da inutilidade do julgamento da questão no recurso de apelação".[615]

Nesse precedente vinculante, observa-se que o Superior Tribunal de Justiça adotou posição quanto ao cabimento do agravo de instrumento mais ampla (taxatividade mitigada) do que a interpretação extensiva, porquanto "a tese de que o rol do art. 1.015 do CPC seria taxativo, mas admitiria interpretações extensivas ou analógicas, mostra-se igualmente ineficaz para a

615. "RECURSO ESPECIAL REPRESENTATIVO DE CONTROVÉRSIA. DIREITO PROCESSUAL CIVIL. NATUREZA JURÍDICA DO ROL DO ART. 1.015 DO CPC/2015. IMPUGNAÇÃO IMEDIATA DE DECISÕES INTERLOCUTÓRIAS NÃO PREVISTAS NOS INCISOS DO REFERIDO DISPOSITIVO LEGAL. POSSIBILIDADE. TAXATIVIDADE MITIGADA. EXCEPCIONALIDADE DA IMPUGNAÇÃO FORA DAS HIPÓTESES PREVISTAS EM LEI. REQUISITOS. 1- O propósito do presente recurso especial, processado e julgado sob o rito dos recursos repetitivos, é definir a natureza jurídica do rol do art. 1.015 do CPC/15 e verificar a possibilidade de sua interpretação extensiva, analógica ou exemplificativa, a fim de admitir a interposição de agravo de instrumento contra decisão interlocutória que verse sobre hipóteses não expressamente previstas nos incisos do referido dispositivo legal. 2- Ao restringir a recorribilidade das decisões interlocutórias proferidas na fase de conhecimento do procedimento comum e dos procedimentos especiais, exceção feita ao inventário, pretendeu o legislador salvaguardar apenas as 'situações que, realmente, não podem aguardar rediscussão futura em eventual recurso de apelação'. 3- A enunciação, em rol pretensamente exaustivo, das hipóteses em que o agravo de instrumento seria cabível revela-se, na esteira da majoritária doutrina e jurisprudência, insuficiente e em desconformidade com as normas fundamentais do processo civil, na medida em que sobrevivem questões urgentes fora da lista do art. 1.015 do CPC e que tornam inviável a interpretação de que o referido rol seria absolutamente taxativo e que deveria ser lido de modo restritivo. 4- A tese de que o rol do art. 1.015 do CPC seria taxativo, mas admitiria interpretações extensivas ou analógicas, mostra-se igualmente ineficaz para a conferir ao referido dispositivo uma interpretação em sintonia com as normas fundamentais do processo civil, seja porque ainda remanescerão hipóteses em que não será possível extrair o cabimento do agravo das situações enunciadas no rol, seja porque o uso da interpretação extensiva ou da analogia pode desnaturar a essência de institutos jurídicos ontologicamente distintos. 5- A tese de que o rol do art. 1.015 do CPC seria meramente exemplificativo, por sua vez, resultaria na repristinação do regime recursal das interlocutórias que vigorava no CPC/73 e que fora conscientemente modificado pelo legislador do novo CPC, de modo que estaria o Poder Judiciário, nessa hipótese, substituindo a atividade e a vontade expressamente externada pelo Poder Legislativo. 6- Assim, nos termos do art. 1.036 e seguintes do CPC/2015, fixa-se a seguinte tese jurídica: O rol do art. 1.015 do CPC é de taxatividade mitigada, por isso admite a interposição de agravo de instrumento quando verificada a urgência decorrente da inutilidade do julgamento da questão no recurso de apelação. 7- Embora não haja risco de as partes que confiaram na absoluta taxatividade serem surpreendidas pela tese jurídica firmada neste recurso especial repetitivo, pois somente haverá preclusão quando o recurso eventualmente interposto pela parte venha a ser admitido pelo Tribunal, modulam-se os efeitos da presente decisão, a fim de que a tese jurídica apenas seja aplicável às decisões interlocutórias proferidas após a publicação do presente acórdão. 8- Na hipótese, dá-se provimento em parte ao recurso especial para determinar ao TJ/MT que, observados os demais pressupostos de admissibilidade, conheça e dê regular prosseguimento ao agravo de instrumento no que se refere à competência, reconhecendo-se, todavia, o acerto do acórdão recorrido em não examinar à questão do valor atribuído à causa que não se reveste, no particular, de urgência que justifique o seu reexame imediato. 9- Recurso especial conhecido e parcialmente provido." (STJ, REsp 1696396/MT, Rel. Ministra NANCY ANDRIGHI, CORTE ESPECIAL, julgado em 05/12/2018, DJe 19/12/2018)

conferir ao referido dispositivo uma interpretação em sintonia com as normas fundamentais do processo civil, seja porque ainda remanescerão hipóteses em que não será possível extrair o cabimento do agravo das situações enunciadas no rol, seja porque o uso da interpretação extensiva ou da analogia pode desnaturar a essência de institutos jurídicos ontologicamente distintos."

De outro lado, ainda nesse precedente, embora afirmada a taxatividade mitigada do rol, a Corte Especial rechaçou a tese de rol exemplificativo, pois entendeu que "a tese de que o rol do art. 1.015 do CPC seria meramente exemplificativo, por sua vez, resultaria na repristinação do regime recursal das interlocutórias que vigorava no CPC/73 e que fora conscientemente modificado pelo legislador do novo CPC, de modo que estaria o Poder Judiciário, nessa hipótese, substituindo a atividade e a vontade expressamente externada pelo Poder Legislativo." O acerto do precedente está em separar a possibilidade do recurso da ocorrência da preclusão. Há um *duplo juízo de conformidade*, de forma que somente haverá preclusão se o recurso for impetrado e considerado cabível, caso contrário, restará possível a impugnação nos termos do art. 1.009, § 1º, CPC.

Em se cuidando de mandado de segurança impetrado originariamente nos Tribunais, da decisão do Relator que defere ou indefere a liminar, é cabível o recurso de agravo interno no prazo de 15 (quinze) dias para o Colegiado (art. 16, parágrafo único, da Lei Federal n. 12.016/2009, c/c art. 1.021 do CPC), quando então será assegurada a defesa oral na sessão do julgamento do pedido liminar (art. 16 da Lei Federal n. 12.016/2009, conforme nova redação dada pela Lei Federal n. 13.676/2018).

Assim, cai por terra o antigo Enunciado n. 622 da Súmula do STF, no sentido de que "não cabe agravo regimental contra decisão do relator que concede ou indefere liminar em mandado de segurança", tanto que o STF, após a vigência da Lei Federal n. 12.016/2009, já afastou o referido Enunciado, para aplicar o novo texto legal.[616] A propósito, vale lembrar que de qualquer decisão proferida pelo Relator cabe agravo interno, conforme estatui o art. 1.021 do CPC.

2.13.1.2 Apelação

A sentença proferida no processo de mandado de segurança, resolvendo ou não o mérito da lide, comporta recurso de apelação (art. 1.009, CPC; art.

616. STF, MS 25563 AgR, Relator Min. Marco Aurélio, Tribunal Pleno, julgado em 09/12/2010.

14 da Lei Federal n. 12.016/2009). Ressalta-se que, contra a sentença que (i) indefere a inicial (art. 331, CPC), (ii) julga improcedente liminarmente o pedido (art. 332, § 3º, CPC), e (iii) não resolve o mérito da lide (art. 485, § 7º, CPC), afigura-se cabível a retratação por parte do juiz prolator da sentença (efeito regressivo do recurso).

Concedida a segurança, a apelação será recebida apenas no efeito devolutivo[617], salvo nos casos em que for vedada a concessão de liminar, quando, então, a apelação será recebida nos efeitos devolutivo e suspensivo (art. 14, § 3º, da Lei Federal n. 12.016/2009)[618]. As hipóteses em que é vedada a concessão de liminar já foram examinadas em tópico próprio (item 2.9.5), aplicando-se, aqui, para efeito de eficácia imediata da sentença, aquelas mesmas observações quanto à constitucionalidade da norma legal que proíbe a concessão de liminar.[619]

Portanto, sendo vedada a concessão de liminar, também será vedado o cumprimento provisório da sentença, devendo a apelação ser recebida segundo a regra geral do Código de Processo Civil (art. 1.012, CPC), ou seja, nos efeitos devolutivo e suspensivo. Contudo, julgada a apelação ou (eventualmente) a remessa necessária pelo tribunal competente, o acórdão proferido produzirá eficácia imediata, uma vez que, como é cediço, os recursos especial e extraordinário, cabíveis contra o acórdão dos tribunais, não são dotados, automaticamente, de efeito suspensivo, não havendo óbice, por conseguinte, para a execução provisória do acórdão.[620]

Com efeito, o art. 14, § 3º, da Lei Federal n. 12.016/2009 refere-se apenas à "sentença" que conceder o mandado de segurança, não abrangendo o acórdão dos tribunais. Assim, deve-se levar a cabo uma interpretação restritiva

---

617. Como bem salienta Helly Lopes Meirelles, o efeito suspensivo "seria contrário ao caráter urgente e autoexecutório da decisão mandamental." (MEIRELES, Hely Lopes; WALD, Arnoldo; MENDES, Gilmar Ferreira. *Mandado de Segurança e Ações Constitucionais.* 36. ed. São Paulo: Malheiros, 2014, p. 130). No mesmo sentido: BUENO, Cassio Scarpinella. *A nova lei do mandado de segurança.* 2. ed. São Paulo: Saraiva, 2010, p. 113.

618. Art. 14, § 3º. "A sentença que conceder o mandado de segurança pode ser executada provisoriamente, salvo nos casos em que for vedada a concessão da medida liminar."

619. Se em determinado caso concreto restar configurado, satisfatoriamente, o *periculum in mora* e a reversibilidade da medida, a ponto de existir risco concreto e imediato de perecimento de direito do autor, deve o juiz, mediante a técnica da declaração parcial de nulidade sem redução de texto, afastar a regra proibitiva e conceder a liminar, mesmo que no bojo da sentença, produzindo esta efeitos imediatos, pois o poder de acautelar é imanente ao de julgar, tendo o Judiciário o dever constitucional de prestar tutela de direito de forma efetiva, de acordo com o princípio do acesso à justiça (art. 5º, XXXV, CF). Logo, nessa hipótese, como a liminar não estaria vedada, também não haveria óbice para a execução provisória da sentença, sendo a apelação recebida apenas no efeito devolutivo.

620. Nessa mesma direção: BUENO, Cassio Scarpinella. *A nova lei do mandado de segurança.* 2. ed. São Paulo: Saraiva, 2010, p. 118-119.

do referido dispositivo legal, pois tratando-se o mandado de segurança de uma garantia fundamental, impõe-se proceder a uma interpretação que lhe dê maior efetividade e alcance, até porque, conforme já discorrido, o *mandamus* fora criado para ser um rito célere e efetivo, sendo ínsito à natureza mandamental da sentença do *writ* a sua eficácia imediata. De nada adiantaria criar um instrumento processual para ser efetivo e célere, se não lhe conferisse produção de efeitos imediatos da sentença.

Entretanto, na hipótese específica de liberação de recurso, inclusão em folha de pagamento, reclassificação, equiparação, concessão de aumento ou extensão de vantagens a servidores públicos, a sentença somente poderá ser executada após o seu trânsito em julgado, conforme redação do art. 2º-B da Lei Federal n. 9.494/1997[621] e inteligência do art. 100, § 5º, da Carta Magna[622]. Nesse sentido há aresto do Superior Tribunal de Justiça.[623] Igual raciocínio se aplica à compensação de crédito tributário, que demanda trânsito em julgado, na forma do art. 170-A do CTN[624].

Destarte, temos o seguinte quadro: como regra geral, a sentença concessiva do *writ* que verse sobre aquelas matérias que é vedada a concessão de liminar (art. 7º, § 2º, da Lei Federal n. 12.016/2009)[625], não comporta cumprimento provisório da sentença, devendo a apelação ser recebida no efeito suspensivo, salvo situação de concreta inconstitucionalidade (técnica de declaração parcial de nulidade sem redução de texto). Proferido o acórdão pelo tribunal, aquele (o acórdão) possui eficácia imediata, possibilitando o seu cumprimento provisório, apenas no que tange à entrega de mercadoria e

---

621. Art. 2º-B. "A sentença que tenha por objeto a liberação de recurso, inclusão em folha de pagamento, reclassificação, equiparação, concessão de aumento ou extensão de vantagens a servidores da União, dos Estados, do Distrito Federal e dos Municípios, inclusive de suas autarquias e fundações, somente poderá ser executada após seu trânsito em julgado." (Incluído pela Medida provisória nº 2.180-35, de 2001)

622. Art. 100, § 5º. "É obrigatória a inclusão, no orçamento das entidades de direito público, de verba necessária ao pagamento de seus débitos, oriundos de sentenças transitadas em julgado, constantes de precatórios judiciários apresentados até 1º de julho, fazendo-se o pagamento até o final do exercício seguinte, quando terão seus valores atualizados monetariamente." (Redação dada pela Emenda Constitucional nº 62, de 2009).

623. "[...]. 1. É possível, em regra, o cumprimento imediato da sentença concessiva de mandado segurança, ressalvados, todavia, os casos de concessão de aumento ou extensão de vantagens, que deverão ser executados somente após o trânsito em julgado do decisum, nos termos do disposto no art. 5º, parágrafo único, da Lei 4.348/64 c/c o art. 2.º-B da Lei 9.494/97. [...]." (STJ, AgInt no AREsp 894.495/SP, Rel. Ministro Sérgio Kukina, Primeira Turma, j. em 21.03.2017)

624. Art. 170-A. "É vedada a compensação mediante o aproveitamento de tributo, objeto de contestação judicial pelo sujeito passivo, antes do trânsito em julgado da respectiva decisão judicial." (Artigo incluído pela LCP nº 104, de 2001)

625. "Não será concedida medida liminar que tenha por objeto a compensação de créditos tributários, a entrega de mercadorias e bens provenientes do exterior, a reclassificação ou equiparação de servidores públicos e a concessão de aumento ou a extensão de vantagens ou pagamento de qualquer natureza."

bens provenientes do exterior. No tocante às demais matérias (compensação de crédito tributário, a reclassificação ou equiparação de servidores públicos e a concessão de aumento ou a extensão de vantagens ou pagamento de qualquer natureza), a sentença ou o acórdão apenas poderá ser executado após o trânsito em julgado, salvo situação de concreta inconstitucionalidade.

A contagem do prazo para interposição do recurso flui da intimação oficial do julgado através do advogado público, e não da notificação da autoridade coatora para cumprimento da ordem.[626]

De outro giro, denegada a segurança, ante a interpretação *a contrario sensu* do art. 14, § 3º, da Lei Federal n. 12.016/2009, e seguindo a regra geral do Código de Processo Civil (art. 1.012, CPC), poder-se-ia argumentar que a apelação deve ser recebida nos efeitos devolutivo e suspensivo.[627] Contudo, conforme já visto, denegada a segurança, fica imediatamente sem efeito a liminar concedida, independentemente de manifestação expressa do juiz, conforme entendimento da jurisprudência[628] e majoritário da doutrina[629], sobretudo porque a apelação interposta contra a sentença que revoga tutela provisória será recebida apenas no efeito devolutivo (art. 1.012, § 1º, V, CPC)[630], restando ao impetrante pleitear o restabelecimento da liminar na instância superior, nas razões da apelação ou em via autônoma.

---

626. Súmula 392 do STF: "O prazo para recorrer de acórdão concessivo de segurança conta-se da publicação oficial de suas conclusões, e não da anterior ciência à autoridade para cumprimento da decisão."

627. Nesse mesmo sentido: BUENO, Cassio Scarpinella. *A nova lei do mandado de segurança*. 2. ed. São Paulo: Saraiva, 2010, p. 113; CUNHA, Leonardo Carneiro. *A Fazenda Pública em juízo*. 13. ed. rev. atual. São Paulo: Dialética, 2016, p. 586.

628. Enunciado n. 405 da Súmula do STF: "Denegado o mandado de segurança pela sentença, ou no julgamento do agravo dela interposto, fica sem efeito a liminar concedida, retroagindo os efeitos da decisão contrária."; STF, AC 280 AgR, Relator Min. Carlos Velloso, Segunda Turma, julgado em 03/08/2004; STJ, RMS 48.028/SP, Rel. Ministro Herman Benjamin, Segunda Turma, julgado em 01/09/2016; STJ, EREsp 839.962/MG, Rel. Ministro Arnaldo Esteves Lima, Primeira Seção, julgado em 27/02/2013.

629. Nesse sentido: "No caso de denegação do mandado de segurança, o desaparecimento da medida cautelar concedida não depende nem mesmo de revogação expressa na sentença: trata-se de 'efeito' desta, e que pode ser adequadamente incluído entre os chamados 'efeitos secundários da sentença'." (BARBI, Celso Agrícola. *Do Mandado de Segurança*. 12. ed. Revista e Atualizada. Rio de Janeiro: Forense, 2009, p. 171). Nessa linha: BUENO, Cassio Scarpinella. *A nova lei do mandado de segurança*. 2. ed. São Paulo: Saraiva, 2010, p. 82; DANTAS, Marcelo Navarro Ribeiro. *Comentários à nova lei do mandado de segurança*. Napoleão Nunes Maia Filho; Caio Cesar Vieira Rocha; Tiago Asfor Rocha Lima (orgs.). São Paulo: Revista dos Tribunais, 2010, p. 141-142; GREGO FILHO. Vicente. *O novo mandado de segurança*. Comentários à Lei n. 12.016, de 7 de agosto de 2009. São Paulo: Saraiva, 2010, p. 32; THEODORO JR, Humberto. *Lei do mandado de segurança comentada*. Rio de Janeiro: Forense, 2014, p. 252.

630. Art. 1.012. A apelação terá efeito suspensivo.
§ 1º Além de outras hipóteses previstas em lei, começa a produzir efeitos imediatamente após a sua publicação a sentença que:
[...]. V - confirma, concede ou revoga tutela provisória;

Caso não tenha sido deferida liminar, o efeito suspensivo em face da sentença denegatória em nada alterará o plano fático, pois o ato impugnado permanece válido e eficaz, seja anterior ou posteriormente à prolação da sentença denegatória.

Defendendo o recebimento do recurso meramente no efeito devolutivo, mas por outro fundamento (autoexecutoriedade da sentença denegatória proferida no *writ*), também se posiciona o Superior Tribunal de Justiça.[631]

2.13.1.3 Recurso Ordinário

Impetrado mandado de segurança, originariamente, perante tribunal superior (STJ, TST, TSE), e sendo a ordem denegada, cabe recurso ordinário perante o Supremo Tribunal Federal por parte do impetrante (art. 102, II, "a", CF); sendo concedida a ordem pelo tribunal superior, caberá recurso extraordinário por parte do impetrado, se configurados os seus pressupostos legais. Em caso de concessão parcial, caberá recurso ordinário pelo impetrante e recurso extraordinário pelo impetrado.[632]

De outro lado, impetrado mandado de segurança, originariamente, perante o Tribunal de Justiça ou Tribunal Regional Federal, e sendo a ordem denegada, cabe recurso ordinário perante o Superior Tribunal de Justiça por parte do impetrante (art. 105, II, "b", CF). Na hipótese de concessão parcial da ordem mandamental, o cabimento do recurso ordinário é restrito à parte denegatória do *decisum*, de forma que apenas o impetrante tem legitimidade recursal[633]. Sendo concedida a ordem, caberá, concomitantemente, os recursos extraordinário e especial pela parte impetrada, se configurados os seus pressupostos legais.

Na hipótese de ordem denegada pelos tribunais superiores (STJ, TST e TSE) ou inferiores (TJ ou TRF), a interposição de recursos especial e/ou extraordinário, em substituição ao recurso ordinário, configura erro grosseiro, não suscetível de aplicação do princípio da fungibilidade[634], ensejando a inadmissibilidade do recurso, até porque os recursos especial e extraordinário

631. STJ, AgRg no AResp n. 368.657, 2ª Turma, Rel. Herman Benjamin, j. 06.05.2014; STJ, AgRg no AREsp 113.207/SP, Rel. Ministro Castro Meira, Segunda Turma, julgado em 19/06/2012.

632. Enunciado n. 299 da Súmula do STF: "O recurso ordinário e o extraordinário interpostos no mesmo processo de mandado de segurança, ou de habeas corpus, serão julgados conjuntamente pelo Tribunal Pleno."

633. STJ, AgInt no RMS 54.832/GO, Rel. Ministro Mauro Campbell Marques, Segunda Turma, julgado em 12/06/2018.

634. Súmula n. 272 do STF: "não se admite como ordinário recurso extraordinário de decisão denegatória de mandado de segurança"; STJ, AgRg no REsp 1204539/AM, Rel. Ministro Arnaldo Esteves Lima, Primeira Turma, julgado em 19/10/2010.

demandam pressuposto recursal específico, ligado ao esgotamento das vias recursais ordinárias.[635]

Com efeito, a interposição de recurso ordinário ao STF ou STJ, apenas se afigura cabível se esgotados os recursos ordinários do tribunal de origem, inclusive o julgamento pelo colegiado, de modo que, se denegada a segurança por decisão monocrática do Relator, caberá primeiro interposição de agravo interno (art. 1.021, CPC)[636], e não diretamente recurso ordinário.[637]

Vale sublinhar que, para efeito de cabimento do recurso ordinário, é necessária a presença de (i) decisão *denegatória* (e não concessiva) em mandado de segurança, e (ii) que este seja julgado em competência *originária* (e não recursal) (a) pelo Tribunal de Justiça ou pelo Tribunal Regional Federal (recurso ordinário julgado pelo STJ) ou (b) pelo Superior Tribunal de Justiça, Tribunal Superior do Trabalho ou Tribunal Superior Eleitoral (recurso ordinário julgado pelo STF).

Por ausência de previsão constitucional, das decisões denegatórias de mandado de segurança proferidas pelas Turmas Recursais dos Juizados Especiais, não são cabíveis recurso ordinário[638] e recurso especial[639]. Apenas se afigura possível a (i) interposição de recurso extraordinário[640] e o (ii) pedido de uniformização de interpretação de lei.

Por sua vez, o pedido de uniformização de interpretação de lei ocorre: (i) dos acórdãos das Turmas do Juizado Especial Federal: perante a Turma Regional (na hipótese de divergência entre Turmas de uma mesma Região) ou perante a Turma Nacional de Uniformização (na hipótese de divergência de Turmas de Regiões distintas)[641]; (ii) dos acórdãos das Turmas do Juizado

---

635. Súmula n. 281 do STF: "é inadmissível o recurso extraordinário, quando couber na justiça de origem, recurso ordinário da decisão impugnada."; STJ, AgInt no AREsp 1147816/CE, Rel. Ministro Francisco Falcão, Segunda Turma, julgado em 20/03/2018.

636. Art. 1.021. Contra decisão proferida pelo relator caberá agravo interno para o respectivo órgão colegiado, observadas, quanto ao processamento, as regras do regimento interno do tribunal.

637. STF, RMS 34604 AgR, Relator Min. Dias Toffoli, Segunda Turma, julgado em 02/06/2017; STF, RMS 26373 ED, Relator Min. Ellen Gracie, Segunda Turma, julgado em 16/12/2008; STJ, AgInt no RMS 49.152/MG, Rel. Ministro Napoleão Nunes Maia Filho, Primeira Turma, julgado em 13/03/2018; STJ, AgInt no RMS 56.080/SC, Rel. Ministro Herman Benjamin, Segunda Turma, julgado em 19/04/2018.

638. STJ, AgInt no RMS 52.179/MA, Rel. Ministro Luis Felipe Salomão, Quarta Turma, julgado em 27/06/2017.

639. Súmula 203 do STJ: "Não cabe recurso especial contra decisão proferida por órgão de segundo grau dos Juizados Especiais."

640. Súmula 640 do STF: "É cabível recurso extraordinário contra decisão proferida por juiz de primeiro grau nas causas de alçada, ou por turma recursal de juizado especial cível e criminal."

641. Art. 14 da Lei Federal n.º 10.259/2001: "Caberá pedido de uniformização de interpretação de lei federal quando houver divergência entre decisões sobre questões de direito material proferidas por Turmas Recursais na interpretação da lei. § 1º O pedido fundado em divergência entre Turmas da mesma Região será julgado em

Especial da Fazenda Pública Estadual e Municipal: perante a Turma Regional de Uniformização (na hipótese de divergência entre Turmas de um mesmo Estado) ou perante o Superior Tribunal de Justiça (na hipótese de divergência entre Turmas de Estados distintos ou violação de súmula)[642]; (iii) dos acórdãos das Turmas do Juizado Especial Cível ou Criminal: perante a Turma Regional de Uniformização (na hipótese de divergência entre Turmas de um mesmo Estado) ou perante o respectivo Tribunal de Justiça (na hipótese de divergência com o entendimento vinculante do STJ)[643].

Aplica-se a disciplina da apelação ao recurso ordinário (art. 1.028, CPC), sendo este recurso de fundamentação livre (não vinculada), em que se pode alegar qualquer matéria, não incidindo os pressupostos específicos dos recursos especial e extraordinário, tais como o prequestionamento e a violação de matéria constitucional.[644]

---

reunião conjunta das Turmas em conflito, sob a presidência do Juiz Coordenador. § 2º O pedido fundado em divergência entre decisões de turmas de diferentes regiões ou da proferida em contrariedade a súmula ou jurisprudência dominante do STJ será julgado por Turma de Uniformização, integrada por juízes de Turmas Recursais, sob a presidência do Coordenador da Justiça Federal [...] § 4º Quando a orientação acolhida pela Turma de Uniformização, em questões de direito material, contrariar súmula ou jurisprudência dominante no Superior Tribunal de Justiça -STJ, a parte interessada poderá provocar a manifestação deste, que dirimirá a divergência.

642. Art. 18. Caberá pedido de uniformização de interpretação de lei quando houver divergência entre decisões proferidas por Turmas Recursais sobre questões de direito material. § 1º O pedido fundado em divergência entre Turmas do mesmo Estado será julgado em reunião conjunta das Turmas em conflito, sob a presidência de desembargador indicado pelo Tribunal de Justiça. § 2º No caso do § 1º, a reunião de juízes domiciliados em cidades diversas poderá ser feita por meio eletrônico. § 3º Quando as Turmas de diferentes Estados derem a lei federal interpretações divergentes, ou quando a decisão proferida estiver em contrariedade com súmula do Superior Tribunal de Justiça, o pedido será por este julgado. Art. 19. Quando a orientação acolhida pelas Turmas de Uniformização de que trata o § 1º do art. 18 contrariar súmula do Superior Tribunal de Justiça, a parte interessada poderá provocar a manifestação deste, que dirimirá a divergência.

643. Resolução nº 03/2016 do STJ:"Art. 1º Caberá às Câmaras Reunidas ou à Seção Especializada dos Tribunais de Justiça a competência para processar e julgar as Reclamações destinadas a dirimir divergência entre acórdão prolatado por Turma Recursal Estadual e do Distrito Federal e a jurisprudência do Superior Tribunal de Justiça, consolidada em incidente de assunção de competência e de resolução de demandas repetitivas, em julgamento de recurso especial repetitivo e em enunciados das Súmulas do STJ, bem como para garantir a observância de precedentes. Art. 2º Aplica-se, no que couber, o disposto nos arts. 988 a 993 do Código de Processo Civil, bem como as regras regimentais locais, quanto ao procedimento da Reclamação. Art. 3º O disposto nesta resolução não se aplica às reclamações já distribuídas, pendentes de análise no Superior Tribunal de Justiça. Art. 4º Esta resolução entra em vigor na data de sua publicação."

644. Cássio Scarpinella Bueno discorre sobre o recurso ordinário: "[...] o ordinário é recurso de fundamentação livre, isto é, não vinculada. Por recurso de fundamentação livre deve-se entender aquele que se presta a discutir qualquer tipo ou espécie de vício ou de erro contido no julgamento. [...] O recurso ordinário pode-se voltar, por exemplo, para a discussão exclusiva da existência, ou não, de 'direito líquido e certo' em favor do impetrante, que é [...] matéria substancialmente de fato . [. . .] Como o recurso ordinário só cabe quando denegatória a decisão do mandado de segurança, não há como deixar de reconhecer que ele é recurso instituído em benefício do impetrante. [...]. A previsão unilateral do recurso ordinário, isto é, só em benefício do impetrante, não significa qualquer desequilíbrio na igualdade das partes ou, mais amplamente, qualquer violação ao princípio da isonomia. O mandado de segurança, nunca é demais repetir, é medida judicial instituída contra os desmandos do Poder Público ou entidade a ele equiparada (exercício de função pública).

O Supremo Tribunal Federal e o Superior Tribunal de Justiça têm interpretado de forma ampla a expressão "denegar", de forma a admitir o recurso ordinário em face de qualquer sentença que seja desfavorável ao impetrante, resolvida com ou sem análise do mérito, inclusive o indeferimento da inicial.[645]

2.13.1.4 Técnica de ampliação de julgamento

Incorporando o Enunciado n. 597 da Súmula do STF[646] e o Enunciado n. 169 da Súmula do STJ[647], o art. 25 da Lei Federal n. 12.016/2009 preconiza que não são admissíveis embargos infringentes no processo do mandado de segurança.

Acontece, todavia, que o Código de Processo Civil de 2015 não mais previu o recurso de embargos de infringentes, tal como era previsto no art. 530 do CPC/1973, e que consistia em um recurso contra acórdão não unânime, proferido em apelação ou ação rescisória. Em seu lugar, o art. 942 do CPC prevê a ampliação do julgado em caso de divergência, *in verbis*: "Quando o resultado da apelação for não unânime, o julgamento terá prosseguimento em sessão a ser designada com a presença de outros julgadores, que serão convocados nos termos previamente definidos no regimento interno, em número suficiente para garantir a possibilidade de inversão do resultado inicial, assegurado às partes e a eventuais terceiros o direito de sustentar oralmente suas razões perante os novos julgadores."

Não se trata de recurso[648], pelos seguintes motivos: (i) não está previsto expressamente em lei como tal (art. 994, CPC – princípio da taxatividade); (ii) não atende ao requisito da voluntariedade, pois a técnica de ampliação

---

Destarte, nada há de errado na previsão de recurso de fundamentação livre e, por isto mesmo, mais amplo, mais propício para o reexame da decisão recorrida, somente para a parte intrinsecamente mais fraca da relação processual, o impetrante". (*Mandado de segurança.* Comentários às Leis 1.533/51, 4.348/64 e 5.021/66. 5. ed. São Paulo: Saraiva, 2009, p. 147)

645. Nesse diapasão, no STF: RMS 34452 AgR, Relator Min. Celso De Mello, Segunda Turma, j. em 24.02.2017; RMS 34075 AgR, Relator Min. Dias Toffoli, Segunda Turma, j. em 18.11.2016. No STJ: RMS 43.652/MS, Rel. Ministro Humberto Martins, Segunda Turma, DJ 19.02.2015; AgRg no AREsp 466.419/GO, Rel. Ministro Mauro Campbell Marques, Segunda Turma, j. em 18.08.2015.

646. "Não cabem embargos infringentes de acórdão que, em mandado de segurança, decidiu por maioria de votos, a apelação."

647. "São inadmissíveis embargos infringentes no processo de mandado de segurança."

648. Em sentido contrário, sustentando a natureza recursal da técnica prevista no art. 942 do CPC: COSTA, Eduardo José da Fonseca. Pequena história dos embargos infringentes no Brasil: uma viagem redonda. In: FREIRE, Alexandre; DANTAS, Bruno; NUNES, Dierle; DIDIER JR, Fredie; MEDINA, José Miguel Garcia; FUX, Luiz; CAMARGO, Luiz Henrique Volpe; OLIVEIRA, Pedor Miranda de. *Novas tendências do processo civi:* estudos sobre o projeto do Novo Código de Processo Civil. Baseado no relatório apresentado pelo Deputado Paulo Teixeira. Comissão Presidida pelo Deputado Fábio Trad. Salvador: JusPodivm, 2014, p. 399, v. II.

do julgamento é aplicada de ofício; (iii) não há decisão, pois a ampliação se dá antes mesmo do encerramento do julgamento.

Não se cuida, também, de incidente processual[649], pois incidente diz respeito a surgimento de uma questão incidental no processo, sendo que o voto divergente não é uma questão incidental, pois não se instaura novo procedimento, de forma que o julgamento não será, necessariamente, interrompido.

A nosso ver, trata-se de técnica processual de ampliação de julgamento, para qualificar o quórum da votação nas apelações, nos agravos e nas ações rescisórias, quando não obtida unanimidade.

Essa técnica de ampliação de julgamento, prevista no art. 942 do CPC, aplica-se perfeitamente no julgamento de apelação oriunda de processo de mandado de segurança, de forma que, com o advento do Código de Processo Civil de 2015, tornou-se ineficaz o art. 25 da Lei Federal n. 12.016/2009, que preconiza que não são admissíveis embargos infringentes no processo do mandado de segurança.[650]

E nem se pode argumentar que, como os embargos infringentes foram substituídos pela técnica de ampliação de julgamento, como aquele é proibido no processo do mandado de segurança, este também o seria.

Segundo Celso Agrícola Barbi[651], três fundamentos deram origem ao Enunciado n. 597 da Súmula do STF, que inadmite embargos infringentes em processo de mandado de segurança: (i) a lei específica do mandado de segurança não visou criar recurso até então inexistente nesse procedimento especial; (ii) o procedimento do mandado de segurança é totalmente regulado por lei especial, só se lhe aplicando as normas do Código quando a própria lei o determinar; (iii) a interposição dos embargos tem efeito suspensivo que não se coaduna com a executoriedade imediata que caracteriza a sentença concessiva do *mandamus*.

Pois bem, esses três fundamentos não se aplicam à técnica de ampliação de julgamento prevista no art. 942 do CPC, pelas seguintes razões: (i) a técnica

649. Em sentido contrário, sustentando a natureza de incidente processual: LAMY, Eduardo de Avelar. A transformação dos embargos infringentes em técnica de julgamento: ampliação das hipóteses. In: FREIRE, Alexandre; DANTAS, Bruno; NUNES, Dierle; DIDIER JR, Fredie; MEDINA, José Miguel Garcia; FUX, Luiz; CAMARGO, Luiz Henrique Volpe; OLIVEIRA, Pedor Miranda de. *Novas tendências do processo civi:* estudos sobre o projeto do Novo Código de Processo Civil. Baseado no relatório apresentado pelo Deputado Paulo Teixeira. Comissão Presidida pelo Deputado Fábio Trad. Salvador: JusPodivm, 2014, p. 373, v. II.

650. Enunciado nº 62 da I Jornada de Direito Processo Civil do Conselho de Justiça Federal: "Aplica-se a técnica prevista no art. 942 do CPC no julgamento de recurso de apelação interposto em mandado de segurança."

651. *Do Mandado de Segurança*. 12. ed. Rio de Janeiro: Forense, 2009, p. 232.

de ampliação de julgamento não ostenta natureza recursal, diferentemente dos embargos infringentes; (ii) a Lei Federal n. 12.016/2009 não veda a aplicação dessa técnica; (iii) o fato de a Lei Federal n. 12.016/2009 não regular determinado instituto processual previsto no Código de Processo Civil, não significa que não se possa aplicá-lo no procedimento do mandado de segurança, tanto que a referida lei não prevê o cabimento de recurso especial contra acórdão de tribunal que mantém sentença concessiva do *writ* proferida por juízo de primeira instância, mas tal recurso é admitido, aplicando-se o regramento geral do Código de Processo Civil; (iv) a técnica de ampliação de julgamento, como não é recurso, não é dotado de efeito suspensivo, tampouco impede a executoriedade imediata da sentença, não contrariando, portanto, a celeridade e efetividade que se espera do procedimento do mandado de segurança, até porque, como regra, a sessão de julgamento não unânime da apelação não será interrompida para composição do quórum necessário.[652]

2.13.2 Legitimidade recursal

Em regra, a parte legítima no polo passivo do mandado de segurança para interpor recurso é a Fazenda Pública, e não a autoridade coatora, uma vez que, conforme já visto, parte no mandado de segurança é a pessoa jurídica de direito público que integra a autoridade coatora, e não esta.

No entanto, a lei conferiu expressamente legitimidade à autoridade coatora para interpor recurso (art. 14, § 2º, da Lei Federal n. 12.016/2009).

Para tanto, a autoridade coatora deverá demonstrar interesse para recorrer, não se podendo confundir os pressupostos recursais intrínsecos de legitimidade e de interesse. A legitimidade para recorrer a lei já conferiu *abstratamente* à autoridade coatora. Todavia, o interesse para recorrer deve ser perquirido *in concreto*. Nessa medida, o interesse recursal apenas se revelará na hipótese em que a sentença impuser alguma responsabilidade (civil, penal ou administrativa) à autoridade, ou repercutir em sua condição funcional, a exemplo de fato exposto na sentença que possa configurar ato de improbidade administrativa praticado pela autoridade coatora.[653]

Vale registrar que o Conselho Federal da OAB, em 06.04.2010, ajuizou a ADIN n. 4.403-DF, Rel. Min. Edson Fachin, ainda pendente de julgamento,

---

652. Art. 942, § 1º, CPC. Sendo possível, o prosseguimento do julgamento dar-se-á na mesma sessão, colhendo-se os votos de outros julgadores que porventura componham o órgão colegiado.

653. Trilhando esse pensamento: CUNHA, Leonardo Carneiro. *A Fazenda Pública em juízo*. 13. ed. rev. atual. São Paulo: Dialética, 2016, p. 592.

e com parecer do Procurador Geral da República pela improcedência do pedido, pedindo a declaração de inconstitucionalidade do referido dispositivo legal (art. 14, § 2º, da Lei Federal n. 12.016/2009), por violar o art. 133 da CF, pois permitiria à autoridade coatora, sem a presença de advogado, interpor recurso. Não vislumbramos inconstitucionalidade da referida norma, pois não há que se confundir legitimidade recursal (da autoridade coatora) com a capacidade postulatória para interposição do recurso (do advogado), que de qualquer forma seria exigido. Ademais, como visto, a autoridade coatora deverá apresentar interesse recursal, e não exclui a legitimidade do ente público a que está vinculada.

2.14 COISA JULGADA

Na hipótese em que o processo de mandado de segurança seja extinto sem resolução de mérito, a sentença não fará coisa julgada material, como sucede no procedimento comum.[654] De outro lado, apreciado o mérito do *writ*, julgando-se procedente ou improcedente a pretensão autoral, formar-se-á a coisa julgada material da sentença, não se afigurando possível rediscutir a matéria posteriormente por meio de ação sob o procedimento comum.[655]

Nessa medida, denegada a segurança por falta de direito líquido e certo (necessidade de dilação probatória), o processo será extinto sem resolução de mérito (interesse de agir – inadequação da via eleita).

Não custa rememorar que, na ação de mandado de segurança, o que deve ser "líquido e certo" é o fato, ou seja, demanda-se que o fato alegado pelo impetrante esteja, desde a exordial, comprovado indubitavelmente (prova pré-constituída), até porque todo direito é líquido e certo, de modo que, ou há direito, e aplica-se a subsunção aos fatos (procedência do pedido), ou não há direito, não se aplicando a subsunção aos fatos (improcedência do pedi-

---

654. Essa é a inteligência do art. 6º, § 6º, da Lei Federal n. 12.016/2009: "O pedido de mandado de segurança poderá ser renovado dentro do prazo decadencial, se a decisão denegatória não lhe houver apreciado o mérito." De igual forma é o Enunciado n. 304 da Súmula do STF: "Decisão denegatória de mandado de segurança, não fazendo coisa julgada contra o impetrante, não impede o uso da ação própria."

655. "[...]. Essa orientação nada mais traduz senão diretriz consolidada na Súmula 304/STF, no sentido de que a decisão denegatória proferida em mandado de segurança, desde que não importe em resolução do mérito, não impede que o impetrante venha a postular, por ação própria, o direito por ele vindicado (RTJ 46/255 - RTJ 52/345 - RTJ 60/520 - RTJ 67/872 - RTJ 104/813 - RF 245/111, v.g.)." (STF, RMS 29193 AgR, Relator Ministro Celso de Mello, Segunda Turma, j. em 28.10.2014). Nesse mesmo sentido: STJ, REsp 1721053/GO, Rel. Ministro Herman Benjamin, Segunda Turma, julgado em 05/04/2018; STJ, AgInt no REsp 1275888/RS, Rel. Ministro Napoleão Nunes Maia Filho, Primeira Turma, julgado em 13/06/2017; STJ, REsp 1659738/RJ, Rel. Ministro Herman Benjamin, Segunda Turma, julgado em 06/04/2017.

do), pois inexiste "meio" direito. A par disso, nunca é demais lembrar que a atividade probatória é voltada para os fatos, e não para o direito.

De outra banda, denegada a segurança por entender o magistrado que inexistiu violação ao direito subjetivo do impetrante por parte da autoridade impetrada (não configuração de ilegalidade), o processo será extinto com resolução de mérito.

O problema é que, na prática forense, muitas vezes, afirma-se que não há direito líquido e certo, no sentido de que o ato impugnado é nitidamente legal, quando tecnicamente correto seria utilizar essa expressão ("direito líquido e certo") apenas no sentido de que não há prova pré-constituída. Isso ainda se agrava porquanto o art. 6º, § 5º, da Lei Federal n. 12.016/2009, prevê que "denega-se o mandado de segurança nos casos previstos pelo art. 267 da Lei no 5.869, de 11 de janeiro de 1973 - Código de Processo Civil", ou seja, denega-se a segurança também nas hipóteses de julgamento sem resolução do mérito (art. 485 do CPC/2015), em que pese o termo "denegar" seja empregado preferencialmente na praxe forense para abranger somente o mérito (rejeição do pedido do impetrante).

Posta assim a questão, independentemente de o dispositivo da sentença constar o termo "denego" o *mandamus*, ou a expressão "ausente direito líquido e certo", certo é que se deve examinar a fundamentação do *decisum*, para aferir se o mérito fora ou não realmente julgado.

Torna-se imperioso consignar que, diante da necessidade de dilação probatória, o processo apenas será extinto sem resolução de mérito, se e quando necessária a produção de outra prova (pericial, testemunhal ou inspeção judicial) que não seja a documentada.[656]

Se não se afigura necessária a produção de prova pericial, testemunhal ou inspeção judicial, possibilitando-se o julgamento do mérito da lide apenas com supedâneo em prova documentada, tal como ocorre com o julgamento antecipado do mérito (art. 355, I, CPC), a sentença é de mérito.[657]

Logo, se o impetrante não logra êxito em comprovar (embora possível), através de prova documentada, os fatos por ele afirmados, não sendo

656. Conforme já discutido (vide tópico "da Prova"), defendemos o cabimento de prova documentada (acepção mais ampla) no procedimento do *writ*, e não apenas a prova documental (acepção mais restrita). Prova documental é aquela produzida por um documento, o qual consiste em uma coisa que representa diretamente um fato (por exemplo, o contrato social). De outro lado, prova documentada consiste na documentação de outros tipos de prova (pericial ou testemunhal), além da prova documental em si.

657. Com esse mesmo raciocínio: CUNHA, Leonardo Carneiro da. *A Fazenda Pública em Juízo*. 13. ed. Rio de Janeiro: Forense, 2016, p. 593-594.

necessário para o deslinde do feito outro tipo de prova que não a prova documentada, a sentença será de improcedência, julgando-se o mérito da lide, e impedindo-se a renovação da questão em outra ação judicial (art. 508, I, CPC)[658], pois o impetrante não se desincumbiu do ônus probatório de provar o fato constitutivo de seu direito, embora fosse possível (exigência apenas de prova documentada), ônus este que também seria exigível no procedimento comum (art. 373, I, CPC).

Por tais motivos, infere-se que a Fazenda Pública tem interesse recursal de impugnar o fundamento da sentença, mesmo concordando com o dispositivo (denegação da ordem), para propugnar que a improcedência seja pelo fundamento de inexistência de ilegalidade (ausência de violação de direito objetivo), ao invés do fundamento de falta de prova (ausência de direito líquido e certo).

Feitas essas considerações, independente da nomenclatura utilizada no dispositivo, se apreciado o mérito do mandado de segurança, para julgar procedente ou improcedente o pedido autoral, não se poderá rediscutir essa mesma matéria futuramente em ação sob o procedimento comum, sob pena de afronta a coisa julgada.[659] A propósito, mesmo em ação de cobrança postulando o pagamento de verbas vencidas anteriormente ao ajuizamento do *writ*, não se afigura possível rediscutir o direito já reconhecido no *mandamus*[660], mas apenas apresentar defesa processual ou material que diga respeito tão-somente ao período dessas parcelas vencidas, a exemplo da discussão sobre prescrição, índice de juros moratórios e correção monetária, termo inicial do pagamento, e desde que essas matérias não

658. Art. 508, CPC. Transitada em julgado a decisão de mérito, considerar-se-ão deduzidas e repelidas todas as alegações e as defesas que a parte poderia opor tanto ao acolhimento quanto à rejeição do pedido.

659. "[...]. 1. A Corte a quo solucionou a quaestio juris de maneira clara e coerente, apresentando todas as razões que firmaram o seu convencimento, em perfeita consonância com o entendimento firmado por esta Corte Superior de Justiça, no sentido de que o direito reconhecido em mandado de segurança não pode ser rediscutido em via ordinária, sob pena de afronta à coisa julgada." (STJ, AgRg no REsp 993.659/AM, Rel. Ministra Laurita Vaz, Quinta Turma, j. em 06/11/2008). De igual sorte, o inverso também é vedado: "[...]. Reconhecida a ocorrência de prescrição em ação anulatória, com a extinção do processo com julgamento do mérito, a posterior impetração de mandado de segurança com as mesmas partes, pedido e causa de pedir incorre em ofensa à coisa julgada material." (STJ, RMS 20.814/RS, Rel. Ministra Maria Thereza de Assis Moura, Sexta Turma, j. em 08.03.2007)

660. "[...]. 1. Conforme jurisprudência do STJ, em Ação de Cobrança que visa ao pagamento de parcelas anteriores à impetração do Mandado de Segurança, é vedado rediscutir direito reconhecido no writ, sob pena de violação à coisa julgada. [...]." (STJ, REsp 1721053/GO, Rel. Ministro Herman Benjamin, Segunda Turma, julgado em 05/04/2018; "[...]. Na ação que tenha por fim vindicar prestações anteriores à impetração do mandado de segurança não se pode rediscutir questões acobertadas pela coisa julgada. A inexistência de fatos impeditivos não considerados na demanda anterior leva irremediavelmente à procedência do pedido. (STJ, REsp 540.197/RJ, Rel. Ministro José Arnaldo da Fonseca, Quinta Turma, julgado em 26/10/2004, DJ 29/11/2004).

tenham sido decididas anteriormente, quando, então, estarão sujeitas à coisa julgada.

É importante ressaltar, ainda, que, para análise de configuração de coisa julgada ou litispendência, em razão da identidade tríplice dos elementos da ação (partes, causa de pedir e pedido), a existência de diferentes impetrados (polo passivo) em diversas ações de mandado de segurança, não afasta a identidade de partes, se as autoridades coatoras são vinculadas a mesma pessoa jurídica de direito público, pois, como visto, parte, no mandado de segurança, é o ente público a que está vinculado a autoridade coatora.[661] Essa é a razão pela qual há litispendência ou coisa julgada entre mandado de segurança e ação sob o procedimento comum para discutir os mesmos fatos e fundamento jurídicos (identidade jurídica), ainda que a autoridade coatora figure no polo passivo da demanda no *writ*, e o ente público na ação sob o procedimento comum.[662]

2.14.1 Questão Prejudicial Incidental

O Código de Processo Civil de 2015 estende a coisa julgada à resolução da questão prejudicial incidental (espécie de questão prévia)[663], possibilitando, assim, de a coisa julgada abranger questão resolvida na fundamentação da decisão, e não apenas no dispositivo, como é a regra legal (art. 504, I, CPC).

Para tanto, o art. 503, § 1º, do CPC, apresenta os seguintes requisitos (cumulativos)[664]: (i) decisão judicial expressa e incidentalmente no processo, independente de requerimento da parte[665] ou de constar no dispositivo da

---

661. "A existência de diferentes impetrados não afasta a identidade de partes se as autoridades são vinculadas a mesma pessoa jurídica de direito público. Há litispendência, e não continência, se a diferença entre os objetos das ações mandamentais é matéria insusceptível de exame por meio de mandado de segurança." (STF, MS 26.662 AgR, Rel. Min. Ayres Britto, j. 10.11.2010).

662. "[...]. 2. A jurisprudência desta Corte admite, excepcionalmente, a ocorrência de litispendência ou coisa julgada entre Mandado de Segurança e Ação Ordinária, entendendo-se que tais fenômenos se caracterizam quando há identidade jurídica, ou seja, quando as ações intentadas objetivam, ao final, o mesmo resultado, ainda que o polo passivo seja constituído de pessoas distintas; no pedido mandamental, a autoridade administrativa, e na ação ordinária a própria entidade de Direito Público. No caso em apreço, todavia, não há a alegada litispendência em relação à ação ordinária 8146.20.12.401340-0, em trâmite na 2a. Vara Federal da Seção Judiciária do Distrito Federal, uma vez que são diversas as causas de pedir. [...]." (STJ, MS 18.666/DF, Rel. Ministro Napoleão Nunes Maia Filho, Primeira Seção, j. em 14.08.2013)

663. MOREIRA, José Carlos Barbosa. Questões prejudicais e questões preliminares. *Direito Processual Civil* – ensaios e pareceres. Rio de Janeiro: Borsoi, 1971.

664. Enunciado n. 313 do Fórum Permanente de Processualistas Civis: "São cumulativos os pressupostos previstos nos §1º e seus incisos, observado o §2º do art. 503."

665. Enunciado n. 165 do Fórum Permanente de Processualistas Civis: "A análise de questão prejudicial incidental, desde que preencha os pressupostos dos parágrafos do art. 503, está sujeita à coisa julgada, independentemente de provocação específica para o seu reconhecimento."

sentença[666]; (ii) a resolução da questão prejudicial depender o julgamento do mérito; (iii) tiver havido contraditório prévio e efetivo em relação à questão prévia, não se aplicando no caso de revelia; (iv) o juízo tiver competência em razão da matéria e da pessoa para resolvê-la como questão principal; (v) inexistência de restrições probatórias ou limitações à cognição que impeçam o aprofundamento da análise da questão prejudicial.[667]

Conforme se observa desse último requisito indicado, não se produz coisa julgada sobre a questão prejudicial incidental, se presente no processo restrições probatórias ou limitações à cognição que impeçam o aprofundamento da análise da questão prejudicial.

Acontece que, no mandado de segurança, há restrição probatória do procedimento, pois apenas se afigura possível a produção de prova documentada. Todavia, isso, por si só, não afasta a aplicação do art. 503, § 1º, do CPC (coisa julgada sobre a questão prejudicial incidental), se (i) a prova documentada produzida no *writ* é suficiente para julgar o mérito da lide, dispensando-se outros tipos de prova, ou se (ii) a matéria a ser discutida é meramente de direito, dispensando-se análise documental. Com efeito, em ambos casos há o aprofundamento da análise da questão prejudicial incidental, inexistindo limitação à cognição. Ao contrário, se a questão prejudicial incidental demanda dilação probatória, não admissível no *mandamus*, tornar-se-á incabível a formação de coisa julgada sobre a questão incidental.

2.15 CUMPRIMENTO DA SENTENÇA

Conforme já escrevemos, a despeito da preponderância da eficácia mandamental (obrigação de fazer e não fazer), a sentença de mandado de segurança também pode revelar, no caso concreto, eficácia declaratória (declarar a existência ou inexistência de relação jurídica), eficácia constitutiva (direitos potestativos), eficácia condenatória (obrigação de pagar) e eficácia executiva *lato sensu* (obrigação de dar e restituir).

As tutelas declaratória e constitutiva independem de fase autônoma para cumprimento da sentença, ou de qualquer providência judicial para levar a termo o cumprimento, pois a sentença é auto-satisfativa.

---

666. Enunciado n. 538 do Fórum Permanente de Processualistas Civis: "É desnecessário que a resolução expressa da questão prejudicial incidental esteja no dispositivo da decisão para ter aptidão de fazer coisa julgada."

667. Além desses requisitos, adiciona-se a necessidade de observância da remessa necessária, conforme Enunciado n. 439 do Fórum Permanente de Processualistas Civis: "Nas causas contra a Fazenda Pública, além do preenchimento dos pressupostos previstos no art. 503, §§ 1º e 2º, a coisa julgada sobre a questão prejudicial incidental depende de remessa necessária, quando for o caso."

As tutelas mandamental e executiva *lato sensu*, malgrado não sejam auto-satisfativas, também não inauguram uma nova fase procedimental, pois a realização prática da sentença se dá de ofício pelo juiz (não há execução *ex intervalo*), utilizando-se, se necessário, dos meios de coerção (tutela mandamental - art. 139, IV, CPC) e de sub-rogação (tutela executiva *lato sensu* - art. 538, CPC). Ademais, a execução é específica (prestação *in natura*), no sentido de que a prestação jurisdicional deverá ocorrer ao natural, na forma requerida ao juízo, sem a possibilidade de conversão em indenização e sem espera pela fase de cumprimento de sentença para intervir no patrimônio do devedor. Trata-se do cumprimento, puro, simples, *ipsis litteris*, caso deferida a segurança, do que foi pedido de forma imediata, ou seja, o cumprimento da sentença *in se ipsa*, conforme a origem, ao natural. Nada mais justo, nada mais próximo da garantia do direito processual moderno de dar "tudo aquilo e exatamente aquilo" que se pretende com a procedência do pedido autoral.

Por fim, a tutela condenatória não é auto-satisfativa, e a realização prática da sentença depende de requerimento de parte no bojo *writ*, inaugurando uma nova fase procedimental (cumprimento de sentença). Nota-se, pois, assim, que mesmo no *mandamus*, é perfeitamente possível sentença com eficácia condenatória, a exemplo de condenação da Fazenda Pública ao pagamento a servidor público de parcelas vencidas após o ajuizamento da ação, consoante expressa autorização legal (art. 14, § 4º, da Lei Federal n. 12.016/2009). Todavia, o cumprimento da obrigação de pagar apenas ocorrerá após o trânsito em julgado da sentença, por meio do procedimento previsto nos arts. 534 e 535 do CPC (cumprimento de sentença contra a Fazenda Pública), mediante expedição de requisitório de precatório ou RPV (Requisição de Pequeno Valor), mesmo para as parcelas vencidas no curso do *writ.668*

2.15.1 Cumprimento de sentença em relação às parcelas vencidas anteriormente ao ajuizamento do *writ*

O art. 14, § 4º, da Lei Federal n. 12.016/2009, limitou o pagamento de parcelas devidas ao servidor público tão-somente vencidas após o ajuizamento do *writ*.

Ainda que se entenda constitucional o supracitado art. 14, § 4º, da Lei Federal n. 12.016/2009, trilhando a ideia apresentada por Cássio Scarpinella

668. "RECURSO EXTRAORDINÁRIO. CONSTITUCIONAL E PROCESSUAL. MANDADO DE SEGURANÇA. VALORES DEVIDOS ENTRE A DATA DA IMPETRAÇÃO E A IMPLEMENTAÇÃO DA ORDEM CONCESSIVA. SUBMISSÃO AO REGIME DE PRECATÓRIOS. REPERCUSSÃO GERAL RECONHECIDA. REAFIRMAÇÃO DE JURISPRUDÊNCIA." (STF, RE 889173 RG, Plenário, Relator Min. Luiz Fux, j. em 07.08.2015)

Bueno[669], pensamos que a sentença que reconhece a ilegalidade do ato perpetrado pelo ente público – sendo obtido, por via reflexa, o reconhecimento do direito do impetrante –, possa ser objeto de cumprimento de sentença em face da Fazenda Pública para o pagamento de obrigação de pagar, na forma do art. 534 do CPC, apurando-se os valores retroativos devidos por mero cálculo aritmético.[670]

Isto porque, segundo tese defendida pelo saudoso Ministro Teori Zavascki[671], apresenta eficácia executiva a sentença declaratória que traz definição integral da norma jurídica individualizada, consoante inteligência do disposto no art. 515, inciso I, do CPC[672], o qual confere uma maior amplitude ao conceito de título executivo judicial. Segundo Zavascki, não há razão alguma, lógica ou jurídica, para submeter a sentença declaratória, antes do cumprimento de sentença (fase satisfativa), a um segundo juízo de certificação, até porque a nova sentença não poderia chegar a resultado diferente da anterior, sob pena de ofensa à garantia da coisa julgada. E instaurar um processo de cognição sem oferecer às partes e ao juiz outra alternativa de resultado que não um, já prefixado, representaria atividade meramente burocrática e desnecessária. A propósito, essa tese já fora encampada pelo Superior Tribunal de Justiça, em julgamento sob a sistemática de recurso repetitivo em matéria tributária.[673]

---

669. BUENO, Cassio Scarpinella. *A nova lei do mandado de segurança.* 2 ed. São Paulo: Saraiva, 2010, p. 122-123.

670. De igual sorte, sustenta Vicente Greco Filho: "O mandado de segurança não é ação de cobrança, mas pode ter efeitos patrimoniais, em se tratando de vencimentos e vantagens de servidores. A execução far-se-á mediante o cumprimento de sentença, nos próprios autos, quanto à parte referente aos valores vencidos, a partir da data do ajuizamento da inicial. As vantagens relativas a período anterior devem ser executadas mediante precatório alimentar, na forma do art. 100 da Constituição Federal e art. 730 do Código de Processo Civil." (GREGO FILHO. Vicente. *O novo mandado de segurança.* Comentários à Lei n. 12.016, de 7 de agosto de 2009. São Paulo: Saraiva, 2010, p. 40). Também aderindo expressamente à ideia de Cassio Scarpinella Bueno: THEODORO JR, Humberto. *Lei do mandado de segurança comentada.* Rio de Janeiro: Forense, 2014, p. 249.

671. ZAVASCKI, Teori Albino. *Título Executivo e Liquidação.* São Paulo: Revista dos Tribunais, 1999, p. 101-106.

672. Art. 515. São títulos executivos judiciais, cujo cumprimento dar-se-á de acordo com os artigos previstos neste Título: I - as decisões proferidas no processo civil que reconheçam a exigibilidade de obrigação de pagar quantia, de fazer, de não fazer ou de entregar coisa;

673. "PROCESSUAL CIVIL E TRIBUTÁRIO. SENTENÇA DECLARATÓRIA DO DIREITO À COMPENSAÇÃO DE INDÉBITO TRIBUTÁRIO. POSSIBILIDADE DE REPETIÇÃO POR VIA DE PRECATÓRIO OU REQUISIÇÃO DE PEQUENO VALOR. FACULDADE DO CREDOR. RECURSO ESPECIAL REPRESENTATIVO DE CONTROVÉRSIA. ART. 543-C, DO CPC. 1. 'A sentença declaratória que, para fins de compensação tributária, certifica o direito de crédito do contribuinte que recolheu indevidamente o tributo, contém juízo de certeza e de definição exaustiva a respeito de todos os elementos da relação jurídica questionada e, como tal, é título executivo para a ação visando à satisfação, em dinheiro, do valor devido' (REsp n. 614.577/SC, Ministro Teori Albino Zavascki). 2. A opção entre a compensação e o recebimento do crédito por precatório ou requisição de pequeno valor cabe ao contribuinte credor pelo indébito tributário, haja vista que constituem, todas as modalidades, formas de execução do julgado colocadas à disposição da parte quando procedente a ação que teve a eficácia de declarar o indébito. Precedentes da Primeira Seção: REsp.796.064 - RJ, Primeira Seção, Rel. Min. Luiz Fux, julgado em 22.10.2008; EREsp. Nº 502.618 - RS, Primeira Seção, Rel. Min. João Otávio de Noronha, julgado em 8.6.2005; EREsp. N. 609.266 - RS, Primeira Seção, Rel. Min. Teori Albino Zavascki, julgado em 23.8.2006. 3. Recurso especial provi-

Contudo, a sentença concessiva do *mandamus*, que declara ilegal o ato administrativo, para servir como título executivo judicial em relação às parcelas pretéritas ao ajuizamento do *writ*, deve certificar (ainda que inexista condenação) o direito de crédito pretérito do impetrante, contendo juízo de certeza e de definição exaustiva a respeito de todos os elementos da relação jurídica questionada, sobretudo o termo inicial de pagamento.

E nem se pode alegar violação à ampla defesa da Fazenda Pública, pois as matérias relativas às parcelas retroativas, desde que não decididas no mandado de segurança, poderão ser objeto de alegação quando da apresentação de impugnação ao cumprimento de sentença pela Fazenda Pública (art. 535, CPC), posto que inocorrente os efeitos da coisa julgada a respeito[674], afigurando-se possível, a título de exemplo, alegação sobre os índices de juros moratórios e correção monetária aplicáveis, prescrição, entre outras matérias que digam respeito exclusivamente às parcelas pretéritas, e desde que não decididas anteriormente no *writ*. Na hipótese, como essas matérias, frequentemente, não são aventadas pelas partes em virtude da limitação do *mandamus*, que veda efeitos patrimoniais pretéritos, tornar-se-ia inaplicável a regra do efeito preclusivo da coisa julgada (art. 508, CPC)[675] e o rol taxativo de matérias de defesa de impugnação previstas no art. 535 do CPC[676], sob pena de – agora sim – violar a garantia constitucional da ampla defesa da Fazenda Pública.

---

do. Acórdão submetido ao regime do art. 543-C do CPC e da Resolução STJ 08/2008." (STJ, REsp 1114404/MG, Rel. Ministro Mauro Campbell Marques, Primeira Seção, julgado em 10/02/2010, DJe 01/03/2010)

674. "[...]. 3. Nas execuções de título judicial, os embargos do devedor ficam restritos às matérias supervenientes não argüidas em na fase de cognição, sob pena de preclusão. Segundo o entendimento desta Corte, na execução contra a Fazenda Pública, os embargos poderão tratar de matérias cognoscíveis desde que não constitua ofensa à coisa julgada. [...]." (STJ, AgInt no REsp 1639176/PE, Rel. Ministro Mauro Campbell Marques, Segunda Turma, j. em 08/06/2017). De outro lado, se já decididas as questões suscitadas pela Fazenda Pública quando do exame do mandado de segurança, não se afigurará mais possível rediscutir essas questões na fase de cumprimento de sentença: "[...]. 1. As alegações suscitadas pela UNIÃO configuram tentativa de nova análise das questões de mérito do processo de conhecimento, sendo inadmissível em sede de Embargos à Execução, por não ser o meio processual apto para rescisão da coisa julgada formada no título executivo. Precedentes: REsp. 1.604.440/PE, Rel. Min. HUMBERTO MARTINS, DJe 21.6.2016; AgRg no AREsp. 715.923/AL, Rel. Min. HERMAN BENJAMIN, DJe 9.11.2015; AgRg no REsp. 1.223.128/RS, de minha relatoria, DJe 29.6.2016; AgRg nos EmbExeMS 10.424/DF, Rel. Min. ROGERIO SCHIETTI CRUZ, DJe 1.7.2015, entre outros. 2. Agravo Interno da UNIÃO desprovido." (STJ, AgInt no REsp 1640478/PB, Rel. Ministro Napoleão Nunes Maia Filho, Primeira Turma, julgado em 22/08/2017, DJe 31/08/2017).

675. Art. 508. Transitada em julgado a decisão de mérito, considerar-se-ão deduzidas e repelidas todas as alegações e as defesas que a parte poderia opor tanto ao acolhimento quanto à rejeição do pedido.

676. Art. 535. A Fazenda Pública será intimada na pessoa de seu representante judicial, por carga, remessa ou meio eletrônico, para, querendo, no prazo de 30 (trinta) dias e nos próprios autos, impugnar a execução, podendo arguir: I - falta ou nulidade da citação se, na fase de conhecimento, o processo correu à revelia; II - ilegitimidade de parte; III - inexequibilidade do título ou inexigibilidade da obrigação; IV - excesso de execução ou cumulação indevida de execuções; V - incompetência absoluta ou relativa do juízo da execução; VI - qualquer causa modificativa ou extintiva da obrigação, como pagamento, novação, compensação, transação ou prescrição, desde que supervenientes ao trânsito em julgado da sentença.

2.15.2 Cumprimento provisório da sentença

Por força de sua natureza mandamental e de sua relevância constitucional (garantia fundamental), criado para ser efetivo e célere, a sentença no *writ* produz efeitos imediatamente, não sendo o recurso, em regra, dotado de efeito suspensivo, o que possibilita a execução provisória da sentença, na forma dos arts. 520 a 522 do CPC.

Com efeito, concedida a segurança, a apelação será recebida apenas no efeito devolutivo[677], salvo nos casos em que for vedada a concessão de liminar, quando, então, a apelação será recebida nos efeitos devolutivo e suspensivo (art. 14, § 3º, da Lei Federal n. 12.016/2009)[678]. As hipóteses em que é vedada a concessão de liminar já foram examinadas em tópico próprio (item 2.9.5), aplicando-se, aqui, para efeito de cumprimento provisório da sentença, aquelas mesmas observações quanto à constitucionalidade da norma legal que proíbe a concessão de liminar.[679]

Portanto, sendo vedada a concessão de liminar, também será vedado o cumprimento provisório da sentença, devendo a apelação ser recebida segundo a regra geral do Código de Processo Civil (art. 1.012, CPC), ou seja, nos efeitos devolutivo e suspensivo. Contudo, julgada a apelação ou (eventualmente) a remessa necessária pelo tribunal competente, o acórdão proferido produzirá eficácia imediata, uma vez que, como é cediço, os recursos especial e extraordinário, cabíveis contra o acórdão dos tribunais, não são dotados, automaticamente, de efeito suspensivo, não havendo óbice, por conseguinte, para a execução provisória do acórdão.[680]

Com efeito, o art. 14, § 3º, da Lei Federal n. 12.016/2009 refere-se apenas à "sentença" que conceder o mandado de segurança, não abrangendo o acór-

677. Como bem salienta Helly Lopes Meirelles, o efeito suspensivo "seria contrário ao caráter urgente e autoexecutório da decisão mandamental." (MEIRELES, Hely Lopes; WALD, Arnoldo; MENDES, Gilmar Ferreira. *Mandado de Segurança e Ações Constitucionais.* 36. ed. São Paulo: Malheiros, 2014, p. 130). No mesmo sentido: BUENO, Cassio Scarpinella. *A nova lei do mandado de segurança*. 2. ed. São Paulo: Saraiva, 2010, p. 113.

678. Art. 14, § 3º. "A sentença que conceder o mandado de segurança pode ser executada provisoriamente, salvo nos casos em que for vedada a concessão da medida liminar."

679. Se em determinado caso concreto restar configurado, satisfatoriamente, o *periculum in mora* e a reversibilidade da medida, a ponto de existir risco concreto e imediato de perecimento de direito do autor, deve o juiz, mediante a técnica da declaração parcial de nulidade sem redução de texto, afastar a regra proibitiva e conceder a liminar, mesmo que no bojo da sentença, produzindo esta efeitos imediatos, pois o poder de acautelar é imanente ao de julgar, tendo o Judiciário o dever constitucional de prestar tutela de direito de forma efetiva, de acordo com o princípio do acesso à justiça (art. 5º, XXXV, CF). Logo, nessa hipótese, como a liminar não estaria vedada, também não haveria óbice para a execução provisória da sentença, sendo a apelação recebida apenas no efeito devolutivo.

680. Nessa mesma direção: BUENO, Cassio Scarpinella. *A nova lei do mandado de segurança*. 2. ed. São Paulo: Saraiva, 2010, p. 118-119.

dão dos tribunais. Assim, deve-se levar a cabo uma interpretação restritiva do referido dispositivo legal, pois tratando-se o mandado de segurança de uma garantia fundamental, impõe-se proceder a uma interpretação que lhe dê maior efetividade e alcance, até porque, conforme já discorrido, o *mandamus* fora criado para ser um rito célere e efetivo, sendo ínsito à natureza mandamental da sentença do *writ* a sua eficácia imediata. De nada adiantaria criar um instrumento processual para ser efetivo e célere, se não lhe conferisse produção de efeitos imediatos da sentença.

Entretanto, na hipótese específica de liberação de recurso, inclusão em folha de pagamento, reclassificação, equiparação, concessão de aumento ou extensão de vantagens a servidores públicos, a sentença somente poderá ser executada após o seu trânsito em julgado, conforme redação do art. 2º-B da Lei Federal n. 9.494/1997[681] e inteligência do art. 100, § 5º, da Carta Magna[682]. Nesse sentido há aresto do Superior Tribunal de Justiça.[683] Igual raciocínio se aplica à compensação de crédito tributário, que demanda trânsito em julgado, na forma do art. 170-A do CTN[684].

Destarte, temos o seguinte quadro: como regra geral, a sentença concessiva do *writ* que verse sobre aquelas matérias que é vedada a concessão de liminar (art. 7º, § 2º, da Lei Federal n. 12.016/2009)[685], não comporta cumprimento provisório da sentença, devendo a apelação ser recebida no efeito suspensivo, salvo situação de concreta inconstitucionalidade (técnica de declaração parcial de nulidade sem redução de texto). Proferido o acórdão pelo tribunal, aquele (o acórdão) possui eficácia imediata, possibilitando o

---

681. Art. 2º-B. "A sentença que tenha por objeto a liberação de recurso, inclusão em folha de pagamento, reclassificação, equiparação, concessão de aumento ou extensão de vantagens a servidores da União, dos Estados, do Distrito Federal e dos Municípios, inclusive de suas autarquias e fundações, somente poderá ser executada após seu trânsito em julgado." (Incluído pela Medida provisória nº 2.180-35, de 2001)

682. Art. 100, § 5º. "É obrigatória a inclusão, no orçamento das entidades de direito público, de verba necessária ao pagamento de seus débitos, oriundos de sentenças transitadas em julgado, constantes de precatórios judiciários apresentados até 1º de julho, fazendo-se o pagamento até o final do exercício seguinte, quando terão seus valores atualizados monetariamente." (Redação dada pela Emenda Constitucional nº 62, de 2009).

683. "[...]. 1. É possível, em regra, o cumprimento imediato da sentença concessiva de mandado segurança, ressalvados, todavia, os casos de concessão de aumento ou extensão de vantagens, que deverão ser executados somente após o trânsito em julgado do decisum, nos termos do disposto no art. 5º, parágrafo único, da Lei 4.348/64 c/c o art. 2.º-B da Lei 9.494/97. [...]." (STJ, AgInt no AREsp 894.495/SP, Rel. Ministro Sérgio Kukina, Primeira Turma, j. em 21.03.2017)

684. Art. 170-A. "É vedada a compensação mediante o aproveitamento de tributo, objeto de contestação judicial pelo sujeito passivo, antes do trânsito em julgado da respectiva decisão judicial." (Artigo incluído pela LCP nº 104, de 2001)

685. "Não será concedida medida liminar que tenha por objeto a compensação de créditos tributários, a entrega de mercadorias e bens provenientes do exterior, a reclassificação ou equiparação de servidores públicos e a concessão de aumento ou a extensão de vantagens ou pagamento de qualquer natureza."

seu cumprimento provisório, apenas no que tange à entrega de mercadoria e bens provenientes do exterior. No tocante às demais matérias (compensação de crédito tributário, a reclassificação ou equiparação de servidores públicos e a concessão de aumento ou a extensão de vantagens ou pagamento de qualquer natureza), a sentença ou o acórdão apenas poderá ser executado após o trânsito em julgado, salvo situação de concreta inconstitucionalidade.

A propósito, mesmo a condenação ao pagamento (obrigação de pagar) das parcelas vencidas no curso do *writ*, dever-se-á observar a regra prevista no art. 100 da CF (precatório ou RPV), não sendo suficiente a afastar essa sistemática o simples fato de o débito ser proveniente de sentença concessiva de mandado de segurança.[686]

Segundo o art. 520 do CPC, o cumprimento provisório da sentença será realizado da mesma forma que o cumprimento definitivo, sujeitando-se ao seguinte regime: (i) corre por iniciativa e responsabilidade do exequente, que se obriga, se a sentença for reformada, a reparar os danos que o executado haja sofrido; (ii) fica sem efeito, sobrevindo decisão que modifique ou anule a sentença objeto da execução, restituindo-se as partes ao estado anterior e liquidando-se eventuais prejuízos nos mesmos autos.

2.15.3 Descumprimento da ordem mandamental

Cabe, agora, examinar algumas questões sobre o não cumprimento da ordem e os meios complementares para que sua execução se realize.

Durante a vigência da Lei Federal n. 191/1936, o art. 10, parágrafo único, estabelecia que a execução da ordem do juiz ocorria sob o risco do *ilícito de responsabilidade* para o representante da pessoa jurídica de direito público e de *desobediência* para os representantes de pessoas naturais ou jurídicas no desempenho de serviços públicos.[687] Sem diferenças substanciais com o dispositivo daquela Lei era esta, também, a *mens legis* do art. 327 do CPC/1939

686. "RECURSO EXTRAORDINÁRIO. CONSTITUCIONAL E PROCESSUAL. MANDADO DE SEGURANÇA. VALORES DEVIDOS ENTRE A DATA DA IMPETRAÇÃO E A IMPLEMENTAÇÃO DA ORDEM CONCESSIVA. SUBMISSÃO AO REGIME DE PRECATÓRIOS. REPERCUSSÃO GERAL RECONHECIDA. REAFIRMAÇÃO DE JURISPRUDÊNCIA." (RE 889173 RG, Plenário, Relator Min. Luiz Fux, j. em 07.08.2015). Todavia, importa sublinhar que apenas a obrigação de pagar em face da Fazenda Pública está sujeita ao regime de precatório. Logo, "a execução provisória de obrigação de fazer em face da Fazenda Pública não atrai o regime constitucional dos precatórios." (STF, Tema 45 da repercussão geral, julgado em 24.05.2017, Rel. Min. Edson Fachin).

687. Textualmente: "Art. 10. Julgado procedente o pedido: ...*omissis*... Parágr. único. Recebendo a cópia da sentença, o representante da pessoa jurídica de direito público, sob pena de responsabilidade, ou no caso do art. 1º, parágr. único, o representante da pessoa que praticou o ato impugnado, sob pena de desobediência, dará

ao regular a ação mandamental. Essa inteligência, contudo, não atingiu o legislador de 1951 que no art. 11 não faz nenhuma menção aos tipos penais que devem coagir a autoridade coatora ao cumprimento da ordem.

Não obstante a inexistência de disposição expressa na Lei Federal n. 1.533/51, na prática judiciária ocorreram diversos casos de decretação de prisão pelo descumprimento de ordens diretas de juízes com base no art. 330 do CP, desobediência a ordem legal de funcionário público, inserto no Cap. II, dos crimes praticados por particular contra a administração em geral. A isso, entretanto, se opôs a jurisprudência do STF entendendo que o tipo penal exigia, no art. 330, ato de particular, não podendo ser utilizado analogicamente contra "ato de autoridade pública".[688]

> Por outro lado, chegou-se a aventar a hipótese de crime de responsabilidade. Contudo, as críticas oferecidas à aplicação do crime de responsabilidade (indicado na Lei Federal n. 1.079/51, art. 12) revelam-se consentâneas em afirmar a sua inaplicabilidade e ineficiência frente às dificuldades criadas pelos critérios de julgamento.[689] Tome-se como exemplo a competência do Senado Federal para julgar crime dessa ordem cometido pelo Presidente da República (art. 52, inc. I, da CF/88). Como ressalta Hugo de Britto Machado, "a desobediência às decisões judiciais, praticada por autoridade às quais é possível imputar os crimes hoje definidos como de responsabilidade, assume natureza nitidamente política, sendo impraticável a sanção correspondente."[690]

A doutrina, contudo, procurou alternativas ao problema. Propugnando que "só leis penais sérias podem tornar efetivas as decisões judiciais", com um tipo penal próprio, e pena mínima superior a 02 (dois) anos de reclusão e a máxima não inferior a 6 (seis) anos, inserto no capítulo "Dos Crimes Contra

imediatamente as providências necessárias para cumprir a decisão judicial." Cf. NUNES, *Do mandado de segurança e de outros meios de defesa contra atos do Poder Público.* p 493.

688. Essa era a opinião de Nelson Hungria, à época Ministro do STF. Cf. MACHADO, Agapito. O aspecto penal do descumprimento às decisões judiciais de natureza mandamental. *Revista dosTribunais,* São Paulo, v. 84, n. 722, p. 389-394, dez. 1995. A esse entendimento aduz Barbi: "A tentativa de aplicação do art. 330 do CP do Código Penal encontrou repúdio do Supremo Tribunal Federal, que entendeu que o sujeito ativo do crime aí previsto só pode ser o particular e não o funcionário." (Representação nº 211, 15.05.60). Cf. BARBI, *Do mandado de segurança.* p. 279.

689. Cf. BARBI, *Do mandado de segurança.* p. 278.

690. MACHADO, Hugo de Brito. Prisão por desobediência a ordem judicial. *Revista Trimestral de Jurisprudência dos Estados*, n. 16, v. 96, p. 25-39, jan. 1992, p. 38.

a Administração da Justiça".[691] Ora sugerindo de *lege condendo* sanções como a inabilitação para cargos públicos.[692]

Finalmente, a Lei Federal n. 12.016/09 expressamente reconheceu a aplicação do crime de desobediência para o descumprimento das ordens judiciais em mandados de segurança[693]. Nos termos do art. 26:

> Constitui crime de desobediência, nos termos do art. 330 do Decreto--Lei no 2.848, de 7 de dezembro de 1940, o não cumprimento das decisões proferidas em mandado de segurança, sem prejuízo das sanções administrativas e da aplicação da Lei nº 1.079, de 10 de abril de 1950, quando cabíveis.

Portanto, hodiernamente, não restam dúvidas de que o descumprimento de ordem judicial enquadra-se no tipo penal de desobediência, seja em razão da expressa previsão no texto legal[694], seja porque restou superado o entendimento que o funcionário público não pode ser sujeito ativo do crime desobediência, desde que não seja hierarquicamente subordinado ao emitente da ordem legal e tenha atribuições para cumpri-la.[695]

Todavia, segundo jurisprudência do STJ, não se afiguraria possível a prisão pelo juiz encarregado do processo donde exarou a ordem desobe-

691. MACHADO, *O aspecto penal do descumprimento às decisões judiciais de natureza mandamental.* p. 394.

692. Na visão de Hugo de Britto Machado a solução poderia ocorrer da seguinte forma: "No plano do direito constituendo, preconizamos a elaboração de lei contendo: 1º) a definição da desobediência a decisão judicial como crime comum, punível com pena de inabilitação do exercício de cargos ou funções públicas pelo prazo de dez anos; 2º) autorização para que a própria autoridade judiciária cuja decisão seja desobedecida suspenda, provisoriamente, de suas funções, a autoridade desobediente." (MACHADO, *Prisão por desobediência a ordem judicial.* p.39).

693. De igual forma, o CPC/2015 prevê que o descumprimento de ordem judicial "constitui ato atentatório à dignidade da justiça, devendo o juiz, sem prejuízo das sanções criminais, civis e processuais cabíveis, aplicar ao responsável multa de até vinte por cento do valor da causa, de acordo com a gravidade da conduta", bem como o art. 536, § 3º, prevê que "o executado incidirá nas penas de litigância de má-fé quando injustificadamente descumprir a ordem judicial, sem prejuízo de sua responsabilização por crime de desobediência." Ou seja: o CPC também prevê o crime de desobediência em caso de descumprimento de ordem judicial.

694. "[...]. 1. O Superior Tribunal de Justiça firmou o entendimento de que o crime de desobediência é subsidiário, configurando-se apenas quando, desrespeitada ordem judicial, não existir sanção específica ou não houver ressalva expressa no sentido da aplicação cumulativa do Código Penal. [...]." (STJ, AgRg no AREsp 539.828/MG, Rel. Ministro Jorge Mussi, Quinta Turma, julgado em 05/10/2017)

695. "[...]. 2. Segundo doutrina de escol, o funcionário público pode ser sujeito ativo do crime de desobediência, desde que, como na espécie, não seja hierarquicamente subordinado ao emitente da ordem legal e tenha atribuições para cumpri-la. 3. O fato de o delito de desobediência estar inserido no capítulo dos ilícitos penais praticados por particular contra a administração pública não impede a sua consumação, porquanto haverá, em tal caso, violação ao princípio da autoridade que é objeto da tutela jurídica. Precedentes desta Corte. 4. Recurso ordinário não provido." (STJ, RHC 85.031/DF, Rel. Ministra Maria Thereza de Assis Moura, Sexta Turma, julgado em 19/10/2017)

decida. Isto porque somente o juiz criminal que tem competência para o julgamento da ação penal poderá ordenar a prisão.[696] Considerando que a pena máxima do crime de desobediência é de 06 (seis) meses (art. 330 do CP), enquadrando-se como crime de menor potencial ofensivo (art. 61 da Lei Federal n. 9.099/1995), o máximo que o juiz encarregado do processo donde exarou a ordem desobedecida fazer é determinar que o funcionário público em estado de flagrância (desobediência) seja conduzida à Polícia Judiciária competente, e, desde que o funcionário, após a lavratura do termo circunstanciado, assuma o compromisso de comparecer ao Juizado, não será possível a prisão em flagrante nem a exigência de fiança[697], nos termos do art. 69 da Lei Federal n. 9.099/95.[698]

Contudo, para parcela da doutrina, a qual comungamos, neste caso não se cogitará de benefícios processuais da Lei Federal 9.099/95, não obstante fosse possível pela pena aplicável em abstrato, isso porque não se trata objetivamente de infração de menor potencial ofensivo, principalmente por ferir o bem jurídico fundamental dos Estados de Direito, que é o respeito às determinações judiciais.[699] No jargão: decisão judicial não se discute, se cumpre.

De todo modo, independentemente da possibilidade, ou não, da prisão por crime de desobediência, fazendo um balanceamento entre o *direito fundamental à efetividade da prestação jurisdicional* (art. 5º, XXXV, CF) e a restrição da prisão civil à luz de uma interpretação ampliativa do art. 5,º inc. LXVII, da CF, que vedaria a prisão civil apenas por "dívida" (obrigação pecuniária), Marcelo Lima Guerra entende que se afigura possível a prisão civil para as obrigações não pecuniárias, formulando tese em que o dispositivo do § 5º do

---

696. "[...]. 1. Manifestamente ilegal a decretação ou a ameaça de decretação de prisão por crime de desobediência nos autos de processo civil como forma de coagir a parte ao cumprimento de obrigação, ressalvada a obrigação de natureza alimentar. 2. Precedentes específicos do STJ. (STJ, RHC 35.253/RJ, Rel. Ministro Paulo De Tarso Sanseverino, Terceira Turma, julgado em 05/03/2013)

697. "[...]. 3. Nos crimes de menor potencial ofensivo, tal como o delito de desobediência, desde que o autor do fato, após a lavratura do termo circunstanciado, compareça ou assuma o compromisso de comparecer ao Juizado, não será possível a prisão em flagrante nem a exigência de fiança. Inteligência do art. 69, parágrafo único, da Lei 9.099/95. [...]." (STJ, REsp 556.814/RS, Rel. Ministro Arnaldo Esteves Lima, Quinta Turma, julgado em 07/11/2006)

698. Art. 69. A autoridade policial que tomar conhecimento da ocorrência lavrará termo circunstanciado e o encaminhará imediatamente ao Juizado, com o autor do fato e a vítima, providenciando-se as requisições dos exames periciais necessários.
Parágrafo único. Ao autor do fato que, após a lavratura do termo, for imediatamente encaminhado ao juizado ou assumir o compromisso de a ele comparecer, não se imporá prisão em flagrante, nem se exigirá fiança. Em caso de violência doméstica, o juiz poderá determinar, como medida de cautela, seu afastamento do lar, domicílio ou local de convivência com a vítima.

699. FREIRE JR, Américo Bedê. Da efetivação dos direitos fundamentais pela tipificação do crime de desobediência no descumprimento de decisões judiciais em mandado de segurança. *Revista de direitos e garantias fundamentais,* v. 5, número 5, ano 2009.

art. 461 do CPC/1973 (atual art. 536, § 1º, do CPC/2015), pode fundamentar suficientemente a decretação de prisão civil pelo juiz como forma de execução indireta para compelir o devedor (no caso do mandado de segurança, autoridade irredutível) ao adimplemento (cumprimento da ordem).[700]

Partilhamos desse mesmo entendimento, pois, de fato, o texto do art. 5º, inciso LXVII, da CF[701] apenas impede a prisão civil por *dívida* (obrigação pecuniária), o que não seria o caso de sentença com eficácia não condenatória (obrigação de pagar), pois a prisão civil decorreria de descumprimento de ordem judicial de natureza não pecuniária, devendo-se aplicar, pois, assim, as cláusulas gerais abertas previstas no CPC, que possibilitam ao juiz "*determinar todas as medidas indutivas, coercitivas, mandamentais ou sub-rogatórias necessárias para assegurar o cumprimento de ordem judicial*" (art. 139, IV), bem como "*o juiz poderá determinar, entre outras medidas, a imposição de multa, a busca e apreensão, a remoção de pessoas e coisas, o desfazimento de obras e o impedimento de atividade nociva, podendo, caso necessário, requisitar o auxílio de força policial.*" (art. 536, § 1º).

Todavia, a imposição de prisão civil por descumprimento de ordem judicial deve respeitar os seguintes requisitos: (i) excepcionalidade da medida; (ii) fundamentação analítica e concreta; (iii) contraditório preventivo; (iv) proporcionalidade, no sentido de ser adequada (apta a produzir o efeito desejado), necessária (esgotados outros meios coercitivos igualmente idôneos) e proporcional em sentido estrito (o bem jurídico a ser tutelado é de igual ou maior valor que o bem liberdade a ser sacrificado do réu).

2.15.4 Instrumentos de coerção civil

Saindo da esfera da coerção penal e da restrição à liberdade, pode-se imaginar a utilidade dos novos instrumentos que vêm sendo criados no direito brasileiro com o objetivo de aumentar a eficácia e efetividade da prestação jurisdicional. Nesse sentido podem-se citar os dispositivos dos arts. 139, IV e 536, § 1º, ambos do CPC, e art. 84 do CDC, diretamente relacionados com as obrigações de fazer e não fazer.

700. Cf. GUERRA, *Execução indireta*. p. 257.

701. Art. 5º, LXVII, CF: "Não haverá prisão civil por dívida, salvo a do responsável pelo inadimplemento voluntário e inescusável de obrigação alimentícia e a do depositário infiel." De igual forma, o Pacto de San José de Costa Rica (Convenção Americana de Direitos Humanos), ao qual o Brasil aderiu, também só veda a prisão civil por dívidas, *in verbis*: "Ninguém deve ser detido por dívidas. Este princípio não limita os mandados de autoridade judiciária competente expedidos em virtude de inadimplemento de obrigação alimentar". (Art. 7º, item "7")

No caso de tutela específica das obrigações (situação do mandado de segurança, com eficácia mandamental, que não admite reparação *in pecunia*), esses dispositivos concedem ao julgador os meios necessários para a obtenção do resultado prático equivalente ao do adimplemento. Desta forma levanta-se a pergunta: ocorrendo descumprimento da ordem, o juiz poderá agir determinando que um terceiro (interventor) cumpra o mandado?[702]

O meio mais usual na prática forense para pressionar o devedor a cumprir a ordem judicial é a fixação de multa diária (astreinte) em caso de descumprimento da ordem no prazo assinalado judicialmente, com fundamento no art. 537 do CPC[703], a recair, por se tratar de mandado de segurança, sobre a a autoridade pública (e não o ente público)[704], sendo que o valor da multa será revertido em favor do exequente (art. 537, § 2º, do CPC).

Concomitantemente, em caso de descumprimento de ordem judicial no prazo fixado, afigura-se também possível, de forma cumulativa, a cominação de multa de até o percentual de 20% (vinte por cento) sobre o valor da causa, por ato atentatório à dignidade da Justiça (sistema jurídico positivo brasileiro de instituto similar ao *contempt of court* norte-americano), com

702. A melhor doutrina nacional tem se dedicado com afinco à tese da possibilidade de sub-rogação nas obrigações de fazer, fazendo uma leitura ampliativa do art. 84, § 5º (e 536, § 1º). Barbosa Moreira afirma que a ordem pode ser dirigida, inclusive, a um terceiro, assegurando a efetividade da decisão. Cf. BARBOSA MOREIRA, *A sentença mandamental: da Alemanha ao Brasil.* p. 363-364. Cf. MARINONI, Luiz Guilherme. *Tutela inibitória: individual e coletiva.* São Paulo: Revista dos Tribunais, 1998. p. 122-125.

703. Art. 537. A multa independe de requerimento da parte e poderá ser aplicada na fase de conhecimento, em tutela provisória ou na sentença, ou na fase de execução, desde que seja suficiente e compatível com a obrigação e que se determine prazo razoável para cumprimento do preceito. [...]. § 4º A multa será devida desde o dia em que se configurar o descumprimento da decisão e incidirá enquanto não for cumprida a decisão que a tiver cominado.

704. Na ação de mandado de segurança, como a pessoa jurídica exterioriza a sua vontade no processo por meio da autoridade pública, que é notificada pessoalmente para prestar informações e para cumprimento da ordem concessiva, o Superior Tribunal de Justiça admite que a multa cominatória seja imposta em face da autoridade pública. Nesse sentido: REsp 1399842/ES, Rel. Ministro Sérgio Kukina, Primeira Turma, julgado em 25/11/2014; AgRg no REsp 1.388.716/RN, Rel. Ministro Humberto Martins, Segunda Turma, julgado em 23/10/2014; AgRg no AREsp 472.750/RJ, Rel. Min. Mauro Campbell Marques, DJe 9.6.2014. De outro lado, em outras espécies de ação, notadamente em ação civil pública, como a autoridade pública não figura como parte na lide, mas apenas o ente público ao qual está vinculado, o Superior Tribunal de Justiça não tem admitido que a multa cominatória seja imposta pessoalmente em face do agente público. Nesse diapasão: REsp 1.541.676/PR, Rel. Ministro Herman Benjamin, Segunda Turma, julgado em 7/12/2017; REsp 1633295/MG, Rel. Ministro Og Fernandes, Segunda Turma, julgado em 17/04/2018; REsp 1433805/SE, Rel. Ministro Sérgio Kukina, Primeira Turma, julgado em 16/06/2014. Todavia, há um precedente (não vinculante) do STJ, que mesmo fora da ação de mandado de segurança, permitiu a multa pessoal sobre o administrador público, pois cuidava de matéria de saúde (AgInt no REsp 1563797/PE, Rel. Ministro Napoleão Nunes Maia Filho, Primeira Turma, julgado em 10/04/2018).

supedâneo no art. 77, inciso IV, e § 2º, do CPC[705], a recair pessoalmente sobre o agente "responsável" pela prática do ato (e não a pessoa jurídica parte)[706], sendo que o valor da multa será revertido em favor do fundo da justiça (art. 77, § 3º, do CPC).

705. Art. 77. Além de outros previstos neste Código, são deveres das partes, de seus procuradores e de todos aqueles que de qualquer forma participem do processo: [...] IV - cumprir com exatidão as decisões jurisdicionais, de natureza provisória ou final, e não criar embaraços à sua efetivação;
§ 2º A violação ao disposto nos incisos IV e VI constitui ato atentatório à dignidade da justiça, devendo o juiz, sem prejuízo das sanções criminais, civis e processuais cabíveis, aplicar ao responsável multa de até vinte por cento do valor da causa, de acordo com a gravidade da conduta.
§ 3º Não sendo paga no prazo a ser fixado pelo juiz, a multa prevista no § 2º será inscrita como dívida ativa da União ou do Estado após o trânsito em julgado da decisão que a fixou, e sua execução observará o procedimento da execução fiscal, revertendo-se aos fundos previstos no art. 97.
§ 4º A multa estabelecida no § 2º poderá ser fixada independentemente da incidência das previstas nos arts. 523, § 1º, e 536, § 1º.

706. A multa por ato atentatório à dignidade da justiça, diferentemente da multa cominatória prevista no art. 537 do CPC, recai sobre o "responsável" da prática do ato, segundo a redação legal do art. 77, § 2º, CPC, de modo a possibilitar, independentemente da espécie de ação, que seja imposta pessoalmente ao agente público responsável pelo ato. Sobre essa diferenciação: STJ, REsp 679.048/RJ, Rel. Ministro Luiz Fux, Primeira Turma, julgado em 03/11/2005; STJ, REsp 666.008/RJ, Rel. Ministro José Delgado, Primeira Turma, julgado em 17/02/2005.

CAPÍTULO 3

MANDADO DE SEGURANÇA COLETIVO

3.1 PROCESSO COLETIVO

3.1.1 Premissas

O surgimento das ações coletivas remonta a duas fontes principais. Primeiro o antecedente romano da ação popular em defesa das *rei sacrae, rei publicae.* O cidadão poderia agir em defesa da coisa pública pelo sentimento, pelo forte vínculo natural, pela noção de que *a República pertencia ao cidadão romano* e daí o brocardo "*Reipublicae interest quam plurimus ad defendam suam causa*" (interessa à República que sejam muitos os defensores de sua causa).[1] Já nas ações coletivas das "classes", existentes na prática judiciária anglo-saxã nos últimos 800 anos,[2] o cerne do sistema era a "adequada representação" aferida pelo magistrado. Essas ações acabaram por erigir-se, de forma mais moderna, na garantia das *class actions* do direito norte-americano.[3] A análise desses institutos evidencia que se centrou na *legitimação processual* o problema da tutela nas ações coletivas.

---

1. Cf. MANCUSO, Rodolfo de Camargo. *Ação Popular: proteção do erário, do patrimônio público, da moralidade administrativa e do meio ambiente*. 3.ed. São Paulo: Revista dos Tribunais, 1998 - especialmente o cap. 02 "A ação popular: das fontes romanas ao nosso tempo", p. 37-41; para os antecedentes romanos o clássico FADDA, Carlo. L'Azione Popolare: Studio di Diritto Romano ed Atuale. Vol. I – Parte Storica – Diritto Romano. Torino: Unione Tipografica Editrice, 1894.

2. YEAZELL, Stephen C. *From medieval group litigation to the modern class action*. New Haven and London: Yale University Press, 1987. p. 21: "group litigation has existed for at least eight hundred years, and this study explicates both the antiquity and the novelty of representative litigation"; já citado por LEAL, Flávio Mafra. *Ações coletivas: história, teoria e prática*. Porto Alegre: Safe, 1998. p. 13, nota 2.

3. LEAL, *Ações coletivas: história, teoria e prática. passim*. entende que os antecedentes romanos não se comunicam com as atuais ações coletivas. O autor acha mais pertinente a ligação com o direito anglo-americano. Faz, ainda, a ressalva de que alguns autores vêem apenas na *Bill of Peace*, séc. XVII, o antecedente lógico da

O direito ao processo, contudo, foi fortemente influenciado pelo liberalismo e iluminismo. A partir do século XVII, na Europa continental, foi difundida a ideia da propriedade individual do direito de agir. Só ao titular do direito lesado cabia decidir se propunha ou não a ação.

Esta pequena exposição leva à percepção de que o processo, assim como o direito, tem uma conformação histórica[4]. Nos parágrafos seguintes se dará uma visão geral sobre o desenvolvimento e a alteração dos paradigmas processuais individualistas, fenômeno que possibilitou a tutela jurisdicional ampla de *direitos novos* e de *novas situações jurídicas*, criadas pela evolução tecnológica, social e cultural das sociedades contemporâneas.[5]

O problema em relação aos direitos coletivos se coloca no confronto entre a posição de *tratamento atomizado*, disposta no artigo 18 do CPC como "*técnica de fragmentação dos conflitos*" e os textos integrados do CDC e da LACP que impõem um *tratamento "molecular"* aos conflitos coletivos *lato sensu.*[6]

O processo civil brasileiro tem a ação individual como centro e base de todo o sistema, esse, aliás, é o modelo universal nos países de *civil law*; somente ao titular individual do direito é permitido "pleitear" seu cumprimento por via da ação (art. 18 do CPC). Tal situação denuncia o viés privatista do sistema processual. Dinamarco reforça essa convicção, quando critica a jurisdição como atividade "substitutiva" e expõe que o processo, estando – supostamente - a "... serviço do autor e dos direitos", na verdade se vincula à ideia imanentista "...como se toda pretensão deduzida em juízo fosse procedente e fosse uma verdade a invariável presença da *lesão*, como requisito para o interesse de agir".[7] Hoje, contudo, apresenta-se, com vantagem, a concepção da ação como direito abstrato.[8]

---

class action. Sobre a polêmica dos antecedentes romanos no *common law* cf. CAPPELLETTI, Mauro. "O processo civil italiano no quadro da contraposição *"civil law" – "common law"*: apontamentos histórico-comparativos". In: Processo, Ideologias, Sociedade, vol. II, trad. Hermes Zaneti Jr. Porto Alegre: Sergio Antonio Fabris, 2009, p. 105-156.

4. Para uma visão aprofundada cf. DIDIER JR, Fredie; ZANETI JR., Hermes. *Processo Coletivo, op. cit,* Cap. I.

5. As novas realidades dos direitos difusos, coletivos *stricto sensu* e "individuais homogêneos", já foram questionadas, há muito, pela doutrina européia de que é expoente o pensamento de Cappelletti ao perguntar: "Teriam os grupos intermediários acesso à justiça?"; segue, "para o processualista... liberdade fundamental por excelência". Em agudo estudo onde aponta a atualidade das "violações de massa" e a insuficiência de uma tutela meramente individual para solucionar o problema da *denegação de justiça* surgido com as "sociedades complexas". (Cf. CAPPELLETTI, Formações sociais e interesses coletivos diante da justiça civil. p. 128); ALPA, Guido. *L'Arte di Giudicare*. Roma-Bari: Laterza, 1996, esp. p. 130-146.

6. Cf. WATANABE, Kazuo. Demandas coletivas e os problemas emergentes da práxis forense. *Revista de Processo*, v. 17, n. 67, p. 15-25, jul. / set. 1992. p.15.

7. DINAMARCO, *A instrumentalidade do processo,* p. 46.

8. Assim entende Fazzalari, entre outros, que afirma: "Quanto all'<<azione>>, risulta infine superata la contrapposizione <<concretezza-astrattezza>> così a lungo vissuta in ordine all'azione cognitiva. Ormai si prende atto ch'essa prescinde dall'effettiva esistenza e titolarità del diritto...". FAZZALARI, Elio. La dottrina processualistica italiana: dall'<<azione>> al <<processo>> (1864-1994). *Rivista di Diritto Processuale*, v.60, n.4, p. 911-925, ott./ dic. 1994.

Junto a essa transformação, de uma postura individualista e técnica para uma postura totalizante na percepção e tratamento dos conflitos, aparece a *summa divisio* existente entre direito público e privado como elemento relativizado, pois tende o direito à publicização, assente a preocupação com o desenvolvimento da pessoa humana, a cidadania e os direitos sociais e coletivos; e superada a ideia (pelo menos quanto à ciência jurídica) do Estado *laissez faire, laissez passer*, que tudo permitia, afastando-se a concepção liberal fundada na autonomia "absoluta" da vontade.[9]

É necessário, portanto, "*superar o rígido dualismo entre Estado e indivíduo*" atuando-se para obter a relativização da "oposição entre o interesse individual privado e o interesse público." Isso ocorre principalmente porque a "tradicional dicotomia *público-privado*" não subsiste às realidades de uma "sociedade de massa", que, por suas relações, provoca situações de "litígios ou *litigiosidade de massa*" forçando o "*alargamento e invocação de novos instrumentos, novos conceitos e novas estruturas*" para atender às novas conformações exigidas e oferecer uma tutela adequada às novas situações e direitos.[10]

Reconhece-se, da mesma forma, que o direito tende à universalização em todas as áreas, e que o Estado passa a interferir na regulação das relações entre os indivíduos, valorizando a preocupação social e, como decorrência, abandonando as "soluções marcadamente privatistas, que o direito moderno herdou do romano através dos tempos."[11]

Essa mudança de visão fez com que fossem percebidos os defeitos ou dificuldades, melhor dizendo, limites, de aplicação de determinados dogmas processuais às situações de direitos com titulares indeterminados e de "litigiosidade de massa",[12] principalmente àquelas em que apenas um legitimado, nem sempre titular do direito, move ação em benefício de um todo coletivo, determinado ou não (ações coletivas).

Cabe frisar, *o exercício conjunto da ação* por pessoas distintas *não* configura *ação coletiva*. O cúmulo de diversos sujeitos em um dos polos da relação processual apenas daria lugar a um litisconsórcio.[13] Interessante notar como,

9. Sobre a proposta de uma nova *summa divisio*, direito individual e direito coletivo, cf. ALMEIDA, Gregorio Assagra de. *Direito material coletivo*. Belo Horizonte: Del Rey, 2007.

10. Cf. ALVARO DE OLIVEIRA, Carlos Alberto. A ação coletiva de responsabilidade civil e seu alcance. In: BITTAR, Carlos Alberto (coord.) *Responsabilidade civil por danos a consumidores*. São Paulo: Saraiva, 1992, p. 88.

11. DINAMARCO, *A instrumentalidade do processo*. p. 51, nota nº 17.

12. ALVARO DE OLIVEIRA, op. loc. cit.

13. BARBOSA MOREIRA, J.C. Ações coletivas na constituição federal de 1988. *Revista de Processo*, v. 16, n. 61, p. 187-199, jan./mar. 1991. p. 187.

após mais de duas décadas da solução brasileira, o direito italiano ainda esteja preso a ideia do litisconsórcio, tendo sido proposto, por força da nova legislação de tutela do consumidor (art. 140-*bis* do CDC italiano), o "litisconsórcio agregado", como conceito "teórico" para explicar o sistema de *opt-in* ali desenvolvido.[14] Na verdade não há litisconsórcio, mas ação coletiva *opt-in*, espécie de processo coletivo que atualmente no Brasil tem como exemplo os casos repetitivos (art. 928, CPC).[15]

Verifica-se, como vimos acima, que não é significativa, para esta classificação, a "*estrutura subjetiva*" e, sim, a "*matéria litigiosa*". Por isso mesmo, pelo menos em termos de direito brasileiro, a peculiaridade mais marcante nas ações coletivas é a de que existe a permissão para que, embora interessando a uma série de sujeitos distintos, identificáveis ou não, possa ser *impetrada e continuada por iniciativa de uma única pessoa.*[16]

Isso ocorre porque a matéria litigiosa veiculada nas ações coletivas refere-se, geralmente, *a novos direitos e a novas formas de lesão* que têm uma natureza comum ou nascem de situações arquetípicas, levando a transposição de uma estrutura "atômica" para uma estrutura "molecular" do litígio.[17] Essa matéria apresenta-se de interesse público primário, ou seja, não-estatal, quer pela natureza da parte (geralmente grupos, categorias ou classes de pessoas pouco ou não-organizados), quer pela natureza da própria matéria (meio ambiente, consumidor, etc.).

O direito processual civil, frente a essa nova "matéria litigiosa", surgida de uma sociedade alterada em suas estruturas fundamentais (com cada vez um maior número de situações "padrão", que geram lesões "padrão"), foi forçado a uma mudança na sua tradicional ótica individualista.

As ações coletivas têm, em geral, três justificativas atuais de ordem sociológica, política e jurídica: a primeira, mais abrangente, revela-se no princípio do *acesso à Justiça*; a segunda, de política judiciária, no princípio da *economia processual*, a terceira, decorrente justamente do reconhecimento das situações

14. "L'azione collettiva risarcitoria crea una nuova figura di litisconsorzio facoltativo, che si può definire «aggregato», poiché dà luogo ad una aggregazione di azioni seriali (le «adesioni») tese a far valere «diritti individuali omogenei» di consumatori o utenti nei confronti dell'impresa convenuta". CAPONI, Remo. "La riforma della«*class action*». Il nuovo testo dell'art. 140-*bis* cod. cons. nell'emendamento governativo". In: www.judicium.it, acesso em 10.01.2010.

15. Neste sentido, cf. DIDIER JR., Fredie; ZANETI JR., Hermes. *Curso de Direito Processual Civil.* Processo Coletivo. 12. ed. Salvador: JusPodivm, 2018.

16. BARBOSA MOREIRA, *Ações coletivas na constituição federal de 1988.* p. 187.

17. WATANABE, *Demandas coletivas e problemas emergentes da práxis forense.* p. 15.

jurídicas coletivas como direitos subjetivos, no Brasil, como direitos subjetivos fundamentais, é a *aplicação do direito material18.*

Quanto ao *acesso à Justiça*, vale recordar as três fases ou "ondas" evolutivas a que se refere Cappelletti no Projeto Florença (estudo comparado sobre o tema). O acesso à Justiça teria passado por uma *primeira fase* ligada à *assistência judiciária aos pobres*, por uma *segunda fase*, onde se possibilitou *a "representação" dos direitos difusos* e pela *terceira fase* que consiste no *enfoque "amplo"* do princípio donde ressalta "a necessidade de *correlacionar e adaptar o processo civil ao tipo de litígio*".[19] Dinamarco, tendo em vista essas considerações, afirma que o acesso à Justiça se apresenta, hoje, como a "síntese de todos os princípios e garantias do processo",[20] ao que se aduz, como preponderante, o viés teleológico da efetividade.

O acesso à Justiça só pode ser satisfatório na fórmula clássica de Chiovenda, no entregar ao autor "tudo aquilo e exatamente aquilo" a que tenha direito (se tiver direito).[21] Ora, o instituto em estudo, mandado de segurança, age eficazmente na prestação *in natura*, corrigindo a ilegalidade ou abuso de poder, possibilitando a defesa de direitos coletivos *lato sensu* (inclusive os difusos), atingindo, de uma só vez, dois dos importantes desideratos do princípio: a "representação" e a "adaptação" do instrumento processual ao direito tutelado. Não se pode esquecer, ainda, a natural propensão das ações coletivas para a tutela, sem custo, dos direitos dos chamados *non abbientes* (aqueles sem riquezas materiais, os pobres, os carentes).

---

18. A doutrina identifica esses três como os objetivos principais. As categorias certamente podem ser subdivididas internamente, sem falar em uma necessária sobreposição entre elas. A aplicação do direito material, por exemplo, pode ser entendida como a tutela efetiva de novos direitos e conseqüentemente como mecanismo de acesso à justiça de pretensões coletivas. Outra observação importante é o reflexo na segurança jurídica que provocam as causas coletivas, evitando contradições entre julgados, aumentando a uniformidade, a legitimidade e a autoridade das decisões. Sem dúvida o efeito de dissuasão de condutas contrárias ao direito (*deterrence*), um dos mais importantes decorrentes dessas ações, conjuga ao mesmo tempo os objetivos de acesso à justiça, economia processual e aplicação do direito material. Cf. GIDI, Antonio. *A Class Action*, p.25-39; CONTE, NEWBERG, *Newberg on Class Actions*, v. 1, p. 4-153-4-154; WIENER, William; SZYNDROWSKI, Delphine. *The class action, form the English Bill of Peace to Federal Rules of Civil Procedure 23: is there a common tread?* 8 *Whittier Law Review* 935 (1987).

19. Ver o relatório geral do Projeto Florença, publicado em português, CAPPELLETTI, Mauro e GARTH, Bryant. *Acesso à justiça.* Porto Alegre: Fabris, 1988. p. 71. Para os artigos de atualização, escritos por Cappelletti após o Projeto Florença, conferir CAPPELLETTI, Mauro, *Processos, Ideologias, Sociedade*, vol.II, *op. cit.*

20. DINAMARCO, *A instrumentalidade do processo*. p. 306.

21. A expressão é denominada modernamente "postulado da máxima coincidência". Cabe transcrição: "Il processo deve dare per quanto è possibile praticamente a chi ha un diritto tutto quello e proprio quello ch'egli ha diritto di conseguire" (CHIOVENDA, Giuseppe. Dell'azione nascente dal contratto preliminare. *Rivista di Diritto Commerciale*, 1911, tb. *Saggi di diritto processuale civile*, Roma, 1930.I, p. 110 já citados por BARBOSA MOREIRA, J.C. Notas sobre o problema da 'efetividade' do processo. In: TEMAS de Direito processual Civil: sexta série. São Paulo: Saraiva, 1977. pp. 27-42. p. 29).

O significado do princípio da economia processual, por sua vez, e sua extensão podem ser apreendidos na dicção de Portanova, "Os processualistas perseguem o ideal de uma justiça barata, rápida e justa".[22] Um processo coletivo, com redução de ônus pecuniários e materiais e com julgamento uniforme para um grande número de situações conflituosas (concentrado), atinge com mais facilidade os ideais propostos pelo princípio. Ainda cabe trazer a lição, sempre atual e sensível, de Galeno Lacerda que, após dissertar sobre a onerosidade da prestação jurisdicional (para ambas as partes e para o Estado) e sua diminuição como tendente ao ideal de Justiça, afirma a transcendência do princípio da visão individual para a perspectiva social: "A função da economia no processo transcende, assim, a mera preocupação individualista de poupar trabalho a juízes e partes, de frear gastos excessivos, de respeitar o dogmatismo dos prazos. Não visa à comodidade dos agentes da atividade processual, mas à ânsia de perfeição da justiça humana - reconhecer e proclamar o direito, com o menor gravame possível."[23]

Esses argumentos são, contudo, insuficientes para demonstrar qualquer caminho quanto às questões principais de "*quem*" é o titular do direito e de "*como*" se dará a "*adequada representação*" processual (legitimação ativa) desses novos direitos e conflitos de massa, assim como não respondem à questão de "*quem*" será atingido pela imutabilidade e indiscutibilidade aderente à sentença, com o advento da *coisa julgada.*[24] Posto o problema, resta à dogmática[25] conferir racionalidade e preparar o sistema jurídico para responder adequada e tecnicamente à demanda social e política.

22. PORTANOVA, Rui. *Princípios do processo civil.* 3. ed. Porto Alegre: Livraria do Advogado, 1999. p. 24.

23. LACERDA, Galeno. *Despacho saneador.* 3.ed. Porto Alegre: Fabris, 1985. p. 6.

24. LEAL faz acurada crítica à doutrina quando expõe que, "Portanto os argumentos do Acesso à Justiça e da economia processual fundamentam a ação coletiva sob o viés sociológico e político, mas não apresentam razões que expliquem o seu modelo processual, basicamente constituído de um mecanismo de representação de direitos alheios e possibilitador da extensão da coisa julgada a terceiros. Além disso, essa estrutura das ações coletivas existiram em condições bem distintas da chamada 'sociedade de massas' demonstrando o equívoco teórico em associar o fenômeno contemporâneo ao surgimento das ações para proteção de direitos meta-individuais." Cf. Leal, *Ações coletivas: história teoria e prática.* p.21.

25. No sentido que expõe FERRAZ JR., "A *dogmática analítica*, com toda a sua aparelhagem conceitual, é um instrumento capaz de proporcionar uma congruência dinâmica entre os mecanismos de controle social, como normas, valores, instituições. Daí a importância da noção de sistema. Este não é *constituído* pela própria dogmática, mas por ela *regulado.* Sua função é, pois, regulativa, não constitutiva. O que *constitui* o sistema é o comportamento social que exige e estabelece normas, institucionaliza procedimentos, marca ideologicamente seus valores, desenvolve regras estruturais etc. Cumpre à dogmática conferir-lhe um mínimo de coerência e razoabilidade para que se possa dominá-lo e exercitá-lo tecnicamente." (FERRAZ JÚNIOR, Tércio Sampaio. *Introdução ao estudo do direito: técnica, decisão, dominação.* 2. ed. São Paulo: Atlas, 1994. p. 252-253).

3.1.2 *Class Action* e o Mandado de Segurança Coletivo

Como antecedente próximo às ações coletivas brasileiras, apresentam-se as *class actions* do sistema norte-americano. A doutrina aponta certa semelhança entre o mandado de segurança coletivo e as *class actions*, propugnando pela utilização da experiência norte-americana como método de trabalho na solução das complicadas questões que surgem na aplicação do instituto.[26] Não se afigura plausível a afirmação de que as semelhanças justifiquem a aplicação do sistema das *class actions*, mesmo que, subsidiariamente. Principalmente porque após o advento do Código de Defesa do Consumidor, ocorre maior amplitude e tratamento diferenciado pelo direito positivo brasileiro à matéria.

Apesar de ocorrerem pontos de aproximação entre os institutos, são inúmeras as diferenças, de tal sorte que os comentaristas da *Rule 23*[27] (regra federal de processo civil norte-americano que estabelece o procedimento das *class actions*), em relação ao mandado de segurança, sempre advertem sobre a dissimilitude entre os sistemas do *common law* e do *civil law* (ou romano-germânico).

Podem-se apontar algumas dessemelhanças mais profundas. No sistema americano: 1) a avaliação do cabimento ou não da *class action* parte de crité-

---

26. Entre outros os seguintes autores corroboram com a visão comparatista: TUCCI, José Rogério Cruz e. *"Class action" e mandado de segurança coletivo – diversificações conceptuais*. São Paulo: Saraiva, 1990, p. 35. MANCUSO, Rodolfo Camargo. Uma análise comparativa entre os objetos e as legitimações das ações vocacionadas a tutela dos interesses metaindividuais, mandado de segurança coletivo, ação civil pública, ações do código de defesa do consumidor e ação popular. *Justitia*, v. 54, n.160, p.181-203, out/dez, 1992. p. 186. ROCHA, José de Moura. Considerações críticas sobre a nova Constituição Brasileira, sob o prisma processual. *Revista de Processo*, v.14, n. 54, p. 133-153, abr./jun. 1995. p. 151, BUZAID, *Considerações sobre o mandado de segurança coletivo*. São Paulo: Saraiva, 1992. (obra póstuma organizada por Ada Pellegrini Grinover).p. 24. Também Lucia Valle Figueiredo esposou esse posicionamento ao julgar como Desembargadora o AMS n. 18.502/SP em 27.11.1991 *apud* BUENO, Cassio Scarpinella. As class actions norte-americanas e as ações coletivas brasileiras: pontos para uma reflexão conjunta. *Revista de Processo*, v. 21, n. 82, p. 92-149, abr./jun. 1996. Esp. p. 117 et seq. E, ainda, o próprio BUENO, *As class actions norte americanas e as ações coletivas brasileiras: pontos para uma reflexão conjunta. passim*. Fazendo agudas ponderações sobre as diferenças entre os sistemas, conferir, GIDI, Antonio. *A Class Action como Instrumento de Tutela Coletiva dos Direitos. As Ações Coletivas em uma Perspectiva Comparada*. São Paulo: RT, 2007. Em outro trabalho, defendendo-se da acusação de "americanização", o mesmo autor afirma que a história das ações coletivas brasileiras só reflexamente pode reconhecer uma influência norte-americana, sendo que todo nosso direito coletivo foi "criado" a partir das considerações da doutrina italiana na década de setenta, cf. GIDI, Antonio. *Rumo a um Código de Processo Civil Coletivo: A Codificação das Ações Coletivas no Brasil*. Rio de Janeiro: Forense, 2008, p. 30-39.

27. A "Federal Rule 23" que trata das *class actions* é de 1938 e foi reformada em 1966 (1º de julho). Tem aplicação genérica na esfera de competência dos Tribunais Federais americanos. Com a reforma abandonou-se a antiga classificação quanto a natureza da questão ou caráter do direito controverso (*character of the right* divididos em *joint, common,* ou *secundary*) que ensejava a subdivisão das ações em "*a) true class action:* quando o direito é absolutamente comum a todos os membros; *b) hybrid class action:* quando o direito é comum em razão de várias demandas sobre o mesmo bem; e *c) spurious class action*: quando inúmeras pessoas, possuindo interesses diversos, reúnem-se para litigar em conjunto." (TUCCI, *"Class action" e mandado de segurança coletivo – diversificações conceptuais*. p. 13). Novas reformas foram efetuadas na primeira década de 2000.

rios casuísticos;[28] 2) a legitimação é controlada pelo juiz (*defining function*), pelo chamado sistema da "adequada representação" incluindo, aí, a possibilidade de, no curso do processo, o juiz julgar inadequada a representação preliminarmente aceita;[29] 3) a coisa julgada atinge a todos os indivíduos membros da *class*, independentemente do resultado do litígio. Em comparação ou contrapartida, no sistema nacional: 1) a "adequada representação" não é adotada, mas sim critérios objetivos, como a pré-constituição e a existência legal, determinando a lei expressamente os legitimados (no caso do mandado de segurança aos partidos políticos, sindicatos, entidades de classe e associações); 2) a legitimação é aferida *in limini litis* com a subsunção do caso posto à regra geral (verificação da existência do "representante" no rol de entidades descritas na lei, como autorizadas, e do preenchimento dos requisitos legais); 3) a extensão da eficácia subjetiva da sentença e a coisa julgada ocorrem somente em benefício dos membros da classe, individualmente considerados (art. 103 do CDC).

Ocorre observar que tendencialmente o sistema processual coletivo brasileiro vem se aproximando mais do modelo norte-americano, por exemplo, para admitir o controle judicial da adequada representação e a certificação da ação como ação coletiva, não obstante, sem prejuízo do previsto na lei.[30]

Sendo institutos de natureza distinta, o mandado de segurança e as *class actions*, a adoção do sistema proposto para o instituto norte-americano de-

28. "A *class action* do direito norte-americano pode ser definida como o procedimento em que uma pessoa, considerada individualmente, ou um pequeno grupo de pessoas, enquanto tal, passa a representar um grupo maior ou classe de pessoas, desde que compartilhem, entre si, um interesse comum. Seu cabimento restringe-se àquelas hipóteses em que a união de todos que poderiam ser partes em um mesmo processo (que se afirmam titulares da lide levada ao Estado-juiz, portanto) não é plausível (até porque seu número poderia chegar a milhões) ou porque sua reunião, em um só processo, daria ensejo a dificuldades insuperáveis quanto à jurisdição e à competência." (BUENO, *As class actions norteamericanas e as ações coletivas brasileiras: pontos para uma reflexão conjunta*. p. 93). Tal se depreende da leitura das letras *a* e *b* da *Rule 23*. Para o texto anterior as reformas cf. TUCCI, *"Class action" e mandado de segurança coletivo – diversificações conceptuais*. p. 14-17 ou transcrição em BUENO, op. cit. p. 146-148 (anexo). Um interessante glossário pode ser encontrado nos anexos em GIDI, Antonio, *A Class Action, op. cit.*

29. Comenta José Rogério Cruz e Tucci o *due process of law,* clareando o procedimento estadunidense: "À evidência que no procedimento da *class action* nem todos os titulares do direito discutido participam do contraditório. O interesse destes é tutelado pelos *class representatives*"; e segue: "Ocorre, porém, que a decisão proferida na *class action* projetará os seus efeitos não só às partes (em sentido formal), mas, também, a todos os integrantes do grupo."; segue: "Estaria, assim, à primeira vista, violada a garantia constitucional do *due process: '*... no person shall be deprived of life, liberty. or property, without due process of law...'." Concluindo, "Em decorrência, a orientação que hoje prevalece se contenta com a já examinada *adequacy of representation*, imposta pela alínea *a* (4) da Regra 23." Cf. TUCCI, *"Class action" e mandado de segurança coletivo – diversificações conceptuais*. p. 23-24. Vê-se, portanto, que a *sistemática norte-americana é toda voltada para o controle do juiz e à adequada representação da classe.*

30. Sobre o tema ver mais adiante. Na doutrina DIDIER JR., Fredie; ZANETI JR., Hermes. *Curso de Direito Processual Civil. Processo Coletivo*, vol. 4, 5. ed. Salvador: JusPodivm, 2010.

nota demasiada vontade limitadora frente à sistemática do CDC e da LACP e incompreensão do escopo da norma constitucional.

Ocorre que, como foi salientado na doutrina, as *class actions* são pautadas por cinco características essenciais depreendidas da *Rule* 23. Primeiro, o objeto da ação é especial e interessa a uma pluralidade de pessoas. Segundo, a legitimação ativa pode ser conferida para qualquer componente da classe ou grupo de componentes que a represente. Terceiro, o controle da admissibilidade e a supervisão da demanda são atribuídos diretamente ao julgador. Quarto, o devido processo legal é assegurado pela "adequada representação". Por último, a extensão dos efeitos da sentença não ocorre quando houver sido negligenciada a exigência da justa notificação (*fair notice*) dos interessados ou ocorrer uma opção de exclusão por parte do titular de direito individual (nas chamadas *not mandatory class actions*), sendo de regra vinculante.[31]

É necessário ficar evidente que entre nós, no mandado de segurança coletivo, a legitimação é extraordinária, estabelecida na Constituição (art. 5º, inc. LXX) e não ocorre pela "adequada representação" de "qualquer componente da classe", no máximo, como iremos ver mais adiante, poderá o juiz interpretando o ordenamento jurídico garantir a adequada representação através da *teoria da "legitimação conglobante"*; além disso, ao juiz não se estendem os poderes para determinar o prosseguimento (cabimento) ou não da ação, e a coisa julgada se dá independentemente da "*fair notice*" (notificação dos membros da classe) e sem o prejuízo do direito individual.

As ações coletivas nascem, no Brasil, com o intuito de reforçar os corpos intermediários da sociedade civil e de educar para a cidadania. Seria estranho,

---

31. Apenas para facilitar o entendimento do instituto norte-americano, transcreve-se a síntese conclusiva do excelente trabalho de José Rogério Cruz e Tucci:"Após o estudo desenvolvido sobre as *class action* nos ordenamentos jurídicos norte-americanos (EUA e Canadá), é possível verificar que cinco regras se destacam dada a importância que ostentam, e que se relacionam com: a) o objeto da ação; b) a legitimação; c) os poderes do juiz; d) o devido processo legal; e, por fim, e) os limites subjetivos da coisa julgada; a saber: a) necessário se faz que haja *pluralidade de pessoas determinadas*, cuja atuação conjunta se delineie impraticável, e que o objeto da relação jurídica tornada litigiosa seja comum a todos os integrantes do grupo, determinando uma *true class action;* b) outorga a *qualquer componente da classe (class suitor)*, sem qualquer autorização, desde que titular de uma posição jurídica idêntica à dos demais, de legitimação ordinária para agir em benefício de todos; c) atribuição de *amplos poderes ao órgão jurisdicional na condução do processo* da *class action* americana (mas não na canadense), *podendo admitir ou negar o seu processamento*, delimitar o seu objeto, determinar a notificação dos litigantes estranhos ao processo e autorizar a intervenção e prática de atos dispositivos;d) assecuração do *due process of law a* partir da *adequacy of representation;* e) extensão *ultra partes* (em sentido formal) dos efeitos da sentença, a menos que não tenha havido *fair notice* do processo, ou o exercício do direito, assegurado a todos os interessados, de ser considerado como não integrante do grupo *(right to opt out)*."TUCCI, *"Class action" e mandado de segurança – diversificações conceptuais*. p.34. Cf., ainda, GIDI, Antonio. *A Class Action*, op. cit.; TARUFFO, Michele. "Modelli di tutela giurisdizionale degli interessi collettivi". *La tutela giurisdizionale degli interessi collettivi e diffusi.* Lucio Lanfranchi (org.). Torino: Giappichelli, 2003; MENDES, Aluisio Gonçalves de Castro. *Ações coletivas no direito comparado e nacional*. São Paulo: RT, 2002.

e na verdade condenável, que o legislador importasse um pacote pronto, *de uma sociedade notoriamente mais desenvolvida*, onde ocorrem injustiças,[32] e com sistema judiciário completamente diverso, onde se inserem outras determinantes culturais.

3.1.3 Processo Coletivo: Modelo Brasileiro

O direito processual coletivo progressivamente tem atingido autonomia e princípios próprios no Brasil. Podemos dizer que nosso ordenamento é único no mundo, tendo surgido da recepção da doutrina italiana da década de setenta, combinada com a experiência norte-americana das *class actions* e a nossa particular propensão ao "bartolismo". Por aqui, também em função do nosso direito constitucional ter matriz norte-americana, o direito coletivo se desenvolveu nas ondas renovatórias do acesso à Justiça e sob a influência do Projeto Florença e de seu idealizador Mauro Cappelletti. Assim podemos falar com segurança de um processo coletivo: modelo brasileiro.[33]

Algumas notas histórico-comparativas são necessárias para demonstrar esse caminho. Como bem salientava a doutrina italiana ainda no século passado, não se trata de novidade a união popular em torno de certos interesses, muito menos o embate para a realização dos mesmos. A novidade, dentro do sistema posto, aparece quando esta união de interesses, essa massa de titulares, aspira à tutela jurisdicional como solução para os conflitos. Tal postura é um voto de confiança no sistema, e, ao mesmo tempo, uma expressão da radical vontade de renovação do próprio sistema. Também é nova a aspiração de receber a *tutela jurisdicional na dimensão real, coletiva*, bem como a busca de espaço nas instituições processuais, para solucionar essa demanda.[34]

---

32. É exemplo notório o caso Eisen *vs.* Carlisle & Jacquelin sobre a notificação dos membros da classe. Nesse caso da jurisprudência norte-americana a ação era proposta no interesse de mais de três milhões e meio de operadores da Bolsa de Nova York prejudicados pela imposição de uma sobretaxa. A notificação, nos moldes do processo tradicional e mesmo de acordo com uma interpretação restritiva da *Rule 23*, implicaria um custo de quatrocentos mil dólares. Decidiu a Suprema Corte, contrariamente à Corte *a quo*, que havia estabelecido um *corte* na universalidade dos interessados, e, com isso, possibilitado a notificação. Cf. VIGORITTI, Vicenzo. *Interesse colettivi e processo: la legitimazione ad agire*. Milano: Giuffrè, 1979. p. 278 e 279 - tradução das decisões no processo para o italiano, p. 290 et seq., ver também, CAPPELLETTI, Mauro. Formações sociais e interesses coletivos diante da justiça civil. *Revista de Processo*, v.2, n. 5, p. 128-159, jan. / mar. 1977.

33. Não iremos tratar aqui do modelo brasileiro em toda a sua extensão. Remetemos ao volume DIDIER JR., Fredie; ZANETI JR., Hermes. *Curso de Direito Processual Civil.* Processo Coletivo. 12. ed. Salvador: JusPodivm, 2018. O modelo brasileiro atual conta com duas espécies de processo coletivo: processo coletivo das ações coletivas e processo coletivo dos casos repetitivos. O primeiro é espécie de processo coletivo de ações coletivas *opt out*; o segundo é processo coletivo de ações coletivas *opt in*.

34. "In quest'ottica *l'aspirazione alla tutela giurisdizionale di questi interessi appare come un atto di fiducia nel sistema* e, insieme, come *espressione di una volontà di radicale rinnovamento dello stesso*. L'aggregazione in forma colletiva degli interessi, di certi interessi in particolare, *non è* sicuramente fenomeno *peculiare* dei nostri

Em resposta a essa procura, à aspiração por uma tutela real, efetiva e participativa, a Assembleia Constituinte estabeleceu severas alterações na sistemática constitucional brasileira, na Constituição de 1988. Pode-se chamar atenção para *a)* o fato de que *foi deslocado, para o início da Carta, o título que cuida dos direitos e garantias fundamentais.* Dispõe o "Título II - Dos direitos e Garantias Fundamentais" e logo em seu "Capítulo I - Dos Direitos e Deveres Individuais e Coletivos"; *b)* a inclusão dos "direitos coletivos" no rol dos *direitos fundamentais.*

Sob esse diapasão surge o *princípio da inafastabilidade do poder judiciário ou universalidade da jurisdição,* renovado e ampliado. Como afirma Elton Venturi, "Essa ampliação do princípio da *ubiquidade*, aliada à consagração de uma série de direitos individuais e sociais fundamentais e inderrogáveis... torna lícito aludirmos, em suma, a uma verdadeira transformação no âmbito das garantias constitucionais, decorrente da transposição do enfoque, do individual para o social, fenômeno semelhante ao que motivou a doutrina italiana a mencionar a presença hodierna de um '*neo-garantismo*', pelo qual se liberta o processo do formalismo tradicional individualista, imprimindo-lhe natureza substancial, aceitando as implicações derivadas não só da nova relação entre juiz e partes, como da própria transformação das controvérsias."[35]. Cabe salientar que esse alargamento revela-se abrangente não só da tutela coletiva, com, *v.g.*, a legitimação ativa de corpos intermediários da sociedade civil (caso específico do mandado de segurança), como, também, da tutela de urgência, seja de provimento acautelatório ou antecipador da tutela a ser proferida pelo julgador (art. 5º XXXV da CF/88).[36]

---

tempi, *ma nuova è l'aspirazione di questi interessi a ricevere tutela giunsdizionale nella loro dimensione reale, in quanto collettivi; come nuova è la ricerca di spazio, nelle istituzioni, non solo in quella processuale.* La partecipazione è, dunque, il motivo di fondo del ricorso al giudice a tutela di interessi collettivi, e, insieme, il principio ispiratore dell'analisi degli istituti che ci occupano."(VIGORITTI, *Interesse collettivi e processo: la legitimazione ad agire.* p. 14.)

35. Cf. VENTURI, Elton. Apontamentos sobre processo coletivo, o acesso à justiça e o devido processo social. *Genesis - Revista de Direito Processual Civil.* n. 4, jan./abr. 1997, item 3.1. Sobre "neo-garantismo" Denti afirma que este fundamentalmente:"responde ad una esigenza di uguaglianza reale o sostanziale tra le parti stesse."(Cf. DENTI, Vittorio. Il ruolo del giudice nel processo civile tra vecchio e nuovo garantismo. *Rivista Trimestrale di Diritto e Procedura Civile,* Milano, v.38, n.3, p. 726, set. 1984. p. 726 et. seq. ; ver também, GRINOVER, Ada P. As garantias constitucionais do processo nas ações coletivas. In: *NOVAS tendências do direito processual.* Rio de Janeiro: Forense Universitária, 1990. p. 45-59. esp. p 49).

36. Na perspectiva do objeto em estudo,"A garantia de *ingresso em juízo* (ou do chamado 'direito de demandar') consiste em assegurar às pessoas o acesso ao Poder Judiciário, com suas pretensões e defesas a serem apreciadas, *só lhes podendo ser negado o exame em casos perfeitamente definidos em lei* (universalização do processo e da jurisdição). *Hoje busca-se evitar que conflitos pequenos ou pessoas menos favorecidas fiquem à margem do Poder Judiciário; legitimam-se pessoas e entidades à postulação judicial* (interesses difusos, *mandado de segurança coletivo,* ação direta de inconstitucionalidade estendida a diversas entidades representativas); e o Poder Judiciário, pouco a pouco, vai chegando mais perto do exame do mérito dos atos administrativos,

São oportunas, então, as questões: Que distingue uma ação coletiva de uma ação individual? Quais são as características gerais que fornecem a noção de ação coletiva?

Entende-se que são características da ação coletiva no modelo brasileiro a presença do *interesse público primário*, a *legitimação para agir*, a afirmação de um *direito coletivo lato sensu* (objeto do processo), a extensão subjetiva da *coisa julgada e a maior amplitude da cognição.* Nesse sentido, conceitua-se ação coletiva como aquela em que um legitimado autônomo, defendendo direito coletivo *lato sensu*, age para obter um provimento jurisdicional que atingirá uma coletividade, um grupo ou um determinado número de pessoas, operando a coisa julgada segundo o resultado do litígio. A esse conceito devem ser acrescidos o interesse público primário como razão de ser dos processos coletivos no modelo brasileiro, o que permite o desequilíbrio processual em favor da coletividade e exige a constante presença do Ministério Público, quando não autor, *custus iuris*, e a maior amplitude da cognição, decorrente do transporte *in utilibus* e do maior efeito persuasivo das decisões de improcedência como fator desencorajador das pretensões individuais.[37]

No direito brasileiro podem-se citar, como ações coletivas: a ação popular[38] (Lei 4.717/65 e art. 5º, inc. LXXIII), a ação civil pública (Lei 7.347/85, reconhecida constitucionalmente no art. 129, inc. III, da CF/88), e, mais recentemente, o mandado de segurança coletivo (art. 5º, inc. LXX, da CF/88), a ação coletiva de responsabilidade civil (arts. 91 a 100 do CDC), as ações coletivas para tutela dos portadores de deficiência, do mercado mobiliário, da proteção da concorrência, da criança e do adolescente (Lei Federal n. 9.069/90) e da improbidade administrativa (Lei Federal n. 8.429/92).

As ações coletivas são tendentes a fomentar participação democrática. Ocorre, por meio delas, uma democracia pontuada, exercida através do Poder

*superando a idéia fascista da discricionariedade e a sutil distinção entre direitos subjetivos e interesses legítimos, usadas como escudo para assegurar a imunidade deles à censura jurisdicional.*Nessa e em outras medidas voltadas à *universalidade do processo e da jurisdição* reside o primeiro significado da *garantia constitucional do controle judiciário e o primeiro passo para o acesso à justiça."* DINAMARCO, *A instrumentalidade do processo.* p. 304.

37. Essa definição amplia, em substância, a proposta por Gidi, "Aí está, em breves linhas, esboçada a nossa definição de ação coletiva. Consideramos elementos indispensáveis para a caracterização de uma ação como coletiva a legitimidade para agir, o objeto do processo e a coisa julgada". (GIDI, Antonio. *Coisa julgada e litispendência em ações coletivas.* São Paulo: Saraiva, 1995.p.16).

38. Sobre a defesa de direitos difusos pela ação popular ver o seminal artigo de BARBOSA MOREIRA, A ação popular do direito brasileiro como instrumento de tutela jurisdicional dos chamados interesses difusos. In: *TEMAS de direito processual civil.* São Paulo: Saraiva, 1977. p. 110-123.

Judiciário[39]. No caso do *mandado de segurança coletivo*, o Judiciário é posto em movimento para o controle dos atos da administração, por *legitimados que não necessariamente correspondem ao titular do direito material*, para defesa de direitos que têm uma configuração coletiva (coletivamente considerados) e cuja imutabilidade da coisa julgada age *ultra partes* ou *erga omnes*, atingindo sujeitos não identificados no processo.

3.1.4 Microssistema do Processo Coletivo e a Aplicação Direta do CPC: O Papel do CDC e da LACP na Interpretação e Aplicação dos Arts. 21 e 22 da Lei do Mandado de Segurança

O CDC surgiu por imposição expressa do art. 5º, inc. XXXII da CF/88 e do art. 48 do Ato das Disposições Constitucionais Transitórias (ADCT). O microssistema dispõe a matéria em seis títulos, sendo principal, para este estudo, o Título III "Da Defesa do Consumidor em Juízo". Já no art. 81, parágrafo único, incisos I, II e III,[40] estabelece o Código os conceitos de direitos difusos, coletivos *stricto sensu* e individuais homogêneos, atingindo, assim, um tema que até então não havia sido esclarecido por nenhuma legislação nacional, de forma expressa e que era conturbado, inclusive, na doutrina especializada.[41] Hoje ainda essa é a discussão predominante na Europa, um tema que irresoluto leva a doutrina a perpetuada confusão conceitual. [42]

O texto da lei levou em consideração as modernas preocupações com a efetividade e com a facilitação ao consumidor do acesso à Justiça. Mirou no conceito e acertou na dogmática, consciente ou não, só o fato de ter previsto positivamente uma estrutura que fizesse o transporte das situações jurídicas subjetivas para o processo já eliminou décadas de debates sem sentido na ju-

39. Sobre a nova relação entre processo e democracia cf. ZANETI JR., Hermes. *Processo Civil Constitucional*, op. cit., Cap. 3.

40. Transcreve-se: "Art. 81 - A defesa dos *interesses e direitos* dos consumidores e das vítimas poderá ser exercida em juízo *individualmente, ou a título coletivo. Parágrafo único - A defesa coletiva* será exercida quando se tratar de: I- interesses ou *direitos difusos*, assim entendidos, para efeitos deste Código, os *transindividuais*, de *natureza indivisível*, de que sejam titulares *pessoas indeterminadas e ligadas por circunstâncias de fato*; II - interesses ou *direitos coletivos*, assim entendidos, para efeitos deste Código, os *transindividuais* de *natureza indivisível* de que seja titular *grupo, categoria ou classe de pessoas ligadas entre si ou com a parte contrária por uma relação jurídica base*; III - interesses ou direitos individuais homogêneos, assim entendidos os decorrentes de origem comum." (Lei 8.078/90).

41. Este tema, sua dificuldade e a forma de caracterização desses direitos no processo serão tratados no capítulo seguinte.

42. "Em contraste com o direito francês e alemão, os doutrinadores italianos, inclusive os processualistas, estudam a proteção dos direitos de grupo sob a perspectiva do direito substantivo (direito difuso e coletivo) e não sob a perspectiva dos meios processuais para sua defesa em juízo." GIDI, Antonio. *Rumo a um código de processo civil coletivo: a codificação das ações coletivas no Brasil*. Rio de Janeiro: Forense, 2008. p. 202. "Existem tantas definições quanto doutrinadores", Idem, p. 203.

risprudência. Nesse diapasão se apresentam, como mudanças ontológicas, um novo enfoque da *par condicio* (com a transposição de uma igualdade formal para uma igualdade mais substancial entre as partes: igualar os desiguais) e novas técnicas para as ações coletivas, tudo sem afastar garantia do devido processo legal.[43]

Lendo-se o título III do CDC, constata-se que há inovações processuais, tanto no que se refere às ações individuais como às coletivas, a saber: *a*) a possibilidade de se determinar a competência pelo domicilio do autor consumidor (art. 101, I); *b*) a vedação da denunciação à lide e um novo tipo de chamamento ao processo (art. 88 e 101, II); *c*) a possibilidade de instrumentar a defesa do consumidor com qualquer ação cabível (art. 83); *d*) a tutela específica em preferência à tutela ressarcitória (art. 84); *e*) a extensão subjetiva da coisa julgada em exclusivo beneficio das pretensões individuais (art. 103); *f*) regras de legitimação (art. 82) e de dispensa de honorários advocatícios (art. 87) específicas para as ações coletivas e aperfeiçoadas em relação aos sistemas anteriores; *g*) regulamentação da litispendência (art. 104); e, *h*) alteração e ampliação da tutela da Lei nº 7.347/85 (LACP), harmonizando-a com o microssistema do Código (arts. 109 *usque* 117).[44]

Outras regras de processo, situadas fora do Título III, também foram alteradas, *v.g.*, a inversão do ônus da prova em favor do consumidor quando, a critério do juiz, for verossímil a alegação ou quando for ele hipossuficiente (art. 6º, inc. VIII), o que implica na absorção dessas regras pelo microssistema.[45]

O CDC foi além. Ao alterar a LACP, atua como verdadeiro agente unificador, empregando e adequando à sistemática processual vigente do Código de Processo Civil e da LACP[46] para defesa de direitos "difusos, coletivos, e individuais, no que for cabível, os dispositivos do Título III da Lei 8.078, de 11.09.1990, que instituiu o Código de Defesa do Consumidor".[47]

Com isso cria-se a absoluta novidade de um *microssistema processual para as ações coletivas*. No que for compatível, seja a ação popular, ação civil pública e mesmo mandado de segurança coletivo,[48] aplica-se o Título III do

43. Cf. GRINOVER, Ada P. et al. *Código brasileiro de defesa do consumidor: comentado pelos autores do anteprojeto*. Rio de Janeiro: Forense Universitária, 1998. p. 608.

44. GRINOVER, Ada P. *Código de defesa do consumidor*. p. 608-9.

45. Nesse sentido cf. DIDIER JR., Fredie; ZANETI JR., Hermes, *Processo Coletivo*, p. 195, nota 113 e seguintes.

46. Arts. 90 e 117 do CDC, esse último acrescenta o art. 21 à LACP.

47. Art. 21, da Lei 7.347, redação alterada pelo CDC.

48. Calmon de Passos, em sua obra sobre o tema, já havia percebido essa natural tendência do *writ* coletivo ao afirmar, "Assim, enquanto não regulado em outros termos pelo legislador ordinário, o mandado de segurança coletivo atende às normas previstas para o mandado de segurança individual e às normas pertinentes à

CDC.[49] Cabe lembrar que o art. 1º do CDC o define como norma de ordem pública e interesse social, reforçando a sua eficácia sobre as demais normas integradoras do sistema e seu caráter inovador, no que Cappelletti chamou de "devido processo social". Essa expressão, trazida por Cappelletti, representa o contexto retórico[50] em que até mesmo os mais sagrados princípios de Direito devem ser reconsiderados em vista das mudanças ocorridas nas sociedades modernas; no entanto, essa reconsideração não significa abandono ou inutilização dos esquemas individualistas de "garantismo processual"; pelo contrário, significa adaptação aos novos caminhos do processo, que deve dar lugar ou estar integrado a um "social ou coletivo conceito de devido processo", como única forma de assegurar e realizar a vindicação dos "novos direitos".[51]

Todo esse raciocínio se justifica pela própria ótica propulsora das mudanças sociais que desaguaram na perspectiva externa do processo, no seu aspecto teleológico de realização da paz social com justiça.

A tradicional visão individualista do processo se tornou insuficiente e deficitária, forçando o estabelecimento de novas regras para a tutela dos direitos coletivos e das situações em que os direitos seriam melhor atendidos se coletivamente tratados.[52] A disciplina comum das ações coletivas no Brasil

substituição processual, coisa julgada, etc., em ações coletivas." (CALMON DE PASSOS, J.J. *Mandado de segurança coletivo, mandado de injunção e habeas data.* Rio de Janeiro: Forense, 1989. p. 58). Vale a ressalva de que a obra é anterior ao CDC.

49. Sobre a existência de um sistema de tutela processual para direitos coletivos, lembra GIDI, que o *veto presidencial ao art. 89 do CDC,* que expressamente declararia a extensão dos dispositivos do Título III do Código a todas as ações que tutelassem direitos difusos, coletivos ou individuais homogêneos foi ineficaz, na medida em que continuaram vigentes os dispositivos dos arts. 110, 111 e 117 do Código que permitem a leitura similar através da ação civil pública. Afirma, ainda, o autor: "Em outras palavras, não somente o microssistema da coisa julgada, mas toda a parte processual coletiva do CDC, fica sendo, a partir da entrada em vigor do Código, o ordenamento processual civil coletivo de caráter geral, devendo ser aplicado a todas as ações coletivas em defesa dos interesses difusos, coletivos e individuais homogêneos. Seria, por assim dizer, um *Código de Processo Civil Coletivo*". E conclui, "o Título III do CDC combinado com a LACP fará as vezes do Código Coletivo, como ordenamento processual geral." Cf. GIDI, Antonio. *Coisa julgada e litispendência em ações coletivas*. p. 77 e 83.

50. O termo aqui representa não a visão da retórica como "adornos empolados ou pomposos de um discurso" (Aurélio eletrônico), decorrente do descrédito da retórica quinhentista, mas, a sua perspectiva aristotélica onde o discurso constitui "ato de argumentação, cujo principal problema teórico é configurado pela sua relação com seus interlocutores." Revalorizando o potencial do discurso como formador de um "senso comum" para os juristas cf. WARAT, Luis Alberto. *O direito e sua linguagem.* 2. ed. rev. e aumentada. Porto Alegre: Sergio Antonio Fabris, 1995. *passim.* Para uma visão da *viragem* da tópica-retórica no processo civil cf. ZANETI JR., Hermes, *Processo Civil Constitucional,* op. cit., Cap. 2.

51. CAPPELLETTI, Mauro. Vindicating the public interest trough the courts. In: *THE JUDICIAL process in comparative perspective.* Oxford: Caredon Press, p. 304, já citado por BUENO, *As class actions norte-americanas e as ações coletivas brasileiras: pontos para uma reflexão conjunta.* p. 101. Cf., também, VENTURI, *Apontamentos sobre o processo coletivo, o acesso à justiça e o devido processo social. passim.*

52. Sobre a doutrina individualista e sua insuficiência cabe a transcrição: "O tempo, porém, revelou ser essa disciplina *absolutamente insuficiente em tela de ações coletivas em geral e do mandado de segurança coletivo*

encontra-se, portanto, estabelecida no Título III do CDC; chega-se a essa conclusão, como foi visto, através da interpretação sistemática entre as regras do art. 21 da LACP[53] e a do art. 90 do CDC.[54]

Mas não se deve parar por aí, é importante reconhecer com a doutrina a unidade e coerência dos microssistemas[55], já anotada pela jurisprudência[56], que trata o processo coletivo como um inteiro microssistema, com a colaboração recíproca das normas da ação popular, da ação de improbidade administrativa, enfim, de todos os diplomas que versam sobre as situações jurídicas coletivas que nesses termos se interpenetram e subsidiam para criar uma lógica e princípios próprios. Porém há ainda uma inovação recente, no CPC/1973 a aplicação era somente residual, no CPC/2015 o Código é aplicado diretamente ao microssistema, dialoga com ele, em um diálogo de fontes e até mesmo prevê expressamente o processo coletivo quando fala de casos repetitivos e dos poderes do juiz (*e.g.*, arts. 985 e 139, X, CPC).

Presente essa perspectiva, cabe salientar que o *mandado de segurança coletivo* não foge à regra das ações coletivas, sendo *regido – no que não se confrontar com a sua natureza de mandado de segurança - pela sistemática processual estabelecida no Título III do CDC e pelas demais ações coletivas e, atualmente, aplicando-se de forma direta a principiologia do CPC/2015, naquilo que não for expressamente regulado de forma específica e mais benéfica pelo processo coletivo.*

em particular. Esse regramento veio a ser aperfeiçoado em seus pormenores mais significativos até o limite máximo da Ciência Jurídica contemporânea, através da promulgação do Código de Proteção e Defesa do Consumidor."(GIDI, Antonio. *Coisa julgada e litispendência em ações coletivas*. p. 82).

53. Introduzido, como já foi expresso supra, pelo art. 117 do Código de Defesa do Consumidor, Lei 8.078/90.

54. O art. 90 do CDC estabelece a aplicação subsidiária do CPC e da LACP no que não contrariar suas disposições expressas.

55. Esta é uma das notáveis características benéficas dos microssistemas na "Idade das Constituições", como asseverou IRTI, Natalino. *L'età della decodificazione*, 4 ed. Milano: Giuffrè, 1999. p. 14-15. MAZZEI, Rodrigo Reis. "A ação popular e o microssistema da tutela coletiva", in Luiz Manoel Gomes Jr. (Coord.), *Ação popular – Aspectos controvertidos e relevantes – 40 anos da Lei 4717/65*. São Paulo: RCS, 2006.

56. A jurisprudência do Superior Tribunal de Justiça aponta para esta direção em reiterados votos do eminente Min. Luiz Fux: "A lei de improbidade administrativa, juntamente com a lei da ação civil pública, da ação popular, do mandado de segurança coletivo, do Código de Defesa do Consumidor e do Estatuto da Criança e do Adolescente e do Idoso, *compõem um microssistema de tutela dos interesses transindividuais e sob esse enfoque interdisciplinar, interpenetram-se e subsidiam-se* (...)" (STJ – RESP nº 510.150/MA, 1ª T., Rel. Min. Luiz Fux, j. 17.2.2004, *DJU*, de 29.3.2004, p. 173). Nesse mesmo sentido: STJ, REsp 1473846/SP, Rel. Ministro Ricardo Villas Bôas Cueva, Terceira Turma, julgado em 21/02/2017; STJ, REsp 1375906/DF, Rel. Ministra Nancy Andrighi, Terceira Turma, julgado em 25/02/2014; STJ, REsp 1221254/RJ, Rel. Ministro Arnaldo Esteves Lima, Primeira Turma, julgado em 05/06/2012.

3.2. O OBJETO DO MANDADO DE SEGURANÇA COLETIVO

3.2.1 Tutela de Direitos Coletivos Lato Sensu (Difusos, Coletivos Stricto Sensu e Individuais Homogêneos)

Na abordagem do tema do presente estudo surge, como prius lógico, estabelecer se o mandado de segurança coletivo constitui novo instituto, com regras próprias e independente do "antigo" mandado de segurança individual ou se, pelo contrário, é o mesmo mandado de segurança com novas características específicas.

Respondendo, pode-se afirmar, mesmo parecendo tautologia, que *o mandado de segurança coletivo é mandado de segurança*; é espécie do gênero e, assim sendo, apresenta os *mesmos pressupostos* do mandado de segurança individual, o "direito líquido e certo", a ilegalidade ou abuso de poder e o ato de autoridade pública ou agente de pessoa jurídica, no exercício de atribuições do Poder Público.[57]

Alfredo Buzaid vê no mandado de segurança coletivo "na verdade, um instituto *novo*, de há muito reclamado pela consciência nacional", para, logo após, afirmar a existência de "duas espécies de mandado de segurança: o *individual* e o *coletivo*".[58] Ora, se o mandado de segurança coletivo é "espécie" não pode ser instituto novo, assim como, ver-se-á nesse capítulo, não pode ter objeto diferenciado; trata-se do mesmo instituto, alterado em relação à abrangência (agora também como ação coletiva) e com legitimação expressamente determinada pela lei e pelo direito.

A Lei Federal n. 12.016/2009 veio por um ponto final na questão, aqui apresenta um *singelo* avanço, pois expressamente disciplina em conjunto o "mandado de segurança individual e coletivo".

---

57. Nesse sentido, a posição doutrinária de CARNEIRO, Athos Gusmão. Do mandado de segurança coletivo e suas características. In: DA ANTECIPAÇÃO de tutela no processo civil. Rio de Janeiro: Forense, 1998. p. 91-134. p. 98; LEYSSER, Maria de Fátima Ramalho. Mandado de segurança coletivo. *Revista de Processo*, v. 22, n. 86, p. 362-374, abr./jun.. 1997. p. 394; PASSOS, *Mandado de segurança coletivo, mandado de injunção e habeas data*. esp. p. 07; TUCCI, *"Class action" e mandado de segurança – diversificações conceptuais*. p.38; entre outros, que vêem no mandado de segurança coletivo o "velho mandado de segurança" (Cf. PASSOS, op. cit. p. 07). De mesma sorte, pode-se citar, BULOS, Uadi Lamêgo. *Mandado de segurança coletivo*. São Paulo: Revista dos Tribunais., 1996. p. 35-36; GRECO FILHO, Vicente. *Tutela constitucional das liberdades*. São Paulo: Saraiva, 1989. p. 168, que expressamente o distinguem como "espécie" do mandado de segurança, i. é, "O mandado de segurança 'coletivo' é, sem dúvida, espécie do gênero mandado de segurança..." (CRETELLA JUNIOR, José. *Do mandado de segurança coletivo*. 2. ed. Rio de Janeiro: Forense, 1991. p. 02).

58. BUZAID, Alfredo. *Considerações sobre o mandado de segurança coletivo*. p. 4-5.

Portanto, como já repisamos, o Mandado de Segurança Coletivo (MSC) é espécie do gênero mandado de segurança. Aplicam-se a ele toda jurisprudência (principalmente as súmulas) e a legislação (*v.g.*, Lei 12.016/09) aplicáveis ao mandado de segurança individual[59], com as adaptações necessárias (*princípio da adaptação ou adequação*) e quando não forem incompatíveis com o regime geral das demandas coletivas (*princípio da aplicação direta CPC/2015*[60] *com respeito a especialidade mais benéfica aos processos coletivos*). O problema era mais grave quando não havia disciplina legal única.

Assim, do ponto de vista constitucional os dispositivos da Constituição de 1988 contidos no art. 5º., LIXX e LXX, devem ser lidos em conjunto:

> LIXX – conceder-se-á mandado de segurança para proteger direito líquido e certo, não amparado por habeas corpus ou habeas data, quando o responsável pela ilegalidade ou abuso de poder for autoridade pública ou pessoa jurídica no exercício de atribuições do poder público.
>
> LXX - o mandado de segurança coletivo pode ser impetrado por: a) partido político com representação no Congresso Nacional; b) organização sindical, entidade de classe ou associação legalmente constituída e em funcionamento há pelo menos um ano, em defesa dos interesses de seus membros ou associados; (Art. 5º. CF/88).

Os requisitos são os mesmos da ação individual: a) direito líquido e certo (*prova documental pré-constituída* e *desnecessidade de dilação probatória*); b) ilegalidade ou abuso de poder; c) autoridade pública ou pessoa jurídica no exercício de *função delegada* do poder público.

A novidade estivera no reconhecimento da legitimação ativa, em mandados de segurança coletivos, aos: a) partidos políticos com representação no Congresso Nacional; b) entidades de classe, sindicatos ou associações, estas últimas, desde que constituídas a pelo menos um ano, na forma da legislação.

Na doutrina: "Não foi criada outra figura ao lado do MS tradicional, mas apenas hipótese de legitimação para a causa. Os requisitos de direito material para a concessão do MSC continuam a ser os da CF 5°, LXIX: proteção contra ameaça ou lesão a direito líquido e certo, não amparado por *habeas corpus*

---

59. "Os princípios básicos que regem o mandado de segurança individual informam e condicionam, no plano jurídico-processual, a utilização do 'writ' mandamental coletivo." (STF, MS 23785 AgR-QO, Relator: Min. Celso de Mello, Tribunal Pleno, julgado em 05/09/2002).

60. Sobre estes e outros princípios da tutela coletiva, referidos ao longo do texto, cf. DIDIER JR., Fredie; ZANETI JR., Hermes. *Processo Coletivo*, op. cit. Cap. 3.

ou *habeas data*, por ato ilegal ou abusivo de autoridade. O MSC nada mais é do que a possibilidade de impetrar-se o MS tradicional por meio da tutela jurisdicional coletiva."[61]

Assim, com esse simples "reconhecimento", o constituinte de 1988 criou uma *ação coletiva nova*, mandamental, com rito idêntico ao do mandado de segurança individual e com os mesmos requisitos; portanto, *espécie do gênero mandado de segurança*. A doutrina e a jurisprudência digladiaram-se sobre alguns aspectos do novo *writ*, em especial quanto à extensão dos direitos coletivos que são atingidos, surgindo quatro teses distintas, três teses restritivas e uma ampliativa.

As teses restritivas procuram limitar a tutela a um ou alguns direitos dentre os direitos coletivos *lato sensu* (limitando aos direitos coletivos *stricto sensu*, permitindo apenas quanto aos direitos individuais homogêneos, ou proibindo a demanda quanto aos direitos difusos).

Dessarte, através da leitura gramatical, pela qual se entende que se o *mandamus* é "coletivo" serve somente para tutela de direitos coletivo *stricto sensu*; ou, limitando o MSC aos direitos individuais homogêneos (tutela coletiva de direitos *estruturalmente* individuais); ou, ainda, também pelo não cabimento do mandado de segurança coletivo para tutela de "*interesses*" difusos, pois o mandado de segurança serviria unicamente para tutela do "direito" líquido e certo, não tutelando meros "interesses"; a doutrina e a jurisprudência reduziram a efetividade da nova ação.

Infelizmente a Lei do Mandado de Segurança (Lei Federal n. 12.016/2009), como efetivamente foi escrita até 1995 (data do protocolo do projeto que permaneceu com os artigos sobre o mandado de segurança inalterados), não poderia deixar de refletir essa polêmica e por "descuido", não sendo atualizada, deixou de prever a tutela dos direitos difusos (art. 21 da Lei Federal n. 12.016/90), quando o próprio Supremo Tribunal Federal já a havia admitido.

A Lei Federal n. 12.016/2009 disciplinou o MSC em apenas dois dispositivos, quanto ao objeto afirmou:

> Art. 21...
>
> Parágrafo único. Os direitos protegidos pelo mandado de segurança coletivo podem ser:

61. Nelson Nery Jr; Rosa Maria de Andrade Nery. *Constituição Federal Comentada e Legislação Extravagante.* São Paulo: Revista dos Tribunais, 2006. p. 139.

> I - coletivos, assim entendidos, para efeito desta Lei, os transindividuais, de natureza indivisível, de que seja titular grupo ou categoria de pessoas ligadas entre si ou com a parte contrária por uma relação jurídica básica;
>
> II - individuais homogêneos, assim entendidos, para efeito desta Lei, os decorrentes de origem comum e da atividade ou situação específica da totalidade ou de parte dos associados ou membros do impetrante.

A evidente incorreção técnica do dispositivo fica ainda mais sobressaltada se notarmos a confusão entre os novos *critérios restritivos da legitimação* e o *conceito de direitos individuais homogêneos*, tendo a lei criado, na verdade, embaraço à tutela, ao juntar uma limitação do grupo com nítida finalidade de controlar a *adequada representação* (origem comum decorrente da atividade ou situação específica dos associados ou membros do impetrante) ao núcleo da situação jurídica tutelada; ora, coisas distintas, devem ser tratados em espaços distintos, sugere o bom cartesianismo legal.

Como veremos, a corrente vencedora e dominante nos tribunais, fixou--se na *tese ampliativa*, a qual permite a tutela pelo *writ* coletivo dos direitos coletivos *lato sensu*, ou seja, dos direitos difusos, coletivos *stricto sensu* e individuais homogêneos62. Sendo essa a interpretação que deve prevalecer através da leitura conjunta dos dispositivos legais e do microssistema do processo coletivo de forma a preservar a integralidade da Constituição de 1988, propiciando uma *interpretação conforme* da Lei Federal n. 12.016/2009 e acatando a vedação da *proibição de retrocesso*.

Nos próximos tópicos iremos tratar detidamente da diferenciação entre direito e interesse, da caracterização dos direitos coletivos no processo, dos conceitos de direitos coletivos *lato sensu* fornecidos pelo Código de Defesa do Consumidor (art. 81, parágrafo único) e da sua consequente aplicação no mandado de segurança coletivo.

3.2.2 O Problema da Recepção do Direito Estrangeiro: Direitos ou "Interesses"?

Este problema é um dos mais significativos do ponto de vista da teoria geral do direito em tema de tutela das situações jurídicas subjetivas coletivas *lato sensu*. Na legislação nacional não raro se encontra a denominação

62. Para uma bibliografia completa sobre as teses restritivas e ampliativas, até o ano de 2001, verificar a dissertação de mestrado Hermes Zaneti Jr. *Mandado de segurança Coletivo*, notas 167 e 168.

conjunta e indistinta "direitos e interesses" referindo-se a direitos difusos e direitos coletivos (art. 129, inc. III da CF/88, CDC, LACP, etc.). Trata-se de recepção do modelo europeu, que em nada colabora, como veremos, para a efetividade da tutela desses direitos.[63]

O termo "interesses" é expressão equívoca, seja porque não existe diferença prática, seja porque os direitos difusos e coletivos são constitucionalmente garantidos (*v.g.*, Título II, Capítulo I, da CF/88). Ao que parece, houve uma transposição da doutrina italiana, um *italianismo* decorrente da expressão "*interessi legitimi*" e que granjeou espaço na doutrina nacional mais acurada e, infelizmente, gerou tal fenômeno não desejado.

Cabe, por dever de precisão, afastar a erronia. Vale lembrar, não se trata de defesa de "*interesses*" e, sim, de direitos[64], muitas vezes, previstos no próprio texto constitucional.

Justamente por essa confusão, os primeiros textos sobre o mandado de segurança coletivo traziam uma advertência séria a respeito da impossibilidade de serem tutelados pelo *writ* "meros interesses". Nesse sentido se posicionaram José Cretella Junior[65] e Celso Neves.

Afirmando que "interesses" não são tuteláveis por mandado de segurança coloca Celso Neves a noção clássica de *direito subjetivo* como poder da vontade vinculado a um interesse pessoal ou individual ao qual o Estado, mediante

63. Sobre a teoria da recepção jurídica um ensaio muito bem documentado e de leitura essencial é o de Peter Häberle. "Elementos teóricos de un modelo general de recepción jurídica". In: Antonio-Henrique Perez Luño (Coord.), *Derechos humanos y constitucionalismo ante el tercer milenio*, Madrid: Marcial Pons, 1996.

64. "O mandado de segurança coletivo – que constitui, ao lado do writ individual, mera espécie da ação mandamental instituída pela Constituição de 1934 – destina-se, em sua precípua função jurídico-processual, a viabilizar a tutela jurisdicional de direito líquido e certo não amparável pelos remédios constitucionais do habeas corpus e do habeas data. Simples interesses, que não configurem direitos, não legitimam a válida utilização do mandado de segurança coletivo." (STF, MS 21.291 AgR-QO, Rel. Min. Celso de Mello, j. 12-4-1991). No mesmo sentido: STF, ADPF 307 MC-REF, Rel. Min. Dias Toffoli, j. 19-12-2013.

65. Quanto à defesa de "interesses" é a opinião de Cretella Junior: "Há, repetimos, significativa diferença entre 'interesses' e 'direitos'. Em *defesa de interesses,* nunca poderá ser impetrado nem 'mandado de segurança singular', nem 'mandado de segurança coletivo'. O Poder Judiciário exerce o controle jurisdicional sobre atos do poder público que ferem, tão-só, 'direitos', atos eivados de 'ilegalidade' ou 'abuso de poder'. Esta parte final do art. 5º, LXX, *b* ('defesa dos *interesses* de seus membros ou associados'), pode, no entanto, ser interpretada, em consonância com a segunda parte do art. 8º, III ('ao sindicato cabe a defesa dos direitos e INTERESSES coletivos ou individuais da categoria, inclusive em questões judiciais ou ADMINISTRATIVAS'). Em questões ADMINISTRATIVAS, sim; em questões JUDICIAIS, não. *Questões administrativas,* pleiteadas na via correspondente- a *via administrativa* - podem ser defendidas pelas ordens profissionais, pelas entidades de classes e pelos sindicatos, quando se trata de 'interesses coletivos', ou 'interesses individuais', desde que da categoria, dos membros, dos associados." (Cf. CRETELLA JUNIOR, *Do mandado de segurança coletivo*. p. 78). O mesmo autor em momento anterior já havia referido, "Advirta-se, desde já, que o mandado de segurança 'coletivo', assim como o 'singular' protegem 'direitos', porque 'interesses' não são jamais pleiteados perante o Poder Judiciário." (Idem. p. 3).

o ordenamento jurídico, confere coercibilidade como forma de atuação na defesa do interesse protegido pela lei. Afirma, ainda, que "interesses simples" ou até mesmo "interesses juridicamente protegidos" não podem ser tutelados pelo mandado de segurança porque justamente estão desprovidos da coercibilidade, não têm os seus titulares o "poder de vontade para o prevalecimento de seu interesse" que configuraria os direitos subjetivos.[66]

Algumas considerações sobre as críticas de Celso Neves são necessárias para afastar o risco que essa leitura prevaleça: 1) não se trata de tutela de "*interesses*" e sim de "*direitos subjetivos coletivos*"; 2) quem são os titulares subjetivos desses direitos? São aqueles indicados no art. 81, § único e incisos do CDC, ou seja, pessoas indeterminadas ligadas por circunstâncias de fato (direitos difusos), grupo, categoria ou classe de pessoas ligadas por uma relação jurídica-base (direitos coletivos *stricto sensu*), titulares de direitos individuais ligados por circunstância de fato de origem comum abstrata e genericamente considerados (direitos individuais homogêneos). Sendo sua legitimação *ad causam,* no mandado de segurança coletivo, atribuída às entidades arroladas no inciso LXX, do art. 5º, da CF/88. Ocorre que, por ser ação coletiva, o mandado de segurança coletivo lida com situações jurídicas de configuração difícil e não afeitos à rígida acepção de direito subjetivo, ligada historicamente aos titulares de direitos individuais[67], proposta pela doutrina clássica. Isso causou certa dificuldade, porém superável pela aplicação do Tít. III do CDC que dispõe sobre a sistemática para ações coletivas no direito brasileiro.

66. Transcreve-se o pensamento do autor:"Em verdade - e isso temos sustentado - sempre que a *ordem jurídica vincula certo bem a determinado sujeito*, atribuindo a este o poder de gozo das suas virtuais utilidades, em proveito próprio, ou alheio, além de conferir-lhe o poder de exigir, de quem quer que seja, o respeito às faculdades que desse poder resultam e, do obrigado, a satisfação da prestação devida, estamos em face dessa categoria especifica denominada *direito subjetivo*, insuscetível de ser confundido ou equiparado aos *interesses simples* e aos *interesses juridicamente protegidos*, de que não resulta qualquer poder de ação, porque não dispõem da *coercibilidade que é própria dos direitos individualmente subjetivados.*"; segue: "Em nosso sistema jurídico, nos casos de *interesses simples* ou *juridicamente protegidos*, não há a tutela excepcional do mandado de segurança e, consequentemente, não dispõem os tribunais de competência originária, *ratione materiae*, para o seu processo e julgamento, ou para reexame recursal."; segue: "Teria a nova Constituição intentado introduzi-la, com o item LXX, de seu art. 5º? - A nós repugna que isso tenha ocorrido, pela própria contradição de se conferir tutela jurídica a quem não se tenha atribuído poder de vontade para o prevalecimento de um seu interesse" (NEVES, *Mandado de segurança, mandado de segurança coletivo e mandado de injunção.* p. 1318).

67. Interessante notar que essa ligação entre direitos subjetivos e a titularidade individual é tão relevante que está na matriz da formação dos modernos Estados de Direito, sendo considerada uma das bases do *contratualismo*. Cf. ZOLO, Danilo. "Teoria e Critica dello Stato di Diritto". In: *Lo Stato di Diritto*, p. 46-47. Por essa razão é incorreto pensar os direitos coletivos como uma supressão ou *capitis deminutio* dos direitos individuais, qualquer restrição dessa ordem representa inaceitável retrocesso no modelo de garantia constitucional alcançado pelas nações desenvolvidas.

Baseado na perspectiva de direito processual "moderno" (sic.) conclui Celso Neves: "A *autonomia do direito de ação* não se compadece com tal extremo, porque *ineliminável o binômio direito-processo,* mormente num momento em que a *instrumentalidade* precípua da relação processual volta a ser proclamada, com redobrado vigor, pelos doutrinadores contemporâneos."[68] Aqui, também, impendem certas considerações. A instrumentalidade consiste, justamente, em fornecer um instrumento hábil e eficaz para a defesa dos direitos objetivos e das situações jurídicas subjetivas a eles correlatas. O processo é instrumento (meio) de realização do direito. A autonomia, nesse sentido, é primordial para que sob a égide de "preconceitos" de direito material, ou interpretações "fixas" não se evite a apreciação pelo Poder Judiciário sobre a lesão ou ameaça ao direito afirmado pelo autor. Existe, porém, uma necessária correlação entre o direito positivo e o exercício valorativo de concreção adotado pelo juiz no momento da sentença. Assim, ocorre um abrandamento do "ineliminável" binômio *substância-processo*, sempre orientado pelo fim: o processo existe para a *ordem jurídica justa.* O processo devolve ao direito material um direito novo, no sentido de que a interpretação jurídica *cria* situações jurídicas que merecedoras de tutela não se revelavam imediatamente do dispositivo legal, aplica-se aqui a *teoria circular dos planos69.*

Não só direito coletivo *lato sensu* (restrito ao mandado de segurança coletivo), mas qualquer direito lesado pode ser tutelado pelo *writ*. Argumentar que não existiria o binômio direito-processo é excluir, de forma descabida, situações de afirmação de lesão da apreciação do Poder Judiciário. A existência ou não da lesão só poderá ser verificada no processo e declarada por sentença. Outra solução seria restritiva e resultaria denegação de justiça.

Assim, a interpretação que entendia não serem tuteláveis "meros interesses" ocorria, em parte, pela leitura equivocada do art. 5º, inc. LXX, alínea *b*, na locução, "em defesa dos *interesses* de seus membros ou associados", como se verá, e em parte (principalmente), pela prática legislativa de, em ações coletivas (com relação aos direitos por elas tutelados), falar-se em tutela de "interesses e direitos" (art. 129, III, da CF/88, CDC, LACP, etc). Essa prática, como foi visto, decorre de um inadequado transporte de conceitos da doutrina italiana para o sistema nacional[70].

68. Ibidem.

69. ZANETI JR., Hermes. *Processo Civil Constitucional*, op. cit., Cap. 5.

70. Não obstante a Lei Federal n. 12.016/2009, em completa desarmonia com nosso modelo jurídico, *importou* a locução "interesses legítimos" para o *caput* do art. 21, ou seja, desconsiderando nossa tradição incluiu conceito novo que só faz sentido em ordenamentos que tem contencioso dual (administrativo e civil)..

No sentido do até agora exposto, contra a concepção estreita e excludente de "interesses", e voltados para a correção da erronia legislativa bateram-se os juristas. A exemplo de Calmon de Passos, que chama atenção para o "conteúdo de direitos, inclusive em sua dimensão subjetiva" com que se revestem os "interesses" coletivos, como também, para a inaplicabilidade do conceito de "interesses legítimos" na atual realidade democrática. Assim, "Trazer-se para o direito brasileiro *categorias já sem funcionalidade como a dos interesses legítimos*, para colocá-los ao lado dos direitos subjetivos, ou pretender excluir os interesses transindividuais da categoria dos direitos subjetivos é insistir numa visão do direito, do Estado, da organização política e da sociedade *já ultrapassada*."[71]

Outra não é a postura do professor Carlos Alberto Alvaro de Oliveira, ao comentar o CDC em artigo sobre a ação coletiva de responsabilidade civil. Assevera o autor que o legislador teria agido com melhor técnica no art. 6º, ao mencionar apenas "direitos básicos do consumidor" ao invés de "interesses e direitos" como fez no Tít. III.[72] A lição revela-se ainda mais profícua por esclarecer, adiante, que a distinção entre o direito subjetivo e o interesse, na doutrina nacional, assenta, justamente, na coercibilidade posta à disposição da "vontade autônoma" do indivíduo frente a um interesse seu tutelado pela norma. De outra sorte, comentando a distinção entre interesse legítimo e direito subjetivo, na doutrina estrangeira, o mesmo autor, aduz o seu caráter *quantitativo e acidental* segundo a "maior ou menor proeminência do interesse individual objeto da tutela normativa", o que em outro ordenamento pode determinar a "atribuição da cognição a órgãos distintos", mas não lhes altera a categoria de direitos submetidos à jurisdição e a sua imperatividade.[73] Por óbvio, o que se salienta na lição da doutrina, é que mesmo nos sistemas que distinguem os direitos subjetivos e os interesses legítimos, esses não ficam desprotegidos ou submersos em subcategorias intangíveis e, portanto, não tuteláveis.

O sistema jurídico nacional, como já foi dito, respeita o princípio da unidade de jurisdição e da inafastabilidade da apreciação, pelo judiciário, da lesão ou ameaça de lesão a direito (*rectius*: afirmação de lesão ou ameaça de lesão). Os direitos subjetivos, no Brasil, se subdividem em direitos subjetivos

---

71. PASSOS, *Mandado de segurança coletivo, mandado de injunção e habeas data.* p.11.

72. ALVARO DE OLIVEIRA, Carlos Alberto. A ação coletiva de responsabilidade civil e seu alcance In: BITTAR, Carlos Alberto (coord.). *Responsabilidade civil por danos a consumidores.* São Paulo: Saraiva, 1992. p. 87-116, p. 98.

73. Idem. p. 99.

privados e direitos públicos subjetivos.[74] O mesmo não ocorre com o sistema italiano que prevê uma separação de órgãos jurisdicionais (dualidade de jurisdição). Assim, a doutrina italiana construiu dois conceitos distintos, um referente aos direitos subjetivos e outro, aos chamados interesses legítimos. Os primeiros são julgados pela justiça civil (relações entre particulares); os outros, perante órgãos da justiça administrativa (relações entre particulares e administração pública ou de interesse social relevante).

A nota essencial na distinção, para este estudo, é que enquanto o direito subjetivo se vincula diretamente ao indivíduo, protegendo seu interesse individual, os interesses legítimos se dirigem ao interesse geral e favorecem o indivíduo apenas como um componente, como "membro do Estado."[75] Porém, *diferenças à parte*, tanto os direitos subjetivos (na doutrina italiana) como os interesses legítimos se tornam concretos como *direitos à tutela jurisdicional*;[76] percebe-se que se trata, assim, de uma *distinção histórica*, que não se comunica ao sistema jurídico nacional, pois ambos se reduzem à categoria por nós conhecida por direitos subjetivos (que aqui podem ser públicos ou privados).

O direito subjetivo e o interesse legítimo são, portanto, direitos. Não se justifica a distinção da doutrina italiana no ordenamento brasileiro que prevê a unidade da jurisdição. Ocorre que o legislador nacional foi fortemente influenciado pela doutrina italiana, melhor dizendo, a doutrina nacional acha-se fortemente influenciada pela doutrina italiana, onde as categorias de direitos coletivos e direitos difusos encontram-se em território gris, sendo constantemente referidas como "*interessi diffusi*" e "*interessi collettivi*" até mesmo pela sua aproximação, por vezes, do que se entende por "*interessi legitimi*". Como visto, tal não pode prosperar em nosso sistema que não admite a categoria de interesses legítimos, e onde a categoria de "interesses" não tem a menor

74. Para uma breve visão sobre as teorias de Jhering (direito subjetivo como interesse juridicamente protegido), Savigny (direito subjetivo como fenômeno da vontade), Jellinek (teoria eclética ou mista; direito subjetivo como um bem ou interesse protegido por um poder da vontade) e Jean Dabin (direito subjetivo como uma pertença-domínio). Cf. FERRAZ JR., Tércio Sampaio. Direito Subjetivo – II. In: *Enciclopédia Saraiva de Direito*. São Paulo: Saraiva, p. 330-334.

75. ALVARO DE OLIVEIRA, *Do formalismo no processo civil*. p.95.

76. Nesse sentido, o ensinamento de Michelli "Tanto il diritto soggettivo, per cosi dire, classico, quanto l'interesse legittimo dunque si concretano nella titolarità di un potere di dare inizio al processo davanti ad un organo giurisdizionale per conseguire una forma di tutela giurisdizionale..."(p.409), segue, "Ma anch'essi dovrebbero essere considerati, secondo la concezione sattiana, esclusivamente nella loro proiezione processuale, nell'essere essi <<*diritti*>> alla iniziativa per conseguire la tutela giurisdizionale."(p. 408). Sobre o tópico e as diferenças e similitudes entre direitos subjetivos e interesses legítimos na doutrina italiana Cf. MICHELI, Gian Antonio. Sentenza di annullamento di un atto giuridico e risarcimento del danno patrimoniale derivante da lesione di interessi legitimi. *Rivista di Diritto Processuale*, Padova, v. 19, n.3, p.396-434, giugl./sett.1964, bem como, mais recentemente, o clássico NIGRO, Mario. *Giustizia Ammnistrativa*, 6.ed (a cura di Enzo Cardoso e Alessandro Nigro). Bologna: Il Mulino, 2002, p. 93-124.

operacionalidade prática. Por isso pode-se reafirmar que errou o legislador da Lei Federal n. 12.016/2009 ao prever o termo "interesse legítimo" como elemento configurador da legitimação ou interesse de agir, como se verá mais adiante (art. 21, *caput*).

Como já havia advertido Dinamarco, existe uma "sutil distinção entre os direitos subjetivos e interesses legítimos" que, em conjunto com a discricionariedade do poder administrativo, decorre da idéia fascista de liberdade política da administração (Poder Executivo), e que foi "usada como escudo" para evitar a censura jurisdicional[77] em regimes totalitários (*v.g.*, na Itália antiga o de Mussolini).

Também Antonio Gidi via mais correto e adequado o termo "direitos" e não "interesses" para o ordenamento jurídico nacional. Sua visão expõe a resistência à ampliação do conceito de direito subjetivo. Assim, esta parece-lhe mais um "*ranço individualista*" decorrente de um "*preconceito ainda que inconsciente em admitir a operacionalidade técnica do conceito de direito superindividual*" e da dificuldade de enquadrar um direito com características de "indivisibilidade" quanto ao objeto e "impreciso" quanto à titularidade no direito subjetivo, entendido como "fenômeno de subjetivação" do direito positivo. Portanto, o legislador chamou "...*'interesse' essa situação de vantagem.*" E conclui: "...não utilizamos (e mesmo rejeitamos) a dúplice terminologia adotada pelo CDC. Este trabalho se referirá, indiscriminadamente, a 'direito difuso', 'direito coletivo' e 'direito individual homogêneo'".[78]

A superação do problema pela doutrina nacional fica assente nas palavras de Kazuo Watanabe: "Os termos *'interesses' e 'direitos'* foram *utilizados como sinônimos*, certo é que, a partir do momento em que passam a ser amparados pelo direito, os 'interesses' assumem o mesmo *status* de 'direitos', *desaparecendo qualquer razão prática, e mesmo teórica*, para a busca de uma diferenciação ontológica entre eles."[79]

---

77. DINAMARCO, *A instrumentalidade do processo.* p. 304. Cf. VENTURI, *Apontamentos sobre processo coletivo, o acesso à justiça e o devido processo social.*

78. Cf. GIDI, *Coisa julgada e litispendência em ações coletivas.* p. 17-18. Em trabalhos mais recentes, contudo, este autor, por influência da sua inserção internacional e pelo aprofundamento da doutrina norte-americana, prefere abandonar a classificação por considerá-la excessivamente complexa e inútil. Do que, gentilmente, discordamos. Cf. GIDI, Antonio. *A Class Action*, p. 69; GIDI, Antonio. *Rumo ao Código Brasileiro de Processos Coletivos*, p. 200-223.

79. WATANABE, Kazuo. Art. 81 a 90. In: GRINOVER, Ada Pellegrini et al. *Código brasileiro de defesa do consumidor: comentado pelos autores do anteprojeto.* Rio de Janeiro: Forense Universitária, 1998. p. 623.

3.2.3 Identificação dos Direitos de Natureza Coletiva no Processo

A natural proximidade entre os direitos de natureza coletiva pode levar a situações (não raras) em que uma mesma conduta, *v.g.*, publicidade enganosa ou abusiva, viole direitos (afirmados) difusos, coletivos e individuais homogêneos.

Nesse sentido já decidiu o Conselho Superior do Ministério Público do Estado de São Paulo: "Em caso de propaganda enganosa, o dano não é somente daqueles que, induzidos a erro, adquiriram o produto, mas também difuso, porque abrange todos os que tiveram acesso à publicidade." Presentes estariam elementos para propositura de uma ação civil pública em defesa de direitos difusos e de uma ação civil pública em defesa de direitos individuais homogêneos.[80]

Qual seria, então, o critério para distinção e classificação do direito na demanda?

Antonio Gidi entendeu, de modo pioneiro, que o caminho mais adequado seria identificar "o direito subjetivo específico que foi violado" (*rectius*: afirmado). Para o autor, a associação comum entre a lesão decorrente de publicidade e o direito difuso da comunidade não é necessária. De um mesmo fato lesivo podem nascer "pretensões difusas, coletivas, individuais homogêneas e, mesmo, individuais puras, ainda que nem todas sejam baseadas no mesmo ramo do direito material."

Supondo a hipótese de uma publicidade enganosa, onde o anunciante pratica falsidade ideológica ao levar o consumidor a confundir o seu produto com outro de uma marca famosa, o autor afirma que "diversas pretensões podem surgir e diversas ações (civis e criminais; individuais e coletivas) podem ser propostas em função desse ato ilícito." Para exemplificar aduz a ação criminal estatuída no art. 66 do CDC, as ações coletivas para defesa de direitos difusos da comunidade requerendo a retirada dos produtos, a contra-propaganda ou a indenização devida pelo dano já causado (a reverter para o fundo de recomposição criado pela LACP). Havendo lesão a direitos individuais de consumidores que já adquiriram os produtos influenciados pela publicidade ilícita, seria igualmente cabível ação para recompor esses prejuízos, movida molecularmente, por um dos legitimados do art. 82 do CDC, visando à condenação genérica, art. 95 do CDC na tutela dos direitos

80. Súmula CSMP-SP nº 2 *apud* NERY JÚNIOR, Nelson; NERY, Rosa Maria Andrade. *Código de processo civil comentado e legislação processual civil extravagante em vigor.* 4ª ed. rev. e ampl. São Paulo: RT, 1999. p. 1563.

individuais homogêneos. E, ainda, não se pode esquecer, da ação individual da empresa concorrente lesada.[81]

Concluindo, Antonio Gidi reafirma que o "critério científico" na identificação do direito coletivo *lato sensu* "não é a matéria, o tema, o assunto abstratamente considerado, mas o direito subjetivo específico que foi violado" (*rectius*: que se afirma violado); e continua: "Nesse ponto dissentimos ligeiramente da tese de Nelson Nery Júnior quando conclui ser o tipo de tutela jurisdicional que se pretende obter em juízo o critério a ser adotado".[82] Atribui, assim, extrema relevância ao direito material, na sua fundamentação, "Primeiro, porque o direito subjetivo material tem a sua existência dogmática e é possível, e por tudo recomendável, analisá-lo e classificá-lo independentemente do direito processual. Segundo, porque casos haverá em que o tipo de tutela jurisdicional pretendida não caracteriza o direito material em tutela. Na hipótese acima construída, por exemplo, a retirada da publicidade do ar e a imposição de contrapropaganda podem ser obtidas tanto através de uma ação coletiva em defesa de direitos difusos como através de uma ação individual proposta pela empresa concorrente, muito embora propostas uma e outra com fundamentos jurídicos de direito material diversos".[83]

Para Nelson Nery Jr, de outra banda, revela-se frequente o "erro de metodologia" da doutrina e jurisprudência na classificação do tipo de direito coletivo: "Vê-se, por exemplo, a afirmação de que o direito ao meio ambiente é difuso, o do consumidor seria coletivo e que o de indenização por prejuízos particulares sofridos seria individual." Adiante complementa: "A afirmação não está correta nem errada. Apenas há engano na utilização do método para a definição qualificadora do direito ou interesse posto em jogo." Nery Junior entende ser preponderante "*o tipo de pretensão material e de tutela jurisdicional que se pretende*".[84] Assim, para o autor, "Da ocorrência de um mesmo fato, podem originar-se pretensões difusas, coletivas e individuais".[85]

O jurista traz o exemplo de um acidente ocorrido no Brasil com um navio turístico, o *Bateau Mouche IV*. Este acidente possibilitaria várias ações

81. .GIDI, Antonio, *Coisa julgada e litispendência em ações coletivas*, cit., p. 20-21.

82. .*Ibidem*.

83. .GIDI, Antonio, *Coisa julgada e litispendência em ações coletivas*, p. 21.

84. O texto de GIDI foi publicado em 1995 enquanto que a menção por Nelson Nery Jr ao *"tipo de pretensão material"* ocorreu apenas em 1998. Assim, basta uma análise da 4ed do CDC comentado pelos autores do anteprojeto para perceber que ali Nery Jr ainda não mencionava a pretensão de direito subjetivo coletivo "afirmada" como critério para caracterização da ação coletiva.

85. NERY JUNIOR, Nelson. *Código brasileiro de defesa do consumidor: comentado pelos autores do anteprojeto.* Rio de Janeiro: Forense Universitária, 1998, p. 778.

distintas: "ação de indenização individual por uma das vítimas do evento pelos prejuízos que sofreu (direito individual), ação de obrigação de fazer movida por associação das empresas de turismo que têm interesse na manutenção da boa imagem desse setor da economia (direito coletivo), bem como ação ajuizada pelo Ministério Público, em favor da vida e segurança das pessoas, para que seja interditada a embarcação a fim de se evitarem novos acidentes (direito difuso)." Concluindo, "Em suma, o tipo de pretensão é que classifica um direito ou interesse como difuso, coletivo ou individual".[86]

Ora, o CDC conceitua os direitos coletivos *lato sensu* dentro da perspectiva processual, com o objetivo de possibilitar a sua instrumentalização e efetiva realização. Do ponto de vista do processo, a postura mais correta, a nosso juízo, é a que permite a fusão entre o direito subjetivo (afirmado) e a tutela requerida, como forma de identificar, na "demanda", de qual direito se trata e, assim, prover adequadamente a jurisdição. Não por outro motivo reafirmamos a característica híbrida ou interativa de direito material e direito processual intrínseca aos direitos coletivos, um direito "a meio caminho". Nesse particular, revela-se de preponderante importância a correta individuação, pelo advogado, do pedido e da causa de pedir, incluindo os fatos e o direito coletivo aplicável na ação. Portanto, propõe-se a fusão entre o pensamento de Antonio Gidi e Nelson Nery Jr., que em verdade se complementam reciprocamente.

Por exemplo, em determinada ação onde se afirma a lesão cometida por veiculação de publicidade enganosa o autor da ação deverá descrever os fatos que justificam a demanda e embasam sua pretensão, afirmando que a publicidade foi ao ar nos dias *x* e *y*, através da mídia televisiva, atingindo um universo de pessoas circunscritas em determinada região. Deverá afirmar, ainda, que existe uma extensão possível de várias pessoas atingidas pela publicidade que adquiriram o produto em erro e que foram lesadas em seus direitos individuais, e que estes direitos, pela característica de origem comum, se configuram como individuais homogêneos. Requererá, assim e ao final, "a condenação genérica, fixando a responsabilidade do réu pelos danos causados" (art. 95, do CDC).

No exemplo acima temos, 1) fatos (causa de pedir mediata ou remota), que originam lesão de direitos individuais ligados por uma origem comum; 2) um direito afirmado (causa de pedir imediata ou próxima), que pode ser

86. NERY JUNIOR, Nelson. *Código brasileiro de defesa do consumidor: comentado pelos autores do anteprojeto.* Rio de Janeiro: Forense Universitária, 1998, p. 778.

configurado (em tese) como direito individual homogêneo por ter origem comum e se estender a vários titulares de direitos individuais hipoteticamente lesados (abstrata e genericamente considerados); e, 3) um pedido imediato de condenação genérica, de acordo com o direito afirmado individual homogêneo afirmado.

Assim, trata-se claramente de uma ação para tutela dos direitos individuais homogêneos. Se o legitimado coletivo tivesse pedido apenas a retirada da publicidade enganosa do ar, estaríamos diante de uma ação coletiva para tutela de direitos difusos, pois os titulares atingidos por uma publicidade desta espécie são pessoas indeterminadas ligadas por circunstâncias de fato. Nesse caso, não seria necessário fazer qualquer referência a pessoas lesadas em seus direitos individuais.

3.2.4 O Art. 81, § único do CDC como Interface entre as Situações Jurídicas de Direito Material e a Tutela Processual Coletiva

Estando superada a problemática com relação à terminologia, de natureza horizontal, entendeu-se por direitos coletivos os "direitos" e não os "interesses". Agora podemos aprofundar a noção verticalmente, ou seja, afinal, o que realmente significa afirmar um direito coletivo *lato sensu*. Cabe penetrar na espinha dorsal desses chamados direitos coletivos *lato sensu, situações jurídicas coletivas,* para sua qualificação e características.

A doutrina apresentou sérias dificuldades ao definir conceitos para os novos direitos, o que levou alguns juristas a afirmar que se tratavam de "personagens misteriosos".[87] Certa homogeneidade foi obtida com relação aos direitos difusos e coletivos, vistos sob o aspecto subjetivo como direitos transindividuais e, no aspecto objetivo, como indivisíveis.[88] Porém, com o advento

87. VILONE, Massimo. "La colocazione istituzionele dell'interesse diffuso (considerazione sul sistema statunitense)". In: GAMBARO, Antonio (ed.). *La Tutela degli Interessi Diffusi nel Diritto Comparato.* Milano: Giuffrè, 1976, p. 73. Já referido por muitos, entre tantos, NERY JR., Nelson. Mandado de segurança coletivo. *Revista de Processo*, v.15, n. 57, p. 151-158, jan./mar. 1990. p.151.

88. Kazuo Watanabe aponta essa convergência em recensão bibliográfica onde inclui artigos de Barbosa Moreira, Ada P. Grinover, Rodolfo C. Mancuso, Hugo Nigro Mazzilli entre outros. (Cf. WATANABE, *Código brasileiro de defesa do consumidor: comentado pelos autores do anteprojeto.* p.624, nota 17). Recentemente, na Itália, CHIARLONI, Sergio. *Per la chiarezza di idee in tema di tutele collettive dei consumatori. Riv. Dir. Proc.*, 2007. O autor diferencia entre ações coletivas (tutela de direitos indivisíveis) e ações de classe (tutela dos direitos divisíveis pertencentes a uma classe de pessoas). "Per azioni di classe intendo quella che vengono instaurate da un singolo individuo nell'interesse anche di una pluralità di soggetti (la classe) che si trovano in una comune situazione giuridica bisognosa di tutela giurisdizionale. Un'azione sottoposta ad un vaglio preventivo di ammissibilità, opportuno, anzi direi necessario perché in caso di ammissione il risultato finale vincola, a certe condizioni, tutti gli appartenenti alla classe. Tanto se si tratti di un provvedimento, sia di accoglimento sia di rigetto, quanto se si tratti una conciliazione. Tanto se si tratti di una sentenza di puro accertamento quanto se

do CDC, esta problemática restou resolvida no ordenamento brasileiro (pelo menos em parte, resta ainda o problema de sua adequada configuração). O Código estabeleceu, no art. 81, § único e incisos, as categorias em que se exerce a defesa coletiva de direitos.

Assim, tem-se por direitos difusos (art. 81, § único, I, do CDC) aqueles transindividuais (metaindividuais, supraindividuais, pertencentes a vários indivíduos), de natureza indivisível (só podem ser considerados como um todo), e cujos titulares sejam pessoas indeterminadas (ou seja, indeterminabilidade dos sujeitos, não se consegue sua individuação) e ligadas por circunstâncias de fato, quer dizer, não existe um vínculo comum de natureza jurídica. Por exemplo, "a publicidade enganosa ou abusiva, veiculada através de imprensa falada, escrita ou televisionada, a afetar uma multidão incalculável de pessoas, sem que entre elas exista uma relação-base".[89]

Já os direitos coletivos (art. 81, § único, II, do CDC) foram classificados como direitos transindividuais (no mesmo sentido supra descrito), de natureza indivisível, de que seja titular grupo, categoria ou classe de pessoas (determinadas enquanto grupo) ligadas entre si, ou com a parte contrária, por uma relação jurídica base. Nesse particular cabe salientar que essa relação jurídica base pode se dar entre os membros do grupo "fato de sua organização" ou pela sua ligação com a "parte contrária", "fato contratual ou anterior ao fato lesivo", *v.g.*, os direitos dos contribuintes de determinado imposto.

Como última observação cabe repisar que nesses casos a relação-base necessita ser *anterior à lesão*. Ora, o que une o grupo não é a lesão, mas a relação jurídica base, obrigatoriamente pré-existente, que os torna identificáveis enquanto grupo e favorece sua tutela em termos "tutela um - tutela todos". No caso da publicidade enganosa, a "ligação" com a parte contrária também ocorre, só que decorrente da lesão ou ameaça de lesão e não de vínculo precedente, o que a configura como direito difuso e não coletivo (propriamente dito).

---

si tratti di una sentenza di condanna (che può anche portare alla creazione di un fondo in denaro destinato alla soddisfazione, sotto controllo di un "amministratore", di crediti riconosciuti ai singoli membri della classe). Per azioni collettive intendo quelle che vengono instaurate da associazioni nate e affermatesi come "centri di imputazione" di interessi che fanno capo ad una collettività di individui sovente più ampia rispetto agli associati e non legati tra loro da alcun rapporto giuridico. L'azione, di cui questi c.d. enti esponenziali sono titolari esclusivi, tende ad ottenere la tutela giurisdizionale degli interessi comuni attraverso provvedimenti che accertino l'illegittimità di comportamenti dell'impresa convenuta pregiudizievoli a quegli interessi ed eventualmente ne ordinino la cessazione. In ordine all'efficacia del giudicato la tendenza culturale e della progettazione legislativa va verso il riconoscimento dell'efficacia secundum eventum: a favore, ma non contro i singoli appartenenti alla collettività che intendano agire in giudizio per la tutela delle loro posizioni individuali."

89. WATANABE, Kazuo. *Código brasileiro de defesa do consumidor: comentado pelos autores do anteprojeto*. p. 625.

O elemento diferenciador entre as duas modalidades de direitos é, portanto, a determinabilidade[90], determinação como grupo, e a decorrente coesão como grupo, categoria ou classe anterior a lesão, que ocorre nos direitos coletivos *stricto sensu* e não nos direitos difusos.

Como já foi antecipado o legislador foi além da definição de direitos difusos e coletivos *stricto sensu* e criou uma nova categoria de direitos coletivos (coletivamente tratados) a qual denominou *direitos individuais homogêneos*. A gênese dessa proteção/garantia coletiva tem origem nas *class actions for damages* norte-americanas.[91]

A importância desta categoria é cristalina. Sem sua criação pelo direito positivo nacional não existiria possibilidade de tutela "molecular" de direitos com natural dimensão coletiva, decorrentes da massificação/padronização das relações jurídicas e das lesões. Assim, "Tal categoria de direitos *representa uma ficção criada pelo direito positivo brasileiro* com a *finalidade única e exclusiva de possibilitar a proteção coletiva (molecular) de direitos individuais com dimensão coletiva (em massa). Sem essa expressa previsão legal*, a possibilidade de *defesa coletiva de direitos individuais estaria vedada*".[92]

---

90. "Nas duas modalidades de interesses ou direitos 'coletivos', o traço que os diferencia dos interesses ou direitos 'difusos' é a determinabilidade das pessoas titulares, seja através da relação jurídica-base que as une (membros de uma associação de classe ou ainda acionistas de uma mesma sociedade), seja por meio do vínculo jurídico que as liga à parte contrária (contribuintes de um mesmo tributo, prestamistas de um mesmo sistema habitacional ou contratantes de um segurador com um mesmo tipo de seguro, estudantes de uma mesma escola etc.)" Cf. WATANABE, *Código brasileiro de defesa do consumidor: comentado pelos autores do anteprojeto*. p.628.

91. Nesse sentido,"Assim, por exemplo, *não se admite nos países europeus a defesa dos interesses individuais com caráter coletivo*, alternativa porém expressamente facultada no art. 81, parágrafo único, III, combinado com os arts. 91 a 100 da lei brasileira. Esta orientação, *herdou-a nosso sistema principalmente dos Estados Unidos, onde se desenvolveu o instituto da chamada class action (Rule 23, Federal Rules on Civil Procedure, 1966)*, que encontra equivalente na *relator action* e nas *representatives proceedings*, do Reino Unido e da Austrália, e no *recours collectif*, previsto nos arts. 999 e s. do *Code de Procédure Civile* de Quebec, de 19 de janeiro de 1979." Cf. ALVARO DE OLIVEIRA, *A ação coletiva de responsabilidade civil e seu alcance*. p.94. Ainda, sobre a origem da expressão: direitos individuais homogêneos, esclarece Gidi: "Na doutrina brasileira *a expressão foi utilizada pela primeira* e última vez antes da publicação do CDC *por Barbosa Moreira*, ao se referir despretenciosamente a *'feixe de interesses individuais homogêneos e paralelos'*, quando comentava as *class actions for damages* do direito norte-americano (Tendências contemporâneas do Direito Processual Civil, in *Temas de Direito Processual*, terceira série, cit., p. 10, nota 24)." Cf. GIDI, *Coisa julgada e litispendência em ações coletivas*. p. 19, nota 49. Evidentemente a situação na Europa mudou muito nos últimos anos, por força da União Européia e do comércio internacional começaram a ocorrer disputas que impulsionaram à legislação em matéria de tutela dos direitos individuais homogêneos dos consumidores, infelizmente, na Itália, a recente alteração do art. 140-*bis* preferiu chamar esses direitos de "diritti identici" (direitos idênticos), ao contrário do que fez o decreto legislativo 198/09, do mesmo país, que influenciado talvez pela terminologia brasileira, falou em "omogeneos".

92. GIDI, *Coisa julgada e litispendência em ações coletivas*. p. 20.

O CDC conceitua os direitos individuais homogêneos como aqueles decorrentes de origem comum,[93] ou seja, os direitos nascidos em consequência da própria lesão ou ameaça de lesão, em que a relação jurídica entre as partes é *ex post factum* (fato lesivo).

Para evitar equívocos na interpretação transcreve-se a precisa lição de Watanabe, "Origem comum' não significa, necessariamente, uma unidade factual e temporal. As vítimas de uma publicidade enganosa veiculada por vários órgãos de imprensa e em repetidos dias ou de um produto nocivo à saúde adquirido por vários consumidores em um largo espaço de tempo e em várias regiões têm, como causa de seus danos, fatos com homogeneidade tal que os tornam a 'origem comum' de todos eles.",[94] ou seja, *o que têm em comum é* a procedência, a ascendência, o nascimento, *a progênie na conduta* comissiva ou omissiva da parte contrária.

O fato de serem determináveis os lesados, individualmente, na alegação de direito individual homogêneo, não altera a sua acolhida na forma molecular (traço distintivo das ações coletivas em relação à fragmentação da tutela, tratamento atomizado, nas ações individuais); ao contrário, é justamente esta possibilidade que eleva as lesões, homogeneamente consideradas, ao patamar das ações coletivas, com o tratamento uno da pretensão em conjunto para obtenção de um provimento genérico.

O pedido nas ações coletivas será sempre uma "tese jurídica geral" que beneficie, sem distinção, aos substituídos.

Sobre o tópico "respeito à natureza individual do direito e as ações coletivas" Luiz Paulo da Silva Araújo Filho faz importantes considerações, "Vale dizer, cumpre relembrar que uma ação coletiva para a defesa de direitos individuais homogêneos não significa a simples soma das ações individuais. Às avessas, caracteriza-se a ação coletiva por interesses individuais homogêneos exatamente porque a pretensão do legitimado *concentra-se* no acolhimento de uma *tese jurídica geral,* referente a determinados fatos, que *pode* aproveitar a muitas pessoas. O que é completamente diferente de apresentarem-se

93. "A homogeneidade decorre da circunstância de serem os direitos individuais provenientes de uma origem comum. Isso possibilita, na prática, a defesa coletiva de direitos individuais, porque as peculiaridades inerentes a cada caso concreto são irrelevantes juridicamente, já que as lides individuais, no que diz respeito às questões de direito, são muito semelhantes e, em tese, a decisão deveria ser a mesma em todos e em cada um dos casos.". Idem. p. 30-31.

94. WATANABE, *Código brasileiro de defesa do consumidor: comentado pelos autores do anteprojeto.* p.629.

inúmeras pretensões *singularizadas,* especificamente *verificadas* em relação a *cada um* dos respectivos titulares do direito."[95].

Importante notar que com essa técnica se protegem os direitos individuais como direitos em si, ou seja, *situação jurídica individual*, com vida autônoma e independente dos direitos individuais homogêneos, *situação jurídica coletiva*. As peculiaridades dos direitos individuais, se existirem, deverão ser atendidas em liquidação de sentença a ser procedida individualmente. Tal observação serve para afastar as ações "pseudo-coletivas", que sob o manto da legislação vigente auferem benefícios para as entidades representativas e seus procuradores em detrimento dos interesses dos verdadeiros titulares dos direitos, por não se caracterizarem pretensões homogêneas.

Não por outra razão, referindo-se a ações *pseudo-coletivas* e seu afastamento lógico, a doutrina coloca: "A reflexão de que as ações coletivas para a tutela de interesses individuais homogêneos referem-se *tão-somente a interesses abstrata e genericamente considerados*, e não aos direitos subjetivos concretos e particularizados de cada um dos respectivos titulares, é fundamental, não apenas para permitir a identificação das genuínas ações coletivas, como ainda para preservar a índole individual dos direitos em jogo."[96]

Como exemplo da afirmação anterior pode-se encontrar a ação coletiva de responsabilidade civil pelos danos individualmente causados. Nessa ação somente ocorrerá a determinação dos indivíduos lesados quando ingressarem como litisconsortes (art. 94 do CDC)[97], esse modelo pode ser chamado de *opt-in* à brasileira, quando, havendo ajuizado a ação individual e tendo sido notificado nos autos do ajuizamento de uma ação coletiva, decidir pela sua continuidade da ação individual (art. 104, *in fine*, do CDC), modelo que pode ser chamado de *opt-out* à brasileira, ou então, por último, no momento em que exercitarem o seu direito individual, através da habilitação para a liquidação da sentença (art. 97 do CDC) que poderá ser executada (abrangendo as indenizações já fixadas em sentença de liquidação) pelos legitimados do

---

95. ARAÚJO FILHO, Luiz Paulo da Silva. *Ações coletivas: a tutela jurisdicional dos direitos individuais homogêneos.* Rio de Janeiro: Forense, 2000. p. 114.

96. ARAÚJO FILHO, *Ações coletivas: a tutela jurisdicional dos direitos individuais homogêneos*. p. 116, sem negrito no original.

97. Alguma dissidência na doutrina existe quanto a tratar-se aqui de litisconsórcio ou de assistência litisconsorcial, porém quanto aos efeitos práticos não tem maior relevância a polêmica visto que por força da equiparação do regime do assistente litisconsorcial e do assistido ao dos verdadeiros litisconsortes (art. 54 e 55 do CPC) também a estes se estendem os efeitos processuais. Cf. ARAÚJO FILHO, *Idem*. p. 151. Sobre o tema da intervenção individual, citando ampla doutrina, com especial destaque para o posicionamento crítico de Antonio Gidi, cf. VENTURI, Elton. *Processo Civil Coletivo.* São Paulo: Malheiros, 2007, p. 300-327.

art. 82 do CDC (em substituição processual) sem prejuízo do ajuizamento de outras execuções (art. 98 do CDC).[98]

A ideia de *unicidade* no tratamento dos direitos individuais homogêneos é clara no CDC. A lei determina expressamente, no art. 100, que no caso de passado 01 (um) ano sem a habilitação de interessados em número compatível com a gravidade do dano, poderão os entes extraordinariamente legitimados propor a liquidação e execução da indenização devida. Nesse caso, reverte-se o produto para o Fundo criado pela Lei Federal n. 7.347/85 (art. 13 da LACP, Fundo de Defesa dos Direitos Difusos).[99] Ao legislador interessava a compensação *integral* do prejuízo; é a primazia do interesse público na regulação da conduta ilegal. Interessa a obtenção da *deterrence*, deterrência ou dissuasão, ou seja, do desestimulo de repetição das condutas contrárias ao direito por parte de ofensor.

As categorias de direito supra expostas, difuso, coletivo e individual homogêneo, foram conceituadas com vistas a possibilitar a efetividade da prestação jurisdicional; são, portanto, conceitos interativos de direito material e processual, voltados para a instrumentalidade, para a adequação ao direito material da realidade hodierna e, dessa forma, para a sua proteção pelo Poder Judiciário. Por esse motivo é que o art. 81 do CDC, integrado à sistemática das ações coletivas (mandado de segurança coletivo é ação coletiva), identifica os titulares dos direitos subjetivos em seu parágrafo único e incisos. Dessa forma, são titulares nos respectivos incisos: *I*) direitos difusos, as pessoas indeterminadas e ligadas por circunstâncias de fato; *II*) direitos coletivos *stricto sensu*, o grupo, categoria ou classe de pessoas; *III*) direitos individuais homogêneos, os indivíduos lesados, quando a lesão decorrer de origem comum.

Como veremos, o fato da Lei Federal n. 12.016/2009 não ter previsto o direito difuso não afasta sua tutela, quer pela aplicação necessária do *microssistema do processo coletivo* ao MSC, quer pela *amplitude da garantia constitucional* desenvolvida na Constituição (art. 5º., LXX da CF/88) e a necessária *interpretação conforme* da lei, quer, por último, mas não menos importante,

98. Essa é também a opinião de Antonio Gidi:"A divisibilidade, perceba-se, somente se manifestará nas fases de liquidação e execução da sentença coletiva.". Segue:"E mais. Como a homogeneidade decorre tão-só e exclusivamente da origem comum dos direitos, estes não precisam ser iguais quantitativa ou qualitativamente." GIDI, *Coisa julgada e litispendência em ações coletivas*. p. 31-32.

99. Sobre a construção da *fluid recovery*, nome dado a possibilidade recuperação dos valores indenizatórios não reclamados por meio da liquidação e execução pelos titulares individuais em ações coletivas, no direito brasileiro e suas peculiaridades ver GRINOVER, *Código brasileiro de defesa do consumidor: comentado pelos autores do anteprojeto*. p. 697-699. Cabe ressaltar que essa "recuperação fluída", para a autora, tem fins diversos dos ressarcitórios, porém "conexos com os interesses da coletividade", na linha deste estudo, esses fins incluem a repressão a conduta lesiva, procurando coibir sua repetição.

pela *proibição de retrocesso social* que se aplica também às garantias processuais especialmente tuteladas como direitos fundamentais no nosso ordenamento.[100]

A mudança do CDC é importantíssima, fundamental. Nos ordenamentos de *civil law* existentes no mundo, até hoje, onde não foi seguido o modelo do CDC, vigora a total confusão conceitual, como é o caso da Itália, pátria mãe do nosso processo coletivo. A doutrina chegou a afirmar que "existem tantas definições quanto doutrinadores"[101]. Daí a vantagem de um conceito legal. O direito positivo serve, principalmente, como um redutor de complexidade, um limite hermenêutico. A definição legal acabou com a controvérsia sobre a existência ou não das *situações jurídicas coletivas*. No mesmo sentido arremata Kazuo Watanabe "O legislador preferiu defini-los para evitar que dúvidas e discussões doutrinárias, que ainda persistem a respeito dessas categorias jurídicas, possam impedir ou retardar a efetiva tutela dos interesses ou direitos dos consumidores e das vítimas ou seus sucessores."[102]

É certo que algumas dúvidas persistem, por exemplo, a distinção entre direitos coletivos em sentido estrito e direitos individuais homogêneos, a classificação dos direitos decorrentes de relação jurídica previdenciária e tributária, etc., mas a técnica foi muito feliz em seu resultado geral.

Vale lembrar para esses casos a possibilidade de um mesmo fato originar diversas *situações jurídicas*, individuais e coletivas, ensejando assim uma necessária *flexibilidade* do intérprete para escolher a classificação que lhe permita a adequada tutela. Inclusive o juiz, no seu papel de gerenciar o processo, deve estar atento para não denegar jurisdição, mas auxiliar as partes na correta identificação da situação jurídica posta em juízo (princípio da colaboração ou cooperação).[103]

3.2.5 O Mandado de Segurança como Instituto do Processo Coletivo para a Tutela de Direitos Coletivos Lato Sensu. Contraposições Teóricas e Legais à Sua Efetividade

A doutrina cunhou, no alvorecer do mandado de segurança coletivo, diversas teses sobre quais seriam os direitos tutelados pela nova espécie de

100. ALVARO DE OLIVEIRA, Carlos Alberto. "O processo civil na perspectiva dos direitos fundamentais". In: Carlos Alberto Alvaro de Oliveira. *Do formalismo no processo civil*. 2. ed. rev. e acrescida de apêndice. São Paulo: Saraiva, 2003. p. 260-274.

101. GIDI, Antonio, *Rumo a um Código de Processo Civil Coletivo*, op. cit., p. 203

102. WATANABE, *Código brasileiro de defesa do consumidor: comentado pelos autores do anteprojeto.* p. 623.

103. Para a doutrina e desenvolvimento dos deveres do juiz face ao princípio da colaboração ou cooperação, cf. MITIDIERO, Daniel Francisco. *Colaboração no Processo Civil: Pressupostos Sociais, Lógicos e Éticos*. São Paulo: Revista dos Tribunais, 2009.

writ. A maior restrição diz respeito à tutela dos direitos difusos sob a principal justificativa de que sendo "interesses" não poderiam ser tutelados por mandado de segurança (nem por sua nova espécie) que exige "direito líquido e certo".

Já se viu que a denominação "interesse" é de todo incorreta e equívoca, decorrente de um estrangeirismo itálico;[104] quanto ao "direito liquido e certo" trata-se de expressão de cunho processual, de corte técnico, e representa a prova pré-constituída, como se verá. Porém faz-se um breve apanhado das divergentes posições doutrinárias.

Como *teses restritivas* podem-se citar as que de uma forma ou de outra limitam a aplicação do mandado de segurança coletivo para a proteção de direitos coletivos *lato sensu*.

As limitações são justificadas. Ora pela natureza de "interesse" que alguns autores afirmam ter os direitos coletivos, sabendo-se que "interesses", como categoria jurídica, não merecem tutela e não são suficientes para justificar a demanda ao Judiciário. Ora pela adjetivação "coletivo" que seria restrita aos direitos coletivos propriamente ditos ou *stricto sensu*. E, ainda, a interpretação e leitura que permite o *writ* apenas para a defesa coletiva de direitos individuais, ou seja, para tutela dos direitos individuais homogêneos.[105]

Não se pode esquecer do que já foi fixado neste estudo. A leitura sistemática da norma constitucional e do CDC revelou, até aqui, que o manda-

104. Reforçando essa opinião aduz-se a precisa lição de Ada Pelegrini Grinover: "a distinção entre direito subjetivo e interesse esbate-se hoje e perde consistência, exatamente na medida em que os ordenamentos jurídicos da atualidade se preocupam em dar a mesma proteção a uns e outros, independentemente de sua divisibilidade e de sua precisa titularidade. A distinção – que no sistema jurídico brasileiro é inteiramente despicienda, pois nem mesmo a justifica o critério de competências estabelecido nos países que adotam o contencioso administrativo – seria retrógrada e não levaria em conta as modernas tendências do direito e do processo. Não é por outra razão, aliás, que a doutrina mais atualizada prefere falar em *direitos* e não interesses, *difusos e coletivos*." (GRINOVER, Ada Pellegrini. Mandado de Segurança Coletivo: legitimação, objeto e coisa julgada. *Revista de Processo*, São Paulo, v. 15, n. 58, p. 75-84, abr./jun. 1990. p.79).

105. Assim, *Athos Gusmão Carneiro* vê na indivisibilidade uma dificuldade e *não aprova a tutela de direitos coletivos ou difusos*, entendendo ser cabível apenas para direitos subjetivos individuais (CARNEIRO, *Do mandado de segurança coletivo e suas características.* itens 4 e 4.1, *passim.*), *José Rogério Cruz e Tucci* restringe a tutela do mandado de segurança coletivo aos interesses coletivos *stricto sensu* (TUCCI, *"Class action" e mandado de segurança coletivo – diversificações conceptuais.* p. 39-40 e 50). *Teori Albino Zavascki,* por sua vez, entende que são *tuteláveis apenas os direitos subjetivos individuais coletivamente tratados*, assim, serve o *writ*, apenas, para tutela de direitos individuais homogêneos (defesa coletiva de direitos individuais). "No que se refere ao objeto, a impetração coletiva busca tutelar direitos subjetivos individuais, os quais, para êxito da demanda, devem ser líquidos e certos e estar ameaçados ou violados por ato ou omissão ilegítima de autoridade." (ZAVASCKI, *Defesa de direitos coletivos e defesa coletiva de direitos.* p.21). *Uadi Lamêgo Bulos não* admite a ação para *a tutela de direitos difusos*, (BULOS, *Mandado de segurança coletivo.* p.64 et seq.). *Milton Flacks* entende tuteláveis apenas *os direitos subjetivos de grupos ou categorias de pessoas* (FLACKS, *Instrumentos de defesa coletiva dos contribuintes.* p. 46). Enfim, diversas são as posturas, porém, podem ser todas direcionadas às grandes linhas supra expostas.

do de segurança coletivo é ação coletiva, o mesmo foi reconhecido pela Lei Federal n. 12.016/09. O *writ* coletivo tutela direitos coletivos *lato sensu*. Não cabe restrição onde a Constituição previu prodigamente.[106] Também esse é o entendimento dominante na jurisprudência do STF[107].

Ocorre mencionar um entendimento misto, porém igualmente amplo, dos autores que conceituam o direito subjetivo público como aquele exercido contra o Estado, não importando se individual, difuso e coletivo (*v.g.*, o afirmado em mandado de segurança). Entre estes figuram Calmon de Passos[108] e Celso Agrícola Barbi.[109]

O mandado de segurança coletivo, vale reforçar, apresenta-se como ação coletiva[110] e, consequentemente, como já foi dito, sujeita-se às regras da sis-

106. Nesse sentido, a *tese ampliativa*, admitindo o mandado de segurança coletivo como *ação coletiva para tutela de direitos difusos, coletivos stricto sensu e individuais homogêneos,* é defendida por: *Maria de Fátima V. Ramalho Leysser*, "Assim sendo, os direitos tuteláveis pelo mandado de segurança coletivo são os difusos, os coletivos propriamente ditos e os individuais homogêneos." (LEYSSER, 1997. p. 365), Carlos Mario da Silva Velloso (VELLOSO, Carlos Mário da Silva. As novas garantias constitucionais. *Revista dos Tribunais,* São Paulo, v.78, n. 644, p. 7-17, jun. 1989. p.11), Luiz Alberto Gurgel de Faria (FARIA, Luiz Alberto Gurgel. Mandado de segurança coletivo: legitimação. *Revista dos Tribunais,* São Paulo, v.82, n. 687, p.34-39, jan. 1993. p. 38.). Ada Pellegrini Grinover (GRINOVER, Ada Pellegrini. Mandado de segurança coletivo: legitimação e objeto. *Revista de Processo,* São Paulo, v. 15, n. 57, p. 96-101, jan/mar, 1990. p. 101), Carlos Uggere (UGGERE, Carlos A. P. *Mandado de segurança coletivo.* Curitiba: Juruá, 1999. p. 94), Marcelo Navarro Ribeiro Dantas (DANTAS, Marcelo Navarro Ribeiro. *Mandado de segurança coletivo – legitimação ativa.* São Paulo: Saraiva, 2000. p. 122, conclusão nº 8), entre outros.

107. Se aceita a configuração de "direitos" (correta pelo que se demonstrou até aqui) pode-se afirmar que o STF mantém a linha coesa da tutela ampla de direitos difusos, coletivos e individuais homogêneos conforme trecho de voto do Min. Carlos Velloso, "...expresso meu entendimento no sentido de que o mandado de segurança coletivo protege tanto os interesses coletivos e difusos, quanto os direitos subjetivos." (RE 181.438-1/SP – STF – Sessão Plenária, Rel. Carlos Velloso, RT 734/229). Cf. MS – 20936/DF – STF- Tribunal Pleno, Rel. Min. Carlos Madeira, Rel. acórd. Min. Sepúlveda Pertence, julg. O8.11.1989, RTJ 142/446. Os limites impostos no Pretório Excelso se restringem a categoria dos "interesses", a qual se pretende afastar.

108. Para o ilustre Mestre baiano: "são os mesmos diretos que comportam defesa pelo mandado de segurança individual"; segue: "se é direito individual, coletivo ou transindividual, pouco importa. O que importa é o resto. Porque qualquer direito público subjetivo é suscetível de tutela pelo *writ*, satisfeitos os pressupostos desse remédio constitucional." (Cf. PASSOS, *Mandado de segurança, mandado de injunção e habeas data*. p. 8 e 18).

109. BARBI, *Do mandado de segurança*. p.293-294.

110. Essa é a opinião de autores progressistas como José Carlos Barbosa Moreira, para quem, "A Constituição de 1988, com todos os defeitos que temos de atribuir-lhe e alguns muitos graves, contudo, reflete nesse ponto, elogiavelmente a meu ver, certa *mudança de enfoque, do individualismo ainda renitente*, ainda subsistente no mundo jurídico brasileiro, até há pouco tempo atrás, *para uma visão coletiva de determinados problemas institucionais*. Essa evolução está muito nítida, a meu ver, em várias partes da Carta de l988, e entre elas convém assinar a referente ao *mandado de segurança* que, além disso, se insere nas chamadas *ações coletivas.*" (BARBOSA MOREIRA, *Mandado de segurança: uma apresentação.* p.197). E Antonio Gidi, que vê, "no mandado de segurança coletivo uma ação genuinamente coletiva, que visa à proteção dos direitos difusos, coletivos e individuais homogêneos, quando a lesão, causada por ato ilegal ou abusivo de autoridade, tiver prova documental pré-constituída." (GIDI, *Coisa julgada e litispendência em ações coletivas*. p.79-80). E, ainda, Carlos Alberto Alvaro de Oliveira, para quem, "O notável instrumento consubstanciado no mandado de segurança, antes restrito aos direitos individuais, pode agora ser empregado também em caráter coletivo". (Cf. ALVARO DE OLIVEIRA, *A ação coletiva de responsabilidade civil e seu alcance*. p. 90).

temática nacional das ações coletivas no que não colidir com a sua natureza de mandado de segurança (art. 5º, inc. LXIX, e Lei Federal n. 12.016/2009) aplicando-se o Título III do CDC e a LACP e subsidiariamente o CPC.

A afirmação de que apenas se alterou a legitimação ativa desconhece ou desvaloriza as profundas consequências procedimentais provocadas por tão "simples alteração". A alegação de que seriam tuteláveis, já pelo mandado de segurança individual, os direitos coletivos e difusos é anistórica, não considera a realidade forense e utiliza como paradigma casos esporádicos que só vieram reforçar a necessidade e a amplitude do *mandamus* coletivo.

3.2.5.1 O Mandado de Segurança Coletivo para Tutela Exclusiva de Direitos Coletivos Stricto Sensu (Leitura Literal)?

Parcela da doutrina defendeu, inicialmente, a restrição do mandado de segurança apenas a tutela dos direitos coletivos, já que se tratava de "mandado de segurança coletivo", não "mandado de segurança difuso", nem "mandado de segurança individual homogêneo" (sic.). A tese não merece prosperar, pois decorre, em verdade, de um primeiro momento na teoria dos processos coletivos no qual os conceitos e o papel do CDC ainda não estavam suficientemente assentados.

Como é sabido a interpretação gramatical isolada é a mais pobre de todas as formas de interpretação[111].

Por essa razão, a corrente que entendia pela interpretação literal restou praticamente abandonada hoje em dia. Nesse sentido, mesmo que alguns autores entendam ser ainda "larga e fecunda a discussão a respeito da natureza dos direitos tuteláveis por mandado de segurança coletivo. Pode-se considerar minoritária, nos dias atuais, a linha de pensamento segundo a qual o mandado de segurança coletivo destina-se unicamente à salvaguarda de direitos

111. Bem por essa razão já advertia Carlos Maximiliano – com a pragmática sabedoria do jurista - contra o processo de "ossificação do Direito" que decorre da interpretação literal, filológica ou meramente gramatical da lei: "Resulta imperfeita a obra legislativa; porque as Câmaras funcionam com intermitência, deliberam às pressas, e não atendem somente aos ditames da sabedoria. Preocupam-se, de preferência, com alguns tópicos; fixado o acordo sobre estes, deixam passar sem exame sério os restantes: descuram do fundo, e talvez mais da forma, que é a base da interpretação pelo processo filológico. Daí resultam deslizes que se não corrigem, nem descobrem sequer, mediante o emprego do elemento gramatical: imprecisão dos termos; mau emprego dos tempos dos verbos; uso do número singular pelo plural, e vice-versa, ou de um gênero, para abranger os dois; de termos pelo absoluto; palavras sem significação própria, portanto inúteis; textos falhos lacunosos, incompletos; outros inaplicáveis contrários à realidade, ou prenhes de ambigüidade". Cf. Carlos Maximiliano. *Hermenêutica e Aplicação do Direito*, 13. ed. Rio de Janeiro: Forense, 1993. p. 118-119.

coletivos, corrente essa que, num primeiro momento, chegou a ter adeptos na jurisprudência do Superior Tribunal de Justiça."[112]

3.2.5.2 O Mandado de Segurança Tutela Apenas Direitos Individuais Homogêneos?

A tese é defendida por importante doutrina nacional. Seu argumento principal reside na identificação estrutural dos direitos individuais homogêneos com os direitos meramente individuais.

Com isso teríamos duas tutelas distintas: a tutela dos direitos coletivos (direito *essencialmente* coletivos – difusos e coletivos *stricto sensu*) e a tutela coletiva dos direitos (voltada apenas para os direitos *acidentalmente* coletivos e estruturalmente individuais, os direitos individuais homogêneos).[113]

Contudo, no nosso entendimento, esta teoria não deve prosperar pelas seguintes razões: a) a categoria dos direitos individuais homogêneos foi criada com a única finalidade de tutelar/corrigir uma série de ilícitos, típicos da sociedade de massa, que ficariam fora do âmbito dos tribunais, portanto, é uma categoria intermediária entre o direito subjetivo material e processual, existindo "*para fins de tutela*"; b) o co-legitimado, que ajuíza a demanda, atua nos direitos coletivos como substituto processual e, *para fins de tutela*, os direitos individuais homogêneos são indisponíveis e indivisíveis para os substitutos processuais, só em último caso, havendo a intervenção do titular do direito individual (que irá fragmentar a tutela e só poderá dispor do *seu* direito individual) estes se tornam disponíveis, na tutela de conhecimento, i.e. até a fase de liquidação e execução, a tutela revela-se e mantém-se *molecular*; c) a condenação nos DIH é genérica (Art. 95 do CDC); d) a extensão subjetiva da coisa julgada atinge, de forma molecular, não apenas os sindicalizados, os associados, etc., mas todos os titulares de direitos individuais com a característica da homogeneidade, na dicção legal sua eficácia é *erga omnes* (art. 103, III do CDC); f) preserva-se, com essa possibilidade, o interesse público, de tal forma que os titulares, mesmo não se interessando por liquidar e executar em número suficiente para recompor a lesão ou ilícito, ainda assim, subsistirá o interesse processual e material na tutela integral, na *deterrência* da conduta lesiva. Os valores, nesse caso, devem ser liquidados e executados coletivamen-

112. Teori Albino Zavascki. *Processo Coletivo: Tutela de Direitos Coletivos e Tutela Coletiva de Direitos*. São Paulo: Revista dos Tribunais, 2006. p. 207-208.

113. Cf. Teori Albino Zavascki. *Processo Coletivo: Tutela de Direitos Coletivos e Tutela Coletiva de Direitos*. São Paulo: Revista dos Tribunais, 2006. p. 208.

te, por qualquer legitimado, em especial o Ministério Público, com reversão para o fundo de direitos difusos (*fluid recovery*, art. 100, parágrafo único do CDC, princípio da reparação integral).

Frente a essas características demonstra-se que nos processos coletivos para tutela dos direitos individuais homogêneos temos três fases distintas.

Primeiro se desenvolve o processo de conhecimento, com tutela eminentemente molecular, sendo que os direitos individuais homogêneos revelam-se em sua plenitude *direitos transindividuais* para *fins de tutela* (espécie de direitos coletivos *lato sensu*, cf. o julgamento do STF no RE 163231/SP).

Segundo, nos processos de habilitação, liquidação e execução individual, eventualmente coletiva, os titulares devem obrigatoriamente ser identificados para obtenção dos benefícios individualmente, com consequente prevalência dos direitos individuais.

Ao final, na terceira fase, ocorre liquidação e execução coletiva, quando insuficiente as execuções individuais, com reversão dos valores obtidos para o FDD, com o claro objetivo de garantir a tutela integral dos direitos coletivos *lato sensu* e reprimir condutas lesivas aos direitos transindividuais.

3.2.5.3 Possibilidade Jurídica do Pedido: Cabimento da Tutela de Direitos Difusos pelo Mandado de Segurança Coletivo

A doutrina apresentou, ainda, resistência quanto à defesa de "interesses difusos" pela via estreita e heroica do mandado de segurança. O problema aqui é a palavra "interesse". Alguns autores acreditaram ver na locução "direito líquido e certo" uma vedação para os interesses difusos já reconhecidamente misteriosos personagens - meio caminho entre o direito público e o privado, entre o processo e o direito material -, que configuram a espécie originária e seminal dos direitos coletivos *lato sensu*. Isso porque, no início da defesa dos direitos difusos, havia um temor de que, ampliando em demasia sua tutela, ficassem fora de controle, transportando para o Judiciário temas de tal complexidade, de tamanha "conflituosidade interna", que se tornaria impossível o julgamento adequado. Seriam esses "meros interesses", aos quais o legislador e o constituinte não haviam reconhecido o papel e a força de direitos subjetivos,[114] que não poderiam ser tutelados por ação nenhuma, muito menos por mandado de segurança.

---

114. A leitura pura e simples de alguns precedentes, bem como a polissemia da expressão "direito", levou a este equívoco: "Em se tratando de mandado de segurança, é imprescindível a demonstração de que o ato ilegal da autoridade prejudicou *direito subjetivo, líquido e certo do impetrante*, ou de seus representados, no caso

Contudo, antes de ingressarmos em um sucinto exame da história dessa denominação, vale ressaltar que a expressão direito líquido e certo significa apenas prova documental e pré-constituída, exigida como requisito de impetração específico do mandado de segurança (individual e coletivo), em face de o *writ* ser uma ação documental de rito sumário especial, não cabendo dilações probatórias.

Ou seja, não havendo prova suficiente documental, não cabe mandado de segurança. Logo, imprescindível recorrer ao procedimento comum de conhecimento com ampla dilação probatória para possibilitar ao juiz o julgamento da causa.

Como se sabe, adota-se predominantemente no Brasil a teoria eclética dos direitos subjetivos, reconhecendo a qualificação de "direito", para fins de persecução em juízo, a todo interesse tutelado pela norma sobre o qual incide o poder da vontade - do titular ou de seu substituto processual legalmente autorizado - de fazer valer a tutela do Estado-juiz afirmada na lei. Mais ainda, evolui-se, gradativamente, para reconhecer a ampliação do conceito de direito subjetivo para abarcar todas as situações jurídicas merecedoras de tutela pelo direito. Sem distinção de natureza pública ou privada (no Brasil sempre aceitamos a categoria dos direitos subjetivos públicos, mas com matriz muito diferenciado em relação aos europeus, pois acentuamos sua característica de defesa do cidadão em face do Estado e não um metafísico *Volksgeist* como legitimador dos abusos estatais), sem absorção das categorias fascistas do interesse tutelado e interesse legítimo (que de uma forma ou de outra acabam por representar um enfraquecimento da tutela em face do Estado).

Portanto, substancialmente correta a lição que não admite a tutela por mandado de segurança, ou por qualquer outra ação que seja, de "meros interesses". Meros ou simples interesses, enquanto não consubstanciem "direitos" reconhecidos pela norma, não ensejam a tutela judicial. É preciso ter uma posição jurídica substancial reconhecida pelo ordenamento jurídico como situação jurídica (mesmo que complexa) para haver uma autorização legal de aproveitamento.

> O mandado de segurança coletivo — que constitui, ao lado do writ individual, mera espécie da ação mandamental instituída pela Constituição de 1934 — destina-se, em sua precípua função jurídico-

de mandado de segurança coletivo." (RMS 22.350, Rel. Min. Sydney Sanches, DJ 08/11/96). De igual forma, mas por outras razões vinculadas a uma rígida noção de "pertinência temática", SODRÉ, Eduardo. "Mandado de Segurança". In: Fredie Didier Jr (org.). *Ações Constitucionais*. Salvador: Jus Podivm, 2006, p. 104.

-processual, a viabilizar a tutela jurisdicional de direito líquido e certo não amparável pelos remédios constitucionais do *habeas corpus* e do *habeas data*. Simples interesses, que não configurem direitos, não legitimam a válida utilização do mandado de segurança coletivo. (MS 21.291 AgR-QO, Rel. Min. Celso de Mello, DJ 27/10/95).

A confusão que originou a teoria que limita a ação para tutela dos direitos difusos, tem origem em um italianismo, um vício da importação de linguagem estrangeira, que já denunciamos neste trabalho.

Quando estudaram o direito coletivo na Itália, ainda na década de 1970, os autores dos artigos seminais sobre processos coletivos no Brasil, da Lei da Ação Civil Pública e do Código de Defesa do Consumidor, *importaram os termos "interessi difusi" e "interessi collettivi"115* para os nossos textos legais. Essa expressão decorre da natureza híbrida dos direitos coletivos *lato sensu*, que permanecem a meio caminho entre o direito público e o direito privado, por isso, confundidos com os "*interessi legitimi*" do direito italiano e francês – entre nós direitos frente à administração pública, direitos públicos.

Na Itália, como de resto em todos os países da Europa com influência da Revolução Francesa, a descrença nos juízes fez com que se adotassem modelos rígidos de separação de poderes, os quais resultaram em um contencioso dualista: uma justiça para *questões de direito público*, outra para as de *direito privado*. As questões de direito público não são reconhecidas (denominadas) como direitos subjetivos públicos, mas sim "*interesses legítimos*", *mutatis mutandis*, por nós reconhecidos como verdadeiros direitos subjetivos. Isto porque a doutrina administrativista original (séc. XIX) se esforçou em reconhecer nesses interesses gerais apenas reflexamente direitos individuais até mesmo para preservar o Estado, contudo, a evolução deste tema, na própria Europa, acabou por identificar, também neste campo, direitos subjetivos *igualmente* protegidos, mesmo que com o epíteto de "interesses legítimos".[116]

O que não se justifica é a distinção no direito brasileiro, que adota a categoria dos direitos subjetivos públicos como tutela do cidadão em face do

115. Veja-se, por exemplo, o clássico congresso de Pávia, que gerou preciosas considerações doutrinárias trazidas a público nos seus anais: *Le Azione a Tutela di Interessi Collettivi: Atti del Convegno di Studio di Pavia, 11-12 giugno 1974*. Padova: CEDAM, 1976.

116. "Tanto o direito subjetivo, por assim dizer, clássico, quanto o interesse legítimo, conseqüentemente se concretizam na titularidade de um poder de dar início ao processo diante de um órgão judicial para conseguir uma forma de tutela jurisdicional", Gian Antonio Micheli. "Sentenza di Annullamento di un Atto Giuridico e Risarcimento del Danno Patrimoniale Derivante da Lesione di Interessi Legitimi". *Rivista di Diritto Processuale*, Padova, v. 19, n.3, p. 396-434, giugl./sett., 1964. p. 409.

Estado na *mesma* Justiça civil. Portanto, pode haver ou não um direito difuso, ser procedente ou improcedente o pedido, se houver esse direito será tutelável por mandado de segurança coletivo.

Dessarte, no Brasil apenas se tutelam direitos, nos termos da legislação e da garantia constitucional do art. 5º., XXXV ("a lei não excluirá da apreciação do Poder Judiciário lesão ou ameaça a *direito*"). Uma vez reconhecido em lei, o interesse é alçado a categoria de direito subjetivo. Quando existe um direito, esse é judicializável.[117] Todo direito é judicializável em face da sua não-efetivação espontânea (quando há uma crise de efetividade do direito, o autor – que afirma direito próprio ou de terceiro, desde que expressamente autorizado por lei - busca o Judiciário para garantir sua efetivação). Existem direitos subjetivos individuais e direitos subjetivos coletivos, os primeiros podem ser públicos ou privados, os segundos sempre têm, em alguma medida, a presença do interesse público primário, quer pela natureza, quer pela especial qualidade das partes (titulares não presentes no processo, em grande número e muitas vezes com baixa capacidade organizativa).

Cabe destacar, das vozes se insurgiram na doutrina contra o cabimento do mandado de segurança coletivo para defesa de "interesses difusos", a afirmação de Ovídio Baptista da Silva que em parecer sobre o não-cabimento do mandado de segurança para tutela de "interesses" difusos asseverou: "Os simples 'interesses' que não se hajam consolidado num direito 'líquido e certo', não podem ser protegidos através do mandado de segurança, porquanto a condição de serem 'líquidos e incontestáveis' os direitos é exigência teórica e sistemática para o mandado de segurança, na medida em que este tipo de proteção serve-se de *um procedimento sumário* e *exclusivamente documental*, o que corresponde a dizer que o mandado de segurança é *sumário do ponto de vista formal* e, ao mesmo tempo, é *sumário do ponto de vista material.*"(sic.).[118]

117. Robert Alexy. *Teoria de los Derechos Fundamentales.* Madrid: Centro de Estudios Políticos y Constitucionales, 2001, p. 496. Hermes Zaneti Jr. *Processo Constitucional: o modelo constitucional do processo civil brsileiro.* Rio de Janeiro: Lumen Juris, 2007, p. 212.

118. SILVA, Ovídio Araújo Baptista da. Mandado de segurança: meio idôneo para a defesa de interesses difusos?". *Revista de Processo,* v. 15, n. 60, p. 131-145, out./dez. 1990. p. 144. Em outro escrito o autor revela-se ainda mais incisivo. Afasta expressamente o *writ* coletivo para defesa de "interesses" (*rectius*: direitos) difusos: "O traço comum entre as duas categorias de interesses supraindividuais ou coletivos, está em que tanto uma quanto a outra não chega a constituir-se em verdadeiro direito subjetivo de cada um dos interessados. Não passam de simples interesses protegidos, como tais, pelo direito. Em nosso sistema jurídico, existem dois instrumentos destinados à tutelar, no plano jurisdicional, os denominados 'interesses difusos', que são a ação civil pública... e a ação popular..." (SILVA, Ovídio Araújo Baptista da. *Curso de processo civil.* 2. ed. cor. e atual. Porto Alegre: Safe, 1993. v.2 . p. 312). Adiante conclui: "Nosso entendimento baseia-se na natureza especial da ação de mandado de segurança, cuja estrutura procedimental não poderia nunca abrigar uma controvérsia sobre meros 'interesses difusos' cuja prova, por definição, não poderia resumir-se apenas à documental, sob pena de termos de admitir uma categoria de 'interesses difusos líquidos e certos', quer dizer documentalmente provados, o que se nos afigura um contra-senso." (Idem. p.314. sic.)

Acompanhando este pensamento, quanto aos direitos difusos, José da Silva Pacheco faz duas reflexões: 1) já existem a ação popular e a ação civil pública para tutela desses interesses; 2) o mandado de segurança coletivo exige direito líquido e certo. Porém, conclui: "Dessas duas considerações, seria lógica e correta a ilação contrária à admissão do mandado de segurança coletivo para a defesa de interesses difusos, que se não configuram como direitos líquidos e certos. Entretanto, tendo a Constituição de 1988 declarado, expressamente, os direitos e deveres individuais e coletivos, como se vê da epígrafe do capítulo 1 do seu Título II; e tendo enunciado, literalmente, que 'todos têm direito ao meio ambiente ecologicamente equilibrado' (art. 225), parece-nos que, *não só cada pessoa residente no País tem esse direito líquido e certo, mas todos ou cada grupo intermediário da sociedade. Se o Poder Público não preservá-lo ou tomar medidas que o destruam ou afetem, inequívoca a pertinência do mandado de segurança*, que pode ser o singular ou o coletivo."[119] Apesar de restar duvidoso o que o autor concebe por direito líquido e certo, talvez entenda como "direito material" líquido e certo, admitiu-se expressamente o mandado de segurança (no gênero) para defesa de direitos difusos.

Afirma-se, portanto, que pode o mandado de segurança coletivo tutelar o direito difuso (compreendido na categoria de direitos coletivos *lato sensu*), não sendo cabível qualquer distinção decorrente da natureza do direito material afirmado, por complexo que seja, visto ser a expressão "direito líquido e certo" de cunho eminentemente processual, referente à prova pré-constituída e não à qualidade do direito objetivo deduzido em juízo. O direito, quando existe, é sempre líquido e certo, *v.g.*, o direito ao meio ambiente equilibrado. Havendo prova (suficiente) da ilegalidade ou abuso de poder (que se afirma) é possível a apreciação pelo juiz para a concessão ou denegação da segurança (julgamento de mérito). No mais, todas as situações jurídicas, individuais e coletivas, como se afirmou, podem ser tuteladas pelo mandado de segurança, desde que presentes seus requisitos.

Não obstante devemos ir além, a Lei Federal n. 12.016/09, por ter sido redigida em momento muito anterior ao de sua promulgação, deixou de acompanhar a doutrina e a jurisprudência e perdeu a oportunidade de sanar o problema, ao contrário, repristinando o tema, já que não mencionou os direitos difusos expressamente no seu art. 21.

---

119. PACHECO, José da Silva. *O mandado de segurança e outras ações constitucionais típicas*. 2.ed. rev. e atual. São Paulo: Revista dos Tribunais, 1991. p. 254.

Mesmo assim, como veremos, nada muda em relação às reflexões acima. Até mesmo porque para a doutrina majoritária os direitos difusos continuam a ser tuteláveis pelo mandado de segurança coletivo. Inclusive, após a vigência da Lei Federal n. 12.016/2009, há precedentes do Egrégio Tribunal Regional Federal da 2ª Região admitindo o mandado de segurança coletivo como instrumento de discussão de direitos difusos, *in verbis*: "[...]. Ademais, o mandado de segurança é o meio adequado para a defesa dos direitos coletivos em sentido amplo, abrangendo os direitos e interesses difusos, coletivos e individuais homogêneos. [...]."[120]

3.2.5.4 Interpretação Conforme à Constituição e Vedação de Retrocesso Social na Defesa dos Direitos Difusos

> No embate entre o paradigma do Estado Social intervencionista e altamente regulador e a nefasta tentativa de implantar um Estado minimalista à feição dos projetos globalizantes do modelo econômico e da ideologia neoliberal, o correto manejo da proibição de retrocesso na esfera dos direitos fundamentais sociais poderá constituir uma importante ferramenta jurídica para a afirmação do Estado necessário" (Ingo Wolfgang Sarlet).[121]

Questão das mais tormentosas, na aplicação do princípio da atipicidade da tutela coletiva, é a de saber se é possível tutelar direito difuso por meio do mandado de segurança. Ora, se a tutela coletiva serve para tutelar direitos coletivos, não se pode restringir *a priori* o cabimento da ação de mandado de segurança para tutelar os direitos difusos. A questão tem relevante implicação prática, é o caso, por exemplo, de vedar o acesso à justiça através de um mandado de segurança que evite a licença para construção de uma obra na orla marítima sem o estudo prévio de impacto ambiental (ou o relatório de impacto ambiental), em afronta ao mandamento constitucional de tutela do meio ambiente;[122] ou de um mandado de segurança coletivo que suspenda uma licitação para concessão de serviços públicos, etc.

---

120. TRF 2, Ap. 01458540220134025101, Rel. Des. Cláudia Neiva, Terceira Turma, DJ 04/07/2017.

121. SARLET, Ingo Wolfgang. *A Eficácia dos Direitos Fundamentais*, 6ª. ed. Porto Alegre: Livraria do Advogado, 2006. p. 460-461.

122. Nesse sentido até mesmo a doutrina que entende não ser predominante essa espécie de situação jurídica admite a possibilidade de sua ocorrência, ZAVASCKI, Teori Albino. *Processo Coletivo: Tutela de Direitos coletivos e Tutela Coletiva de Direitos,* 3ª ed. São Paulo: Revista dos Tribunais, 2008, p. 226.

A CF/88 conferiu ao mandado de segurança o *status* de direito fundamental individual e coletivo. Prescreve que o mandado de segurança será concedido a "direito líquido e certo não amparável por *habeas data* ou *habeas corpus*". Qualquer direito, portanto, pode ser tutelado por mandado de segurança, desde que seus fundamentos fáticos possam ser comprovados documentalmente.

A Constituição reconhece expressamente a existência dos direitos e deveres individuais e coletivos como direitos e garantias fundamentais, sendo que o *writ* do mandado de segurança está previsto exatamente neste capítulo. Ter um direito sem ter uma ação adequada para defendê-lo significa não poder exercê-lo, o que fere de morte a promessa constitucional e a força normativa da Constituição que dela decorre. Seria o equivalente a tornar *flatus vocis*, bocas sem dentes, as garantias constitucionais.

O processo de mandado de segurança tem rito célere e tradição constitucional longeva, que remete a formação da República no Brasil, sendo resultado histórico da antiga luta de Rui Barbosa para assegurar a tutela dos direitos civis por meio de remédio processual de matriz constitucional, o mandado de segurança.

Qualquer restrição ao mandado de segurança deve ser compreendida como restrição a um direito fundamental e, como tal, deve ser justificada constitucionalmente. O parágrafo único do art. 21 da Lei n. 12.016/2009 restringe, como vimos, o objeto do mandado de segurança coletivo aos direitos coletivos em sentido estrito e aos direitos individuais homogêneos.

A regra é flagrantemente inconstitucional, se interpretada desse modo. Trata-se de violação do princípio da inafastabilidade (art. 5º, XXXV, CF/88), que garante que nenhuma afirmação de lesão ou de ameaça de lesão a *direito* será afastada da apreciação do Poder Judiciário. Esse princípio garante o direito ao processo jurisdicional, que deve ser adequado, efetivo, leal e com duração razoável. O direito ao processo adequado pressupõe o direito a um procedimento adequado, o que nos remete ao mandado de segurança, direito fundamental para a tutela de *qualquer situação jurídica* lesada ou ameaçada, que garante o direito. Afastar-se a possibilidade de o direito difuso ser tutelado por mandado de segurança, um excelente instrumento processual para a proteção de direitos ameaçados ou lesados por atos de poder, é leitura inadmissível aos olhos da Constituição.

Uma interpretação literal do art. 21 da Lei n. 12.016/2009 implicaria grave retrocesso social, com prejuízo a tutela constitucionalmente adequada (art. 5º, XXXV c/c art. 83 do CDC – princípio da atipicidade das ações coletivas). Cabe ao aplicador dar a interpretação conforme do texto normativo, para adequá-la ao microssistema da tutela coletiva e à Constituição Federal[123].

Segundo a doutrina, interpretação conforme é aquela que "passou a consubstanciar, também, um mandado de otimização do *querer* constitucional, ao não significar *apenas* que entre distintas interpretações de uma mesma norma há de optar por aquela que a torne compatível com a Constituição, mas também que, entre diversas exegeses igualmente constitucionais, deve-se escolher a que se *orienta para a Constituição* ou a que *melhor* corresponde às decisões do constituinte".[124]

Note-se que esta lição corrobora a *relação entre* a preservação de validade do texto legal em face da Constituição, também chamada *presunção de constitucionalidade*, o *princípio da unidade da Constituição* e o da *correção funcional*. Ou seja, ao deparar-se com uma norma de corte infraconstitucional *incompleta*, como é o caso, ao intérprete resta (re)fazê-la válida, no caso aplicando diretamente a Constituição (art. 129, III, por exemplo) e o microssistema (art. 81, parágrafo único, inc. I do CDC) que reconhecem expressamente a tutela dos direitos difusos.

Outro argumento de ordem constitucional precisa ser abordado para termos uma completa visão do problema. Interpretar a "falta" de previsão como "vedação" representaria *inaceitável retrocesso social* na defesa de direitos difusos. Note-se que o *princípio da proibição de retrocesso social* tutela tanto os direitos de defesa como os direitos prestacionais,[125] tanto o direito material,

123. Na doutrina, muitos entendem no mesmo sentido, entre estes, Cássio Scarpinella Bueno. *A Nova Lei do Mandado de Segurança.* São Paulo: Saraiva, 2009, p. 130; Luiz Manoel Gomes Jr. e Rogério Favreto. "Comentários ao art. 21". In: Luiz Manoel Gomes Jr, *et alli. Comentários à Nova Lei do Mandado de Segurança: Lei 12.016, de 7 de agosto de 2009.* São Paulo: RT, 2009, p. 191. No sentido contrário, sustentando posição inadmissível e valendo-se de equivocado argumento de autoridade fundado na jurisprudência do STF, até porque, lembramos acima, nos precedentes recentes o Tribunal expressamente reconheceu possível a tutela de direitos difusos, cf. José Miguel Garcia Medina e Fábio Caldas de Araújo. *Mandado de Segurança Individual e Coletivo: comentários à lei 12.016, de 7 de agosto de 2009.* São Paulo: RT, 2009, p. 208. Note-se, ainda, que o texto faz referência ao n. 101 da súmula do STF, que é inapropriada, vez que ela, em verdade, decorre da interpretação do Supremo realizada ainda sobre a égide da Constituição de 1946, época em que não se discutia no Brasil o Mandado de Segurança Coletivo e muito menos os direitos difusos, *sic.*

124. MENDES, Gilmar Ferreira; COELHO, Inocêncio Mártires; BRANCO, Paulo Gustavo Gonet. *Curso de Direito Constitucional*, 2ª. ed. São Paulo: Saraiva, 2008, p. 118.

125. Assim, por todos, o excelente trabalho de SARLET, Ingo Wolfgang. *A Eficácia dos Direitos Fundamentais*, 6ª. ed. Porto Alegre: Livraria do Advogado, 2006. p. 440 e nota 562. Ademais, uma visão contrária a esse entendimento iria ao encontro do modelo constitucionalista dirigente adotado pela nossa Constituição, como defende o autor citado na nota 564, p. 441. Sobre a manutenção desse modelo no Brasil cf. STRECK, Lenio Luiz. *Jurisdição Constitucional e Hermenêutica. Uma Nova Crítica do Direito.* Porto Alegre: Livraria do Advogado, 2002, p. 106; BERCOVICI, Gilberto. "A Problemática da Constituição Dirigente: Algumas Considerações sobre o caso Brasileiro". *Revista de Informação Legislativa,* nº 142, Brasília: Senado Federal, abril/junho de 1999, p. 35-51,

como as suas garantias, a tutela jurisdicional entre elas, sem as quais esses direitos não podem ser adequadamente assegurados. Restringir uma garantia é já o começo da restrição de um direito.

Para a doutrina europeia, citada por Ingo W. Sarlet, "após sua concretização em nível infraconstitucional, os direitos fundamentais sociais assumem, simultaneamente, a condição de direitos subjetivos a determinadas prestações estatais e de uma garantia institucional, de tal sorte que não se encontram mais na (plena) esfera de disponibilidade do legislador, no sentido de que os direitos adquiridos não mais podem ser reduzidos ou suprimidos, sob pena de flagrante infração do princípio da proteção da confiança (por sua vez, diretamente deduzido do princípio do Estado de Direito), que, de sua parte, implica a inconstitucionalidade de todas as medidas que inequivocamente venham a ameaçar o padrão de prestações já alcançado". Valendo como "uma das consequências da perspectiva jurídico-subjetiva dos direitos fundamentais sociais na sua dimensão prestacional, que, neste contexto, assumem a condição de verdadeiros direitos de defesa contra medidas de cunho retrocessivo, que tenham por objeto a sua destruição ou redução".[126] Significa dizer que o princípio da proibição de retrocesso veda o caminho da destruição ou supressão de garantias já adquiridas.

Devemos também, por obrigação dialética, analisar os argumentos em sentido contrário. Contra o *princípio da proibição de retrocesso* se argumenta geralmente a necessidade de *interpositio legislatoris*, da intervenção do legislador, para a *definição do conteúdo dos direitos sociais*, ou seja, ao legislador cabe dizer o que representa tal direito em termos de prestações e defesa, pois o seu conteúdo não está presente diretamente na Constituição. Disto decorre que esta mesma necessidade de intervenção implicaria uma necessária autonomia, ou seja, se é o legislador que deve definir o conteúdo desses direitos ele também pode mudar de ideia, a possibilidade de decisão "engloba a autonomia para voltar atrás no que diz com as próprias decisões". [127] Ora, o legislador, nos Estados Constitucionais, não é livre para decidir o que quiser. Os direitos fundamentais representam aí um caráter contra-majoritário dos

COUTINHO, Jacinto Nelson Miranda (org.). *Canotilho e a Constituição Dirigente*. Rio de Janeiro: Renovar, 2002, todos já citados por SARLET, *Ibidem*.

126. SARLET, Ingo Wolfgang. *A Eficácia dos Direitos Fundamentais*, p. 442.

127. *Idem*, p. 446. No tópico o autor argumenta o absurdo desse ponto de vista mesmo em face aos ordenamentos europeus, sem deixar, contudo, de balizar os pensamentos extremistas. Como o nosso ordenamento é ainda mais protetivo deixamos de reproduzir aqueles argumentos, remetendo a consulta.

modelos democráticos constitucionais, incidindo como limites e vínculos em face dos poderes políticos e do mercado.[128]

Na Europa, a diferença de regimes entre os direitos fundamentais sociais e os direitos fundamentais de liberdade representa um importante bloqueio a efetividade imediata dos primeiros. No Brasil, como é sabido, não existe diferença em relação ao regime jurídico de proteção dos direitos sociais a prestações e dos direitos de liberdade, de defesa. Contudo, é certo que não se deve desequilibrar a balança em favor dos direitos sociais, guardadas as diferenças, ambos merecem ser garantidos em sua eficácia e efetividade. Isso implica o reconhecimento da proibição de retrocesso pelos seguintes argumentos, em rápida síntese, extraíveis da doutrina:

a) princípio do Estado Democrático e Social de Direito (Estado Democrático Constitucional);
b) princípio da dignidade da pessoa humana;
c) segurança jurídica entendida como confiança legítima e exigência de proteção da confiança e necessidade de justificação adequada de medidas reducionistas de direitos fundamentais;
d) princípio da máxima eficácia e efetividade das normas definidoras de direitos fundamentais (art. 5º, § 1º da CF/88), entendido como "indispensável otimização da eficácia e efetividade do direito à segurança jurídica";
e) limites e vínculos ao legislador são a consequência do estabelecimento de um ordenamento constitucional rígido, pois decorrem do supra-ordenamento constitucional em relação ao legislador ordinário;
f) O sistema de proteção internacional dos direitos humanos e fundamentais impõe a progressiva implementação e a efetiva progressão social por parte dos Estados.[129]

Evidentemente a aplicação desse princípio não pode ser absoluta, portanto a doutrina refere a alguns limites, como por exemplo, o "núcleo essencial dos direitos fundamentais", que vincula o poder público em todas as suas

128. Sobre o tema cf. Luigi Ferrajoli. *Principia Iuris*, vol. I e II, op. cit.

129. Elenco sintetizado do exposto por SARLET, Ingo Wolfgang. *A Eficácia dos Direitos Fundamentais*, op. cit., p. 451.

esferas. Ora, ao deixar de mencionar os direitos difusos a "*falta*" da garantia significasse a "*supressão*" desse direito fundamental à tutela através do mandado de segurança coletivo incidiria a vedação, pois se estaria suprimindo a aplicação prática que este instituto vinha tendo por força da analogia e do recurso ao microssistema do processo coletivo, notadamente ao Tít. III do CDC. Representa, assim, irrazoável limitação, por total falta de adequada fundamentação do ponto de vista dos direitos fundamentais, qualquer leitura do art. 21, § único que "exclua" a tutela dos direitos difusos. Como se viu acima, não há justificativa racional para tal interpretação da lei, que deve ser completada, por omissa.[130]

O problema deve e pode, portanto, ser adequadamente resolvido no âmbito da argumentação jurídica, da aplicação e interpretação do direito, em conformidade com a Constituição.

3.3 ADMISSIBILIDADE DO MANDADO DE SEGURANÇA COLETIVO (REQUISITOS PROCESSUAIS ESPECÍFICOS)

A doutrina mais acertada em relação ao mandado de segurança coletivo, como se viu, entende ser ele espécie do mandado de segurança. Assim, os pressupostos de admissibilidade da ação restam basicamente os mesmos do mandado de segurança individual, a saber, direito líquido e certo, ato de autoridade pública ou agente de pessoa jurídica no exercício de atribuições do

---

130. Muito embora a clareza solar dessas premissas alguns autores de renomada ainda insistem no tema: "A Lei definiu, no parágrafo único, os direitos protegidos pelo mandado de segurança coletivo, como os coletivos, propriamente ditos, e os individuais homogêneos, excluindo, pois, os direitos difusos, porque estes são mais interesses do que direitos e não são compatíveis com o conceito de direito líquido e certo, exigência geral para o mandado de segurança." Vicente Greco Filho. *O Novo Mandado de Segurança: Comentários à Lei n. 12.016, de 7 de agosto de 2009.* São Paulo: Saraiva, 2010. p. 57. "Devemos sublinhar que para o ajuizamento do mandado de segurança coletivo são exigíveis os mesmos pressupostos do mandado de segurança individual, a começar pela afirmação da existência de "direito líquido e certo", sendo o *writ* de todo inadmissível relativamente aos chamados "direitos" ou "interesses difusos", para cuja tutela deve ser utilizado remédio jurídico outro, a ação civil pública". (CARNEIRO, Athos Gusmão. "Anotações sobre o mandado de segurança coletivo, nos termos da Lei 12.016/2009", *REPRO,* ano 34, n. 178, dez./2009, p. 9-46, p. 12). Observe-se neste caso, a citação de Ernane Fidelis dos Santos, *Mandados de Segurança e de Injunção.* São Paulo: Saraiva, 1990, p. 132, em apoio ao posicionamento do autor. Mais adiante repisa: "Os "direitos difusos", portanto, como havíamos referido, podem ser protegidos pela ação civil pública, mas não pelo mandado de segurança coletivo" (idem, p. 15). Entende assim que "Foi, portanto, mantido o elemento... essencial e preponderante à caracterização do mandado de segurança, ou seja, o objetivo de tutela ao direito afirmado líquido e certo, tipificado o mandado de segurança *coletivo* pela circunstância de destinar-se à defesa do direito não de um, ou de vários dos (afirmados) titulares, mas sim *dos direitos homogêneos dos indivíduos integrantes de uma coletividade*, sujeitos de direito ainda indeterminados quando do ajuizamento do *writ*, mas necessariamente determináveis quando da ordem, se concedida". (Idem, p. 14). Note-se, no particular, que uma ordem de reversão de determinado ato de autoridade poderá beneficiar indeterminadamente uma série de pessoas, da mesma forma que uma ordem que vise a supressão de uma omissão, logo, sem razão no ponto a doutrina. O cumprimento da ordem em nada é prejudicado pelo objeto do *mandamus*, individual ou coletivo.

poder público e ilegalidade ou abuso de poder (art. 5º, inc. LXIX, da CF/88), temas estes já discorridos no capítulo II deste livro.

3.3.1 Legitimação e interesse no mandado de segurança coletivo

3.3.1.1 Legitimação Ativa no MSC

> O princípio democrático e constitucional da liberdade tem por primeiro corolário, na ordem processual, o de que *nemo ad agendum cogi potest*, só se fazendo autor quem o quiser e, em demonstração dessa sua vontade, ajuizar a demanda. (Cândido Rangel Dinamarco).[131]

A primeira dificuldade revela-se na *superação* da *golden rule* da *legitimação ativa*, pela qual ninguém poderá pleitear em juízo um direito alheio, ou seja, *a estrita conformidade entre o titular da ação e o titular do direito material afirmado* (art. 18 do CPC).

Essa regra tem por objetivo a garantia de que não se exporá o indivíduo a uma situação da qual ele não quer tomar parte e, ainda, de que o indivíduo tem a liberdade e a garantia de participar do processo que julga interesse seu. É regra liberal-individualista nascida da noção de liberdade propalada pelo iluminismo e pela Revolução Francesa e tem seus corolários justificados dentro dos próprios dogmas do devido processo legal e do contraditório. Portanto, tal fenômeno é histórico, encontra-se influenciado pelas transformações políticas e sociais. No medievo, a coesão da comunidade ou grupo era dado seguro, toda *a comunidade se representava*, estava encarnada no postulante *devido à homogeneidade social.*

O surgimento do *indivíduo autônomo e livre na idade moderna,* com o advento das doutrinas racionalistas, acaba por influenciar a legitimação nas ações coletivas. "O individualismo processual é sintetizado no princípio de que somente o titular ou o pretenso titular do direito material é legitimado para propor ação com vista a sua tutela."[132]

Visto o problema na ótica do devido processo legal, cabe salientar que, em decorrência do individualismo, o *direito de ação* passou a ser *concebido como um direito de propriedade.* A ruptura do Estado com a Igreja e o racionalismo das posturas cartesiana e iluminista alteraram profundamente a concepção

131. DINAMARCO, Cândido Rangel. *Instituições de Direito Processual Civil,* 3. ed. São Paulo: Malheiros, 2003, p. 313.

132. LEAL, *Ações coletivas:* história, teoria e prática. p. 34.

das limitações do homem. O homem passa a ser senhor do próprio destino e pode dispor sobre seu patrimônio assim como sobre sua vida, por isso, o direito de agir passa a ser visto como uma propriedade privada.[133] Quem sofre as consequências da ação tem "direito de participar", ou, no mínimo, de autorizar, consentir sua representação. Nesse sentido são garantias o princípio do dispositivo em sentido formal (demanda) e o contraditório.

Essa regra geral comporta uma exceção prevista no próprio art. 18, *in fine*, qual seja, "*salvo quando autorizado pelo ordenamento jurídico*", que é conhecida pela doutrina como *substituição processual*. Esta será sempre excepcional e é, por isso, também denominada legitimação extraordinária.

A legitimação se apresenta, também, como um problema de política legislativa, visto que se encontra intimamente ligada ao problema da extensão subjetiva da coisa julgada. Qualquer alternativa tomada pelo legislador, quanto à primeira, tende a refletir-se na estrutura do processo e no seu resultado, determinando as pessoas que serão atingidas pela decisão judicial e para quem esta será imutável.

Os sistemas que têm por base a *class action* adotam a legitimação fundada na "*adequada representação*". Em outras palavras, significa que os princípios correlatos ao devido processo legal se confirmam, então, pelo controle dessa legitimação pelo juiz. É que as partes "*representam*" a classe, ou seja, a classe está presente no julgamento. O contraditório e a ampla defesa são garantidos pelo *fair notice* – notificação dos membros da classe - e, como consequência, são estabelecidos o *right to opt out* –direito de exclusão ou "de saída" do membro da classe - e o *binding efect* - extensão subjetiva da coisa julgada.[134]

Decorre daí que nos sistemas com esse modelo a coisa julgada é para toda a classe, a imutabilidade do comando da sentença atinge a todos os membros

---

133. Como bem salienta Leal, "Dentro dessa visão, *ressalta*, além dos argumentos filosóficos e jurídicos, *o argumento político e econômico, baseado na concepção de que ninguém melhor do que o dono de um patrimônio ou negócio para decidir o melhor, mais eficaz e mais produtivo modo de dispor desse bem*; igualmente, *ninguém melhor do que o titular do direito material para avaliar o melhor momento e a conveniência de se propor uma ação*, sendo, em principio, uma invasão espúria de outrem que viesse interferir e minar determinada estratégia processual ou vontade do potencial autor. Em uma avaliação sobre resultados econômicos, o custo-beneficio de uma ação e mesmo a própria discussão sobre determinado direito *podem se revelar desvantajosas para o autor na gestão de seu negócio.*" (Idem. p. 38).

134. O melhor trabalho publicado no Brasil sobre as *class actions* americanas e seu modelo, com agudas e profundas ponderações em relação ao modelo brasileiro é de Antonio Gidi, brasileiro, professor na Universidade de Houston – Texas, cf. GIDI, Antonio. *A Class Action*, op. cit. Ada Pellegini Grinover, em raciocínio claro, desenvolve o tema e suas consequências: "A criteriosa aferição da representatividade adequada *é* apta a garantir aos membros da categoria a *melhor defesa judicial*, de modo que neste caso o julgado não atua propriamente *ultra partes*, na medida em que *todos estão representados pelo portador em juízo dos direitos e interesses*". GRINOVER, *Mandado de segurança coletivo:* legitimação, objeto e coisa julgada. p. 83.

pro et contra. Nem poderia ser diferente, visto estarem todos legitimamente "representados" no litígio, não existindo motivo para rediscussão "eterna" do direito conflituoso.

Portanto, da "adequada representação" decorre coisa julgada material *erga omnes,* tanto na procedência, quanto na improcedência da pretensão autoral. Nesses sistemas a representação poderá ser feita por particular (indivíduo membro da classe), entidades privadas com objeto ligado ao direito conflituoso (associações ambientais, sindicatos) ou órgãos públicos criados para defesa desses direitos (como o Ministério Público ou *ombudsman* – nos países nórdicos) sendo sempre controlada a sua conformidade e ajustamento pelo órgão julgador.

O direito brasileiro, incialmente, seguiu outro caminho. O constituinte, no *writ* coletivo, não contemplou o sistema da "adequada representação". Na esteira da nossa cultura em ações coletivas – art. 5º da LACP à época e, posteriormente, o art. 82 do CDC - preferiu indicar expressamente o rol de legitimados e estabelecer parâmetros objetivos, como a "representação no Congresso Nacional", para os partidos políticos e a existência legal (legalmente constituída) e pré-constituição (em funcionamento há pelo menos um ano), para as associações.[135] Este modelo é conhecido como legitimação *ope legis*: decorrente da lei.

Modernamente, contudo, tem crescido na doutrina e na jurisprudência a necessidade de reconhecer mais espaço de conformação ao juiz, que poderá realizar o controle da adequada representação para evitar que as ações coletivas sejam frustradas por exercício inadequado da pretensão, bem como, avaliar a representatividade do réu nas nascentes ações coletivas passivas. Este controle judicial da adequada representação é denominado *ope judicis*.

Quanto a quem exerce como "ente exponencial" a tutela dos direitos coletivos devemos tecer algumas considerações. Primeiro de tudo é necessário lembrar que a legitimação no Brasil seguiu a orientação de Mauro Cappelletti em seus célebres trabalhos, combinando ao mesmo tempo os órgãos públicos e privados, legitimados concorrentemente, portanto, resultando em um modelo

135. Esse, também, é o sentir de Ada Pellegrini Grinover: "Mas o sistema brasileiro *não* escolheu o caminho do controle judicial da representatividade adequada, satisfazendo-se com o critério da existência legal e da pré-constituição das associações legitimadas às ações coletivas. Foi esse o caminho traçado pela denominada lei da ação civil pública (Lei nº 7.347, de 24 de julho de 1985), que seria depois incorporado pela *Constituição no tocante ao mandado de segurança coletivo* (inc. LXX, *b* do art. 5º da CF) e posteriormente pelo Código de Defesa do Consumidor (art. 82, IV)." (GRINOVER, *Código brasileiro de defesa do consumidor:* comentado pelos autores do anteprojeto. p. 709-710).

legal de legitimação *plural* e *mista*.[136] São três as técnicas de legitimação mais utilizadas em ações coletivas e que foram adotadas no Brasil: 1) legitimação do indivíduo (qualquer cidadão, por exemplo, ação popular); 2) legitimação de pessoas jurídicas de direito privado (sindicatos, associações, partidos políticos, por exemplo, mandado de segurança coletivo); ou, 3) legitimação de órgãos do Poder Público (Ministério Público, por exemplo, a ação civil pública).

Na doutrina, a respeito, salienta Gidi que, "...a única forma de conciliar os aspectos positivos e diluir os problemas e os riscos emergentes é a técnica de combinação de algumas dessas propostas, atribuindo legitimidade tanto a entes públicos como a entes privados ou a particulares."[137] No mesmo sentido, Barbosa Moreira cita o exemplo do art. 5º da Lei Federal n. 7.347 (LACP), que adotou uma "solução eclética", e conclui que a melhor saída é, mesmo, a "*combinação entre as legitimações*", exatamente como vem fazendo a legislação nacional.[138] E, ainda, de Carlos Alberto Alvaro de Oliveira "em sede de *legitimação ativa*, a *lei brasileira* apresenta igualmente *maior amplitude, englobando concorrentemente, as diversas soluções adotadas em outros países*".[139] Essa postura adotada no Brasil tem a força e se apresenta como uma verdadeira e autêntica "política de liberação dos mecanismos de legitimação *ad causam*".[140]

No caso específico do *mandado de segurança coletivo*, o constituinte escolheu a legitimação *exclusiva dos corpos intermediários da ação civil*, entidades privadas. Vale lembrar que os partidos políticos, já na Constituição, deixaram de ser considerados pessoas jurídicas de direito público, alteração confirmada pela nova legislação. Resolveu adotar a técnica da *indicação objetiva dos legitimados*, através da substituição processual *autônoma* (não depende de autorização dos titulares), *exclusiva* (os titulares do direito coletivo não podem atuá-lo), *concorrente* (entre todos os legitimados), *disjuntiva* ou *simples* (independente entre si e basta um dos legitimados para tocar a ação), enumerando os legitimados expressamente no texto constitucional.

136. Assim, "una soluzione efficace ha da essere "pluralística, una combinazione cioè di varie soluzioni integrabili fra di loro: l'azione pubblica del Pubblico Ministero; quella di associazione private e di individui; eccezionalmente anche l'azione popolare. Continuo a ritenere che solo com un'articolata soluzione pluralistica (che è infatti la soluzione adottata dal *Codigo* brasiliano), si potrà superare quello scetticismo che taluni esperti continuano a manifestare sull'efficacia della soluzione giudiziale del problema della tutela dei consumatori, e dei diritti diffusi in generale". CAPPELLETTI, Mauro. *Dimensioni della Giustizia*. Bologna: Il Mulino, 1994, p. 117, com expressa referência ao Projeto Florença, com o qual o autor chegou a essas conclusões.

137. GIDI, *Coisa julgada e litispendência em ações coletivas*. p. 35.

138. BARBOSA MOREIRA, J.C. La inicitiva en la defensa judicial de los intereses difusos y colectivos (un aspecto de la experiencia brasileña In: *TEMAS de direito processual*: quinta série. São Paulo: Saraiva, 1994. pp. 163-167. Esp. p. 164-165.

139. ALVARO DE OLIVEIRA, *A ação coletiva de responsabilidade civil e seu alcance*. p. 95.

140. MILARÉ, Edis. Tutela jurisdicional do ambiente. *Justitia*, São Paulo, n. 157, p. 55-70, 1992. p.66.

Ao posicionar-se dessa forma, afastou (em um primeiro momento) a legitimação individual para defesa dos direitos coletivos, que poderia ter sido depreendida da experiência internacional (*class action*) ou aferida no próprio sistema jurídico brasileiro. Como exemplos dessa última pode-se citar a interpretação dada por Celso Agricola Barbi ao art. 1º, § 2º da Lei 1533/51[141] e a construção sugerida por Barbosa Moreira sobre as regras que disciplinam as obrigações indivisíveis,[142] ou, ainda, com a própria experiência nacional referente à ação popular.[143]

Ocorre que a legitimação dada ao particular já havia ficado excluída na ação civil pública, por dois motivos principais: a) o risco de colusão entre o indivíduo e a administração; b) a excessiva oneração desse particular indivíduo que agiria como paladino da justiça e que sofreria, ou poderia sofrer, os reveses de sua conduta pela perseguição incessante dos poderosos. Acrescente-se ainda, na doutrina recente, a importante ponderação de que o c) indivíduo é o elo fraco em relação ao seu próprio advogado, como bem mostra a experiência americana, sendo vítima das *law firms*.[144] Como exemplo de situações que podem afligir o autor individual em face do Estado pode-se aduzir a ideia do "pente fino" do fisco; efetivamente, se os interesses políticos em jogo forem suficientes, o indivíduo pode ter sua vida particular arruinada. Não é outra a experiência com a ação popular, onde notoriamente se sabe que os advogados procuram, para promover sua impetração, homens de reputação ilibada e domínio público ou cidadãos inexpressivos, em ambos os casos, homens que não possam ser afetados pela vindita da administração ou administradores prejudicados pela ação.

Como foi dito, tal orientação encontra eco na legitimação adotada pelo art. 5º da Lei nº 7.347/85 (LACP), ocorrendo parâmetro similar na disposição do art. 82 do CDC (Lei 8.078/90). Porém, ao contrário do legislador ordinário, o constituinte *restringiu a amplitude retirando do rol de legitimados,* em um

141. Cf. BARBI, *Mandado de segurança na Constituição de 1988*. p. 46. É o texto legal do art. 1º, § 2º, da Lei 1533/51: "Quando o direito ameaçado couber a várias pessoas, qualquer delas poderá requerer o mandado de segurança." O mesmo texto foi transposto para o art. 1º, §3º, da Lei Federal n. 12.016/09.

142. Cf. BARBOSA MOREIRA, J.C. "A legitimação para defesa dos interesses difusos no direito brasileiro". *Ajuris*, Porto Alegre, v. 32, p. 81-92. nov. 1984. Ver, também, PISANI, Andrea Proto. "Apuntti preliminari per uno studio sulla tutela giurisdizionale degli interessi colletivi (o piu esattamente: superindividuali) innanzi al giudice civili ordinario". In: *LE AZIONE a tutela di interessi colettivi: atti del convegno di studio di Pavia*, 11-12 giugno 1974. Padova: CEDAM, 1976. P. 263-287.

143. É provável que o receio de fazer do *writ* instrumento de vindicação pessoal e, por outro lado, o perigo de colusão, tenham sido determinantes neste sentido.

144. Extensamente sobre o tema, valorizando o modelo associativo, cf. GIDI, Antonio. *Rumo a um Código de Processo Civil Coletivo*, op. cit., p. 226 e seguintes.

primeiro momento, o *Ministério Público*, naturalmente vocacionado para a defesa de direitos coletivos, os *entes públicos*, assim entendidos a União, os Estados, os Municípios e o Distrito Federal, as entidades e órgãos da administração pública, direta ou indireta, ainda que sem personalidade jurídica. *Incluiu*, porém, legitimação específica e diversificada, como se verá, para *os partidos políticos*, percebidos como agentes polarizadores da sociedade civil, na participação democrática.

Essa prática denota a preocupação em autorizar os "corpos intermediários da ação civil" a impetrarem o mandado coletivo para formação da cidadania e escopo educativo da jurisdição. Porém, não resolve o problema da coisa julgada. Como fica essa situação frente ao *writ* coletivo será visto em capítulo próprio; por ora cabia ressaltar a diferença entre a "adequada representação" e a "autorização legal" para impetração do mandado de segurança coletivo, outorgada na Constituição. Mais a frente iremos novamente voltar sobre o tema quando falarmos da legitimação coletiva passiva.

Outro problema importante é a distinção entre a *representação processual* e a *legitimação processual*. Nas pesquisas efetuadas para o desenvolvimento do presente trabalho restou evidente que o Projeto de Constituição aprovado expressamente excluiu a dualidade ou repetição e a concomitância entre o dispositivo do art. 5º, inciso XXI e o inc. LXX da CF/88.[145] Ocorre que na interpretação da norma constitucional os julgadores e juristas não absorveram, imediatamente, a amplitude da legitimação em mandado de segurança coletivo. Far-se-á, portanto, um levantamento de como se portou a doutrina e a jurisprudência no particular, deixando claro, desde já, que a tese da necessária autorização, após alguma resistência, restou absolutamente superada, gerando o enunciado 629 da Súmula do STF: "A *impetração de mandado de segurança coletivo* por entidade de classe em favor de seus associados *independe da autorização destes*."

Façamos, contudo, uma breve digressão dos entendimentos anteriores.

Sobre a necessidade de autorização bateu-se Cretella Junior, para quem era exigência obrigatória que os legitimados tivessem autorização da assem-

145. Cf. ZANETI JR. Hermes, *Mandado de Segurança Coletivo*, op. cit. O substitutivo 2P02038-1 (Projeto de Constituição apresentado pelo Centrão) suprimiu o mandado de segurança coletivo que constava do Anteprojeto elaborado pela Comissão de Sistematização. Isso ocorreu justamente por entender o Centrão que existia *bis in idem* entre o atual texto do inciso XXI e a proposta do mandado de segurança coletivo, atual inciso LXX, ambos do capítulo dos direitos e deveres individuais e coletivos. Os debates que resultaram na recondução do dispositivo ao texto constitucional podem ser aferidos no Diário da Assembléia Nacional Constituinte nas datas seguintes: 11.02.1988, 10.07.1988, e 10.08.1988.

bleia geral sem a qual não estariam habilitados a "ir a juízo", aduzindo ainda que seria requisito "... juntar à petição inicial transcrição da ata, em que foi dada a anuência" (sic.).[146] Vicente Greco Filho tem entendimento similar, "Para que *não haja abusos,* é necessário entender que a atuação judicial é medida especial, que escapa da administração rotineira, de modo que *a direção da entidade só poderá impetrar a segurança se houver deliberação expressa do órgão máximo associativo, que é a assembleia dos associados.*"[147] No que tiver relação com os direitos individuais, José Afonso da Silva, acata o que afirma ser a regra geral do art. 5º, inc. XXI: "Pensamos que a regra geral prevalece em todos os casos em que se reclama o *direito subjetivo individual* dos associados".[148]

O erro, percebido pela doutrina, foi a confusão entre o instituto da *representação processual ampliado*, expresso no art. 5º, inc. XXI, e o da *legitimação extraordinária* propugnada pelo inc. LXX.

Assim, a tese da obrigatoriedade da autorização *foi excluída expressamente,* entre outros, pelos seguintes autores: Athos Gusmão Carneiro que afirma que o impetrante age "*... sem a necessidade de autorização alguma...*",[149] Maria de Fátima V. Ramalho Leysser que, em artigo específico comentando acórdão sobre o tema, assevera que não há necessidade de autorização porque "sua legitimação ativa é de natureza constitucional".[150]

José Rogério Cruz e Tucci acompanha o entendimento, frisando, ainda, que *não se pode confundir a legitimação extraordinária* do inc. LXX com a *autorização* do inc. XXI.[151] Michel Temer afirma, peremptoriamente, que *a entidade não necessita de autorização*; isso ocorre, no seu entender, porque esta *já está "fornecida" pelo texto constitucional.*[152] Maria Sylvia Zanella Di Pietro entende decorrer a confusão da "precipitada e indevida conjugação" entre os dispositivos do mandado de segurança coletivo (inc. LXX) e da representação às entidades associativas quando "expressamente autorizadas" (inc. XXI).[153]

Benedito Gonçalves afirma expressamente, "... agindo como substitutas processuais na segurança coletiva, não se exige a autorização prevista no

146. CRETELLA JUNIOR, *Do mandado de segurança coletivo*. conclusão nº 4. p.80.

147. GRECO FILHO, *Tutela constitucional das liberdades.* p.169.

148. SILVA, *Curso de direito constitucional positivo*. p. 460.

149. CARNEIRO, *Do mandado de segurança coletivo e suas características*. p. 107.

150. LEYSSER., *Mandado de segurança coletivo*. p. 372.

151. TUCCI, *"Class action" e mandado de segurança coletivo – diversificações conceptuais*. p. 42.

152. TEMER, Michel, *Elementos de direito constitucional.* 11 ed. rev. e aum. São Paulo: Malheiros. p. 195.

153. DI PIETRO, Maria Sylvia Zanella. *Direito administrativo.* 10.ed. São Paulo: Atlas, 1999. Esp. pp. 532-536.

mandamento constitucional expresso no art. 5º, inciso XXI".[154] Já Lourival Gonçalves de Oliveira, primeiro disserta sobre a diferença entre a substituição processual, que caracteriza acertadamente como exercício em nome próprio de direito alheio, fundado nas lições de Kohler e Chiovenda, e representação, que entende corretamente por "atuação em nome de outrem", para após afirmar que no caso do mandado de segurança coletivo ocorre substituição processual, independendo da autorização para propositura da ação.[155]

Cassio Scarpinella Bueno aduz, com relação ao inc. XXI, "A 'autorização' prevista nesse dispositivo deve se referir, tão-somente, à propositura de outras ações que não o mandado de segurança coletivo, que tem, no inc. LXX, regra *específica e suficiente* para justificar o ingresso em juízo dos entes que enumeram as duas alíneas, na qual não consta necessidade de prévia aprovação...".[156] Também a jurisprudência do STF[157] e STJ[158] se manifestou pela desnecessidade de autorização para impetrar o mandado, entendendo pela legitimação extraordinária por substituição processual.[159]

---

154. GONÇALVES, Benedito. *Mandado de segurança: legitimidade ativa das associações*. Rio de Janeiro: Lumen Iuris, 1999. p. 112.

155. OLIVEIRA, Lourival Gonçalves de. Interesse processual e mandado de segurança coletivo. *Revista de Processo*, São Paulo, v. 14, n. 56, p. 75-85, out/dez, 1989. p. 82.

156. BUENO, Cassio Scarpinella. A legitimidade ativa no mandado de segurança coletivo CF/88, art. 5º, LXX. *Revista de Processo*, v. 22, n. 88, p. 185-207, out./dez., 1997. p. 188.

157. "Em se tratando de mandado de segurança coletivo, esta Corte já firmou o entendimento de que, em tal caso, a entidade de classe ou a associação é parte legítima para impetrá-lo, ocorrendo, nesse caso, substituição processual. Na substituição processual, distingue-se o substituto como parte em sentido formal e os substituídos como partes em sentido material, por serem estes, embora não integrando a relação processual, titulares do direito que, em nome próprio, é defendido pelo substituto." (STF, Rcl 1.097 AgR, Rel. Min. Moreira Alves, j. 2-9-1999); "A legitimação das organizações sindicais, entidades de classe ou associações, para a segurança coletiva, é extraordinária, ocorrendo, em tal caso, substituição processual. CF, art. 5º, LXX. Não se exige, tratando-se de segurança coletiva, a autorização expressa aludida no inciso XXI do art. 5º da Constituição, que contempla hipótese de representação." (STF, RE 193.382, Rel. Min. Carlos Velloso, j. 28-6-1996); "O inciso LXX do art. 5º da CF encerra o instituto da substituição processual, distanciando-se da hipótese do inciso XXI, no que surge no âmbito da representação. As entidades e pessoas jurídicas nele mencionadas atuam, em nome próprio, na defesa de interesses que se irradiam, encontrando-se no patrimônio de pessoas diversas. Descabe a exigência de demonstração do credenciamento." (STF, MS 21.514, Rel. Min. Marco Aurélio, j. 27-4-1993). Nesse mesmo sentido: STF, RE 437.971 AgR, rel. Min. Cármen Lúcia, j. 24-8-2010, 1ª Turma.

158. "TRIBUTÁRIO. AGRAVO INTERNO NO RECURSO ESPECIAL. MANDADO DE SEGURANÇA COLETIVO. ASSOCIAÇÃO. LEGITIMIDADE. 1. O Supremo Tribunal Federal, no julgamento do RE 573.232/SC, em regime de repercussão geral, firmou entendimento de que a atuação das associações, no patrocínio dos interesses de seus associados, necessita de autorização expressa dos representados, exceto quando se tratar de mandado de segurança coletivo, hipótese em que se configura a substituição processual, ainda que a pretensão deduzida beneficie apenas parte de seus membros. 2. Agravo interno a que se nega provimento." (STJ, AgInt no REsp 1603862/PE, Rel. Ministro Og Fernandes, Segunda Turma, julgado em 16/03/2017)

159. Infelizmente a M.P. 1984/2000-1 (antiga M.P. 1798-2), determina o acréscimo da seguinte exigência no texto da Lei 9.494/97: nas ações coletivas movidas por associações contra a administração direta ou indireta "a petição inicial deverá obrigatoriamente estar instruída com a ata da assembléia da entidade associativa que a autorizou..." (art. 2º - A). Contudo, esta exigência revela-se inconstitucional frente a amplitude do dispositivo do inc. LXX que não pode ser restringido por medida provisória ou lei ordinária. Ver infra ponto 2.3.2.

A Lei Federal n. 12.016/09 neste tópico acertou, incorporando a jurisprudência, nos seguintes termos do art. 21, após mencionar no *caput* a legitimação afirma: "dispensada, para tanto, autorização especial".

Assim, frisamos, a legitimação extraordinária nos mandados de segurança coletivo dá-se por *substituição processual*, não sendo necessária qualquer autorização.

3.3.1.1.1 Legitimação Ordinária, Direito de Condução do Processo ou Substituição Processual?

O problema toma alguma complexidade e novo fôlego ao incluir dois complicadores, saindo da tese da legitimação extraordinária por substituição processual. O *primeiro* é a ideia, muito difundida em ordenamentos jurídicos alienígenas,[160] de que *as formações sociais têm interesse e poder de coercibilidade* (atrelado à vontade) para impulsionar a máquina judiciária, em atenção a seus objetivos institucionais, o que gera *legitimação ordinária* (titular do direito material afirmado exerce o direito de ação, exercício de direito próprio em nome próprio). As associações seriam, nos termos da doutrina italiana mais contemporânea, "centros de imputação";[161] o *segundo*, o fato de que na *legitimação expressa na Constituição* para o mandado de segurança coletivo o intérprete entenda uma *legitimação objetiva*, legal e autônoma (um direito a condução do processo), de caráter *exclusivamente processual*, sem vínculo com o *direito subjetivo material.*[162]

A legitimação para agir nas ações coletivas granjeou, no Direito nacional, o interesse dos juristas – fora total negação de caracteres específicos de sua estrutura, por setores mais conservadores da doutrina – ensejando vasta produção intelectual.

Retomando o tema, visto anteriormente, a clássica regra de legitimação expressa: o autor é o próprio titular do direito afirmado; assim, quando o

160. TROCKER, Nicolò. *Processo e costituizione*. Milano: Giuffrè, 1974. p. 218.

161. Cf. CHIARLONI, Sergio. "Per la chiarezza di idee in tema di tutela collettive dei consumatori alla luce della legislazione vigente e dei progetti all'esame del Parlamento"; CHIARLONI, Sergio. "Il nuovo articolo 140 *bis* del codice del consumo: azione di classe o azione collettiva?"; TARUFFO, Michele. "Modelli di tutela giurisdizionale degli interessi collettivi". *La tutela giurisdizionale degli interessi collettivi e diffusi*. Lucio Lanfranchi (org.). Torino: Giappichelli, 2003. O modelo da *Verbandsklage*, ou ação associativa, se destacou na Europa durante muito tempo, hoje, contudo, começam a surgir novas, e nem sempre melhores, alternativas.

162. Cf. GIDI, *Coisa julgada e litispendência em ações coletivas*. p. 41 e NERY JÚNIOR, Mandado de segurança coletivo. *Revista de Processo*, São Paulo, v. 15, n. 57, p. 151-158, jan./mar. 1990. p. 157. Próximo, defendendo um *tertium genus, sui generis* de legitimação: RODRIGUES, Marcelo Abelha. *Ação civil pública e meio ambiente*. São Paulo: Forense Universitária, 2003.

titular do direito subjetivo se identifica com o autor, tem-se a legitimação ordinária; quando, porém, o direito subjetivo é defendido por terceiro (alheio à relação de direito material afirmada), em nome próprio, tem-se a legitimação extraordinária. O essencial à *figura da substituição processual* (espécie de legitimação extraordinária) é que *a parte legitimada não se afirma titular do direito material. A regra ordinária diz o contrário*: o usual, o comum, é que *o próprio titular do direito subjetivo seja o legitimado.*[163]

Faz-se necessário analisar essas colocações quanto às ações coletivas. A doutrina, ao tentar justificar a legitimação para defesa nas ações coletivas, elaborou três correntes principais, a saber, a legitimação extraordinária por substituição processual, a legitimação ordinária das "formações sociais" decorrente de uma leitura ampla do art. 18 do CPC e a "legitimação autônoma" para condução do processo, espécie de legitimação extraordinária.[164]

Barbosa Moreira foi o autor que encabeçou a tese da *substituição processual* (legitimação extraordinária) em ações coletivas, independente de expressa autorização legal, podendo ser depreendida do todo do sistema jurídico. Para o autor, adotando lição clássica de Arruda Alvim,[165] o sistema poderia aceitar que a simples menção de legitimado diverso do titular de direito, ou a autorização legal (a exemplo dos dispositivos da CLT - art. 513 - e do Estatuto da OAB antigo - art. 1º, § 1º da Lei 4.215, de 27.4.1963),[166] mesmo não sendo expressa e taxativa a substituição, significaria a abertura para a legitimação extraordinária. Isso ocorre porque o sistema brasileiro não prevê a obrigato-

163. Nesse sentido, transcreve-se aguda lição da doutrina: "Na verdade, o fenômeno da substituição processual, nome latino devido a CHIOVENDA, consiste, precisamente, na circunstância de que, quem é parte no processo, por definição, não se afirma ser titular do direito material. Há pois, uma autêntica dissociação, na titularidade, no que tange ao direito de ação. Materialmente, é um o titular, ou seja, no campo do Direito Privado; no campo do processo, é outro o titular do direito de ação." (ALVIM, José Manuel de Arruda. *Código de Processo Civil comentado*. São Paulo: Revista dos Tribunais, 1975. p 427-428).

164. Identificadas por GIDI, *Coisa julgada e litispendência nas ações coletivas*. p. 40-41.

165. Sobre a gênese, interpretação e especialidade do instituto expõe Arruda Alvim: "O Direito brasileiro, à semelhança do Direito italiano vigente, conquanto tenha acolhido o instituto da substituição processual, o fez *negativamente*, de forma que a ocorrência efetiva de *substituição será sempre excepcional*, só nos casos em que a lei expressamente o admita. Consequentemente, advirtamos liminarmente, há que se afastar a idéia da chamada *substituição processual voluntária*, que, na doutrina do Código de 1939, era, por alguns, admitida". Segue: "Entretanto *pode-se admitir a substituição processual mesmo que não venha prevista expressamente no texto legal*, mas quando deflua do sistema"; e conclui: "A palavra *lei*, no art. 6º, *deve ser entendida como sistema*, no que se compreende decreto, lei complementar, etc". ALVIM, *Código de processo civil comentado*. p. 426.

166. Esses dispositivos legais chegaram a ser utilizados para tutela em mandado de segurança de direitos dos associados dos sindicatos ou membros da OAB, porém, sua aceitação sempre foi rara e esporádica. Cf. MS - 18.428/DF - STF - Tribunal Pleno, Rel. Min. Barros Monteiro, RTJ 54/71; e, MS - 20.170/DF - STF - Tribunal Pleno, Rel. Min. Décio Miranda, RTJ 89/397.

riedade de disposição expressa ("*expressamente*"), como no sistema italiano (art. 81, CPC italiano).[167]

Por sua vez, com inspiração na doutrina italiana e alemã, Kazuo Watanabe propugnou pela *legitimação ordinária* das entidades civis para defesa de direitos superindividuais, ligados aos fins associativos. Fez, assim, uma leitura ampla do art. 18 do CPC.[168] Essa tese, de suma importância na equitativa distribuição da justiça e na valorização dos corpos sociais, foi adotada, entre outros, por Ada Pellegrini Grinover: "O objeto do mandado de segurança coletivo pode ter influência no tipo de legitimação", assim para os que entendem que as chamadas "formações sociais" agem em defesa de seus objetivos institucionais, ao fazê-lo em defesa do "grupo", como titulares do próprio direito alegado, tem-se legitimação ordinária (regra do art. 18 do CPC, dilatada); quanto aos demais casos, tem-se substituição processual.[169] Ainda nesse sentido, manifestou-se Barbosa Moreira, entendendo que "*de lege lata*" desde que se percebesse o "...algo distinto da mera soma dos interesses individuais: um interesse *geral* da coletividade, qualitativamente diverso e capaz de merecer tutela como tal" e que fosse atribuível à própria associação, poderia esta agir como titular, em função de suas atividades.[170] Cabe ressaltar que esta lição é complementar à anteriormente exposta, não incorrendo o autor em contradição, apenas demonstra as diversas alternativas "criativas" ao aplicador da norma e aos operadores jurídicos, para não deixar o direito sem guarida.

Ao contrário da impressão supra, entende-se, no presente trabalho, que a substituição processual seja mais efetiva, não diferindo, por ora, em seus efeitos práticos, da legitimação ordinária referida. Uma observação relevante, para esse desiderato, é a de que ambas as correntes foram desenvolvidas em momento anterior à edição da Lei da Ação Civil Pública que estatuiu, expres-

---

167. Cf. BARBOSA MOREIRA, *A ação popular do direito brasileiro como instrumento de tutela jurisdicional dos chamados interesses difusos.* p. 111, nota 1. Cabe fazer a ressalva de que os autores nacionais entendem, quase como senso comum, que quando se tratarem de direitos individuais homogêneos sempre haverá substituição processual. Nesse sentido, cf. DANTAS, *Mandado de segurança coletivo – legitimação ativa.* p. 122. O texto do CPC italiano dispõem: "Art. 81. *Fuori dei casi* espressamente *previsti dalla legge, nessuno può far valere nel processo in nome proprio un diritto altrui.*"

168. Cf. WATANABE, *Tutela jurisdicional dos interesses difusos: a legitimação para agir.* Esp. p. 90 et seq. Particularidade a respeito da legitimação ordinária pode ser aferida em DANTAS, op. cit., 117-120 e conclusão nº 10. O autor utiliza-se da doutrina da "presentação" das sociedades comerciais, propugnada por Pontes de Miranda, para construir a sua teoria da legitimação ordinária. Embora criativa essa solução não pode ser aqui endossada. Isto porque o autor não examina a questão do ponto de vista da *substituição processual exclusiva e autônoma*, exemplo dogmático em que a legitimação extraordinária é regra, e única forma de exercício da pretensão jurisdicional.

169. GRINOVER, *Mandado de segurança coletivo:* legitimação e objeto. p.101.

170. BARBOSA MOREIRA, *Notas sobre o problema da efetividade do processo.* p. 35.

samente, pela primeira vez, a legitimação a diversos entes que não os titulares dos direitos subjetivos discutidos; é, também, anterior à ideia de "sistema de ações coletivas" que estabeleceu o CDC.

Outra corrente esposa Nelson Nery Junior que defende, combativamente, o que denomina *"legitimação autônoma" para a condução do processo.* Para ele, o mandado de segurança coletivo serve para reparar ou prevenir ato ilegal ou abuso de poder. Assim, a norma é processual no inc. LXX e material no inc. LXIX e atinge, portanto, direito individual, coletivo ou difuso. Nesse sentido é, para o autor, forçoso concluir que "o conceito de mandado de segurança coletivo prende-se à atribuição de legitimidade ativa 'ad causam' para a impetração da ação de segurança, e não ao direito material que por intermédio dele se defende."[171] Ora, cabe aqui uma crítica: essa assertiva afasta a atual aproximação entre o direito material e o processo (instrumentalidade). Portanto, apesar da relevância dessa opinião, não se encaixa a solução à realidade dogmática do País, até porque, a regra do inc. LXIX é, sabidamente, uma regra também processual e não material. Gidi, na esteira do pensamento de Nery Jr., também adota a legitimação autônoma, entendendo, assim, "desunir a legitimidade processual da titularidade do direito material objeto do processo".[172]

Essa corrente foi criada com base na teoria do "direito de condução do processo" (*Prozessführungsrecht*) elaborada por Hellwig na tentativa de superar os óbices de lógica formal oponíveis à teoria da substituição processual. A doutrina do direito autônomo de conduzir o processo funda suas raízes na autorização, pelo direito objetivo, à condução do processo por um terceiro que não tenha relação com o direito material deduzido em juízo (pelo menos não uma relação direta que consubstancie necessariamente um interesse jurídico).

> Realmente, como esclarece Friedrich Lent, a distinção entre legitimidade (Sachelegitimation) e o direito de conduzir o processo (Prozessführungsrecht) surge como necessária quando o direito material separa a titularidade do direito material do direito de conduzir o processo retirando este do titular daquele direito e atribuindo-o a um terceiro. Este tem, então, direito de conduzir o processo versando sobre direito que não lhe diz respeito. [173]

171. NERY JÚNIOR, *Mandado de segurança coletivo*. p.157.

172. GIDI, *Coisa julgada e litispendência em ações coletivas*. p.41.

173. Cf. ARMELIN, Donaldo. *Legitimidade para agir no direito processual civil brasileiro*. São Paulo: RT, 1979. p. 115-116.

O CDC, no art. 81, § único e incisos, ao estabelecer os titulares dos direitos coletivos *lato sensu*, excluiu-os da legitimação *ad causam* e expressamente determinou os entes legitimados no art. 82. O mesmo ocorre com o mandado de segurança coletivo. São titulares do direito material, subjetivo, os mesmos titulares determinados pelo art. 81, § único e incisos, conforme o caso, sendo porém a legitimação exclusiva e autônoma conferida concorrentemente aos partidos políticos, sindicatos, entidades de classe e associações (conforme o âmbito de atuação e limitações, como se verá), por substituição processual. Cabe, consequentemente, apresentar neste momento as críticas às correntes da legitimação ordinária e do direito de conduzir o processo, conforme segue.

Revela-se incorreta a tese da *legitimação ordinária*, que poderia advir do entendimento de que os legitimados para agir são os "adequados portadores" deduzindo *interesse próprio* em juízo e, ao mesmo tempo, *interesse de todos que se identificam no grupo coletivo*, para obtenção de um provimento de mérito extensível à coletividade.[174] Ocorre que da adoção dessa teoria resultaria "*irrefutável a necessidade da pesquisa em torno das finalidades estatutárias* dos entes que se afirmaram legitimados para agir em juízo, eis que é de sua constatação que ressalta a afirmada titularidade da lide e, portanto, a legitimação *ordinária*."(sic.).[175] Assim, estaria reduzida a participação e aplicação do *writ* coletivo. Não se trata de legitimação ordinária.[176] Por outro lado, ocorrendo um reconhecimento, pelo direito, da posição de titular de direito subjetivo ao sindicato, entidade de classe ou associação, em decorrência da sua afinidade temática com o direito objetivo violado (meio ambiente, etc), se dará legitimação ordinária para impetrar mandado de segurança, mas ao contrário do que se diz aqui, de mandado de segurança *individual*. Agirá em nome próprio, exercitando direito próprio e os efeitos da coisa julgada se limitarão às partes, não se aplicando o microssistema do processo coletivo.

Ocorre que a integração entre os aspectos individuais e coletivos revelou-se traço da sociedade contemporânea e resultou na proteção *lata* conferida pelo art. 5º, inc. XXXV da CF/88 a todos os direitos, quer individuais, quer

174. VIGORITTI, *Interesse collettivi e processo: la legitimazione ad agire.* p. 150.

175. BUENO, *A legitimidade ativa no mandado de segurança coletivo - CF/88, art. 5º, LXX.* p. 195.

176. Ivan Lira Carvalho adota a teoria da legitimação extraordinária, por substituição processual (CARVALHO, Ivan Lira de. O mandado de segurança coletivo e os partidos políticos. *Revista de Processo*, São Paulo, v. 18, n. 72, p.75-95, out./dez., 1993. p. 81-82). Excluindo a necessária autorização (Idem. p.93), no entanto, critica a legitimação ordinária sugerida por Ada Pellegrini Grinover porque considera primordial a "análise da questão da *titularidade do direito material.*" (Idem. p. 82). E, portanto, conclui: "não acompanho a respeitabilíssima corrente doutrinária que enxerga a legitimidade *ordinária* na atuação dos partidos políticos em sede de mandado de segurança coletivo." (Ibidem).

coletivos, indistintamente.[177] De forma diferente, porém, com o mesmo resultado prático, foram dadas soluções na Itália e Alemanha onde os textos constitucionais previam apenas a tutela de direitos individuais e particulares (próprios) como expõe Trocker: os "Art. 24, parágrafo 1º e art. 19, parágrafo 4º, prevêem que a ação proposta objetive a tutela dos *proprios* direitos e interesses."[178]

Como ocorre aqui, os problemas surgiam nesses países, também, com relação à tradicional noção de legitimação para agir vinculada à titularidade do direito, porém, como expõe a doutrina italiana "descuida a consideração que nas <<liberdades dos modernos>> o aspecto individual e o coletivo se integram reciprocamente."; e conclui: "o grupo ou o terceiro interessado (que se encontra em uma certa relação com o direito lesado), deduzindo em juízo um direito (formalmente de outro) faz valer em realidade também um *próprio* interesse na reintegração da situação lesada",[179] ou seja, é admitida, para fins de tutela, uma legitimação ordinária e autônoma dos grupos sociais.

Por outro lado, por serem diversos os âmbitos culturais e os modelos jurídicos, as doutrinas italiana e alemã foram desenvolvidas em bases diversas da legislação nacional. Versa o art. 24 da Constituição Italiana, primeira parte: "Todos podem recorrer em juízo para *proteger os próprios direitos e interesses legítimos.*"[180] Próprios, significando individuais e pessoais. Portanto, não se admite abertura à proteção de direitos coletivos de titularidade indeterminada. Aliando, a essa visão, a necessidade de disposição *expressa* na lei para permitir a substituição processual (art. 81 do CPC italiano) vê-se a dificuldade que a doutrina encontrou para orientar, dentro dessa moldura, a legitimação e a defesa em direitos coletivos *lato sensu*. A solução mais plausível, naquele sistema, foi, portanto, construir a doutrina da legitimação ordinária, buscando, na finalidade associativa ou institucional, o elemento legitimador ou construir a doutrina das *Verbandsklage*, ações associativas, como "centros

177. Propondo a partir dessa nova divisão uma revisitada *summa divisio*, não mais direito público/direito privado, mas agora, direito individual/direito coletivo, cf. ALMEIDA, Gregório Assagra. *Direito Material Coletivo*, op. cit.

178. "Art. 24, comma 1º e art. 19, comma 4º, prevedono che l'azione proposta miri alla tutela dei *propri* diritti ed interessi." TROCKER, *Processo e costituzione*. p. 215

179. No original: "trascura la considerazione che nelle <<libertà dei moderni>> l'aspetto individuale e quello collettivo si integrano reciprocamente."; segue: "Il grupo o il terzo interessato (che si trova in un certo rapporto com il diritto leso), deducendo in giudizio un diritto (formalmente altrui) fa valere in realtà anche un *proprio* interesse alla reintegrazione della situazione garantistica lesa.". Idem. p. 218.

180. CONSTITUIÇÃO do Brasil e Constituições estrangeiras", Brasília: Senado Federal, Subsecretaria de Edições Técnicas, 1987. p. 522.

de imputação" dos interesses coletivos.[181] O art. 19 da Constituição alemã[182] segue a mesma linha.

Outra orientação seguiu o sistema jurídico brasileiro, adotando a substituição processual exclusiva e autônoma. Deixou, assim, a titularidade definida em lei: 1) a pessoas indeterminadas, ligadas pelas circunstâncias do fato originário da lesão ou ameaça (direitos difusos, art. 81, § único, I, do CDC), 2) aos grupos, categorias ou classes de pessoas determinados enquanto tais (grupos), pela relação jurídica-base existente entre seus membros (fator associativo, organizativo) ou com a parte contrária (direitos coletivos, art. 81, § único, II, do CDC); e, 3) considerou direitos individuais homogêneos, para fins de tratamento especial, molecular e coletivo, aqueles decorrentes de origem comum (art. 81, § único, III, do CDC), direitos individuais abstrata e genericamente considerados, que não significa circunstâncias especiais nem temporais, e, sim, o mesmo agente lesivo e o mesmo tipo de lesão, ensejando tutela basicamente igual no processo de conhecimento (condenação genérica). *Para proteção desses direitos atribuiu a tutela processual a outros agentes que entendeu melhor "aparelhados" para a ação.*

Pelo menos por ora a fixação das conquistas legais, *jus* positivas, é mais interessante e melhor se acomoda à análise dogmática que se pretende neste estudo, excluindo-se, assim, a construção de uma legitimação ordinária em mandado de segurança coletivo. Conclusão diversa restringiria o âmbito do instituto, como faz, equivocadamente, Sergio Ferraz: "Em suma, no inc. LXX não há caso de substituição processual, eis que a entidade *age em nome próprio em defesa de direitos e interesses que também lhe são próprios*, refletindo sua atuação na esfera de direitos e interesses dos filiados... a entidade só pode postular... direitos e interesses dos filiados, cuja tutela constitua finalidade da própria pessoa jurídica."(sic.).[183]

Por sua vez, também inadequado demonstra-se o instituto do direito de conduzir o processo (*Prozessführungsrecht*). A legitimação autônoma (direito de conduzir o processo) é uma busca alternativa ao intrincado e muitas vezes fugidio à lógica formal instituto da substituição processual, resguardadas as

181. Cf. TROCKER, op. cit. p. 218.

182. Versa o art. 19, 4, primeira parte da Constituição alemã: "Toda pessoa, cujos direitos forem violados pelo poder público, poderá recorrer à via judicial." (CONSTITUIÇÃO, op. cit. p. 133). Na Alemanha a doutrina e a jurisprudência optaram por construção semelhante à italiana (ver argumentos expendidos na nota supra).

183. FERRAZ, Sérgio. *Mandado de segurança (individual e coletivo)*: Aspectos polêmicos. São Paulo: Malheiros, 1992. p. 38-39.

diferenças entre os sistemas,[184] é compreensível dentro da chamada legitimação processual por substituição autônoma exclusiva, já tradicionalmente aceita em nosso ordenamento.[185] Assim, o autor é substituto processual, agindo sem necessidade de autorização, em nome do direito subjetivo de outrem e os próprios titulares individuais não podem fazer valer diretamente seus direitos subjetivos coletivos. Nenhum dos titulares do direito individual vinculado à pretensão coletiva, seja difusa, coletiva *stricto sensu* ou individual homogênea, pode atuar como parte no mandado de segurança coletivo, e assim, no processo coletivo em geral, que é exclusivo para os legitimados extraordinariamente em lei (no caso do *writ*: partidos políticos, sindicatos, entidades de classe e associações).

A substituição processual acarreta, contudo, uma dificuldade: na doutrina clássica, os efeitos da litispendência e da coisa julgada se comunicam ao substituído. Porém, o sistema do CDC, prevendo esta situação, instituiu outra solução nos art. 103 e 104, como se verá. Por ora cabe salientar que os efeitos da coisa julgada, apesar de representarem nexo relacional com a legitimidade, não são elementos caracterizadores desta, não fazem parte de seu conceito. Em ações coletivas, portanto, o legislador nacional optou pela substituição processual, instituto já conhecido no ordenamento jurídico.

Adotaram a tese da legitimação extraordinária por substituição processual a maioria dos autores que versaram sobre o tema. Athos Gusmão Carneiro entende que a impetração do mandado de segurança só é possível para defesa dos "*...direitos homogêneos dos indivíduos integrantes de uma coletividade*",[186] e que essa se dá por substituição processual tanto no caso das associações,[187] quanto no dos partidos políticos,[188] defendendo, o legitimado, em nome próprio direito alheio. Calmon de Passos afirma, como máxima irrefutável, que é essencial à figura da substituição processual "o nexo entre o interesse do substituto e o interesse do substituído"(sic.) e entende que o mandado de

---

184. Já Chiovenda falava em substituição processual (*sostituzione processuale*) unindo o *Prozesstandschaft* de Kohler, com o *Prozessführungsrecht* de Hellwig, em um único conceito. O essencial ao conceito de substituição processual, em Chiovenda, é o fato de que alguém age por outro sem ser o seu representante no processo, ou seja, age em nome próprio. Cf. CHIOVENDA, Giuseppe. *Principii di diritto processuale civile*, 3ed. Roma: s. ed, 1923. p. 596-597. (nota nº 1, § 36).

185. Conforme ARMELIN: "...verifica-se que apenas uma concepção mais restrita da legitimidade *ad causam* ensejou tal elaboração, uma vez que, ontologicamente, não se distinguem o *Prozessführungsrecht* e a legitimidade extraordinária, centrada na substituição processual." (ARMELIN, *Legitimidade para agir no direito processual brasileiro.* p.115).

186. CARNEIRO, *Do mandado de segurança coletivo e suas características*. p. 102.

187. Idem. p. 107.

188. Idem, p. 114.

segurança coletivo se encaixa como típica substituição processual.[189] Celso Agricola Barbi ressaltando que a legitimação das entidades não exclui a legitimação ordinária dos impetrantes individuais e que se trata de legitimação por exceção à regra do art. 18, afirma tratar-se de "*substituição processual ou legitimação anômala*".[190] José Rogério Cruz e Tucci entende tratar-se de *legitimação substitutiva extravagante*.[191]

Ernani Fidelis dos Santos aduz que "vale a rotulação" de substituição processual e que essa não depende de autorização.[192] Outro aspecto relevante do pensamento do autor mineiro é o fato de acreditar que da impetração em mandado de segurança coletivo pode-se partir, analogicamente, para a legitimação em outras ações coletivas, "*lógico é admitir-se que tais entidades tenham a mesma legitimação para, em tais casos, promover ações comuns.*"[193] Essa posição não é consentânea à substituição, aproximando-se mais da ideia de legitimação ordinária. Não é cabível tal analogia diante do que dispõe a Constituição sobre o *writ* coletivo. Ocorre que existem outras ações coletivas para a defesa dos direitos coletivos *lato sensu,* com procedimentos especiais e mais adequados à tutela daquelas espécies e com legitimação ativa diversa, especificada em lei (CDC, LACP e LAP). A presunção iria além da substituição processual para impetrar mandado de segurança, para impor uma noção de sistema diversa da pretendida pelo constituinte e mesmo incompatível com a adequada tutela dos direitos coletivos *lato sensu.*[194]

Algumas considerações podem ser feitas sobre a ausência de homogeneidade nos posicionamentos supra. Assim, *Calmon de Passos*[195] observa a respeito: 1) a Constituição não significou uma *capitis diminutio* do indivíduo, da pessoa, do cidadão; 2) que o essencial à figura da substituição processual

189. PASSOS, *Mandado de segurança coletivo, mandado de injunção e habeas data.* p. 19 e *passim*. O interesse do substituto processual é irrelevante para a substituição nos processos coletivos.

190. BARBI, Celso Agrícola. Mandado de segurança na constituição de 1988. *Ajuris*, v.16, n. 46, p. 46-52, jul.1989. p. 48.

191. TUCCI, *"Class action" e mandado de segurança – diversificações conceptuais.* p. 42. Também a Jurisprudência do Superior Tribunal Federal tem entendido adequada a tese da legitimação extraordinária por substituição processual aos entes elencados no art. 5º, inc. LXX. Cf. MS- 22132/RJ, STF – Tribunal Pleno, Rel. Min. Carlos Velloso, DJ:º data 18.11.96, p. 39848.

192. Cf. SANTOS, Ernane Fidelis dos. Mandado de Segurança Individual e Coletivo, Legitimação e Interesse. *Ajuris*, v.22, n. 63, p. 25-35, mar. 1995. p.30.

193. Idem. p.35.

194. Contudo corrobora com essa opinião SUNDFELD, Carlos Ari. Mandado de segurança coletivo na Constituição de 1988. *Revista de Direito Público*, v.22, n.89, p.37-41, jan./mar. 1989. P.40., que afirma, "Em conseqüência, quando incabível o mandado de segurança, tais entidades poderão usar das ações comuns". Ressalta-se que a afirmação deste autor é anterior a vigência do CDC e portanto, ao atual desenvolvimento das ações coletivas.

195. PASSOS, *Mandado de segurança coletivo, mandado de injunção e habeas data. passim.*

é "o nexo entre o interesse do substituto e o interesse do substituído." Ocorre que dentro da perspectiva do sistema jurídico nacional criado pelo CDC para ações coletivas não ocorre ofensa à garantia individual do cidadão. Este continua podendo agir individualmente, impetrando o mandado de segurança a qualquer momento, se assim lhe convier e com isso se excluindo do grupo (art. 104, *in fine*). Quanto ao nexo de interesse obrigatório para a substituição processual, decorre esta exigência de uma percepção limitada do sistema, como se verá; por ora, salienta-se que esta não é uma exigência nuclear do instituto. Ademais, este problema é facilmente contornável com uma simples disposição de direito positivo que determine a legitimação e portanto, presuma legalmente o interesse.

Coloca Cretella Junior, em aparente contra-senso: "*Mandado de segurança 'coletivo'* é a ação de rito especial que determinadas entidades, enumeradas expressamente na Constituição, *podem ajuizar em defesa, não de direitos próprios, inerentes a essa entidades, mas de direito líquido e certo de seus membros*, ou associados, ocorrendo, no caso, o instituto da substituição processual."[196] A contradição ocorre ao confrontar-se a afirmação anterior,[197] com a ideia da substituição processual. Ocorre que, para Cretella Junior, a substituição seria na forma condicionada, subordinada à autorização do substituto (sic.). Como essa exigência depende de lei e a Constituição assim não determinou, resta descartada a afirmação.

A simples assertiva de que se trata de legitimação por substituição processual não se revela suficiente. Mesmo sendo tomado este caminho, é mister estabelecer quais as características estruturais dessa legitimação.

3.3.1.1.2 Características da Substituição Processual nos Mandados de Segurança Coletivo: Legitimação Ativa, Exclusiva, Concorrente e Disjuntiva/Simples

Os juristas e o constituinte estavam preocupados em não diminuir os direitos individuais, cientes das dificuldades em se formular uma autorização genérica (em lei) que fosse como a utilização de um machado, quando se requeria a delicada intervenção de um instrumento cirúrgico, um bisturi.[198] O principal interesse em jogo era encontrar a maneira de superar a insólita situação de milhares de processos, versando sobre o mesmo tema, sujeitos a

196. CRETELLA JÚNIOR, *Do mandado de segurança coletivo*. p. 8.

197. Necessidade de autorização, ver supra.

198. CAPPELLETTI, *Formações sociais e interesses coletivos diante da justiça civil.* p. 158.

decisões contraditórias e abarrotando o sistema judiciário e ao mesmo tempo dar conta das novas situações jurídicas nascentes. Ocorria, porém, a necessidade de tutela de situações jurídicas, direitos objetivos, que se encontravam em um limbo (direitos difusos e coletivos), destituídos de titularidade clara e de proteção jurisdicional, como consequência dessa dificuldade. A técnica escolhida foi a da *legitimação ativa por substituição processual exclusiva, autônoma, concorrente e disjuntiva.*

Ativa, porque ao polo ativo atendem as necessidades de economia processual e acesso à Justiça que movimentaram as forças sociológicas e políticas para a aquisição da conquista no plano jurídico. Versa o inc. LXX: "o mandado de segurança coletivo pode ser *impetrado por...*".

Exclusiva, porque somente os legitimados extraordinários podem impetrar o *writ* coletivo; os "titulares" do direito coletivo *lato sensu*, mesmo que quisessem, não poderiam ajuizar a ação. A posição dos titulares do direito subjetivo (legitimados ordinários), que são aqueles referidos no art. 81, § e incisos, será meramente acessória. A lei expressamente retira o seu poder de ação e o substitui pelo legitimado extraordinário. Passa o titular do direito subjetivo (legitimado ordinário) à posição de assistente simples, art. 119 do CPC, e, no caso dos direitos individuais homogêneos, assistente litisconsorcial (art. 94 do CDC).

Autônoma, porque os legitimados impetram a ação independentemente da vontade do titular do direito subjetivo. Ocorre que ainda algumas características dessa legitimação são referentes ao seu procedimento. Se é exclusiva e autônoma, quanto ao rol de legitimados, é, no entanto, *concorrente* entre os legitimados extraordinários. Qualquer um dos legitimados pode impetrar a ação de mandado de segurança coletivo.

A legitimação apresenta-se, ainda, *disjuntiva ou simples*, porque, apesar de concorrente, cada entidade legitimada a exerce, independentemente da vontade dos demais co-legitimados.[199]

O mandado de segurança coletivo pode ser, portanto, impetrado por um sindicato e por uma associação com o mesmo âmbito e sobre o mesmo objeto litigioso em litisconsórcio ativo facultativo. Sendo, contudo, impetrado

---

199. "Também é chamada *disjuntiva* no sentido de não ser complexa, visto que *qualquer uma das entidades co-legitimadas poderá propor, sozinha, a ação coletiva sem necessidade de formação de litisconsórcio ou de autorização por parte dos demais co-legitimados.* É facultada, entretanto, a formação voluntária de litisconsórcio." (GIDI, *Coisa julgada e litispendência em ações coletivas*. p. 38).

primeiro por um e depois por outro, haverá litispendência, que implicará, conforme o estado do processo, na reunião ou extinção do feito.

3.3.1.1.3 Conflito Teórico: (Ir)relevância do Interesse do Substituto?

A lei processual civil individual exige para se propor a ação que o autor tenha interesse e legitimidade (art. 17 do CPC). Mesmo que a doutrina compulsada para o estudo do mandado de segurança coletivo tenha entendido principalmente pela substituição processual como técnica adequada a justificar a legitimação dos entes dispostos no art. 5º, inc. LXX, uma crítica é obrigatória. A grande maioria dos autores fez questão de salientar a relevância do "*interesse do substituído*" como elemento da substituição processual (sic.). Isto faria sentido em ordenamentos que exigem a configuração de interesse próprio e direto para exercício da ação, como vimos acima em relação à Itália e à Alemanha, nos quais a garantia constitucional do acesso à justiça fala em *direito ou interesse próprio*, mas não se justifica no nosso modelo jurídico no qual a nova redação da garantia constitucional excluiu essa exigência.

Poder-se-ia questionar sobre a que título os partidos políticos, sindicatos, entidades de classe e associações, teriam interesse jurídico em legitimar a substituição. A essa questão responde Arruda Alvim: "Realmente, o agir do substituto decorre do interesse que ele tem. Entendamos, porém, isto convenientemente. O problema do interesse deve ser encarado em dois planos: *1º)* quando se apresenta ao legislador, *2º)* quando consta da lei."[200]; ou seja: "...o legislador quando entende ser útil atribuir legitimidade, embora extraordinária, ao substituto, o faz em decorrência da *verificação histórica dos fatos da vida*, de que o substituto tem, na verdade, *interesse no direito do substituído.*"[201] Como exemplos, alude ao papel do marido na proteção do bem dotal, art. 289, III, do CC/1916 (já revogado pelo Código Civil de 2002), onde as justificativas históricas ressaltam sem maiores exames; e ao Ministério Público, quando este atua em ações civis, fortalecida a sua função social como organismo "destinado a representar a sociedade."[202]

Waldemar Mariz de Oliveira, em estudo específico sobre substituição processual, vai além e com crítica à posição de Carnelutti, que entende imprescindível a vinculação de interesse jurídico do substituto para legitimar

---

200. ALVIM, *Comentários ao código de processo civil*. p. 430.

201. Idem. p. 430-31.

202. Idem. p. 431.

a substituição processual,[203] constrói sólido raciocínio sobre o ponto: "Exatamente por dar *exagerada importância ao interesse do substituto*, Carnelutti acabou por excluir, das hipóteses de substituição processual, as relativas ao capitão do navio e ao marido, na defesa dos bens dotais da mulher, por não vislumbrar na atuação, em Juízo, daquelas pessoas, qualquer interesse próprio." Forte na ideia de que o conceito de substituição é "eminentemente formal" (*rectius*: processual) Waldemar Mariz de Oliveira Junior vê na expressão "agir em nome próprio" uma ideia dissociada de vínculo ou interesse com o direito material. Assim, conclui: "É claro que tal asserção não impede possa existir, em jogo, um interesse pessoal do substituto, o qual, no entanto, *não constitui*, reiteramos, *elemento de monta para caracterizar a substituição processual*".[204] Exemplifica o autor, como Arruda Alvim, citando o Ministério Público,[205] afirmando ser possível a substituição processual por seus representantes e assevera que estes "não são *insuflados por nenhum interesse pessoal*".

Tal como o direito positivo evoluiu a ponto de valorar a perspectiva histórica no interesse do marido referente ao bem dotal (a regra do art. 289, III, do CC/1916, não foi reproduzida no CC/2002, permanece o exemplo como conteúdo histórico), e, também, o interesse "prático" do capitão do navio,[206] o primeiro progresso, em direitos coletivos, foi legitimar ativamente os órgãos que o constituinte considerou "corpos intermediários da sociedade civil". Dessa forma reconheceu sua participação, no controle do poder, como função fundamental para a democracia. Posteriormente, o sistema evoluiu no sentido de que a coisa julgada não afeta aqueles que não estavam representados no processo. A inteligência dessa disposição revela-se no evitar lesão aos direitos subjetivos individuais, verdadeiros motivadores das garantias que não poderiam sair prejudicados. Os direitos fundamentais individuais e coletivos se somam em suas diversas dimensões, não sendo prejudicados uns pelos outros.

---

203. Para Carnelutti: "*Hay sustitución cuando la acción en el proceso de una persona distinta de la parte se debe, no a la iniciativa de ésta, sino al estímulo de un interés conexo con el interés inmediatamente comprometido en la litis o en el negocio*". CARNELUTTI, Francesco. *Instituciones del Processo Civil*. 5. ed. Buenos Aires: EJEA, 1959. v. 1. p. 176.

204. OLIVEIRA JÚNIOR, Waldemar Mariz de. *Substituição processual*. São Paulo: Revista dos Tribunais, 1969. p. 135 e 172. Reforça esse posicionamento na conclusão (nº 11) : "A expressão 'agir em nome próprio' deve ser devidamente interpretada, dentro de um plano estritamente formal. Significa fazer-se sujeito da relação processual, na qualidade de autor ou de réu; tal atitude, por parte do substituto, independe da existência ou não de um interesse seu pessoal (cf. n. 64)." (Idem, p. 175).

205. Exemplo da substituição processual pelo Ministério Público revela-se na declaração de nulidade casamento em razão da existência de impedimento (v.g., se um dos nubentes já é casado), na forma do art. 1.549 do Código Civil.

206. Cf. art. 527 do Código Comercial.

Portanto, a substituição processual independe da existência ou não de um interesse processual ou material do substituto. Quanto à legitimidade *ad causam* e interesse de agir[207] estas deverão ser aferidas em referência ao substituído, que é indicado como titular do direito material que o autor afirma na inicial.

Iremos analisar agora, por relevante, algumas restrições previstas na Lei Federal n. 12.016/09, em especial no que diz respeito a cada um dos entes legitimados e, ao final, a possibilidade de ampliação da legitimação também para o Ministério Público.

3.3.1.1.4 A Legitimação dos Partidos Políticos em MSC

> A legitimação sem fronteiras que seja reconhecida aos partidos políticos significará o caos, além de transferir para o âmbito do Judiciário (arena inadequada) a luta política que deve ser levada a cabo em outro campo.(sic.)[208]

A advertência de Calmon de Passos é infausta e carregada de uma descrença nos partidos como instituições democráticas. A tal descrença opomos a aguda percepção histórica e atual de Paulo Bonavides: "Não havia lugar para o partido político na democracia, segundo deduziam da doutrina de Rosseau os seus intérpretes mais reputados. Hoje, entende-se precisamente o contrário: *a democracia é impossível sem os partidos políticos*" e conclui, citando Bagehot, para quem a instituição dos partidos políticos: "é o princípio vital do governo representativo".[209] Nas próximas linhas serão enfocadas as diversas interpretações possíveis que se voltam ora para esta, ora para aquela posição, sem descurar do fato que o texto legal da *Lei do Mandado de Segurança* limitou fortemente a legitimação dos partidos políticos.

Para que possamos desenvolver a argumentação conscientes da base dogmática vale transcrever alguns trechos do art. 21 no que disciplina a legitimação dos partidos políticos: "O mandado de segurança coletivo pode ser

---

207. Excetuando-se a legitimidade ativa que ocorre por substituição processual nos termos do art. 5º, inc. LXX, da CF/88. É de se observar aqui que o novo Código de Processo Civil não trouxe a expressão "condições da ação". Nestes termos, há polêmica na doutrina. Preferimos substituir o termo condições da ação por legitimidade e interesse, suprimindo a expressão deste texto, nos termos do CPC (art. 485, VI, CPC).

208. PASSOS, *Mandado de segurança coletivo, mandado de injunção e habeas data.* p. 21.

209. BAGEHOT, Walter. *The English Constitution,* p. 126 *apud* BONAVIDES, Paulo. *Ciência Política,* 10. ed. São Paulo: Malheiros, 1999. p. 350

impetrado por partido político com representação no Congresso Nacional, na defesa de seus *interesses legítimos* relativos *a seus integrantes* ou à finalidade partidária"... "individuais homogêneos, assim entendidos, para efeito desta Lei, os decorrentes de origem comum e *da atividade ou situação específica da totalidade ou de parte dos associados ou membros do impetrante*." (Lei 12.016/09).

A letra "a" do art. 5º, inc. LXX, estabelece que o mandado de segurança pode ser impetrado por "partido político com representação no Congresso Nacional". Nos trabalhos da Assembleia Nacional Constituinte ocorreu discussão em plenário para que a legitimação, em mandado de segurança coletivo, restasse em letras separadas, "a", partidos políticos; "b", sindicatos, entidades de classe e associações. O texto final é resultado de duas emendas oferecidas, respectivamente, pelos constituintes *Raimundo Bezerra* e *Fernando Henrique Cardoso* que reconduziram o texto do art. 5º, inc. LXXI (mandado de segurança coletivo) do Projeto de Constituição "B", votado em segundo turno, ao texto aprovado em primeiro turno, expressamente *remetendo a locução "em defesa de seus membros ou associados" para o final da alínea "b"*.[210]

Assim, às entidades de classe e demais legitimados da alínea "b" foi imposta a restrição de agir *"em defesa dos interesses de seus membros e associados"* (*in fine*). Aos partidos políticos, no entanto, não foi imposta nenhuma condição além da representação no Congresso Nacional, o que garante sua *homogeneidade* e *relevância* no cenário pluripartidário que se instalou pós-Constituição.

Os partidos políticos são instituições recentes (séc. XIX) e no Brasil só lograram regulamentação em 1932, com o Dec. – lei 21.076. Extintos pela CF de 1937 (não se acomodam bem com ditaduras) retornariam, em 1946, como pessoas jurídicas de direito público. Mantiveram esta natureza jurídica até a Constituição anterior, porém, "O advento da CF/88 atendeu os reclamos do pensamento jurídico nacional, que pugnavam pelo enquadramento formal dos partidos políticos como pessoa jurídica de *direito privado*."[211] O regime jurídico dessa instituições está disciplinado na CF/88, art 17, § 2º e no art. 1º da Lei 9.096, de 19 de setembro de 1995 - (LOPP).

Os partidos políticos, como corpos intermediários da ação civil por excelência, revelam-se verdadeiros *defensores do regime democrático e participativo*. Seu valor está no fato de serem entidades de direito privado que transportam os anseios da sociedade à atenção do Estado e buscam obter os

210. Diário da Assembléia Nacional Constituinte, domingo, 10.07.1988.

211. CARVALHO, *O mandado de segurança coletivo e os partidos políticos*. p. 78.

meios para atuação dessa vontade pelo voto. Assim, o constituinte entendeu sua legitimidade para o controle da ilegalidade ou abuso de poder de forma objetiva, ampla. Aos partidos políticos cabe impetrar ação de mandado de segurança, seja qual for a matéria, como substitutos processuais, em defesa de direitos difusos, coletivos ou individuais homogêneos, do todo da sociedade. Por esse motivo o legislador constituinte entendeu restringir à legitimação aqueles que tivessem representantes no Congresso Nacional. Não poderiam os partidos políticos sem representação federal, ou seja, relevância nacional, atender à obrigação magna, que, como se verá, foi-lhes outorgada pelo art. 5º, LXX, qual seja, a de *zelar pela "legalidade objetiva"212 dos atos do Poder Público* que envolvam direitos coletivos *lato sensu*.

Antes de prosseguir, vale fazer referência ao modelo do direito norte-americano, a uma célebre passagem de Aléxis de Tocqueville, na qual ele deixa claro que as democracias contemporâneas, com constituições rígidas, estão sempre sujeitas ao controle substancial dos atos de poder (Legislativo, Executivo e Judiciário). O poder político só tem espaço na livre margem de conformação entre o *indecidível que* e o *indecidível que não*.[213] Assim, ampliar a legitimação para os partidos políticos não é fomentar o "caos", mas estimular as minorias através de instituições de garantia. O mérito das questões deve ser analisado pelo Judiciário; antidemocrático é bloquear o acesso *a priori*.

> O que o estrangeiro com maior dificuldade compreende nos Estados Unidos é a sua organização judiciária. Por assim dizer, não há ocorrência política para a qual não ouça ele ser chamada a autoridade do juiz; e conclui, à vista disso, naturalmente, que o juiz é, nos Estados Unidos, uma das primeiras forças políticas. Depois, quando passa a examinar a constituição dos tribunais, só descobre nela, a princípio, atribuições e hábitos judiciários. Aos seus olhos, o magistrado nunca parece introduzir-se nos negócios públicos a não ser por acaso; mas esse mesmo acaso repete-se todos os dias.[214]

Com relação a essas observações não foi a doutrina coesa no entendimento da atuação mais abrangente aos partidos políticos. Quanto à jurisprudência

212. Expressão utilizada por SUNDFELD, *Mandado de segurança coletivo na Constituição de 1988*. p. 41.

213. Estes são conceitos da teoria do direito e da democracia desenvolvida por Luigi Ferrajoli em seu monumental *Principia Iuris*, op. cit.

214. TOCQUEVILLE, Alexis de. *Da democracia na América*, tradução de Neil Ribeiro da Silva, 4. ed., Belo Horizonte: Itatiaia, 1998, p. 82.

dos tribunais, a postura é ainda mais restritiva. Faz-se, portanto, um breve levantamento dessas opiniões e posições.

A tese mais apropriada, como foi dito, consentânea ao texto constitucional e à natureza do mandado de segurança como ação para prevenção e correção da ilegalidade ou abuso de poder, considera-se aquela que vê na legitimação dos partidos políticos uma *garantia de legalidade* no interesse dos titulares dos direitos coletivos (*supra*), sem que seja necessário demonstrar interesse próprio da agremiação, ou seja, vinculação à finalidade partidária ou aos seus membros. Consequentemente, não se restringe, quanto aos sujeitos beneficiados, e nem vê um "nexo substancial" entre os fins do partido político (*v.g.* matéria eleitoral) e o direito à impetração. A lei, como se viu, estabeleceu este duplo vínculo (art. 21, Lei Federal n. 12.016/09).

3.3.1.1.4.1 Limitação Objetiva à Finalidade Partidária?

Vários autores entendem que os partidos políticos podem impetrar mandado de segurança coletivo em nome da sociedade (coletividade), sem restrição quanto à matéria. Para Celso Agricola Barbi, "quando o pedido for de partido político, *basta a simples ilegalidade e a lesão* de interesse daquele tipo, *não sendo caso de estabelecer qualquer vínculo* entre o interesse e os membros ou filiados do partido". O partido, portanto, atuará como defensor "do interesse da sociedade".[215] Da mesma forma entende Odival Cicote: "Já quanto aos *partidos políticos* com representação no Congresso Nacional – e por isso representantes de certa parcela da população -, *a legitimação é ampla...*" Assim, não ocorrendo restrições na Constituição eles poderão defender "empregados de uma determinada empresa" ou até "uma categoria de funcionários públicos", sendo que: "A legitimação que lhes confere a norma constitucional não é restrita à defesa dos seus membros ou filiados."[216]

Nelson Nery Junior afirma igualmente que o partido político, no mandado de segurança, age em *defesa da legalidade objetiva*; representa, portanto, a totalidade dos substituídos, não se restringindo aos seus filiados e justifica: "não é qualquer partido político que pode impetrar a segurança coletiva, mas *apenas aqueles que tenham representação no Congresso Nacional.* Logo, nada tem a ver a legitimação com os interesses coletivos ou individuais dos

---

215. BARBI, *Mandado de segurança na Constituição de 1988. p. 51; e, cf. BARBI, Do mandado de segurança.* p. 295.

216. Parecer do MP - Proc. nº 176/89 – São José do Rio Preto. Ementa: PSDB – PT – PCB – Prefeito Municipal de São José do Rio Preto – Circular Santa Luzia Ltda. – Expresso Itamarati Ltda. CICOTE, Odival. Mandado de Segurança Coletivo. *Justitia*, São Paulo, v.52, n.150, p.96-104, abr./jun.1990.. p.98. Ressalva-se o entendimento, por este autor, da exclusão dos direitos difusos do rol dos direitos coletivos (tese fundada no art. 129, III, da CF/88).

membros do partido". Segue: "De sorte que, havendo ato ilegal da autoridade ferindo direito líquido e certo, o partido político pode impetrar mandado de segurança."[217] Já Ernani Fidélis dos Santos, também vê a legitimação do partido político como geral, pois "a lei não fez restrição alguma, o que importa afirmar que, sempre que houver ofensa ou ameaça a direitos individuais, atingindo no geral a coletividade, o partido político poderá interpor o mandado de segurança"; e exemplifica: "Seria a hipótese, por exemplo, da criação inconstitucional de tributos."[218]

O constitucionalista José Afonso da Silva percebe que os partidos políticos representam a sociedade em defesa dos direitos legítimos, difusos e coletivos e afirma: "aí estará, talvez, a mais fértil função do mandado de segurança coletivo".[219] Cabe apontar que na nota nº 6, o autor descreve os passos da ANC (Assembléia Nacional Constituinte) e ressalta que "Houve, porém, reação ao enquadramento dos partidos nesses limites da legitimação, de onde, em negociação de lideranças, transpor-se aquela cláusula para o final da alínea *b*, vinculada apenas a entidades ali referidas"[220] (ver supra). Todavia, vale que a Lei Federal n. 12.016/2009 recolocou, após a legitimação dos partidos, a restrição que havia conscientemente sido excluída pelos constituintes.

Para Barbosa Moreira o mandado de segurança coletivo serve aos partidos políticos como "...instrumento de vindicação judicial de seu próprio programa". Continua, "Acho que o partido pode defender, pelo Mandado de Segurança Coletivo, não apenas os interesses de seus membros, daqueles que integram seus quadros, como também os de todas as pessoas que sejam destinatárias de algum ponto de programa do partido."[221] Como aos programas dos partidos não se podem apor restrições quanto à matéria[222] essa posição é, portanto, tida como abrangente.

Ada Pellegrini Grinover entende que na interpretação mais correta do texto constitucional, não se pode restringir onde o legislador não o fez. Assim, "o partido político está legitimado a agir para a defesa de todo e qualquer direito, seja ele de natureza eleitoral, ou não."[223] Sidou não admite a legitimação a partido político, em defesa de direitos coletivos e sim de direitos difusos, mas

217. NERY JUNIOR, *Mandado de segurança coletivo.* esp. p. 156.

218. SANTOS, *Mandado de segurança individual e coletivo, legitimação e interesse.* p. 33.

219. SILVA, *Curso de direito constitucional positivo.* p.461.

220. Idem. p. 460.

221. BARBOSA MOREIRA, *Ações coletivas na Constituição Federal de 1988.* p. 197.

222. Ver art. 17, § 1º da CF/88 e art. 5º da Lei n. 9.096, de 10 de setembro de 1995.

223. GRINOVER, *Mandado de segurança coletivo: legitimação, objeto e coisa julgada.* p. 78

adota a postura aberta quanto à representação do todo da sociedade: "*Não é preciso, portanto, que sejam integrantes do partido* aqueles com direito de defender, para que se exercite a atividade processual. Logo, trata-se da defesa de um direito difuso...".[224]

Colaciona-se, ainda, a opinião de Carlos Ari Sundfeld. Para o autor, os partidos políticos têm legitimação extensiva a toda coletividade, não se reduz essa, unicamente, a matéria eleitoral e conclui: "A melhor interpretação na matéria parece conduzir à afirmação de que esta espécie de mandado de segurança coletivo destina-se à defesa da *legalidade objetiva*".[225]

Posição particular é adotada por *Calmon de Passos*. O nobre jurista descreve uma *legitimação substitutiva subordinada e supletiva* à atividade das associações como "tese principal" da sua compreensão da legitimação dos partidos políticos no *writ*. Estes impetrariam o mandado de segurança coletivo somente no caso de inexistência ou inatividade dos substitutos elencados na alínea *b*.[226]

Por outro lado, na doutrina existem posturas expressivas que restringem a impetração do *mandamus* coletivo quanto à matéria; entre elas figura, com especial relevo, a tese esposada por *Lúcia Valle Figueiredo*. A autora é pioneira no trato do mandado de segurança coletivo e fomentou proposição, por muitos adotada, da qual cabe ressaltar dois pontos principais. Primeiro, *ausência de restrição constitucional aos membros do partido*. Não ocorre limitação quanto aos sujeitos substituídos, com a consequente abrangência de sua legitimação ativa ao universo de brasileiros, cidadãos do País. Segundo, *limitação aos fins institucionais* estabelecidos no art. 1º, da *Lei Orgânica dos Partidos Políticos*,

---

224. SIDOU, *Habeas Corpus, mandado de segurança, mandado de injunção, habeas data, ação popular: as garantias ativas dos direitos coletivos*. p. 260.

225. SUNDFELD, *Mandado de segurança coletivo na Constituição de 1988*. p. 41. Outro autor que adere a esta postura ampla pela defesa da legalidade objetiva pelos partidos políticos é Marcelo Navarro Ribeiro Dantas (cf. DANTAS, *Mandado de segurança coletivo – legitimação ativa*. p.115-116).

226. Textualmente: "Assim, poderíamos dizer que *a legitimação dos partidos só poderá ocorrer com a aquiescência das entidades representativas dos indivíduos a que se vinculam os interesses em jogo. Só na hipótese de inexistência dessas entidades* é que *os partidos teriam legitimação direta*, podendo impetrar mandados de segurança coletivos, assumindo a representatividade desses interesses ainda não devidamente organizados."; segue: "Sendo órgãos de âmbito nacional, *desempenharão eles uma função supletiva* de particular alcance, porquanto poderão fazer valer, em âmbito mais restrito e em favor de não associados, os interesses que, em outras unidades da federação, ou mesmo dos Estados-membros (Municípios), deixaram de ser tutelados coletivamente por falta de entidades representativas."; segue: "Esse o entendimento que nos parece *inibe a demagogia eleitoreira e a anarquia jurídica, sem cercear o grande papel educador e intermediador dos partidos, tudo isso sem sacrifício dos indivíduos,* na dimensão de sua liberdade, seja como pessoa, na sua ineliminável unidade, seja como homem convivente com aqueles com os quais se sente solidariamente comprometido, em função de objetivos comuns." (PASSOS, *Mandado de segurança coletivo, mandado de injunção e habeas data*. 22).

Lei 9.096/95 (LOPP),[227] ou seja, o partido só pode impetrar ação na defesa do regime democrático, da autenticidade do sistema representativo e dos direitos fundamentais estabelecidos na Constituição.[228]

A 1ª Seção do STJ proferiu decisão, em ação impetrada contra ato do Ministro do Trabalho e da Previdência Social, asseverando que para propositura do mandado de segurança coletivo por partido a ação deve ter "*por objeto direitos subjetivos ou interesses atinentes à finalidade partidária*"[229]. Assim negou legitimidade ao Partido dos Trabalhadores para discutir a concessão do índice de 147,06% na correção das aposentadorias. Criticando a postura do Tribunal, Cassio Scarpinella Bueno afirma correta a posição, mas incorreta a decisão, pois entendeu o autor que esses direitos estariam insertos nos "*direitos fundamentais da pessoa humana*" e portanto merecedores de tutela pelo *writ*, vez que se resguardaria à "pertinência temática" do direito com o indicado pela LOPP como finalidade dos partidos.[230] Sergio Ferraz entende a impetração restrita à matéria disposta na LOPP e, nesse sentido, diz terem os partidos legitimação ordinária.[231]

Já Athos Gusmão Carneiro afirma compreensão diversa do fenômeno. Para o autor gaúcho deverá ocorrer o respeito ao "princípio da vinculação". Transcreve-se: "Parece-nos razoável e jurídico sustentar que a melhor solução será, ao menos como regra, a mantença do *princípio da vinculação entre as finalidades*, em termos gerais, da entidade substituta, *com os interesses das*

227. Textualmente:"Art. 1º O partido político, *pessoa jurídica de direito privado,* destina-se a assegurar, no interesse do regime democrático, a autenticidade do sistema representativo e a defender os direitos fundamentais definidos na Constituição Federal"

228. FIGUEIREDO, Lúcia Valle. Os partidos políticos e o mandado de segurança coletivo. *Revista da Procuradoria Geral do Estado de São Paulo,* São Paulo, n. 34, p. 99-106, dez. 1990. *Passim*, esp. p. 102-104. Com a ressalva de que a autora escreveu antes da atualização legislativa da LOPP, mencionando o art. 2º da lei anterior. Entendem que podem impetrar mandado de segurança coletivo em nome da sociedade, porém, *restringindo a matéria ao disposto na LOPP* os autores que seguem. Uadi Lamêgo Bulos, que propugna pela aplicação do art. 2º da Lei Orgânica dos Partidos Políticos, atual art. 1º da nova Lei. Destarte, tudo que estiver relacionado ao regime democrático, à tutela dos direitos humanos fundamentais, à autenticidade do regime representativo, comporta a garantia constitucional. Satisfeitos tais requisitos, o partido possuirá legitimidade ativa para defender *interesses ou direitos que lhe sejam próprios* (sic.), repercutindo na esfera dos interesses de todos os seus membros (BULOS, *Mandado de segurança coletivo*. p.49). Maria Sylvia Zanella Di Pietro afirma que pela disposição do texto constitucional em duas alíneas separadas não se pode apor nenhuma restrição quanto à extensão subjetiva da legitimidade do partido "que poderá agir na defesa dos interesses que extrapolam aos seus membros ou associados". Assevera ela, contudo, que isto ocorre porque também os interesses defendidos pelos partidos políticos são "de uma coletividade muito maior" e com base na doutrina de Lúcia Valle Figueiredo e na LOPP conclui que estes ficam habilitados a agir dentro da defesa da "autenticidade do sistema representativo", do "regime democrático" e dos " direitos humanos fundamentais" (DI PIETRO, *Direito administrativo*. p.533).

229. STJ, MS 1.252/DF, Rel. Ministro Humberto Gomes De Barros, Rel. p/ Acórdão Ministro Américo Luz, Primeira Seção, julgado em 17/12/1991.

230. BUENO, *A legitimidade ativa no mandado de segurança coletivo*. p. 38.

231. FERRAZ, *Mandado de segurança (individual e coletivo: aspectos polêmicos*. p. 39.

pessoas substituídas".[232] Também Ivan Lira Carvalho, entende necessário o vínculo, porém, entre os estatutos do partido e a sua atuação. Para o autor é necessária disposição, expressa nos estatutos do partido político, do direito a ser contemplado no mandado de segurança coletivo. Assim, "o objeto da impetração deverá estar contemplado, ainda que genericamente, no estatuto partidário". Exemplificando, "Não deterá a legitimação em comento, por exemplo, um partido que pregue a liberalização dos meios de produção e ajuíze mandado de segurança coletivo tendente a obstar um plano governamental de privatização da empresas estatais."[233]

Vale lembrar, mais uma vez, que a Lei do Mandado de Segurança (Lei Federal n. 12.016/2009) reeditou este problema ao mencionar que a legitimação dos partidos políticos será em defesa dos "interesses legítimos" (*sic.*)[234] "relativos" à "finalidade partidária" (art. 21).

A doutrina que comenta a lei adverte: "o partido político tem legitimidade para a impetração do mandado de segurança coletivo tanto que o direito (interesse) a ser tutelado coincida com suas finalidades pragmáticas, amplamente consideradas, *independentemente* de a impetração buscar a tutela jurisdicional de seus próprios membros."[235] Esse entendimento é majoritário e deverá prevalecer.

3.3.1.1.4.2 Limitação Subjetiva aos Membros da Agremiação Partidária?

Por último cabe salientar a opinião dos que sustentam que o partido político só pode impetrar mandado de segurança coletivo em defesa de seus membros ou filiados. Essa, talvez, seja a mais grave e equívoca interpretação. A Lei Federal n. 12.016/2009 pode infelizmente induzir nesse sentido, já que prevê a impetração "*na defesa de seus interesses legítimos relativos a seus integrantes*" (art. 21, *caput*) e a tutela dos direitos individuais homogêneos "decorrentes de origem comum e da *atividade ou situação específica da totalidade ou de parte dos* associados ou *membros do impetrante*" (§ único, inc. II do mesmo artigo).

Os partidários dessa corrente afirmam que "A Constituição Federal não transformou os partidos políticos em curadores da sociedade."[236] Esse é o sentir

232. CARNEIRO, *Do mandado de segurança coletivo e suas características*. p. 114.

233. CARVALHO, *O mandado de segurança coletivo e os partidos políticos*. p. 93.

234. Sobre o problema dos "interesses legítimos" como conceito inadmissível no direito brasileiro cf. tópico sobre "direitos e interesses", *supra*.

235. BUENO, *A nova lei do mandado de segurança*, p. 124.

236. Trecho de acórdão do TJRS (APC- 596236349-TJRS-1ª CC. Rel. Armínio Jose de Abreu Lima da Rosa).

de Arnoldo Wald, para quem: "O partido político só pode impetrar mandado de segurança coletivo para a defesa de seus próprios filiados, em questões políticas, quando autorizado pela lei e pelo estatuto, não lhe sendo possível pleitear, por exemplo, os direitos da classe dos aposentados em geral".[237] É, também, a opinião de José da Silva Pacheco,[238] e Alfredo Buzaid, o qual coloca: "O mandado de segurança coletivo, impetra-o o partido político *em nome individual* e fundado em direito líquido e certo *próprio*."[239] Continua, "....também atua na tutela de seus membros".[240] Dessa forma, cabe salientar em contradita, que, quando se tratar de interesse próprio (exclusivamente), é o entendimento, até aqui esposado, de que ocorre o mandado de segurança "singular" e não o coletivo; no segundo caso justifica-se sob o manto da teoria da "associação", sendo inserta na alínea "b" independentemente da "representação no Congresso Nacional".[241]

O Superior Tribunal de Justiça também adota a postura restritiva, afirmando que o mandado de segurança não pode servir para os partidos políticos defenderem em juízo direitos subjetivos de cidadãos que não são seus filiados ou direitos difusos sem natureza política.[242]

De igual forma, o Supremo Tribunal Federal decidiu que o partido político não está autorizado a valer-se do mandado de segurança coletivo para, substituindo todos os cidadãos na defesa de interesses individuais, impugnar majoração de tributo.[243]

237. MEIRELLES, *Mandado de segurança, ação popular, ação civil pública, mandado de injunção e habeas data*. p. 28

238. PACHECO, *O mandado de segurança e outras ações constitucionais típicas*. p.259.

239. BUZAID, *Considerações sobre o mandado de segurança coletivo*. p.61.

240. Idem, p. 62.

241. Consentâneo com a corrente restritiva, o Tribunal de Alçada do Estado do Rio Grande do Sul (agora unificado ao TJRS) entende que os partidos políticos "não são curadores da sociedade" e que, portanto, só podem impetrar o mandado de segurança coletivo para proteger direito de seus filiados, cf. APC – 196034706 – TARGS – 2ª C.C., Rel. José Francisco Pellegrini, data 13.06.96.. Por último, fixando o entendimento do Tribunal de Justiça do Rio Grande do Sul Cf. APC –597203942 -TJRS - 1ª C.C., Rel. Marco Aurélio Heinz, data: 19.08.98.(sic.)

242. "[...]. OS INTERESSES INDIVIDUAIS NÃO DEVEM SER AVOCADOS PELOS PARTIDOS POLITICOS, QUANDO NO USO DO MANDADO DE SEGURANÇA COLETIVO, POIS A SUA ATUAÇÃO NESSE CAMPO NÃO TEM A AMPLITUDE QUE PRETENDEM." (STJ, RMS 1.348/MA, Rel. Ministro américo luz, segunda turma, julgado em 02/06/1993, dj 13/12/1993); "[...]. O PARTIDO POLITICO, POR ESSA VIA, SO TEM LEGITIMIDADE PARA POSTULAR DIREITO DE INTEGRANTE DE SUA COLETIVIDADE." (STJ, RMS 2.423/PR, Rel. Ministro Luiz Vicente Cernicchiaro, Sexta Turma, julgado em 27/04/1993); "[...]. A EXEMPLO DOS SINDICATOS E DAS ASSOCIAÇÕES, TAMBEM, OS PARTIDOS POLITICOS SO PODEM IMPETRAR MANDADO DE SEGURANÇA COLETIVO EM ASSUNTOS INTEGRANTES DE SEUS FINS SOCIAIS EM NOME DE FILIADOS SEUS, QUANDO DEVIDAMENTE AUTORIZADOS PELA LEI OU POR SEUS ESTATUTOS. NÃO PODE ELE VIR A JUIZO DEFENDER DIREITOS SUBJETIVOS DE CIDADÃOS A ELE NÃO FILIADOS OU INTERESSES DIFUSOS E SIM DIREITO DE NATUREZA POLITICA, COMO POR EXEMPLO, OS PREVISTOS NOS ARTIGOS 14 A 16 DA CONSTITUIÇÃO FEDERAL." (STJ, EDcl no MS 197/DF, Rel. Ministro Garcia Vieira, Primeira Seção, julgado em 11/09/1990). A questão é polêmica, haja vista que os partidos políticos tem finalidades amplas em uma democracia.

243. "CONSTITUCIONAL. PROCESSUAL CIVIL. MANDADO DE SEGURANÇA COLETIVO. LEGITIMIDADE ATIVA AD CAUSAM DE PARTIDO POLÍTICO. IMPUGNAÇÃO DE EXIGÊNCIA TRIBUTÁRIA. IPTU. 1. Uma exigência tributária

Não se pode concordar com as interpretações restritivas dadas à legitimação da letra "a" do inciso LXX. Primeiro, *não se aceita o entendimento de Calmon de Passos (substituição subordinada, supletiva e eventual) que propugna indevida a arena jurídica para a luta política*, ficando bem entendido que a completude do sistema jurídico pode fornecer soluções, também, para estes conflitos, e que, quando exista afirmação de lesão ou ameaça de lesão a direito, não se pode afastar a apreciação do Judiciário sob a alegação de "conflito político". Como entende Bobbio, o direito não é senão uma face do poder político (e vice versa, visto o Estado como detentor do aparelho coercitivo para aplicação e realização deste).[244]

O entendimento do ilustre jurista Calmon de Passos decorre, em parte, da *resistência cultural* causada pela proximidade entre a corrupção, o desvio de poder e a política partidária nacional. O mesmo autor, em outro sentido, afirma sobre os partidos: "Acredito que ninguém os catalogará entre as pessoas jurídicas de direito privado. São sujeitos de direito público e integram a organização política do país."[245] Ora, para o autor o partido político "é um órgão da estrutura do poder político"[246], do Estado, e, ao mesmo tempo, um segmento da sociedade civil.[247] Hoje prevalece, contudo, o entendimento, sob nova legislação, de que o partido político é segmento da sociedade civil, entidade privada, instituição essencial à democracia e, portanto, legitimada pelos anseios da sociedade que representa e que dele participa, órgão da vida política sim, mas não necessariamente do governo, do Estado.

Muito menos se aceita, embora com visão um pouco mais abrangente, a também deficitária tese levantada por Lúcia Valle Figueiredo, com base na *Lei Orgânica dos Partidos Políticos*, autorizando a defesa no "que diga respeito ao regime democrático, à autenticidade do sistema representativo e à defesa dos direitos humanos fundamentais, constitucionalmente definidos." Como bem coloca Athos Gusmão Carneiro, aí atuaria o partido político em nome próprio, e não seria caso de substituição processual e nem de mandado coletivo,

configura interesse de grupo ou classe de pessoas, só podendo ser impugnada por eles próprios, de forma individual ou coletiva. Precedente: RE nº 213.631, rel. Min. Ilmar Galvão, DJ 07/04/2000. 2. O partido político não está, pois, autorizado a valer-se do mandado de segurança coletivo para, substituindo todos os cidadãos na defesa de interesses individuais, impugnar majoração de tributo. 3. Recurso extraordinário conhecido e provido." (STF, RE 196184, Relator(a): Min. Ellen Gracie, Primeira Turma, julgado em 27/10/2004).

244. BOBBIO, Norberto. Política e ciência política In: *CURSO de introdução à ciência política. Brasília*: UNB, 1984. p. 1 - 21. *passim*.

245. PASSOS, *Mandado de segurança coletivo, mandado de injunção e habeas data*. p. 18.

246. Ibidem.

247. Idem, p. 19.

mas de legitimação ordinária e mandado de segurança individual.[248] Já para Athos Gusmão Carneiro: "É lícito ao partido político, portanto, através de seu Diretório Nacional, agir contra ato administrativo (*lato sensu*) que viole a liberdade de manifestação do pensamento; ou a liberdade de culto; ou sigilo da correspondência e das comunicações, nos termos da lei; ou que institua ilegais restrições a livre locomoção dentro do território nacional; ou que disponha sobre taxas confiscatórias da herança; ou que discrimine entre cidadãos por motivo de raça, religião, cor, etc". Segue depois: "Mas não assistirá ao partido político a faculdade de impetrar, p. ex., mandado de segurança coletivo em favor de arrendatários comerciais (leasing) em tema de cálculo ou de revisão de prestações, por cuidar-se de obrigações e direitos meramente contratuais, ainda que muito numerosos os interessados". Nesse sentido, repete o autor as mesmas situações que denominou limitadas em Sérgio Ferraz, ou ainda, em Lucia Valle Figueiredo, porque as categorias que lista são entendidas ou compreensíveis por direitos fundamentais. Quanto à expressa menção ao contrato de leasing, não satisfaz a analogia. Não havendo ato de autoridade ou de agente de pessoa jurídica no exercício delegado de função do Poder Público, caberia certamente uma ação civil pública, mas nunca um mandado de segurança coletivo.

As afirmações de Athos Gusmão Carneiro constituem, na espécie, ponto interessante, mas representam limitação não admissível. Portanto, permanece o sentido mais puro para o intérprete, aquele voltado ao *princípio da máxima efetividade (favorabilia amplianda), segundo o qual a uma norma constitucional deve ser atribuído o sentido que maior eficácia lhe dê.*[249] Primeiro, porque não se deve exigir "vinculação" de interesses na substituição processual, não é um conotado não necessário. Como foi dito tal vinculação não é elemento constitutivo do seu conceito. Segundo, porque, ao adotar tal postura, se estaria limitando materialmente a ilegalidade ou abuso de poder, exigindo uma qualificação não requerida no texto constitucional.

A jurisprudência e determinados setores da doutrina têm optado pela ausência de interesse e legitimidade dos partidos políticos na defesa de outros

248. CARNEIRO, *Do mandado de segurança coletivo e suas características*. p. 112.

249. Para o jurista Celso Agricola Barbi, as Constituições têm duas funções principais: 1) organizar os Poderes do Estado; 2) garantir os direitos dos cidadãos. Desse raciocínio se depreende, naturalmente, "As normas sobre a primeira função podem ser interpretadas restritivamente, porque isto pode levar ao melhor funcionamento do Poderes. Mas as normas relativas à segunda função jamais podem ser interpretadas restritivamente, especialmente quando a proteção por elas concedida for em face do Poder Público." BARBI, *Do mandado de segurança*. p. 294. Esse entendimento também é esposado por Carlos Alberto Alvaro de Oliveira. Cf. ALVARO DE OLIVEIRA, Carlos Alberto. A natureza do mandado de injunção. *Estudos Jurídicos*, São Leopoldo, v.. 23, n. 57, jan./abril, 1990, p. 66.

substituídos que não os seus membros. Tal posição é um equívoco completo, pois resulta afronta ao texto legal. Como ressalta Di Pietro, em uma "interpretação literal' o partido político... poderá agir na defesa de interesses que extrapolam os de seus membros ou associados; caso contrário, não haveria razão para mencioná-lo, separadamente, na alínea 'a".[250]

Imprescindível à boa inteligência do instituto é salientar que a afinidade entre *partidos políticos* e seus membros decorre do interesse na realização do programa partidário. Os filiados são *instrumentos* para realização desse programa. O *objeto* da associação nos partidos políticos *não* é a atenção de necessidades e/ou interesses dos associados, quer particulares, quer coletivos, é, ao contrário, a *atenção aos interesses da comunidade em que atua em consonância com seu programa partidário*, "independentemente da condição de filiados" dos membros daquela comunidade.[251]Como foi dito, a própria divisão entre as alíneas "a" e "b" já deixa isenta de dúvidas a afirmação de que aos partidos cabe a defesa da legalidade dos atos do Poder Público, como substitutos de toda a sociedade.

Ora, a Lei Federal n. 12.016/2009 também deve ser assim interpretada, vez que ao falar em dupla limitação usa a conjunção alternativa "ou", quer dizer, ou na *defesa dos seus membros* ou na defesa das *finalidades partidárias.* Assim, fica no mínimo subentendido da leitura dogmática do dispositivo que não pode ser limitada subjetivamente a legitimação dos partidos políticos quando se tratar de impetração em função da finalidade partidária, ao mesmo tempo que não se encontra limitada objetivamente quando se tratar da defesa de seus membros ou associados.

Ainda sobre a limitação subjetiva vale aduzir o caráter indivisível dos direitos coletivos *lato sensu*, já explicitado, que impede a fragmentação desses conflitos, assim não importa se trata de grupo maior ou menor do que o dos membros, enquanto grupo, todos serão beneficiados.[252]

Conclui-se com posicionamento pela *legitimação ampla, seja no aspecto subjetivo (quanto aos sujeitos que substitui), seja no aspecto objetivo (quanto à matéria), só podendo sofrer a restrição expressa no texto constitucional,* qual seja, a falta de representação no Congresso Nacional. Inconstitucional, neste ponto, o art. 21 da Lei Federal nº 12.016/2009, ao impedir a legitimação sem fundamento em direito fundamental em sentido contrário.

250. DI PIETRO, *Direito administrativo*. p.533.

251. ZAVASCKI, *Defesa de direitos coletivos e defesa coletiva de direitos*. p.23-24.

252. Este entendimento também sobressai do enunciado 630 da Súmula do STF, que permite a tutela do todo ou de parte dos associados.

3.3.1.1.5 A Legitimação das Entidades de Classe, Sindicatos e Associações

Conforme foi visto anteriormente, à legitimação ampla pelos partidos políticos não se pode opor dúvida razoável, seja pela topologia, separação entre as alíneas, do que decorre a amplitude subjetiva, seja pela insubsistência das teses que propugnam a limitação quanto à matéria, que acabam sempre por reduzir a norma constitucional com *argumentos empíricos* ligados a vivências políticas da nossa jovem democracia. Assim, inclina-se, neste estudo, pela substituição processual ampla em defesa de qualquer dos direitos coletivos *lato sensu* elencados no art. 81 do CDC e pelo limite material largo, agindo o *writ* coletivo como instrumento de controle da "legalidade objetiva" em benefício dos titulares dos direitos coletivos em sentido estrito.

Deve-se, então, mencionar a interpretação dada à letra "b", do art. 5º, da CF/88, assim redigido, poderá impetrar mandado de segurança coletivo: "*b*) organização sindical, entidade de classe ou *associação legalmente constituída e em funcionamento há pelo menos um ano*, em defesa dos *interesses* de seus membros ou associados;". Aqui, marca-se desde já, ocorre uma divisão interna em três partes: na 1ª parte a Constituição menciona "organização sindical, entidade de classe"; na 2ª, menciona "associação legalmente constituída e em funcionamento há pelo menos um ano"; e, na última "em defesa dos *interesses* de seus membros ou associados".

Nesse sentido o art. 21 da Lei do Mandado de Segurança não apresentou grandes novidades, garantindo a legitimação "por organização sindical, entidade de classe ou associação legalmente constituída e em funcionamento há, pelo menos, 1 (um) ano, em defesa de direitos líquidos e certos da totalidade, ou de parte, dos seus membros ou associados, na forma dos seus estatutos e desde que pertinentes às suas finalidades, dispensada, para tanto, autorização especial".

Pela simples leitura do texto depreende-se que a *mens legis* é garantir a atenção a requisitos mínimos para a legitimação. A primeira parte menciona os sindicatos e as entidades de classe, para o que há necessidade de obediência às formalidades legais de constituição.

Dessas constatações decorre que às entidades de classe e aos sindicatos *não poderão ser exigidos os requisitos da pré-constituição e funcionamento há pelo menos um ano*[253]. Por óbvio, é necessária a prova de sua regular

---

253. "Legitimidade do sindicato para a impetração de mandado de segurança coletivo independentemente da comprovação de um ano de constituição e funcionamento." (STF, RE 198.919, Rel. Min. Ilmar Galvão, j. 15-6-1999, 1ª Turma).

constituição legal e de seu enquadramento como sindicato ou entidade de classe[254], da qual decorre necessariamente a sua adequada representação dos membros. Portanto, não havia de constar na norma a necessidade de expressamente requerê-la, quem ajuíza uma ação como "*pessoa artificial*" deve comprovar que existe como "pessoa jurídica", sendo o meio idôneo justamente os documentos de constituição.

O primeiro problema diz respeito às associações. Na segunda parte do artigo, o legislador expressamente determinou a sua pré-constituição legal e funcionamento há pelo menos um ano. Tal foi necessário para impedir a manobra nefasta que poderia resultar de uma impetração açodada, em nome de uma associação constituída *post factum*, ou da impetração em colusão com os interesses da administração, para obtenção de uma sentença desfavorável.[255]

Quanto à terceira parte, é preciso entender que o constituinte e o legislador não inseriram o termo "interesse" como expressão técnica; consequentemente, quis, *apenas, frisar a sincronia* entre a impetração e o interesse, entendido como aquilo que convém ou importa ao associado, independentemente do "interesse social", fortalecendo o seu vínculo com a sociedade dentro da perspectiva ampla da *affectio societatis256* dos membros ou associados do sindicato, entidade de classe ou associação. Essa é a interpretação que faz mais sentido com o modelo brasileiro de processo e tutela coletiva. O controle estabelecido visa a garantir a adequada representação. Contudo, essa pode ser melhor controlada pelo juiz, do que pelo legislador em abstrato através de regras de exclusão prévia e da leitura do conteúdo dos atos constitutivos da associação.

Em outro sentido se posiciona Maria de Fátima Leysser, para quem, "o preceito constitucional do mandado de segurança coletivo, quando se refere à 'defesa dos interesses de seus membros ou associados' (art. 5º, LXX, alínea 'b') quer dizer interesse coletivo *lato sensu* dessas entidades e não direito líquido e certo, que já é seu pressuposto"(sic.).[257] Na verdade não quis o legislador

---

254. "A legitimidade de sindicato para atuar como substituto processual no mandado de segurança coletivo pressupõe tão somente a existência jurídica, ou seja, o registro no cartório próprio, sendo indiferente estarem ou não os estatutos arquivados e registrados no Ministério do Trabalho." (STF, RE 370.834, Rel. Min. Marco Aurélio, j. 30-8-2011, 1ª Turma).

255. Nesse sentido já havia advertido Barbosa Moreira sobre a legitimação nas ações populares. Cf. BARBOSA MOREIRA, *A ação popular do direito brasileiro como instrumento de tutela jurisdicional dos chamados interesses difusos*. p.118.

256. Compreendida, aqui, como o desejo de fazer parte da sociedade, somado ao desejo de ter seus interesses protegidos pela sociedade e ao interesse da sociedade em proteger os seus associados para reforçar este vínculo.

257. LEYSSER, *Mandado de segurança coletivo*. p.365.

dizer nem uma coisa, nem outra. O termo "interesse", constante da alínea "b", é expressão "atécnica". Quer demonstrar a necessária conexão mínima entre o interesse dos associados e o objeto do mandado de segurança coletivo, no sentido de que não se poderá imaginar um mandado de segurança coletivo, impetrado pelas entidades legitimadas, contra o interesse dos seus associados ou onde não ocorra nenhuma vantagem aos associados (ausência de interesse).

A doutrina e a jurisprudência, não obstante a interpretação sistemática acima, se posiciona de forma diversa.

Ada Pellegrini Grinover entende, como única restrição possível, a observância da existência legal (constituição regular) e a pré-constituição há, pelo menos, um ano. Assim, "...as únicas restrições que exsurgem da Constituição são a ausência de pré-constituição da associação, há pelo menos um ano, e a falta de observância das condições legais de constituição."[258] Confrontando com o entendimento aqui esposado de que a exigência da pré-constituição acorre unicamente às associações (supra).

Outra corrente percebe a legitimidade como restrita aos objetivos (fins sociais) para os quais foram criadas as entidades legitimadas. Conclui, assim, pelo decorrente e necessário nexo entre eles e o interesse dos associados, em uma "*relação de pertinência temática*" ou "*vinculação*". Três argumentos militam fortemente a favor dessa tese: 1) o argumento de que constitui elemento essencial a substituição processual o interesse do substituto; 2) o argumento da especialização, ou seja, de que uma entidade protetora do meio ambiente defende melhor, mais tecnicamente, uma questão relacionada à ecologia e uma entidade de defesa dos consumidores, defende melhor uma questão relacionada ao consumo e ao mercado financeiro; 3) o argumento do desvio de finalidade, para o qual foi instituída a entidade, com consequente desvio do interesse de seus quadros, quando se defendem questões não atinentes a seus estatutos e a pessoas estranhas ao quadro social.

Apesar de relevante e expressiva, a posição supra *nega* o texto constitucional porque compreende o "interesse" constante da alínea como "social", quando, na verdade, refere-se ao "*interesse do associado*" e tem a função de reforçar o *vínculo sinérgico*, necessário à atuação democrática e educativa que o *writ* propugna.

O entendimento que prejudica e embaça, no ponto, a visão da doutrina é o de que para existir substituição processual é necessário um "vínculo" de

258. GRINOVER, *Mandado de segurança: legitimação e objeto.* p. 98

"interesse material" do substituto com o direito do substituído. Tal perspectiva é subjetiva e empírica e nega *a função teleológica da substituição processual como instituto instrumental*, qual seja, legitimar para a defesa de direitos "de outrem" (e não próprios). Daí ser a substituição processual nos processos coletivos quatro vezes adjetivada: exclusiva, autônoma, concorrente e disjuntiva/simples. Por ser exclusiva, determinada em lei para o exercício apenas pelos entes ali referidos, e autônoma, independentemente da autorização dos titulares, fica clara a superação técnica do dilema: os co-legitimados atuam direito alheio em nome próprio e no interesse alheio, prescindido da autorização dos substituídos mas no interesse destes.

Importante notar que o interesse dos substituídos está presente no interesse da associação, quem se associa para a proteção do meio ambiente *quer* a proteção do meio ambiente, mas não se limita a este, sendo mais amplo, abarcando outras situações, nas quais se mostre relevante à tutela do grupo.

Além disto, deve ser observado, que a principal função deste controle legal seria a de garantir a adequada representação, garantia muito mais adequadamente fornecida pelo juiz, com a possibilidade do controle judicial da adequada representação dos interesses do grupo, através do método *ope judicis*.[259]

Contudo, infelizmente existe uma predominância no Brasil da tese da legitimação *ope legis* e da adequada representação aferida pelo estatuto das entidades associativas. A esse grupo aderem a maioria expressiva dos juristas, entre eles, Athos Gusmão Carneiro que entende ser necessária a presença do "*princípio da vinculação* entre as finalidades, em termos gerais, da entidade substituta, com os interesses das pessoas substituídas." [260] Celso Agrícola Barbi afirma que as entidades só podem agir "quando dentro dos objetivos para os quais foram criadas"; e que: "O motivo fundamental dessa convicção é que não vejo razão para que uma associação ou entidade criada com determinadas finalidades e para defesa de interesse de seus membros ou associados passe a atuar com finalidades não previstas em seus estatutos e para defender pessoas estranhas aos seus quadros."[261]

Arnoldo Wald afirma, em parecer proferido sobre o tema, que a associação deve estar autorizada a impetrar a ação nos moldes do inc. XXI que

259. Sobre o controle judicial da adequada representação como tendência no direito brasileiro cf. DIDIER JR., Fredie; ZANETI JR., Hermes. *Processo Coletivo*, Cap. VI, item 4.

260. CARNEIRO, *Do mandado de segurança e suas características*. p.114.

261. BARBI, *Do mandado de segurança*. p. 296.

é exigência cumulativa ao inc. LXX, decorrente da interpretação sistemática da Constituição. Ao contrário dos partidos políticos, a associação só poderá agir em defesa de "seus membros ou associados". Na esteira desse raciocínio assevera, após análise dos Estatutos da impetrante, concluindo que "é carecedora de ação em virtude de seu objeto ser incompatível com a natureza do remédio processual utilizado".[262]

Outros autores se posicionam nesta corrente. Podem-se citar, entre eles, Teori Albino Zavascki, Lourival Gonçalves de Oliveira, Carlos Ari Sundfeld, Vicente Greco Filho, Ernani Fidelis dos Santos, Walter Veado, André L. Borges e Newley Amarilla.

Existem algumas peculiaridades que são atinentes ao pensamento dos autores supracitados, por essa razão, sem contudo importar em diferenças significativas para o presente estudo, cabe uma breve recensão. Teori Albino Zavascki entende que: "Ao impetrante, substituto processual, incumbirá, no entanto, fixar exatamente o âmbito de sua representatividade e os seus *objetivos existenciais*, elementos esses indispensáveis para demonstrar o interesse processual".[263] Lourival Gonçalves de Oliveira indica como única "solução possível" para determinar "o relacionamento" entre a lesão e o interesse coletivo ou difuso é identificar "os interesses próprios" da categoria ou classe no caso dos sindicatos e entidades classistas, e no âmbito das associações aquele que faça referência os estatutos sociais.[264] Cretella Junior afirma que "a tutela de *interesses*, alheios à finalidade básica do sindicato, não pode ser protegida por mandado de segurança coletivo".[265] Igualmente entende ocorrer para as entidades de classe e associações. Aí deve existir nexo entre o direito a ser tutelado e o estatuto social, isso porque sendo caso de substituição processual deve ocorrer vínculo de interesses entre as finalidades básicas do autor e o direito do substituído.

Carlos Ari Sundfeld afirma, categoricamente, após versar sobre a substituição processual, "Que os interesses individuais afetados guardam relação

---

262. Cf. WALD, Arnoldo. Do descabimento de mandado de segurança tanto singular como coletivo contra cláusula do edital que exigiu que a proposta abrangesse o financiamento em contrato de fornecimento de trens elétricos. *Revista Forense*, Rio de Janeiro, v. 331, p. 165-180, jul. /ago. /set. 1995, p.166-167. Cf., também notas atualizadoras, MEIRELLES, *Mandado de segurança, ação popular, ação civil pública, mandado de injunção, habeas data.* p. 27-28.

263. ZAVASCKI, *Defesa de direitos coletivos e defesa coletiva de direitos*. p.24.

264. "A única solução viável à primeira vista é atingir-se *os interesses legalmente estatuídos como próprios aos partidos políticos* e, no âmbito dos sindicatos e entidades classistas aqueles *interesses próprios à sua defesa*, típicos à categoria. Já na órbita das associações os que tenham *sido identificados em seus estatutos.*" OLIVEIRA, *Interesse processual e mandado de segurança coletivo.* p. 80.(sic.).

265. CRETELLA JUNIOR, *Do mandado de segurança coletivo.* p. 69.

com aqueles que unem seus titulares em associação", portanto a impetração só será legítima se ocorrer essa relação.[266] André L. Borges Netto e Newley Amarilla, em parecer proferido sobre a possibilidade de mandado de segurança coletivo em matéria tributária, afirmam que para a legitimidade ativa dos sindicatos basta "que haja conexão entre os direitos/interesses de seus integrantes e os direitos/interesses por eles defendidos".[267] Ernani Fidelis dos Santos, propõe: "a 'substituição processual' ainda opera na proteção de direitos individuais, mas, com projeção coletiva, o interesse deve revelar-se nos próprios fins do sindicato, da entidade de classe ou na associação". [268]

Walter Veado, por sua vez, ressalta a importância da análise judicial para identificação se a entidade impetrante "realmente representa a classe interessada", salientando que a multiplicidade de associações, com os mesmos fins, poderá ensejar "impetrações ilegítimas". Aduz que "Somente haverá legitimação quando o interesse atingido pela ilegalidade couber à classe ou categoria profissional representada pela entidade impetrante".[269] Ainda nesse sentido, Vicente Greco Filho afirma que: "os interesses dos associados a serem defendidos não são quaisquer interesses, mas somente os que coincidem com os objetivos sociais".[270]

Não outra se revela a opinião de Franco Neto que concorda com o cabimento somente quando ocorrerem direitos coletivos *stricto sensu*, sendo que deve existir um "nexo" entre a finalidade da instituição (interesse da entidade) e o interesse do membro ou associado, "de modo que o direito tido como lesado, ou em vias de lesão, tenha nexo com o interesse que opera como vínculo associativo".[271] Este autor elenca duas situações distintas: 1) o órgão de classe está legitimado extraordinariamente, e independentemente de autorização, em razão de a situação legitimante ter nexo com os fins da entidade; 2) o órgão está legitimado extraordinariamente, subordinado à autorização expressa, em razão de a situação legitimante depender de conveniência para o associado e estar em atenção estrita aos seus interesses individuais (art. 5º LXX c/c XXI).

---

266. SUNDFELD, *Mandado de segurança coletivo na Constituição de 1988*. p.41.

267. NETTO, André L. Borges, AMARILLA, Newley A. S. Comerciante em atraso com o fisco pode ter a inscrição estadual junto ao cadastro de contribuintes suspensa ou cancelada? (hipótese de cabimento do mandado de segurança coletivo)." *Cadernos de Direito Tributário e Finanças Públicas*, São Paulo, v 5, n.. 17, p. 119-126, out. /dez. 1996. p. 124.

268. SANTOS, *Mandado de segurança individual e coletivo, legitimação e interesse*. p. 33.

269. VEADO, Walter. Mandado de Segurança Coletivo e Liminar. In TEIXEIRA, Sálvio Figueiredo. *Mandados de Segurança e de Injunção*. São Paulo, Saraiva, 1990, p. 225 - 265. p.258-259.

270. GRECO FILHO, *Tutela constitucional das liberdades*. p.169.

271. FRANCO NETO, Ary Azevedo. Mandado de segurança coletivo: legitimação das entidades associativas para a defesa de interesses coletivos. *Revista dos Tribunais*, São Paulo, v. 81, n. 677, p. 7-12, mar. 1992. p. 8.

A conclusão a que chega o autor peca pelo subjetivismo ao considerar o termo "interesses" do inc. LXX, "b", como sendo relativo ao da entidade, quando, na verdade, é relativo ao interesse do associado ou membro, e em nenhum momento exige-se a autorização, como já demonstrado e inclusive reforçado pelo Pretório Excelso (Súmula 629 do STF).[272]

Cássio Scarpinella Bueno, com relação ao tópico da "representação adequada", desenvolve a seguinte restrição à utilização do mandado de segurança coletivo, corroborando com a corrente até aqui exposta. A parte só será legítima "quando concorrer o necessário vínculo ou conexão" entre o interesse tutelado e os fins da entidade.

Denomina, assim, "*pertinência temática*" esta relação entre os fins da associação e o direito afirmado em mandado de segurança coletivo. Consequentemente torna-se requisito da petição inicial a demonstração da relação entre os interesses (associados) e os fins (entes legitimados).[273]

O mesmo jurista ressalta o fato de que *legitimidade é conceito transitivo*, *i.e*, só pode ser examinada a partir de outros elementos, entre eles o objeto da ação. "Dito por outras palavras: é a luz do *objeto* da ação que o Magistrado estará apto a reconhecer a *adequada* 'representação' (*rectius*: substituição) daqueles que *não agem* em juízo."[274] Em seguida afirma que: "Esta corrente doutrinária, ainda que elaborada a partir da concepção 'clássica' do processo civil - é dizer: calcada no processo civil *individualístico* - pode ter, em nosso sentir, largo aproveitamento mesmo para o denominado 'processo coletivo'".[275]

A crítica é clara. Cássio Scarpinella Bueno leva a *substituição processual diretamente para o campo da "representação adequada" ope legis, em um determinado momento*, já aqui afastada em ponto *supra*. Apenas o controle judicial da adequada representação poderá afastar a legitimação do autor coletivo, quando restar comprovado que este não tem condições de tutelar à altura o

272. "A impetração de mandado de segurança coletivo por entidade de classe em favor dos associados independe da autorização destes."

273. Textualmente: "Em suma, como vêm exigindo nossos Tribunais, *só é cogitável a legitimação para a causa* em hipóteses de mandado de segurança coletivo *quando concorrer necessário vínculo ou conexão entre o interesse a ser tutelado pelo writ coletivo e as finalidades institucionais do impetrante de que trata o art. 5º, inc. LXX, da CF.*" E segue, trazendo a expressão *pertinência temática:* "Essa *pertinência temática*, a nosso ver, é, rigorosamente, a conexão entre os interesses que, em última *ratio*, estão personificados nos entes a que se refere o inc. LXX, *b*, do art. 5º da CF, com o objeto do mandado de segurança coletivo, tal qual posto em juízo. *Daí a necessidade de, já na petição inicial, o impetrante preocupar-se em demonstrar que existe esta relação entre o que se persegue em juízo e os fins que justificam a existência jurídica daquele que ingressa com a ação*" (BUENO, *A legitimidade ativa no mandado de segurança coletivo.* p.191.)

274. Idem. p. 192.

275. Idem. p.193.

direito posto em causa ou que seus interesses são divergentes dos interesses do grupo. E, no nosso entendimento, isto jamais poderá acarretar a extinção do processo, devendo analogicamente ser aplicado o quanto disposto para a desistência ou abandono infundados nas ações civis públicas, com a oportunização da sucessão processual aos co-legitimados.

Ocorre que uma interpretação excessivamente restritiva apresenta-se destoada com o sistema processual atual e limita a democrática participação das "formações sociais" como polos catalisadores dos interesses da cidadania e potencializadores de sua realização. Não se pode, portanto, considerar o requisito da pertinência temática como um requisito válido em abstrato, até porque *empresta relevância descabida para o interesse do substituto na substituição processual* que, como foi visto, não se revela elemento inerente ao conceito deste instituto, sendo ranço da processualística individualista do CPC. O art. 17 do Código de Processo Civil diz respeito as relações intersubjetivas devendo ser afastado para ceder espaço à legitimação decorrente da lei e do ordenamento jurídico nas demandas coletivas.

Nesse particular, interessante solução contemporizadora, a demonstrar, em certa forma, esdrúxula a limitação imposta, seria a *disposição expressa nos estatutos da associação referente à prestação de assistência judiciária aos associados como finalidade*, o que contornaria os óbices quanto à matéria. Poderíamos inclusive sugerir o fechamento do estatuto com a cláusula de "tutela do direito ao meio ambiente, ao consumidor, a probidade administrativa e outros direitos difusos, coletivos e individuais homogêneos" (sic.).[276]

Em sentido contrário ao afirmado pela doutrina vem se firmando a jurisprudência do Supremo Tribunal Federal. Propugnando que o objeto do *writ* "será um *direito dos associados, independentemente de guardar vínculo com os fins próprios da entidade impetrante* do writ, exigindo-se, entretanto, que o direito esteja compreendido nas atividades exercidas pelos associados, mas não se exigindo que o direito seja peculiar, próprio, da classe".[277]

Também, nesse sentido, a jurisprudência da 5ª Turma do Superior Tribunal de Justiça, entendeu por uma legitimação ampla e decidiu que não se pode aceitar como óbice à legitimação ativa da associação o fato de essa,

276. Assim entendeu o 1º Tribunal de Alçada Cível de São Paulo: "Mandado de segurança coletivo – Impetração por associação de classe visando à discussão quanto à constitucionalidade do lançamento de IPTU que atinge grupo de associados – *Legitimidade, se dentre seus objetivos está o de prestar assistência jurídica aos filiados*" (APC – 716658-7 – 1º TACSP – 1ª C. de Férias, rel. Juiz Ademir Benedito, RT 760/256).

277. Cf. RE 181.438-1-SP – STF Sessão Plenária, Rel. Carlos Velloso, RT 734/229, p. 230. Igualmente, RE - 193.382-8/SP –- STF - Tribunal Pleno – Rel. Carlos Velloso, RT 738/224.

ao impetrar a ação coletiva do art. 5º, LXX, "b" da CF/88, estar defendendo direitos de associados e beneficiar igualmente pessoas estranhas aos seus quadros, sob a imperativa justificativa de que se trata de substituição processual de todo o grupo.[278] De outro lado, entende o STJ que os sindicatos não têm legitimidade para substituir seus filiados na hipótese de ações propostas para defender interesse diversos dos fins correlacionados à entidade sindical.[279]

Por outro lado, decorre da leitura do inciso LXX que não se pode impetrar o mandado de segurança, a partir dos legitimados pela alínea "b", pela simples vontade da direção da entidade ou do advogado que a representa. Deve haver *interesse dos associados*, dos membros, o *mandamus* coletivo tem como escopo sua proteção. O interesse dos associados, independentemente de ser ligado ao fim social, surge como o elemento que garante a coerência e legitimidade do *writ*: "Então, o Sindicato, a entidade de classe, a associação só poderão impetrar Mandado de Segurança Coletivo visando à proteção de membros ou associados, não de quaisquer pessoas."[280] Voltado a essa interpretação do texto constitucional, Benedito Gonçalves, também entende que basta a exigência de e o direito seja peculiar ou próprio dos associados que afirma "o direito a ser defendido, objeto do mandado de segurança coletivo, pode não guardar vínculo com os fins próprios da entidade".[281]

3.3.1.1.5.1 Constituição Prévia

Um outro aspecto dessa exposição refere a necessidade ou não da constituição prévia no período de um ano. Walter Veado e Sidou emprestam caráter obrigatório à pré-constituição para as entidades de classe, sindicatos e associações.[282] Por outro lado Sérgio Ferraz não julga necessária essa anualidade para os sindicatos e entidades de classe. "Não exige a norma constitucional que o sindicato ou a entidade de classe estejam em funcionamento há mais de

278. Cf. ROMS- 4821/RJ- STJ- 5ª Turma, Rel. Min. Edson Vidigal, DJ 31.05.1999.

279. "[...]. II - O Superior Tribunal de Justiça tem entendimento consolidado segundo o qual os sindicatos não têm legitimidade para substituir seus filiados na hipótese de ações propostas para defender interesse diversos dos fins correlacionados à entidade sindical. III - No caso dos autos, observou-se que a finalidade do Sindicato é representar ativa e passivamente os servidores da Justiça, bem como prestar assistência jurídica aos sindicalizados, entretanto, os verdadeiros beneficiados com este mandamus sequer ingressaram na qualidade de servidores do Judiciário e, portanto, não são sindicalizados. Desse modo, o Recorrente não possui legitimidade para defender eventuais direitos de candidatos, porquanto tratam-se de interesses estranhos aos seus associados. [...]" (STJ, AgInt no RMS 49.958/MG, Rel. Ministra Regina Helena Costa, Primeira Turma, julgado em 20/10/2016). Há nesta espécie um controle da adequada representação.

280. BARBOSA MOREIRA, Ações coletivas na Constituição Federal de 1988. p. 197.

281. GONÇALVES, *Mandado de segurança: legitimidade ativa das associações*. p. 112.

282. Cf. VEADO, 1990. p. 258. Cf. SIDOU, 1998. p. 260-261.

um ano para terem legitimidade para impetração do mandado de segurança coletivo. A exigência é tão-só para a associação, como deflui da simples leitura do texto (CF de 1988, art. 5º, LXX)".[283]

Assim, o requisito da *constituição a mais de um ano* restringe-se apenas as associações, visando a assegurar que estas não sejam constituídas para o ajuizamento da ação e evitar a colusão processual que poderia ocorrer quando uma associação não representativa dos interesses tutelados ajuizasse a demanda.

Este foi o entendimento da jurisprudência que prevaleceu: "Tratando-se de mandado de segurança coletivo impetrado por sindicato, é indevida a exigência de um ano de constituição e funcionamento, porquanto esta restrição destina-se apenas às associações." (RE 198.919, Rel. Min. Ilmar Galvão, DJ 24/09/99).

Para aferir esse critério legal de adequada representação basta consultar os atos constitutivos da entidade, que, sendo prova documental, deverão ser anexados ao *mandamus* no momento da impetração, já que é ônus da associação comprovar o requisito: "As entidades de classe representativas da defesa de seus associados credenciam-se para figurarem no polo ativo da relação processual, legitimando-se para a utilização da via mandamental coletiva, *se os seus atos constitutivos revestem-se das formalidades legais.*" (STF, MS 22.451, Rel. Min. Maurício Corrêa, DJ 15/08/97).

Muito embora o requisito seja expresso na Constituição, entendemos que a regra deve ser relativizada em face da aplicação do microssistema aos mandados de segurança coletivos. Dessarte, aplica-se o microssistema do processo coletivo, no caso, a regra segundo a qual o requisito da pré-constituição poderá ser dispensado pelo juiz, quando haja manifesto interesse social evidenciado pela dimensão ou característica do dano/ilícito, ou pela relevância do bem jurídico a ser protegido ou tutelado (art. 5º., §4º. da LACP). Nesse diapasão: "Presente o interesse social evidenciado pela dimensão do dano e apresentando-se como relevante o bem jurídico a ser protegido, pode o juiz dispensar o requisito da pré-constituição superior a um ano da associação autora da ação" (STJ, Resp 121.067-PR, j. 17.04.2001, rel. Min. Barros Monteiro, DJU 25.06.2001).[284]

---

283. AMS 89.01.09409-6 - TRF 1º Região, 3ª Turma, Juiz Tourinho Neto, DJ 5.3.90, Parte II, p. 3.212. Cf. FERRAZ, *Mandado de segurança (individual e coletivo): aspectos polêmicos*. p. 39.

284. Nesse mesmo sentido: STJREsp 865.493/PR, Rel. Ministro Raul Araújo, Rel. p/ Acórdão Ministra Maria Isabel Gallotti, Quarta Turma, julgado em 08/11/2016.

3.3.1.1.6 Existe Legitimação para Defesa de Direitos Individuais (Não Homogêneos) dos Associados, Alguns Membros dos Partidos Políticos ou Sindicatos?

Não. É vedada a utilização do MSC e da substituição processual, que lhe é característica, para tutela de direitos *meramente* individuais.

Este também é o entendimento da doutrina, por dois motivos: "a) não se pode admitir a utilização de ação coletiva para a proteção de apenas uma pessoa, sem reflexos coletivos; e, b) a possibilidade de atuação em juízo dos legitimados coletivos pressupõe, por óbvio, que haja a defesa de um direito de natureza coletiva".[285]

Contudo, como vimos acima, nada obsta a tutela de direitos de parte dos membros da associação, desde que vinculado aos fins associativos ou ao interesse dos membros[286].

> A associação regularmente constituída e em funcionamento, pode postular em favor de seus membros ou associados, não carecendo de autorização especial em assembleia geral, bastando à constante do estatuto. Mas como é próprio de toda substituição processual, *a legitimação para agir está condicionada a defesa dos direitos ou interesses jurídicos da categoria que representa.* (STF, RE 141.733, Rel. Min. Ilmar Galvão, DJ 01/09/95)

Ou, ainda, interesse residente nas *atividades exercidas pelos associados.*

> O objeto do mandado de segurança coletivo será um direito dos associados, independentemente de guardar vínculo com os fins próprios da entidade impetrante do *writ*, exigindo-se, entretanto, que o direito esteja compreendido nas *atividades exercidas pelos associados*, mas não se exigindo que o direito seja peculiar, próprio, da classe. (STF, MS 22.132, Rel. Min. Carlos Velloso, DJ 18/11/96).

3.3.1.1.6.1 Conclusão Parcial sobre Legitimação das Associações, Pertinência Temática

Cabe uma conclusão parcial sobre o tema da legitimação das associações e a pertinência temática. Em vista das afirmações iniciais, decorrentes da

---

285. GOMES JR., Luiz Manoel; FAVRETO, Rogério. "Art. 21". In: *Comentários à Nova Lei do Mandado de Segurança*. São Paulo: Revista dos Tribunais, 182-183.

286. Relembramos ao leitor a Súmula 630 do STF: "A entidade de classe tem legitimação para o mandado de segurança ainda quando a pretensão veiculada interesse apenas a uma parte da respectiva categoria".

leitura acurada do texto constitucional e do estudo referente ao instituto da substituição processual, pode-se afirmar que quanto aos sindicatos e entidades de classe e associações, os limites impostos pela maior parte da doutrina[287] não correspondem a uma *análise teleológica* criteriosa e correta do problema, forjando limites onde estes não se apresentam.

A jurisprudência, em determinados casos, tem sido sensível a essa realidade; contudo, o argumento, neste estudo, se liga à interpretação sistemática e teleológica do instituto, na melhor tradição de uma dogmática analítica. Foi usual a preocupação em demonstrar as diversas leituras possíveis da letra "b",[288] porém, a interpretação deve atender ao caráter *vis expansiva* que decorre da norma constitucional de direito processual fundamental coletivo, *favorabilia amplianda*. A interpretação sistemática intentada no início deste item e orientada pela perspectiva finalística de dotar as "formações sociais" de legitimidade para defesa dos direitos dos associados contra a ilegalidade ou abuso de poder cometida por autoridade pública, ressalta que o requisito constitucional se refere aos "*interesses de seus membros ou associados*" (art. 5º, LXX, "b") e não aos *próprios* interesses dos co-legitimados, demonstrados como "pertinência temática" ou "vinculação", tese majoritária na doutrina e reeditada, em parte, pela Lei Federal nº 12.016/09.

Na verdade poucos termos jurídicos podem se apresentar tão ricos em significação, tão polissêmicos, variando conforme o contexto, como o vocábulo "interesse". No âmbito do presente estudo pode-se colher no mínimo cinco sentidos diversos, a saber: 1) interesse como elemento do direito subjetivo, interesse tutelado pela norma; 2) interesse legítimo, como categoria indevidamente importada pelo direito administrativo brasileiro e vinculada ao modelo de contencioso administrativo europeu, diferente do nosso; 3) interesse de agir ou processual, como condição da ação; 4) o interesse do substituto processual no direito do substituído; e, *last but not least*, 5) o "interesse de membro ou associado", cujo significado se precisou, acima, como aquilo que convém ou

287. Excetuando-se, por exemplo, a visão de Ada Pellegrini Grinover, para quem: "Seja como for, uma coisa é clara: o interprete, assim como o futuro legislador, não podem estabelecer outros obstáculos à legitimação, que não os decorrentes da Constituição." Cf. GRINOVER, *Mandado de segurança coletivo*: legitimação e objeto. p. 98.

288. Cretella Junior e Othon Sidou interpretaram o termo "interesse" (alinea "b", inciso LXX), ainda de forma diversa, o primeiro entendo-o em contraposição a "direito" (CRETELLA JR, *Do mandado de segurança coletivo*. p. 78.), o segundo afirmando a utilização do termo como equívoco do legislador: "Com efeito, está-se à frente de uma palmar cincada, que, em respeito ao leitor, preferimos considerar um lapso de memória do legislador constituinte, e não uma incidência no distinguir 'direito' de 'interesse'. (SIDOU, *Habeas corpus, mandado de segurança, mandado de injunção, habeas data, ação popular:* as garantias ativas dos direitos coletivos. p. 259)

importa ao associado e, portanto, não se confunde com o interesse processual ou material do substituto ("pertinência temática").[289]

Assim, a melhor leitura leva à conclusão de que o único limite à impetração do mandado de segurança coletivo seja a existência de interesse dos membros da categoria ou classe *sem* a imposição do requisito complementar de existir correlação entre os fins sociais e o direito afirmado.

Quanto às associações, ressalta o requisito da existência legal e da pré-constituição, ausente um ou outro, é questionável a legitimação para agir em mandado de segurança coletivo.[290]

3.3.1.1.7 Interesses Conflituosos: pertinência temática e contradições internas

Outra questão relevante diz respeito à defesa de direitos coletivos de parte do grupo, categoria ou classe de pessoas, ou seja, da defesa em mandado de segurança coletivo de apenas parcela ou parte do grupo, do interesse de coletividade interna à categoria.

Parte da doutrina e da jurisprudência tem entendido que o interesse fragmentado não se faz objeto do mandado de segurança coletivo por não ser pertinente ao todo do grupo ou classe. Essa afirmação tem fundamento em duas premissas anteriores. A primeira de que o interesse tem que guardar nexo, relação de *pertinência temática*, com os fins da entidade, o que se refutou expressamente nas linhas *supra*. A segunda, de que poderá existir um conflito interno, na própria categoria ou classe, que gere a oposição de interesses.

Assim entende Arnoldo Wald: "Por outro lado, a jurisprudência predominante tem adotado o entendimento aqui defendido desde o inicio, no sentido de que não é cabível a impetração de mandado de segurança coletivo quanto a interesse de apenas parte dos associados de uma entidade".[291] Nesse

---

289. Poderíamos acrescentar ainda a visão dos interesses difusos e coletivos, já excluída, e a dos interesses em outros campos que não o do direito. Para uma muito completa recensão sobre o tema, com notas interessantíssimas cf. DELGADO, José Augusto. Interesses difusos e coletivos: evolução conceitual. Doutrina e jurisprudência do STF. *Revista de Processo*, v. 25, n. 98, p. 61-81, abr./jun. 2000.

290. Questionável porque decorre da interpretação analógica do CDC e da LACP a possibilidade da dispensa do requisito da pré-constituição pelo juiz caso exista manifesto interesse social e relevância do bem jurídico a ser protegido (respectivamente art. 82, § 1º e art. 5º, § 3º), contrariamente a essa construção em mandado de segurança coletivo, cf. NERY JR, Nelson e NERY, Rosa Maria Andrade *Código de Processo Civil comentado e legislação processual civil extravagante em vigor.*, p. 1518, nota 33.

291. WALD, *Do descabimento de mandado de segurança tanto singular como coletivo contra cláusula do edital que exigiu que a proposta abrangesse o financiamento em contrato de fornecimento de trens elétricos.* p. 166. Cf. também o entendimento do próprio MEIRELLES, *Mandado de segurança, ação popular, ação civil pública,*

sentir, o interesse de classe, fragmentado em grupos não merece a tutela do mandado de segurança (sic.).

No entanto, a Lei Federal n. 12.016/2009 e a jurisprudência do STF resolveram a questão. Trata-se de reconhecer a validade interpretativa do enunciado 630 da Súmula do STF[292] e de ler o que diz o novel texto legal que a ação poderá ser impetrada: "em defesa de *direitos líquidos e certos da totalidade, ou de parte*, dos seus membros ou associados" (art. 21, caput da Lei 12.016/09).

Portanto, a relevância da observação de que pode ocorrer "contradição interna" de interesses na categoria não chega a ser suficiente para afastar a utilização do mandado de segurança coletivo em benefício de parcela da mesma, visto que não se justifica a restrição de um medicamento pela possível, porém remota, superveniência de efeitos colaterais, porém, *caso ocorra este conflito, deve prevalecer o interesse da maioria, sendo este o mais condizente com o direito fundamental.* Essa leitura decorre da fundamental *affectio societatis* que une o grupo, categoria ou classe, com a prevalência do interesse social (do grupo ou coletivo) sobre os interesses individuais na propositura da ação.

Note-se, por outro lado, que o juiz poderá exercer controle da adequada representação evitando a apropriação da ação coletiva por parcela minoritária dos associados em contradição com o interesse da classe. Nestes casos, restará a ação individual, vetada a estrada das ações coletivas.

Ao fim e ao cabo trata-se de evitar o conflito entre representante e o grupo, bem como, os conflitos internos ao grupo, como bem asseverou a doutrina em relação ao instituto norte-americano, já que essas situações jurídicas são conflituosas por natureza. Caberá ao juiz o controle desta conflituosidade, sendo inadmissível a ação coletiva que tenda a ser instrumento contra o interesse material do grupo que lhe dá sustento. No modelo norte-americano esta questão poderá gerar inclusive a não vinculação à coisa julgada.[293]

Por fim, vale lembrar que o art. 5º, § 2º da LACP previu justamente a possibilidade de conflitos entre grupos e conferiu aos co-legitimados a possibilidade de se agregar em litisconsórcio a quaisquer das partes ("Fica facultado ao Poder Público e a outras associações legitimadas nos termos deste artigo habilitar-se como litisconsorte de qualquer das partes"), neste caso, ficará

---

mandado de injunção, habeas data. p. 25 e DI PIETRO, *Direito administrativo.* p. 534, para quem somente a classe ou categoria de pessoas que congregam pode ser defendida em mandado de segurança coletivo.

292. "A entidade de classe tem legitimação para o mandado de segurança ainda quando a pretensão veiculada interesse apenas a uma parte da respectiva categoria".

293. Sobre o tema no direito norte-americano cf. GIDI, Antonio. *A Class Action*, p. 113 e seguintes.

demonstrada a um só tempo a inteligência legal ao reconhecer a viabilidade de litígios sobre situações conflituosas entre grupos, bem como, também, a existência de ações coletiva passivas (no caso duplamente coletivas), pois em ambos polos da ação teremos um grupo, uma coletividade, litigando.

Em que pese todos esses argumentos, o Superior Tribunal de Justiça entende que, malgrado a possibilidade de defesa, pela respectiva entidade de classe, de direitos de apenas parte da categoria, faltar-lhe-á legitimidade ativa para impetrar Mandado de Segurança Coletivo, se da concessão da ordem possa advir prejuízo para parcela dos sindicalizados. Ou seja: caso fosse concedida a ordem, não estaria somente sendo beneficiada parcela dos sindicalizados/associados, mas também prejudicada outra parcela dos sindicalizados/associados dos impetrantes.[294] Essa decisão coloca em questão o problema da representatividade adequada e do conflito de interesses. A melhor solução é verificar caso por caso, pois se surgir a falta de representação ou o conflito de interesses poderá ser negada a legitimação, mas se não houverem estes problemas no caso não se poderá negar a legitimação sobre pena de impedir o uso do remédio constitucional (*odiosa restringenda, favorabilia amplianda*).

3.3.1.2 Legitimidade Passiva: Determinação da Autoridade Coatora como Forma de Abranger um Maior Número de Beneficiados

Calmon de Passos e Atos Ghusmão Carneiro ressaltam como natural à estrutura do mandado de segurança coletivo que a autoridade determinada como coatora deverá ser aquela possuidora de "jurisdição (lato *sensu*)" para agir em todo o território abrangido pela ilegalidade ou abuso de poder.[295] Ora, tal conclusão decorre do fato de que, além dos critérios para identificação da competência, a autoridade deverá ter poderes (ser competente) para cumprir a ordem, caso deferida a segurança. Na lição de Hely Lopes Meirelles "Incabível é a segurança contra autoridade que não disponha de competência *para corrigir a ilegalidade impugnada.*"[296] Não existe razão em se afirmar o contrário. Segue Hely Lopes Meirelles, "Essa orientação funda-se na máxima '*ad impossibilia nemo tenetur*': ninguém pode ser obrigado a fazer o impossível." [297]

294. STJ, RMS 41.395/BA, Rel. Ministro Herman Benjamin, Segunda Turma, julgado em 11/04/2013. Nesse mesmo diapasão: "[...]. A jurisprudência do STJ é no sentido de que, havendo conflito de interesses entre filiados, a associação não tem legitimidade ativa para impetrar Mandado de Segurança Coletivo. [...]. (STJ, MS 19.088/DF, Rel. Ministro Herman Benjamin, Primeira Seção, julgado em 14/12/2016, DJe 03/02/2017).

295. Cf. PASSOS, *Mandado de segurança coletivo, mandado de injunção e habeas data.* p.26; e, cf. CARNEIRO, Athos Gusmão. *Jurisdição e competência.* 7.ed. rev. e ampl. São Paulo: Saraiva, 1996.p. 108.

296. MEIRELLES, *Mandado de segurança, ação popular, ação civil pública, mandado de injunção, habeas data.* p. 55.

297. MEIRELLES, op.cit. p. 56.

A correta identificação da autoridade coatora com poderes para correção do ato é *requisito para a efetividade ampla do mandado de segurança coletivo.* A distinção entre as espécies do *writ* está no fato de que, atacando a ilegalidade ou abuso de poder, em sua generalidade, o *mandamus* coletivo deve ser dirigido à autoridade que tem poderes para rever esta ilegalidade geral.

Veja-se o seguinte exemplo: Ocorre um aumento de alíquota de imposto estadual. Na visão dos contribuintes essa majoração é ilegal. Poderiam ser impetrados mandados de segurança individuais ou em litisconsórcio ativo, apontando como coator, especificamente, o agente que houver concretamente lavrado a autuação fiscal. A essa perspectiva não foge a realidade de serem diversos os lesados, diversos os agentes autuadores e diversas as impetrações necessárias para corrigir a ilegalidade.

Contudo, um dos legitimados ativos para propor a ação de mandado de segurança coletivo, *v.g*, uma associação (Associação Comercial do Estado, Associação das Indústrias, etc.), poderá propor um mandado de segurança coletivo em substituição a todos os associados, sem a necessidade de determiná-los na petição inicial, podendo, caso necessário, determiná-los na execução mandamental. Como a ação será genérica, coletiva, atingindo todas as autuações e ameaças de autuação, a autoridade coatora será aquela que puder mandar que sejam sustados ou revogados os atos afirmados como ilegais, identificada pela hierarquia funcional e local onde está sediada. E através dela será determinada a competência do órgão julgador. Ainda nesse sentido, no caso em tela, cabe ressaltar que sendo a autoridade, *v.g.*, o Inspetor Geral de Tributos, competente será o Juiz da Fazenda Pública da Capital e a sentença fará coisa julgada relativamente a todos os substituídos, independente de serem domiciliados na área territorial (divisão da jurisdição) do magistrado prolator da ordem. Não outro será o desiderato se for à autoridade detentora desse poder de reversão da ilegalidade o Secretário da Fazenda, onde, respeitado o Código de Organização Judiciária do Estado e/ou o Regimento Interno do Tribunal Estadual, ter-se-á competência originaria de um dos órgãos fracionários da Corte local ou seu Órgão Especial.[298]

Nesse sentido foi dado parecer pelo Sr. Procurador da Fazenda do Estado do Pará em ação ajuizada pela Federação Nacional dos Despachantes Aduaneiros em que afirma, *tendo em vista que nacional é a entidade de classe, nacional é a autoridade coatora e nacional é a norma atacada*, apesar da jurisdição restrita do Juiz à Seção Judiciária sediada no Distrito Federal, seus

298. Exemplo citado por CARNEIRO, *Jurisdição e competência*. p. 108-109.

atos repercutem em nível nacional. Ressalta, ainda, a peculiaridade atinente ao *mandamus* coletivo "...*os efeitos da coisa julgada no mandado de segurança coletivo são erga omnes* e, portanto *vinculantes a todos da mesma classe ou categoria, independentemente onde estejam situados no território brasileiro.*"[299] Consequentemente, na conclusão, opina "que *todos os despachantes aduaneiros do Estado do Pará estão amparados pela sentença* do Juiz Federal da Seção Judiciária do Distrito Federal prolatada em Mandado de Segurança Coletivo impetrado pela Federação Nacional dos Despachantes Aduaneiros."[300]

Com efeito, não se deve confundir competência com eficácia subjetiva da sentença, de modo que é indevido limitar, aprioristicamente, a eficácia de decisões proferidas em ações coletivas ao território da competência do órgão judicante, como determina o art. 16 da Lei Federal n.º 7.347/85[301], porquanto a eficácia da sentença não está circunscrita a lindes geográficos, mas aos limites objetivos e subjetivos do que foi decidido.[302]

De todo modo, a despeito da eficácia da sentença não se limitar aos substituídos domiciliados no âmbito de competência do órgão prolator da decisão, necessário se faz respeitar, em mandado de segurança coletivo, os limites geográficos pelos quais se estendem as atribuições da autoridade administrativa (autoridade tida como coatora), seja ela local, regional ou nacional.[303], até porque, como visto, incabível é a segurança contra autoridade que não disponha de atribuição administrativa para corrigir a ilegalidade impugnada, em razão dos limites geográficos (v.g., o Delegado Chefe da Receita Federal do Estado do Espírito Santo, embora seja autoridade federal, não

---

299. MATTOS NETO, Antônio José de. Mandado de Segurança Coletivo: substituição processual. *Revista de Direito Civil, Imobiliário, Agrário e Empresarial*, São Paulo, v. 72, p.66-69, 1995. p.68.

300. MATTOS NETO, op. cit., p. 69 (parecer proferido em 26 de janeiro de 1995).

301. Art. 16. A sentença civil fará coisa julgada erga omnes, nos limites da competência territorial do órgão prolator [...];

302. STJ, REsp 1243887/PR, Rel. Ministro Luis Felipe Salomão, Corte Especial, julgado em 19/10/2011, DJe 12/12/2011 (recurso repetitivo); STJ, EREsp 1134957/SP, Rel. Ministra Laurita Vaz, Corte Especial, julgado em 24/10/2016, DJe 30/11/2016.

303. "[...]. 1. A interpretação do art. 2º-A da Lei n. 9.494/1997 comporta, a princípio, a existência de mais de um juízo competente para processar e julgar a controvérsia levada ao Judiciário. 2. No caso concreto, a autoridade coatora é o Diretor-Geral do Departamento Nacional de Obras Contra as Secas - DNOCS, autarquia federal sediada provisoriamente em Fortaleza/CE (art. 1º, parágrafo único, da Lei n. 4.229/1963). Assim, a competência absoluta para apreciar o mandado de segurança (individual ou coletivo) é da Justiça Federal daquela localidade, não havendo fundamento para limitação territorial da eficácia do provimento do julgado aos substituídos com domicílio na circunscrição do Tribunal Regional Federal da 5ª Região. 3. Na espécie, a eficácia do título judicial deve estar relacionada aos limites geográficos pelos quais se estendem as atribuições da autoridade administrativa (Diretor-Geral do DNOCS), e não e não aos substituídos domiciliados no âmbito de jurisdição do órgão prolator da decisão. 4. Realinho o voto anteriormente proferido. Agravo regimental interposto pela ASSECAS provido." (STJ, AgRg no AgRg no AgRg no REsp 1366615/CE, Rel. Ministro Humberto Martins, Segunda Turma, julgado em 23/06/2015, DJe 24/11/2015).

detém competência administrativa para anular um ato de infração lavrado por auditor da Receita Federal de São Paulo, pois a sua circunscrição geográfica se limita ao Espírito Santo).

3.3.1.2.1 Legitimação Coletiva Passiva e as Defendant Class Actions nos Mandados de Segurança Coletivos: Breves Anotações sobre o Processo Coletivo Passivo

O processo coletivo passivo é um dos temas menos versados nos estudos sobre a tutela jurisdicional, mesmo que ultimamente tenha surgido uma nova leva de monografias sobre tema. Quando se aborda o tema, de regra, as manifestações se restringem à legitimação e vão pouco além disto. Pouco se fala sobre outros aspectos do processo coletivo, como a competência, coisa julgada, liquidação e execução, assim como nada se diz sobre os aspectos *substanciais* da tutela jurisdicional coletiva passiva.[304] Por outro lado, não se percebe, na doutrina nacional, a correta consciência de que as situações concretas de certificação de ações coletivas passivas nos EUA são poucas e muito raras.

As ações coletivas passivas, mesmo no Brasil, hão de ser raras e filtradas por uma forte atuação do juiz, evitando o abuso do processo.

Não obstante, a doutrina italiana identificou o Brasil como um país no qual as ações coletivas passivas são admitidas facilmente, simplificando a questão ao associar as possibilidades de ações coletivas passivas já existentes com a realidade dos processos judiciais. Não é correto, portanto, afirmar que: "no Brasil se admite mais facilmente do que ocorrer até mesmo nos Estados Unidos as *defendant class action*"[305].

Nesta breve nota, pretendemos mostrar também a possibilidade de mandados de segurança coletivos passivos, desde que respeitado o devido processo legal, que implica maior rigidez na aceitação dessas demandas.

---

304. Exceção a esta afirmação pode e deve ser registrada em monografia recente, na qual todos estes temas estão tratados. O autor, orientado neste tema pelo Prof. Paulo Cesar Pinheiro Carneiro, conseguiu excelente resultado em sua pesquisa de Mestrado, inaugurando a Coleção Direito Processual Coletivo, da editora Lumen Juris, sob a coordenação segura de Aluisio Gonçalves de Castro Mendes. Cf. MEDINA, Diogo Campos Medina. *Ação Coletiva Passiva*. Rio de Janeiro: Lumen Juris, 2009.

305. Cf. GIUSSANI, Andrea. *Azioni collettive risarcitorie nel processo civile*. Bologna: Mulino, 2009, p. 164. Compreende-se, portanto, a dificuldade de comparação entre o modelo brasileiro e o italiano, mais amplamente, o europeu, marcados acima de tudo por uma forte desconfiança do juiz, diferentes âmbitos culturais, diferentes concepções do direito e da justiça. Correta a percepção do autor sobre as diferenças entre o modelo italiano e o norte-americano com relação às *class actions*, contudo, as mesmas são também aplicáveis ao Brasil, em razão da "particolarità della posizioni istituzionale del giudice", idem, p. 123. Este texto procura demonstrar a aplicabilidade aos modelos de civil law do proceso coletivo passivo, desde que ampliados os poderes do juiz na direção do processo e reconhecida uma necessária mudança de seu papel institucional como imperativo da tutela coletiva adequada das situações jurídicas passivas e do devido processo legal coletivo.

Destaca-se, sobretudo, a investigação sobre quais são as situações jurídicas substanciais objeto de um processo coletivo passivo. A partir do desenvolvimento da categoria "situações jurídicas coletivas passivas" será mais fácil compreender o processo coletivo passivo, para que, então, se possa preparar uma legislação processual adequada ao tratamento do fenômeno.

Há ação coletiva passiva quando um agrupamento humano for colocado como sujeito passivo de uma relação jurídica afirmada na petição inicial. Formula-se demanda *contra* uma dada coletividade. Os direitos afirmados pelo autor da demanda coletiva podem ser individuais ou coletivos (*lato sensu*) – nessa última hipótese, há uma ação duplamente coletiva, pois o conflito de interesses envolve dois grupos distintos[306].

Seguindo o regime jurídico de toda ação coletiva, exige-se para a admissibilidade da ação coletiva passiva que a demanda seja proposta *contra* um "representante adequado" (legitimado extraordinário para a defesa de uma situação jurídica coletiva) e que a causa se revista de "interesse social". Neste aspecto, portanto, nada há de peculiar na ação coletiva passiva.

O que torna a ação coletiva passiva digna de um tratamento diferenciado é a circunstância de a situação jurídica titularizada pela coletividade encontrar-se no polo passivo do processo. A demanda é dirigida *contra um grupo*, alegando uma situação jurídica passiva (um dever ou um estado de sujeição, por exemplo). Da mesma forma que a coletividade pode ser titular de direitos (situação jurídica ativa), ela também pode ser titular de um dever ou um estado de sujeição (situações jurídicas passivas). É preciso desenvolver dogmaticamente a categoria das *situações jurídicas coletivas passivas: deveres e estado de sujeição coletivos.*

Há situações jurídicas coletivas ativas e passivas. Essas situações relacionam-se entre si e com as situações individuais.

Um direito coletivo pode estar correlacionado a uma situação passiva individual (p. ex.: o direito coletivo de exigir que uma determinada empresa proceda à correção de sua publicidade). Um direito individual pode estar relacionado a uma situação jurídica passiva coletiva (p. ex.: o direito do titular de uma patente impedir a sua reiterada violação por um grupo de empresas[307]).

---

306. .DINAMARCO, Pedro. "Las acciones colectivas pasivas en el Código Modelo de procesos colectivos para Iberoamérica". *La tutela de los derechos difusos, colectivos e individuales homogéneos – hacia un Código Modelo para Iberoamérica.* Antonio Gidi e Eduardo Ferrer Mac-Gregor (coord.). Mexico: Porrúa, 2003, p. 133; MENDES, Aluísio. "O Anteprojeto de Código Modelo de Processos Coletivos para os Países Ibero-Americanos e a legislação brasileira". *Revista de Direito Processual Civil.* Curitiba: Gênesis, 2004, n. 31, p. 11.

307. .GIDI, Antonio. *A* class action *como instrumento de tutela coletiva dos direitos*, cit., p. 390-391.

Um direito coletivo pode estar relacionado, finalmente, a uma situação jurídica coletiva (p. ex.: a imposição de direito ambiental que impeça um determinado grupo de empresas a desenvolver sua atividade em contradição com as normas de proteção do meio ambiente).

Haverá uma ação coletiva passiva, portanto, em toda demanda onde estiver em jogo uma situação coletiva passiva. Seja como correlata a um direito individual, seja como correlata a um direito coletivo.

A ação coletiva passiva pode ser classificada em *original* ou *derivada*308. Ação coletiva passiva *original* é a que dá início a um processo coletivo, sem qualquer vinculação a um processo anterior. Ação coletiva passiva *derivada* é aquela que decorre de um processo coletivo "ativo" anterior e é proposta pelo réu desse processo, como a ação de rescisão da sentença coletiva e a ação cautelar incidental a um processo coletivo ou o mandado de segurança contra decisão judicial em processo coletivo (mesmo que raro). A classificação é importante, pois nas ações coletivas passivas derivadas não haverá problema na identificação do "representante adequado", que será aquele legitimado que propôs a ação coletiva de onde ela se originou.

De fato, um dos principais problemas da ação coletiva passiva é a identificação do "representante adequado", o que levou Antonio Gidi a defender que "para garantir a adequação da representação de todos os interesses em jogo, seria recomendável que a ação coletiva passiva fosse proposta contra o maior número possível de associações conhecidas que congregassem os membros do grupo-réu. As associações eventualmente excluídas da ação deveriam ser notificadas e poderiam intervir como assistentes litisconsorciais"[309]. Em tese, qualquer um dos possíveis legitimados à tutela coletiva poderá ter, também, legitimação extraordinária passiva. Imprescindível, no particular, o controle jurisdicional da "representação adequada", para evitar os riscos ao devido processo legal.

No foro brasileiro, têm surgido diversos exemplos de ação coletiva passiva.

308. .Proposta de classificação aceita pelo Anteprojeto de Código Brasileiro de Processos Coletivos, formulado pelo Instituto Brasileiro de Direito Processual (cap. III). Diogo Maia também se utiliza desta classificação, com outra designação, porém: ações coletivas independentes e ações coletivas derivadas ou incidentes (MAIA, Diogo. *Fundamentos da ação coletiva passiva.* Dissertação de mestrado. Universidade do Estado do Rio de Janeiro: Rio de Janeiro, 2006, p. 71.), publicado como, MAIA, Diogo Campos Medina. *Ação Coletiva Passiva.* Rio de Janeiro: Lumen Juris, 2009.

309. .GIDI, Antonio. A class action *como instrumento de tutela coletiva dos direitos*. São Paulo: RT, 2007, p. 415.

Em 2004, em razão da greve nacional dos policiais federais, o Governo Federal ingressou com demanda judicial contra a Federação Nacional dos Policiais Federais e o Sindicato dos Policiais Federais no Distrito Federal[310], pleiteando o retorno das atividades. Trata-se, induvidosamente, de uma ação coletiva passiva, pois a categoria "policial federal" encontrava-se como sujeito passivo da relação jurídica deduzida em juízo: afirmava-se que a categoria tinha o dever coletivo de voltar ao trabalho. Desde então, sempre que há greve, o empregador que se sente prejudicado e que reputa a greve injusta vai ao Judiciário pleitear o retorno da categoria de trabalhadores ao serviço.

Há notícia de ação coletiva proposta contra o sindicato de revendedores de combustível, em que se pediu uma adequação dos preços a limites máximos de lucro, como forma de proteção da concorrência e dos consumidores[311].

Em 2008, alunos da Universidade de Brasília invadiram o prédio da Reitoria, reivindicando a renúncia do Reitor, que estava sendo acusado de irregularidades. A Universidade ingressou em juízo, pleiteando a proteção possessória do seu bem. Trata-se de ação coletiva passiva: propõe-se a demanda em face de uma coletividade de praticantes de ilícitos. A Universidade afirma possuir direitos individuais contra cada um dos invasores, que teriam, portanto, *deveres individuais homogêneos.* Em vez de propor uma ação possessória contra cada aluno, "coletivizou" o conflito, reunindo os diversos "deveres" em uma ação coletiva passiva. A demanda foi proposta contra o órgão de representação estudantil (Diretório Central dos Estudantes), considerado, corretamente, como o "representante adequado" do grupo[312]. No mesmo ano, a Universidade do Estado do Rio de Janeiro passou por situação semelhante, tendo adotado a mesma providência (processo que tramitou na 10ª Vara da Fazenda Pública da Cidade do Rio de Janeiro, tombado sob o n. 0288813-36.2008.8.19.0001; a demanda foi proposta pelo advogado Marcelo Santini Brando). Neste caso, está diante de uma pretensão formulada *contra* deveres individuais homogêneos: o comportamento ilícito imputado a todos os envolvidos possui origem comum. Em vez de *coletividade de vítimas*, como se costuma referir aos titulares dos direitos individuais homogêneos, tem-se aqui uma *coletividade de autores de ato ilícito.*

Antonio Gidi traz outros exemplos:

---

310. O processo foi registrado sob o número 2004.34.00.010685-2, pelo Tribunal Regional Federal da 1ª Região.

311. VIOLIN, Jordão. *Ação Coletiva Passiva:* fundamentos e perfis. Salvador: JusPodivm, 2008, p. 79-80.

312. .O andamento deste processo pode ser consultado no sítio do Tribunal Regional Federal da 1ª Região, Brasil: www.trf1.gov.br. O processo foi registrado sob o número 2008.34.00.010500-5.

> [...] a ação coletiva poderá ser utilizada quando todos os estudantes de uma cidade ou de um Estado tiverem uma pretensão contra todas as escolas, cada um desses grupos sendo representado por uma associação que os reúna. Igualmente, ações coletivas poderão ser propostas contra lojas, cartórios, órgãos públicos, planos de seguro-saúde, prisões, fábricas, cidades etc., em benefício de consumidores, prisioneiros, empregados, contribuintes de impostos ou taxas ou mesmo em benefício do meio ambiente[313].

Em relação ao mandado de segurança coletivo podemos imaginar a possibilidade de ações coletivas derivadas, como nos casos de impugnação incidental de decisões em processos coletivos através de mandados de segurança, mandado de segurança de terceiro prejudicado pela decisão em processo coletivo, etc., bem como, na versão original ou inicial, quando se tratar de grupo de autoridades públicas ou pessoas jurídicas de direito privado no exercício de função delegada do poder público, diretamente no polo passivo da ação. Além destas, um exemplo intermediário pode surgir de eventual impetração de mandado de segurança contra ato ilegal e abusivo decorrente do cumprimento de termo de ajustamento de conduta, hipótese rara, mas não inverossímil, na qual teremos uma ação coletiva original com a legitimação coletiva passiva já determinada pela anterior avença, ou seja, será legitimado passivo além da autoridade coatora aquele órgão tomador que realizou o TAC, o qual terá plena legitimação. Não se pode deixar de registrar que não sendo o Ministério Público o tomador deverá este obrigatoriamente intervir no processo.

3.3.1.3 "Legitimidade ad Causam" ou "ad Processum" no Mandado de Segurança Coletivo. Novas Perspectivas sobre o Tema

O art. 5º, LXX, da CF/88 determina que "o mandado de segurança coletivo pode ser impetrado por: a) partido político com representação no Congresso Nacional; b) organização sindical, entidade de classe ou associação legalmente constituída e em funcionamento há pelo menos um ano, em defesa dos interesses de seus membros ou associados".

---

313. GIDI, Antonio. *A* class action *como instrumento de tutela coletiva dos direitos,* cit., p. 392. Ver, ainda, a respeito do tema, GIDI, Antonio "Notas críticas al anteproyecto de Código Modelo de Procesos Colectivos del Instituto Iberoamericano de Derecho Procesal". *La tutela de los derechos difusos, colectivos e individuales homogéneos – hacia un Código Modelo para Iberoamérica.* Antonio Gidi e Eduardo Ferrer Mac-Gregor (coord.). Mexico: Porrúa, 2003, p. 411; *Coisa julgada e litispendência nas ações coletivas.* São Paulo: Saraiva, 1995, p. 51-52, nota 128.

A doutrina, de um modo geral, como fizemos até aqui, examina o inciso como legitimidade *ad causam* ativa para a propositura do mandado de segurança coletivo.

Não parece, porém, que este seja o único caminho. Muito embora, por enquanto, aplica-se, integralmente, ao mandado de segurança coletivo o que se desenvolveu neste volume. Gostaríamos, contudo, de propor, em razão das argutas observações de Fredie Didier Jr, em artigo que escrevemos em conjunto, um novo ponto para reflexão, ao final fazendo considerações gerais que são aplicáveis à regra do art. 21 da Lei Federal n. 12.016/09.

Como se sabe, a legitimidade *ad causam* é a capacidade de conduzir um processo em que se discute determinada situação jurídica substancial. A legitimidade é uma capacidade que se atribui a um sujeito de direito tendo em vista a relação que ele mantém com o objeto litigioso do processo (a situação jurídica afirmada na demanda). Para que se saiba se a parte é legítima, é preciso investigar o objeto litigioso do processo, a situação concretamente deduzida pela demanda. Não se pode examinar a legitimidade *a priori*, independentemente da situação concreta que foi submetida ao Judiciário. Não existe parte *em tese* legítima; a parte só é ou não legítima após o confronto com a situação concreta submetida ao Judiciário.

Esta construção nova auxilia a resolver dois problemas sempre presentes na disciplina do processo coletivo: a) o confronto entre as correntes da legitimação autônoma para a condução do processo (*Prozessführungsrecht*) e da legitimação por substituição processual; b) a dissociação entre os momentos *ope legis* e *ope judicis*, para controle da adequada representação.

Assim, o texto constitucional não cuida, nem poderia cuidar, sob essa perspectiva, de *legitimidade ad causam* para o mandado de segurança coletivo. A legitimidade para o mandado de segurança coletivo será aferida a partir da situação litigiosa nele afirmada, ou seja, *ope judicis*.

A norma constitucional, na verdade, atribui capacidade processual aos partidos políticos e às entidades de classe para valer-se do procedimento do mandado de segurança (*ope legis*).

Trata-se de regra semelhante ao § 1º art. 8º da Lei Federal n. 9.099/1995, que atribui apenas às pessoas físicas capazes, aos microempreendedores individuais, às microempresas, às empresas de pequeno porte, às Organizações da Sociedade Civil de Interesse Público e às sociedades de crédito ao microempreendedor a capacidade processual para demandar nos Juizados Especiais Estaduais (o *caput* do art. 8º exclui a capacidade processual, para demandar e ser demandado nos Juizados, do incapaz, do preso, das pessoas jurídicas de direito público, das empresas públicas da União, da massa falida e do insolvente civil).

A questão que surge é a seguinte: os outros legitimados à tutela coletiva, não previstos no inciso LXX do art. 5º da CF/88, têm capacidade processual para valer-se do procedimento do mandado de segurança coletivo? A CF/88, ao atribuir a capacidade processual referida, limita-a aos partidos políticos e às entidades de classe, ou apenas assegura que eles a possuem?

Parece que a melhor solução é, realmente, entender que se trata de uma garantia constitucional mínima atribuída aos partidos políticos e às entidades de classe.

É absolutamente irrazoável defender que o Ministério Público (outros legitimados à tutela coletiva não previstos no texto constitucional) não tenha capacidade processual para valer-se do procedimento do mandado de segurança. Podem valer-se de qualquer procedimento previsto em lei (art. 83 do CDC), mas logo em relação ao mandado de segurança, que é direito fundamental, lhes faltaria capacidade processual. Perceba: podem levar a juízo a afirmação de um direito coletivo por meio de um procedimento comum, mas não podem fazê-lo por meio do procedimento especial do mandado de segurança. Partindo da premissa de que um direito fundamental pode sofrer restrições por lei infraconstitucional, desde essa restrição encontre fundamento constitucional, pergunta-se: qual a justificativa constitucional para a restrição do direito fundamental de acesso à justiça por meio do mandado de segurança ao Ministério Público, Defensoria Pública e outros legitimados não mencionados no inciso LXX do art. 5º da CF/88? Nenhuma.

É inconstitucional, portanto, qualquer interpretação do art. 21 da Lei Federal n. 12.016/2009[314], que praticamente reproduziu o texto constitucional, que reconheça a incapacidade processual dos demais legitimados à tutela coletiva para valer-se do procedimento do mandado de segurança coletivo.

Foi dito que o art. 21 da Lei n. 12.016/2009 "praticamente" reproduziu o texto constitucional, porque se introduziu um excerto, que não consta da CF/88, relativo, aí sim, à legitimidade dos partidos políticos: o mandado

---

314. Art. 21 da Lei n. 12.016/2009: "O mandado de segurança coletivo pode ser impetrado por partido político com representação no Congresso Nacional, na defesa de seus interesses legítimos relativos a seus integrantes ou à finalidade partidária, ou por organização sindical, entidade de classe ou associação legalmente constituída e em funcionamento há, pelo menos, 1 (um) ano, em defesa de direitos líquidos e certos da totalidade, ou de parte, dos seus membros ou associados, na forma dos seus estatutos e desde que pertinentes às suas finalidades, dispensada, para tanto, autorização especial".

de segurança coletivo por eles impetrado deve sê-lo "na defesa de seus interesses legítimos relativos a seus integrantes ou à finalidade partidária". Trata-se de consagração de entendimento de que a legitimidade coletiva, mesmo aquela atribuída aos partidos políticos, não pode ser universal; é preciso que se verifique a sua adequação. Um dos critérios de adequação da legitimação é, exatamente, a pertinência temática, agora expressamente consagrada em tema de mandado de segurança coletivo. Sucede que a situação, neste caso, é um tanto diversa do ponto de vista constitucional, pois: a) se a legitimação dos partidos políticos para as ações diretas de constitucionalidade não exige pertinência temática, porque haveria de exigi-la o MSC; b) os partidos políticos não existem em razão dos interesses de seus membros, mas sim de um programa de governo, logo o controle de sua legitimidade não pode ser restrito aos interesses dos filiados; c) a Constituição não limitou a legitimação dos partidos políticos, subjetiva ou objetivamente, justamente por valorizar estes *corpos intermediários* da sociedade civil como entes vocacionados à defesa da sociedade em face das lesões das pessoas jurídicas de direito público ou no exercício de função delegada do Poder Público, já que a sua finalidade é transformar a sociedade e consequentemente fiscalizar o Poder Público no exercício de seus deveres constitucionais.

3.3.1.4 Controle Jurisdicional da Legitimação Coletiva

Há quem afirme, como foi visto, que, no Brasil, para a averiguação da legitimação coletiva, é suficiente o exame do texto de lei. Não poderia o magistrado, por exemplo, afirmar que um ente legalmente legitimado não tem, em determinado caso, o direito de conduzir o processo. Para essa doutrina, o legislador teria estabelecido um rol legal taxativo de legitimados, firmando uma presunção absoluta de que seriam "representantes adequados"[315], não cabendo ao magistrado fazer essa avaliação caso a caso. A verificação da *adequacy of representation* seria tarefa do legislador. A legitimação coletiva seria, pois, *ope legis.*[316]

---

315. .Cabe o esclarecimento feito por Antonio Gidi: "Quando se fala de 'representação', não se refere a 'representação' no sentido técnico-jurídico da palavra no direito processual civil brasileiro. Refere-se àqueles legitimados pelo direito positivo de um país a propor uma ação coletiva em benefício do grupo titular do direito difuso, coletivo ou individual homogêneo. 'Representante' aqui deve ser considerado como sinônimo de 'porta-voz': o autor da ação coletiva é um porta-voz dos interesses do grupo, sendo seu portador em juízo". (*A representação adequada nas ações coletivas brasileiras: uma proposta. Revista de Processo.* São Paulo: Revista dos Tribunais, 2003, nº 108, p. 61-62).

316. .NERY Jr., Nelson e NERY, Rosa. *Código de Processo Civil comentado e legislação extravagante.* 8ª ed. São Paulo: Revista dos Tribunais, 2004, p. 1427, nº 10. Adotando essa concepção, embora reconhecendo que ela não

Há outros, porém, que, com base na experiência americana (art. 23 das *Federal Rules*), admitem o controle judicial da "*representatividade adequada*".[317] Ou seja, permitem que o magistrado possa examinar e controlar a legitimação coletiva no caso concreto, conforme as características do legitimado. Nos Estados Unidos, geralmente, há exigência de que o legitimado seja um membro do grupo e apresente características próprias que lhe determinem como adequado representante do grupo. Para esses autores, a legitimação no Brasil, mesmo dos entes públicos, deveria passar por um filtro judicial, não basta a previsão legal da legitimação. Parte-se da seguinte premissa, que parece correta: não é razoável imaginar que uma entidade, pela simples circunstância de estar autorizada em tese para a condução de processo coletivo, possa propor *qualquer* demanda coletiva, pouco importando suas peculiaridades. É preciso verificar, a bem de garantir a adequada tutela destes importantes direitos, se o legitimado coletivo reúne os atributos que o tornem representante adequado para a melhor condução de *determinado* processo coletivo, devendo essa adequação ser examinada pelo magistrado de acordo com critérios gerais, preferivelmente previamente estabelecidos ou indicados em rol exemplificativo, mas sempre à luz da situação jurídica litigiosa deduzida em juízo. Todos os critérios para a aferição da *representatividade adequada* devem ser examinados a partir do conteúdo da demanda coletiva.

A análise da legitimação coletiva (e, por consequência, da *representação adequada*) dar-se-ia em duas fases. Primeiramente, *verifica-se se há autorização legal para que determinado ente possa substituir os titulares coletivos do direito afirmado e conduzir o processo coletivo*. A seguir, *o juiz faz o controle in concreto da adequação da legitimidade* para aferir, sempre motivadamente, se estão presentes os elementos que asseguram a representatividade adequada dos direitos em tela.

A necessidade de controle judicial da adequação do legitimado coletivo decorre da aplicação da cláusula do devido processo legal à tutela jurisdicional coletiva.[318] Nem mesmo o Ministério Público poderia ser considerado

---

prevalece em regra, VIGLIAR, José Marcelo. *Interesses difusos, coletivos e individuais homogêneos*. Salvador: *Jus*podivm, 2005, p. 61-69.

317. Por exemplo, GIDI, Antonio. *A representação adequada nas ações coletivas brasileiras: uma proposta. Revista de Processo*. São Paulo: Revista dos Tribunais, 2003, nº 108, p. 61-70; GRINOVER, Ada Pellegrini. "Ações coletivas ibero-americanas: novas questões sobre a legitimação e a coisa julgada". *Revista Forense*. Rio de Janeiro: Forense, 2002, nº 361, p. 6. Barbosa Moreira, já em 1981, propunha que a lei conferisse a legitimação coletiva em termos flexíveis, reservando ao juiz "margem razoável de liberdade no exame de cada caso". ("Notas sobre o problema da efetividade do processo", cit., p. 36).

318. .A possibilidade de o juiz dispensar o prazo mínimo de um ano de constituição, para que a associação proponha a ação coletiva, verificados certos requisitos, já é um sinal ostensivo de interferência judicial no controle

um legitimado coletivo universal, pois também em relação à sua atuação se imporia o controle jurisdicional da sua legitimidade.[319]

Entre os vários critérios para a verificação da representatividade adequada, um que atualmente tem apresentado utilidade prática pode servir de exemplo: exige-se que exista um vínculo de afinidade temática entre o legitimado e o objeto litigioso. A jurisprudência do STF deu a este vínculo o nome de "pertinência temática".[320] Esse critério seria um, dentre vários, para a averiguação da adequação do legitimado coletivo, mas somente em concreto, não em abstrato, para negar o acesso à justiça, como tem sido feito, ou para admitir, sem critério, que uma associação, apenas porque apresenta na norma estatutária a previsão do direito seja considerada adequada representante.

Os projetos de Código Modelo e de Código Brasileiro de Processos Coletivos analisaram a questão.[321] O CM-GIDI, ressaltando a necessidade de se avaliar também a conduta dos advogados que irão representar a classe, sugere:

> 3.1. Na análise da adequação da representação, o juiz analisará em relação ao representante e ao advogado, entre outros fatores:
>
> 3.1.1. A competência, honestidade, capacidade, prestígio e experiência;
>
> 3.1.2. O histórico na proteção judicial e extra-judicial dos interesses do grupo;
>
> 3.1.3. A conduta e participação no processo coletivo e em outros processos anteriores;
>
> 3.1.4. A capacidade financeira para prosseguir na ação coletiva;

---

da legitimação coletiva (art. 82, § 1º, do CDC).

319. No Anteprojeto de Código Brasileiro de Processos Coletivos, há previsão expressa de controle jurisdicional da legitimação coletiva do Ministério Público, devendo o magistrado examinar a pertinência temática entre as funções institucionais do Ministério Público e o objeto da demanda (§ 2º do art. 20). Corretamente, neste sentido, GIDI, Antonio. *A representação adequada nas ações coletivas brasileiras: uma proposta. Revista de Processo.* São Paulo: Revista dos Tribunais, 2003, nº 108, p. 64.

320. ."Ação direta de inconstitucionalidade. Confederação Nacional das Profissões Liberais - CNPL. Falta de legitimidade ativa. - Na ADI 1.792, a mesma Confederação Nacional das Profissões Liberais - CNPL não teve reconhecida sua legitimidade para propô-la por falta de pertinência temática entre a matéria disciplinada nos dispositivos então impugnados e os objetivos institucionais específicos dela, por se ter entendido que os notários e registradores não podem enquadrar-se no conceito de profissionais liberais. - Sendo a pertinência temática requisito implícito da legitimação, entre outros, das Confederações e entidades de classe, e requisito que não decorreu de disposição legal, mas da interpretação que esta Corte fez diretamente do texto constitucional, esse requisito persiste não obstante ter sido vetado o parágrafo único do artigo 2º da Lei 9.868, de 10.11.99. É de aplicar-se, portanto, no caso, o precedente acima referido. Ação direta de inconstitucionalidade não conhecida (ADI 2482/MG, STF, Pleno, relator Min. Moreira Alves, j. 02.10.2002, DJ de 25.04.2003, p. 32)".

321. Para os textos integrais consultar DIDIER JR., Fredie; ZANETI JR., Hermes. *Processo Coletivo*, anexos.

3.1.5. O tempo de instituição e o grau de representatividade perante o grupo.

O CM-IIDP,[322] adota também essa postura, referindo-se a diversos critérios para a aferição judicial da representação adequada, mas excluindo o controle do advogado:

> a) a credibilidade, capacidade, prestígio e experiência do legitimado;
> b) seu histórico na proteção judicial e extrajudicial dos interesses ou direitos dos membros do grupo, categoria ou classe;
> c) sua conduta em outros processos coletivos;
> d) sua capacidade financeira para a condução do processo coletivo;
> e) a coincidência entre os interesses dos membros do grupo, categoria ou classe e o objeto da demanda;
> f) o tempo de instituição da associação e a representatividade desta ou da pessoa física perante o grupo, categoria ou classe (art. 2º, § 2º).

O CBPC-IBDP também consagra, com ressalvas, a possibilidade de controle judicial da legitimação coletiva, nos seguintes termos:

> Art. 20. Legitimação – São legitimados concorrentemente à ação coletiva ativa:
>
> I – qualquer pessoa física, para a defesa dos interesses ou direitos difusos, desde que o juiz reconheça sua representatividade adequada, demonstrada por dados como:
>
> a – a credibilidade, capacidade e experiência do legitimado;
>
> b – seu histórico na proteção judicial e extrajudicial dos interesses ou direitos difusos e coletivos;
>
> c – sua conduta em eventuais processos coletivos em que tenha atuado;
>
> II – o membro do grupo, categoria ou classe, para a defesa dos interesses ou direitos coletivos, e individuais homogêneos, desde que o juiz reconheça sua representatividade adequada, nos termos do inciso I deste artigo;

322. .O Código Modelo de Processo Coletivo é um projeto do Instituto Ibero-americano de Direito Processual. Foi elaborado por uma comissão composta pelos seguintes juristas: Ada Pellegrini Grinover, Aluisio Gonçalves de Castro Mendes, Anibal Quiroga Leon, Antonio Gidi, Enrique M. Falcon, José Luiz Vázquez Sotelo, Kazuo Watanabe, Ramiro Bejarano Guzmán, Roberto Berizonce e Sergio Artavia.

III – o Ministério Público, para a defesa dos interesses ou direitos difusos e coletivos, bem como dos individuais homogêneos de interesse social;

IV – a Defensoria Pública, para a defesa dos interesses ou direitos difusos e coletivos, quando a coletividade ou os membros do grupo, categoria ou classe forem necessitados do ponto de vista organizacional, e dos individuais homogêneos, quando os membros do grupo, categoria ou classe forem, ao menos em parte, hipossuficientes;

V – as pessoas jurídicas de direito público interno, para a defesa dos interesses ou direitos difusos e, quando relacionados com suas funções, dos coletivos e individuais homogêneos;

VI – as entidades e órgãos da Administração Pública, direta ou indireta, bem como os órgãos do Poder Legislativo, ainda que sem personalidade jurídica, especificamente destinados à defesa dos interesses e direitos indicados neste Código;

VII – as entidades sindicais e de fiscalização do exercício das profissões, restritas as primeiras à defesa dos interesses e direitos ligados à categoria;

VIII – os partidos políticos com representação no Congresso Nacional, nas Assembleias Legislativas ou nas Câmaras Municipais, conforme o âmbito do objeto da demanda, para a defesa de direitos e interesses ligados a seus fins institucionais;

IX – as associações civis e as fundações de direito privado legalmente constituídas e em funcionamento há pelo menos um ano, que incluam entre seus fins institucionais a defesa dos interesses ou direitos indicados neste Código, dispensadas a autorização assemblear ou pessoal e a apresentação do rol nominal dos associados ou membros.

§ 1° – Na defesa dos interesses ou direitos difusos, coletivos e individuais homogêneos, qualquer legitimado deverá demonstrar a existência do interesse social e, quando se tratar de direitos coletivos e individuais homogêneos, a coincidência entre os interesses do grupo, categoria ou classe e o objeto da demanda;

§ 2º – No caso dos incisos I e II deste artigo, o juiz poderá voltar a analisar a existência do requisito da representatividade adequada em qualquer tempo e grau de jurisdição, aplicando, se for o caso, o disposto no parágrafo seguinte.

§ 3º – Em caso de inexistência do requisito da representatividade adequada (incisos I e II deste artigo), o juiz notificará o Ministério Público e, na medida do possível, outros legitimados, a fim de que assumam, querendo, a titularidade da ação.

§ 4º – Em relação às associações civis e às fundações de direito privado, o juiz poderá dispensar o requisito da pré-constituição, quando haja manifesto interesse social evidenciado pelas características do dano, pela relevância do bem jurídico a ser protegido ou pelo reconhecimento de representatividade adequada (inciso I deste artigo).

A jurisprudência brasileira já se encaminha nesse sentido, mesmo que com marchas e contramarchas. O STF, por exemplo, entendeu que o Ministério Público não está autorizado a propor ações coletivas tributárias[323], nem aquelas relacionadas a direitos individuais disponíveis sem conteúdo social[324], embora não houvesse qualquer ressalva, neste sentido, no texto legal. O objetivo dos processos coletivos é ver realizada uma justiça substancial mais efetiva e célere, atendendo a finalidade do interesse público de corrigir, em nome do cidadão, até mesmo opções de políticas públicas equivocadas por parte do Estado, a exemplo da norma tributária ilegal. Para atingir esses objetivos será necessária a depuração dos conceitos de representação adequada, procurando uma identificação entre a busca dessa representação adequada e a finalidade da tutela coletiva, principalmente como meio de coibir ofensas contra o interesse público primário. A exigência da representatividade adequada não pode tornar-se uma alternativa para "sentenças processuais", vedando o enfrentamento da matéria de fundo. No caso das decisões reiteradas do STF o que aconteceu foi a vedação, *tout court,* de ações civis públicas em matéria tributária. Impõem-se zelo e cuidado redobrado na fundamentação das decisões que entendam pela ausência de representatividade adequada para que se evite atuar no sentido contrário das finalidades instituídas para a tutela coletiva.

Por outro lado, como corretamente entendeu parcela da doutrina, a despeito de não existir expressa previsão legal nesse sentido, o "representante adequado" para as ações coletivas é uma garantia constitucional advinda do

323. STF, RE 195056, Relator Min. Carlos Velloso, Tribunal Pleno, julgado em 09/12/1999. Sedimentando o entendimento do STF, editou o Presidente da República a Medida Provisória nº 2.180-35, de 24 de agosto de 2001, acrescentando um parágrafo único ao art. 1º da Lei Federal nº 7.347/85, que expressamente veda a possibilidade da promoção de Ação Civil Pública em matéria tributária. Ratificando esse entendimento: STF, RE 559985 AgR, Relator Min. Eros Grau, Segunda Turma, julgado em 04/12/2007; STJ, AgRg no AREsp 289.788/MG, Rel. Ministro Humberto Martins, Segunda Turma, julgado em 07/11/2013; STJ, REsp 840.752/PR, Rel. Min. Herman Benjamin, Segunda Turma, julgado em 28.9.2010. Contudo, o STF reconhece a legitimidade do MP para propor ação civil pública quando pretende defender a integridade do erário e a higidez do processo de arrecadação tributária, pois apresenta natureza manifestamente metaindividual, e não apenas simples interesses individuais dos contribuintes, a exemplo de ação civil pública com o objetivo de anular Termo de Acordo de Regime Especial - TARE, pois o ajuste pode, em tese, ser lesivo ao patrimônio público. (STF, RE 576155, Relator Min. Ricardo Lewandowski, Tribunal Pleno, julgado em 12/08/2010, Repercussão Geral)

324. STF, RE 631111, Relator Min. Teori Zavascki, Tribunal Pleno, julgado em 07/08/2014, Repercussão Geral.

devido processo legal coletivo, esfera na qual "os direitos de ser citado, de ser ouvido e de apresentar defesa em juízo são substituídos por um direito de ser citado, ouvido e defendido através de um representante. Mas não através de um representante qualquer: o grupo deve ser representado em juízo por um representante adequado".[325]

3.3.1.5 A Legitimação do Ministério Público no Mandado de Segurança Coletivo

A legitimação ativa do Ministério Público para o mandado de segurança coletivo sempre foi questionada pela doutrina. Por qual razão não estaria legitimado o Ministério Público? O rol de legitimados é expresso na Constituição Federal, deixando muito pouco espaço para manobras hermenêuticas, mas é necessário ser revisitado em função do conceito de *legitimidade conglobante* já exposto nesta obra.

A inserção na norma constitucional é taxativa, apenas os partidos políticos, entidades de classe, sindicatos e associações. Nada mudou em relação ao texto da Lei Federal n. 12.016/09. Desta leitura decorreu uma forte objeção de Teori Albino Zavascki a caracterização do mandado de segurança coletivo como ação coletiva para tutela dos direitos coletivos em geral. O papel do Ministério Público de defensor dos direitos difusos e coletivos não estaria representado aqui justamente porque o constituinte quis o MSC como ação para "tutela coletiva de direitos". Como se extrai da seguinte passagem de texto clássico do autor: "Se o propósito do mandado de segurança coletivo tivesse sido o de viabilizar a tutela de direitos coletivos, não se poderia compreender que entre os legitimados a utilizá-lo não estivesse o MP, a quem a Constituição atribuiu, como função institucional, a defesa dessa categoria de direitos (CF, art. 129, III). Sua exclusão na verdade, evidencia mais uma vez que o mandado de segurança coletivo é instrumento de defesa de direitos individuais, defesa que, em principio, é incompatível com as atribuições constitucionais do MP (CF, art. 127)."[326] Portanto, somente seria possível a defesa de direitos individuais homogêneos, defesa "coletiva" de direitos.

Contudo, não nos parece decisiva a ponderação, pois como esclarece a lição do próprio autor, "O rol dos legitimados a impetrar segurança coletiva...

---

325. .GIDI, Antonio. *A representação adequada nas ações coletivas brasileiras: uma proposta. Revista de Processo.* São Paulo: Revista dos Tribunais, 2003, nº 108, p. 69 e 70. Também considerando a "representação adequada" um corolário do devido processo legal, de acordo com a experiência norte-americana, MENDES, Aluísio Gonçalves. *Ações coletivas.* São Paulo: Revista dos Tribunais, 2001, p. 80.

326. Teori Albino Zavascki, *Defesa de direitos coletivos e defesa coletiva de direitos,* p. 22.

constitui, como tal, núcleo mínimo de legitimação que, se não pode ser reduzido nem limitado pelo legislador ordinário, nada impede que seja por esse ampliado."[327] Nesse caso pode ser incluída, na visão do autor, a legitimação do Ministério Público por lei ordinária.

Importante perguntar, neste diapasão, por qual motivo não ocorreu, ainda na constituinte, a inclusão do MP como órgão legitimado? O fato é que a Constituição de 1988 não foi redigida linearmente. O Capítulo IV, Seção I da CF/88, referente ao Ministério Público, teve forte influência dos membros do próprio MP, o mesmo não ocorrendo com o art. 5º, no qual se aglutinaram setenta e quatro incisos, redigidos por diversas comissões e, por vezes, sem completa consonância (quanto à lógica formal) com os dispositivos subsequentes. A essa constatação some-se o fato de que na Constituição anterior a independência e autonomia do Ministério Público eram comprometidas em relação ao Estado. Por outro lado, cabe salientar que o espírito é o mesmo, tanto no art. 129, inc. III, quanto no art. 5º, inc. LXX, qual seja, instrumentalizar o direito coletivo *lato sensu*. Ocorre que, neste último, o constituinte entendeu manter o instituto, destinado à correção da ilegalidade de autoridade pública, nas mãos da sociedade civil, em uma postura de fortalecimento da participação democrática e da educação para a cidadania.

A doutrina tem sido favorável, com importantes adesões, assim: "O silêncio do art. 21, *caput*, da Lei n. 12.016/2009 não afasta a legitimidade ativa do Ministério Público para a impetração do mandado de segurança coletivo. Ela, embora não seja prevista expressamente pelo inciso LXX do art. 5º da Constituição Federal, decorre imediatamente das finalidades institucionais daquele órgão tais quais definidas pelos arts. 127 e 129, III, da mesma Carta e, infraconstitucionalmente, pelo art. 6º, VI, da Lei Complementar n. 75/1993, para o Ministério Público da União, e no art. 32, I, da Lei n. 8.625/1993, para o Ministério Público dos Estados".[328]

Portanto, não parece possível entender hoje, em face do microssistema da tutela coletiva e da possibilidade de legitimação decorrente de todo o ordenamento (não apenas expressa na lei), como sobressai do termo "legitimação conglobante", que se possa negar legitimação ao Ministério Público. Portanto, hoje, é possível construir a legitimação quer por via direta, quando não ocorra

327. Teori Albino Zavascki, *Defesa de direitos coletivos e defesa coletiva de direitos*, p.24

328. BUENO, *A nova lei do mandado de segurança*, p. 127, com referência à Nelson Nery Jr, Marcelo Navarro Ribeiro Dantas e Lucília Isabel Candini Barros, como posicionamentos favoráveis, além do conhecido texto do autor, Cássio Scarpinella Bueno. *Mandado de Segurança*.São Paulo: Saraiva, 2004, p. 35; Lucília Isabel Candini Barros. *Mandado de Segurança Coletivo: Legitimidade Ativa e Objeto.* Curitiba: Juruá, 2006, p. 204.

outro meio adequado e se imponha a tutela imediata pelo MP, quer por via da sucessão processual, nos casos em que o MP deverá intervir em face da desistência ou abandono infundados da ação coletiva (por analogia e aplicação do microssistema, em face das regras da AP e ACP).

O Anteprojeto de Código Brasileiro de Processos Coletivos, idealizado por Ada Pellegrini Grinover (CBPC-IBDP) previa expressamente esta legitimidade:

> Art. 40 – Legitimação ativa – O mandado de segurança coletivo pode ser impetrado por:
>
> I – Ministério Público;
>
> II – Defensoria Pública;
>
> II – partido político com representação no Congresso Nacional;
>
> IV – entidade sindical, entidade de classe ou associação legalmente constituída e em funcionamento há pelo menos um ano, em defesa dos interesses de seus membros ou associados, dispensada a autorização assemblear.
>
> Parágrafo único – O Ministério Público, se não impetrar o mandado de segurança coletivo, atuará como fiscal da lei, em caso de interesse público ou relevante interesse social.[329]

Infelizmente, no projeto de lei que foi encaminhado pelo governo à Câmara dos Deputados, este dispositivo foi suprimido, por já ter sido promulgada a lei do mandado de segurança, Lei Federal n. 12.016/09, que como sabemos, já nasceu velha e não previa a legitimação do MP. Como referido essa ausência é inócua, aplicando-se aqui a noção de *legitimação conglobante*, já que o reconhecimento pela Lei de que o mandado de segurança é espécie de dois gêneros constrange a aplicação da legitimidade do Ministério Público quer pela amplitude dos direitos que tutela, quer pela sua separação atual em relação ao poder executivo, quer, ainda e principalmente, pela simples leitura dogmática do sistema, consoante o art. 6º, VI, da Lei Complementar

329. Observamos, contudo, que o dispositivo não veio repetido no Anteprojeto UERJ/UNESA. Limitou-se este a referir aos dispositivos legais já existentes sobre a matéria, no caso, ao art. 5º, LXX da CF/88. É bem verdade, contudo, que a norma de abertura do art. 46 (aplicação das disposições do CBPC ao Mandado de Segurança Coletivo) poderia ser interpretada de forma extensiva para abarcar também a legitimação ampliada prevista em ambos os projetos. Nesse sentido, comentando o Código Ibero-Americano de Processos Coletivos, afirmou o Prof. Aluisio Gonçalves de Castro Mendes: "Dessa norma, pode-se extrair também, que o Ministério Público deve ser sempre considerado como parte legítima e adequada para a propositura de qualquer ação coletiva." Cf. MENDES, *O anteprojeto de código-modelo de processos coletivos para os países ibero-americanos e a legislação brasileira*, p. 113.

n. 75/1993, para o Ministério Público da União[330], e do art. 32, I, da Lei n. 8.625/1993, para o Ministério Público dos Estados.[331] Nesse mesmo diapasão, é a jurisprudência recente do Superior Tribunal de Justiça.[332]

3.3.1.6 Consequência da Falta de Legitimação Coletiva Ativa: Obrigatoriedade de Oitiva do MP e Abertura de Prazo para os demais Legitimados para Eventual Sucessão Processual

A consequência da falta de legitimação coletiva não pode ser necessariamente a extinção do processo coletivo, sem exame do mérito. A relevância das questões em debate impede solução tão drástica e ineficiente (do ponto de vista da efetividade dos direitos coletivos).

O exame da legislação brasileira revela que a postura em situações como essa deve ser a de aproveitamento do processo coletivo, com a substituição (sucessão) da parte que se reputa inadequada para a condução da demanda.[333] É o que acontece, por exemplo, nos casos de desistência ou abandono do processo pelo autor da ação popular ou da ação civil pública, em que se determina a sua sucessão processual, com a assunção do Ministério Público ou de outro legitimado da posição de condutor do processo coletivo (art. 9º da Lei Federal nº 4.717/65; art. 5º, § 3º, Lei Federal nº 7.347/85).

O magistrado deve, portanto, ao concluir pela inadequação do legitimado coletivo, providenciar a sua substituição, quer pelo Ministério Público, quer por outro legitimado, convocado ao processo por meio de publicação de edital.

Correta, portanto, a proposta contida no CBPC-IBDP: "Art. 20 (...) § 3º Em caso de inexistência do requisito da representatividade adequada (incisos I e II deste artigo), o juiz notificará o Ministério Público e, na medida do

---

330. Art. 6º. Compete ao Ministério Público da União: VI - impetrar habeas corpus e mandado de segurança.

331. Art. 32. Além de outras funções cometidas nas Constituições Federal e Estadual, na Lei Orgânica e demais leis, compete aos Promotores de Justiça, dentro de suas esferas de atribuições: I - impetrar habeas-corpus e mandado de segurança e requerer correição parcial, inclusive perante os Tribunais locais competentes

332. "[...]. 4. Consoante entendimento do Superior Tribunal de Justiça, a existência de Agência Reguladora para determinado setor não exclui a legitimidade do Ministério Público para propor a respectiva Ação Civil Pública. Para o STJ, após a constatação da importância e dos inconvenientes da legitimação isolada do cidadão, não há mais lugar para o veto da legitimatio ad causam do MP para a Ação Popular, a Ação Civil Pública ou o Mandado de Segurança coletivo. Em consequência, legitima-se o Parquet a toda e qualquer demanda que vise à defesa dos interesses difusos e coletivos, sob ângulo material ou imaterial. 5. Agravo Regimental não provido." (STJ, AgRg no AREsp 746.846/RJ, Rel. Ministro Herman Benjamin, Segunda Turma, julgado em 15/12/2015, DJe 05/02/2016).

333. .GIDI, Antonio. "A representação adequada nas ações coletivas brasileiras: uma proposta". *Revista de Processo.* São Paulo: Revista dos Tribunais, 2003, nº 108, p. 68; DIDIER JR, Fredie. "O controle jurisdicional da legitimação coletiva e a ação coletiva passiva". In: MAZZEI, Rodrigo; NOLASCO, Rita Dias (orgs). *Processo civil coletivo.* São Paulo: Quartier Latin, 2005. p. 95-105. esp. p. 98.

possível, outros legitimados, a fim de que assumam, querendo, a titularidade da ação. (...) § 8º Havendo vício de legitimação, desistência infundada ou abandono da ação, o juiz aplicará o disposto no parágrafo 3º deste artigo".

Ainda, na mesma linha e com maior abrangência, o CM-GIDI: "Art. 2.5. O juiz poderá dispensar o requisito da pré-constituição e da pertinência temática ou atribuir legitimidade coletiva a membros do grupo, quando não houver legitimado coletivo adequado interessado em representar os interesses do grupo em juízo".

3.3.1.7 Interesse Processual nos Mandados de Segurança Coletivo e nos Processos Coletivos em Geral: Releitura Teórica

O interesse processual é diverso do interesse jurídico material. Este respeita o direito *afirmado*, aquele é condição da ação. Para propor qualquer ação, inclusive de mandado de segurança coletivo,[334] é necessário, além da legitimação ativa, que o autor comprove o interesse processual (art. 17 do CPC). Liebman identifica o interesse de agir como o "*elemento material do direito de ação*". Aduz o autor italiano que a distinção entre o "*interesse substancial*" e o "*interesse processual*" é idêntica a que ocorre com o "*direito substancial*" e o "*direito processual*". O autor se *afirma* titular do direito e se *afirma* titular do interesse, porém, não basta que o autor afirme o "*interesse processual*" é necessário que exista uma correlação entre o "*interesse substancial afirmado*" e o tipo de provimento pedido pelo autor para satisfazê-lo, a essa relação Liebman denominou "*utilidade*". Esta relação de utilidade, nos processos coletivos, não diz respeito ao autor, mas ao substituído no processo.

Assim, "O interesse de agir é, em resumo, *a relação de utilidade entre a afirmada lesão de um direito e o provimento jurisdicional pedido*."[335] Em nota à edição nacional do "Manuale", Dinamarco salienta que a utilidade do provimento como requisito revelador do interesse processual fica sujeita a presença de dois elementos: 1) a "*necessidade* concreta do exercício da jurisdição"; e, 2) a "*adequação* do provimento pedido e do procedimento escolhido".[336]

Já o "interesse", como vimos, em substituição processual é diverso do interesse processual e do interesse material do substituído, revelando-se como a relação entre o substituto e o substituído. Assim, afirma Chiovenda: "Esta relação em que ele se encontra (substituto) com o titular (substituído, titular

334. LIEBMAN, Enrico Tullio. *Manual de direito processual civil*, Rio de Janeiro: Forense, 1984.v.1 p 154.

335. Idem. p. 156.

336. Idem, p. 156. Nota nº 104.

do direito) constitui o *interesse* como condição da substituição processual, que se mostra, portanto, como coisa bem distinta do interesse como condição da ação em si."[337]

Ocorre que o tema ainda não está pacificado, pois é a opinião de Teori Albino Zavascki que o substituto processual em mandado de segurança coletivo deve apresentar interesse processual próprio, "Por quê? Porque para ajuizar qualquer demanda não basta que o autor detenha legitimidade. É indispensável que tenha também interesse, diz o artigo 3º do CPC." O autor, assim, vê uma "*relação de pertinência e compatibilidade entre a razão de ser do substituto e o conteúdo do direito subjetivo do substituído, objeto da demanda*", que consubstanciaria esse interesse. Concluindo, afirma: "...pois o sistema jurídico não comporta hipótese de *demandas de mero diletantismo*, e isso se aplica também ao substituto processual."[338]

Aqui parece estar o autor se referindo ao interesse jurídico material (objeto da demanda) que é diverso do interesse processual expresso no art. 17 do CPC (supra). O que ocorre é que, no caso, não é só a "razão de ser", o que torna relevante juridicamente o interesse, mas, também, a função e importância atribuídas pelo legislador à participação social das entidades elencadas no art. 5º, inc. LXX da Constituição, no processo. A *utilidade do provimento*, no caso dos *partidos políticos*, será o controle da *legalidade objetiva* e dos interesses dos titulares dos direitos coletivos; no caso das *associações, a defesa dos interesses dos associados*. Porém, é importante não esquecer, jamais, a precisa lição de Waldemar Mariz de Oliveira Jr., pela qual fica claro que *o interesse do substituto é irrelevante para a doutrina da substituição processual,*[339] assertiva com que, mesmo com algumas dissensões, *concorda Ephraim Campos Jr.*[340]

Vistas essas peculiaridades, retorna-se ao interesse processual que decorre, tanto no mandado individual e no mandado de segurança coletivo, como em qualquer ação, da utilidade do provimento jurisdicional, desdobrada no binômio necessidade e adequação.[341]

337. "Questo rapporto in cui egli si trova col titolare costituice l'*interesse* come condizione della sostituzione processuale; che si presenta dunque come cosa bem distinta dall'interesse come condizione dell'azione fatta valere." (CHIOVENDA, 1923. p. 597 - nota nº 2, § 36).

338. ZAVASCKI, *Defesa de direitos coletivos e defesa coletiva de direitos*. p. 23.

339. OLIVEIRA JÚNIOR, *Substituição processual*. p. 172 – cf. item 5.1.3.

340. Cf. CAMPOS JR, Ephraim. *Substituição processual.* São Paulo: Revista dos Tribunais, 1985. p. 65.

341. Cf. MANCUSO, *Uma análise comparativa entre os objetos e as legitimações das ações vocacionadas a tutela dos interesses metaindividuais, mandado de segurança coletivo, ação civil pública, ações do código de defesa do consumidor e ação popular.* p. 182.

Por necessidade em mandado de segurança (individual ou coletivo) se entende o uso imperativo para afastar a lesão ou ameaça de lesão afirmada. Segundo Calmon de Passos, o interesse processual nasce "da necessidade de usar o remédio constitucional para afastar lesão já consumada a direito público subjetivo do impetrante, ou obstar a consumação dessa lesão, da qual se tem justo receio".[342]

A necessidade decorre do esgotamento das vias amigáveis ou administrativas (quando cabíveis ou de interesse do autor)[343] ou da imposição legal, por exemplo, nas ações constitutivas necessárias. Exemplo mais completo, porém com restrições e relativizações na doutrina mais acurada, encontra-se no art. 5º e incisos da LMS que versam sobre os casos em que não se dará mandado de segurança.

Por utilidade, em geral, refere-se a doutrina ao resultado prático obtido pelo autor na demanda, sua serventia, o proveito, o lucro ou vantagem que se obterá com a ação. No caso do mandado de segurança coletivo esta se demonstra pelo exame do benefício aos titulares do direito que foram substituídos na correção da ilegalidade ou abuso de poder.

Se, por exemplo, o mandado de segurança é impetrado contra lei em tese (abstrata e genérica) da qual não se concebem efeitos concretos, ocorre "carência da ação", pois a "lei em tese" não provoca prejuízo na esfera dos substituídos; sem lesão ou ameaça de lesão concreta, não existe *utilidade* de obter a segurança.

Quanto à adequação - ou "idoneidade técnico-científica" - será pertinente o exame de dois requisitos para impetração do *writ*, quais sejam, ato de autoridade pública e direito líquido e certo (suficiência da prova pré-constituída para possibilitar o julgamento sem necessidade de dilações probatórias),[344] somados à existência, afirmada, de lesão a direito coletivo *lato sensu*.[345]

---

342. PASSOS, *Mandado de segurança coletivo, mandado de injunção e habeas data.* p. 34.

343. Relativiza essa afirmação o princípio da universalidade da jurisdição inserto no art. 5º, XXXV.

344. Entende Calmon de Passos: "A isso, a melhor doutrina reclama que se acrescente a adequação do procedimento que se pretende adotar. Na espécie, a adequação do rito do *mandamus* à hipótese, o que reclama a natureza pública subjetiva do direito cuja tutela se pretende e sua liquidez (suficiência da prova documental). Ausente aquele ou insuficiente esta, há falta de interesse processual, por conseguinte, carência de ação. Não se conhece da segurança." (PASSOS, op. cit.. p. 34)

345. Assim coloca Carlos Alberto Alvaro de Oliveira: "Do ponto de vista processual, o exame desses requisitos oferece extrema relevância, na medida em que de sua existência dependerá a *adequação* da demanda judicial coletiva. Realmente, se o autor da ação deixar de demonstrar com a inicial a existência, em tese, de direito *difuso, coletivo* ou *individual homogêneo* - dentro das coordenadas traçadas pelo Código de Defesa do Consumidor - não terá evidenciado, como se fazia de mister, a necessária correlação entre o provimento desejado (de natureza coletiva) e a situação desfavorável nela retratada. Nessa hipótese, estará configurada

Se, por exemplo, o mandado de segurança coletivo for impetrado contra ato judicial em que caiba apelação ou agravo do instrumento, deve ser denegada a pretensão por carência, em princípio, por ausência de interesse processual, visto não ser o mandado sucedâneo de recurso, não estar o remédio adequado à situação. De igual forma ocorrerá se o impetrante, *v.g.* um sindicato, decidir tutelar direito individual de um de seus filiados em *mandado de segurança coletivo;* o remédio adequado, nesse caso, é o *writ* individual impetrado pelo próprio titular do direito subjetivo ou, mediante a autorização do inc. XXI, do art. 5º, CF/88, ao sindicato por representação.

3.3.1.8 Impossibilidade Jurídica do Pedido e a Inaplicabilidade do Art. 1º, § único da LACP aos Mandados de Segurança Coletivos

A doutrina identificou na hipótese descrita pelo art. 1º, parágrafo único, da LACP[346], um exemplo de impossibilidade jurídica do pedido. Não obstante todas as críticas que possam ser efetuadas ao mandado de segurança coletivo e ao microssistema do processo coletivo, este dispositivo não se comunica ao mandado de segurança. Ora, o microssistema existe por lógica e princípios próprios, assim entendidos aqueles que desequilibram a tutela processual em favor do mérito no processo coletivo, um dispositivo como o acima citado é na verdade um ataque ao processo coletivo e a sua efetividade.

Este dispositivo não pode ser aplicado ao mandado de segurança por diversas razões, naquilo que se refere a sua ineficácia e inconstitucionalidade material e processual remetemos o leitor às críticas reproduzidas no tópico sobre as limitações às liminares, mais importante aqui é esclarecer: a) não se aplica o microssistema para importar normas de outros diplomas que sirvam tão somente para prejudicar a tutela processual dos direitos coletivos *lato sensu*, visto ser a premissa universal do microssistema a efetividade da tutela e não sua denegação; b) não se aplica a restrição aos mandados de segurança coletivos pois estes são espécies de ações de mandados de segurança, historicamente vocacionados para a tutela individual do cidadão em matéria tributária e fiscal.

---

a ausência de um dos indicadores do interesse processual, devendo o juiz, de acordo com o sistema adotado pelo Código de Processo Civil, extinguir o processo sem julgamento do mérito, por carência de ação (arts. 267, VI, e 329)." (ALVARO DE OLIVEIRA, *A ação coletiva de responsabilidade civil e seu alcance*. p. 101).

346. "Art. 1º Regem-se pelas disposições desta Lei, sem prejuízo da ação popular, as ações de responsabilidade por danos morais e patrimoniais causados: [...] Parágrafo único. Não será cabível ação civil pública para veicular pretensões que envolvam tributos, contribuições previdenciárias, o Fundo de Garantia do Tempo de Serviço - FGTS ou outros fundos de natureza institucional cujos beneficiários podem ser individualmente determinados" (Incluído pela Medida Provisória 2.180-35, de 2001).

3.4 ASPECTOS PROCESSUAIS

3.4.1 Competência

O advento do mandado de segurança coletivo gerou algumas controvérsias e discussões acerca dos limites de sua atuação. Nesse sentido, a edição da Lei Federal n. 9.494/97 e a da Medida Provisória (M.P.) n.º 1.798-2 (mantida por reedições posteriores e depois "congelada" como M.P. 2.180-35, por força do art. 2º da EC/32), que acresceu artigos à lei limitadora, procuraram restringir o âmbito de aplicação do instituto. Por outro lado, a doutrina já havia previsto o problema da competência e feito considerações, das quais utiliza-se para uma releitura da Lei Federal n. 9.494/97, principalmente no que concerne ao mandado de segurança coletivo e às ações coletivas com eficácia sentencial mandamental.

A adoção, pelo Congresso Nacional, da Medida Provisória 1.570-5, de 1997 resultou na promulgação da Lei Federal n. 9.494, de 10 de setembro de 1997. Essa lei traz, no art. 2º, alteração do art. 16 da Lei Federal nº 7.347, de 24 de julho de 1985 (LACP), que passou a vigorar com a seguinte redação: "Art. 16. A sentença civil fará coisa julgada *erga omnes, nos limites da competência territorial do órgão prolator*, exceto se o pedido for julgado improcedente por insuficiência de provas, hipótese em que qualquer legitimado poderá intentar outra ação com idêntico fundamento, valendo-se de nova prova." Ocorre que a LACP é conformadora do sistema de direito processual para ações coletivas (art. 21 da LACP remete ao Tít. III do CDC) ao qual pertence a ação de mandado de segurança coletivo e, assim, cabe questionar se esse foi atingido pela nova redação.

Essa disposição serve apenas para a reflexão sobre a diminuição dos poderes e da eficácia das ações coletivas frente ao Poder Público. Principalmente na ação de mandado de segurança coletivo este dispositivo é ineficaz, visto que *não interessa* (para a efetividade da demanda) *a competência do órgão jurisdicional, mas sim, a competência, o plexo de atribuições, da autoridade coatora que deverá reverter o ato* (supra).[347] A alteração fere injustificadamente a estrutura do processo coletivo, pois é da própria natureza dos litígios coletivos a indivisibilidade do direito tutelado (com relação aos individuais homogêneos, estes são direitos coletivos *lato sensu*, também são tutelados de forma indivisível, molecularmente e indisponíveis aos co-legitimidados – ver art. 98 e 100, § único do CDC). Nesse sentido é a lição de Kazuo Watanabe

347. Ver ponto 2.2.5.

em caso prático, "Nem se poderia pensar, como já ficou visto, em desbloqueio (provimento desconstitutivo) em benefício apenas dos moradores de um só Estado, pois isso significaria dividir interesses transindividuais e indivisíveis, que devem ser tutelados molecularmente",[348] ainda mais se considerarmos que ocorre, em mandado de segurança, a execução específica das ordens judiciais, repetimos, decorrentes do poder de império do juiz, mas no âmbito das atribuições da autoridade coatora.

Cabe recordar a clássica lição de que a competência é no mínimo a medida da jurisdição de cada órgão julgador,[349] ou seja, indica até onde o órgão jurisdicional pode efetuar a jurisdição. Isso *não significa que o juiz exerça um poder limitado* (como exercício da jurisdição), menor ou maior que o de outro juiz, "mas expressa somente uma distribuição de atividades."[350] Definida a competência, o juiz ou o tribunal expede a notificação para prestar informações à *autoridade coatora*; ao final, concedida a segurança, esta dará cumprimento ao mandado, *dentro de sua competência territorial, dentro de seus poderes decisórios.*

Nessa medida, não se deve confundir competência com eficácia subjetiva da sentença, de modo que é indevido limitar, aprioristicamente, a eficácia de decisões proferidas em ações coletivas ao território da competência do órgão judicante, como determina o art. 16 da Lei Federal n.º 7.347/85, porquanto a eficácia da sentença não está circunscrita a lindes geográficos, mas aos limites objetivos e subjetivos do que foi decidido.[351]

De todo modo, a despeito da eficácia da sentença não se limitar aos substituídos domiciliados no âmbito de competência do órgão prolator da decisão, necessário se faz respeitar, em mandado de segurança coletivo, os limites geográficos pelos quais se estendem as atribuições da autoridade ad-

348. WATANABE, *Demandas coletivas e problemas emergentes da práxis forense*. p. 20.

349. Assim afirma Liebman em clássica lição: "La legge regola minutamente la competenza degli organi giudiziari: ogni organo può cioè esercitare le sue funzione nell'ambito della sfera delle sue atribuizzione, quale è stabilita dalla legge, e non oltre. Si dice perciò che la competenza è la quantità di giurisdizione assegnata a ciascum organo, ossia la <<*misura della giurisdizione*>>." Cf. LIEBMAN. Enrico T. *Lezione di diritto processuale civile*. Milano: Giuffrè, 1951. p. 62, § 22.

350. DINAMARCO, *A instrumentalidade do processo*. 119.

351. STJ, REsp 1243887/PR, Rel. Ministro Luis Felipe Salomão, Corte Especial, julgado em 19/10/2011, DJe 12/12/2011 (recurso repetitivo); STJ, EREsp 1134957/SP, Rel. Ministra Laurita Vaz, Corte Especial, julgado em 24/10/2016, DJe 30/11/2016; STJ, AgInt no REsp 1659842/RS, Rel. Ministro Og Fernandes, Segunda Turma, julgado em 07/12/2017. A questão está pacificada no STJ, a extensão da decisão é dada pelos contornos da decisão judicial.

ministrativa (autoridade tida como coatora), seja ela local, regional ou nacional.[352], até porque, como visto, incabível é a segurança contra autoridade que não disponha de atribuição administrativa para corrigir a ilegalidade impugnada, em razão dos limites geográficos (v.g., o Delegado Chefe da Receita Federal do Estado do Espírito Santo, embora seja autoridade federal, não detém competência administrativa para anular um ato de infração lavrado por auditor da Receita Federal de São Paulo, pois a sua circunscrição geográfica se limita ao Espírito Santo).

3.4.2 A Inaplicabilidade e Inconstitucionalidade da M.P. nº 2.180-35 ("Congelada" pela EC/32) e da Lei Federal n. 9.494/97

A Medida Provisória nº 2.180-35, que acresce artigos à Lei Federal n. 9.494/97, versa:

> Art. 2º - A. A sentença civil prolatada em ação de caráter coletivo proposta por entidade associativa, na defesa dos interesses e direitos dos seus associados, abrangerá apenas os substituídos que tenham, na data da propositura da ação, domicílio no âmbito da competência territorial do órgão prolator. Parágrafo único. Nas ações coletivas propostas contra entidades da Administração direta, autárquica e fundacional da União, dos Estados, do Distrito Federal e dos Municípios, a petição inicial deverá obrigatoriamente estar instruída com a ata da assembleia da entidade associativa que autorizou, acompanhada da relação nominal dos seus associados e indicação dos respectivos endereços.

Essa limitação da competência (abrangência da decisão apenas aos substituídos que tenham, na data da propositura da ação, domicílio no âmbito

352. "[...]. 1. A interpretação do art. 2º-A da Lei n. 9.494/1997 comporta, a princípio, a existência de mais de um juízo competente para processar e julgar a controvérsia levada ao Judiciário. 2. No caso concreto, a autoridade coatora é o Diretor-Geral do Departamento Nacional de Obras Contra as Secas - DNOCS, autarquia federal sediada provisoriamente em Fortaleza/CE (art. 1º, parágrafo único, da Lei n. 4.229/1963). Assim, a competência absoluta para apreciar o mandado de segurança (individual ou coletivo) é da Justiça Federal daquela localidade, não havendo fundamento para limitação territorial da eficácia do provimento do julgado aos substituídos com domicílio na circunscrição do Tribunal Regional Federal da 5ª Região. 3. Na espécie, a eficácia do título judicial deve estar relacionada aos limites geográficos pelos quais se estendem as atribuições da autoridade administrativa (Diretor-Geral do DNOCS), e não aos substituídos domiciliados no âmbito de jurisdição do órgão prolator da decisão. 4. Realinho o voto anteriormente proferido. Agravo regimental interposto pela ASSECAS provido." (STJ, AgRg no AgRg no AgRg no REsp 1366615/CE, Rel. Ministro Humberto Martins, Segunda Turma, julgado em 23/06/2015, DJe 24/11/2015)

da competência territorial do órgão prolator) não deve subsistir frente aos princípios mais simples referentes à ação coletiva, tais como o tratamento molecular do litígio e a indivisibilidade do bem tutelado.

Com relação ao mandado de segurança coletivo, *a ordem é dada à autoridade coatora para que cumpra o mandado.* Sendo a autoridade competente para o cumprimento, em todo o território nacional, *em nada interfere a competência do juízo de quem emana a ordem e não a transformação na realidade dos fatos.* Isso denota a inconstitucionalidade da medida provisória e sua ausência de eficácia dentro do sistema. Atuada a decisão pela autoridade coatora, a esfera de competência desta é que determina os sujeitos (em cada caso, respeitado o âmbito do direito coletivo arguido) que serão atingidos pelo cumprimento da ordem.[353]

Quanto à exigência de citar os nomes dos substituídos, beneficiados, constante do parágrafo único, ela se mostra ainda mais absurda e deturpa a própria natureza do *mandamus* coletivo, em uma atitude regressiva às dificuldades iniciais na aplicação do mesmo.[354] Celso Agrícola Barbi bem acentuou as particularidades da inicial em mandado de segurança coletivo: "Na petição inicial, deve figurar como autora apenas a entidade. Os nomes dos titulares dos direitos subjetivos ou interesses difusos objeto da demanda serão referidos apenas se isto for necessário para caracterizar os elementos da questão"; segue: "*A relação dos beneficiários da sentença somente será necessária na fase da execução, quando for o caso*".[355] Exigências limitadoras da extensão e da efetividade do instituto, como a autorização pela assembleia e o arrolamento e qualificação dos beneficiários, são inconstitucionais, seja, porque não constam do dispositivo do inciso LXX, ou, porque em várias ocasiões, *v.g.*, tutela de direitos difusos, não será possível a identificação dos beneficiários, ou ainda, *last but no least*, porque contrariam a regra do inciso XXXV do

353. Tanto que a tese firmada em repercussão geral pelo STF consignou, expressamente, a sua aplicação apenas para o *rito ordinário*, o que não compreende, como é curial, o mandado de segurança coletivo. Veja-se: "A eficácia subjetiva da coisa julgada formada a partir de ação coletiva, *de rito ordinário*, ajuizada por associação civil na defesa de interesses dos associados, somente alcança os filiados, residentes no âmbito da jurisdição do órgão julgador, que o fossem em momento anterior ou até a data da propositura da demanda, constantes da relação jurídica juntada à inicial do processo de conhecimento." (STF, RE 612043, Relator Min. Marco Aurélio, Tribunal Pleno, julgado em 10/05/2017).

354. Nesse mesmo diapasão posiciona-se o STF: "Não aplicação, ao mandado de segurança coletivo, da exigência inscrita no art. 2º-A da Lei 9.494/1997, de instrução da petição inicial com a relação nominal dos associados da impetrante e da indicação dos seus respectivos endereços." (STF, RMS 23.769, Rel. Min. Ellen Gracie, j. 3-4-2002). No mesmo sentido: STF, RE 501.953 AgR, Rel. Min. Dias Toffoli, j. 20-3-2012, 1ª Turma.

355. BARBI, *Do mandado de segurança.* p. 297.

art. 5º da CF/88 condicionando a apreciação judicial. Esse é o entendimento atual do STF[356] e do STJ[357] em relação ao mandado de segurança coletivo.

3.4.3 O Regime da Litispendência no MSC (Art. 22, § 1º da Lei Federal n. 12.016/09)

O problema da litispendência assume especial relevo em ações coletivas. Serve como verdadeiro filtro intermediário a legitimar a prestação jurisdicional, uma vez que se desvela garantia direcionada ao réu e ao Estado em detrimento do abuso de direito que pode ocorrer com a exposição demasiada, de um, e o interesse público na adequada e definitiva composição do litígio, do outro.

O art. 336 e parágrafos do CPC versam, de forma clara, sobre a matéria. Ocorre litispendência quando se reproduz ação anteriormente ajuizada (art. 336, § 1º), ou seja, quando se repete ação que está em curso (art. 336, § 3º, primeira parte). E quando se repete ação? Repete-se a ação quando esta for idêntica. Uma ação é idêntica à outra quando tem as mesmas partes, a mesma causa de pedir e o mesmo pedido, em completa sintonia entre si (art. 336, § 2º).

O Código é cristalino, contudo não se aplica em toda sua extensão por peculiaridades do processo coletivo. Quanto às ações coletivas, aqui em mandado de segurança coletivo, ocorre salientar dois complicadores. Primeiro, os autores agem em substituição processual, o substituto age em nome próprio

---

356. Súmula n. 629 do STF:"A impetração de mandado de segurança coletivo por entidade de classe em favor dos associados independe da autorização destes.";"4. A Constituição Federal, em seu art. 5º, LXX, b, prevê a legitimidade da organização sindical, entidade de classe ou associação para impetrar mandado de segurança. 5. O TCU sustenta que há necessidade de autorização expressa dos associados para o ajuizamento da ação mandamental pela associação. Ocorre que o dispositivo constitucional supracitado não prevê esse requisito como exigência para a impetração coletiva, seja pelo sindicato, entidade de classe ou associação. Em complemento, anoto que o art. 21 da Lei 12.016/2009 dispensa expressamente a autorização especial na hipótese. Esse, aliás, também é o entendimento consolidado na Súmula 629 do STF (...). 6. Ressalto que a orientação resultante do julgamento do RE 573.232, submetido à sistemática da repercussão geral, abrangeu apenas as ações coletivas ordinárias, para as quais a exigência de autorização expressa dos associados decorre do art. 5º, XXI, e não as mandamentais, pautadas no art. 5º, LXX, b, da CRFB/1988. Tanto é assim que, posteriormente, no julgamento do MS 25.561, proposto pela Associação dos Delegados de Polícia Federal, o Ministro Marco Aurélio (redator do acórdão da repercussão geral) confirmou que tal exigência é descabida em se tratando de mandado de segurança." (STF, MS 31299, Rel. Min. Roberto Barroso, dec. monocrática, j. 30-8-2016).

357. "[...]. 1. Conforme a jurisprudência do STF, determinada no julgamento do RE n. 573.232 RG/SC, nas execuções individuais de sentença devem ser obedecidos os limites subjetivos dentro dos quais o título executivo judicial foi constituído. Somente os beneficiados pela sentença, efetivamente representados pela associação de classe, mediante da comprovação da autorização expressa e da listagem de beneficiários, possuem legitimidade ativa para promover a execução do titulo judicial. 2. A jurisprudência do STF, e também a do STJ, destaca que a associação não precisa de autorização especial dos substituídos para propor *mandado de segurança coletivo*, ainda que a pretensão ajuizada se refira a parte de seus membros." (STJ, EDcl no AgRg no AREsp 109.172/DF, Rel. Ministro Mauro Campbell Marques, Segunda Turma, julgado em 01/09/2016).

na defesa de direito alheio, e, como regra geral, atua como se fosse o titular do direito. Isso possibilita a pergunta: ocorre litispendência entre mandado de segurança coletivo e mandado de segurança individual? Segundo, os legitimados do artigo 5º, inciso LXX, têm legitimidade ativa concorrente e disjuntiva, conforme já discorrido em linhas pretéritas. Desta forma podem impetrar independentemente o mandado de segurança coletivo. A questão é: ocorre litispendência entre os co-legitimados concorrente e disjuntivamente para impetrar mandado de segurança coletivo? Qual a consequência dessa duplicidade de litispendência?

Para responder a estes quesitos é mister uma prévia e breve incursão pelos elementos da ação a ser proposta, quais sejam, as partes, a causa de pedir e o pedido.[358]

As partes, como elemento subjetivo da ação, subdividem-se em ativas (que provocam a demanda) e passivas (que sofrem a provocação). As partes ativas (impetrantes), em mandado de segurança coletivo, estão determinadas em rol taxativo, mas não exaustivo, conforme estabelecido no art. 5º, inciso LXX, da CF/88 e no art. 21 da LMS. São elas: o partido político, o sindicato, a entidade de classe e a associação. Como são legitimados por substituição processual, concorrente e disjuntiva ou simples, sua posição processual é equivalente, podendo atuar em litisconsórcio ou isoladamente, sendo vistos sempre como "parte" em sentido processual. Não podem impetrar mandado de segurança coletivo os titulares individuais de direitos subjetivos coletivos.

O pedido, o que o autor visa a obter do Estado-juiz, se subdivide em mediato – "bem da vida" (satisfação da obrigação) ou situação jurídica que o autor almeja alcançar- e imediato – prestação jurisdicional, tipo de tutela ou providência judicial almejada. No mandado de segurança coletivo, o autor visa a uma ordem (objeto imediato, tipo de tutela igual ao mandamento) do juiz para correção de ilegalidade ou abuso de poder (objeto mediato, *v.g*,

358. A importância de sua classificação em ações coletivas é expressa por Mancuso:"a) contribuem para a identificação técnico-processual das ações; b) operam no sentido do prevenir decisões contraditórias, autorizando a reunião de ações que sejam conexas pela similitude do seu objeto (CPC, art. 103); c) servem à caracterização da litispendência e da coisa julgada (CPC, art. 301, 1, 2 e 3), permitindo, inclusive com indagação à causa de pedir remota, saber se, tecnicamente, se cuida de ações idênticas, ou apenas assemelhadas; d) interferem na fixação da competência, através da prevenção, operada em prol da ação primeiro despachada ou distribuída (CPC, arts. 106 e 263). Aliás, foi através de reflexão acerca dos elementos das ações coletivas e individual acaso concomitantes, versando defesa de consumidor, que o legislador pode concluir que tal simultaneidade não induz litispendência (art 104 do CDC, Lei n.º 8.078/90)." MANCUSO, *Uma análise comparativa entre os objetos e as legitimações das ações vocacionadas a tutela dos interesses metaindividuais, mandado de segurança coletivo, ação civil pública, ações do código de defesa do consumidor e ação popular.* p. 182.

reintegração de funcionários, paralização de obras e a reconstituição do dano em caso de autorização ilegal para desmatamento, etc.).

Não se trata de identificação do bem jurídico, podendo ocorrer litispendência em face da situação jurídica pretendida, mesmo que os pedidos não sejam exatamente idênticos:

> Bem jurídico é o objeto da relação jurídica (dinheiro ou um imóvel, por exemplo). Isso não é relevante para a caracterização da identidade de demandas. Confira-se esse exemplo. Uma determinada lesão ao meio-ambiente pode gerar um processo em que se pede ressarcimento pecuniário do dano ambiental; um outro legitimado pode propor ação coletiva em que se pede o ressarcimento do dano ambiental, mas na forma específica, e não em dinheiro (p. ex., com o reflorestamento da área desmatada). Há litispendência entre essas ações coletivas, embora o bem jurídico pretendido seja diverso (dinheiro e reflorestamento, respectivamente), pois em ambas discute-se a mesma situação jurídica ativa, decorrente do mesmo fato jurídico: o direito coletivo de ressarcimento dos prejuízos ambientais. Há litispendência, não obstante os pedidos serem diversos.[359]

Por último, a causa de pedir ou *causa petendi*, que é composta dos fatos e do direito e pode ser classificada como: 1) imediata ou próxima, quando relativa aos fundamentos de fato, aos fatos. No caso do mandado de segurança estes devem estar demonstrados antecipadamente, junto com a inicial, de forma a satisfazer o requisito do direito líquido e certo; ou, ainda, 2) mediata ou remota, quando relativa aos fundamentos de direito, ou seja, às normas jurídicas que fundamentam o pedido, à razão mediata, no mandado de segurança sempre um direito coletivo *lato sensu*.

Nesse particular a *correta identificação do direito coletivo a ser tutelado (causa de pedir), se individual homogêneo, se coletivo stricto sensu ou se difuso, revela-se de vital importância para o andamento ideal do litígio e para a identificação da litispendência.*

Vale aduzir, *v.g.*, que não ocorre litispendência entre ação ajuizada pelo Ministério Público para a defesa de direitos difusos (onde se tutela o interesse de um número indeterminado de sujeitos) e ação ajuizada por associação, na defesa dos interesses de seus membros, que procura reconstituir ou impedir

359. DIDIER JR., Fredie; ZANETI JR., Hermes. *Processos Coletivos*, op. cit., Cap. V, item 2.2.3.

a lesão a direitos individuais homogêneos (número determinável de sujeitos titulares de direito individual lesado ou passível de lesão proveniente de origem comum). Ocorre, no caso, ausência de identidade entre as causas de pedir remotas de uma e outra ação. A primeira baseia-se no parágrafo único, I, do art. 81 do CDC, a segunda, no parágrafo único, III, do mesmo artigo. Os efeitos da coisa julgada, determinados num e noutro caso, atingirão sujeitos diversos (art. 103, I e III, do CDC), não ocorrendo litispendência. Neste caso poderá até ser justificável a reunião dos processos, mas nem mesmo esta é obrigatória se não for conveniente à instrução e a economia processual.

Após esse preliminar entendimento, cabe perquirir da ocorrência ou não de litispendência entre o mandado de segurança coletivo e o individual. O CDC, em seu art. 104, deixa expressa a seguinte disposição: "Art. 104. As ações coletivas, previstas nos incisos I e II do parágrafo único do art. 81, não induzem litispendência para as ações individuais, mas os efeitos da coisa julgada 'erga omnes' ou 'ultra partes' a que aludem os incisos II e III do artigo anterior não beneficiarão os autores das ações individuais, se não for requerida sua suspensão no prazo de trinta dias, a contar da ciência nos autos do ajuizamento da ação coletiva."

O art. 104 determina, expressamente, que não ocorrerá, portanto, litispendência entre ações individuais e coletivas. Isso ocorre porque não se trata do mesmo direito posto em causa. Nas ações coletivas, das quais é espécie o mandado de segurança coletivo, se pleiteia o direito coletivo *lato sensu;* já nas ações individuais se busca o direito individual, não estando a pessoa individualmente lesada autorizada a impetrar o writ coletivo; apenas as entidades do inc. LXX poderão fazê-lo.[360]

Também a LMS em definitivo resolveu o problema ao determinar que não ocorre litispendência entre mandado de segurança individual e coletivo: "O mandado de segurança coletivo não induz litispendência para as ações individuais" (art. 22, § 1º da Lei Federal n. 12.016/09). Aplicando a regra que vinha já do microssistema.

Na doutrina apresentavam-se aspectos controversos, para Batalha: "É óbvio que a impetração de mandado de segurança coletivo por substituição

360. Nesse sentido, a jurisprudência dominante entende que não ocorre litispendência. O Superior Tribunal de Justiça tem acompanhado essa tendência: "2. A impetração de mandado de segurança coletivo por entidade de classe não impede o exercício do direito subjetivo de postular, mediante a proposição de ação mandamental individual, o resguardo de direito líquido e certo, não incidindo, nessa hipótese, os efeitos da litispendência. Precedentes. [...]." (STJ, AgRg no Ag 549.988/RJ, Rel. Ministro João Otávio De Noronha, Segunda Turma, julgado em 20/04/2004). No mesmo sentido: STJ, REsp 1091597/DF, Rel. Ministro Castro Meira, Segunda Turma, julgado em 18/11/2008.

processual impede a renovação do pedido em postulação solitária de substituído ou representado. Igualmente, substituído ou representado não é admissível como litisconsorte ou assistente: não há duplicação de parte"(sic.).[361] Já para Teresa Arruda Alvim: "*Não há, entre ações coletivas e individuais, litispendência.* O que se pleiteia em ambas não é exatamente a mesma coisa, mas, como vimos no início desta exposição, pode ocorrer, nos casos em que o mesmo direito é protegido pela LACP e pelo CC (art. 104, I, II e III)."[362]

Em outro sentido dirige-se a opinião de Calmon de Passos[363] e de Teori Albino Zavascki.[364] Para eles a impetração de mandado de segurança coletivo, posterior ao individual, gera continência (maior amplitude do objeto no mandado de segurança coletivo – art. 104 do CPC); a situação contrária – ajuizamento ulterior da ação individual - ocasionará litispendência (sic.).

Alguma dificuldade apresenta a questão dos direito individuais homogêneos. O legislador, no art. 104, não determinou a exclusão expressa da litispendência para esses direitos, como fez quanto aos incisos I e II do art. 81 do CDC, porém, ao mencionar os dispositivos do art. 103, logo após, o art. 104 refere-se aos incisos II e III. O terceiro inciso do art. 103 é referente aos direitos individuais homogêneos. Tal leitura permite a interpretação de que houve falha na redação da lei.[365]

O desiderato da questão é que, também quanto aos direitos individuais homogêneos, não poderá ocorrer litispendência no caso de ajuizamento de ação individual. Não se pode negar acesso à justiça aos titulares do direito individual por seus próprios meios e, ao mesmo tempo, não são eles legitimados a impetrar individualmente o mandado de segurança coletivo porque os direitos individuais homogêneos são indisponíveis para o grupo de vítimas.[366]

---

361. BATALHA, Wilson de Souza Campos. *Direito processual das coletividades e dos grupos.* 2. ed. São Paulo: LTr, 1992. p. 166.

362. ALVIM, Teresa Arruda. Apontamentos sobre ações coletivas. *Revista de Processo*, São Paulo, v.19, n. 75, p. 273-283, jul. /set. 1994. p. 283.

363. PASSOS, *Mandado de segurança coletivo, mandado de injunção e habeas data.* p.72.

364. ZAVASCKI, *Defesa de direitos coletivos e defesa coletiva de direitos.* p. 25.

365. Sobre o equívoco na remissão legal feita no art. 104 ver por todos GIDI, *Coisa julgada e litispendência em ações coletivas.* p. 190-193. Nesse trecho o autor cita as doutrinas de Vicente Greco Filho, Juarez de Oliveira, Rodolfo Camargo Mancuso, Ada Pellegrini Grinover e Nelson Nery Junior sobre o tópico e conclui de forma a integrar no dispositivo os casos de direito coletivo *lato sensu* (direitos difusos, coletivos *stricto sensu* e individuais homogêneos).

366. "Pessoas físicas já impetrantes de mandados de segurança individuais não possuem autorização constitucional para nova impetração coletiva. Eventual litisconsórcio ativo, instituto da teoria geral do processo, não se confunde com as hipóteses constitucionais do art. 5º, LXX, da CF/1988." (STF, MS 32.832 AgR, Rel. Min. Rosa Weber, j. 24-2-2015, 1ª Turma).

Solução interessante para eliminar qualquer arbitrariedade seria aplicar a disposição do art. 94 do CDC (referente à ação coletiva de responsabilidade pelos danos individualmente sofridos), com a publicação de edital no órgão oficial e, se possível, ampla divulgação pelos meios de comunicação social (semelhante ao *fair notice* do sistema das *class actions*), possibilitando a intervenção daqueles que desejassem ingressar no processo como litisconsortes e, assim, sofrer os efeitos da coisa julgada *pro et contra*.[367] Ou mesmo, por outro lado, dentro de um procedimento regrado e com obediência de prazos exíguos para o julgamento, aplicar a regra do art. 313, inciso V, alínea "a", do CPC, suspendendo as ações individuais até o julgamento do mandado de segurança coletivo.

Concluindo, deve ser dito que não ocorre litispendência entre a ação de mandado de segurança coletivo e a ação de mandado de segurança individual, e vice versa. A impetração posterior de mandado de segurança individual significará a exclusão dos efeitos do *mandamus* coletivo. No caso de impetração ulterior os autores das ações individuais deverão requerer a suspensão das ações no prazo de trinta dias a contar da ciência da impetração coletiva, sob pena de também serem excluídos dos efeitos da coisa julgada na ação coletiva (art. 22, § 1º da Lei 12.016/09 c/c art. 104, *caput*, segunda parte, do CDC). Esses princípios atingem os direitos coletivos *lato sensu* elencados no art. 81, parágrafo único e incisos. Note-se que a Lei Federal n. 12.016/2009 fala apenas em ciência, sendo possível dizer que há agora a possibilidade de uma *fair notice* ser suficiente para cientificar os titulares dos direitos individuais que ajuizaram mandados de segurança, não sendo mais necessária, em todos os casos, a ciência nos autos, como previa o CDC. Esse regramento pode ser considerado como o modelo *opt-out* do direito brasileiro, com respeito ao direito individual de tutela.

A questão da litispendência se estende, no entanto, a saber se ocorre litispendência entre um mandado de segurança coletivo e outro mandado de segurança coletivo ou ação coletiva, *v.g.* ação civil pública. Conforme o exposto, não pode haver dúvidas de que a identificação dos elementos da ação, entre ações coletivas, impede o prosseguimento da ação coletiva ulterior,[368] obrigando a sua reunião.

---

367. Sobre esse instituto no *common law* concluiu José Rogério Cruz e Tucci: "...extensão *ultra partes* (em sentido formal) dos efeitos da sentença, a menos que não tenha havido *fair notice* do processo, ou o exercício do direito, assegurado a todos os interessados, de ser considerado como não integrante do grupo (*right to opt out*)." Cf. TUCCI, *"Class action" e mandado de segurança – diversificações conceptuais*. p. 34.

368. Essa é a opinião, entre outros, de WATANABE, *Demandas coletivas e problemas emergentes da práxis forense*. p. 18 e GIDI, *Coisa julgada e litispendência em ações coletivas*. p. 219. Este último afirma, " É preciso ressaltar que,

Neste sentido, o terceiro elemento para identificar a litispendência, a identidade de parte, fica subjugado à legitimação concorrente e disjuntiva, uma vez que, aos legitimados pelo inciso LXX cabe agir como se fossem o próprio titular do direito, em nome próprio, independentemente dos demais co-legitimados, sendo considerados juridicamente a "mesma parte".[369]

Sendo determinado corretamente o direito a ser tutelado pela ação coletiva, se difuso, coletivo *stricto sensu* ou individual homogêneo, poderá o julgador aferir sua semelhança com a ação em curso. Se essa versar sobre direito coletivo (*lato sensu*) diverso daquela, não ocorre litispendência, podendo ser o caso de conexão ou continência (caso o objeto daquela ou desta encontre-se mais amplo) ou de reunião simplesmente dos processos, até para preservar o co-legitimado, que teria direito a ser litisconsórcio ativo ulterior. Transcrevemos a lição do *Curso de Direito Processual – Processo Coletivo*:

> Há um grave problema quanto à eficácia do fato processual "litispendência" na tutela coletiva.
>
> Normalmente, costuma-se atribuir à litispendência o efeito de extinguir o *segundo* processo sem exame do mérito (p. ex., art. 485, V, CPC brasileiro).
>
> Muito embora a nossa legislação seja omissa a respeito, essa será a consequência quando houver litispendência entre causas coletivas, com tríplice identidade dos elementos da demanda. Trata-se de solução geral, cuja aplicação não é incompatível no âmbito da tutela coletiva. Quando ocorrer litispendência com partes diversas, porém, a solução não poderá ser a extinção de um dos processos, mas, sim, *a reunião deles para processamento simultâneo*. É que de nada adiantaria extinguir um dos processos, pois a parte autora, como co-legitimada, poderia intervir no processo supérstite, na qualidade de assistente litisconsorcial. Por uma medida de economia, se isso for possível (se houver compatibilidade do procedimento e respeito às regras de competência absoluta), os feitos devem ser reunidos. É muito mais prático e rápido reunir as causas do que extinguir um dos processos e permitir que o legitimado peça para intervir no processo que sobreviveu, requerimento que dará ensejo a um incidente processual,

se entre uma ação coletiva do CDC e uma ação civil pública, uma ação popular, um mandado de segurança coletivo ou qualquer outra ação coletiva ocorrer identidade de causa de pedir e de pedido, haverá litispendência entre essas duas ações. Serão a mesma e única ação coletiva, apenas propostas com base em leis processuais diferentes."(Ibidem).

369. Ibidem.

com ouvida das partes e a possibilidade de interposição, ao menos teórica, de algum recurso.

Não se pode dizer que, assim, haveria uma confusão entre *conexão* e *litispendência*. A reunião dos processos não é um efeito *exclusivo* da conexão, que, aliás, como visto, pode ter outros efeitos, como a suspensão de um dos processos. Não há um "efeito da conexão" e um "efeito da litispendência". O efeito de um fato jurídico é determinado pelo direito positivo. Fatos diversos podem ter efeito semelhante (dolo e coação geram a invalidade do negócio jurídico); um único fato pode gerar mais de um efeito (o vício oculto da coisa pode gerar a resolução do negócio ou o abatimento do preço); fatos diversos podem ter, obviamente, efeitos diversos (a litispendência com tríplice identidade gera extinção de um dos processos e a litispendência sem tríplice identidade gera a reunião deles).

Diante do silêncio da legislação, é preciso identificar qual é o efeito jurídico adequado para a litispendência com partes distintas. Segundo pensamos, esse efeito é o da reunião dos processos, e não a extinção de um deles, adequado para os casos de litispendência com tríplice identidade.[370]

370. DIDIER JR., Fredie; ZANETI JR., Hermes. *Processo Coletivo*, op. cit., Cap. 5, item 2.2.2. Ademais, "uma vez havendo *representantes adequados* que sejam diferentes, embora em idêntica qualidade jurídica, a extinção de uma das demandas seria contrária aos princípios da efetividade e do acesso à justiça que norteiam a tutela jurisdicional supra-individual. Certamente, não sendo possível a reunião de demandas conexas ou litispendentes (para os casos em que apenas o legitimado ativo é pessoa diversa), em razão do estágio em que se encontrem (em graus diferentes de jurisdição, por exemplo), a solução deverá ser, *de lege ferenda*, a suspensão do processo, com a aplicação do art. 265, IV, do CPC". Ou seja, "a identidade de demandas impõe o *sobrestamento das causas prejudicadas, até o julgamento da causa prejudicial*, com fulcro no art. 265, IV, a, do CPC" (GRINOVER, Ada Pellegrini. *Ações coletivas. Identidade total ou parcial. Conexão, continência e litispendência. A aparente diversidade no pólo ativo. Conflito positivo de competência. Reunião dos processos perante o juízo prevento.* In: A marcha do processo. Rio de Janeiro: Forense Universitária, 2000. p. 409). Assim, também, LEONEL, Ricardo de Barros. *Manual do processo coletivo.* São Paulo: Revista dos Tribunais, 2002, p. 253; TUCCI, José Rogério Cruz e. *A causa petendi no processo civil.* 2ª ed. São Paulo: Revista dos Tribunais, 2001, p. 222. Em sentido contrário, entendendo que deve ser caso de extinção do segundo processo, com possibilidade de intervenção do autor coletivo no processo sobrevivente, GIDI, Antonio. "Código de Processo Civil Coletivo. Um modelo para países de direito escrito". *Revista de Processo.* São Paulo, Revista dos Tribunais, 2003, n 111; *Execução civil – estudos em homenagem ao Professor Paulo Furtado.* Rio de Janeiro: Lumen Juris, 2006, p. 370; *Processo civil coletivo.* Rodrigo Mazzei e Rita Nolasco (coord.). São Paulo: Quartier Latin, 2005, p. 769; VENTURI, Elton. *Processo civil coletivo.* São Paulo: Malheiros Ed., 2007, p. 334; WAMBIER, Teresa Arruda. "Litispendência em ações coletivas". *Processo civil coletivo.* Rodrigo Mazzei e Rita Nolasco (coord.). São Paulo: Quartier Latin, 2005, p. 287. Também não aceitando a "reunião dos processos", sob o fundamento de que "o processamento conjunto de ações repetidas não acarreta qualquer vantagem para a eficiente prestação jurisdicional", MATTOS, Luiz Norton Baptista de. "A litispendência e a coisa julgada nas ações coletivas segundo o Código de Defesa do Consumidor e os anteprojetos do Código Brasileiro de Processos coletivos". *Direito processual coletivo e o anteprojeto de Código Brasileiro de Processos Coletivos.* Ada Pellegrini Grinover, Aluísio Gonçalves de Castro Mendes e Kazuo Watanabe (coord.). São Paulo: Revista dos Tribunais, 2007, p. 199. Robson Renault Godinho, após salientar o caráter prático e operacional da litispendência, entende que os critérios de política legislativa são varáveis, conclui que pela análise tópica dos valores em jogo, não descartando a reunião dos processos: "Devido à dimensão social imanente ao processo coletivo, deve ser evitada sua extinção precoce

3.4.3.1 A Desistência do mandado de segurança individual em razão da pendência do mandado de segurança coletivo. Art. 22, § 1º, da Lei Federal n. 12.016/2009. Possível inconstitucionalidade. Apelo ao microssistema

O § 1º do art. 22 da Lei Federal n. 12.016/2009 é regra nova no microssistema da tutela jurisdicional coletiva, já analisamos acima quanto à litispendência, agora devemos analisar quanto à desistência ou suspensão das ações individuais.

O § 1º do art. 22 da Lei Federal n. 12.016/2009 foge à regra geral do microssistema: o indivíduo deverá *desistir* do mandado de segurança individual, em vez de pedir a suspensão do processo. A regra é estranha e pode revelar-se inconstitucional se, no caso concreto, a desistência implicar a perda do direito fundamental ao mandado de segurança, que deve ser exercitado em 120 (cento e vinte dias), na forma do art. 23 da Lei Federal n. n. 12.016/2009. Seria restrição irrazoável ao direito fundamental ao mandado de segurança.

Explica-se: a desistência do mandado de segurança, embora não implique decisão de mérito (e, portanto, suscetível de tornar-se indiscutível pela coisa julgada material), pode redundar na perda do direito fundamental ao mandado de segurança, que não poderia ser renovado, após eventual insucesso do mandado de segurança coletivo, em razão da necessidade de observância do prazo de 120 (cento e vinte dias) previsto no art. 23 da mesma lei. Pode ser que a desistência não implique necessariamente essa perda (como nos casos de mandado de segurança contra omissão, que não se submete ao mencionado prazo). Mas a regra será a perda da oportunidade de discutir o seu direito individual por mandado de segurança.

Assim, dificilmente o impetrante desistirá do mandado de segurança, com toda razão. A situação que se pretendia evitar (pendência da ação coletiva e de ação individual sobre o mesmo tema) permanecerá ocorrendo. A solução legislativa é bem ruim.

O dispositivo tende a tornar-se letra morta. A tendência é a de a jurisprudência considerar que o mais adequado é a suspensão do processo individual, conforme a regra geral do microssistema. Esta interpretação pode, inclusive,

---

e açodada sem exame do mérito, observando-se que a técnica deve estar a serviço da efetividade. Na análise dos elementos do processo, a extinção pura e simples de um deles pode trazer mais prejuízos que a reunião de todos, que possibilitará uma participação democrática, uma instrução mais ampla e uma postulação mais segura. Inclinamo-nos, assim, pela solução que não descarta a reunião dos processos, desde que assim se preservem, no caso concreto, os valores e a efetividade do processo coletivo" ("Notas sobre a litispendência no processo coletivo", cit., p. 892 e 898-899).

fundamentar-se na relação de preliminaridade (a procedência da ação coletiva torna desnecessário o julgamento de mérito da ação individual) entre a ação coletiva e a ação individual, que autoriza a suspensão do processo individual com base no art. 313, V, "a", CPC.

Não será a primeira vez que regras processuais precisam ser adequadas às peculiaridades do mandado de segurança.

O § 1º do art. 21 do Regimento Interno do STF autorizava o relator a extinguir o processo, em caso de incompetência. A regra excepcionava o CPC, que determina a remessa dos autos ao juízo competente nos casos de reconhecimento da incompetência (art. 113, § 2º, do CPC/1973). O STF percebeu que, se a regra fosse aplicada ao mandado de segurança, o impetrante não teria mais como impetrar o seu mandado de segurança perante o tribunal competente, exatamente em razão do mencionado prazo (MS n. 25087 ED/SP, j. em 21.9.2006, MS n. 26.244 AgR/DF, publicado no DJU de 23.2.2007, e MS n. 26.006 AgR/DF , j. em 2.4.2007). Assim, o dispositivo foi alterado (Emenda Regimental n. 21/2007), para reproduzir o regramento do CPC: a incompetência no STF implica remessa dos autos ao órgão jurisdicional competente, e não mais extinção do processo.

3.4.4 Liminar em Mandado de Segurança Coletivo (Art. 22, § 2º da Lei Federal nº. 12.016/09)

A Lei Federal n. 8.437, de 30 de junho de 1992 (Lei das medidas cautelares), estabelece em seu art. 2º: "*No mandado de segurança coletivo e na ação civil pública, a liminar será concedida, quando cabível, após a audiência do representante judicial da pessoa jurídica de direito público, que deverá se pronunciar no prazo de setenta e duas horas.*" A Lei Federal n. 12.016/09 (LMS) reproduziu essa lição; "*No mandado de segurança coletivo, a liminar só poderá ser concedida após a audiência do representante judicial da pessoa jurídica de direito público, que deverá se pronunciar no prazo de 72 (setenta e duas) horas.*" (art. 22, § 2º).

O mandado de segurança coletivo está sujeito a legislação específica do mandado de segurança, o que evidencia o cabimento de liminar (art. 7º da *LMS*).[371] Assim, nos tópicos a seguir colocam-se algumas questões pertinentes.

---

371. Conforme Bueno: "não podem existir dúvidas quanto à possibilidade de concessão de liminares em seu bojo." (BUENO, Cassio Scarpinella . *Liminar em mandado de segurança*. 2. ed. rev. amp. São Paulo: Revista dos Tribunais, 1999. p. 367).

3.4.4.1 Cabimento da Liminar

A medida liminar *deve* ser deferida caso exista, no sentir do juiz, o perigo de ineficácia do provimento jurisdicional e tenha sido satisfatória a prova do direito alegado (os requisitos são os mesmos da teoria geral da tutela de urgência: *fumus boni iuris,* aqui reforçado pelo conceito de prova pré-constituída que aduz o relevante fundamento da demanda, e *periculum in mora*).[372]

Nesse sentido, cabe ressaltar que as liminares estão compreendidas no princípio da universalidade da jurisdição (art. 5º, XXXV – "a lei não excluirá da apreciação do Poder Judiciário lesão ou ameaça a direito"). Cria-se, assim, um perfil amplo da tutela jurisdicional, incluídas as liminares. Dessa amplitude decorre que "...lei alguma infraconstitucional poderia traçar um limite para a atividade jurisdicional, quer dizer, a proibição de liminares, a proibição de medidas acautelatórias, nada disso é permitido em face do perfil constitucional da *ampla tutela jurisdicional.*"[373]

Exemplo prático que ressalta a importância da liminar em mandado de segurança coletivo, a extensão subjetiva ampliada e a relevância da medida, pode ser sugerida a partir da seguinte questão fática. Imagine-se um mandado impetrado pelo Sindicato dos Bares e Restaurantes do Estado de São Paulo contra decreto do Prefeito Municipal da Cidade de São Paulo que vedava o fumo em bares e restaurantes. O ato normativo tem efeitos práticos concretos evidentes, cabendo a tutela pela ação de mandado de segurança. Sendo admissível a ação a liminar que suspendesse a aplicação daquele ato seria equivalente a excluí-lo do ordenamento jurídico, de forma próxima, mas não idêntica, a uma liminar em ação direta de inconstitucionalidade. Os efeitos de uma tal liminar, na prática, seriam, inescondivelmente, "*erga omnes*".[374]

Uma maior atenção, pelo juiz, à concessão das liminares em mandado de segurança coletivo é atinente ao próprio conteúdo e relevância da ação (direitos coletivos e ilegalidade –afirmada – de ato de autoridade pública). Na concessão da liminar que, evidentemente, terá efeitos *erga omnes* ou *ultra partes,* o juiz ou tribunal certamente levará em consideração essa amplitude e sua repercussão.

---

372. Esse, também, é o pensamento de Betina Rizzato Lara, para quem, "O juiz não tem o poder discricionário para conceder a liminar em mandado de segurança. Comprovado o *relevante fundamento* e a provável ineficácia da medida, o juiz, a teor do art. 7º da Lei 1533/51, ordenará a suspensão da mesma. Ausentes estes requisitos, caberá ao juiz indeferí-la." LARA, Betina Rizzato. *Liminares no processo* civil. São Paulo: Revista dos Tribunais, 1993, p. 207, conclusão nº 51.

373. FIGUEIREDO, *Mandado de segurança coletivo.* p. 146.

374. O caso prático foi apontado por BUENO, *Liminar em mandado de segurança.* p. 371.

Ocorre, no entanto, mencionar o *prazo de 72 (setenta e duas horas)* para a oitiva do representante da pessoa jurídica de direito público, limite imposto pelo texto legal *(art. 2º da Lei Federal n. 8.437/92 e art. 22, § 2º da Lei Federal n. 12.016/09)*, e que se justifica, em tese, pela relevância das liminares em mandado de segurança coletivo.

3.4.4.2 Limites à Aplicação da Liminar (Duplo Juízo de Proporcionalidade)

No sentido da observância do prazo de 72 (setenta e duas) horas já decidiu o STJ pela nulidade da liminar conferida sem o respeito a determinação legal.[375] Nada obsta, contudo, que esta oitiva seja realizada em audiência especialmente chamada para este fim, o que acelera muito o procedimento, e permite o contraditório em tempo real.

Revela-se *ratio essendi* do artigo a defesa do patrimônio público contra a amplitude da liminar em mandado de segurança coletivo. Decorre este dispositivo justamente do reconhecimento da inegável força e poder que o ato do magistrado, em se tratando de ações coletivas, exerce em uma massa indeterminada de pessoas (ou pelo menos ainda não determinada) e no Poder Público. Aqui retoma fôlego o argumento pelo contraditório anterior à prolação, mínimo que seja, para permitir ao juiz maiores elementos (e, mesmo muitas vezes, os elementos necessários para concessão da liminar requerida) e segurança na concessão da medida.[376]

Ocorre que não se pode negar a "natureza própria" das medidas liminares (supra) em resposta à lesão ou ameaça de lesão, de forma eficaz. Existindo risco iminente de perda da eficácia da decisão ou mutilação de seus efeitos, não pode subsistir a vedação por inconstitucional.[377] Na doutrina esse controle foi

---

375. Transcreve-se a ementa: "Processual - Ação Civil Publica - Mandado De Segurança Coletivo - Liminar - Oitiva Do Poder Publico - Lei Num. 8.437/1992, Art. 2º. I - *No processo de mandado de segurança coletivo e de ação civil pública, a concessão de medida liminar somente pode ocorrer, setenta e duas horas após a intimação do Estado (Lei Num. 8.437/1992, Art. 2.). II - Liminar concedida sem respeito a este prazo é nula."* (STJ, REsp- 88583/SP, 1ª Turma, Rel. Min. Humberto Gomes de Barros, DJ 18.11.1996). No mesmo sentido: STJ, REsp 736.313/MG, Rel. Ministro Castro Meira, Segunda Turma, julgado em 04/04/2006; STJ, REsp 220.082/GO, Rel. Ministro João Otávio De Noronha, Segunda Turma, julgado em 17/05/2005.

376. Essa é a postura adotada por Bueno: "Importante - senão decisiva - a realização de contraditório, ainda que sumário, também na fase de concessão da liminar. É preferível que o magistrado obtenha, mesmo neste momento inicial e de exercício de cognição limitada, o maior número de elementos disponíveis para sopesar *os valores postos em jogo e as conseqüências, na ordem pública* (que é definida pelo direito, como já expusemos no c. V), *de sua decisão.* (BUENO, *Liminar em mandado de segurança.* p. 372).

377. Em trecho do voto do Min. Sepúlveda Pertence, ADIn 233-6/DF (Tribunal Pleno – DJ, 29. 06.90), fica clara a posição supra: "Para quem, como eu, acentuou que não aceita veto peremptório, veto *a priori* a toda e qualquer restrição que se faça à concessão de liminar, é impossível, no cipoal de medidas provisórias que

corretamente denominado de "duplo controle de proporcionalidade", uma vez que tendo sido admitida a restrição *prima facie* como constitucional poderá a mesma ser afastada pelo "controle de constitucionalidade *in concreto*".[378]

É também o entendimento de Bueno:

> Mas, desde que em determinado caso concreto, a prévia oitiva do representante judicial da pessoa jurídica de direito público (ou quem lhe faça as vezes, acrescentamos, à luz do inc. LXIX do art. 5º, da CF) no prazo de setenta e duas horas seja providência que acarrete a ineficácia do ato, não poderá o juiz sujeitar a concessão da medida ao regime deste art. 2 º à liminar requerida no bojo do mandado de segurança coletivo ou, acrescentamos, à liminar requerida no bojo (Lei 7.347/85, art 12) ou preparatoriamente (Lei 7.347/85, art. 4º) à ação civil pública. Evidentemente que, para chegar a tal conclusão, já deverá o magistrado ter realizado juízo de delibação favorável à tese do impetrante, concluindo pela militância em seu favor da conservação da "ordem pública" e pela premência do dano que se pretende evitar com a impetração coletiva.[379]

A conclusão geral é de que todas as leis que limitam, regulam ou restringem a concessão de liminares em mandados de segurança (individual ou coletivo) poderão ser submetidas ao controle difuso de constitucionalidade.[380] Esse controle garantirá sua razoabilidade, sempre tendo em vista o risco de ineficácia da decisão futura, que, em ação de mandado de segurança, onde a prestação do direito é *in natura*, poderá inviabilizar o pedido. Nos demais

---

se subtraem ao deferimento de tais cautelares *initio litis*, distinguir, em tese – e só assim poderemos decidir nesse processo -, até onde as restrições são razoáveis, até onde são elas contenções, não ao uso regular, mas ao abuso do poder cautelar, e onde se inicia, inversamente, o abuso das limitações e a conseqüente afronta à jurisdição legítima do Poder Judiciário...". E segue: "Assim, creio que a solução estará no manejo do sistema difuso, porque nele, em cada caso concreto, nenhuma medida provisória pode subtrair ao juiz da causa um exame da constitucionalidade, inclusive sob o prisma da razoabilidade, das restrições impostas ao seu poder cautelar. Para, se entender abusiva essa restrição, se a entender inconstitucional, conceder a liminar, deixando de dar aplicação, no caso concreto, à medida provisória, na medida em que, em relação àquele caso, a julgue inconstitucional, porque abusiva." (STF, ADI 223 MC, Relator Min. Paulo Brossard, Relator p/ Acórdão: Min. Sepúlveda Pertence, Tribunal Pleno, julgado em 05/04/1990).

378. Cf. MENDES, Gilmar; COELHO, Inocêncio; BRANCO, Paulo. *Curso de Direito Constitucional*, op. cit., p. 336.

379. BUENO, *Liminar em mandado de segurança*. p. 372.

380. O Conselho Federal da OAB, em 14.09.2009, ajuizou a ADIN n. 4.296-DF, Rel. Min. Marco Aurélio, ainda pendente de julgamento, e com parecer do Procurador Geral da República pela improcedência dos pedidos, pedindo a declaração de inconstitucionalidade do referido dispositivo legal (art. 22, § 2º, da Lei Federal n. 12.016/2009), ao argumento, em resumo, que lei ordinária não poderia restringir uma garantia constitucional.

casos concretos, dever-se-á atender para os valores em jogo, diante dos fatos e da discricionariedade do juiz.[381]

3.4.5 Intervenção Obrigatória do Ministério Público nos Mandados de Segurança Coletivos

O Ministério Público, como fiscal da ordem jurídica, intervêm no processo civil em três situações bem determinadas pela doutrina, (i) em razão da indisponibilidade pela qualidade da parte, (ii) em razão da indisponibilidade decorrente da relação jurídica litigiosa ou no (iii) interesse social.[382]

Cumpre determinar, aqui, a necessidade de intervenção do Ministério Público no pleito, frente à natureza dos direitos debatidos, visto que, em razão da matéria e da finalidade social, apresenta-se obrigatória a intervenção no mérito em todos mandados de segurança coletivos, não obstante com a nova lei (Lei Federal n. 12.016/2009) baste a oitiva do MP nos mandados de seguranças individuais.

Ora, tratando-se o mandado de segurança coletivo de espécie do gênero mandado de segurança que, por ter características próprias de legitimidade e extensão subjetiva da coisa julgada, além de tutelar direitos coletivos lato sensu, apresenta-se como ação coletiva, aplica-se, como já referido na doutrina especializada, a disciplina geral dos processos coletivos.[383]

Aliás, como bem determinado pela doutrina e aceito pelos projetos de Código, as ações coletivas tutelam direitos coletivos *lato sensu*, independentemente da postura que se adote, os direitos postos na ação coletiva são direitos coletivos. Consoante a jurisprudência unânime do STF:

---

381. O STJ tem relativizado a regra legal de oitiva obrigatória da Fazenda Pública, antes de concessão da liminar: STJ, REsp 1052430/MG, Rel. Ministro Mauro Campbell Marques, Segunda Turma, julgado em 12/04/2011; STJ, AgRg no Ag 1314453/RS, Rel. Ministro Herman Benjamin, Segunda Turma, julgado em 21/09/2010.

382. Daí a feliz síntese de Hugo Nigro Mazzilli: *"Ora, qual a finalidade do Ministério Público? Segundo a própria Constituição, é a defesa da ordem jurídica, dos interesses sociais (sempre) e dos interesses individuais (apenas se indisponíveis)"*. Cf. MAZZILLI, *Intervenção do Ministério Público no processo civil: críticas e perspectivas,* p. 160. Explicitando a lição aduz o autor: *"Em suma, aponto três causas de atuação para o Ministério Público no processo civil: a) atuação em decorrência de uma indisponibilidade ligada à qualidade da parte; b) atuação em decorrência de uma indisponibilidade ligada à natureza da relação jurídica; c) atuação em decorrência de um interesse que, embora não seja propriamente indisponível, tenha tal abrangência ou repercussão social, que sua defesa coletiva seja conveniente à sociedade como um todo (expressão social do interesse)" Idem, p. 162. Esta também é a visão de Leonel: "Quanto à legitimação do Ministério público, anote-se que está habilitado a promover em juízo a defesa de toda e qualquer espécie de interesse metaindividual, seja difuso, coletivo ou individual homogêneo. Especificamente quanto aos coletivos e individuais homogêneos, é viável a atuação do Parquet em juízo, desde que a situação protegida seja ampla e relevante, ganhando conotação social"* (LEONEL, Ricardo de Barros. *Manual do processo coletivo.* São Paulo: Revista dos Tribunais, 2002. p. 433).

383. Cf. DIDIER JR., Fredie; ZANETI JR., Hermes. *Processo Coletivo,* op. cit.

4. *Direitos ou interesses homogêneos* são os que têm a mesma origem comum (art. 81, III, da Lei n 8.078, de 11 de setembro de 1990), constituindo-se em *subespécie de direitos coletivos.* 4.1. Quer se afirme interesses coletivos ou particularmente interesses homogêneos, stricto sensu, ambos estão cingidos a uma mesma base jurídica, sendo coletivos, explicitamente dizendo, porque são relativos a grupos, categorias ou classes de pessoas, que conquanto digam respeito às pessoas isoladamente, não se classificam como direitos individuais para o fim de ser vedada a sua defesa em ação civil pública, porque *sua concepção finalística destina-se à proteção desses grupos, categorias ou classe de pessoas*[384].

Cabe sempre, em decorrência da natureza do direito coletivo, que por sua especial configuração transindividual envolve a presença constante do interesse público primário, quer pela natureza do direito tutelado, quer pela dimensão que ensejara o interesse social, a intervenção no mérito nos mandados de segurança coletivos. Isso porque, trata-se de função institucional do Ministério Público zelar pela tutela destes direitos. Tal é o mandamento constitucional: "Art. 129. São *funções institucionais do Ministério Público:* ...III – promover o inquérito civil e a ação civil pública, para a *proteção* do patrimônio público e social, do meio ambiente e *de outros interesses difusos e coletivos;*". Essa função promocional está albergada também pela Lei Complementar 75/93 que determina: "Art. 6° Compete ao Ministério Público: ... VII – promover o inquérito civil e a ação civil pública para: ... a) a proteção dos direitos constitucionais; ... d) outros interesses individuais indisponíveis, homogêneos, sociais, difusos e coletivos;."

Dessarte, a obrigatoriedade faz parte integrante do microssistema, aplicável conjuntamente com a nova Lei 12.016/2009 para os casos de mandado de segurança coletivo, uma vez que a expressa combinação do art. 90 do CDC e do art. 21 da LACP determinam que "o Ministério Público, se não intervier no processo como parte, atuará obrigatoriamente como fiscal da lei." (art. 5º., § 1º. da Lei 7.347/85 e).

Portanto, é obrigatória a intervenção do Ministério Público nas ações coletivas. E as razões são muitas, elencamos três que entendemos de maior valor para o Estado Democrático de Direito: *a)* a relevância da tutela coletiva para a efetivação dos direitos para além da fórmula credor/devedor, ou seja, a ultrapassagem do modelo patrimonialista de tutela; *b)* o impacto das decisões

384. RE 163231-SP, Rel. Min. Maurício Corrêa.

em ações coletivas (extensão da coisa julgada com eficácia *erga omnes* ou *ultra partes*) na vida da *polis* (da comunidade política do Estado); *c)* a função promocional dos direitos coletivos que é atribuída constitucionalmente ao Ministério Público, que conta com experiência adquirida e especialização reconhecida na matéria, sendo essencial sua intervenção.

Não por outro motivo, a 1ª Câmara de Coordenação e Revisão do Ministério Público Federal no seu "II Encontro", realizado no final de 2004, deliberando sobre a matéria referente à intervenção do Ministério Público Federal em mandados de segurança concluiu:

> Não se deve abrir mão da intimação pessoal nos autos do processo e da intervenção no mandado de segurança, cabendo a avaliação em relação ao seu conteúdo ao Ministério Público Federal. - Para que não haja a manifestação de mérito nos pareceres do Ministério Público Federal em mandados de segurança, deve haver uma análise individualizada de cada processo e o parecer deve conter relatório e a indicação dos motivos de fato e de direito que levem a uma não apreciação do mérito. As razões de relevância para não-manifestação sobre o mérito ficam condicionadas à fundamentação específica no caso concreto, cuja análise individualizada da matéria central deve incluir: a) se o caso pode ter repercussão geral; b) se envolve matéria que possibilite a legitimidade do Ministério Público para mover Ação Civil Pública ou outra ação judicial, ou se é objeto de ação popular em curso; c) se há obrigatoriedade constitucional ou legal de manifestação sobre o mérito (art. 82 do CPC e outras disposições legais); d) se há indícios de crime ou improbidade administrativa; e) se há interesses difusos, coletivos, individuais homogêneos ou de hipossuficientes.

A alínea "e)", com razão, solve a questão ao indicar a impossibilidade de se optar pela não intervenção na presença dos "interesses" difusos, coletivos e individuais homogêneos. Apenas não sendo o caso de ação coletiva poderá o Ministério Público opinar pela não intervenção frente à ausência de interesse público.

A intervenção decorre até mesmo da indisponibilidade destes direitos, com a necessidade de acompanhamento do MP em todas as fases do processo para tutelar e auxiliar inclusive a atuação do juiz (por exemplo, na função ativa da *defining function*). Consoante ficou asseverado em brilhante julgado da lavra do Min. Luiz Fux, os direitos difusos, coletivos e individuais homogêneos são transindividuais, daí que: "Hodiernamente, após a constatação da importância e dos inconvenientes da legitimação isolada do cidadão, *não há mais lugar para o veto da legitimatio ad causam do MP* para a Ação Popular, a Ação Civil Pública ou o *Mandado de Segurança Coletivo*."

> PROCESSO CIVIL. AÇÃO CIVIL PÚBLICA. LEGITIMIDADE ATIVA DO MINISTÉRIO PÚBLICO. ART. 129, III, DA CONSTITUIÇÃO FEDERAL. LEI 7.347/85. LEI 8.625/93. DEFESA. INTERESSES INDIVIDUAIS HOMOGÊNEOS. USUÁRIOS. SERVIÇO PÚBLICO DE SAÚDE. MORTES DE NEONATOS POR SEPTICEMIA. 1. É cediço na Corte que o Ministério Público tem legitimidade ativa para ajuizar ação civil pública em defesa de direitos individuais homogêneos, desde que esteja configurado interesse social relevante (Precedentes). 2. In casu, o Ministério Público do Estado de Roraima propôs ação civil pública contra o Estado de Roraima para condená-lo a indenizar os usuários do serviço público de saúde prestado pelo Hospital-Materno Infantil Nossa Senhora de Nazaré desde o ano de 1994, pelos prejuízos de cunho material, consistentes nos danos emergentes e lucros cessantes, e pelos danos morais, na conformidade daquilo que cada um deles, individual e posteriormente, vier a demonstrar em decorrência de que muitos usuários, dentre eles vários nascituros, faleceram por deficiência de assepsia material e/ou humana no referido hospital. 3. Isto por que a nova ordem constitucional erigiu um autêntico 'concurso de ações' entre os instrumentos de tutela dos interesses transindividuais e, a fortiori, legitimou o Ministério Público para o manejo dos mesmos. 4. O novel art. 129, III, da Constituição Federal habilitou o Ministério Público à promoção de qualquer espécie de ação na defesa de direitos difusos e coletivos não se limitando à ação de reparação de danos. 5. Hodiernamente, após a constatação da importância e dos inconvenientes da legitimação isolada do cidadão, não há mais lugar para o veto da legitimatio ad causam do MP para a Ação Popular, a Ação Civil Pública ou o Mandado de Segurança Coletivo. 6. Em consequência, legitima-se o Parquet a toda e qualquer demanda que vise à defesa dos interesses difusos e coletivos, sob o ângulo material (perdas e danos) ou imaterial (lesão à moralidade). 7. Deveras, o Ministério Público está legitimado a defender os interesses transindividuais, quais sejam os difusos, os coletivos e os individuais homogêneos. 8. Precedentes do STJ: AARESP 229226 / RS, Rel. Min. Castro Meira, Segunda Turma, DJ de 07/06/2004; RESP 183569/AL, deste relator, Primeira Turma, DJ de 22/09/2003; RESP 404239 / PR; Rel. Min. Ruy Rosado de Aguiar, Quarta Turma, DJ de 19/12/2002;

ERESP 141491 / SC; Rel Min. Waldemar Zveiter, Corte Especial, DJ de 01/08/2000. 9. Nas ações que versam interesses individuais homogêneos, esses participam da ideologia das ações difusas, como sói ser a ação civil pública. A despersonalização desses interesses está na medida em que o Ministério Público não veicula pretensão pertencente a quem quer que seja individualmente, mas pretensão de natureza genérica, que, por via de prejudicialidade, resta por influir nas esferas individuais. 10. A assertiva decorre do fato de que a ação não se dirige a interesses individuais, mas a coisa julgada in utilibus poder ser aproveitada pelo titular do direito individual homogêneo se não tiver promovido ação própria. 11. A ação civil pública, na sua essência, versa interesses individuais homogêneos e não pode ser caracterizada como uma ação gravitante em torno de direitos disponíveis. O simples fato de o interesse ser supra-individual, por si só já o torna indisponível, o que basta para legitimar o Ministério Público para a propositura dessas ações. 12. Recurso especial parcialmente conhecido e, nessa parte, desprovido. (REsp 637.332/RR, Rel. Ministro Luiz Fux, Primeira Turma, julgado em 24.11.2004, DJ 13.12.2004 p. 242).

Muito embora não seja aconselhável a definição de "absolutos" em direito, a intervenção do Ministério Público deverá ocorrer obrigatoriamente, até para garantia dos titulares dos direitos individuais, *no mínimo e ao extremo, exarando parecer pela regularidade processual da adequada representação e dos demais imperativos da boa tutela coletiva*. Portanto, mesmo que seja possível identificar, no mérito, direitos disponíveis, sem um contexto social justificante da atuação do MP, sua não manifestação justificada no mérito indicará sempre a regularidade procedimental e fundamentadamente os motivos pelos quais deixa de versar sobre o fundo da questão.

3.5 CONSEQUÊNCIAS DO MANDADO DE SEGURANÇA COLETIVO

3.5.1 Coisa Julgada em Mandado de Segurança Coletivo

O objeto do estudo aqui desenvolvido adota a dúplice problemática de ser sujeito ao procedimento especial do mandado de segurança (Lei Federal n. 12.016/09) e ao processo coletivo regulado cumulativamente pelos arts. 21 e 22 da *LMS* e pelo CDC (Tit. III, da Lei 8.078), ambas situações comportam relativizações em relação à tradicional operatividade da coisa julgada no processo ordinário. Assim, a disciplina da coisa julgada em mandado de segurança apresenta peculiaridades próprias do procedimento especial (arts. 6º, § 5º e § 6º e 19 da Lei Federal n. 12.016). Consequentemente, não ocorre coisa julgada quando ausente um dos requisitos para a impetração do mesmo.[385] Como o mandado de segurança coletivo revela-se, também, ação coletiva, serão analisadas a coisa julgada *erga omnes, ultra partes, secundum eventus litis* e o transporte *in utilibus* da sentença de concessão da segurança, sob a égide do art. 103 CDC, sem as quais é incompreensível o art. 22 da Lei Federal n. 12.016/09, bem como, a coisa julgada *secundum eventum probationis*, que nos mandados de segurança será analisada sobre duplo enfoque.

A moderna doutrina processual entende a coisa julgada como uma qualidade que adere à sentença e cumpre uma função política, negando-se a ideia de efeito e eficácia de coisa julgada como internas à sentença. Nesse sentido é imprescindível a lição de Liebman que demonstra que *a coisa julgada* não é um efeito (para os romanos era o efeito principal da sentença que não declarava, criava o direito). A coisa julgada não é nem mesmo uma eficácia da sentença (não poderia conviver em pé de igualdade com as demais eficácias, *v.g.* declaratória e constitutiva, pois tem grandeza diferente). É sim *uma qualidade que adere aos efeitos (rectius: eficácias)* o que resta claro pela própria linguagem de referência - autoridade de coisa julgada (*auctoritas rei judicatae*), e quanto aos efeitos dessa autoridade: imutabilidade, indiscutibilidade, definitividade e intangibilidade.[386]

A primeira advertência do autor italiano, em sua obra clássica sobre a autoridade da sentença, consiste em afastar o aspecto misterioso, monstruoso e até mesmo místico que assumiu a coisa julgada. Dessa forma pretende com o uso da técnica e de seus instrumentos identificar de forma clara, compreensível e logicamente exata, ao mesmo tempo coerente com o sistema, a correta definição e abrangência do instituto. Nesse sentido, "Se trata, em outros termos, de liberar o instituto da névoa que lhe envolve e de substituir o mito por uma visão científica".[387]

---

385. O texto diz expressamente: "Art. 6º. ... § 5º Denega-se o mandado de segurança nos casos previstos pelo art. 267 da Lei no 5.869, de 11 de janeiro de 1973 - Código de Processo Civil. § 6º O pedido de mandado de segurança poderá ser renovado dentro do prazo decadencial, se a decisão denegatória não lhe houver apreciado o mérito." e "Art. 19. A sentença ou o acórdão que denegar mandado de segurança, sem decidir o mérito, não impedirá que o requerente, por ação própria, pleiteie os seus direitos e os respectivos efeitos patrimoniais."

386. Conforme Liebman: "Il linguaggio ci ha dunque già inconsapevolmente sospinti alla scoperta di questa verità: che l'autorità della cosa giudicata non è l'effeto o un effeto della sentenza, ma una qualità e un modo di essere e di manifestarsi dei suoi effeti, quali siano, vari e diversi, secondo le diverse categorie delle sentenze.". LIEBMAN, Enrico Tullio. *Efficacia ed autorità della sentenza -ed altri scritti sulla cosa giudicata.* Milano: Giuffrè, 1962. 6 – introduzione.

387. "Si tratta in altri termini di liberare l'istituto dalla nebbia che l'avvolge e di sostituire il mito con una visione scientifica." Idem. p. IV – prefazione.

O jurista rejeita, a seguir, a opinião de Hellwig, para quem a coisa julgada (*Rechtskraft*) só ocorre sobre o efeito declarativo (*Feststellungwircung*) e afirma sua operatividade sobre as demais eficácias sentenciais. Assim, "Que toda a importância da coisa julgada esteja "na expressão da concreta vontade do direito" (CHIOVENDA) é uma verdade que deve ser entendida em todo o seu significado: vale dizer, que sobre esta expressão da concreta vontade do direito, possa e deva agir, a autoridade da coisa julgada não só quando o seu conteúdo e efeitos são de mera declaração, mas, também, quando são de criação e modificação da realidade jurídica."[388]

Justamente pela imprecisão da doutrina, que ora fala em efeito, ora em eficácia, uma última e necessária exatidão cabível em tema de sentença e coisa julgada diz respeito à distinção entre eficácia e efeitos da sentença. Nesse sentido é a lição de Barbosa Moreira: "A cada elemento (eficácia) corresponderá um (ou mais) efeito próprio, sem que isso nos autorize a identificar este com aquele, nem a embutir no conteúdo da sentença aquilo que ela projeta no mundo exterior."[389] Decorre daí a natural conclusão de que agindo a qualidade da imutabilidade da sentença (coisa julgada) apenas sobre o conteúdo da sentença, esta se dará quanto às eficácias nela contidas, não quanto aos efeitos que lhe são externos.[390]

A eficácia da sentença é eficácia de direito processual; difere da eficácia física, natural, porque tem relevância jurídica e difere da eficácia de direito material, efeitos em potência dos atos jurídicos, porque seus elementos constitutivos independem da realização dos efeitos, que lhe são externos.[391] A eficácia da sentença se dá *in concreto*. A eficácia de direito processual pode ser definida como a qualidade decorrente dos elementos constitutivos (eficácias) que possui a sentença para gerar efeitos jurídicos. Ressalta-se que a importância da distinção entre efeito e eficácia na sentença serve não só para a percepção de que existe *uma pluralidade de eficácias na sentença* (já demonstrado supra), mas também, pela *característica de que "A eficácia diz respeito ao conteúdo"* e à posição de elemento do conteúdo que esta assume. Portanto, que sobre as eficácias e não sobre os efeitos (externos ao conteúdo), irá incidir o selo da imutabilidade quando da preclusão máxima dos recursos, denominada *coisa*

388. Idem. p. 23.

389. BARBOSA MOREIRA, *Conteúdo e efeitos da sentença variações sobre o tema*. p. 211-212.

390. ALVARO DE OLIVEIRA, Carlos Alberto. Perfil dogmático da tutela de urgência. *Ajuris*, v. 24, n. 70, jul. 1997. p. 225.

391. Sobre a distinção entre eficácia física ou natural e eficácia jurídica cf. FALZEA, Angelo. Efficacia giuridica. In: *ENCICLOPEDIA del Diritto*. Milano, Giuffrè, 1965. p. 432-509.

julgada material. Assim, tendo sida admitida (supra) a eficácia mandamental, também sobre esta irá operar a coisa julgada.

Ainda sobre a coisa julgada cabe ressaltar que ela constitui garantia fundamental. A Constituição determina no art. 5º, inc. XXXVI: "*a lei não prejudicará o direito adquirido, o ato jurídico perfeito e a coisa julgada*". Assim demonstra-se necessária para garantia dos direitos individuais e coletivos a segurança das relações jurídicas, determinando a estabilidade dos direitos criados, em concreto, pela sentença. Nesse sentido, as reflexões aqui desenvolvidas pretendem identificar o *princípio da segurança jurídica* dentro da sistemática das ações coletivas e demonstrar a sua observância, bem como a existência de um "devido processo" que o legitima.

O devido processo legal nos moldes do processo tradicional/individualista apresenta dois pontos nevrálgicos de resistência (oposição) em relação à efetividade e Justiça nas ações coletivas: 1) o *risco* de interferência injusta nas *garantias individuais do titular do direito subjetivo* (princípio da inércia do judiciário e do contraditório), submetendo o "sujeito" à "imutabilidade" de uma decisão da qual não participou; e, 2) a *exposição indefinida do réu* ao judiciário ("*No person should be twice vexed by the same claim*")[392] e a *segurança jurídica* para o Estado ("*It is in the interest of the state that there be an end to litigation*").[393] Nesse particular, a primeira dificuldade justificou as maiores preocupações com relação à legitimação, "adequada representação", das classes em juízo.[394]

3.5.1.1 Coisa Julgada Secundum Eventum Litis e Secundum Eventum Probationis: Desenvolvimento no Direito Brasileiro até o CDC

Superada, no Brasil, a fase onde não estava definido um titular do direito coletivo *lato sensu* (hoje determinados em lei, art. 81, § único e incisos, do CDC) e onde estavam os direitos "à procura de um autor" (estabelecida a legitimidade ativa em lei, *v.g.*, para o mandado de segurança coletivo no art. 5º, LXX da CF/88, mesmo que se evolua gradativamente também para o controle da adequada representação) surgiram problemas com relação ao segundo elemento.

---

392. Friedenthal, Kane e Miller, *Civil Procedure*. p. 614-6 *apud* GIDI, *Coisa julgada e litispendência em ações coletivas*. p. 228.

393. Idem. p. 229.

394. Cf. CAPPELLETTI, *Formações sociais e interesses coletivos diante da justiça civil. passim.*

A questão era como se faria a busca, pelo Estado, da verdade em ações coletivas, e até onde ela iria, quais os limites e quais as garantias do réu. A primeira fórmula nacional foi a coisa julgada *secundum eventum probationis* (segundo o resultado da prova)[395], colocada nos arts. 18, da LAP e 16 da LACP, segundo a qual em caso de *insuficiência de provas* não se daria a coisa julgada material podendo ser reproposta a demanda.

Nos mandados de segurança essa solução também foi albergada como requisito da ação, qual seja, a prova pré-constituída (direito líquido e certo). A boa doutrina já reconhecia que as situações em que não fosse reconhecida a presença de direito líquido e certo não se formaria a coisa julgada material *secundum eventum probationis.*

Assim, haverá cognição plena e exauriente somente quando a análise do mérito no mandado de segurança coletivo superar o requisito do direito líquido e certo (prova documental, sem necessidade de dilação probatória) e, também, não houver insuficiência das provas analisadas (prova documental insuficiente), sendo em ambos os casos a coisa julgada *secundum eventum probationis.*

Porém, essa solução, mesmo que útil e eficaz, deixava a desejar, principalmente porque feria, ou corria-se o risco de ferir, os direitos individuais dos particulares em caso de julgamentos pela improcedência da ação.

O CDC estabeleceu nova disciplina, dando atenção direta às garantias individuais, ditando que de forma nenhuma serão prejudicadas as ações individuais pelas ações coletivas, sem a anuência do indivíduo (aqui ocorre uma ruptura com a ideia original de que a coisa julgada atinge o substituto e o substituído).

Observe-se que "não serão prejudicadas as ações individuais", não ocorrerá coisa julgada material quanto a elas, porém, ocorrerá quanto aos sujeitos (*erga omnes*) a *eficácia natural da sentença* como decisão emanada de órgão do Estado. O direito será afirmado em sentença, mas poderá ser discutido em ação cabível justamente porque não houve contraditório suficiente em

395. Nesse sentido Pedro Lenza. *Teoria Geral da Ação Civil Pública.* São Paulo: Revista dos Tribunais, 2003, p. 281 e ss. Observa-se, contudo, que defendemos que a coisa julgada *secundum eventum probationis* alcança também os direitos individuais homogêneos e não apenas os difusos e coletivos, sendo o silêncio do art. 103, III insuficiente para afastar este resultado em face do modelo processual coletivo brasileiro. Deve ser observado ainda que o autor deveria ter percebido isto com ainda maior clareza, vez que o regime da coisa julgada no art. 16 da LACP não faz nenhuma restrição quanto ao resultado *secundum eventum probationis* da ação para tutela dos direitos coletivos *lato sensu*, quer sejam eles difusos, coletivos em sentido estrito ou individuais homogêneos.

relação ao substituído, podendo este produzir provas e aduzir elementos jurídicos não levados em consideração no *writ* coletivo. A decisão nas ações coletivas trará sempre alguma influência sobre as ações individuais mesmo quando denegatória no mérito, contudo essa será, por agora, apenas *persuasiva* (não-vinculante).

Como salientou-se na doutrina, somente em casos excepcionais os titulares individuais terão chance de êxito, visto que a natural amplitude da discussão no processo coletivo agirá como fator de reforço ou fortalecimento da convicção jurisdicional (advogados mais preparados, juízes mais atentos, etc.). São justamente estes casos excepcionais que sugerem mais equânime a adoção da coisa julgada *secundum eventus litis.*[396]

Em contrapartida, o CDC determinou a ocorrência da coisa julgada material entre os co-legitimados e a contraparte, ou seja, a impossibilidade de repropor a demanda coletiva caso haja sentença de mérito (*pro et contra*), atendendo, assim, aos fins do Estado na obtenção da segurança jurídica e respeitando o devido processo legal com relação ao réu que não se expõe indeterminadamente à ação coletiva, ficando, desta forma, respeitada a regra tantas vezes defendida pela doutrina: "*A coisa julgada, como resultado da definição da relação processual, é obrigatória para os sujeitos desta.*";[397] e expressa no art. 506 do CPC, primeira parte.

Nos processos coletivos ocorre sempre coisa julgada. A extensão subjetiva desta é que se dará "segundo o resultado do litígio", atingindo os titulares do direito individual (de certa forma denominados substituídos)[398] apenas para seu benefício.

Essa sistemática elaborada pelo CDC institui o, já muito aclamado, "*devido processo social*" em atenção aos impositivos ditames da sociedade de massa e da Justiça (como valor). Tal como a facilitação do acesso à Justiça (engoblando a defesa de novos direitos e a defesa das novas situações de lesão) e a economia processual, tudo sem prejuízo da segurança jurídica e das garantias individuais da contraparte.

396. GRINOVER, *Código brasileiro de defesa do consumidor: comentado pelos autores do anteprojeto.* p. 711.

397. SILVA, Ovídio Araújo Baptista da. Eficácia da Sentença e Coisa Julgada, in: *Sentença e Coisa Julgada,* 3. ed. Porto Alegre: Safe, 1995, p. 95.

398. De "certa forma" porque em verdade os direitos em que se autoriza a ação aos substitutos processuais são os coletivos *lato sensu* e não os individuais. Ocorre, no mais das vezes, uma concomitância entre os direitos decorrentes do mesmo fato e as situações de titularidade, sem que isso autorize a dizer que são os mesmos direitos.

A extensão subjetiva do julgado em ações coletivas se dará em direta relação com a amplitude do direito posto em causa. Se difuso, a extensão será *erga omnes* para atingir a massa indeterminada de sujeitos daquele direito. Se coletivo, a extensão será *ultra partes*, atingindo a todos os membros da categoria, classe ou grupo, "perfeitamente identificáveis" (mas, não necessariamente identificados), visto a ocorrência de relação jurídica-base entre si ou com a contraparte anterior à lesão, enquanto grupo, categoria ou classe. Se individuais homogêneos, a extensão será *erga omnes*, atingindo a todos aqueles que comprovarem a lesão (origem comum) do direito debatido em juízo. Nesses casos note-se que a sentença terá eficácia *erga omnes* justamente porque não se revela necessária, sendo até mesmo difícil, a individuação dos lesados na inicial. Como a sentença será genérica carecendo de individuação, não há que se falar em juntada do rol de beneficiários ou qualquer outro expediente voltado à redução dos eventuais titulares de direitos individuais.

Voltando ao tema específico da coisa julgada em mandado de segurança, inicialmente, antes de se falar sobre a coisa julgada no *writ* coletivo, é necessário delimitar como se dá a coisa julgada na ação de mandado de segurança individual. Como foi visto, o mandado de segurança coletivo é espécie do mandado de segurança e a ele se comunicam as disposições da Lei Federal n. 12.016/09: "Art. 6º. ... § 5º Denega-se o mandado de segurança nos casos previstos pelo art. 267 da Lei nº 5.869, de 11 de janeiro de 1973 - Código de Processo Civil; § 6º O pedido de mandado de segurança poderá ser renovado dentro do prazo decadencial, se a decisão denegatória não lhe houver apreciado o mérito." e "Art. 19. A sentença ou o acórdão que denegar mandado de segurança, sem decidir o mérito, não impedirá que o requerente, por ação própria, pleiteie os seus direitos e os respectivos efeitos patrimoniais."[399]

Da junção desses dispositivos entende a maioria expressiva da doutrina que a *decisão de mérito* faz coisa julgada, seja em benefício, seja em prejuízo do autor. A coisa julgada em mandado de segurança é completa; concedendo ou denegando a segurança não se poderá repropor a demanda. Porém, sendo

399. Já a Súmula 304 do STF dispõe: "Decisão denegatória de mandado de segurança, não fazendo coisa julgada contra o impetrante, não impede o uso da ação própria." A interpretação hodierna da súmula é exposta por Barbi: "Posteriormente, todavia, o Supremo Tribunal Federal vem interpretando a súmula 304 exatamente no sentido por nós defendido, isto é, se houve certeza sobre os fatos mas o juiz reconheceu que a lei não dá ao autor o direito subjetivo que ele alega, isto é, se o mandado foi negado com exame do mérito, a sentença faz coisa julgada material."; e segue: "Logo, não pode haver renovação do pedido na mesma via ou em qualquer outra, devendo o autor usar da ação rescisória, se ocorrerem os pressupostos desta." BARBI, *Do mandado de segurança*. p. 227.

o direito líquido e certo pressuposto de admissibilidade da ação, só ocorrerá decisão de mérito se este estiver presente.

Na ausência de direito líquido e certo, ou seja, na insuficiência probatória não ocorrerá coisa julgada no mandado de segurança, seja individual ou coletivo. Aqui a exceção apregoada pelos dispositivos da LAP, da LACP (anterior) e do CDC não se revela necessária por ser da própria essência da ação a prova pré-constituída. No mandado de segurança não cabe dilação probatória; não existindo prova suficiente o juiz ou tribunal deve julgar extinta a ação por carência. Assim entende, por todos, Celso Agrícola Barbi: "Tudo isso nos leva à conclusão que, quando o mandado é denegado por questões prévias ou por incerteza quanto aos fatos, poderá ser a demanda renovada por outra via processual, nos termos do art. 15 da Lei 1.533."[400]

Quanto ao *writ* coletivo (e em ações coletivas em geral) apresentam-se duas teses principais desenvolvidas sobre a coisa julgada: a primeira defende a coisa julgada *secundum eventus litis*, ou seja, a postura de que não ocorre prejuízo dos direitos individuais dos substituídos em caso de improcedência do mandado de segurança coletivo, podendo ser proposta ação de mandado de segurança (individual) ou outra cabível, caso decaído o prazo para impetração do *writ* (sistema adotado pelo CDC, art. 103). Aderem a essa corrente diversos autores a exemplo de Lúcia Valle Figueiredo que expressamente coloca: "Afirmo que a sentença não faz coisa julgada para todos os membros ou associados se ela for improcedente. Vale dizer: não impede que individualmente seja postulado um bem de vida, seja pelo mandado de segurança individual, se houver ainda tempo hábil, seja por qualquer outro tipo de ação."[401] Acompanha esta posição Ada Pellegrini Grinover, que frente à opção do constituinte por critérios objetivos para conferir a legitimação (existência legal e pré-constituição) afirma "...a única técnica capaz de harmonizar, *de constitutione lata*, as peculiaridades da coisa julgada no mandado de segurança coletivo com as garantias do devido processo legal, é a extensão do julgado *secundum eventus litis*. Em caso de sentença desfavorável, os interessados poderão mover demandas pessoais, a título individual".[402]

Othon Sidou, com base na titularidade do direito de ação, que entende ser do autor e não dos membros e associados que seriam meros beneficiários, afirma: "*A sentença firme, concedendo a garantia, reveste a condição de coisa*

400. BARBI, *Do mandado de segurança*. p. 226. Em nota de nº 321 cita o autor vasta doutrina sobre o tema.

401. FIGUEIREDO, *Mandado de segurança coletivo*. p. 152.

402. GRINOVER, *Mandado de segurança coletivo: legitimação, objeto e coisa julgada*. p. 83. Esp. conclusões nº 4.9 e 4.10.

julgada material, e beneficia todos os componentes da entidade postulante; mas a sentença denegatória passada em julgado gera apenas, como em todo mandado de segurança, a coisa julgada formal, e não exclui a possibilidade de qualquer deles pleitear individualmente mandado de segurança; a menos que, ostensivamente, haja assumido a condição de litisconsorte."[403] Uma peculiaridade da opinião de Othon Sidou reside no fato do autor não admitir a formação de coisa julgada material em sentença denegatória na ação de mandado de segurança "...*mas a sentença denegatória passada em julgado gera apenas, como em todo mandado de segurança, a coisa julgada formal*" (sic).[404]

Teresa Arruda Alvim, incluindo o mandado de segurança coletivo entre as chamadas ações coletivas, afirma ser aplicável à coisa julgada o sistema do CDC, que ressalta "completamente diferente" do sistema tradicional seguido pelo CPC/1073 que entende "...baseado numa mentalidade marcadamente individualista".[405] Uadi Lamêgo Bulos aduz que o problema da coisa julgada se soluciona com a aplicação dos art. 103 CDC.[406] Ivan Lira Carvalho adota a posição de Ada Pellegrini Grinover e ressalva que, "É evidente que a barreira da coisa julgada só se erguerá contra os legitimados anômalos se os fatos permanecerem estanques...", mudando os fatos reaberta estará a via para impetração.[407] Para Milton Flacks o sistema do CDC comunica-se ao mandado de segurança coletivo: "Sucede que o art. 21 da Lei da Ação Civil Pública (acrescentado pela Lei 8.078/90) dispõe que à defesa dos interesses coletivos e difusos aplica-se a disciplina processual prevista no Código do Consumidor e, portanto, os princípios antes expostos sobre a eficácia da coisa julgada: extensão a terceiros, estranhos à lide, *secundum eventum litis* e *in utlibus*, ou seja, somente para beneficiá-los"; segue: "Caso denegado, os membros ou associados da impetrante poderão se valer livremente de quaisquer das ações individuais, ...omissis... desde que atendidos os respectivos pressupostos."[408] Maria de Fátima V. Ramalho Leyser ressalta a validade do CDC para a aplicação da extensão subjetiva do julgado, fundando-se na opinião de Antonio Gidi e Ada Pellegrini Grinover e salientando que nos casos de improcedência nova ação pode ser proposta pelo lesado individualmente.[409]

403. SIDOU, *Habeas corpus, mandado de segurança, mandado de injunção, habeas data, ação popular: as garantias ativas dos direitos coletivos.* p. 263.

404. Ibidem.

405. ALVIM, *Apontamentos sobre ações coletivas.* p. 283.

406. BULOS, *Mandado de segurança coletivo.* p. 77.

407. CARVALHO, *O mandado de segurança coletivo e os partidos políticos.* p.94.

408. FLACKS, Milton. Instrumentos de defesa coletiva dos contribuintes. *Revista dos Tribunais,* São Paulo, v. 81, n. 681, p. 41-65, jul. 1992. p. 47.

409. LEYSER, *Mandado de segurança coletivo.* p. 368-369.

Nesse sentir é forte a expressão de *Michel Temer*, Deputado Federal e constituinte à época da elaboração da Constituição de 1988: "O desiderato constitucional foi o de ampliar as garantias individuais. Jamais o de restringi-las.", portanto, "Deriva, assim, da Constituição, a autorização – se não mesmo, a determinação – para *o legislador ordinário, ao regulamentar o mandado de segurança coletivo, estabelecer que a decisão judicial fará coisa julgada quando for favorável à entidade impetrante e não fará coisa julgada quando ela for desfavorável.*"[410]

Na doutrina italiana são adeptos da possibilidade de extensão *secundum eventus litis* da coisa julgada nas ações coletivas: Vittorio Denti,[411] Proto Pisani[412] e Michelle Taruffo.[413]

Vittorio Denti entende pela "extensão do julgado *ultra partes secundum eventus litis* (ou seja, do julgado que acolhe e não daquele que rejeita a ação)";[414] Andrea Proto Pisani, fundado na disciplina das obrigações indivisíveis (art. 1306, C.C. italiano) opta pela extensão subjetiva dos efeitos do julgado a terceiros somente nos casos de procedência e justifica que essa solução "colhe o justo ponto de equilíbrio"[415] entre a economia processual e a garantia dos direitos individuais (estranhos ao juízo). Michele Taruffo compartilha da opinião expansiva de Proto Pisani, fundado, no entanto, em princípio diverso, entende pela *necessidade de normas novas* e mais adequadas à tutela do direito difuso.[416] A diferença consiste em que, tanto Andrea Proto Pisani, como Michele Taruffo, deixam clara a preocupação com o devido processo em relação ao "*convenuto*", o réu da ação, enquanto Denti se concentra sobre a afirmação da coisa julgada somente em benefício dos portadores de direitos individuais.

A legislação nacional adotou a posição mais abrangente, criando normas novas e garantindo o acesso individual à jurisdição em caso de sentença improcedente[417], mas determinando a não repetição da ação coletiva quando

---

410. TEMER, *Elementos de direito constitucional.* p. 12.

411. DENTI, Vittorio. Relazione introduttiva. In: *LE AZIONE a tutela di interessi collettivi*: Atti del convegno di studio di Pavia, 11-12 giugno 1974. Padova: Cedam, 1976. p. 3-23. p. 21.

412. PISANI, *Apuntti preliminari per uno studio sulla tutela giurisdizionale degli interessi colletivi (o piu esattamente: superindividuali) innanzi al giudice civili ordinario.* esp. p. 285.

413. TARUFFO, Michele. Interventi. In LE AZIONE a tutela di interessi collettivi : Atti del convegno di studio di Pavia, 11-12 giugno 1974. Padova: Cedam, 1976. esp. p. 334-335 e 336.

414. DENTI, op. cit. p. 21.

415. PISANI, op. cit. p. 285.

416. TARUFFO, *Interventi.* p. 334-335.

417. Esse é o entendimento do STJ: "[...]. Não ofende o instituto da coisa julgada a propositura de ação individual, ainda que exista sentença imutável de improcedência proferida em sede de ação coletiva." (AgRg no REsp

idênticos os elementos objetivos (réu, causa de pedir e pedido). Note-se que aqui o réu apenas não evita eventuais ações individuais, mas reforça sua tese, pois como se trata de matéria discutida de forma mais ampla no processo coletivo, as ações individuais terão poucas chances de vitória, dependendo fortemente dos aspectos particulares do caso tutelado.

Outra corrente doutrinária *não* admite a coisa julgada *secundum eventus litis*. Assim, tendo em vista a segurança jurídica e o risco de exposição infinita do réu em ações coletivas, alguns juristas tendem pela extensão *erga omnes* da eficácia da sentença, inclusive na improcedência – denegação da segurança (sic.). Bateram-se nesse sentido juristas como Carlos Mario da Silva Velloso, que em artigo publicado logo após a promulgação da constituição afirmou, "Se a sentença, entretanto, indeferir a segurança coletiva, por entender infundada a ação, assim, com exame do mérito da causa, terá ela eficácia de coisa julgada oponível *erga omnes*."[418] Sebastião de Oliveira Lima não difere desta opinião, a coisa julgada terá eficácia "*Erga omnes*' no universo dos beneficiados pela sentença, quer seja denegatória, quer concessiva da segurança."; segue, "a decisão proferida em mandado de segurança coletivo alcança todos aqueles que ela visava beneficiar, seja concessiva, seja denegatória a ordem. Isso é irrelevante." Informa tal postura com base na segurança jurídica e economia processual, e no risco de oferecer o réu indeterminadamente a uma sucessão de demandas com igual conteúdo.[419]

O eminente processualista Alfredo Buzaid afirmou encontrar-se a solução no exame da substituição processual, entendendo que "*O substituído, titular da relação jurídica litigiosa, embora não participe do processo, fica sujeito à coisa julgada*; o substituto, conquanto não seja o titular da relação jurídica litigiosa, é parte na causa, porque atua em nome próprio por direito alheio. *Não pode, pois, o substituto ajuizar de novo a mesma ação se a anterior foi decidida e a sentença transitou em julgado.*" Pelo mesmo motivo afasta a possibilidade do substituído impetrar nova ação vez que a questão "já foi decidida com trânsito em julgado".[420] Calmon de Passos utiliza analogamente a disciplina

1048972/MG, Rel. Ministro Jorge Mussi, Quinta Turma, julgado em 09/02/2010). No mesmo sentido: STJ, REsp 707.849/PR, Rel. Ministro Teori Albino Zavascki, Primeira Turma, julgado em 06/03/2008; STJ, MS 13.747/DF, Rel. p/ Acórdão Ministro Luiz Fux, Primeira Seção, julgado em 09/09/2009.

418. VELLOSO, Carlos Mario da Silva. Do mandado de segurança e institutos afins na Constituição de 1988. In TEIXEIRA, Sálvio Figueiredo. *Mandados de Segurança e de Injunção.* São Paulo, Saraiva, 1990, p. 75- 106, p. 96. Mantendo a posição cf. VELLOSO, Carlos Mario da Silva. As novas garantias constitucionais: O mandado de segurança coletivo, o "habeas data", o mandado de injunção e a ação popular para defesa da moralidade administrativa. *Revista dos Tribunais*, São Paulo, v.78, vol. 644 , p.7-17, jun. 1989. p. 12-13.

419. LIMA, *Mandado de segurança coletivo e seus principais problemas.* p. 138.

420. BUZAID, *Considerações sobre o mandado de segurança coletivo.* p. 128.

da LAP e da LACP e conclui: "Denegatória a decisão na segurança, a coisa julgada em favor do Poder Público seria oponível a todos os interessados, obstada, definitivamente, a impetração de segurança individuais ou plurais (litisconsórcio)." [421] No entanto é indispensável a ressalva que o próprio autor faz: "Assim, *enquanto não regulado em outros termos* pelo legislador ordinário, o mandado de segurança coletivo atende às normas previstas para o mandado de segurança individual *e às normas pertinentes à substituição processual, coisa julgada etc., em ações coletivas.*"[422] Esse entendimento complementar, visto ter sido sua obra sobre o tema publicada anteriormente à promulgação do CDC é relevante para perceber a noção de sistema de ações coletivas, já presente no autor.

Assim, José Rogério Cruz e Tucci,[423] em seu estudo inicial, ainda antes da vigência do CDC, afirmou ser a coisa julgada em mandado de segurança coletivo *erga omnes*, denegando ou concedendo a segurança. Porém aplicando razoabilidade a sua afirmação, sobre clara e forte influência da doutrina norte-americana das *class actions*, aduz que tal efeito não ocorrerá se a notificação (*fair notice*) não tenha sido eficaz impedindo a auto-exclusão ou se eficaz tenham os substituídos exercido aquele direito (*right to opt out*). Assim, "Poderão, no entanto, rediscutir o objeto do *iudicium*, em processo futuro, aqueles que, cientificados da impetração, escaparam da preclusão proveniente da *res iudicata*, por terem oportunamente exercido o direito de auto-exclusão". [424]

Luiz Alberto Gurgel de Faria entende aplicável o sistema da LACP e LAP, portanto sendo extensível a coisa julgada material *pro et contra*, assevera, contestando expressamente as posições de Lúcia Valle Figueiredo e Michel Temer, "Data maxima venia dos que entendem em contrário, a adoção dessa tese *conduziria à negação da coisa julgada*, além de descaracterizar a substituição processual, já que suprimiria seu principal efeito."[425]

---

421. PASSOS, *Mandado de segurança coletivo, mandado de injunção e habeas data.* p. 70.

422. Idem, p. 58.

423. Cabe a advertência que a obra do autor, pioneira no tema, foi escrita logo após a Constituição e anteriormente a vigência do CDC.

424. TUCCI, "Class action" e mandado de segurança coletivo – diversificações conceptuais. p. 50. Em recente e substanciosa monografia sobre direitos individuais homogêneos está afirmado expressamente que a regra da execlusão voluntária só cabe nos casos da subdivisão (b) 3 da *Rule 23* que rege o sistema federal das ações coletivas norte-americanas. Afirma, Araújo Filho, que de acordo com a subdivisão (c) 3 da *Rule 23* a doutrina (com dissensões) e a jurisprudência majoritária entendem pela desnecessidade da observância da regra da *fair notice* nos casos (b) 1 e (b) 2. Cf. ARAUJO FILHO, *Ações coletivas: a tutela jurisdicional dos direito individuais homogêneos.* p. 33-34.

425. FARIA, *Mandado de segurança coletivo, legitimação.* p. 38.

Hely Lopes Meirelles também é partidário da aplicação supletiva das regras estabelecidas para a coisa julgada na LACP e LAP. Indo mais além afirma a necessidade de legislação específica, "Na realidade, todas estas matérias merecem tratamento específico numa reforma da legislação do mandado de segurança, que passe a regular também o procedimento coletivo, afastando as atuais dúvidas da doutrina e da jurisprudência."[426] Ressalta-se, porém, que a aplicação da disciplina do CDC supre essa deficiência, por ora, contrariando frontalmente a posição do administrativista. Ora, como será dito a seguir, a coisa julgada em ações coletivas não prejudica as ações fundadas em direitos individuais, nem mesmo na ação popular ou na ação civil pública.

Teori Albino Zavascki, por sua vez, afirma, "Mesmo ajuizado por substituto processual, o MS coletivo terá sentença com eficácia de coisa julgada material para todos os substituídos, desde que, evidentemente, nela haja pronunciamento específico sobre o direito afirmado pelo impetrante."[427] O autor revela-se mais técnico, haja vista que a deficiência probatória no *writ* significa ausência de direito líquido e certo e portanto impede o julgamento do mérito.

Na doutrina italiana Mauro Cappelletti[428] apresentou-se frontalmente contrário à ideia de coisa julgada *secundum eventus litis*. Ocorre que a legitimação, para Cappelletti, resta forte na "adequada representação" e na solução casuística (influência do sistema das *class actions* e de uma maturação inexistente para soluções de *iure condendo* no direito italiano). Como decorrência lógica dessa postura, entende ser a coisa julgada e os efeitos da sentença extensíveis *pro et contra*, "...então me parece que não se deva distinguir entre efeitos bons ou ruins, favoráveis ou desfavoráveis".[429] Essa é uma postura voltada para a garantia do devido processo legal também ao réu. A crítica de Cappelletti à coisa julgada *secundum eventus litis* releva, no entanto, o problema da exposição continuada a ações coletivas o que prejudicaria diretamente a atividade do réu, em mandado de segurança à atividade do Estado, contrariando interesses de alta significação social em um conflito de valores aparentemente insolúvel.[430]

---

426. MEIRELLES, *Mandado de segurança, ação popular, ação civil pública, mandado de injunção, habeas data.* p.26.

427. ZAVASCKI, *Defesa de direitos coletivos e defesa coletiva de direitos.* p. 25.

428. CAPPELLETTI, *Appunti sulla tutela giurisdizionale di interessi collettivi o diffusi.* p. 191-221.

429. "..allora mi pare che non si debba distinguire fra effetti buoni o cattivi, favorevoli o sfavorevoli." Idem. p.205.

430. "Allora chiunque, tra colloro che già non abbiano agito, potrà intentare a sua volta analoga azione? E se, in questo tipo di legittimazione di classe o di categoria – o magari, in certe ipotesi, di azione popolare – si inseriranno, come pur deve accadere, anche le associazioni spontanee, potremo avere oggi un'associazione che perde la sua azione, sostituita subito da un'altra associazione che ripressentarà la stessa causa in giudizio, e poi da un'altra ancora?" (CAPPELLETTI, op. cit. p. 206). Tal questionamento é o cerne da discussão atual sobre a extensão subjetiva do julgado em mandado de

Com vistas a afastar esta complicada situação o legislador nacional estabeleceu no CDC a imutabilidade de coisa julgada para as ações coletivas entre os co-legitimados, e também, a litispendência (art. 103 e 104 do CDC) e afastou a ocorrência da coisa julgada contra os titulares de direitos individuais. Assim, ocorrendo identidade entre as ações coletivas serão oponíveis as exceções de litispendência e coisa julgada (art. 301, I, II e III, do CPC), como vimos acima.[431]

A Lei nº 8.078, de 11 de setembro de 1990 (Código de Defesa do Consumidor), regulou especificamente a ocorrência da coisa julgada em ações coletivas no art. 103 que cabe transcrever:

> Art. 103. - Nas ações coletivas de que trata este Código, a sentença fará coisa julgada:
>
> I – "erga omnes", exceto se o pedido foi julgado improcedente por insuficiência de provas, hipótese em que qualquer legitimado poderá intentar outra ação, com idêntico fundamento, valendo-se de nova prova, na hipótese do inciso I do parágrafo único do art. 81;
>
> II – "ultra partes", mas limitadamente ao grupo, categoria ou classe, salvo improcedência por insuficiência de provas, nos termos do inciso anterior, quando se tratar da hipótese prevista no inciso II do parágrafo único do art. 81;
>
> III – "erga omnes", apenas no caso de procedência do pedido, para beneficiar todas as vítimas e seus sucessores, na hipótese do inciso III do parágrafo único do art. 81.

segurança coletivo. No caso o sistema nacional de ações coletivas estatuído pelo CDC estabelece a solução equanime e adequada ao determinar que não ocorre a coisa julgada negativa apenas para os titulares individuais de direitos lesados, quanto a ação coletiva em si esta não poderá ser reproposta, resguardando, assim, o valor segurança jurídica e a exposição indefinida do réu ao processo.

431. Consoante jurisprudência pacífica do STJ: "[...]. 2. Outrossim, a tese do recorrente não prospera, pois contrária à doutrina e jurisprudência consolidada do STJ, consoante a qual nas ações coletivas, para efeito de aferição de litispendência, a identidade de partes deverá ser apreciada sob a ótica dos beneficiários dos efeitos da sentença, e não apenas pelo simples exame das partes que figuram no polo ativo da demanda, ainda que se trate de litispendência entre ações coletivas com procedimentos diversos, como a Ação Civil Pública (procedimento regulado pela Lei 7.347/1985; Ação Popular (procedimento regulado pela Lei 4.717/1965); pelo Mandado de Segurança (procedimento regulado pela Lei 12.016/2009); pela Ação de Improbidade Administrativa (procedimento regulado pela Lei 8.429/1992), etc. (REsp 427.140/RO, Rel. Ministro JOSÉ DELGADO, Rel. p/ Acórdão Ministro Luiz Fux, Primeira Turma, julgado em 20/05/2003, DJ 25/08/2003, p. 263; REsp 1168391/SC, Rel. Ministra ELIANA CALMON, SEGUNDA TURMA, julgado em 20/05/2010, DJe 31/05/2010; REsp 925.278/RJ, Rel. Ministro Arnaldo Esteves Lima, Quinta Turma, julgado em 19/06/2008, DJe 08/09/2008; RMS 24.196/ES, Rel. Ministro Felix Fischer, Quinta Turma, julgado em 13/12/2007, DJ 18/02/2008, p. 46). 3. Finalmente, quanto ao polo passivo, o Sodalício a quo também foi bastante claro ao certificar a identidade de partes. 4. Agravo Regimental não provido." (STJ, AgRg no REsp 1505359/PE, Rel. Ministro Herman Benjamin, Segunda Turma, julgado em 22/11/2016, DJe 30/11/2016).

> § 1º - Os efeitos da coisa julgada previstos nos incisos I e II não prejudicarão interesses e direitos individuais dos integrantes da coletividade, do grupo, categoria ou classe.
>
> § 2º - Na hipótese prevista no inciso III em caso de improcedência do pedido, os interessados que não tiverem intervindo no processo como litisconsortes poderão propor ação de indenização a título individual.
>
> § 3º - Os efeitos da coisa julgada de que cuida o art. 16, combinado com o art. 13 da Lei nº 7.347, de 24 de julho de 1985, não prejudicarão as ações de indenização por danos pessoalmente sofridos, propostas individualmente ou na forma prevista neste Código, mas, se procedente o pedido, beneficiarão as vítimas e seus sucessores, que poderão proceder à liquidação e à execução, nos termos dos arts. 96 a 99.
>
> § 4º - Aplica-se o disposto no parágrafo anterior à sentença penal condenatória.

Pela simples leitura do texto percebe-se que os direitos coletivos e os direitos difusos discutidos na causa serão atingidos pela imutabilidade da coisa julgada, mas as ações e direitos individuais dos substituídos (membros da classe, moradores da região em que ocorreu o acidente ecológico) não serão prejudicados (art. 103, § 1º - supra).

A segunda observação refere-se aos direitos individuais que só serão atingidos em benefício de seus titulares pela sentença em ação coletiva que verse sobre direitos individuais homogêneos (art. 103, III – supra). Isso ocorre porque os titulares individuais não participarão do processo e, portanto, não poderão ser prejudicados pela sentença denegatória da segurança.

Confirma essa leitura dogmática o art. 103, § 2º, quando esclarece que os *titulares individuais que tiverem intervindo como litisconsortes* (art. 94 do CDC) *sofrerão os efeitos da coisa julgada.* Isso porque esses litisconsortes "participaram" do processo, atuaram no contraditório, sendo legítimo o seu alcance pela imutabilidade da decisão, mesmo quando negativa.

Os §§ 3º e 4º do art. 103, estabelecem o chamado transporte *in utilibus* da sentença. Trata-se do mesmo instituto, já conhecido, referente à sentença penal condenatória, adaptado para as ações coletivas.[432] Significa dizer, a sentença favorável na ação coletiva faz coisa julgada quanto à responsabilidade civil

[432] Sobre o tema GRINOVER, *Código brasileiro de defesa dos consumidores: comentado pelos autores do anteprojeto*. p. 730-733. Ver ainda arts. 91, I do CP; 63 do CPP; 1525 do CC; e, 584, inc. II do CPC.

pelo dano, podendo ser imediatamente liquidada e executada no tocante aos prejuízos individualmente sofridos.[433]

Por último cabe trazer inteligente construção de Gidi, que esclarece, de uma vez por todas, que ocorre coisa julgada material nas ações coletivas, mas que a extensão subjetiva para os titulares de direitos individuais se dará apenas nos casos de procedência do pedido:

> Rigorosamente, a coisa julgada nas ações coletivas do direito brasileiro não é secundum eventum litis. Seria assim, se ela se formasse nos casos de procedência do pedido, e não nos de improcedência. Mas não é exatamente isso o que acontece. A coisa julgada sempre se formará, independentemente de o resultado da demanda ser pela procedência ou pela improcedência. A coisa julgada nas ações coletivas se forma "pro et contra."; [...] "O que diferirá com o "evento da lide" não é a formação ou não da coisa julgada, mas o rol de pessoas por ela atingidas. Enfim, o que é secundum eventum 1itis não é a formação da coisa julgada, mas a sua extensão "erga omnes" ou "ultra partes" à esfera jurídica individual de terceiros prejudicados pela conduta considerada ilícita na ação coletiva.[434]

Essa só será *erga omnes* ou *ultra partes* para atingir os substituídos membros do grupo, em sua esfera individual, em seu benefício. Porém, os co-legitimados do art. 5º, inc. LXX, por terem posição de direito equivalente, legitimidade ativa concorrente e disjuntiva, sofrerão os efeitos da imutabilidade da sentença *pro et contra*, não podendo ser reproposta demanda coletiva com os mesmos elementos da demanda já julgada.

3.5.1.2 Críticas de Antonio Gidi e a "Falta de Seriedade" da Coisa Julgada Coletiva no CDC: Inocorrência

A doutrina impugnou a "falta de seriedade" com que se lida com os processos coletivos quando esses *não expõem riscos efetivos* de vinculação dos titulares de direitos individuais.

---

433. "RECURSO EXTRAORDINÁRIO – TÍTULO JUDICIAL CONSUBSTANCIADOR DE SENTENÇA COLETIVA – EFETIVAÇÃO EXECUTÓRIA INDIVIDUAL – POSSIBILIDADE JURÍDICA – RECURSO DE AGRAVO IMPROVIDO. POSSIBILIDADE DE EXECUÇÃO INDIVIDUAL DE SENTENÇA PROFERIDA EM PROCESSO COLETIVO. - O fato de tratar-se de mandado de segurança coletivo não representa obstáculo para que o interessado, favorecido pela sentença mandamental coletiva, promova, ele próprio, desde que integrante do grupo ou categoria processualmente substituídos pela parte impetrante, a execução individual desse mesmo julgado. Doutrina. Precedentes." (STF, RE 648621 AgR, Relator Min. Celso de Mello, Segunda Turma, julgado em 19/02/2013)

434. GIDI, *Coisa julgada em ações coletivas*. p. 73-74.

> A lei brasileira, portanto, nos coloca em uma esdrúxula situação, em que a coisa julgada em demanda coletiva em tutela de um direito mais importante (que é o direito difuso, coletivo e individuais homogêneos) se forma independentemente do resultado da demanda. Mas a coisa julgada nas demandas que visam a tutela do direito menos importante (que é o direito individual patrimonial) tem a proteção sagrada da coisa secundum eventum litis. Os direitos mais importantes perecem, mas os direitos menores continuam inviolados. Isso não é nem mesmo uma grande vantagem na prática, uma vez que poucos membros do grupo terão uma perspectiva real de propor sua própria demanda individual em tutela da sua diminuta pretensão individual. Se compreendermos assim o tema, a coisa julgada coletiva secundum eventum litis do direito brasileiro perde todo seu romantismo e passa a ser vista como ela realmente é: uma grande farsa.[435]

Sem razão neste argumento.

Primeiro porque os direitos fundamentais individuais e coletivos se somam, não se subtraem, e, sendo iguais em dignidade, é inconstitucional suprimir o direito individual ao argumento de tutelar o seu espectro coletivo (vedação do art. 60, § 4º, IV da CF/88).

Segundo porque, como o próprio autor afirma, não esta ele preocupado com a "desconfortável e desigual posição do réu (isonomia e razoabilidade) e a ausência de economia processual (efetividade)", "está claro que não há violação a tais princípios constitucionais, uma vez que há manifesta desigualdade de armas entre o grupo e o réu".[436]

Terceiro porque, na verdade, para reforçar o modelo processual brasileiro, como quer o autor, basta reconhecer a possibilidade do controle judicial da adequada representação, a exigência de uma adequada notificação dos membros do grupo e o direito participação do grupo, como, por exemplo, através da auto-exclusão ou da impugnação do legitimado, para assegurar o fortalecimento necessário e devido, neste atual estágio de evolução, do processo coletivo brasileiro.

Há ainda uma razão ligada ao avanço do processo coletivo com os precedentes do STJ e com a aplicação direta do CPC. Três novas formas de estabilidade da decisão coletiva surgiram: a) a possibilidade de suspensão

435. GIDI, Antonio. *Rumo a um Código de Processo Civil Coletivo*, p. 290. Em nota o autor indica ser essa uma recente "mudança de posição".

436. Idem, p. 291 e 292.

das ações individuais por prejudicialidade com as ações coletivas (conforme reiteradas decisões do STJ); b) a aplicação da tese fixada em casos repetitivos aos processos individuais e coletivos; c) a possibilidade de a decisão na ação coletiva formar um precedente normativo formalmente vinculante. Em todos estes casos o que irá ocorrer é uma estabilidade diferente da coisa julgada que resultará praticamente na mesma função exigida pela doutrina, garantir segurança jurídica ao réu e seriedade no processo coletivo.

Não é imperativo mudar o regime da coisa julgada. Atinge-se o mesmo objetivo sem correr o risco da ingenuidade, pensar que a mudança em uma regra do processo representará uma mudança de mentalidade dos juízes e das associações, uma mudança cultural.

3.5.1.3 Inaplicabilidade do Art. 22, caput, da Lei Federal n. 12.016/09

Até aqui vimos o modelo do microssistema, que atendemos integralmente aplicável ao mandado de segurança coletivo. Contudo, a "nova" lei não se furtou de disciplinar a matéria e o fez de forma incompleta, disciplinou mal. Vale lembrar, de início, como já referido, que a Lei deixou de fora os direitos difusos.

Mas vejamos o texto: "Art. 22. No mandado de segurança coletivo, a sentença fará coisa julgada limitadamente aos membros do grupo ou categoria substituídos pelo impetrante".

Ora, somente se retornamos ao microssistema explicado acima esta norma faz algum sentido. O legislador, com segurança não podia sacrificar a expressão "molecular" dos direitos coletivos, muito menos acabar com a garantia da coisa julgada *secundum eventum litis* e *secundum eventum probationis*. Mesmo que tenha sido essa a intenção, resta a dogmática fornecer os elementos passíveis de interpretar a norma no sentido da Constituição, o que implica a melhor tutela dos direitos coletivos, *favorabilia amplianda, odiosa restringenda*, por se tratarem de direitos fundamentais, eclipsados por cláusulas pétreas.

Assim, cabe transcrever a doutrina que resumindo as leituras possíveis em face da lacuna normativa causada pela incompletude do texto bem identificou a solução do microssistema como a mais adequada:

> Há, pois, lacuna normativa.
>
> Três são, teoricamente, as soluções possíveis.

A primeira delas é considerar que o modo de produção de coisa julgada é o pro et contra, inclusive para os titulares dos direitos individuais considerados como "substituídos", modo típico e adequado para o processo individual. Essa solução é inaceitável: a solução da lacuna deve ser buscada dentro do microssistema da tutela jurídica coletiva, e não fora dele, mormente se a opção revelar-se pior do que o modelo geral de coisa julgada previsto no CDC. Não parece constitucional atribuir ao mandado de segurança coletivo, que é um direito fundamental, um modelo de coisa julgada mais prejudicial às situações jurídicas coletivas do que aquele previsto na legislação comum para a tutela coletiva. Um direito fundamental merece interpretação de melhor quilate.

A segunda opção é considerar que a coisa julgada no mandado de segurança coletivo segue o modelo da coisa julgada do mandado de segurança individual, que é secundum eventum probationis. A opção é aceitável, mas não é conveniente. É que o módulo probatório do mandado de segurança é exclusivamente documental. Pode acontecer de a decisão denegatória do mandado de segurança basear-se na prova produzida (denega-se por ausência de direito, e não por ausência de prova documental): nesse caso, há coisa julgada material, a despeito do juízo de improcedência. Mesmo se o impetrante obtiver outra prova documental, não poderá renovar a sua demanda, por mandado de segurança ou por qualquer outro procedimento. Há coisa julgada.

A terceira opção parece ser a mais simples e, talvez por isso mesmo, a mais correta. Diante da lacuna, busca-se no microssistema a solução para o impasse. O modo de produção da coisa julgada no mandado de segurança coletivo é o mesmo previsto genericamente para as ações coletivas e está regulado no art. 103 do CDC: secundum eventum probationis, sem qualquer limitação quanto ao novo meio de prova que pode fundar a repropositura da demanda coletiva, e sua extensão subjetiva será secundum eventum litis, sem prejuízo das pretensões dos titulares de direitos individuais, mesmo no caso de desistência do processo prevista no § 1º do mesmo, já que sabidamente a desistência não embaça repropositura da demanda (art. 267, VIII do CPC).

Trata-se de solução mais adequada, porque mantém a coerência do sistema e evita o retrocesso em tema de mandado de segurança, que é um direito fundamental.[437]

437. DIDIER JR., Fredie; ZANETI JR., Hermes. *O mandado de segurança coletivo e a Lei n. 12.016/2009.*

Nesse sentido também: "A leitura do art. 22, *caput*, da Lei 12.016/2009 não poderá ser isolada, mas conjugada com o art. 103 do CDC, de maneira que a improcedência do pedido no Mandado de Segurança Coletivo não prejudicará pretensões individuais (art. 103, § 2º e 3º, do CDC)."[438]

Assim, sem razão no ponto a doutrina que afirma: "A Lei não adotou o sistema da coisa julgada *secundum eventum litis*, qual seja, o de que somente beneficia, não impedindo a ação individual. Como o texto legal nada diz nesse sentido, a coisa julgada é *pro et contra,* porque se trata de regra geral sobre a *res judicata,* quer dizer, impede que, proferida a sentença de improcedência pelo mérito, uma vez reconhecida a legalidade do ato, fica proibida a ação individual".[439]

A gravidade do erro esta presente em no mínimo três afirmações conclusivas: a) justamente pela Lei Federal n. 12.016/09 não ter disciplinado, se aplica ao caso o regime mais amplo, do microssistema da tutela coletiva, previsto no art. 103 do CDC e seus parágrafos; b) assim, a coisa julgada é *pro et contra* apenas para os processos coletivos, exceto insuficiência de provas, jamais atingindo negativamente os direitos individuais, até porque, como fora soberanamente demonstrado por Antonio Gidi, não há identidade entre a ação individual (afirmação de situação jurídica individual) e ação coletiva (afirmação de situação jurídica coletiva, direitos coletivos *lato sensu*); c) justamente por essa razão a própria Lei afirmou no parágrafo primeiro do mesmo artigo a inexistência de litispendência entre mandado de segurança individual e coletivo, ora, se não há litispendência, é justamente por não se tratarem da mesma causa de pedir e pedido, diferenciados em razão da situação jurídica de direito material, ora individual, ora coletiva.

O estranho é que sob os auspícios de um assim chamado *direito de dissidência* (seria o *rigth to opt out*?) a mesma doutrina entra em confusa contradição ao afirmar: "Uma das formas de se expressar a dissidência consiste na propositura da ação individual que não terá a objeção impeditiva da litispendência... também não se aplica a conexão como fator de reunião dos processos porque violaria a ideia que informa o dispositivo que é o da autonomia das ações, a coletiva e a individual...". Ora, se não há litispendência não há vinculação, a ela correlata, salvo as hipóteses do CDC, que como já demonstramos

---

438. Antônio Herman Benjamin e Gregório Assagra de Almeida. "ARTIGO 22". In: *Comentários à Nova Lei do Mandado de Segurança.* Napoleão Nunes Maia Filho, Caio Cesar Vieira Rocha, Tiago Asfor Rocha Lima (org.). São Paulo: Revista dos Tribunais, 2010, p. 327.

439. Vicente Greco Filho. *O Novo Mandado de Segurança: Comentários à Lei n. 12.016, de 7 de agosto de 2009.* São Paulo: Saraiva, 2010, p. 59.

são as exceções que confirmam a regra, preservando sempre a autonomia do titular do direito individual (cf. arts. 94, 102, § 2º e 104 do CDC).

3.5.2 Liquidação das Sentenças nos Mandados de Segurança Coletivos

A liquidação no mandado de segurança coletivo segue o regime geral da liquidação nos processos coletivos, conforme disciplinado no CDC e no CPC. Os casos mais importantes de liquidação em pecúnia nos processos coletivos de mandado de segurança dizem respeito às prestações pecuniárias decorrentes do ajuizamento da ação, nos termos do art. 14, § 4º da LMS e da eventual necessidade de conversão da obrigação de fazer ou não fazer em perdas e danos. Isso porque uma vez deferida a ordem, em se tornando impossível o seu cumprimento, ocorrendo danos mensuráveis, nos parece legitimo pleitear a conversão para garantir a tutela integral do bem jurídico tutelado (caso em que termos uma liquidação incidental). Por outro lado, a ordem em si, o comando, o ato de império, o mandamento geralmente será líquido, prescindindo de execução.

Destarte, cabe referir que o sistema de liquidação das decisões para tutela dos direitos difusos e coletivos *stricto sensu* será àquele previsto pelo CPC, nos arts. 509 ao 512, e para a tutela dos direitos individuais homogêneos seguirá o quanto disposto nos arts. 95 e 97 cumulando, no que couber, com os primeiros.[440] Isto porque a tutela dos direitos individuais homogêneos, assim como dos direitos individuais reflexamente tutelados pelo transporte *in utilibus* (art. 103, § 3º do CDC) exige a comprovação de a quem é devido, consistindo em hipótese de *liquidação imprópria (cui debeatur – a quem é devido).441*

A aplicação do CPC será direta, mas adaptada, quando não houver norma específica ou norma própria do microssistema deverá ser respeitada a especialidade mais benéfica ao processo coletivo, como bem salientou a doutrina:

---

[440] Sobre o tema das reformas consultar: Daisson Flach. Art. 475-A ao 475-H. In: *A Nova Execução: Comentários à Lei nº 11.232, de 22 de dezembro de 2005.* Carlos Alberto Alvaro de Oliveira (Coord.). Rio de Janeiro: Forense, 2006. p. 39 e ss. Rodrigo Mazzei. "Liquidação da Sentença". In: *Reforma do CPC*. Daniel Amorim Assunção Neves, Glauco Gumerato Ramos, Rodrigo da Cunha Lima Freire, Rodrigo Mazzei. São Paulo: RT, 2006, p. 147-198.

[441] Nesse sentido: Fredie Didier Jr e Hermes Zaneti Jr. *Curso de Direito Processual Civil – Processo Coletivo*, 5. ed. Salvador: *JusPodivm*, 2010, p. 386. A expressão é de Cândido Rangel Dinamarco. *Instituições de Direito Processual Civil*, 2. Ed., v. 4, p. 631-632, seguida por Teori Albino Zavascki. *Comentários ao Código de Processo Civil.* 2. Ed. São Paulo: Revista dos Tribunais, 2003, v. 8, p. 321; Ricardo de Barros Leonel. *Manual de Processo Coletivo.* São Paulo: Revista dos Tribunais, 2002, p. 385; Luis Rodrigues Wambier. *Sentença Civil: Liquidação e Cumprimento.* 3. Ed. São Paulo: Revista dos Tribunais, 2006, p. 373; Luiz Paulo Araújo Filho. *Ações Coletivas: A Tutela Jurisidicional dos Direitos Individuais Homogêneos*, p. 195.

> Sem engano, somente se utilizará o CPC em ações coletivas quando a norma específica para o caso concreto for omissa e, em seguida, se se verificar que não existe regra compatível no ventre das demais leis que compõem o microssistema da tutela coletiva. Não basta, contudo, aplicar o CPC nos processos coletivos de forma residual. Deve ocorrer, ainda, a adaptação da norma individual do CPC (em homenagem ao princípio da adaptabilidade) aos reclamos da demanda em que se debatem 'interesses coletivos', uma vez que terá que se importar norma com concepção de processo não coletivo. Com tal postura, segue-se a linha do art. 2º da Lei de Introdução ao Código Civil (LICC), em buscar hermenêutica com a maior compatibilidade possível à especificidade da relação jurídica. Logo, as normas do CPC somente serão aplicadas nas ações coletivas de forma residual, e, ainda assim, com recepção adaptada.[442]

Assim, muito embora o CPC trate a execução como fase do procedimento isto nem sempre ocorrerá nos processos coletivos. Existirão casos em que se tratará de liquidação-fase, como ocorrerá na liquidação coletiva que se der no mesmo processo de conhecimento que determinar a condenação, bem como, casos de liquidação-incidental, por exemplo, nas conversões de obrigações de fazer e não fazer in pecunia ou na eventual incidência da regra do art. 100 do CDC (*fluid recovery*) e, ainda, como muitas vezes irá ocorrer nos direitos individuais homogêneos, casos de liquidações-autônomas individuais, que deverão ser ajuizadas como ações de liquidação e execução, inaugurando novos processos, com a consequente necessidade de citação.[443]

3.5.3 Execução da sentença mandamental coletiva

A execução em mandado de segurança coletivo, contudo, deverá obrigatoriamente seguir e respeitar os limites impostos pela natureza do direito coletivo *lato sensu* que venha a ser afirmado. Quando se tratar de direito difuso, *v.g.* direito ao meio ambiente equilibrado e saudável, a ilegalidade será corrigida abrangendo a reversão (correção ou prevenção) da situação lesiva independentemente da determinação dos titulares. Ocorre que os direitos difusos apresentam-se como indivisíveis, não necessitam de que se faça qualquer distinção entre os beneficiários. A ordem servirá como freio da atividade lesiva

---

442. Rodrigo Mazzei."Liquidação da Sentença". In: *Reforma do CPC*. Daniel Amorim Assunção Neves, Glauco Gumerato Ramos, Rodrigo da Cunha Lima Freire, Rodrigo Mazzei. São Paulo: Revista dos Tribunais, 2006, p. 194.

443. Sobre o tema Fredie Didier Jr e Hermes Zaneti Jr. *Curso de Direito Processual Civil – Processo Coletivo,* 5 ed. Salvador: *JusPodivm*, 2010, p. 381-390.

ou como correção de forma genérica. É o caso, por exemplo, da concessão de licença para construção na orla marítima sem o prévio *estudo do impacto ambiental.* Essa atividade, como potencialmente nociva para a flora e fauna locais e o equilíbrio ambiental como um todo, deverá observar os ditames constitucionais que estabelecem a necessidade da previsão das consequências aferindo a viabilidade do projeto (art. 225, inc. IV, da CF/88). Sendo concedida segurança coletiva para impedir a continuação das obras, toda a coletividade será beneficiada. Não ocorre necessidade de individuação.

Outra situação semelhante, ainda em decorrência da indivisibilidade característica do direito tutelado, ocorrerá quanto à tutela dos direitos coletivos *stricto sensu.* Nesses casos, *v.g.* a proibição de que advogados retirem os autos de processos no período de férias forenses, a decisão que ordenar a reversão da medida ilegal atingirá a todos, também independentemente de individuação, sendo apenas necessária a ordem de reversão da atividade lesiva.[444]

Quanto ao *mandamus* coletivo uma última advertência é feita por Celso Agricola Barbi: "...se houver necessidade de enumerar as pessoas favorecidas pela decisão, o juiz enviará os nomes e demais dados, de maneira que ela seja cumprida em seus exatos limites".[445] Quando existirá essa necessidade? Bom, é bem provável que nos casos em que se tutele direitos individuais homogêneos com características próprias, a determinação e individuação se demonstre necessária, ao final.[446]

444. Em julgamento o Órgão Especial do Tribunal de Justiça de São Paulo concedeu a segurança requerida em *mandamus* coletivo para que os *advogados em geral* pudessem ter acesso aos autos no período entre 2 e 21 de janeiro, acesso esse que havia sido vedado, exceto para os casos urgentes, pelo provimento 490/92 do Conselho Superior da Magistratura.(Voto 15.180 – Órgão Especial, Mandado de Segurança nº 62.490-0/SP, Rel. Des. Flávio Pinheiro, data 10.11.1999).

445. BARBI, op. loc. cit.

446. Na lição de Bulos sobre direitos individuais homogêneos (direitos decorrentes de origem comum) essa postura já fica clara, "Interesses de origem comum são aqueles que possuem identidade com a *causa petendi.* Acarretando assim uma série de conseqüências práticas. Tais particularidades aparecerão, tão-somente, na fase de liquidação da sentença coletiva, quando cada titular do direito individual, além de provar o montante de seu crédito, deverá comprovar que participa da comunidade de pessoas, para que seja comprovada a natureza individual homogênea do seu direito, decorrente de uma mesma origem". (BULOS, *Mandado de segurança coletivo.* p. 63).

REFERÊNCIAS BIBLIOGRÁFICAS

ABBOUD, Georges; SANTOS, José Carlos Van Cleef de Almeida. *Breves Comentários do código de processo civil*. Teresa Arruda Alvim Wambier, Fredie Didier Junior, Eduardo Talamani e Bruno Dantas (coordenadores). 1. ed. São Paulo: Revista dos Tribunais, 2015.

ALEXY, Robert. *El concepto y la validez del derecho*. Barcelona: Gedisa, 1997.

__________. Derechos fundamentales y Estado Constitucional Democrático. In Miguel Carbonell. *Neoconstitucionalismo*. 2. ed. Madrid: Trotta, 2005.

__________. *Teoria dos direitos fundamentais*. Tradução de Virgílio Afonso da Silva. 2. ed. São Paulo: Malheiros, 2015.

ALMEIDA, Gregório Assagra, BENJAMIN, Antônio Herman. "ARTIGO 22". In: *Comentários à Nova Lei do Mandado de Segurança*. Napoleão Nunes Maia Filho, Caio Cesar Vieira Rocha, Tiago Asfor Rocha Lima (org.). São Paulo: Revista dos Tribunais, 2010.

__________. As corregedorias, a nacional e as internas, no contexto do Ministério Público como instituição de acesso à justiça. *Revista da Corregedoria Nacional do Ministério Público*. Brasília: CNMP, 2016.

ALPA, Guido. *L'ARevista dos Tribunaise di Giudicare*. Roma-Bari: Laterza, 1996.

ALVIM, Eduardo Arruda. *Mandado de Segurança*, 2. ed. Rio de Janeiro: GZ, 2010.

__________. "Aspectos do Mandado de Segurança Coletivo à Luz da Lei nº 12.016/2009". In: *O Novo Mandado de Segurança:* Estudos sobre a Lei n. 12.016/2009. Eduardo Arruda Alvim, Glauco Gumerato Ramos, Gustavo de Medeiros Melo, José Henrique Mouta Araújo (coord.). Belo Horizonte: Fórum, 2010.

ALVIM, José Manoel Arruda. *Código de Processo Civil comentado*. São Paulo: Revista dos Tribunais,1975.

__________. *Manual de Direito Processual Civil*. 14. ed. São Paulo: Revista dos Tribunais, 2011.

ALVIM, Teresa Arruda. Apontamentos sobre ações coletivas. *Revista de Processo*, São Paulo, v. 19, n. 75, p. 273-283, jul./set. 1994.

ARAÚJO FILHO, Luiz Paulo da Silva. *Ações coletivas: a tutela jurisdicional dos direitos individuais homogêneos.* Rio de Janeiro: Forense, 2000.

ARENHART, Sérgio Cruz; MARINONI, Luiz Guilherme; MITIDIERO, Daniel. *Novo Código de Processo Civil Comentado.* 2. ed. São Paulo: Revista dos Tribunais, 2016.

_________. MARINONI, Luiz Guilherme; MITIDIERO, Daniel. *Novo Código de Processo Civil.* Teoria do Processo Civil. 2. ed. São Paulo: Revista dos Tribunais, 2016, v. I.

_________. MARINONI, Luiz Guilherme; MITIDIERO, Daniel. *Novo Código de Processo Civil.* Tutela dos direitos mediante procedimento comum. 2. ed. São Paulo: Revista dos Tribunais, 2016, v. II.

_________. MARINONI, Luiz Guilherme; MITIDIERO, Daniel. *Novo Código de Processo Civil.* Tutela dos direitos mediante procedimentos diferenciados. 2. ed. São Paulo: Revista dos Tribunais, 2016, v. III.

ARMELIN, Donaldo. *Legitimidade para agir no direito processual civil brasileiro.* São Paulo: Revista dos Tribunais, 1979.

_________. Tutela jurisdicional diferenciada. *Revista do Processo.* Ano 17, n. 65, jan-mar/1992, p. 45-55.

ASSIS, Araken. *Introdução aos sucedâneos recursais.* Aspectos polêmicos e atuais dos recursos e de outros meios de impugnação às decisões judiciais – 6ª série. São Paulo: Revista dos Tribunais, 2002, p. 17.

ÁVILA, Humberto. *Teoria dos Princípios*: da definição à aplicação dos princípios jurídicos. 17 ed. São Paulo: Malheiros, 2016.

BARBOSA, Rui. *A Constituição e os actos inconstitucionais do Congresso e do Executivo.* 2. ed. Rio de Janeiro: Atlantida, 1893.

________. *Comentários à Constituição Federal.* São Paulo: Saraiva, 1933.

________. *Oração aos moços.* 18. ed. Rio de Janeiro: Ediouro, 2001.

BARBI, Celso Agrícola. *Comentários ao Código de Processo Civil.* 3.ed. Rio de Janeiro: Forense, 1983. v.1.

_________. Mandado de segurança: fundamentos históricos e constitucionais. In *Mandado de Segurança.* Sérgio Ferraz (org.). Porto Alegre: Sergio Antônio Fabris e Instituto dos Advogados Brasileiros, 1986.

_________. Mandado de segurança na Constituição de 1988. *Ajuris*, Porto Alegre, v.16, n. 46, p.46-52. jul. 1989.

_______. *Do Mandado de Segurança.* 12. ed. Revista e Atualizada. Rio de Janeiro: Forense, 2009.

BARCELOS, Pedro dos Santos. Medidas liminares em mandado de segurança. Suspensão de execução de medida liminar. Suspensão de execução de sentença. Medidas cautelares. *Revista do Processo*: Revista dos Tribunais, v. 663, 1981.

BARROS, Lucília Isabel Candini. *Mandado de Segurança Coletivo:* Legitimidade Ativa e Objeto. Curitiba: Juruá, 2006.

BARROSO, Luís Roberto. Os princípios da razoabilidade e proporcionalidade. *Cadernos de Direito Constitucional e Ciência Política, Revista dos Tribunais, n. 23, p. 65-76, abr./jun. 1998.*

_______. *Interpretação e aplicação da Constituição.* 3. ed. São Paulo: Saraiva, 1999.

_______. Fundamentos teóricos e filosóficos do novo direito constitucional brasileiro: pós-modernidade, teoria crítica e pós-positivismo. *Revista de Direito Administrativo,* n. 225, p. 5-37, jul/set. 2001.

_______. *O Controle de constitucionalidade do Direito Brasileiro.* 7. ed. São Paulo: Saraiva, 2012.

_______. *A Dignidade da Pessoa Humana no Direito Constitucional Contemporâneo*: a construção de um conceito jurídico à luz da jurisprudência mundial. Belo Horizonte: Fórum, 2013.

BASTOS, Celso Ribeiro. *Curso de Direito Constitucional.* 22. ed. São Paulo: Saraiva, 2001.

BATALHA, Wilson de Souza Campos. *Direito processual das coletividades e dos grupos.* 2. ed. São Paulo: LTr, 1992.

BEDAQUE, José Roberto dos Santos. *Tutela Cautelar e Tutela antecipada.* Tutelas sumárias e de urgência: tentativa de sistematização. 3. ed. São Paulo: Malheiros, 2003.

_______. *Efetividade do processo e técnica processual.* São Paulo: Malheiros, 2006.

_______. *Direito e Processo.* 4. ed. São Paulo: Malheiros, 2006.

_______. *Comentários ao Novo Código de Processo Civil.* Coordenação Antônio Passo Cabral e Ronaldo Cramer. Rio de Janeiro: Forense, 2015.

BENJAMIN, Antônio Herman, ALMEIDA, Gregório Assagra. In: *Comentários à Nova Lei do Mandado de Segurança.* Napoleão Nunes Maia Filho, Caio Cesar Vieira Rocha, Tiago Asfor Rocha Lima (org.). São Paulo: Revista dos Tribunais, 2010.

BERCOVICI, Gilberto. A Problemática da Constituição Dirigente: Algumas Considerações sobre o caso Brasileiro". *Revista de Informação Legislativa,* nº 142, Brasília: Senado Federal, abril/junho de 1999.

BIDART, Adolfo Gelsi. Processo de amparo y tutela de intereses difusos. *Revista de Processo*, São Paulo,v.23, n. 91, p.133-136, jul./set. 1998.

BOBBIO, Norberto. Política e ciência política. In: *CURSO de introdução à ciência política*. Brasília: UNB, 1984.

BOCHENEK, Antônio César. A autoridade coatora e o ato coator no mandado de segurança individual. In: BUENO, Cassio Scarpinella; ALVIM, Eduardo Arruda; WAMBIER, Teresa Arruda Alvim (coords). *Aspectos polêmicos do mandado de segurança*. São Paulo: Revista dos Tribunais, 2002.

BONAVIDES, Paulo; ANDRADE, Paes de. *História Constitucional do Brasil*. 3. ed. São Paulo: Paz e Terra, 1991.

_________. *Ciência política*. 10.ed. São Paulo: Malheiros, 1999.

_________. *Teoria constitucional da democracia participativa*: por um direito constitucional de luta e resistência, por uma nova hermenêutica, por uma repolitização da legitimidade. São Paulo: Malheiros, 2001.

_________. *Curso de Direito Constitucional*. 24. ed. São Paulo: Malheiros, 2009.

BRASIL JÚNIOR, Samuel Meira. *Justiça, direito e processo*: a argumentação e o direito processual de resultados justos. São Paulo: Atlas, 2007.

BUENO, Cassio Scarpinella. Litisconsórcio necessário e ausência de citação de litisconsorte necessário em mandado de segurança. *Revista de Processo*, São Paulo: Revista dos Tribunais, n. 79, jul.-set. 1995, p. 263.

_________. As class actions nortamericanas e as ações coletivas brasileiras: ponto para um reflexão conjunta. *Revista de Processo,* São Paulo, v.21, n. 82, p. 92-149, abr./jun. 1996.

_________. A legitimidade ativa no mandado de segurança coletivo CF/88, Revista dos Tribunais. 5º, LXX. *Revista de Processo,* São Paulo, v. 22, n.88, out./dez. 1997.

_________. *Liminar em Mandado de Segurança*. 2. ed. São Paulo: Revista dos Tribunais,1999.

_________. *Mandado de segurança*: comentário às Leis ns. 1.533/51, 4.348/64 e 5.021/66. 2. ed. São Paulo: Saraiva, 2004.

_________. *Amicus curiae no processo civil brasileiro.* São Paulo: Saraiva, 2006.

_________. *A nova lei do mandado de segurança*. 2 ed. São Paulo: Saraiva, 2010.

_________. *Novo Código de Processo Civil Anotado*. São Paulo: Saraiva, 2015.

BULOS, Uadi Lamêgo. *Mandado de Segurança Coletivo.* São Paulo: Revista dos Tribunais, 1996.

BURGOA, Ignacio. *El juicio de amparo.* 14. ed. México: 1979.

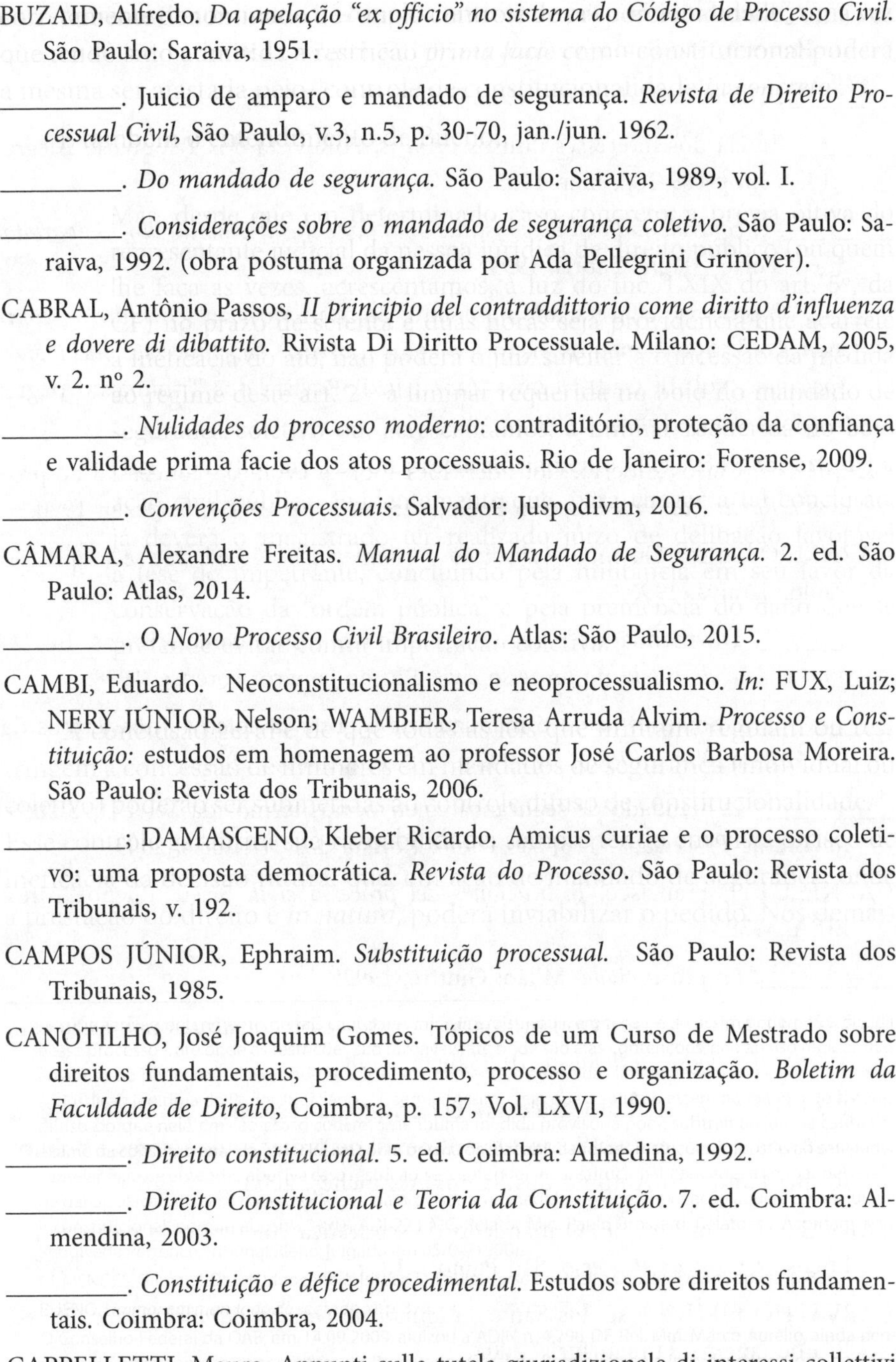

BUZAID, Alfredo. *Da apelação "ex officio" no sistema do Código de Processo Civil.* São Paulo: Saraiva, 1951.

________. Juicio de amparo e mandado de segurança. *Revista de Direito Processual Civil,* São Paulo, v.3, n.5, p. 30-70, jan./jun. 1962.

________. *Do mandado de segurança.* São Paulo: Saraiva, 1989, vol. I.

________. *Considerações sobre o mandado de segurança coletivo.* São Paulo: Saraiva, 1992. (obra póstuma organizada por Ada Pellegrini Grinover).

CABRAL, Antônio Passos, *Il principio del contraddittorio come diritto d'influenza e dovere di dibattito.* Rivista Di Diritto Processuale. Milano: CEDAM, 2005, v. 2. nº 2.

________. *Nulidades do processo moderno*: contraditório, proteção da confiança e validade prima facie dos atos processuais. Rio de Janeiro: Forense, 2009.

________. *Convenções Processuais.* Salvador: Juspodivm, 2016.

CÂMARA, Alexandre Freitas. *Manual do Mandado de Segurança.* 2. ed. São Paulo: Atlas, 2014.

________. *O Novo Processo Civil Brasileiro.* Atlas: São Paulo, 2015.

CAMBI, Eduardo. Neoconstitucionalismo e neoprocessualismo. *In:* FUX, Luiz; NERY JÚNIOR, Nelson; WAMBIER, Teresa Arruda Alvim. *Processo e Constituição:* estudos em homenagem ao professor José Carlos Barbosa Moreira. São Paulo: Revista dos Tribunais, 2006.

________; DAMASCENO, Kleber Ricardo. Amicus curiae e o processo coletivo: uma proposta democrática. *Revista do Processo.* São Paulo: Revista dos Tribunais, v. 192.

CAMPOS JÚNIOR, Ephraim. *Substituição processual.* São Paulo: Revista dos Tribunais, 1985.

CANOTILHO, José Joaquim Gomes. Tópicos de um Curso de Mestrado sobre direitos fundamentais, procedimento, processo e organização. *Boletim da Faculdade de Direito*, Coimbra, p. 157, Vol. LXVI, 1990.

________. *Direito constitucional.* 5. ed. Coimbra: Almedina, 1992.

________. *Direito Constitucional e Teoria da Constituição.* 7. ed. Coimbra: Almendina, 2003.

________. *Constituição e défice procedimental.* Estudos sobre direitos fundamentais. Coimbra: Coimbra, 2004.

CAPPELLETTI. Mauro. Appunti sulla tutela giurisdizionale di interessi collettivi o diffusi. In: *LE AZIONE a tutela di interessi collettivi: atti del convegno di studio di Pavia*, 11-12 giugno 1974. Padova: CEDAM, 1976.

________.Formações sociais e interesses coletivos diante da justiça civil. *Revista de Processo*, São Paulo, v.2, n.5, p.128-159, jan./mar.1977.

________. *Dimensioni della Giustizia.* Bologna: Il Mulino, 1994.

_______. Tutela dos interesses difusos. *Ajuris*, PoRevista dos Tribunaiso Alegre, v.13, n.33, p.169-182, mar. 1995.

________. *O controle judicial de constitucionalidade das leis no direito comparado.* 2. ed. Porto Alegre: Fabris, 1999.

______. "O processo civil italiano no quadro da contraposição "*civil law*" – "*common law*": apontamentos histórico-comparativos". In: *Processo, Ideologias, Sociedade*, vol. II, trad. Hermes Zaneti Jr. PoRevista dos Tribunaiso Alegre: Sergio Antonio Fabris, 2009, p. 105-156

CARMONA, Carlos Alberto. Considerações sobre a evolução conceitual do processo. *Revista de Processo,* São Paulo, v.15, n. 57, p. 39-54, jan./mar. 1990.

CARNEIRO, Athos Gusmão. *Jurisdição e competência.* 7. ed. rev. e ampl. São Paulo: Saraiva, 1996.

_________. Do mandado de segurança coletivo e suas características. In: *Da antecipação de tutela no processo civil.* Rio de Janeiro: Forense, 1998.

_________. Anotações sobre o mandado de segurança coletivo, nos termos da Lei 12.016/2009, *REPRO,* ano 34, n. 178, dez./2009, p. 9-46.

_________. O mandado de segurança coletivo, nos termos da Lei 12.016/2009. *Revista de Processo*, v. 178, São Paulo: Revista dos Tribunais, 2009.

CARNELUTTI, Francisco. *Instituciones del processo civil.* 5. ed. Buenos Aires: EJEA, 1959.

_________. *La prova civile.* Milão: Giuffrè, 1992.

CARRILLO, Marc. Jurisdicción ordinaria y jurisdiccion constitucional. *Escuela de Verano del Poder judicial*, n. 10, Galicia, 1998.

CARVALHO, Cesar Arthur Cavalcanti. *O instituto da suspensão da decisão judicial contrária ao Poder Público*: um instrumento de proteção do interesse público. Recife: Fundação Antônio dos Santos Abranches, 2008.

CARVALHO, Ivan Lira de. O mandado de segurança coletivo e os partidos políticos. *Revista de Processo*, São Paulo, v.18, n. 72, p. 75-95, out./dez. 1993.

CARVALHO FILHO, José dos Santos. *Manual de Direito Administrativo.* 20. ed. Rio de Janeiro: Lumen Juris, 2008.

CAVALCANTI, Themistócles Brandão. *Do mandado de segurança.* 4. ed. Rio de Janeiro: Freita Bastos, 1957.

CAVALCANTE, Mantovanni Colares. *Mandado de Segurança*. São Paulo: Dialética, 2002.

CERQUEIRA, Luís Otávio Sequeira. *Comentários à nova lei do Mandado de Segurança*. São Paulo: Revista dos Tribunais, 2009.

CHIARLONI, Sergio. Per la chiarezza di idee in tema di tutele collettive dei consumatori. *Riv. Dir. Proc.*, 2007.

CHIOVENDA, Giuseppe. *Principii di diritto processuale civile*. 3. ed. Roma: s.ed., 1923.

CICOTE, Odival. Mandado de Segurança Coletivo. *Justitia*, São Paulo, v. 52, n. 150, p. 96 - 104, abr./jun. 1990.

COSTA, Judith Martins. O direito privado como um "Sistema de Construção": as cláusulas gerais no Projeto do Código Civil Brasileiro. *Revista da Faculdade de Direito da UFRGS*, v. 15, p. 129-154, 1998.

COSTA, Eduardo José da Fonseca. As leis "impeditivas de liminar realmente impedem? In: ALVIM, Eduardo Arruda et al (Coord.). *O novo mandado de segurança*: estudos sobre a Lei n. 12.016/2009. Belo Horizonte: Fórum, 2010.

______. Pequena história dos embargos infringentes no Brasil: uma viagem redonda. In: FREIRE, Alexandre; DANTAS, Bruno; NUNES, Dierle; DIDIER JR, Fredie; MEDINA, José Miguel Garcia; FUX, Luiz; CAMARGO, Luiz Henrique Volpe; OLIVEIRA, Pedro Miranda de. *Novas tendências do processo civil*: estudos sobre o projeto do Novo Código de Processo Civil. Baseado no relatório apresentado pelo Deputado Paulo Teixeira. Comissão Presidida pelo Deputado Fábio Trad. Salvador: JusPodivm, 2014, v. II.

COUTINHO, Jacinto Nelson Miranda (org.). *Canotilho e a Constituição Dirigente*. Rio de Janeiro: Renovar, 2002.

COUTO E SILVA, Almiro. Autoridade pública e Mandado de Segurança. *Revista da Faculdade de Direito da UFRGS*, Revista dos Tribunais, v. 11, p. 127-144, 1996.

COUTO E SILVA, Clóvis do. A teoria das ações em Pontes de Miranda. *Ajuris*, Porto Alegre, v. 15, n. 43, p. 68-78, jul. 1988.

COUTURE, Eduardo J. Las Garantías Constitucionales del Processo Civil. In: *ESTUDIOS de derecho procesal en honor de Hugo Alsina*. Buenos Aires: EDIAR, 1946.

CRETELLA JÚNIOR, José. *Os "Writs" na Constituição de 1988, Mandado de Segurança Coletivo, Mandado de Injunção, Habeas Data, Habeas Corpus, Ação Popular.* Rio de Janeiro: Forense Universitária, 1989.

______. *Do mandado de segurança coletivo.* 2. ed. Rio de Janeiro: Forense, 1991.

________. *Comentários à Constituição de 1988.* 2. ed. Rio de Janeiro: Forense Universitária, 1993.

________. *Comentários a lei do mandado de segurança:* contém a nova lei do recurso de agravo- Lei n. 9.139/95. 9. ed. Rio de Janeiro: Forense, 1998.

CUNHA, Leonardo Carneiro. *Jurisdição e competência.* 2. ed. São Paulo: Revista dos Tribunais, 2013.

________. *A Fazenda Pública em juízo.* 13. ed. rev. atual. São Paulo: Dialética, 2016.

DANTAS, Marcelo Navarro Ribeiro. *Mandado de segurança coletivo* – legitimação ativa. São Paulo: Saraiva, 2000.

________. *Comentários à nova lei do mandado de segurança.* Napoleão Nunes Maia Filho; Caio Cesar Vieira Rocha; Tiago Asfor Rocha Lima (orgs.). São Paulo: Revista dos Tribunais, 2010.

DAVID, René. *Os grandes sistemas do direito contemporâneo.* 3. ed. São Paulo: Martins Fontes, 1996.

DENTI, Vittorio. Relazione introduttiva. In: *LE AZIONE a tutela di interessi collettivi: Atti del convegno di studio di Pavia*, 11-12 giugno 1974. Padova: Cedam, 1976. p. 3-23.

________.Il ruolo del giudice nel processo civile tra vecchi e nuovo garantismo. *Rivista Trimestralle di Diritto e Procedura Civile*, Milano, v.38, n.3, p. 726-740, set. 1984.

DERZI, Misabel de Abreu Machado; BUSTAMANTE, Thomas da Rosa de. O Efeito vinculante e o princípio da motivação das decisões judiciais: em que sentido pode haver precedentes vinculantes no direito brasileiro? In: *Novas tendências do Processo civil:* Estudos sobre o Projeto do Novo Código de Processo Civil. Salvador: JusPodivm, 2013.

DIDIER JR, Fredie. Natureza jurídica das informações da autoridade coatora no mandado de segurança. In: BUENO, Cassio Scarpinella; ALVIM, Eduardo Arruda; WAMBIER, Teresa Arruda Alvim (coords). *Aspectos polêmicos do mandado de segurança.* São Paulo: Revista dos Tribunais, 2002, p. 369-370.

________. *Curso de direito processual civil*: introdução ao direito processual civil, parte geral e processo de conhecimento. 17. ed. Salvador: JusPodivm, 2015, v. I.

________; BRAGA, Paula Sarno; OLIVEIRA, Rafael Alexandria de. *Curso de Direito Processual Civil.* 11. ed. Salvador: Juspodivm, 2016, v. II.

________; CUNHA, Leonardo Carneiro da. *Curso de Processo Civil.* 13. ed. Salvador: Juspodivm, 2016, v. III.

_________; ZANETI JR, Hermes. *Curso de Direito Processual Civil.* 10. ed. Salvador: Juspodvm, 2016, v. IV.

_________. *Comentários ao Novo Código de Processo Civil.* Coordenação Antônio Passo Cabral e Ronaldo Cramer, Rio de Janeiro: Forense, 2015.

_________; CABRAL, Antônio do Passo; CUNHA, Leonardo Carneiro da. *Por uma nova teoria dos procedimentos especiais.* Dos procedimentos às técnicas. Salvador: Juspodivm, 2018.

DINAMARCO, Cândido Rangel. *Execução Civil,* 7. ed., revista e atual. São Paulo: Malheiros, 2000.

_________. *A instrumentalidade do processo.* 10. ed. São Paulo: Malheiros, 2002.

_________. *Instituições de Direito Processual Civil,* 2. Ed., v. 4. São Paulo: Revista dos Tribunais, 2003.

DI PIETRO, Maria Sylvia Zanella. In: GONÇALVES, Aroldo Plínio (Coord.). *Mandado de Segurança.* Belo Horizonte: Del Rey, 1996.

_________. *Direito Administrativo.* 25. ed. São Paulo: Atlas, 2012.

DIREITO, Carlos Alberto Menezes. *Manual do Mandado de Segurança.* 4. ed. Rio de Janeiro: Renovar, 2003.

DOMIT, Otavio Augusto Dal Molin. *Iura Novit Curia e a Causa de Pedir.* O Juiz e a Qualificação Jurídica dos Fatos no Processo Civil Brasileiro. São Paulo: Revista dos Tribunais, 2016.

DWORKIN, Ronald. *Taking rights seriously.* Cambridge: Harvard University Press, 1978.

FADDA, Carlo. *L'Azione Popolare:* Studio di Diritto Romano ed Atuale. Vol. I – Parte Storica – Diritto Romano. Torino: Unione Tipografica Editrice, 1894.

FAGUNDES, Miguel Seabra. *O Controle dos atos administrativos pelo Poder Judiciário.* 6. ed. São Paulo: Saraiva, 1984.

FALZEA, Angelo. Efficacia giuridica. In: *ENCICLOPEDIA del Diritto.* Milano: Giuffrè, 1965.

FARIA, Luiz Alberto Gurgel de. Mandado de Segurança Coletivo, Legitimação. *Revista dos Tribunais,* São Paulo, n. 82, v. 687, p. 34-39, jan. 1993.

FAZZALARI, Elio. La dottrina processualistica italiana: dall'azione al processo (1864-1994). *Rivista di Diritto Processuale,* v.60, n.4, p. 911-925, ott./dic. 1994.

FERRAJOLI, Luigi. Interpretazione dottrinale e interpretazione operativa. *Rivista Internazionale di Filosofia del Diritto,* 1, p. 290-304, 1966.

_________. *Diritto e ragione.* Teoria del garantismo penale. 8. ed. Roma/Bari: Laterza, 2004.

________. *Principia Iuris.* Teoria del diritto. Roma/Bari: Laterza, 2007, tomo I.

________. *La democrazia attraverso i diritti.* Il costituzionalismo garantista come modelo teorico e come progetto politico. Roma/Bari: Laterza, 2013.

FERRAZ, Sérgio. Instrumentos de defesa do administrado. *Revista de Direito Administrativo*, São Paulo, n. 165, p. 11-22, jul./set., 1986.

________. *Mandado de segurança (individual e coletivo): aspectos polêmicos.* São Paulo: Malheiros, 1992.

FERRAZ JR., Tércio Sampaio. Direito Subjetivo – II In: *ENCICLOPÉDIA Saraiva de Direito.* São Paulo: Saraiva, 1977. v. 28, p. 330-334.

________. *Introdução ao estudo do direito:* técnica, decisão, dominação. 2. ed. São Paulo: Atlas, 1994.

FERREIRA FILHO, Manoel Gonçalves. *Direitos Humanos Fundamentais.* 7. ed. São Paulo: Saraiva, 2005.

FIGUEIREDO, Lúcia Valle. *Perfil do mandado de segurança coletivo.* São Paulo: Revista dos Tribunais, 1989.

________. Os partidos políticos e o mandado de segurança coletivo. *Revista da Procuradoria Geral do Estado de São Paulo*, São Paulo, n. 34, p. 99-106, 1990.

________. Mandado de Segurança Coletivo. *Revista Trimestral de Direito Público*, São Paulo, v. 3, p. 145-160, 1993.

________. *Mandado de segurança.* 6. ed. São Paulo: Malheiros, 2009.

FIUZA, Ricardo Arnaldo Malheiros. Mandado de segurança: notícia histórica. In TEIXEIRA, Sálvio de Figueiredo (coord.). *Mandados de segurança e de injunção.* São Paulo: Saraiva, 1990.

FLACH, Daisson. Revista dos Tribunais. 475-A ao 475-H. In: *A Nova Execução:* Comentários à Lei nº 11.232, de 22 de dezembro de 2005. Carlos Alberto Alvaro de Oliveira (Coord.). Rio de Janeiro: Forense, 2006.

FLACKS, Milton. Instrumentos de Defesa Coletiva dos Contribuintes. *Revista dos Tribunais*, São Paulo, v. 81, n. 681, p. 41-48, jul. 1992.

________. *Mandado de segurança: pressupostos da impetração.* Rio de Janeiro: Forense, 1980.

FRANCO NETO, Ary Azevedo. Mandado de segurança coletivo, legitimação das entidades associativas para a defesa de interesses coletivos. *Revista dos Tribunais*, São Paulo, v. 81, n. 677, p. 7-12, mar. 1992.

FREIRE JR, Américo Bedê. *O controle judicial de políticas públicas.* São Paulo: Revista dos Tribunais, 2005.

________. Da efetivação dos direitos fundamentais pela tipificação do crime de desobediência no descumprimento de decisões judiciais em mandado de segurança. *Revista de direitos e garantias fundamentais,* v. 5, número 5, ano 2009.

GIDI, Antonio. *Coisa julgada e litispendência em ações coletivas.* São Paulo: Saraiva, 1995.

________. *A Class Action como Instrumento de Tutela Coletiva dos Direitos.* As Ações Coletivas em uma Perspectiva Comparada. São Paulo: Revista dos Tribunais, 2007.

________. *Rumo a um Código de Processo Civil Coletivo:* A Codificação das Ações Coletivas no Brasil. Rio de Janeiro: Forense, 2008.

GILLISSEN, John. *Introdução histórica ao direito.* Trad. A. M. Espanha e L. M. Macaísta Malheiros. 2. ed. Lisboa: Calouste Gulbenkian, 1995.

GOMES JR., Luiz Manoel; CRUZ, Luana Pedrosa de Figueiredo; CERQUEIRO, Luís Otávio Sequeira de; FAVRETO, Rogério; PALHARIN JR., Sidney. *Comentários à Nova Lei do Mandado de Segurança.* São Paulo: Revista dos Tribunais, 2009.

GONÇALVES, Benedito. *Mandado de segurança: legitimidade ativa das associações.* Rio de Janeiro: Lumen Iuris, 1999.

GONCALVES, T. F., MAZZEI, Rodrigo. Visão geral dos procedimentos especiais. In: Cassio Sarpinella Bueno. (Org.). PRODIREITO. Direito Processual Civil. *Programa de atualização em Direito: Ciclo 1.* 1. ed. Porto Alegre: Artmed Panamericana, 2015, v. II.

GONÇALVES NETO, Francisco. Mandado de segurança coletivo e o sindicato. *LTR,* São Paulo, v. 10, n. 53, p. 1171-1177, out. 1989.

GRECO FILHO, Vicente. *O novo mandado de segurança*: comentários à Lei n. 12.016, de 7 de agosto de 2009. São Paulo: Saraiva, 2010.

GRINOVER, Ada Pellegrini. *As garantias constitucionais do direito de ação.* São Paulo: Revista dos Tribunais, 1973.

________. Tutela jurisdicional das obrigações de fazer e não fazer. *Revista Forense,* Rio de Janeiro, vol. 333.

________. As garantias constitucionais do processo nas ações coletivas. In: *NOVAS tendências do direito processual.* Rio de Janeiro: Forense Universitária, 1990.

________. Mandado de segurança coletivo: legitimação e objeto. *Revista de Processo,* São Paulo, v. 15, n. 57, p. 96-101, jan/mar, 1990.

________. Mandado de segurança coletivo: legitimação, objeto e coisa julgada. *Revista de Processo,* São Paulo, v. 15, n. 58, p. 75-84, abr./jun.1990.

________. *Código brasileiro de defesa do consumidor:* comentado pelos autores do anteprojeto. Rio de Janeiro: Forense Universitária, 1998.

________. O controle de políticas públicas pelo Poder Judiciário. *Revista do Processo,* São Paulo, Revista dos Tribunais, n. 164, ano 33, dez/2008.

GUERRA, Marcelo Lima. *Execução Indireta*. São Paulo: Revista dos Tribunais, 1998.

HAMBLOCH, Ernest. *His Majesty.* The President of Brazil. A study of constitucional Brazil. New York: E.P. Dutton & Company, 1936.

HESSE, Konrad. *A Força Normativa da Constituição*. Trad. Gilmar Ferreira Mendes. Porto Alegre: Sérgio Antônio Fabris Editor, 1991.

JORGE, Flávio Cheim. *Teoria Geral dos Recursos Cíveis*. 7. ed. São Paulo: Saraiva, 2015.

KOMATSU, Roque. *Da invalidade no processo civil*. São Paulo: Revista dos Tribunais, 1991.

LACERDA, Galeno. Remédios processuais da administração e contra administração. *Revista de Direito Processual Civil,* v.1, jul./dez. 1960.

________. *Despacho saneador.* 3. ed. Porto Alegre: Fabris, 1985.

________. *O novo direito processual civil e os feitos pendentes*. 2. ed. Rio de Janeiro: Forense, 2006.

LAMY, Eduardo de Avelar. A transformação dos embargos infringentes em técnica de julgamento: ampliação das hipóteses. In: FREIRE, Alexandre; DANTAS, Bruno; NUNES, Dierle; DIDIER JR, Fredie; MEDINA, José Miguel Garcia; FUX, Luiz; CAMARGO, Luiz Henrique Volpe; OLIVEIRA, Pedro Miranda de. *Novas tendências do processo civil:* estudos sobre o projeto do Novo Código de Processo Civil. Baseado no relatório apresentado pelo Deputado Paulo Teixeira. Comissão Presidida pelo Deputado Fábio Trad. Salvador: JusPodivm, 2014, v. II.

LARA, Betina Rizzato. *Liminares no processo civil.* São Paulo: Revista dos Tribunais, 1988.

LAZZARINI, Jose Luis. *El juicio de amparo.* Buenos Aires: La Ley, 1967.

LEAL, Aurelino. *História Constitucional do Brasil*. Brasília: Senado Federal, 2002.

LEITE, Carlos Henrique Bezerra. *Ministério Público do Trabalho*. 2. ed. São Paulo: LTr, 2006.

LEAL, Flávio Mafra. *Ações coletivas:* história, teoria e prática. Porto Alegre: Safe, 1998.

LEYSER, Maria de Fátima V. Ramalho. Mandado de segurança coletivo. *Revista de Processo*, v. 22, n. 86, p. 362-374, abril/jun., 1997.

LEONEL, Ricardo de Barros Leonel. *Manual de Processo Coletivo.* São Paulo: Revista dos Tribunais, 2002.

LIEBMAN, Enrico Tulio. *Lezione di diritto processuale civile.* Milano: Giuffrè, 1951.

________. *Efficacia ed autorità della sentenza ed altri scritti sulla cosa giudicata.* Milano: Giuffrè, 1962.

________. *Manual de direito processual civil.* Rio de Janeiro: Forense, 1984.

LIMA, Alcides de Mendonça. *Sistema de normas gerais dos recursos cíveis.* Rio de Janeiro: Freitas Bastos, 1963.

LIMA, Fernando Antônio Negreiros. *A intervenção do Ministério Público no processo civil brasileiro como custos legais.* São Paulo: Método, 2007.

LIMA, Maria Rosynete Oliveira. *Devido processo legal.* Porto Alegre: Safe, 1999.

LIMA, Sebastião de Oliveira. Mandado de segurança coletivo e seus principais problemas. *Revista Trimestral de Direito Público*, São Paulo, n. 3, p. 135 - 144, 1993.

LOPES, José Reinaldo de Lima. *O direito na história*: lições introdutórias. 2. ed. São Paulo: Max Limonad, 2002.

MACHADO, Agapito. O aspecto penal do descumprimento às decisões judiciais de natureza mandamental. *Revista dos Tribunais*, São Paulo, v. 84, n. 722, p. 389-394, dez. 1995.

MACHADO, Hugo de Brito. Prisão por desobediência à ordem judicial. *Revista de Jurisprudência dos Estado*, v. 16, n. 96, p. 25-39, jan. 1992.

________. Impetração de mandado de segurança pelo Estado. *Revista de Processo*, São Paulo: Revista dos Tribunais, v. 78, abr-jun. 1995, p. 19-26.

________. *Mandado de Segurança em matéria tributária.* 9. ed. São Paulo: Malheiros, 2016.

MAIA, Diogo Campos Medina. *Ação Coletiva Passiva.* Rio de Janeiro: Lumen Juris, 2009.

MANCUSO, Rodolfo de Camargo. Uma análise comparativa entre os objetos e as legitimações das ações vocacionadas à tutela dos interesses metaindividuais, mandado de segurança coletivo, ação civil pública, ações do código de defesa do consumidor e ação popular. *Justitia*, São Paulo, v. 54, n. 160, p. 181-203, out./dez. 1992.

________. *Ação popular:* proteção do erário, do patrimônio público, da moralidade administrativa e do meio ambiente. 3. ed. São Paulo: Revista dos Tribunais, 1998.

MARINONI, Luiz Guilherme. *Tutela inibitória: individual e coletiva.* São Paulo: Revista dos Tribunais, 1998.

________. *Precedentes Obrigatórios.* 2. ed. São Paulo: Revista dos Tribunais, 2011.

_________; ARENHART, Sérgio Cruz; MITIDIERO, Daniel. *Novo Código de Processo Civil Comentado*. 2. ed. São Paulo: Revista dos Tribunais, 2016.

_________. ARENHART, Sérgio Cruz; MITIDIERO, Daniel. *Novo Código de Processo Civil.* Teoria do Processo Civil. 2. ed. São Paulo: Revista dos Tribunais, 2016, v. I.

_________. ARENHART, Sérgio Cruz; MITIDIERO, Daniel. *Novo Código de Processo Civil.* Tutela dos direitos mediante procedimento comum. 2. ed. São Paulo: Revista dos Tribunais, 2016, v. II.

_________. ARENHART, Sérgio Cruz; MITIDIERO, Daniel. *Novo Código de Processo Civil.* Tutela dos direitos mediante procedimentos diferenciados. 2. ed. São Paulo: Revista dos Tribunais, 2016, v. III.

MARQUES, José Frederico. *Ensaio sobre a Jurisdição Voluntária*. São Paulo: Saraiva, 1959.

MATTOS NETO, Antônio José de. Mandado de Segurança Coletivo. Substituição Processual. *Revista de Direito Civil, Imobiliário, Agrário e Empresarial*, São Paulo, v. 19, n.72, p. 66-69, abr./jun. 1995.

MAXIMILIANO, Carlos. *Hermenêutica e aplicação do direito*. 13. ed. Rio de Janeiro: Forense, 1993.

MAZZEI, Rodrigo. "A ação popular e o microssistema da tutela coletiva", in Luiz Manoel Gomes Jr. (Coord.), *Ação popular – Aspectos controvertidos e relevantes* – 40 anos da Lei 4717/65. São Paulo: RCS, 2006.

_________. "Liquidação da Sentença". In: *Reforma do CPC*. Daniel Amorim Assunção Neves, Glauco Gumerato Ramos, Rodrigo da Cunha Lima Freire, Rodrigo Mazzei. São Paulo: Revista dos Tribunais, 2006.

_________; GONCALVES, Tiago Figueiredo. Visão geral dos procedimentos especiais. In: Cassio Sarpinella Bueno. (Org.). PRODIREITO. Direito Processual Civil. *Programa de atualização em Direito: Ciclo 1*. 1. ed. Porto Alegre: Artmed Panamericana, 2015, v. II.

MAZZILLI, Hugo Nigro. A intervenção do Ministério Público no processo civil. In: SALLES, Carlos Alberto (org). *Processo Civil e interesse público*. São Paulo: Revista dos Tribunais, 2003.

MEDINA, José Miguel Garcia. ARAÚJO, Fábio Caldas. *Mandado de segurança individual e coletivo:* comentários à Lei n. 12.016, de 7 de agosto de 2009. São Paulo: Revista dos Tribunais, 2009.

_________; *O Novo Código de Processo Civil Comentado*. 4. ed. São Paulo: Revista dos Tribunais, 2016.

MEDINA, Paulo Roberto de Gouvêa. Execução provisória em mandado de segurança. *Revista de Processo*, São Paulo, v. 14, n. 54, p. 34-41, abr./jun. 1989.

MEIRELES, Hely Lopes; WALD, Arnoldo; MENDES, Gilmar Ferreira. *Mandado de Segurança e Ações Constitucionais*. 36. ed. São Paulo: Malheiros, 2014.

________. *Direito Administrativo Brasileiro*. 40. ed. Malheiros: São Paulo, 2014.

MELLO, Celso Antônio Bandeira de. O ato coator. In: MELLO, Celso Antônio Bandeira de. *Curso de mandado de segurança*. São Paulo: Revista dos Tribunais, 1986, p. 14-15.

________. *Curso de Direito Administrativo*. São Paulo: Malheiros Editores, 2005.

MENDES, Aluisio Gonçalves de Castro; *Ações coletivas no direito comparado e nacional*. São Paulo: Revista dos Tribunais, 2002.

________; GRINOVER, Ada Pellegrini, WATANABE, Kazuo (coord.). *Direito processual coletivo e o anteprojeto de Código Brasileiro de Processos Coletivos*. São Paulo: Revista dos Tribunais, 2007.

________. *Competência Cível da Justiça Federal*. 3. ed. São Paulo: Revista dos Tribunais, 2009.

__________; FONTES, André R. C.; LIMA, Arnaldo Esteves; ARAÚJO, Eugênio Rosa de; NASCIMENTO FILHO, Firly; NEIVA, José Antonio Lisbôa; LOPES, Mauro Luís Rocha; AZULAY NETO, Messod; DYRLUND, Poul Erik. *Mandado de segurança individual e coletivo*: Lei 12.016/2009 comentada. 2. ed. São Paulo: Revista dos Tribunais, 2014.

MENDES, Gilmar Ferreira. *Comentários à Constituição do Brasil*. J.J. Gomes Canotilho (coord). São Paulo: Saraiva/Almedina, 2013.

_________; COELHO, Inocêncio Mártires; BRANCO, Paulo Gustavo Gonet. *Curso de Direito Constitucional*. 4. ed. São Paulo: Saraiva, 2009.

MICHELI, Gian Antonio. Sentenza di annullamento di un atto giuridico e risarcimento del danno patrimoniale derivante da lesione di interessi legitimi. *Rivista di Diritto Processuale*, Padova, v. 19,n. 3, p. 396-434,giugl./set. 1964.

MILARE, Edis. Tutela jurisdicional do ambiente. *Justitia*, São Paulo, n. 157, p. 55-70, 1992.

MIRANDA, Francisco Cavalcanti Pontes de. *Comentários à Constituição da República dos Estados Unidos do Brasil de 1934*. Rio de Janeiro: Guanabara, 1936, v. I.

_______. *Tradado das ações*. São Paulo: Revista dos Tribunais, 1970, Tomo I.

________. *Tratado das ações*. São Paulo: Revista dos Tribunais, 1976 , Tomo VI: ações mandamentais.

MITIDIERO, Daniel. Processo e cultura: praxismo, processualismo e formalismo em direito processual. *Cadernos do Programa de Pós-Graduação em Direito – PPGDir/UFRGS*, n. 2, p. 101-128, set. 2004.

________. *Colaboração no Processo Civil:* Pressupostos Sociais, Lógicos e Éticos. São Paulo: Revista dos Tribunais, 2009.

________; OLIVEIRA, Carlos Alberto Alvaro de. *Curso de Processo Civil.* Teoria Geral do Processo Civil e Parte Geral do Direito Processual Civil. São Paulo: Atlas, 2010.

________. Fundamentação e precedente. Dois discursos a partir da decisão judicial. In: MITIDIERO, Daniel; AMARAL, Guilherme Rizzo (Coord); FEIJÓ, Maria Angélica Echer Ferreira (Org.). *Processo Civil.* Estudos em homenagem ao Professor Doutor Carlos Alberto Alvaro de Oliveira. São Paulo: Atlas, 2012.

________. MARINONI, Luiz Guilherme; ARENHART, Sérgio Cruz. *Novo Código de Processo Civil Comentado.* 2. ed. São Paulo: Revista dos Tribunais, 2016.

________. MARINONI, Luiz Guilherme; ARENHART, Sérgio Cruz. *Novo Código de Processo Civil.* Teoria do Processo Civil. 2. ed. São Paulo: Revista dos Tribunais, 2016, v. I.

________. MARINONI, Luiz Guilherme; ARENHART, Sérgio Cruz. *Novo Código de Processo Civil.* Tutela dos direitos mediante procedimento comum. 2. ed. São Paulo: Revista dos Tribunais, 2016, v. II.

________. MARINONI, Luiz Guilherme; ARENHART, Sérgio Cruz. *Novo Código de Processo Civil.* Tutela dos direitos mediante procedimentos diferenciados. 2. ed. São Paulo: Revista dos Tribunais, 2016, v. III.

MOREIRA, José Carlos Barbosa. Questões prejudicais e questões preliminares. *Direito Processual Civil* – ensaios e pareceres. Rio de Janeiro: Borsoi, 1971.

________. A ação popular do direito brasileiro como instrumento de tutela jurisdicional dos chamados interesses difusos. In: *TEMAS de direito processual civil.* São Paulo: Saraiva, 1977. p. 110-123.

________. Notas sobre o problema da efetividade do processo. In: *TEMAS de direito processual civil, terceira série.* São Paulo: Saraiva, 1977.

________. A legitimação para defesa dos interesses difusos no direito brasileiro. *Ajuris,* Porto Alegre, v. 32, p. 81-92. nov. 1984.

________. Conteúdo e efeitos da sentença variações sobre o tema. *AJURIS,* Porto Alegre, n. 35, p. 204-212, 1985.

________. Apontamentos para um estudo sistemático da legitimação extraordinária. *Revista dos Tribunais,* São Paulo, v. 58, n. 404, p. 9-18, jun., 1989.

________. Ações coletivas na Constituição Federal de 1988. *Revista de Processo,* São Paulo, v. 16, n. 61, p. 187-200, jan./mar. 1991.

_________. La iniciativa en la defensa judicial de los interesses difusos y colectivos : un aspecto de la experiencia brasileña. In: *TEMAS de direito processual civil: quinta série*. São Paulo: Saraiva, 1994. p. 163-167.

_________. Mandado de segurança: uma apresentação. In: *TEMAS de direito processual: sexta série*. São Paulo: Saraiva, 1997.

_________. A sentença mandamental: da Alemanha ao Brasil. *Revista Brasileira de Direito Comparado*, Rio de Janeiro, n. 17, 2. sem. 1999.

MOREIRA NETO, Diogo de Figueiredo. *Curso de direito administrativo*: parte introdutória, parte geral e parte especial. 14. ed. Rio de Janeiro: Forense, 2005.

NALINI, José Renato. O juiz brasileiro e a Nova Lei do Mandado de Segurança. In: ALVIM, Eduardo Arruda (coord.). *O novo mandado de segurança*: estudos sobre a Lei n. 12.016/2009. Belo Horizonte: Fórum, 2010.

NERY JR, Nelson. Mandado de segurança coletivo. *Revista de Processo*, São Paulo, v. 15, n. 57, p. 151-158, jan./mar. 1990.

_________. Código de defesa do consumidor. In: GRINOVER, Ada Pellegrini et al. *Código brasileiro de defesa do consumidor:* comentado pelos autores do anteprojeto. Rio de Janeiro: Forense Universitária, 1998.

_________. *Princípios do Processo Civil na Constituição Federal.* São Paulo: Revista dos Tribunais, 2009.

_________; NERY, Rosa Maria Andrade. *Código de Processo Civil Comentado.* 16. ed. São Paulo: Revista dos Tribunais, 2016.

NEQUETE, Lenine. *O Poder Judiciário no Brasil a partir da independência.* Porte Alegre: Sulina, 1993, v. II.

NETTO, André L. Borges, AMARILLA, Newley A.S. Comerciante em atraso com fisco pode ter a inscrição estadual junto ao cadastro de contribuintes suspensa ou cancelada?: hipótese de cabimento de mandado de segurança coletivo. *Cadernos de Direito Tributário e Finanças Públicas,* São Paulo, v. 5, n. 17, p. 119-126, out./dez. 1996.

NEVES, Celso. Mandado de Segurança, mandado de segurança coletivo e mandado de injunção. *Revista Ltr,* v. 52, n. 11, nov. 1998.

NIGRO, Mario. *Giustizia Ammnistrativa,* 6.ed (a cura di Enzo Cardoso e Alessandro Nigro). Bologna: Il Mulino, 2002.

NOGUEIRA, Pedro Henrique Pedrosa. *Negócios Jurídicos Processuais.* Salvador: Juspodivm, 2016.

NORTHFLEET, Ellen Gracie. Suspensão de sentença e de liminar. *Revista de Processo,* 97:183-193, São Paulo: Revista dos Tribunais.

NUNES, José de Castro. *Do mandado de Segurança.* 7. ed. Rio de Janeiro: Forense, 1967.

OLIVEIRA, Carlos Alberto Alvaro de. Natureza do mandado de injunção. *Estudos Jurídicos,* São Leopoldo (UNISINOS), v.23, n.57, p. 63-68, jan./abr. 1990.

__________. A ação coletiva de responsabilidade civil e seu alcance. In: BITTAR, Carlos Alberto (org.). *Responsabilidade civil por danos a consumidores.* São Paulo: Saraiva, 1992.

_________. O juiz e o princípio do contraditório. *Revista de Processo,* São Paulo, Revista dos Tribunais, ano 18, n. 71, p. 31-38, jul./set. 1993.

_________. Perfil dogmático da tutela de urgência. *Ajuris,* Porto Alegre, v. 24, n. 70, p. 214-239, jul. 1997.

_________. A garantia do contraditório. *Revista da Faculdade de Direito da Universidade Federal do Rio Grande do Sul,* v. 15, p. 7-20, 1998.

_________. *Efetividade e Processo de Conhecimento.* Revista de Processo. São Paulo: Revista dos Tribunais, 1999, n. 96.

_________. *O processo civil na perspectiva dos direitos fundamentais.* Revista de Direito Processual Civil. Curitiba: Gênesis, 2002, n. 26.

_________. Poderes do Juiz e visão cooperativa do processo. *Revista da Associação dos Juízes do Rio Grande do Sul,* Porto Alegre, ano 30, n. 90, p. 55-84, jun. 2003.

_____________. *Teoria e Prática da Tutela Jurisdicional.* Rio de Janeiro: Forense, 2008.

__________. Os Direitos Fundamentais à Efetividade e à Segurança em Perspectiva Dinâmica. *Revista* Páginas de Direito, Porto Alegre, ano 8, nº 767, maio/2008.

_________. *Do formalismo no processo civil* – Proposta de um formalismo-valorativo, 4. ed. São Paulo: Saraiva, 2010.

OLIVEIRA, Lourival Gonçalves de. Interesse processual e mandado de segurança coletivo. *Revista de Processo,* São Paulo, v. 14, n. 56, p. 75-85, out./dez. 1989.

OLIVEIRA JÚNIOR, Waldemar Mariz de. *Substituição Processual.* São Paulo: Revista dos Tribunais, 1969.

PACHECO, José da Silva. *O mandado de segurança e outras ações constitucionais típicas.* 2 ed. rev. e atual. São Paulo: Revista dos Tribunais, 1991.

PASSOS, Elizabeth Nogueira Calmon de. Mandado de Segurança Coletivo. *Revista de Processo,* São Paulo, v. 18, n. 69, p. 164-168, jan./mar. 1993.

PASSOS, J.J. Calmon de. *Mandado de segurança coletivo, mandado de injunção e habeas data.* Rio de Janeiro: Forense, 1989.

PEREIRA, Hélio do Valle. *O novo mandado de segurança:* comentários à Lei n. 12.016 de 7/08/2009. Florianópolis: Conceito Editorial, 2010.

PISANI, Andrea Proto. Apuntti preliminari per uno studio sulla tutela giurisdizionale degli interessi colletivi (o piu esattamente: superindividuali) innanzi al giudice civili ordinario. In: *LE AZIONE a tutela di interessi colettivi: atti del convegno di studio di Pavia*, 11-12 giugno 1974. Padova: CEDAM, 1976. P. 263-287.

PORTANOVA, Rui. *Princípios do processo civil.* 3. ed. Porto Alegre: Livraria do Advogado, 1999.

PRUDENTE, Antonio. Tutela mandamental inibitória positiva. *Correio Brasiliense,* Brasília, 15 maio 2000. Caderno Direito e Justiça. p. 3.

REALE, Miguel. *Teoria tridimensional do direito: situação atual.* 5. ed. São Paulo: Saraiva, 1994.

ROCHA, José de Moura. *Mandado de segurança*: a defesa dos direitos individuais. Rio da Janeiro: Aide, 1987.

RODRIGUES, Marcelo Abelha. *Suspensão de segurança*: sustação da eficácia de decisão judicial proferida contra o Poder Público. São Paulo: Revista dos Tribunais, 2000.

SALGADO, Alí Joaquim. *Juicio de amparo y acción de inconstitucionalidad.* Buenos Aires: Astrea, 1987.

SALLES, Carlos Alberto. *Execução judicial em matéria ambiental.* São Paulo: Revista dos Tribunais, 1998.

SANTOS, Ernane Fidelis dos. Mandado de segurança individual e coletivo, legitimação e interesse. *Ajuris*, Porto Alegre, n.22, v. 63, p. 25-35, mar. 1995.

SARLET, Ingo Wolfgang; *A Eficácia dos Direitos Fundamentais,* 6. ed. Porto Alegre: Livraria do Advogado, 2006.

_________; MARINONI, Luiz Guilherme; MITIDIERO, Daniel. *Curso de Direito Constitucional.* 6. ed. revista e atualizada. São Paulo: Revista dos Tribunais, 2017.

SCARTEZZINI, Jorge Tadeo Goffi Flaquer. *Suspensão de segurança.* São Paulo: Revista dos Tribunais, 2010.

SIDOU, J. M. Othon. *Habeas corpus, mandado de segurança, mandado de injunção, habeas data, ação popular:* as garantias ativas dos direitos coletivos. 5. ed. Rio de Janeiro: Forense, 1998.

SILVA, Clóvis Couto e. A teoria das ações em Pontes de Miranda. *Ajuris.* Porto Alegre, n. 15, n. 43, p. 68-78, jul. 1998.

_________. Autoridade pública e mandado de segurança. *Revista da Faculdade de Direito da UFRGS*, Porto Alegre, v. 11, p. 127-144.

SILVA, José Afonso da. *Curso de Direito Constitucional Positivo*. 24. ed. São Paulo: Malheiros, 2005.

________. *Comentário Contextual à Constituição*. 7. ed. São Paulo: Malheiros, 2010.

SILVA, Ovídio Baptista da. Mandado de segurança: meio idôneo para a defesa de interesses difusos? *Revista de Processo*, v. 15, n. 60, p. 131-145, out./dez., 1990.

________. *Curso de Processo Civil*. 2. ed. Porto Alegre: Safe, 1993.

________. Eficácia da sentença e coisa julgada. In: *Sentença e coisa julgada*. 3. ed. Porto Alegre: Safe, 1995.

________. *Jurisdição e execução*. 2. ed. revista. São Paulo: Revista dos Tribunais, 1997.

SILVEIRA, Patrícia Azevedo da. Processo civil contemporâneo: elementos para um novo paradigma processual. In: OLIVEIRA, Carlos Alberto Alvaro de (org.). *Elementos para uma Nova Teoria Geral do Processo*. Porto Alegre: Livraria do Advogado, 1997.

SODRÉ, Eduardo. "Mandado de Segurança". In: Fredie Didier Jr (org.). *Ações Constitucionais*. Salvador: Jus Podivm, 2006.

SOUSA, Miguel Teixeira de. *Estudos sobre o Novo Processo Civil*. 2. ed. Lisboa: Lex, 1997.

STRECK, Lenio Luiz. *Jurisdição Constitucional e Hermenêutica*. Uma Nova Crítica do Direito. Porto Alegre: Livraria do Advogado, 2002.

SUNDFELD, Carlos Ari. Mandado de segurança coletivo na Constituição de 1988. *Revista de Direito Público*, v. 22, n. 89, p. 37-41, jan./mar. 1989.

TALAMINI, Eduardo. Tutela de urgência e Fazenda Pública. *Revista do Processo*. São Paulo, n. 152, ano 32, out. 2007.

TARELLO, Giovanni. *L'Interpretazione della Legge*. Milano: Giuffrè, 1980.

TARUFFO, Michelle. Interventi in le azione a tutela di interessi colettivi. In: *ATTI del convegno di studio de Pavia*, 11-12 giugno 1974. Padova: CEDAM, 1976.

________. "Modelli di tutela giurisdizionale degli interessi collettivi". *La tutela giurisdizionale degli interessi collettivi e diffusi*. Lucio Lanfranchi (org.). Torino: Giappichelli, 2003.

TAVARES, André Ramos. *Manual do novo mandado de segurança*. Rio de Janeiro: Forense, 2009.

TEIXEIRA, Guilherme Freire de Barros. A assistência e a nova Lei do Mandado de Segurança, *Revista do Processo*, v. 183, São Paulo, maio/2010.

TEMER, Michel. *Elementos de direito constitucional*. 11. ed. São Paulo: Malheiros, 1995.

THEODORO JR, Humberto. *Curso de Direito Processual Civil* – procedimentos especiais. 19. ed. Rio de Janeiro: Forense, 1999, v. III.

________. *O mandado de segurança segundo a Lei n. 12.016, de 07 de agosto de 2009*. Rio de Janeiro: Forense, 2009.

________. *Lei do mandado de segurança comentada.* Rio de Janeiro: Forense, 2014.

TOCQUEVILLE, Alexis. *Da Democracia na América.* Tradução de Yvonne Jean. 4. ed. Brasília: UnB, 1997.

TROCKER, Nicolò. *Processo e costituzione.* Milano: Giuffrè, 1974,

TUCCI, José Rogério Cruz e. *Class action e mandado de segurança coletivo.* São Paulo: Saraiva, 1990.

TUCCI, Rogério Lauria, TUCCI, José Rogério Cruz e. *Constituição de 1988 e processo:* regramentos e garantias constitucionais do processo. São Paulo: Saraiva, 1989.

TUNC, Andre; TUNC, Suzane. Le système constitutionel des Étas-Unis d' Amérique. v. 2, n. 259, 1954.

UGGERE, Carlos A.P. *Mandado de segurança coletivo.* Curitiba: Juruá, 1999.

VEADO, Walter. Mandado de Segurança Coletivo e Liminar. In TEIXEIRA, Sálvio Figueiredo. *Mandados de segurança e de injunção.* São Paulo, Saraiva, 1990.

VELLOSO, Carlos Mario da Silva. As novas garantias constitucionais: O mandado de segurança coletivo, o "habeas data", o mandado de injunção e a ação popular para defesa da moralidade administrativa. *Revista dos Tribunais,* São Paulo, v. 78, vol. 644, p. 7-17, jun. 1989.

________. Do mandado de segurança e institutos afins na Constituição de 1988. In: TEIXEIRA, Sálvio de Figueiredo (coord.) *Mandados de segurança e injunção.* São Paulo: Saraiva, 1990.

VENTURI, Elton. Apontamentos sobre processo coletivo, o acesso à justiça e o devido processo social. *Genesis,* Revista de Direito Processual Civil, local, n. 4, p. 13-39 jan./abr. 1997.

________. *Suspensão de liminares e sentenças contrárias ao Poder Público.* São Paulo: Revista dos Tribunais, 2005.

________. *Processo Civil Coletivo.* São Paulo: Malheiros, 2007.

VIAMONTE, Carlos Sanchez. Juicio de amparo. In: *ENCICLOPEDIA Juridica Omeba*. Buenos Aires: Omeba, 1963.

VIDIGAL, Luis Eulálio de Bueno. *Direito processual civil.* São Paulo: Saraiva, 1965.

VIGLIAR, José Marcelo. *Interesses difusos, coletivos e individuais homogêneos.* Salvador: *Jus*podivm, 2005.

VIGORITTI, Vicenzo. *Interesse collettivi e processo: la legitimazione ad agire*. Milano: Giuffrè, 1979.

VILONE, Massimo. "La colocazione istituzionele dell'interesse diffuso (considerazione sul sistema statunitense)". In: GAMBARO, Antonio (ed.). *La Tutela degli Interessi Diffusi nel Diritto Comparato*. Milano: Giuffrè, 1976.

WALD, Arnoldo; Do descabimento de mandado de segurança, tanto singular como coletivo, contra cláusula do edital que exigiu que a proposta abrangesse o financiamento em contrato de fornecimento de trens elétricos. *Revista Forense*, Rio de Janeiro, n. 331, p. 165 - 180, jul./ago. /set. 1995.

________; MEIRELES, Hely Lopes; MENDES, Gilmar Ferreira. *Mandado de Segurança e Ações Constitucionais*. 36. ed. São Paulo: Malheiros, 2014.

________. Lei do mandado de segurança (Lei n. 12.016, de 7-8-2009) e o novo CPC. In: CIANCI, Mirna; DELFINO, Lúcio; DANTAS, Bruno; DIDIER JR, Fredie; CUNHA, Leonardo Carneiro da; CAMARGO, Luiz Henrique Volpe; REDONDO, Bruno Garcia (coords.). *Novo Código de Processo Civil:* impactos na legislação extravagante e interdisciplinar. São Paulo: Saraiva, 2016, v. I.

WAMBIER, Luis Rodrigues Wambier. *Sentença Civil:* Liquidação e Cumprimento. 3. ed. São Paulo: Revista dos Tribunais, 2006.

WAMBIER, Teresa Arruda Alvim. *Nulidades do processo e da sentença*. 5. ed. São Paulo: Revista dos Tribunais, 2004.

WATANABE, Kazuo. Mandado de segurança contra atos judiciais. *Revista dos Tribunais*, v. 66,n. 498, p. 19-25, abr. 1977.

________, Tutela jurisdicional dos interesses difusos: a legitimação para agir. In: GRINOVER, Ada Pellegrini (coord.). *Tutela dos interesses difusos*. São Paulo: Max Limonade, 1984.

________. *Da cognição no processo civil*. São Paulo: Revista dos Tribunais, 1987.

________; GRINOVER, Ada Pelegrini. Código Brasileiro de Defesa do Consumidor comentado pelos autores do anteprojeto. Rio de Janeiro: Forense Universitária, 1991.

________. Demandas coletivas e os problemas emergentes da práxis forense. *Revista de Processo*, São Paulo, v.17, n. 67, p. 15-25, jul./ set. 1992.

________. Tutela antecipatória e tutela específica das obrigações de fazer e não-fazer. In Sálvio Figueiredo Teixeira (coord.). *A reforma do Código de Processo Civil*. São Paulo: Saraiva, 1996.

WARAT, Luis Alberto. O direito e sua linguagem. 2. ed. rev. e aum. Porto Alegre: SAFE, 1995.

ZAMUDIO, Hector Fix. Mandato de seguridad y juicio de amparo. In: FIX ZAMUDIO, Hector; RIOS ESPINOZA, Alessandro; ALCALA-ZAMORA, Niceto. *Tres estudios sobre el mandato de seguridad brasileño*. Mexico: Unam, 1963.

________. *Veinticinco años de evolución de la justicia constitucional*: 1940-1965. México: Unam, 1968.

ZANETI JR, Hermes. Apresentação. In: Hermes Zaneti (org.). *Democracia:* a grande revolução. Brasília: Universidade de Brasília, 1996.

________. *O "novo" mandado de segurança coletivo*. Salvador: Juspodivm, 2013.

________. *A Constitucionalização do Processo*: o modelo constitucional da justiça brasileira e as relações ente processo e constituição. 2. ed. São Paulo: Atlas, 2014.

________. *Comentários ao Novo Código de Processo Civil*. Coordenação Antônio Passo Cabral e Ronaldo Cramer. Rio de Janeiro: Forense, 2015.

________; DIDIER JR, Fredie. *Curso de Direito Processual Civil*. 10. ed. Salvador: Juspodvm, 2016, v. IV.

________. CPC/2015: O Ministério Público como Instituição de Garantia e as Normas Fundamentais Processuais. *Revista Jurídica. Corregedoria Nacional*, v. 2, 2017, p. 101-166.

________. *O valor vinculante dos precedentes*. Teoria dos precedentes normativos formalmente vinculantes. 3. ed. Salvador: Juspodivm, 2017.

ZAVASCKI, Teori Albino. Defesa de direitos coletivos e defesa coletiva de direitos. *Revista Jurídica*, Porto Alegre, n. 212, p. 16-33, jun/1995. p. 16-33.

________. *Processo Coletivo:* Tutela de Direitos Coletivos e Tutela Coletiva de Direitos. 4. ed. São Paulo: Revista dos Tribunais, 2009.

§ 1º – Os efeitos da coisa julgada previstos nos incisos I e II não prejudicarão interesses e direitos individuais dos integrantes da coletividade, do grupo, categoria ou classe.

§ 2º – Na hipótese prevista no inciso III, em caso de improcedência do pedido, os interessados que não tiverem intervindo no processo como litisconsortes poderão propor ação de indenização a título individual.

§ 3º – Os efeitos da coisa julgada de que cuida o art. 16, combinado com o art. 13 da Lei nº 7.347, de 24 de julho de 1985, não prejudicarão as ações de indenização por danos pessoalmente sofridos, propostas individualmente ou na forma prevista neste Código, mas, se procedente o pedido, beneficiarão as vítimas e seus sucessores, que poderão proceder à liquidação e à execução, nos termos dos arts. 96 a 99.

§ 4º – Aplica-se o disposto no parágrafo anterior à sentença penal condenatória.

Pela simples leitura do texto percebe-se que os direitos coletivos e os direitos difusos discutidos na causa serão atingidos pela imutabilidade da coisa julgada, mas as ações e direitos individuais dos substituídos (membros da classe, moradores da região em que ocorreu o acidente ecológico) não serão prejudicados (art. 103, § 1º - supra).

A segunda observação refere-se aos direitos individuais que só serão atingidos em benefício de seus titulares pela sentença em ação coletiva que verse sobre direitos individuais homogêneos (art. 103, III - supra). Isso ocorre porque os titulares individuais não participarão do processo e, portanto, não poderão ser prejudicados pela sentença denegatória da segurança.

Confirma essa leitura dogmática o art. 103, § 2º, quando esclarece que os *titulares individuais que tiverem intervindo como litisconsortes* (art. 94 do CDC) *sofrerão os efeitos da coisa julgada*. Isso porque esses litisconsortes "participaram" do processo, atuaram no contraditório, sendo legítimo o seu alcance pela imutabilidade da decisão, mesmo quando negativa.

Os §§ 3º e 4º do art. 103 estabelecem o chamado transporte *in utilibus* da sentença. Trata-se do mesmo instituto, já conhecido, referente à sentença penal condenatória, adaptado para as ações coletivas.[43] Significa dizer, a sentença favorável na ação coletiva faz coisa julgada quanto à responsabilidade civil

[43] Sobre o tema GRINOVER, *Código brasileiro de defesa dos consumidores: comentado pelos autores do anteprojeto*, p. 730-733. Ver ainda art. 91, I do CP, 63 do CPP, 1525 do CC e 584 inc. II do CPC.

pelo dano, podendo ser imediatamente liquidada e executada no tocante aos prejuízos individualmente sofridos.[633]

Por último cabe trazer inteligente construção de Gidi, que esclarece, de uma vez por todas, que ocorre coisa julgada material nas ações coletivas, mas que a extensão subjetiva para os titulares de direitos individuais se dará apenas nos casos de procedência do pedido:

> Rigorosamente, a coisa julgada nas ações coletivas do direito brasileiro não é secundum eventum litis. Seria assim, se ela se formasse nos casos de procedência do pedido, e não nos de improcedência. Mas não é exatamente isso o que acontece. A coisa julgada sempre se formará, independentemente de o resultado da demanda ser pela procedência ou pela improcedência. A coisa julgada nas ações coletivas se forma "pro et contra". [...] "O que diferirá com o "evento da lide" não é a formação ou não da coisa julgada, mas o rol de pessoas por ela atingidas. Enfim, o que é secundum eventum litis não é a formação da coisa julgada, mas a sua extensão "erga omnes" ou "ultra partes" à esfera jurídica individual de terceiros prejudicados pela conduta considerada ilícita na ação coletiva.[634]

Essa só será *erga omnes* ou *ultra partes* para atingir os substituídos membros do grupo, em sua esfera individual, em seu benefício. Porém, os co-legitimados do art. 5º, inc. LXX, por terem posição de direito equivalente, legitimidade ativa concorrente e disjuntiva, sofrerão os efeitos da imutabilidade da sentença *pro et contra*, não podendo ser reproposta demanda coletiva com os mesmos elementos da demanda já julgada.

3.5.1.2 Críticas de Antonio Gidi e a "Falta de Seriedade" da Coisa Julgada Coletiva no CDC: Inocorrência

A doutrina impugnou a "falta de seriedade" com que se lida com os processos coletivos quando esses *não expõem riscos efetivos* de vinculação dos titulares de direitos individuais.

---

633. "RECURSO EXTRAORDINÁRIO – TÍTULO JUDICIAL CONSUBSTANCIADOR DE SENTENÇA COLETIVA – EFETIVAÇÃO EXECUTÓRIA INDIVIDUAL – POSSIBILIDADE JURÍDICA – RECURSO DE AGRAVO IMPROVIDO. POSSIBILIDADE DE EXECUÇÃO INDIVIDUAL DE SENTENÇA PROFERIDA EM PROCESSO COLETIVO. – O fato de tratar-se de mandado de segurança coletivo não representa obstáculo para que o interessado, favorecido pela sentença mandamental coletiva, promova, ele próprio, desde que integrante do grupo ou categoria processualmente substituídos [illegible] execução individual [illegible] precedentes." (STF, RE [illegible] AgR, Rel. Min. Celso de Mello, Segunda Turma, [illegible])

634. GIDI, *Coisa julgada em ações coletivas*, p. [illegible].

www.editorajuspodivm.com.br

Pré-impressão, impressão e acabamento

grafica@editorasantuario.com.br
www.graficasantuario.com.br
Aparecida-SP